ウィーンとその周辺
1840年代前半
リージング
メートリング
バーデン
ウィーン・グロックニッツ鉄道
ウィーナー・ノイシュタット運河
シュヴェヒャート川
0 1 2 3 4 5km

中央大学人文科学研究所
翻訳叢書
6

ウィーンとウィーン人

アーダルベルト・シュティフター 他

「ハプスブルクとドナウ文化」研究チーム
新井　裕　　戸口日出夫
阿部雄一　　荒川宗晴
篠原敏昭　　松岡　晋
訳

WIEN UND DIE WIENER

中央大学出版部

原著まえがき

作者不詳　『ウィーンとウィーン人』（一八四四年）

原著まえがき

以下で本書がめざすのは、いわばウィーンの統計なるものを示すことではない。そうではなくて、誠実で晴れやかな、数々のイメージの中で、まるでカライドスコープのように、この首都特有のさまざまな場面に案内することである。それによって読者の心には次第にこの都市の生活と営為のひとつのイメージが浮かんでくるであろう。そのイメージは一度も自分でそれを見たこともない人にひとつの観念をあたえることになるが、一方ここに来たことのある人や今も在住する人にたいしては楽しい回想を用意するのである。この観念と回想がどこまでリアルなものになるか、それとも逆に誤ったものになるか、それはむろん論述の質の良さに、そして読者の想像力にかかってくるであろう。大都市というものはどれも必然的に、さまざまな情熱と愚行のぶつかりあいによって、洗練された観察者にたいして、なにかしら滑稽な面を持つものだ。だがまたそれは、数々の偉大な努力がひとつに合流することによって、なにか恐ろしく真剣な面も併せ持つ。そう、まさにあの滑稽な面は、ほかならぬこの真剣な面という下敷箔との対照によって存在できるのである。実にこうした事情から、やはり必然的にあの滑稽さとこの真剣さがわれわれの本にも登場せねばならない。そして読者は、たとえ最下層や最上層の人物たちと出会ったとしても、いぶからないだろう。洒落者、学者、芸術家、政治家、年金生活者、貴族、富裕な商人、他方そういった人々の数と比べても少なからざる数の物乞い、流し《ベンケル》演歌師《ゼンガー》、手回しオルガン弾き、辻馬車*の御者、日雇い労務者、靴屋の小僧たちが、まさに実際われわれの町を横切って居酒屋や料理屋の中庭へ歩いてゆくように、この書に登場するだろう。そして上層の人たちがゆくサロン[*]や個人の庭園の中へ、読者もまたわれわれに従って入ってゆかねばならないだろう。民衆の祝祭が読者の前に展開され、富裕な人たちの舞踏会場が開かれる。愚者もたくさんいれば、読者がその前に畏怖の念を抱くすぐれた心情や精神の持ち主たちもいる。個々人の情景があるかと思えば、他方で群衆の風景。孤独の感情と、群衆の歓喜と歓声、世界史的な行為と享楽追求の浮薄な躍動。こうして、実際の人生そのもののように、色とりどりに人生を示すことを本書は願っている。そしてもしも読者がウィーン人を笑いとばし、だがまた同時に愛するならば、そして「これは驚くべき町に違いない、われわれは死ぬ前にどうしても一度はこの町を訪ねて、いったい本当にそこが本書に書かれているほどに愉しく、素晴らしく、居心地よく、意味深いところなのか、それともこの本が世に送っているのはただ虚しい風のような言葉にすぎないのか、それをこの眼で見届けなければならない」というならば、その目標は達せられたことになる。いや、親愛なる読者よ、ただ来てみたまえ、そしてすべてがどれほど語られたとおりであるか、そして現実の前にわれわれの筆がどれほど劣っていたことか、それを自らごらんいただきたい。もしも批評家が、本書の論説の価値と内容が実に多種多様ではないかというならば、われわれは彼にこう応えよう。読者自身もまさに同じなのだ、と。

では『ウィーンとウィーン人』について好意あるご判断を願いつつ。

ウィーン、一八四一年八月　　編　者

目次

目次

目　　次

第一章　聖シュテファン教会の尖塔からの眺望と観察（導入として）

アーダルベルト・シュティフター

ヤーコプ・アルト「気球船のウィーン遊覧」（一八四七年）

では、われわれは、まず本書の好意ある読者の前に、ひとつの生命をうちに抱きつつ、無数の家並が海のように波打ち広がってゆく巨大な絵図を繰り広げることにしよう。その家並は実に色彩ゆたかにして晴れやかであり、そのため人は思い込んでしまう。それがただ瞬間と時間にのみ仕え、ここを支配する女神は歓喜の女神であると。そして実際そうなのだ。それというのも人間は、すなわちここに大河のように流れ、働き、憂慮し、娯しみ、慌しくも驚嘆すべき器用さで刻々過ぎ去る時の果実を摘み取ることのできる何千もの人間は、自分たちこそ女神ミューズが世界史の恐るべきドラマを書き記す晴れやかにして美しい文字なのだ、ということを予感もしないからである。彼らは、諸民族が協議し、地球の命運の決定に手を貸してきた偉大な君主国の心臓部がここに鼓動していること、そしてこの心臓部の鼓動によってこそ他の肢体も生き生きと健やかでありうることを感じないからである。彼らはそれを知らない、そしてそれを知るすべもない。偉大な行為、百年、いや、しばしば千年にもわたる偉大な行為と相貌を生み出すあの時代精神は、ひとりひとりの心情と努力から構築されるものなのだ。誰かがその行為をなしたのでもなく、その相貌を形づくったのでもない。だが、すべての人がそれをなしたのである。たとえ彼らがそのような時、おそらくただ驚嘆して立ちつくしているだけであるとしても。――真っ赤な血液という香油はこの全身に張りめぐらされた血管を通って嬉々として流れ、自らが身体というこの驚異的な作品を作りあげたことを知らない。ここを歓喜しつつ川のように流れてゆく民衆も同様である。おのおのが自分の目的に、たいていの場合悦楽という目的に仕えながら、この民衆は、自ら知らぬ計画に従って、自ら知らぬ建築の営みを休むことなく孜《し》々として続けてゆく。そしてその業は彼らの子供たちに、さらに孫や曾孫たちにまで及ぶのである。彼らはたゆまず建て続け、ひとりが倒れると、代わりにもう別のひとりがまたハンマーと鏝《こて》を手にして立ち、急いで仕事に向かうのだ。そして建築が完成したとき驚嘆するのは、まさにその場に居合わせたわずかばかりの者たちだけなのだ！　その時、ひとりの人がそこに来て、この工事全体がどのように経過したかを長々と物語ることになるが、実は彼もそれをよくわかっているわけではない。建築には賢い統率者たちが携わっていたのだが、彼らとてただ部分部分をながめ、決定することしかできなかった。この全体にわたって命令し監督した者、そんな人間をいまだ誰も見たことはない！

　さて、親愛なる読者よ、もう一度心の中でこの激動する人生をながめてみたまえ。するとそれは以前よりも意味深く思われてくるであろうし、そして、崇高さと戯れにたいして、喜悦ばかりか悲哀にたいしても、君の心を向ける備えができたなら、そのとき私に従ってきたまえ。そしてわれわれは、ここにうねり、波打ち、沸き立ち、ほとばしっているこの首都の大円盤の上へ視線を漂わせ、それを構成するあらゆる部分のうちに久しくとどまろうではないか。

　南と南西からの道を来るならどの道であれ、彼は、いまだこの大都市の片鱗さえ見えないうちに、すでに、あのほっそりとして繊細なポプラのような塔*〔聖シュテファン教会〕をかすかに瞥見するであろう。薄くたなびく青霞のうちに静かに安らかに立ち、まだ見えない大都市が広がっている場所を示すあの塔を。それから、さらに彼が徒歩で、あるいは馬にまたがるか馬車に乗るかして、先にゆくと、まるで血管のように、いたるところで道が合流することになる。道をゆく同行者はますます増えてゆくが、彼らは旅人よりも速い足取りで、あるいは彼より遅く彼に無関心なまま、傍らを通り過ぎてゆくのである。それはさながら同じ渦の中へ向かう流木のようだ。そしてついに右に左に、近くに遠くに、都市の大きな塊が浮かびあがる。それはこちらではやさしく煙り、次第に明け染めてゆくかと思えば、彼方では数々の屋根や切妻、何本もの塔や点々とした火花のような輝きとともに旅人に向かって近づくのである。そしてとうとう旅人は検問所の目立たない柵を入る。するともう大都市の大波が彼を襲う。はてしなく続く街路が彼を迎える。いまやどこにも見えなくなってしまったあのポプラのような塔にいっそう近づくにつれ、汚いものも輝くものも押し流す川のようなこの道はますます人であふれ、ますます騒がしくなってゆく。そうだ、そこに現れたのはあの塔だ。輝く大気の中に細く大きな黒いペン軸のように立つ塔は。――いや、それはあの塔ではない。なぜなら、さらに先の右手に思いがけずもっと大きく、もっと堂々と落ち着いた塔が、灰青色の淡い光に包まれながら、尖塔に鷲を載せて、聳え立っているのだから。まさにこれこそあの塔だ、その柱身にそってほとんど繊細といいたいほどの葉形模様が上方へ延び上がってゆくのが見えるではないか。いまや、ふたたび家並の部分が視界に入り込んできた。この街路はいつまでも終わりそうにない。いたるところ雑踏とざわめき、そして楽しみと喜びだ。このような大音響の混乱状態の中では、ただ異邦人だけが孤独を覚えるのだ。ほとんど麻痺したように彼は歩を進めてゆく。突然、街路が途切れ、街も尽きる。めかしこんだ人々が緑の葉むらを行き交う広々とした緑の広場が目の前に現れる。だが、その向こうにはまた街があるのだ。いつまで行っても到達できないポプラの塔をまたしても中心に抱く街が。倦むことなく彼はその風変わりな庭園を横切って進む。暗い市門が彼を飲み込む。いくつもの華麗な城館が彼を取り囲み、それらはあちこちで彼に伴い、さらに絶えず新しい、いっそう輝かしい城館を示しつつ、それら居並ぶ城館の中心へと連れてゆく。この貧しい田舎の住人には、まるでこの都市には普通の家屋などまったくなくて、あるのはただ城館と教会ばかりのように思えてしまう。彼のポプラはもう消えてしまった。ここかしこ、たしかにその尖端がわずかに浮かびあがることはあっても、そのあとまた長いこと見えなくなり、そしてふたたび突然まったく別の場所に現れるのだ。彼はそれをめざして歩く。こちらの角で少し道をそれ、あちらの角でまた曲がる。小路は次の小路に続くが、彼はその塔に行き着かない。ほら、あそこに尖端がまた見えている、彼の真後ろに。いったいこんな塔が無数にあるのだろうか。——「いや、客人よ、あなたは迷路に入り込まれたのだ。ここをごらん、どでかいプレートが家にかかっているね。これは宿屋なのだ。ここで休まれ、元気を取り戻し、窓から、いつまでも尽きることなくあの一帯にあふれている人の波をごらんなさい。そしてあなたもそれに慣れるがよい。それから明日の朝、夜明けとともに一緒に出かけよう。私はあなたの愛するポプラの尖端まで案内し、そこから下を見渡してこの世の魔法をお見せしよう」

さて、太陽はまだ昇っていなかった。われわれを待ち受ける光景をすでに享受した人は、われわれの足下にいまもまだまどろんでいる人々の中でも、わずかだろう。それというのも彼らはベッドを離れることができないか、こんなに朝早く聖シュテファン教会の塔の尖端に来るのを手伝ってくれるような人などいないからである。白々とした薄霧がたなびき流れている、あの北の方角にドナウ河がある。静かに霧の中に霧とひとつになって流れているように見えるいくつもの暗い帯状の地帯は、高貴な大河ドナウが貫流する美しい中州の草地帯である。さらに遠方、次第に明るむ大気の中に微光を放つ淡褐色の部分はマルヒフェルト*の平原だ。そしてちょうど朝の最初の乳白色の霞とともに照らされた空をつらぬくあの青い息吹のように見えるのはカルパチア山脈と、ハンガリーへと延びる山並だ。それはまるで大気から織られたリボンのように東部全体を取り巻いて浮かんでいる。その地帯はすでに驚くほど速やかに、ますます美しさを増す光の中に赤々と染まってゆき、山並は彼方見通しがたい遠方に漂いながら大気の中へ消えてゆくのである。しかしそれに接してすぐ右手のあの山はなんだろう、驚くほど近い、白く輝く雪模様をともなったあの山は。それはここから南西に歩いて一日のところにあるシュネーベルクだ。スイスからチロルを通って延び、それからわれわれの州とシュタイヤーマルクの間を進み、このウィーンの地で不意に終わるあの山脈の峰々、いくつもの銀白色の鎧兜でおおわれたあの高い峰々の最後の峰である。その右手には、青い壁がさらに西に向かって躍動してゆくのが見えるが、それはさらに遠くまで続き、やがて、まだ暗い西空を広く重々しく取り巻いている尾根、あの黒々と並ぶ尾根〔ウィーンの森〕によっておおわれるのだ。たとえその尾根がいまはその荒々しいほど黒い姿で、明るくなってゆく空を囲むように横たわっているとしても、もしもその上に太陽が昇るなら、君にはそれが優美な丘陵地帯であることがわかるだろう。それは、あちこち白い別荘や村々、そしていくつもの城館が点在するゆたかな森であって、その陰には無数の曲がりくねった道が走っている。そしてこの丘陵地帯は、ゆったりした弧を描いて西側を帯状に取り巻きながら、巨大な明緑色の公園のようにこの埃まみれの大都市を囲むのである。

さていましがた空と区別されたこの暗い円盤のような地表の真っただ中、まさに君の足下に、暗黒の都市が横たわっている。すでに都市の上方に火花を投げた曙光は、まだそこには届いていない。昨日の営みを残すこの大都市の肖像は、じっと動かず、死のまどろみに陥ったように、亡霊のように凝固して上を見つめ、まるで死んだように横たわっている。ここかしこ、夜と朝のひそやかな息吹を身体に感じ、どこまでも連なる石の空間の中で緑なす枝々を夢見つつ、愛と不安の情を伝えるナイチンゲールのつんざくようなさえずりを除けば、たったひとつの物音にも驚かされることがない静寂だ。

――でも、耳を澄ましてごらん！　眠りこけたこの怪物の最初のいのちの兆候がまさしく現れているではないか。まるで野戦砲車隊が急ぎ足で進んでゆくかのように、いくつもの街路でガタガタいう馬車の音が遠くから聞こえてこないか。あれはこの巨大な胃袋にきょうの食物を輸送する最初の渡し舟だ。それは、熟睡する人々の間をガラガラ大きな音を立てて走る肉屋の馬車だ。それは彼らの夢の中にまで届きはするが、目を覚ますことはできない。なぜなら彼らはその音をもう何千回も耳にしてきたからだ。また静かになった。炎の岬がいく筋も空をつらぬいてそそり立ち、われわれの周囲の灰色の石、いま立っているこの塔のアーチ状の側肋〔二〕を柔らかな真紅色に染めた。君に見えるだろうか、灰白色の微光がもう街のあちこちに射している。そして街がますます大きくなるのがわかるだろう。その四肢は、いわば朝のまどろみの中で伸びをするように、遠く連なる丘陵や谷のうえへ延びてゆくのだ。そしてこの灰白色の微光の中に、浮かび上がった紅玉さながら真っ赤な火花がいくつもきらめいているが、それは曙光を映す家々の窓なのだ。ふたたびガラガラと音が響く、それも何ヵ所かで。いまは、こちらでも、あちらでも、さっきのとは別の混乱した音を立ててなにかが動きはじめ、そしてまるで目覚めてゆく人の呼吸のように、穏やかな響きとなって彼方へ広がってゆく。ドナウから霧は消え、静かな金色の小川のような姿が見えてくる。街にはもう煙の柱がいくつも昇っている。ガラガラいう音はいっそう高まる。――おお、一筋の閃光がわれわれの塔へ飛来する。太陽が昇ったのだ‼しかし下に住む人たちにはまだ昇っていない。いま、はるか町外れのほうで不意に街の一部が炎をあげる。なんという閃光だろう。街の一画、そしてまた一画と燃えあがってゆく。あそこでも燃えあがったかと思えば、また別のところで燃えあがる。そしていまや都市全体が太陽の光に包まれる。都市の煙はますます増え、金色の曇った蒸気のように朝の灼熱する大気の中へ立ち昇ってゆく。街路はすべて朝の輝きの中でやわらかな光を放ち、連なる窓々全体が黄金に染まる。あちこちの塔上の十字架や教会の丸屋根が火のように輝いている。いくつかの塔から鐘の音がやさしく響いてきて早朝のアヴェ・マリアの祈りへと導く。街路では動きが活発になる。黒い点があちこちに現れ、しきりに動き、入り乱れて走ってゆく。それらはますます数を増し、ところどころから元気のよい響きが昇ってくる。ゴロゴロ、ガチャガチャ、パチパチという音がいっそうにぎやかになって、そのもつれあった響きはもう都市の全区画をおおうようになる。まるで街路や家々が入り乱れて動き出すかのようだ。そしてついには、分かちがたく凝縮した、鈍く続く轟きが、絶え間なく都市全体をつらぬいてゆく。都市は目覚めたのだ。その間に太陽は、白銀の澄明な盾のように、勝利し微笑みながら、この混乱したバベルの都市の上空へ、ますます高く天がけるのである。

そして、明るい日がいっさいのものを鮮明にしたいま、この美しい芝居に目を向けよう。風が起こり、塵埃が汚れたヴェールを町全体に、またあの美しい艶やかな遠景のうえにかけてしまう前に。まさしくこの足下に拡がる地区こそ、ウィーンの原型である。それがこの塔のまわりに円盤状に横たわるのが見える。おびただしい屋根、破風、煙突、塔が群れ、数々の角柱や立方体、ピラミッド形や平行六面体の建物、そして丸屋根が入り乱れて並ぶ。それはまるですべてのものが途方もない結晶作用の中で並びあって成長し、そのまま凝結したかのようだ。実際、鳥の視界そのもののこの高所からながめたとき、この町は、そこに生まれた人にさえ、なにかしら見知らぬ、怪奇な様相を帯びるのであり、そのため彼は一瞬自分がどこにいるか忘れてしまうのだ。いたるところ穴を穿たれ格子柵で囲まれながら、だがまたいたるところ互いに結びあって、まさにひとつの巨大な蜂の巣のように、この都市は眼下に横たわっている。ただ四方八方に延びる街路だけは、鋤でかかれた畝間のようにまっすぐに延びている。あちこちの広場は、混乱した雑踏から逃れてふたたび息をつける避難所のようだ。われわれの直下の深淵の中に聖シュテファン広場がある。人々は淡い灰色の舗石のうえを黒い蟻のように走り回っている。そしてあの箱型馬車は、二匹の可愛い甲虫に引かれた黒い胡桃の殻のように、人々の傍らを滑るように進んでゆく。そして蟻の数はますます多くなってゆき、滑るように進む胡桃の殻もますます増えてゆく。あそこに聳えているのが聖ペーター教会の美しい黒い丸屋根だ。教会とわれわれの間にある家々はそう多くないが、その丸屋根が周囲の家並からどれほど抜きんでているか、それはこの高所からはじめて目にすることができる。そのうしろには、ショッテン修道院のいかにも親しみを感じさせる塔があり、左には聖ミヒャエル教会修道院のほっそりとした尖塔、それからアウグスティーナー教会、カプツィーナー教会、そしてそれらすべての間には（それ自体ひとつの小都市だが）皇帝の居城の荘厳な建物がある。さらに南から東へ向けて、多くの人でごった返す、なだらかに湾曲するケルントナー通りによって分割されたケルントナー地区の家並が弧を描いて広がっている。かしこにはフランツィスカーナー教会の塔が、その先の左手には大学の塔がそそり立つ。彼方北西の方角には、ほら小ぶりのつつましい小塔があるね。この町でいちばん古い聖ループレヒト教会だ。そしてまたその左にはマリア・アム・ゲシュターデ教会の繊細な透かし彫りのような装飾を見せる塔頂部。そしてさらに別のいくたの塔、破風、出窓、バルコニー。――しかし、ごらん、この都市の住民もやっと目を覚まし、一日の仕事をはじめたのだ。彼らが活動の舞台に登場したこの時刻から、その性格を予言することもできるかもしれない。だがこんな予言をする前に、さらに市内*の境界の外側に目を向けてみたまえ。あそこに、君が昨日たどった長い市外区*の街路が突然途切れたときに足を踏み入れた風変わりな庭園がある。広やかな緑の帯のように、それは市内を取り巻いている。そこはかつての城砦のグラシ*、いまは事実上優雅な庭園となり、緑なす芝生の広場でおおわれ、並木道によってあらゆる方角へ分かたれ、心地よい空気を貯えている。そこを逍遥しては、いっそう自由にのびのびと息をつくために、涼しい夕べに多くの市民が好んで繰り出すところとなっているのだ。

　そしてこの庭園の向こう側に、それに巨大な環状をなして巻きつきながら、その外へさらに広がりつつ、はじめてあの市外区の集団が横たわる。そしてその広い市外区こそ、この首都に文字通り偉大さをあたえているのである。その数すでに三五になると思う。大部分がとても美しい正面《フロント》を有しつつ、環状をなして、グラシに向かって対峙する。いわばそれらは市内の中へ前進しようとするものの、この市内との不可視の境界で停止し、動けなくなってしまったようだ。なぜならそうした市外区の群がそれより先、風通しがよく健康にもよいグラシの庭園の中へ侵入するのは許されていないからである。だがその代わりに、その外では大いに勢力を奮い、ますます遠くまで広がって新たな地域を食い尽くしてゆく。というのも、いいかね、市外区はあの南西の方角で丘に昇り、その後ゆるやかに谷間へくだり、かしこで広く枝分かれして、やがてドナウ支流の岸辺にいたり、そう、その支流をさらに越えて対岸の中の島の岸辺までぎっしりと家で満たしている。それからさらに上昇し、また下降してウィーン川の岸へ進み、その後たちまちあの最初の丘陵を登ってゆく。だが市外区の勢いはこれでとどまることはなく、いくたの箇所でほとんど見渡しがたいほど遠くまで広がり、あちこちに家々を白く点在させながら、次第にますます多くの庭々と混じりあうまでになり、そしてついに緑ゆたかな平野に突き当たるのだ。この平野はおそらく都市の境界になってはいようが、家並のそれではない。というのも、まさにその地域のあちこちに広く撒き散らされたように、小さく白く点在する別荘があるからだ。そしてそれらは淡く霞のかかった緑青色の明けゆく海に浮かぶ遠い帆船のように、その輝きをここまで送ってくる。そしてさらに、いまやウィーンを囲むかつての村々のうち無数のものがすでに市外区にのみ込まれ、街となっている。ただその名前だけは、大部分が依然かつての村の名を冠してはいるのだが。

こうして市外区の成長と建設は依然としてやむことがない。それというのも、ウィーン山*の美しい、柔らかな暗緑色の尾根が連なってゆく、あの遠く南のほうを見たまえ。そこには山頂に、シュピネリン・アム・クロイツ*と呼ばれる小さな柱が見えるだろう。あそこから、そしてそのままわれわれに向けて広い街道が通じているね。それはわが国の港トリエステから来るもので、われわれと南方全体を結んでいるのだ。では、この望遠鏡を取って街道を探してみたまえ。あそこ、あの彼方の淡い砂塵があがっているところに、それはあるはずだ。——さて、なにが見えるだろう。ゆっくりと走る馬車また馬車の長い列、すべてがこの都に向かっている。その傍らを多種多様な軽快な馬車や騎馬の人たちがいったり来たりして、あわただしく通り過ぎてゆく。さらにその間を歩行者や旅人や小さな家畜の群が歩き、そして前者のいかにも重そうな馬車にも後者の軽快なそれにも属さぬ馬車がゆっくりと進む。あそこに見える重そうな馬車たちはいろいろな商品を都へ運んでくるが、とくに暗赤色の布のシートに覆われたそれらの大部分は、山の彼方にいくつか煙の柱があがっているあの地帯からやって来て、この巨大な密集する家々がつぎつぎに建設されてきた資材を、不断に、倦むことなく運んでくるのだ。すなわちレンガを。そしてウィーン山の中には無尽蔵の粘土層がまだあって、もうひとつのウィーンが、そしてさらにひとつが、そしていくつになるか誰にもわからないほどの数のウィーンが建設され続けることを待ちわびているのである。ついに山が掘り尽くされて平らになってしまい、これまた都市によってのみ込まれてしまうまで。そして、それらの馬車がいかに急ぎ、駆り立てられ、活発に動いているかを見るならば、それらが実際それ以外のことなど毛頭考えていないといわざるをえないだろう。

そして君は望遠鏡を手にしているのだから、それを少し左へ移動してみたまえ。街はずれにあの宮殿のような建物が見えるだろうか。あれは車庫だ、だが大きくて強力な車のそれだ。それらの車はつねに互いにつながり隊列をなし、そして恐るべき荒々しい馬たちに引かれて、そこから出てくる。その荒い鼻息に人は震えおののき、鼻孔から出る蒸気は黒い柱となって空中高く立ち昇るのだ。それらはどんな抵抗も粉砕し、その走行に匹敵するのはただ鳥の飛翔しかない。そしてそれにもかかわらずたったひとりの人間が、ひとりのちっぽけな人間が、君の望遠鏡ではほとんど彼が見えないだろう、その彼が手で軽く一押しするだけでその馬たちを御してしまい、それで馬たちは震える子羊のように静かに従順に立ち止まるのである。ああ、彼はあそこを走っているではないか。ほら、その暗い線状のものが畑の中をゆっくりと進んでゆく。よく見たまえ、それが君の目から失せてしまう前に。もうそれがあげる最初の煙雲がずっと後方の空に昇っている。だがその二番目、三番目の煙雲も。いま、あの傾斜地がそれを隠した。いま、また見えた、くっきりとした姿をして後方へたなびきながら。——その線は消えた。そしてただ煙だけがゆっくりと空に散ってゆく。

それはなんと威風堂々としていることか！　肉体的には無力でしかない人間がこうしたすべてを組み立てたのだ。恐るべく強大な自然力、この盲目的で驚くべき力を、人間は玩具のように自らの壮麗な車の前につなぎ、指で押して操縦するのだ。こうして彼はさらに他の力、解き放たれるのがいっそう困難な力、いっそう恐ろしい力も支配し、自分に奉仕させ、地上という彼の住処で全能の存在となるだろう。世界はますます美しく壮大になることだろう。ただ、人が死ななければならないことは心を暗くする、というべきであろう。

君はここで人間の強さを見た。ではいま、望遠鏡を指一本分左へずらしてごらん。すると今度は、人間の美しさを見ることになる。古く、高貴かつ重厚にしつらえられた城館が庭園の上端に立っている。それが*ベルヴェデーレ宮殿だ。

ひとりの小柄で虚弱な男、*プリンツ・オイゲンがかつてあそこで自分の偉業から退いて休養していた。その偉業はこの小柄で虚弱な男に宿る鋼鉄のごとき意志の結果であり、その強力さにおいてヨーロッパ中に響き渡り、恐るべき狂信的なトルコ軍の半月旗の立つ支柱をまるで草の茎のようにへし折ったのだった。いま城の中の広間は静まり返っている。それというのも、その小柄で虚弱な男はとうに葬られたからである。そして何百人の英雄が城にいるにもかかわらず、また最高に麗しい女性たちの華やいだ一団がそこに滞在し、牛や馬、鹿や騎兵、森や岩、庭園や花々、そしてあらゆる動物たちといった数えきれないほどの集合体が描かれているにもかかわらず、それでもやはりその場所は死の静寂が領している。なぜなら、彼らはあくまでも肖像として、人間の魂の美しい尊敬すべき華々として、そして人間の心の偉大さ、奥深さ、愛、親密さの記念碑として、壁また壁をぎっしりと覆っているのだから。彼らは、かつてここを歩んだあの英雄の尊い後裔たちなのである。

さらに前方にはシュヴァルツェンベルク侯爵の夏の宮殿があり、その右手には二本のほっそりとした、ほとんど東洋的な柱をともなったカール教会の大円蓋がある。その隣にあるきれいな板金屋根を持つシンメトリカルな建物は工科学校だ。そこから方向をさらに転じて、左へ、宮殿を思わせるような美しい個人の邸宅をいくつか過ぎてゆくと、見事な外観と広さを誇る建造物が目に留まる。それは風変わりな建造物だ。その中ではある物が作られている。それはそれ自体では、使用価値はわずか、あるいはむしろ全然ない、とさえいいたい。だが人々の協定によって、その物のうちに他のいっさいの物のまさに精髄が潜み、それを獲得しようと人は日々努める。何百万の手が熱心に獲得しようと努める一方で、日々また何百万の手がそれを投げ出す。それは、金銭だ。ひとつの物にすぎない。はじめは無害なものとして人間の便利さのために考え出され、大きな、ごつい、やっかいな本物の物品財をどこにでも携行していかなくてもいいように考案された虚ろで無意味な代行者にすぎなかった。――それから次第に意味を獲得しつつ、それはおもむろに目覚めていった。そして、名状しがたい有益性を見出しながら、増大する取引の中で種々の物と諸国民とを混ぜ合わせつつ、国民を結びつけるもっとも繊細な神経にして精神となった。ついには、その色を変えて、デーモンとなり、もはや物の像ではなく自らが物と化し、そう、他のすべてのものをのみ込んだ、まさに唯一の物となってしまったのだ。――それは、幸福そのものであるかのように、われわれが追いかけてやまぬ眩しい亡霊となったのだ。――この世のいっさいの快楽がそこから浮かびあがり、その代償としてわれわれが地上の最高の財、すなわち兄弟愛を投げ入れてしまった謎に満ちた底知れぬ深淵。それというのも、その容易な取引（公国さえもかばんに入れて運ぶことができる）は人の気持ちを刺激して蓄財させ、なににもまさる金銭という価値はまさにその獲得そのものへと人を誘うからだ。その獲得、辛苦に満ちたその獲得を人がめざすのは、報酬として喜びを求めてのことだ。だが他方、二次的幸福であるはずのこの金銭獲得は、さらなる獲得・増殖へ向けて人を駆り立てるのである。なぜなら誰も、この渇望する心にたいして、かつての約束など守らないからである。こうして事態はどこまでも進む。再度の獲得、再度の楽しみ、不断の増大、不断の進行。——そしてより大いなる獲得、より大いなる楽しみ。そしてもしもここにいる男がこのせわしない狩猟で倒れると、そのとき彼は他の者たちへの羨望と怨恨を抱くことになる。彼は自分が貧しいと思い込むからである。——こうして「幸福」の概念のとてつもない倒錯にとらえられた諸国民は、そう、ほとんど全人類は、震えおののく性急さのうちに、かわるがわる交代する責め苦を追いかけている。すなわち獲得と消費を。そしてその間、人の唯一の幸福はその手からこぼれ落ちてゆく。神の善意の日差しの中に快く至福に戯れること。空の鳥のように、至福に、そして貧しさのうちに、戯れること——いや、それは貧しさではない。必要なものは余るほどそろっているのだから。そして人を豊かに幸福にしてくれるのは、ともに戯れる周囲の無数の人々の愛と快活さなのである。——しかし、いつの日か、おそらくそうなるに違いない。事態が変化すれば、確実にそうなるに違いない。まさに人間と呼ばれる解しがたく謎めいた種族についておびただしく立てられた教育計画の中で、彼がこれもまた経験せざるをえず、そしてこの経験から別のそれへ、さらにまた別の経験へと脱出し、ついに幼年期の千年間が過ぎ去って、いまや青年となった彼が、穏やかな善意を次第に意識するにいたる、そういう事態におそらくなるだろう。そしてその善意は彼をより物静かな人間性へ導いてゆくのだ、人間の道徳的な自由へと。そしてこれとともに金銭はその本来の目的と定めに仕えるべきであろう。

造幣局のすぐ左側、わずかにあの青い水路（それはノイシュタット運河だ）によって隔てられたところに、別の建物があって、金属からまた別の代物を製造している。ほとんど金銭と同じく大変有用で、それほど有害ではないといえるもの、つまり大砲、異国の者がわれわれの財産を渇望するとき、われわれがむき出す歯だ。――そうした銃器はただ一時的な財にすぎず、いつの日か全人類が理性的になるまでの間、役立つにすぎない。そのときには、あちこちで高貴な者の幼い息子がそうした物（その驚くほど大きな音のために、人は彼に撃ち方を教えるのだが）を、ただの遊び道具とすることになろう。しかしその時が来るまでは、それが製造されるこうした建物は依然として必要なのである。そしてまたさらに先の左側に見える建物、偉大な侯爵の宮殿のような広壮で美しい建物も。それはあそこ、車の激しく出入りするのが見えるあの街道にまさに面して建っていて、並木道にずっと向こうまで続く太く大きなポプラの木々によって街道から区切られている。もし君が望遠鏡の焦点を建物につけられた紋章の中間盾に合わせるならば、「傷ついた戦士に祖国を」という銘が読めるね。それは廃兵院だ。すでにいったように、たしかに大砲の製造所が同様に必要とされる限り、こちらも用いられるのだが、しかしいずれもはや不要となるあの時がいつ訪れるのか、それを知る人はまだいない。その建物の傍らを走るのが、ハンガリー、そしてさらに東洋へと通じる街道だ。市外のあの黄色い畑地でも、そこに延びてゆくかすかな砂塵によって、目でその道筋を追うことができる。そこでは昼夜を問わずハンガリーの小さな馬が走行し、それらはほとんど家畜のように馬車の前を走っている。そしてこの馬たちを操り、元気をあたえるのが、幅広の白いズボンをはき、日焼けしきわめて表情豊かな顔に陰をあたえるつば広の帽子をかぶった、あの絵のような人種なのである。それはまぎれもなくハンガリー平原の息子たちの子孫だ。しかし、やはり東洋に向かうさらに別の街道をわれわれは持っている。まさに先の街道ほどごった返しておらず、たった一粒の砂塵もあがらないにもかかわらず、もっと肥沃な街道を。ひとすじの広々として微光を放つ白銀色の流れのように、それがあの暗緑色の広葉樹林をつらぬいて流れてゆくのが見えるだろう。それがわれわれの美しき大河、ドナウだ。そして広葉樹林はウィーンの庭、プラーター*だ。ちらちら光る大きな建物のような船が、あらゆる種類の人間と物品を東方へ運びながら、この白銀色に光る街道を下ってゆく。その間にはあの優雅なスマートな渡し船、すなわちわれわれの時代の所産である蒸気船が走行しているが、それは下流に向かってはショウドウツバメ《ヴァッサーシュヴァルベ》のように疾走し、上流へは白鳥のようにゆったりと進み、その強力なオールの力で波の力を乗り越えてゆくのだ。ほら、あそこの森の入口に堂々とした大きな白と赤の旗がひるがえっているね。あれはきょうもあの灯船のひとつが出帆するというしるしなのだ。おお、あの岸辺に黒点があるではないか。見えるかね、外の右手、川がもっと広くなって、水車がいくつもある、あの場所だ。あれがその船だ。この黒点のような船はどれほど多くの喜び、どれほど多くの涙をきょうもなお目にすることだろう。

ではもう少し左へ、川の上流に向かって行ってみよう。ほとんど並行して川を越える二本の黒い線がある。それは町から北へ通じる二本の橋で、左の橋は大昔からあって、北へ向かう馬車や旅人のためのもの、もうひとつ右の橋は新しく、ただ鉄道車両のためだけに作られたものだ。プラーターの玄関口に、君は鉄道の駅も見ることができる。さらに橋から右へ川向こうに目を向けて、あの淡黄色の平野を見たまえ。穀物が豊かに波打ち、光のない色彩のうちに空と溶けあった地平線にいたるまで、はてしなく広がってゆく平野を。——神の祝福によってこの野原は穀物でおおわれ、首都のための食物と健やかさの地となっているが、かつては、ある時は幸運、ある時は不運をもたらした。それはアスパーン*とワーグラム*の平原である。さほど遠からぬ以前、そこには鉄の穀物がまかれたことがある。そしてまさにいまそこで収穫へ向かって成熟している無数の黄金の穀物が、かつての鉄の穀物の実りではないと、誰がいえよう。それというのも諸民族はその場で、それまで完全無敵に見えたオーストリア軍が打ち負かされることもある、ということを学んだのだった。何千もの働き手によってあの穀物がまかれたとき、ここに、われわれがいま立っているここに、人々の顔の群がる場所があったし、われわれの足下、同じ塔の他のどの場所にも人は群がっていた。そしてそこではただ塔だけが、たとえ人間の目ほどの大きさにすぎないにせよ、つねにあの面に向かって開かれた隙間を示していた。まさにここにこそ、実際そうした目があったのだ。そしてすべての顔とすべての目がほかならぬひとつの場所に向けられていたのだ。鉄の種がまかれたあの平原に。——そこではいかに多くの倒れゆく兵士の目が、予感に満ちてこちらを、彼らの都市の、親密な、ポプラのごとく高く聳える塔をながめたことだろう。そしていかにあまたの崩れゆく視界に、この尖塔がいまだ幻影のように小さく震えていたことか。いまやその日は過ぎ去った、戦士たちは消え去った。そして自然は恥ずかしそうにこの地に花の毛氈をかぶせた。

さて、さらに左に目をやるならば、われわれの川が数年前〔一八三〇年二月二八日のドナウ河の大洪水〕に襲いかかった中の島の市外区が見渡せるだろう。その災害時、またしてもこの塔は展望の場となったのだった。そこから多数の目があの洪水に見舞われたいくたの箇所を、家々や氷塊がゆっくりと天に向かって屹立するさまをながめ、泥土からなる街が別の街をおおうのか否か、と不安な思いでじりじりと結末を待ちうける場所となったのだ。そしてその外側には、銀色の鏡のようにきらめきながら、流し込まれた泥水が遠くまで横たわっていた、村々や家々は黒い点のようにその中に点在していた。静まり返った光のない円蓋のような、どんよりとした三月の空は動きもなく見下ろして、本来ならば太陽が灰色の空をつらぬくべきところに、それはチラチラ光るモザイクと壮麗にきらめく物の姿を恐ろしい鏡面に映していた。水はふたたび引き、それとともに多数の命をさらっていったのだった。しかしその地区はいまふたたび晴れやかに、輝かしく存在し、いまやこの地に波打つ生命の潮は失われたあの人々のそれと結ばれたのだ。大気の流れが傷つき分けられた場所で、ふたたび合流してひとつの流れになるように。

われわれが展望を開始したその場所へ君がいままた戻ろうと思うなら、中の島地区から左へ進んでみたまえ。それから湾曲した小さな川（市内へと流れ込むドナウの傍流）を越え、隊形変更と祝祭行事のためにグラシが植林されぬままになっている、まさにあの場所に長く白々と光る線を引く市外区をつらぬいて行きたまえ。その市外区の中にあの新しい建物がある。それは大変大きく、エジプト風といいたいほどの厳粛さを持った、そして砂敷きの広場にそって重々しく延びた建物だ。つまり新しい監獄だ。もはや大砲が要らなくなるあの理性的な時代がいつか出現するならば、その時この建物も不要になろうし、そのときもしかしたら、いまは後悔と絶望をはぐくむ独房に歓喜の歌が鳴り渡るかもしれない。あるいは、この堅固な建物はとうに塵のうちに崩れ落ち、あの時代が来る前に、なにか別の建物がふたたびその場所に建っているかもしれない。

この建物が内部の災いから守ってくれるように、右手向かい側のもうひとつの建物は外部のそれから守ってくれる。それは最初の大規模なアルザー営舎、兵士と武器が密集する活発な蜂の巣箱だ。

さあもう少し、左側の高いところに瓦礫のように並ぶ家々の向こうを見てごらん。いろいろな名前を持った一連の市外区が絡みあっている。ヨーゼフシュタット、アルト・レルヒェンフェルト、ノイバウ、サンクト・ウルリヒ、マリアヒルフ、ライムグルーベ等々。さて、いままた君には小さな柱の立つ、優しく緑なしている尾根、ウィーン山が見えているね。こうしてわれわれの展望は完了したことになる。

そら、こうする間に太陽は高く昇ってその光を遠方まで注ぎ、この巨大都市のいっさいの艶やかさ、不思議さや多様さをまばゆいばかりに照らし出す。――その舞台をわれわれは通り抜けた……。そしていま、いかなる国民がこの無数の壁の中に住み、活動しているのだろうか！

太陽が市外の農夫やこの高みに立つわれわれにたいしては、もうとうに昇っているにもかかわらず、またわれわれがすでに町全体をながめ渡したにもかかわらず、それでも足下の人々にとって今ようやく朝がはじまったところだ。そして彼らの活動が開始された。それはひとつの実に多様な姿をした奇妙な国民、あらゆる卓越性と美徳、あらゆる激情と悪徳がまじりあった市松模様を示す国民だ。いかにして快活さと善意、また戯れとふざけ好きがこの国民の本質的な特徴となっているかを誰かが君にいうとしても、また人から聞いたことが本当だったとしても、それでも君はこうしたことを一日目に、二日目、一〇日目、あるいは一〇〇日目に味わってみようなどと望まないでほしい。この都市は、口直しにいただく高価な品のように、ゆっくりと、小片また小片と、吟味しながら十分に賞味されねばならないのだ。そうだとも、君は自らそのような小片になりきらねばならない。そうなってはじめて、この都市の内実の豊かさ全体とそれを囲むいくたの地域の魅力は、完全に君のものになる。ひとえに時間をかけた不断の観察にたいしてのみ、この町は身を許す。だが、そうなったときには、深く、愛情をこめて、持続的にそうするのだ。そうした事情から何人もの人がここを去ってゆくが、彼らは頭の中に雑然とした観念を身につけていくだけだ。君はまず、あの侘しさを克服することを学びたまえ、日々住まいから出て路上で他の人々に会うときに君をとらえるであろう、あの侘しさを。もしも君が歓びの場に居合わせ、君の周囲が歓声に沸き立つ一方で、誰も君のことなど気にかけず、君のまわりが幽霊でも出そうなほど寂しくなるようなとき、その時は、ただ待ち望みたまえ。つねに外出したまえ、いつもここにいたまえ、くつろいだ心で彼らのひとりとなりたまえ。そうなれば、ほら、ひそやかな共感のうちに君は路上のすべての人を知ることになるだろう。そうだとも、君がそれ以外の異邦人をすぐ見分けることができるほど、君はもう彼らを知っている。彼らはいたるところで君と語ることだろう。彼らは君を招待するだろう。彼らは君に歓びを分けあたえるだろう。なぜなら君はいま彼らのひとりなのだから。彼らは君を知り、君に献身するのだ。――そして君はいまもいぶかしい思いでこれらの家を見下ろしているが、このときもその家のひとつで、まだいいようもなく甘美な朝のまどろみのうちに両目が閉じられていないだろうか。そしてその目に浮かぶ天空の中に君はすっかり没入するであろうし、そのときこそこの町を天国と呼ぶことになろう。いまはまだ君の心を矛盾した要素でとらえているこの町を。ただこれだけは気に留めてほしい。人はここではすばらしく美しい目を持っていること、そしてウィーン人の心の愛らしさは、その大部分を女性たちが授かったということを。

いまや人々の活動がはじまった。なんと下の広場の人々の数が増えてゆくことか。辻馬車*がやって来て、並んで位置に着く。その湾曲した幌の前に渡された大きな鉄の横板が引きあげられる。そして高価な陳列品の数々が展《ひろ》げられてゆく。美の愛好者たる麗しきご婦人がたを誘惑する目もあやな手段が。そしてなんと人々がみな、まるで全員遅刻するのを恐れているかのように、走り、入り乱れ、群がっていることか。こちらには馬車が走り、無数の小さな樽の中に、きょう消費されるはずの「牛乳」という名の大海を運んでくる。市場には食料品を満載した露店がひしめいている。百万匹もの獣が昨夜いのちを落としたが、それは足下にいるこのすべての人々が食するためだ。ひとつの森ほどの野菜・果物が刈り取られ、運び込まれた。ここには小間使いたちが清潔な買い物籠を手にして歩き、うなるような音を立てる群衆の波の中へ姿を消してゆく。――ほら、もう儀装馬車も現れて広場を進んでゆく。実業家たちはみな現れたし、役所へ向かう役人たちも姿を見せた。そして都市をおおう煙や砂塵はますます増える。馬車や箱型馬車の数はいっそう多くなり、ひきもきれぬ轟きは、鈍い響きながら、このわれわれの風通しのよい人気《ひとけ》のない空間にまで立ち昇ってくる。ほら、なんと愛らしいことだろう！　朝の空は次第に午前の雲を集めてゆき、そのため太陽は大きく広がった都市のうえに、こちらにはシルエットを、あちらには光のきらめきを配置した。それで足下の首都は、まさに美しく艶やかな黄金のように、銀糸刺繍のように横たわっている。そして、首都の偉大さを君は、あちら旧市街の外に円環状に広がる市外区が薄青の霞のうちにたゆたう一方で、近くの市街がカメラ・オブスクーラ〔カメラ初期の孔カメラ〕の映像の鮮明さをもって浮かびあがるようすから、推察することができる。いまやもう貴族や裕福な私人の馬車がわれわれの大聖堂広場のなめらかな舗石のうえを走るのも見られるようになった。建物に面した歩道のうえには、うようよ群がる虫のように、ひっきりなしに人間の黒い流れが進む。太鼓だ。あそこの角を近衛歩兵が移動中なのだ。見事に、均一の歩調を保ちつつ、ゆっくり動く壁のように、それは明るい広場に進み出る。彼らから退き、その背後に黒々と群がった人々の集団ができる。窓が開けられ、そして美しい、物見高い目が下をながめる。あるいは、暇をもてあました人や、いまようやく早い朝が訪れた寝坊の人の刺繡の施されたキャップや赤いナイトガウン。音楽と兵隊は通り過ぎてゆき、そして物見高い群、その一部は男たち、一部は少年たちだが、彼らは拍子を取りながら、そのあとについてゆく。

とうとうあの美しい家の窓も開き、そしてカーテンがさっとあがる。そこには誰が住んでいるのだろうか。きっと、深夜がまだやっと夕べで、遅い午後が朝であるような人だろう。そう、いまや人々はみな目覚めた。そして白昼となった。――いや、ひとりの人間、あるいは、もうひとり別の人間がおそらくまだ、まどろんでいるのかもしれない。ごらん、この泡立ち沸騰するやかんのような町を。それは激しく活動し、渦巻いている。まるで上へ向かい、なにかある神秘な、不変の法則に従って進行するかのように。だが、ここに、この都市には、ある人々がいるのだ。君は路上で彼らを見分けられないだろう。この人たちは重い仕事机に向かって座っている。彼らにはさらに高い地位の人からこの活動と生活の公式が委託されているのだが、それはその公式が歴史的にも見事に、そして至福のうちに展開するように、そしてまさにこのいま現在それが急変して混乱することがないように、との配慮からである。すべての人が阻害されぬ進行の恩恵を感じている。しかし誰ひとりそれが実現される魔法を知るものはない。ただそれが、たとえささやかでも阻害されるようなとき、彼は、すべてが誤っていた、自分はそれを改善できると考えるのである。そのままにしておきたまえ。そうしたことが人間という種族の流儀なのだ！　先に私が示唆した人々のうち何人もがいまや、われわれがここに昇ったときにはまだおそらくランプの前に座り、その公式について熟考していたかもしれない。そして下の世界で、その福祉を彼が気遣う市民生活が目覚めたとき、彼はランプを消して短いまどろみを試みたのだ。あるいはそれも試みなかったかもしれない。そしていま頃、目覚めた人々の中を彼らのひとりのように歩き、そして市民がなにを考え、なにが必要とされているかについて、部下から報告を受けるのだ。君にとって、こうした営みがなおささいなものだろうか。君のうちに、この密集した家々の中からひとつの恐ろしく真面目な意味が立ち昇ってこないだろうか。世界史の一部分、そしてときには重要な一部分がここで形成されたし、これからも形成されてゆくのだ。

しかし世界史は世界史にまかせておきたまえ。そして君はただひたすら、たった一日、たった一夜の物語〔「物語」と「歴史」は同一語である〕を、鮮明に、あるがままに考え、描きたまえ。この地上には幸福はない。たとえそのように思われるものが非常に強烈で、切実であるために、人間の心がもうそれに耐えられないほどであったとしても。たとえば、昨夜市壁の中でこんな数々の出来事があった。弱気になったひとりの青年がいた。そして、オリオン座の星々のように届きがたく離れた唇があった。きょうそれは、はじめて彼の唇のうえに触れ、彼はこの部屋に座って両手で目をふさいだ。まさにこの幸福を確かめるため、そう、ただただそれを理解するために、そして真昼の光のもとそれが彼から消え去らないようにと。子供が新しい、ほとんど信じられないほどきれいな人形の腕の中で眠り込んだ。ある乙女が聖母像の前に横になり、どの日もきょうのように素敵であるようにと願った。それというのも、彼女は久しく愛しあっている男との婚姻の祝福を授けられたのだ。ある人が大変当たりくじを引いた。ある男が絶世の美女の腕の中でうち震えた。無数の唇が接吻を交わし、無数の腕が絡みあったかもしれない。陶然とした夏の宵、詩人にはじめて彼の理想が目に見える形をとって現れ、天文学者は星を数えた。ひとりの母親がランプを手にし、真夜中過ぎに彼女のバラ色の、まどろむ天使を訪れた。吝嗇な者たちが金を数えた。夢が数々の人々の心の中を瞬く間に通っていった。放蕩者たちが放埓な祝いにふけった。賭博者が他のふたりの全財産を家へ持ち帰った。こうして彼らはここに憂いなきまどろみのうちに憩うていた。そのうえに妖精の手によって金糸刺繡の夢の毛氈が織られたので、彼らは魔法の海原の中に沈み、あるいは漂うのだった。

しかしまた、嘆きや不幸も存在しないのだ。たとえ私にとってぞっとするものばかりであるにせよ。たとえば、きょうこの都市でもこんなことがあった。死神は百もの家に入り、いたるところで人の心を踏み砕いた。ひとりの蒼白の男がピストルに弾をこめた。隣室には妻と子供が眠っている。あした残高調査が行われ、そのあと城砦禁固になるのだ、もしも彼がその前に決行しないなら。彼は額をぬぐう。まさに夢遊病者のように、彼もかつてやはり下を行き来していたことがあった、そして彼らのように無垢であった。そんなことが彼にはまるでメルヒェンのように遠いものと感じられるのであった。無数の病人がわれわれの塔の時計の永遠に躊躇し続ける打刻の音を数えた。そして監視の女は彼らの傍らで眠っていた。あの娘は苦しみのあまり、美しくも不実な男の胸像のガラスを砕き、ために両手から血が流れる。別の娘は、不安のあまり激しく心臓を動悸させながら、誘惑者に彼女の部屋のドアをあける。まさに侮辱のうちに拒否された愛の女は苦悩のうちに闇夜の中へ*嘆きの歌を歌い、ときおり軽はずみなウズラの硬い声だけがそれに共鳴する。憂いに満ちた貧しさのうえにまどろみが横たわる、まるで鉛のように。そして家路につく美食家の愉しそうな声がその中に響き入る。悪徳がその崇拝者を責めさいなみ、陋屋や広間の中を非難が行き交い、まどろむその男の心のまわりにトゲの肌着を織る。さまざまの夢がそのうえに熱く焼けた石のふたを載せ、上空には星辰がなにもなかったように静かに瞬いている。馬車の車輪の音がやっとまばらになり、夜更けて帰宅する人たちの足音とともに、すっかり途絶える。時間は深夜二時頃だ。――それから、ゆっくりと空は白んでゆき、そしてまもなく食品運搬のあの馬車たちがガタガタ音を立てはじめ、また一日が開始される。そして太陽は、じつに穏やかに、そして無垢に、小さな動物たちが戯れまどろんだ緑の草原上に昇るのと同様に、町のうえにも昇るのだ。そしていまや嬉々として人は日々の営みに向かおうとする。

なんという充溢だろうか。歓喜も戦慄も測りがたく豊かに、このような都市のたった一夜の物語のうちには横たわっていないだろうか。そして足下の世界ではすべてが無害な陽気さに満ちて活動している。そして実際無害で陽気なのだ。というのも、ひとりひとりの不幸な者はこの群衆の中では見えなくなるし、あるいは彼が、誇り高さか頑固さゆえに、ほかの人たちと同じ陽気な顔をつくろうからである。

君の目にごくちっぽけに見える足下のすべての歩行者たち。彼らは語り、挨拶を交わし、舗石は彼らの足元で靴音を響かせる。しかしわれわれにはそれは聞こえないし、あたりの大きなざわめきのもとにその音はかき消されてしまう。ちょうど荒れ狂う水面の真下の深みで餌を漁る水鳥の黒い群のように、彼らは湿っぽい石の大都市のあちこちの街路や門をすべるように静かに出入りするのだ。さて、まるで色とりどりのリボンが街路を引かれてゆくように、人々は実にせわしなく流れ、突き進み、急いでいる。いったい彼らすべてをこれほど駆り立て、動かすものはなんなのか。

駆り立て旋回するあの渦巻きを生み出すために、ここに働いている力とは、いったいなんだというのか！　それは、人類の中でひどく高貴なものも低俗なものもあるにせよ、やはり利害関係ではないのか。ここにこそ人類の広く、強力な、恥ずべき基盤がある。姉妹である浪費をともなった所有欲。その何千もの犠牲者が眼下の世界で苦しみながら走り回っているのが目に見える。そのようにして彼らは他の者に先んじ、他の者から方法と時間を勝ち取ろうとし、ちょっとだけ家に立ち寄ったあと、またふたたび輝かしく外へ打って出ようとする。ひとりの男はすでに儲けをかばんに入れて、さっそうと歩いてゆく。別の男は心臓を恐ろしくドキドキさせている。なぜならいっさいがきょう中に失われてしまうかもしれないからである。そして獲得、あわただしい取得、策を用いた入手といった数々がこうして一日中続き、そして明日もまたあらたに始められるのだ。それから、空腹がある。この青ざめ、汚れた道連れは、ただそれが一掃されんがために、人を何千もの危険な仕事や労働へ駆り立てるのだ。ここには浮気娘が歩いている。彼女は三角や四角の旗をひるがえらせて、他にすることもなく充足の機会をただ待ち受ける欲望をひたすら惹きつけようとする。だがそうやって充足された欲望は吐き気をもたらさずにはいないのだ。そこには遠くの市外区から来た商売人が歩いているが、彼は顧客にできあがった仕事を届けるところだ。暇をもてあました者がせかせか動く。虚栄心の強い男が最高に美しい服を着て、見せびらかす。その傍らを、だらしないと思われながら、詩人が通り過ぎてゆくが、彼は心に天国を抱きつつ、この轟音のさなかを歩いてゆくのだ。そして愛に没頭している男はまさしく、そのふたつの目がきらめくのを見たところだ。生徒たちは教師によって戸外へ連れ出される。芸術家は心の夢、天空の旋律、色彩の魔術を頭の中に浮かべ、外部の轟々たる波がいくら打ちつけようと意に介さない。不幸を嘆く女が、ミサの中で心を注ぎ出すべく、われわれの足下の大聖堂の涼やかな暗い空間を求める。そして建築家が彼女の隣に立ち、石工たちが石と漆喰で建てあげたこのすぐれた詩に驚嘆する。そして何千もの人々がなお右に左にあふれ流れているが、彼らはみなそんなことはしない。彼らはただ、多様な姿をしているものの、実は同一であるあの女神を追いかけているのだ、歓喜という女神を。――そうこうする間に次第に輝かしい日が高く昇ってくる。実に親しみをこめて、あるいは実に無関心に、壮麗な荒地のうえに昇るように。その光り輝く青色はあちこちに湧きあがる煙の柱で汚されてしまう。その間、外にいる人々は活動し、屋内でもそれに劣らず活発に事が進んでいる。売買が行われ、ハンマーが打たれ、裁断され、作業がなされ、物が運ばれる。無数の行の文章が書かれ、印刷され、作曲され、演奏され、そしてきょう消費されるはずのものを無数のかたちで準備するために、千もの手が忙しく働いている。それというのも、われわれの下の時計のハンマーが一二時を打つと、その時からもう毎時が食事時間となり、宮殿における最後の昼食の頃には、もう官房での最初の夕食となる。それが前者よりも、さらに早くなることはおそらくないとしても。そしてそのあと店は閉まり、楽しみの世界がはじまるのだ。君には町の外、山の斜面の緑の中に、いくつも白々とした点が光っているのが見えるだろうか。あれは彼らの別荘だ。あれが彼らの遊山の場所だ。あそこへありとあらゆる種類の馬車が向かい、人を緑の中へと運ぶのだ。あそこへ向かって町中が波打つように移動する。それで君は、すべての人があの一地点めざして走っていったと思うだろう。ところで君が別の場所に来てみると、そこにもすべての人が来ているのだ。そして君が街中をゆっくり歩いてみれば、誰もそこから立ち去ってなどいない。楽しみという千々の目を持つ女神に捧げる新しい祭壇を考え出し、建設するために、昼も夜も人は企て、無数の手が動くのだ。こうした楽しみはいたるところに広がり、いたるところ街路に配置され、飾り立てられる。また人の娯楽に供するために本日の出し物を案内するポスターがあちこちで壁に貼られている。そしてここには、プラーターのハンスヴルストの楽しみから芸術のきわめて洗練された享受にいたるまでの、ありとあらゆる種類の楽しみが備わっていて、誰もが、彼に、またきょうという日にたいしてなにが提供されているか、探しているのだ。そうこうする間にもこの一日の幸運と不運は悠然と自らの道をゆく。ここではひとつの心を至福にし、かしこでは別の心を押しつぶし真っ二つに裂く。だが、群集は前者の心など知らないし、他の心も知らない。あそこでは音楽と悦楽が鳴り響き、そこでは散歩者の群れがゆく。ここには自殺しつつある青年がいるし、かしこには田舎の静寂からやってきたばかりで、この都市の混乱の中で郷愁のあまり心が破れんばかりになった若者がいる。馬に乗った陽気な者たちがそこを走り過ぎ、互いに笑いかけてゆく。その間ゆっくりと夕焼けが輝きを増してゆき、かしこの山々からさすその炎はこちらの広々とした平野に一日の別れの挨拶を送ってくれる。そして小さな点であるこのウィーンにも。そしてオペラが鳴り止み、劇場の幕も降りたとき、また馬車ががらがら音をたてて家路につき、呑み助が酒場をあとにするとき、星辰は光を放ち、下界を見おろす。そして夜は昨日の夜のごとく続き、つぎの一日はきょうのごとく続くのだ。——こうして彼らは前方へ進み続ける、ひとりは他の者に似て、しかも誰も他の者とは異なりながら。こうして彼らは自らの活動と変転の中で、自由に行動しつつ、しかしなお無意識のうちに、かの謎深い事象を構築するのだ、すなわち運命というものを。そしてその前では、それを予測することもできぬまま、いくたの国々が興り、かつ消滅する。またそうした運命を、われわれ自身が、美徳と悪徳にたいする時間をかけた無数の貢献を通して、作りあげたのではなかったろうか。

足下の鐘が正午を告げ、町中の百もの塔からそのあとを追うように鳴り渡る——それではこれでわれわれはまた下に降りることにしよう。では、いまや心安らかにこの活動の中へ沈潜したまえ。そして幸運と不運をその中に捜すこと、それが君のなすべきこととなるだろう。その両方とも、ここにはどっさりあるのだ。

人間や物の姿を、訪れてくるままに受け取りたまえ。いまは小さな無価値な存在が、いまは奥行きを持った意義深い男が訪れる。いまは戯れ、いまは真面目さ、いまは個人、いまは集団と群集が訪れるだろう。そしてこれらすべてが一緒になって、最終的に君にたいして、この都市のいっさいのもののうちにある精神と意義を描いてくれるのだ。それが偉大さと品格であろうとも、また笑うべきものや愚かしさ、あるいは善意と陽気さであろうとも。では、もう下へ降りたまえ。そして最良の隣人に近づき、彼に注目し、彼を研究し、徐々に君もこれらすべての人々のひとりになってゆきたまえ。彼らはウィーンに生活している。そしてただウィーンにのみ生き、死にたいと願っているのである。

訳注

〔一〕 丸天井や円型屋根の曲面を作り、上からの重量を両側の柱へ伝える材。リブ。

第二章　ブティックの店員

無記名

ヴィルヘルム・ベーム（絵）カール・マールクネヒト（鋼版画）「ブティックの店員」

「奥様、他にご用命は、ございませんでしょうか」

「そうね、今日のところはそれ位かしら……」

「じつは奥様に、たってのお願いがございます。もう少しだけ、お時間を拝借願えませんでしょうか。とくべつにお薦めの、とっておきの新製品を入荷いたしました。ウィーンではまだどなたも目にされたことのないお品物です。模様は華やか、お色は鮮やか、素材は超一流となっております。全体を一言で言い表すならば、超絶品なのです！」

「今日のところはそれ位かしら……」といって、はっきり態度を決められなかった婦人は、店員のこのうまい売り込みによってますます気持ちが揺らぎ、雪のような白い手に、もう片方のジャックマールの手袋をはめるのを躊躇した。彼女は、この弁舌さわやかな店員が、たったいま自分の前に広げたばかりの品物を、遠くの方からちらっと盗み見る。

彼はいわくありげな人なつっこさで続けた。「私はこのように美しい図柄が、それにあまりお似合いにならないようなお方のお召し物になるなんて、とても許すことができないのです」。それからささやくようにして、付け加えた。「私どもは、これをたった一枚しか持ち合わせておりません。お誓い申し上げます！　奥様以外のどなた様にもお薦めする気は、毛頭ございません！」

お世辞をいわれ、自尊心をくすぐられた婦人は、はっきりしない声で「そうねぇ」と答え、無関心を装いながらも、この賞賛された商品を吟味した。

勘の鋭い店員は、この美しい客が、ほめそやされた商品に関心を抱きながらも、それを隠しているのを見逃さない。彼は自らの能弁と愛嬌の良さに自信があったので、鉄は熱いうちに打てと、固く心に決める。

彼の表情はますます柔和になり、ほとんどささやきかけるような声で「奥様がこれをお召しになられたら、奥様にかなう相手など一人もおりません」

びっくりしている客の、たしなめるような目つきにたじろぎもせず、このおべっか使いは続ける。

「この柄はまことに申し分のないできでございますが、奥様はこれをお召しになったおりにどれほどの魅力を発揮するのか、ご想像がつかないと思います。たったいまこれを、パリから取り寄せたばかりでございますが、製造元は、この生地が女性の体になじんで、波のような線を作った時初めてその美しさを十二分に発揮するよう、驚異的な構想力をもってこの図案をデザインしました。まずもって申しあげますが、奥様こそがこの図柄をお召しになって輝くことになる最初にして唯一の女性なのです。奥様もこの模様のすばらしさも、すべての美しい女性の羨望の的となるのは、間違いございません」

ここで店員は一息つき、婦人がこの商品の値段を問う時間を与えた。

小声でかすかに顔を赤らめながら「誓って申し上げます。これだけすばらしい品物に対し、あまりにもわずかな価格ですので、自分でも恥ずかしいくらいなのでございます。にわかには信じがたいのですが、しかし真実なのです」

そのあとで彼は打ち解けた様子で、カウンターの向こうから、婦人の耳元にそのわずかばかりの価格をささやく。しかしその値段は、もちろん安くない。そのことをわれわれは、彼女の顔にわずかながらも驚きの表情が生じたことによって十分に理解できるのである。

「そうでございましょう」と疲れ知らずの男はふたたび始めた「冗談みたいでしょう。微々たるものです。あり得ない、まるで夢物語。製造元は儲けを度外視し、製品が美しく仕上がればそれだけで満足、というように思えます」

店員が客に浴びせる賞賛の言葉は才気煥発とはいい難いが、それでも、彼がおびき寄せた犠牲者をまるめこんでいくその技には脱帽する。図々しくてこの婦人にはそぐわないお世辞なのに、それでも店員は客の虚栄心につけいり、金額に関して誤った感情をひきおこすのに成功した。その結果、彼女はその値段をけっして高いとは思わなくなり、半ばしいられた形でこの商品を買う気になってしまう。小さなため息をついて、客は小さな財布を手に取る。いわれた通りの金額をカウンターの上に出し、購入した品物の配達に関する必要な指示を与えると、複雑な気持ちで店を後にする。

「複雑な気持ち」と書いたが、かの美しい女性の頭の中にはいま、いろいろな考えが駆け巡っている。四〇グルデンを越えた想定外の出費は、今後の家計にとってかならずや大きな負担となる。さらに、夫の小言を思うと胸がしめつけられる。このような不安な考えにあらがい、虚栄心という悪魔がうごめきだし、なだめるように囁く。「最初にして唯一の女性」、「すべての美しい女性の羨望の的」。これらの声がこだまとなって響き、先ほどの情景が思い起こされる。あの店員は上品な身ぶりと優雅な仕草で生地をたたみ、その魅力をあらゆる角度からくっきりと浮かび上がらせた。彼は、恋いこがれるかのような、何とも描写できない眼差しで彼女をみつめ、髭をたくわえたその顔には偽りのない恍惚感があふれていた。彼はその時、このえもいわれぬ生地を身にまとった彼女を想像してうっとりとしていたのだ。「そうよ、こうなってはもうどうしようもなかったわ。あたしはこの生地を買うしかなかったのよ。それが、あたし自身と全女性に対する責任だったのよ！」

このように自分を慰めながら、彼女は家路に着く。伴侶の説教に対しては覚悟を決め、良心の呵責に対しては戦闘準備をして。

店員の雄弁さは見事に効果を発揮し、その明晰さと狡猾さとが女心を見抜いていたわけであるが、われわれはここでこの男にさらに注目しよう。これまで彼の仕事ぶりを見てきた。そしてその努力の成果をみてわれわれは、ますます彼のことを知りたいと好奇心をかき立てられた。

ほんもののブティック店員は、独特なスタイルを貫いている。今日彼がドマイヤー*の舞踏会場に「紳士」として現れようが、明日彼がレルヒェンフェルトの居酒屋に「放蕩児」として現れようが、すぐにその正体は割れてしまう。

彼らは通常、ありとあらゆる種類の、自分の顔にぴったりの髭をたくわえている。髪の毛は入念にカールされ、ポマードでかためられている。細身の体にモダンな燕尾服がぴたっとなじみ、ボタンの穴には、女性への敬意のしるしとして一本のバラがさしてある。タイはつねに最新流行のもので、彼のエレガントな身だしなみを非の打ち所がないものにしている。

この店員の動きには四角四面の傾向があり、三角法で用いる図形を思い出させる。彼の言葉は洗練されているというより、気取っている。好んで外国語を用いるが、それがその場にあっているのかどうか、斟酌しない。これによって彼の弁舌は、ある種、過剰で崇高な熱を帯び、けっして誰もまねのできないものになる。それゆえ、それを聞いた客はたいていびっくりしてしまう。彼の存在全体に自己満足が満ち満ちていて、うらやましいほどである。それが彼を自然に愛らしい存在にするので、怒る気にはなれない。

一日の仕事は、骨の折れるものである。一二時間から一四時間をカウンターの向こう側で過ごすが、精神または肉体が疲れることはない。一日中いろいろな布地を広げたりたたんだりすることの繰り返しは肉体労働だが、その間に彼はどんな貴婦人、ご婦人、小間使いにたいしてもぴったりのお世辞を胸の中に用意している。彼の舌が休むことはなく、そのよどみの無さは、あらゆる想像を越える。弁舌をふるうのにあまりにも熱中し、目の前の客に対して間違った決まり文句を使ってしまうこともある。たとえばやんごとなき女性にたいし「ねえ、お前」と呼びかけたり、小間使いにたいし「奥様」といってみたり。しかしこうした言い間違いで当の店員がうろたえることはない。機転を利かせ、すぐにこれを補う術を誰よりも心得ているからである。商品を売り込もうという彼のたゆみない努力が一〇回失敗しても、けっして失望せず、沈着冷静な態度で、新しい客に一一回目のチャンスを求める。そしてまた布地を広げ、たたむ。礼賛し、賞賛する。お世辞をいい、ほほえむ。冗談をいい、自分でも笑う。「そしてひと時も休むことはない!」〔シラー「鐘の歌」〕

彼の仕事は、一見、とても骨の折れるように見えるが、詳しく見ると、実はうらやむべき中身であることが判明する。彼はその生活の半分以上を美しいご婦人方とすごしている。彼の行為はすべてこの女性たちに捧げられている。彼のほめ言葉は、いつでもこの女性たちに贈られる。彼女たちの優しい眼差しが、彼の努力への報酬である。彼の言葉を女性たちは耳をそばだてて聞き、信じこむ。恋心を抱くセラドン*が何年かかっても成功しなかったことを、店員は数分で成し遂げてしまう。意固地な女でさえ彼のいうことには耳を傾け、目を向ける。我が儘な女たちでさえ、流行に関しては彼の意見に全幅の信頼を寄せる。夫や恋人がいくら頼み、どれだけ懇願しても無駄だったのに、店員はそれをひと言で片付ける。

店員が女性に及ぼす力は、途方もないといってもよい。彼の能弁に負けて女性は、自分の家族の幸福を脅かすほどの出費をしてしまうこともよくある。その夫が日々の糧を得るため苦しみながら仕事に専念しているのに、その一方で店員は、夫が苦労して手に入れた一ヵ月の給料をいっぺんに呑み込んでしまう流行品を妻に買わせようとしている。家では多くの子供たちがお腹を空かせてメソメソ泣いているのに、ここではママが店員のお世辞に抗しきれず、見映えのしない服を買ってしまう。その支出のせいで、罪のない子供たちにはまた何日も断食の日が続く。というのもこの主婦は賢いので、過度の出費の分をまたどこかで節約するに違いないからである。

毎日美しい女性たちと接していると、当然それは、店員の人格形成に影響を及ぼす。彼らには、ある種の哀切感が満ちあふれ、それはまなざしにも、ささやき声にも、ひとつひとつの仕草にもはっきりと現れてくる。店員は、自らを創造者の自慢の種であるとする女性の、より繊細な部分と関わっていると自覚しているので、男にたいしてならば大いに使用する、人に畏怖の念を起こさせる力強い表現を、細心の注意を払って用いないようにしている。その代わりに優しさや愛らしさを心がけ、それが彼に少なからずぴったり合うのである。

店員はつねに控えめにカウンターに視線を落としており、それを、いま自分が相手にしている婦人のほうへ上げることはめったにない。そうすることで彼は、自分の言葉により大きなインパクトを与えようとする。それでもひとたび視線を上げれば、その目は恋いこがれるように燃えていて、抗いがたく、そのまなざしには、すべてを打ち負かしてしまう説得力がある。

彼が話すと、唇はこの上なく優雅な形に整い、一語ごとに彼は優しくまばたきをする。それはまるで、自分のうまい語り口が放つ光が自分でもまぶしい、と言っているかのようである。額の皺や吊り上がった眉は、彼の言葉の確かさと、そこへ彼が与えている価値の大きさを証明している。その際に彼は、カールした頭を振り子のように規則的に揺らして、彼自身への賛同を誘う。両手の五本の指のうち、三本は彼には余計ものである。というのは、ほとんどすべてのものを非常に優雅に親指と人差し指でつまみ上げるから。そして残った指はまるでとりもちが塗られた枝のようにピンと伸びている。鋏、まち針、ものさしを彼は見事な手さばきと、すでに述べたあの優美な四角四面の動きで取り扱う。

彼は、新語や驚くようないい回しを発明する名人である。それらは、謎めいている場合が多いが、響きは力強い。彼が繰り返し用いる表現のいくつかを挙げておこう。「ただちに」「お見事」「ファッショナブル」「ブリリアント」「ものすごい」「ファッソン」「神々しい」「愛らしい」「豪華絢爛」「マニフィック」「スーパー」「エレガント」「ジョリ」等々。大胆な組み合わせも重要で、それは、彼がいかに言葉の名人であるかを見事に示す。たとえばご婦人方とは、しばしば「コネクションのあるお付き合い」をし、「コネクションのある結びつき」をしているそうだ。その際に彼は似たような単語を明瞭さを強調するあまりしばしば混同してしまう。たとえば「若さを保つ《コンゼルヴァツィオン》」と「会話《コンヴェルザツィオン》」とか、「組み合わせる《コンビニーレン》」と「好ましい《コンヴェニーレン》」のように。

われわれはこの店員が真面目腐った口調で主張しているのを聞いたことがある、「自分はコレラなんか全然怖くありません、なぜなら免疫抗体資質《デクリニエーレン》なので」。別の店員曰く、「自分の仲間はその仕事が必要とされているところでは、どこでも相手を意のままにすることができます」という代わりに、どこでも相手と「論争する《ディスプティーレン》」ことができるといっている。

このように店員は一週間を通して十分に自分の特徴を発揮しているが、しかしなんといっても、その真価を示すのは日曜日である。

日曜日は彼に多くの可能性をあたえてくれる、そこで彼は自分の多彩な能力や愛らしい特徴を全開することができる。

日曜の朝早く彼は、エレガントに着飾り、火の点いた葉巻をくわえ、髭をポマードでセットし、ハンカチからは香水をぷんぷんさせ、遊歩道を行ったり来たり、あるいはパラディースゲルトヒェンでコーヒーを飲んだりしている。それから彼は貸し馬屋に行き、いちばん柔和な馬を選びプラーターの大通りを誇らしげに走る。この乗馬では、時に予想もしない事件が起きて、そのお楽しみを奪われることもある。というのは、この四つ足の家来は従順で我慢強いのに、乗り手は、自分とこの馬のどちらが強いか試してみようと思いついたりするからである。この試みは大体乗り手の側の敗北に終わる。そして少なくとも反逆者の背中にまだしがみついていることができれば、乗り手は運がよかったといわなければならない。馬と乗り手のこの相性の悪さはたいてい、まったく乗り手の意に反してすぐ帰ってくる、ということで終わる。

午後の時間を彼は、やはり遊歩道ですごす。そして晩になると「ヴェーリンガーシュピッツの輝ける舞踏会」*かまたは「コロッセウムの楽しいお祭り」*へ行く。恋人や仲間たちと一緒に「もっとも早い馬車」に乗って、あるいは「ブリギッテナウの鉄道馬車」に乗って目的地に向かう。今日この男は、そこで主役を演じるはずである。店に到着すると大声で、目につく限りの給仕たち全員を呼ぶ。仲間と共に大騒ぎで最高の席を独占し、待ち構えている給仕の一団にもっとも高価で最高の品々を持って来るように命令する。周辺の客の注意を集めるために、これらはすべて大騒ぎのうちに進められる。というのも、店員は今晩のスターになると決めているからである。そんなわけでわれわれのヒーローは上機嫌で、彼の唇からは習いたての名文句や即興のジョークがつぎつぎに飛び出してくる。

どんな小さなできごとも彼には、ウィットに富んだ言葉のきっかけとなる。給仕、水を入れた瓶、ナプキン、婦人帽の止めピン、すべてが彼の諷刺の的となる。どんなことにたいしても戯れ言をいってのけ、つねに自分がそれを真っ先に大声で笑う。その際に彼の目はすべてのテーブルをぐるっと見回し、自分の機知が隣人たちにどのような効果を及ぼしているのか、そもそも彼らがそれを理解しているのか、チェックをいれる。楽団が最初のワルツの演奏を始める。これが次の勝利へ向かう合図となる。急いで彼はお相手の女の子と共に踊り手たちの輪の中に入る。ついでながらこのお相手は、ウィーンの最高の女性モード店主のもとで働く見習い店員であり、彼女のその装いは、彼女のナイトと同様にエレガントでとても目立つ。

ここでも彼は、この場をリードし、主役になる術を心得ている。スズメバチのようにくびれたお相手の腰に右手をまわし、全体の指揮をとるために左手を高々と上げる。彼が大胆かつ誇らしげに踊り手の集団の中に立つさまは、手の動きだけで全軍の出動や停止を命ずる最高司令官のようである。彼は、自分たちの場所を作るためにいくつかのペアをうしろへ押しのけて、彼らの踊りをむりやりやめさせる。注意深く自分たちと前方のペアとの距離を測り、その距離が望んでいるとおりになったら、力強く足を踏みならし、自分の相手に始める用意ができた合図をする。ここまでは店員の巧みな技を十分に示すことができたとしても、それでも彼の踊りそのものを描き出そうとすると自信がなくなってしまう。というのもこの踊り手の達者な腕前ときたら、どんな大胆な想像も越えるからである。

この優美なペアの姿を見ただけでも、どれほど絵のように素晴らしいことか。モード店の娘はすらりとした店員の胸にぴったりと寄り添い、巻き毛の頭を彼の緑色の燕尾服の胸ポケットにもたせかけている。店員の蜘蛛のようにほそ長い腕が彼女のスリムな体を包み込んでいる。彼女の肩の上におかれた、髭をたくわえた男の顔は、まるでなくした針を大広間の床に探しているかのように見える。こうして一心同体となったふたりは、まるでつむじ風にさらわれたようにホールをくるくると動き出す。右に回ったかと思えば左に回転し、竜巻のように一ヵ所にとどまっているかと思えば、大砲から打ち出されたかのようにうなりをあげて突き進む。その軌道に触れる者はひどい目にあう。なぜならばこの強力な突風は、近寄ってきた軽はずみなペアを容赦なく隅へと吹き飛ばしてしまうから。

ワルツが終わった。楽師たちは額から流れる大粒の汗を拭い、指揮者は楽団から立ち去ろうとする。するとわれらの店員は、上品な革製の手袋が破れるかと思うほど激しく拍手し、肺も同じように破れよとばかり大声で叫び始める。やがて楽団の指揮者はふたたび自分のバイオリンを手に取り、弓をたたいて楽団員に一度置かれた楽器を手に取るよう指示を与える。楽団員はいつも喜んでそうしてくれるわけではないのが普通だが。二回目の合図に続いてギャロップ*が広間中を荒れ狂ったので、窓ガラスはがちゃがちゃ鳴り、壁は揺れる。太鼓が連打され、クラリネットがうなる。シンバルが鳴り、トランペットが高らかに響く、トロンボーンがとどろいて、まるで最後の審判の日がやって来たかのようである。すると疲れを知らない店員は、新たに踊りの大波の中に乗り出し、これを強い腕でかき分け、いたるところで自分のために場所を空けさせ、彼の邪魔をするすべての人々をなぎ倒す。

楽団員の息が切れたため、この騒然たる大スペクタクルに終止符が打たれた。われわれのヒーローは、踊り相手であるヒロインを彼女の席へ案内する。彼の顔はなすべきことを十分になしたという自信に満ち、満足感で輝いている。

このようにして一晩中ジョークや踊りやキス、ご馳走やシャンパンがめまぐるしく飛び交う。この楽しみが完全となるためには、シャンパンが絶対に欠けてはならない。無邪気な隣人とのちょっとした諍いも、店員には自分の勇気をもっとも輝かしく示すよいチャンスとなる。

ブティック店員は自然が大好きでもあるので、夏の晴れた日には郊外へピクニックをすることもある。お相手は彼の恋人であり、気の通じ合った同僚とその女友達、さらに元気のよい馬車の御者たちだ。

朝まだ早い時間に、彼らは簡単な朝食を野外で取るためにリーニエ*から「滑り出す」。その朝食とはしばしばとても豪華で、この一団が一日中陽気な気分でいられるくらいである。もちろん「ものすごい楽しみ」もある。というのは、田舎の土地では人は「羽目をはずす」のが良い、と店員は主張するから。そこでは踊り、木登り、かけっこ、ときには帽子の取りっこや似たような無邪気な遊びも繰り返される。そうなると、女性たちはあまりのおかしさに止めどなく笑いころげる以外にない。そのあと一行は心地よい森の木陰で休息を取り、偶然に任せるか、気の合った者同士が寄り集まるかしてグループができ、まるで絵画のような情景となる。

コーラスが始まり、女性も甲高い声で加わる。すると、びっくりした木々が緑の頭を垂れる。それはまるで、この騒がしい声に興味を持って耳を傾けているかのようである。〈自由な生活をおくろう〉〈何千もの星が輝く〉などは、そのような機会によく歌われる曲である。またラングバイン*の詩に曲をつけた〈悪魔よ、干し草の中へ〉〈おいらと酒の瓶はいつも兄弟さ〉などは、リフレインの際に全員によって歌われ、恐ろしいほどの不協和音を周囲に轟かせる。

音楽の女神エウテルペ*にこの供物が捧げられると、今度は昼食をとると決めた場所へ移動するために立ち上がる。その移動もかなり声高で騒々しく行われ、ワインを飲み過ぎているので、もう自然を愛でることもない。午後も過ぎ去り、馬車が呼ばれる。帰り道、ワインで浮かれた男達は、御者に競争をうながす。このとき女性たちは悲鳴をあげて怖がるが、怖くて死にそうになり、気絶で競争が終しあう。

わることも珍しくない。ようやく市内に入り＊、いかに今日一日が楽しい日であったかをお互いは確認しあう。

店員生活の主要な部分を紹介したあとで、そろそろこの項目を閉じようと思うが、その前にここでの描写とは相容れない他の同僚に関してもすこし言及しておきたい。

賢明な読者は、ブティックの若い店員がすべてここに描かれた通りではないことをご存知であろう。けれども間違った印象を避け、意地の悪い解釈をされないようにいい添えておきたい。このスケッチを描くにあたりわれわれは、店員のほがらかな面を強調し、侮辱や中傷を避けようと努力したことを。

やりすぎであるというご批判もあろうかと思うが、ぜひ強調しておきたいのはこれらの描写のひとつひとつをわれわれは彼らの生活の中から拾い集め、それを最大限の努力を払って忠実に再現しようと試みたことである。

人によってはわれわれの描く肖像画の滑稽さがお気に召さないかもしれない。けれどもいざ彼らを目の当たりにすれば、われわれが少なくともダゲール＊が発明した銀板写真の精密さで彼らを描こうとしたことはすぐに納得していただけるだろう。

独断や偏見を持たない読者であるならば、この描写の正確さにたいしけっして間違った解釈を試みることはないであろう。個々の人物が気取った流儀で自らを滑稽に見せたとしても、それがこの職業全体を蔑むことにはけっしてならないのである。カウンターの向こうに自分の陣地を構える多くの店員が、われわれに賛同の意を表してくれることも十分に承知している。彼らは、われわれが伊達男をひとり彼らの中から選んで陽気な姿で描いたなどと腹をたてたりはしないのである。

寛大な読者諸氏が同じような視点に立ち、このあとに続くウィーンとウィーン人の姿をご覧になることを切に願っている。

第三章　小間使い

無記名

作者不詳「小間使い」

ウィーンの小間使いが、この文明化した世界でもっとも愛くるしい存在であることは間違いない。彼女たちはみなかわいらしい。それどころか美人も多い。しかしなんといっても気立てがよい。衣服は質素でこざっぱりしていて、趣味が良い。そのおかげで彼女たちはさらに魅力的になる。動作は優美そのものであり、足取りは軽やかで敏捷。すべてがてきぱきしていて、のびのびし、しなやかである。

知り合いにふたりか三人の小間使いがいれば、この世のすべての小間使いに熟知しているといってもよい。それほど彼女たちは似ているのである。

ご婦人は、かわいい小間使いの存在によって自らの魅力が半減するかもしれないのに、かわいくない小間使いをそばにおくことはめったにない。これは女性の美意識を物語っている。ご婦人はリスクを顧みることなく、だいたいは、一番愛らしい顔つきと一番優れた容姿の持ち主を、多くの競争者の中から選び出す。

小間使いの特徴は、うぬぼれが強いことである。もっとおだやかな表現を選ぶことはできるが、やはりこの言葉がもっとも適している。われわれは、すべての小間使いを敵に回してでも、真実を明らかにしたいと思う。人によってはこの問題点を「自意識過剰」あるいは「正当な自己評価」と名付けるかもしれないが、われわれはそれを「うぬぼれ」と呼び、正鵠を射たという自信がある。ただし、小間使いというこの愛らしい種族に対して公正でありたいので、われわれは、この「うぬぼれ」が彼女たちにははなはだよく似合っていて、多くの賞賛すべき特性の原因になっていることも白状せねばならない。その特性にはいつも目を見張る。うぬぼれこそ、彼女たちの持っている魅力のすべてを動かす強力なテコなのである。うぬぼれゆえに彼女たちはかわいくなり、きびきびと行動し、人当たりが良く、貞節にさえなる。というのも彼女たちは、このかわいさ、機敏さ、人当たりの良さ、品行方正が自分たちを美しくするということをよく知っているし、また美しいことが自分たちの目的であり、切なる望みであるということを熟知しているからである。

小間使いには、生まれ持った才知、愛想の良さ、そしてなかなか得難い洞察力がある。これらは彼女たちが自分の地位を立派に守り通すつもりがあるなら、とても重要な能力である。

彼女たちの仕事は見た目には容易に見えるが、これを完全にこなそうとしたら器用さと俊敏性が求められる。この小間使いの気遣いをすべてにわたって読者に紹介しようとは思わないし、あるいは彼女たちの女主人のさまざまな性格について述べようとも思わない。その主人は、気まぐれであり、小間使いの好意をわざと無にしてしまうからである。

ここではこの職業の重要性とその責任範囲にのみ限定したい。そうすれば偏っているとか、小間使いを過大評価しているなどと疑われなくてすむだろう。

女性たちが古今東西、男性たちに強い力をふるってきたこと、いまもふるっていることは周知の事実だ。ヒステリー女の気まぐれ、頭痛、むら気が国民すべての運命に影響をあたえてきたことは、誰も否定しないだろう。この気まぐれ、頭痛、むら気を女たちに引き起こし、これを一掃することのできる力を持っているのが、ほかならぬ小間使いである。勘のいい読者には、これ以上のヒントは不要だろう。この職業は重要である以上に、必要不可欠なのである。既婚女性は、夫に自分のむら気のはけ口を求めることができる。が未婚女性はどこへはけ口を求めるのか。誰にも恋人がいるわけではない。恋人のすべてが愛する彼女の不満を受け止めてくれるわけでもない。もっともうっぷんのはけ口としてのみ、小間使いが重宝されているのではない。男の情報交換には公共の新聞が必要なように、女の打ち明け話には相手が必要である。この心模様を理解してくれるのは、小間使いだけだ。彼女は、普段から女主人のもっとも繊細な心のひだになじんでいるので、この心のあやを打ち明けるのにもうってつけなのである。また恋に憧れているお嬢さんをもっとも理解してくれるのは、恋に憧れている小間使い以外にいるはずがない。

それにしても小間使いがいつでも恋をしているのは、確かな事実である。その小間使いはいつも男女の間にあってふたりをとりもち、女性という太陽と男性という遊星の導きの灯りとなる。小間使いは一方の「女性」をとても愛し、他方の「男性」には深い親近感を抱いている。だから、彼女が愛し合うふたりの間に入って邪魔をした、という例は、これまで一度もなかったのである。

ときには財布一杯の報酬がこの恋愛の手助けの理由となったかもしれない。それでも、やさしい言葉、ちょっとしたお世辞、握手あるいは親しいキスさえあれば十分である。これで小間使いが、敵である叔父や家柄自慢の叔母、財産目当ての後見人にたいし、共同戦線を張ってくれる。そして小間使いが一度協力を約束すれば、もはや勝利は手にしたも同然！

いったい誰が、ウィーンの小間使いの機転や不屈の精神に反旗を翻すことができるのか。

小間使いの陽気な気分は、ほとんどあるいは絶対といってよいくらい害されることがない。彼女たちの永遠に陽気な顔には、悲しみや苦しみがよぎる余地はない。鏡のようになめらかな額の上を一瞬思案の影が走ることはあるが、現れると同時にまたたくまに消える。

しかしこの愁いの影にはあまり意味がない。せいぜい、女主人の激しいむら気や、自分の恋人のちょっとした裏切りあるいはまだ実行していない策略のせいかな、と思わせる程度である。

すでに、小間使いはいつでも恋をしていると述べた。それゆえ彼女のまわりにたくさんの崇拝者がいたとしても、驚くには値しない。その崇拝者はすべての階層、すべての年齢にわたる。彼らはせっせと小間使いに愛情を注ぎ込み、小間使いもまたこれに長く心を閉ざしたりはしない。いいよる男の数だけみて、小間使いは不実で永遠の愛には向いていない、と結論づけるのは性急で間違っている。確かに彼女は、一般的には気分転換が好きである。したがって、自分の心の一部分はあたえるが、かなりの部分は相変わらず、突然新しい相手が出現したときのためにとっておく。しかしこれは賢明な用心深さというものであり、けっして非難されるべきものではない。そしてこれは一途な誠実さというものを、否定するものではない。

小間使いは、いたるところで誘惑に身をさらしている。それゆえ貞節という点においてやや問題があるとしても、これは驚くには値しない。彼女たちは美しい男の熱意にたいしては、優しい微笑み、ひそやかな握手、あるいはその上キスなどでお返しをする。しかし彼女の取り巻き連中は、つねに目的を達成できるわけではない。幾多の攻撃はきっぱりと拒否され、痛い目にあうことがある。そのような防衛戦における彼女たちの武器は恐ろしいもので、はむかうことができない。それは怒りの目であったり、小生意気な言葉であったり、あざけるような顔つきであったりする。それらに、両手の爪が援軍として加わることもある。

挿絵はまさに、この「怒れるディアナ*」のような立腹した小間使いの姿を描く。あざけるように上にそった唇とふくれた顔、吊り上がった眉が来たるべき嵐を予告している。それは、いまさっきあまりにもずうずうしくなったか、あるいは自分のタイプでない恋煩いの男「セラドン*」を憤懣やるかたないというていではねつけているところのようだ。

多くの人々がこれまでウィーンの小間使いとパリのお針子を比較しようとしたが、大した成果は上げていない。なぜならば両者に共通性はなく、あるとすれば、両者ともに男にとってきわめて危険な存在であるというくらいである。

実際そのような魔力に抵抗するのは、簡単ではない。多くの女嫌いたちの不屈の精神も、この岩肌に乗り上げて難破してしまったし、かりにその難を逃れても少なくとも船底には大きなひびが入ってしまっている。

小間使いは、いつも男たちのほめ言葉に慣れてしまっている。それは彼女の魅力を賞讃するものとは限らないが、女主人やお嬢さんに気に入ってもらいたいと思う者は、この賞賛をけっして出し惜しみしてはならない。

小間使いに気に入ってもらえば、確実にその女主人の好意を期待できる。しかし逆に気に入ってもらえなければ、その主の愛顧も期待できない。

小間使いの仕事は、非常に重要で多岐にわたる。それゆえある種のマルチタレントが絶対に必要となってくる。第一の、そしてもっとも重要な仕事は、女主人を美しく見せることである。そのため小間使いは、化粧術のすべてを学んでおかなければならない。そうやって女主人の魅力を十全に花開かせる。またその魅力が完全に欠けている場合には、自分の技巧を駆使して、穴埋めをするのである。

小間使いは、徹底的におのれを捨て、女主人を飾り立て、美しくする。自分の功績は、女主人が戦い取る勝利、すなわちその大部分は自分の化粧術のおかげである勝利にしか求めない。

寝間着姿の女主人と小間使いの手で化粧された女主人の両方を見たことのある者ならば、その化粧の奇蹟と小間使いの魔法に脱帽するしかないだろう。

小間使いは女主人の心の中の問題に関しても少なからず知っており、ここでも自分の技量を遺憾なく発揮する。

もしこれ以上この点について語るならば、いい過ぎということになろうか。すべての美しい読者の方々のお怒りを買うことになろうか。たとえそうであってもわれわれは、この小文の主人公である小間使い以上に、おしゃべりになってしまう。

小間使いの大好きなもののひとつに読書がある。彼女たちは目にした本はなんであれ、飽くことなき情熱で、これに読みふける。彼女の心をつかもうとする男は、読み物を提供するのが一番である。なんでも貪って読むけれども、恋愛小説が一番好きだ。とくにその中で小間使いが重要な役を演ずる小説が、大好きなのである。それを読んでいるとき小間使いの目は爛々と輝き、胸は誇らしげに波打ち、唇には満足の笑みが浮かぶ。彼女は読書中には仕事のすべての憂さを忘れ、女主人のむら気を忘れる。この浮き世を離れ、理想郷に羽ばたいているのである。

読み物のつぎに好きなのがコーヒーである。小間使いはこれにも目がない。どんなに気分がふさがっていても、この神様の一杯があればそれを吹き飛ばして、普段の陽気な顔に戻してくれる。唇をふくらませてうっとりとコーヒーをすする。そのときに彼女が味わっている幸福感を、うるんだ瞳が雄弁に物語る。

もっとも寛容な意味での悪口雑言も、それがそもそも許される場合には、彼女たちの大の親友となる。しかし小間使いの悪口には品位と優雅さがあり、けっして低級な「陰口」にまで落ちることはない。

彼女たちの悪口の対象は、通常のおしゃべりの対象よりも身分が高く高尚で、興味深い人々であるが、いかに相手を酷評しても、その人に恨みがあるわけではない。むしろ逆であって、ほかから悪口を言われている人を、それがどんな悪口であれ、大胆に弁護する用意がつねにある。

小間使いたちは、悪口を自分たちの専売特許であると考えている。それゆえほかの人がこの特権をわが物顔で振り回すのを許さない。許すとすればせいぜい自分の女主人に対してだけだが、その場合も条件付きである。

読み物好きな小間使いならば、舞台が好きであることは容易に理解できる。もっとも小間使いはこの楽しみをあきらめねばならないことが多く、彼女が劇場を訪れる幸運はきわめてまれにしかやってこない。それゆえ客席につくやいなや、彼女は全身を目と耳にして、すべての幻想に喜んでわが身を委ねる。

しかしその興奮が絶頂に達するのは、舞台上に自分の似姿を発見したときである。そこでは小間使いが賢い企みと魔法のような自分の魅力を使って筋をハッピーエンドへと導く。

これまでわれわれは、この職業の良い面しか報告してこなかった。しかし、小間使いも逃れられない厳しい宿命がついには彼女にも襲いかかり、これまでの彼女の道のりに咲いていたバラの花を無骨な手で枯らして、あとにはとげを残すだけにしてしまう。

小間使いにもついに老いが訪れる！　これこそがわれわれの報告の影の部分である。

彼女は、この老いという美の最大の敵に、彼女が経験から手に入れたあらゆる武器を用いて果敢にいどむ。しかしとうとう屈服し、敗北するのである。

この可哀想な女たちの前には、悲しい未来が待っている。男たちからほめ言葉が聞かれなくなり、女主人がもはや絶対の信頼を寄せてくれなくなるだけではなく、欠乏と窮乏がせまってくる。なぜならば年老いた小間使いを使ってくれる人は、この世にはほとんどいないからである。

幸福な日々において賢く倹約していた者は、そのわずかな貯金で破滅から身を救えるかもしれない。けれども彼女たちの財産は少ししかなく、欠乏をのがれるほどにはならない。とりわけ以前において快適な生活を送っていたため、それだけいっそういまの生活が厳しく感じられる。

いまや自ら働き自らの労働の成果で食べていかなければならない。彼女の輝きを失った目はときどき、人に見えないように涙を流している。それは素晴らしい過去の思い出が浮かびあがってきた時である。それでも彼女は、ふたりの忠実な友をこの新たな世界へ連れてきた。その友人はこれからも、彼女を慰め、陽気にし幾度となく喜ばせてくれるだろう。すなわち読み物とコーヒーである。

いまはこのふたりに彼女を委ねて、われわれはこの報告を終わりにしたい。

第四章　辻馬車の御者

無記名

作者不詳「辻馬車の御者」

ウィーンで*辻馬車をあやつる御者《フィアカー》は、奇人・変人の代表格である。それはお人よし、機知、粗暴、剽軽、風刺、愉快、高慢を全部ごたまぜにしたもの《コンポシトゥム・ミクストゥム》だ。

彼らは人生の大半を公衆の面前で、嵐や雨の日も、雪や日差しの強い日も、何をすることもなく過ごしている。そしてそこで感じる退屈を紛らわすために、通行人にいたずらをしかける。この茶目っ気な連中にとっては、大勢が集まるウィーンの広場や大通りには、観察して茶化すネタがごろごろころがっている。御者はそうした思いつきを、ただちに、遠慮もなく口にしてしまう。洒落を向けた相手が、自分の話を聞いていようがいまいが構わない。もっとも彼らが意味もなく言葉を発することは、けっしてない。そこにはいつもユーモアや辛口の批評が隠されている。けれどもこの警句が他人の耳に届こうが届くまいが、理解されようがされまいが、彼らにはどうでもいいことだ。ひとりぼっちで自らを楽しませ、退屈しのぎに同じことをする。これらの機知にはいかがわしいものが多いので、遠回しにでもそれをここで再現することは難しい。にもかかわらずその内容は抱腹絶倒であり、その言い方はあまりにも的を射ているので、笑いの対象となった本人といえども本気で怒る気がしなくなる。

ウィーンの御者特有の問題点とされている粗暴さだが、これは彼らの名誉のためにいっておくと、われわれが通常考えているほどに手荒いものではない。

いわゆる教養人の中にも、哲学や倫理学、美学や人間学などを研究した方々がおられるが、この人たちのほうが、手荒さに関しては御者を相手に講義ができるであろう。

御者と礼儀正しくつき合う限り、けっして侮辱されることはない。けれども多くの人々がそうするように、彼らを手荒に扱うのが一番だと思っていると、彼らもそれ相応のぶしつけな態度にでる。御者は、自らの粗暴さを防衛においてのみ発揮する。そしてその粗暴爆弾による反撃があまりにも見事なので、その射程範囲に入った者は、みな一目散にずらかる。

こちらが攻撃をしかけさえしなければ、彼らは平和で陽気な人たちだ。そしていくつものおどけを使って周囲を楽しませる。女性に対する慇懃さも、けっして欠けてはいない。通りすがりの料理女や小間使いは、御者から最高のもてなしを受ける。すなわち敬愛の表現として抱きつかれたり、はにかむ耳元にささやかれたり、あるいはまたもの凄い大声で呼び止められたりするのだ。

通りすがりの靴屋の小僧たちが御者の冗談にケチをつけることがあると、御者はカッとなって反撃にでる。するとまた小僧が逆襲し応戦となる。こうした舌戦はたいてい、思いあがった靴屋の小僧が足早に逃げて行くことで終わりとなる。

御者は、この世の中でもっとも苦労の多い人間である。朝まだ暗きうちに目を覚まし、馬に飼い葉を与え、水を飲ませ、ブラシをかけ、きれいに飾り立てる。それから自分の「ぶつ」（彼らは自分の馬車のことをそう呼んでいる）を水で洗い、磨き上げる。その後この日銭を稼ぐ苦難の同伴者である馬を、車につなぐことになる。「御者は自分の馬を虐待している」などという思い込みは、正しくない。事実はその反対で、彼らはこの「憐れな動物」を心から愛している。この馬たちを優しく愛撫し、可能な限り馬具のアクセサリーをそろえてあげる。馬が大変な仕事を成し遂げることを考えて、十分な食事を与える。しかしその分きっちりと仕事を果たすことを要求する。御者は自分よりも強情な馬に鞭を何発か上手にくれてやることで、そのことをきっちりとわからせているのである。

それぞれに割り当てられた発着場につくと、哲学者の平静さで「旦那様、馬車はいかがですか」と何度も語りかける。そしてこれが相手に期待通りの効果を上げてくれるのを、じっと待つ。通行人からの反応がゼロでも、日に何百回とこの誘いの言葉を繰り返す。そして飽くことをしらない。しかしそうしていることが、彼の皮肉な警句のネタとなり、無駄な努力を部分的に埋め合わせてくれる。「旦那様、馬車はいかがですか」とひとりがささやくと、つぎの御者が「人さまの通行の邪魔をするな」と忠告する。すると三番目の御者が「お医者様に、馬車は禁じられているのだ」とつなぐ。活発な精神と健全な知性をそなえた人間なら、退屈で退屈でたまらなくなるのは、目に見えている。誰が独自のやり方で、この退治できない怪物と闘いを続けている。何人かは、馬車の後ろにボード・ゲームを取り付けて興じる。そうかと思えばトランプをする者もいるし、しっかりと読書をするものもいる。それもかなり熱心に。三文小説、義賊物語、クラウレン*の小説やスコットの小説までもが御者のレパートリーだ。ある時若い御者がグリルパルツァー*の悲劇に没頭していて、私が二度にわたって声をかけたにもかかわらず気がつかないことがあった。彼はしぶしぶ本をポケットに押し込むと、その後でようやく目的地に向かって馬車を出してくれた。このような御者が、きざな文学青年気取りの模範になってくれるとよいのだが。

　この御者たちの素晴らしい特徴のひとつは、仲間にたいしてけっして嫉妬せず、進んで手を貸してやることである。通行人が乗る意思を見せると、すべての御者が客の周りに集まり質問攻めにする。「どこまでですか、旦那様」「往復のご用命ですか」。彼らは*市外区の地名や小路の名前を聞き出すと「五グルデンなら、安いものでしょう」「数コーフェル（二〇クロイツァー硬貨数枚）を出し惜しむのですか」となる。この客が御者のひとりと商談をまとめると、別なひとりがすばやく馬車のドアを開け、ほかの御者たちは何の下心もなしに手を貸し、客が乗り込むのを手伝う。馬の背にかけられていたカバーが驚くほどすばやく取り除かれ、馬がぶるると鼻をならし、愉快な旅がはじまる。

　しかしそれは同業者の間だけの相互扶助ではない。お屋敷に雇われている豪華な馬車《*エキパージュ》であれ、公共の乗合馬車《ゲゼルシャフツ・ヴァーゲン》であれ、あるいはまた重い荷物を乗せた運搬馬車であれ、必要とあれば彼らはいつでも手を貸す用意がある。

　雇い主に渡す義務がなく、自分のものにできるチップが入ると、たいていは酒の神バッコスか農耕の女神ケーレスに貢がれる。このように仕事からの解放が増えれば増えるほど、御者の気分はばら色になる。そしてその機知ときたらますますほとばしり出てきて、いたずらも回数を増す。

　一日中客を待ちあぐねた末、一文も稼ぐことなく真夜中になり、朝の道をゆっくりと帰宅することも、もちろんある。それでも御者の口には歌があり、ヨーデルがある。

晴れた夏の日のにわか雨や舞踏会の夜のぬかるんだ雪が、彼の赤字を埋めてくれる。そういった折りに御者が少しばかり余計に要求しても、まっとうな考え方の人はきっとそんなことを悪くとらない。とりわけ法律に精通している客は、運賃の過剰な要求があった場合、警察にひそかに注進することで、身を守ることができるのであるから、なおさらである。

御者の主たる性格は、誠実さである。彼らがどんなささいな金でも不当にだまし取ったという例は、ほとんど証明することはできないだろう。

客が馬車の中に何かを忘れたりあるいは紛失したりした場合、そして客が馬車の番号を全然見ていなかったか、記憶にとどめておけなかったとしても、それでも紛失物が当局に届けられていることを客は信じていられる。つぎに乗った客が馬車の所有者の名前を汚して紛失物をくすねてしまわないために、御者というものは客が降りると注意深く厳密に、必ず毎回馬車の内部を点検するのである。

御者の親切心やサービス精神はトップクラスである。彼が与えうる情報を得ようとして尋ねるものは、きっと満足を得られるだろう。

御者たちの運転技術は、すべての想像を絶している。たとえ運転手がやや酒を飲みすぎたとしても、これはしばしばあることだそうだが、それでも彼は細心の注意をはらい安全を保って走っていく。これには驚きを禁じえない。通行人の不注意は別として、馬車が彼らに怪我をさせるということはほとんど、あるいはまったくない。逆に、機転と熟練によって不注意な人たちを、重大な怪我から守ってあげている。

もうひとつの特徴を挙げておこう。すべての御者には、あだ名がある。彼らはいつもこのニックネームで呼びあっているため、自分の同業者の本当の名前を知らない者もいる。そしてこの呼び名が当局にさえ登録されていて、万一、裁判沙汰になり、調査が必要になったときにはさまざまな誤解が生じる。

この名前というのは、個性と強く結びついていたり、自分の好きな人物の名前をとったり、あるいは車の屋号であったりする。たとえば「ウォルター・スコット・セッペル」「クナッケル」「インゲン豆のポルデェル」「頭でっかち」「粉物好きのミヒェル」「コーヒー好きのクッカー」「ゴージャス幌馬車」「ピカピカ野郎」等々。

これがウィーンの御者のおおよそのところである。興味を持ってくれた読者に、ここでさらに詳しく知って頂くためには、彼ら自身に話し行動してもらうことが必要である。

ある飲み屋

（御者たちが入り口に一番近いテーブルに陣取っている。何人かはカードをし、何人かはおしゃべ

りをし、またさらに何人かはカウンターの前で「立ちビール」を飲んでいる）

御者一　おいボーイ、最高のビールを急いで頼む。これから大変な旅がはじまる。夕方の店じまいの後、店番たちを「ヴェーリンガーシュピッツ」*へ運んでいくのだ。あの連中ときたら馬車の中でばか騒ぎをはじめるから、こっちは酒の助けを借りないと、御者台から振り落とされてしまう。

御者二　おまえほど肥えている奴が、あの御者台から振り落とされる日には、世界は終わっているさ。おまえの尻ときたらどでかい大鍋と同じで、テコでも動かないからな。

御者一　おまえさんは確かにやせていて、風で飛ぶように尻軽な男だからな！

御者三　口を慎んだらどうだ。悪口はごめんだぜ！　一曲聴かせてやる！　これが音楽ってもんだ。

（ヨーデルを歌う）

御者四　着ている物をうっぱらったら、おいらはもう天国さ！　ほら！　ほら！　ほらね！　強いビールを持ってきてくれ。俺の踊りに伴奏をつけてくれ、ハモってやるから！

（ふたりでヨーデルを歌う）

御者五　おふたりのために楽団を予約しなかったのは残念至極、こんなに上手に歌ってくれるのに！

（楽師が数名登場、演奏をはじめる。御者が手をたたき、足で音楽に合わせる）

御者四　さあ踊るぞ。思いっきりな。

御者五　縄でしばりつけてやるな。さもないと頭がおかしくなるからな、おまえは。

御者四　俺には音楽の才能があるが、おまえは音痴だからな。
（女中がひとりで入ってきて、少量のワインを注文する）
御者一　おやおや、お嬢さん。一杯ワインを注文するところをみると、きょうはお客さんがいっぱいかい。
お客　（部屋の反対の端の方から）ボーイ勘定だ（金を払って出て行く）。
御者一　おいあのキザな野郎を知っているか。
御者二　知ってるとも。あいつはパン屋のガキだ。
御者一　馬鹿いうな、あれは芝居を書きまくっている野郎だろ。
御者二　だからさ、わけのわからない生地をくねくねこねて、作文しているのさ。

こんな調子で会話は続いていく。こういう下々の無骨なおしゃべりをこれ以上お聞かせし続けたら、われわれの読者の耳を汚すことになるだろう、だから最後に楽しい歌を一曲紹介してこのスケッチを終わりにしたい。

御者の歌

旦那様、旦那様、お車はいかがですか。
お出かけになりませんか。
このあっしが運転すれば
八本の足が愉快に駆け出しますよ！

二頭の栗毛をあやつって
風のようにパカパカ走る。
あっという間に到着です
まるで狂ったようにね。

馬車をあやつるのは難しい技なんです
道も車も通行人もお天気も
みんながはむかってきますからね、

それに馬ときたら暴れん坊。

お客さんの注文はいろいろある
気が乗らなければそっぽをむかれ
いいつけに従わなければ文句をいわれ
徹底的にののしられる。

弁護士さん乗せるときは
たっぷりと車に油をさしますよ。
だって弁護士さんときたら
どんな難問だってなめらかに弁護してみせるから。

第五章　物乞い

無記名

作者不詳「物乞い」

わが祖国の、人道と慈善のための施設は完璧であるという評判を得ている。それは類似の機関の模範として輝き、寛大にして友愛あふれる王家の庇護により成長、隆盛し、そしてこの大帝国の人々の慈善心のおかげで、維持されている。

オーストリアの笏の下、一国家にまとめ上げられ、愛と宥和の精神をもっていただき合う全民族の慈善的精神は、驚嘆すべきほどに偉大である。

貧しい人、零落した人、思いがけない不運に見舞われた人に対しては、どの人の心にも同情心があり、どの人の手にも好意的な施し物がある。温厚な父たる皇帝陛下とその高貴なご家族の崇高なる模範に讃嘆して、赤子たる臣下たちは力のおよぶ限り、高貴なる先例を模すよう努めている。

貴族は出し惜しみせず祝福と慈善を振り撒く、大商人は毎日自分より貧しい同胞に施し物を与え、市民は自分ができる時に、できる仕方で困窮にあえぐ人を援助する。

この慈善精神がすべての階層をまとめてひとつの目的へと向わせる。階級や等級、宗教や家柄をこえて高貴な団結のために力を尽くそうというのである。聖職者も俗人も、貴族も市民も、キリスト教徒もユダヤ教徒もひとつの目的を目指す。それは貧困者の支援である。

公の団体も民間の団体も、力を合わせてこの目標に到達することを、大事な課題として邁進してきた。

ただしわれわれの課題は、「ウィーンとウィーン人」を描くことに限定されているので、本項においてもそれにふさわしく対象をしぼりたい。ウィーンの衛生施設や慈善施設は他に追随を許さない。これは外国も評価している。

癲狂院、助産院、捨て子養育院を備えた国民病院、大学付属病院と陸軍病院、そして六つの民間の施療院が、病人の面倒をみている。帝立救貧院の主たる仕事は、生活困窮者の世話であるのだが、すべての公の教育施設と衛生施設は、生活困窮者に無料で開かれている。民営の救貧院は四つある。その中でも貴族のご婦人方によって運営されている施設が、最上位にある。

さらにウィーンには、孤児院がひとつ、多くの幼児学校と幼年者保護施設、唖学校と盲学校がひとつずつある。この盲学校とは別に成人用の盲人保護施設があり、両者は密接な関係を保っている。貯蓄銀行と質屋がひとつずつ、二軒の火災保険施設、一四軒の養老院、二軒の民営養老院、二軒の傷痍軍人施設、一軒の国営年金施設、一三軒の民営年金施設などがある。

これらの施設は、すべて信用のある監督者の運営に任せられており、彼らは厳しい管理下に置かれている。

深い同情と強い嫌悪感をもよおさせる貧困が、ウィーンでは大規模な形で確認できないということを証明するために、さらに具体例をあげる必要があるだろうか。

賢明な政府、模範的な警察、市民の慈善的精神のおかげで困窮者は、一軒一軒物乞いをして回らなくても、手助けと住居と金銭的援助を受けることができる。くわえて役所はそのような狼藉を可能な限り減らすために努力している。しかしながら、ものもらいの行為によって生計を立てている狡賢い輩は、幾重もの策略を使って当該機関の目を欺く。

あらゆる変装とあらゆる口実を使ってこの輩は徘徊し、家の戸口であるいは路上で獲物を狙う。墓地の入り口、ごった返しの飲み屋、遊歩道、人気のない街角で彼らは、善意にあふれた人々から施し物をもらおうと懸命になる。時には嘆願の目で、時には囁く声で、あるいははっきりと「お願い」といって要求する。この要求の仕方が、図々しいか、おずおずか、あるいはまた人目を忍んでか、平然とかは、その都度の状況の展開によってころころ変わる。

これらの物乞いが概して、すべての慈善的行為を逆手にとる実に不品行の輩であるなどと、ことさら強調しなくてもよいだろう。仕事嫌い、さぼり癖、だらしなさ、遊び好き、酒好きこそが彼らの特性である。狡知、恥知らず、偽善こそが彼らの主たる才能である。

ちょっと見た目にはそうは思えないが、彼らの実入りはよい。

一日かけて大小の通りを歩き、どの家にも声をかけ、すべての扉をノックし、自分の運を試す。だが泣いてもわめいても無駄だとなると、高圧的態度によって勝利を収め、善意が役に立たない時は、かんしゃく玉を破裂させて目的を達成することもまれではない。

もっとも頻繁に物乞いが現れるのは、下層民の集まる出入り自由な遊園地や遊興地である。人々が楽しくすごしている時には、無心を拒否しにくいことを抜け目なく計算に入れているのだ。

たとえば物乞いが、長い列をなしてレルヒェンフェルトにある無数の飲み屋に現れる。彼らはテーブルからテーブルへと足を引きずって回る。そして最後の飲み屋では、こうして集めた金をいっさいがっさい使いはたしてしまう。

自らの仕事により多くの利益をもたらすなら、どんな手段もいとわない。人の善意の裏をかくために、毎日新たなたくらみをひねり出す。

当局はいかなる詐欺行為をも阻止すべく、厳しく、たゆまぬ監視の目を光らしている。しかし物乞いにとって稼ぎはあまりに魅力的であり、まっとうな仕事があまりに不人気なので、詐欺が発覚した場合、あえて厳罰に処してやれと考えているほどだ。老人が杖をつき、足を引きずりながらやってくると、同情を呼び起こす。しかしよく見ると元気で十分働ける若者だ。治ることのない傷が原因で、パンを稼ぐことができないと嘆く若者がいる。しかし本当のところは、人工的に起こされた炎症であり、その状態を注意深く保たせているだけなのである(1)。

こちらでは女が、この目的のために借りてきた子供を腕に抱えている。物乞いのためにその子を使い、人の心に訴えかけるきっかけにしようというのだ。あちらでは男の子に盲人が手を引かれている。しかし百歩ほど先に彼らを追跡している警察が現れるやいなや、この目に不都合のある男は、都合良くそれを見て取り、さっと姿を消す。

そのような連中が物乞いだけで満足しないことは察せられるだろう。だから都合の良い機会さえ見つかれば彼らは、乞食から泥棒へと変身するのである。

しかし組織立ったウィーンの警察機構のおかげで、こうした浮浪者の数が日々減少し、その残りの連中は、人の持ち物に手を出さず、施しに満足するのらくら者だけになりつつある。

物乞いを稼業とする人々の外見はみすぼらしいけれども、その生活は陽気で、活気がある。悩みとか不安というものは、彼らには無縁だ。というのも自分の生活とその必需品は他人に丸抱えしてもらい、日々の稼ぎをすべて仲間との愉快な飲み食いにあてることができるのだから。

彼らは衣服、清潔さ、住居に関しては、自然生活を標榜するキニク派であるが、飲み食いに関してはエピクロス派、つまりグルメ党である。ストア派の教えとも無縁でない。というのは彼らのあさましい仕事は、当然のことにありとあらゆる厳しさと結びついているが、そんな厳しさを歯牙にもかけず、驚嘆すべき態度で忍耐してしまうからである。

ビールとワインも好きだが、もっとも好むのは火酒*である。火酒は値段が安く、簡単に酔える。このふたつの特徴こそ彼らが評価する点だ。ビールとワインで酔おうとすると、一日じゅう汗水たらして働いても、ほとんど手に入れることができなかったくらいの金額が消えてしまう。しかし火酒ならずっと容易に、すばやく酩酊させてくれる。この酩酊状態なしには生きてゆけないので、彼らにとっては、火酒がこの世の中でもっとも大切なものなのである。

酔ってさえいれば自分の置かれている状況が難儀で、軽蔑すべきものであることを忘れてしまう。

もっともそんなことを、つまり完全には押し殺されていないもっとマシな感情を思い出すことはめったにないが。そんなわけで彼らは、自分のことを裕福な人々と対等だと感じている。なぜならば彼らは自分たちが望む物、すなわち「酩酊」を所有しているのであるから。

ある物乞いのちょっといい話が伝えられている。彼はウィーンの通りを、かなり長時間杖をつきながら仕事をしていた。彼は、一日の上がりをたっぷりと手にしたある晩遅く、ワイン酒場へと不自由な足を引きずりながら入っていった。そこで彼は英気を養い、翌日に備えようとしていた。あまりにも暑い日だったからか、ワインが美味しいせいだったからか、あるいはまた仲間の生き生きしたおしゃべりのせいだったのか、ともかく、知恵の教えるところ以上にはやく何杯も盃を重ねてしまった。だが、たちどころに飲みすぎの効果が表れ、突然彼は、自分がずっと演じ続けてきた不具者の役割を忘れ、杖なしでふらつきながら酒場を出て行ったのである。そこにいた客たちの驚嘆と歓声はどちらも大きく、しかもこの店の主は抜け目がなかったので、さっそくこの尋常ならぬ出来事を、自分のワインが卓越している御利益であるとした。以来この酒場は「奇蹟酒場」と呼ばれ、今日までその名は一般に知られている。つい最近では上品な部類の方々のために特別な部屋が設けられはしたが、今でもそこは相変わらず下層民の集合場所にとどまっている。

このような、もっとも貧しい階層の人々が出入りする店で消費される食事の量は驚嘆に値する。とりわけこの奇蹟酒場では、毎日およそ三〇羽から四〇羽のガチョウが消費される。その他の、もっとボリュームのある肉の消費量に関してはいうまでもない。

物乞いのモットーは「万物は流転する」である。にもかかわらず彼らの中には、奇妙に聞こえるかも知れないが資本家もいて、その財産たるやかなりのものである。裕福な「家持ち」たちでさえ、この実入りのいい職業を長年続けていることを蔑みはしない。

一般的に物乞いというのはうやうやしく、我慢強く、控えめである。まず第一に、彼らは経験上からこの三つの性格を備えていれば相手の心が溶け、がま口が開くということを知っているからである。しかしときどきではあるが、期待外れなことがあったり、あるいはよく飲む火酒のせいでカッとなって、残忍になることがある。相手のわずかな施しにたいして礼でなく捨て台詞をいったり、あるいはまた自分を追い返した相手にたいし恥知らずな行為に出たりする。

幾つかの日常の場面をつぎにあげて証明してみせよう。

＊

（物乞いが玄関前に来て、女中に施しを願う）

女中　ちょっと待って。食べものがあるの。温めてくるわ。その間にパンでも食べてて。

物乞い　（独り言）なんてかてぇパンだ。わしにまだ丈夫な歯が残ってるとでも思っているんか。

（パンを窓のくぼみところに置き、玄関のすぐ近くにある椅子に座って、ぶつぶついいながら食事を待つ）

（その間にかなりの時が経つ。女中はまだ現れない。物乞いは待ちきれなくなってドアをノックする）

女中　（ドアの内側から）すぐ行くわよ。魔法使いじゃないんだから。

物乞い　（そっけなく）人に物をくれんなら、すぐに出すもんだぜ。ちびっとのおめぐみでなん時間待ってられるほど、わしぁ暇ではねぇ（文句を言いながら退場）。

＊

（飲み屋。物乞いがひとりほろ酔い状態で登場、施し物を願う）

客　（硬貨を一枚出す）さあ持って行け。お前はこの金でまた酒を飲むんだろう。

物乞い　（金をポケットにしまう）そんなこたぁどなたにも関係ございませんぜ。あっしの金を、あっしがどうしようが勝手でしょ。

＊

（真夜中をすぎた火酒酒場。物乞いたちがテーブルに集まり煙草を吸い、酒を飲んでいる）

物乞い一　商売もあがったりだぜ。こりゃ抜け出られんかもな。これが日曜の稼ぎか。四グルデン二七クロイツァー、ウィーン通貨でさ。もっとも実入りの悪い平日よりも、まだ少ない額だ。

物乞い二　わしは今日、さぼったよ。トサカにきたもんでよ。いまどきの連中ときたら一クロイツァー出すのに一日じゅう説教しやがる。

物乞い三　今日はいい日だったなぁ。レルヒェンフェルトの店をしらみつぶしに歩き、オッタークリングまで行き、ヘルナルスの*リーニエから町へ入って来たんだ。このお散歩が報われ、六グルデンも集まったぜ。明日の月曜日は休みにして、二〇クロイツァー分をしこたま飲んでやる。火曜日にみんなで*市外区全部をごっそりやろうぜ。

物乞い一　なんていう野郎だ。たったの六グルデンで、宝くじに当たったような大騒ぎか。六グルデンで長生きができるとでも思っているのか。六グルデンの方だって、長居はしてくれないぞ。でもお前ならこの金を使い果たすのに、まる一日かかるぜ。お前はこの仕事には向いてねえよ。職探しした方がいいな。

物乞い四　いいじゃないか、本人が満足しているなら。（茶化しながら）満足できれば物乞いも幸せよ。

物乞い二　そういうのがおお間違い、はした金で満足するような奴がいることがさ。おかげでこの商売は評判が下がるばかりだ。わしの知っている奴ぁ、一日八グロッシェンで満足してらぁ。一クロイツァーももらえば、相手の手をなめ回すよ。

物乞い一　そういうわけさ、そうなると連中は同じことをおれらから要求するようになる。一クロイツァーよこしても礼なんかいうものか、半クロイツァーなら拾いもしねえぜ。

物乞い女　そんな風にできるのは男衆だからよ。あたいたちには無理ね、なんだって受け取るわ。女が借りてきた五、六人のガキを連れていなければ、お金を恵んでくれる人なんかいないもの。だから横柄になったらダメ。ただ同じ質問の繰り返しにはヘドがでるわ。「働けないのか、どうして子供を学校にやらないんだ」こっちは、好きでやっているのよ。指図はうけないわ。

物乞い四　いつどこで稼ぐなんてのは、俺たちの問題だ。物乞いの仕事であごが干上っても、かたぎの仕事につくのはまだまだ先のことさ。

物乞い一　かたぎの仕事につくだって、冗談じゃねぇ。こうやって歩くだけだって大変なのに。この仕事をなんだと思ってるんだ。それなのに、かたぎの仕事に鞍替えだって。てめらぁ頭がおかしいぞ。おらぁは即刻廃業だ。市外区に小さい家買って利子をたよりに、食っていく。でもこれだけはいっておく。悪党がうちに物乞いに来たら犬をけしかけてやる。

読者はこの記述がありのままを切り取ったものであり、どんな付け足しもいらないと信じて下さってよい。

*

わが読者の寛容さにつけ込む恐れがなければ、もっと強力で明瞭な証明をしてさしあげられるし、そうすればわれわれの主張の正しさを十分信じていただけるはずだ。

ちなみに、われわれのスケッチにとって都合の良さそうな物乞いだけを通りの集団の中から選び出したという指摘はいまさら必要ないであろう。彼らの中には本当に困窮し、真の手助けを必要としている連中も徘徊している。彼らはまだこれまで慰めと援助を確実に受けられる場所で窮状を訴える機会に恵まれていなかったのである。

しかしそのような人々こそまさに、小心者なので、この稼業でごくわずかしか利益を手に入れない人々なのである。それに対して本当のプロというのは、厚かましい態度を貫き通す。

それゆえわれわれの意図は、本文を通じて、物乞いに対する同情心と慈善行為をしようという気持ちの息の根を止めようというのではない。そうではなくてどのようなことがらもおかしな側面を持っているということを示したかっただけである。何物にもとらわれないわが読者は、われわれが切実な側面よりもおかしな側面を描くとしても、許して下さるだろうと思いたいのである。というのも、道徳的な考察をするよりも、楽しい気分で暇つぶしをしてもらうことが、昨今の雑誌のねらいであるのだから。

しかし、もっと切実な気分でいる人にもできるだけ満足していただくために、あるエピソードをなんの飾りもてらいもなくお伝えしようと思う。

それは一七××年秋のある朝のことだった。ひとりの日雇い労働者の息子が、市外区のひとけのない小路に面した半地下住居に入る扉の敷居に座って、子供らしい食欲で朝食をとっていた。その中身は、パンひと切れ、プラムと梨が数個で、質量ともに物足りないものだった。

その子供が夢中になって口をもぐもぐさせていると、足をひきずったぼろぼろの物乞いが近づいて来て、子供にお恵みを訴えたのである。その姿のあまりのみすぼらしさに唖然とした少年は、何も考えずに乏しい食べ物の残りを与えた。相手がすっかり奪ってしまうことを拒んだので、「全部食べて」と優しくうながした。

眼に感謝の気持ちを込め、静かな幸せを感じ、打ちひしがれた男は優しい子供と別れたが、子供は彼に、「あしたもそのあともずっと、朝食を食べに来て」といった。

以来、少年は毎朝そのつつましい食事を分かち合った。しかし突然彼は、朝の訪問をやめ、二度と姿を見せなくなった。少年はいつもの時間にじっと待ち、好きだった客なしには自分の朝食に手をつけようはしなかった。

数ヵ月がすぎ、数年がすぎた。少年は青年へと成長し、若い職人にふさわしく、徒弟の杖を持って世界へと歩みでた。彼はいまや腕のいい、まじめな指物師になっていた。有能な親方がいると聞けばどんな街にも住み込み、仕事を求め、そしてその収入を家にいる老いた父に送った。

故郷を離れて幾多の年数が経ったとき、父親の死出の旅が近いという知らせに、呼び戻された。母親はもうすでにずっと以前に亡くなっていた。

休むことも憩うこともせず健気な息子は、長く困難な道のりを帝都ウィーンへと向かった。だがせっせと先を急いだにもかかわらず、父の生きている姿を見ることはもうなかった。そして慰めもなく、寂しく、たったひとりで、家の敷居に立っていた。そこは両親が住んでいた場所であり、彼が子供時代を送った場所である。そのドアには鍵がかかっており、彼の家族を包んできた懐かしい部屋にはいまや、彼のまったく知らない人達が住んでいた。窓に置いてあった鉢植えも消えていて、そのかわりに顔料の壺が置いてあり、新しい住人の職業を物語っていた。

彼は憂鬱と不安のあまり心が張り裂けてしまうかと思った。住民の多い大都市の中でただひとり、身寄りがなく、自分を愛してくれる人は誰もいないと思った。職人宿に帰ろうと思ったその瞬間、ひとりの男が彼の方に向かってきた。その顔は昔から知っている顔のように思われた。その男もはっとして、彼をじっと見つめ、ようやく話しかけた。「失礼ですがあなたは、このお宅をご存じなのですか」

「知らないはずがありましょうか。ここは私の両親の家でした。この敷居に座って、子供の遊びをしていました。それから朝食を食べたり夕方のパンをかじったり」

「それならあなただったんですね、私はあなたのことを忘れることはできません」とその男は叫び、驚く若者を抱きしめた。

「あなたはどなたですか、なぜそんなに喜ぶのですか」と若者はその抱擁をやっとほどきながらたずねた。

「お忘れですか。私はあなたが子供のときに朝食の半分を与えてもらって満腹にしてもらった、あの物乞いですよ」

「なんですって。突然消えてしまい、以来二度と姿をみせなかった……」と若者は叫んだ。

「その男です、突然病気に、それも重いのに襲われて、何ヵ月もベッドから離れられなかったのです。この長患いの間にまったく思いがけなく、親戚のひとりが亡くなったという知らせを受けました。そんな親戚がいたなんてまったく知りませんでした。彼は遺書の中で私を指名していたので、彼が亡くなった村にできるだけ早く来るよう、役所から呼ばれたのです。

症状が改善するやいなや、すぐに出発しました。目的地に到着すると、体への負担が大きすぎたため、また大病に罹り、ごくゆっくりとしか回復していきませんでした。

ついに全快したのち、またウィーンに戻ってきました。あなたを訪ね、あなたの行為に報いるために。しかしあなたはもう旅に出てしまっていたので、あなたのお父さんをできる限り援助することにしました。というのは、私の相続した財産は、必要なものを満たしても、まだ悠々自分を養っていけるほどたいしたものでしたからね。

自分の名前を告げずに、私は私を救ってくれた方のお父上に時おり、少しばかりお金を送り続けました。そして私は、自分が受けた恩のわずかばかりを返済できることをひそかに喜んでおりました。何日か前にお父上が亡くなり、あのご立派な方の墓の上に慎ましやかな十字架を建てさせました。そこへこれから行きましょう。それから私の家に来て下さい。死んだお父さんにかわって、私を父親だと思って下さい。誠実さと慈しみを持ってあなたを愛してくれた、あの方だと思って下さい。これからすぐにあの方が眠っているお墓に参りましょう」

悲しみと喜びで茫然自失の体だった若者は、新しい父親の導きにまかせた。彼が父の墓に純粋な子供の愛情である涙をたっぷりと注ぎ込んだあと、年老いた親切な案内人は、彼を自分の住居へと連れて行った。

この二番目の父が死神に呼ばれるまで、ふたりは長く、仲良く暮らした。死者の遺産として彼はちょっとした資本金を手に入れた。それは若者が親方の権利を買い、それに必要なものを工面するのに十分な額だった。彼は立派で誠実な市民のひとりとなり、彼を知るすべての人々に愛され、敬われて生き、そして死んだ。

原注

（1）善良な人々をあざむき、幾ばくかの施しをせしめるために、この種のけしからぬ連中が思いもよらぬ手段を使うことは事実だ。たとえばクレマチスの葉は、とても刺激が強く、皮膚に疱疹をつくる。いまわしい無宿者たちは、これをニセの傷や欠陥を作るためにしばしば利用する。そのためこの植物は、刺草とも乞食草とも呼ばれている。

第六章　音楽狂

無記名

アンドレアス・ガイガー「覗き見箱」（一八四六年）

わが親愛なる読者よ。あなたがオペラ座やコンサートホールで、ひとりの男に遭遇したとしよう。彼は手足を奇妙に動かすので目立つ。大声で語り、ちょこちょこ歩きながら腕をぐるぐる回し、指をひどく難しそうにもつれさせながら、あなたの鼻先でパチンとはじく。物をいうときはつねに響きが豊かで、特徴的な言葉を選ぶ。そして息も継がず、長台詞を唇から繰り出す。その際、ぞっとするほど白目をむきだしている。こういう男を見たら、彼が百にひとつも過たずに「この人は音楽狂だ」と確信してよい。

いろんな熱狂的ファンがいるけれど、音楽狂こそもっとも数が多く、もっとも始末に負えない人々である。音楽狂の相手はすべきではない。彼の大熱弁に口を挟んだり、彼の批評に反論を唱えたりするのは、怒れる獅子をいたずらに刺激するようなものである。彼は、音楽以外にもまともな人間の理知的な楽しみがこの世にあるという主張、すべての芸術の中でもっとも崇高な音楽において、度がすぎるのは有益というより有害だという主張、あるいはまた音楽愛好家の精神というものが、長く音楽鑑賞をするうちに当然陥る興奮状態から回復しなければならないという主張、これらの主張を毫も容赦しない。

この音楽狂には、底が浅い者もいる。そういう人が熱狂しているふりをするのは、教養人に見せようとしてとか、習慣や退屈を紛らすため、あるいはまったく何の理由もなく、である。こういう人についてはここでは問題としない。しかし音楽狂というのは、恐ろしいほど粘り強く音楽の喜びを追い求め、どんなコンサートも、どんなオペラも、どんな仲間うちの集いも、どんなセレナーデも、どんな合唱曲も見逃しはしない人々である。彼らは楽器をこなす才能も器用さも持ちあわせていないが、楽器を学ぶために何十年もの年月を変わらぬ熱心さで注ぎ込む。声を出さずに歌い、指揮棒なしに指揮をする。音楽に関する知識をまったく持たないにもかかわらず、音楽のことについてばかり語るのである。通奏低音の初歩的な規則さえも知らずに作曲さえてがける。

以下の粗略なスケッチの中で私は、読者にお楽しみいただくために、こうした音楽狂の姿を描いてみようと思う。

時刻は夕方の五時半。オペラ座にはまだ人気がなく、陰鬱な神秘性をかもしだす暗闇に包まれている。上の方のいくつかの階には、ところどころで人の気配がし始める。すると数名の者が漆黒の闇をどうにか通り抜け、後方の長椅子の並びを抜け、まだガラガラの前方の長椅子に席をとる。

われわれの心の眼はいやなにおいのする石油ランプの光も、あとで現れるシャンデリアの光も必要としないので、最上階の暗い隅にひとつの影をとらえる。それは柱に寄りかかっている。奇妙に活発で落ち着きのない様子である。それは暗闇の中でちらりと光る眼をくるりと回して、墓のような静けさで夜明けを待つオーケストラ・ボックスに向ける。まるで、そこに存在すべき楽員の不在に不安を感じているかのようである。それからこのまさぐるような目は、広大な劇場をあちこちすべて観察する。観客がすでに入っているのか、どれくらい集まっているのか。まもなくチョッキのポケットから懐中時計を取り出し、これが間違いなく正確に時を刻んでいるのを確認する。というのも周囲を支配するエジプトの暗闇で、髪の毛のように細い時計の針が見えなくなっているからだ。そうしながら意味不明の言葉をつぶやく。

劇場のすべての席が埋まる場合でも、この人物のいる席には人気がなく、そして遅れてきた客が必要に迫られた場合にのみ、そこに席をとるくらいである。

それではいったいなぜ、まだ最良の、快適な席が空いているのに、この席を早々ととったりするのだろうか。それもまたわが音楽狂の特徴である。その人物がこのスケッチの主人公であることを、読者はもう推察されたことだろう。もはやこれ以上、この主人公の名前を隠すのはやめ、無遠慮のそしりを心配せずに、われわれはその名前を公開しよう。この奇妙な人物はプルツル氏という。今からすぐに、彼をもっと詳しく見ていくこととしよう。

劇場はしだいに埋まってきて、天井のシャンデリアが平土間の客のうえで回りながら浮かぶようになる。そしてオーケストラ・ボックスの中では音合わせが始まる。

これらのすべてにプルツル氏は見るからに深い関心を持って、そしてぶつぶつ賛意をつぶやきながら眺める。彼はときどき彼がしたがる類のお喋りのできる人が来ていないかどうかまわりを見回す。というのも彼は、必ずしも立派にやりおおせるとは限らないが、人前で知ったかぶりをするのも好きなのだ。ついにふたりの人物が近づいてきた。このふたりの登場で、彼の表情も柔和になったので、まもなく待ちに待った会話が始まる。

この興味深い、そしてためになる対話にしかるべき注意を傾ける前に、これらの人物をもう少し詳しく観察してみたい。顔の表情が豊かで筋肉が良く動く人物、熱のこもった身ぶりをする人物がプルツル氏である。広い額にはつねに皺が刻まれているのは、彼の話がもったいぶっていることの証である。稲光のようなピクッという動きが口の筋肉のまわりに表れても、それが彼の顔を美しくすることはほとんどない。目は死んでおらず、その眼窩の中で絶え間なくあちこちにぐるぐる動いている、あたかも自然が与えてくれた場所が狭すぎるので、その拘束から飛び出していきたいかのようである。彼の体全体の動きは、無関係な傍観者から見ればなかなか雄弁に見えるが、実は個々の部分の描き出す明瞭さやエネルギーに比べたらたいしたものではない。彼の腕ときたら作動中の電信機が電波を飛ばすように空気を切り刻む。彼の指は、まるで絵に描かれたアラベスクのように絡み合う。彼は、話す言葉のひとつひとつを、話している事柄の広がりや形象を表す手の動きで跡づけていく。それゆえ、いじのわるい偶然にじゃまされ、彼の近くまでこれなかった人にも彼の話の内容が理解でき、場合によっては、彼との会話に参加することも可能にしているのである。

われわれのヒーローにたいしてはっきりと好意を示し、耳をそばだてているふたりのうちのひとりは、感傷的な目つきで青白い顔をした未婚の女性である。彼女はあまりにもなんども春の盛りを経験してきたのだが、それ以外の夏、秋、冬の季節が自分たちの足跡を彼女の感じやすい顔の上に残していくことも甘受せねばならなかった。感傷にばかり浸っていたため、彼女は自分の夢の理想世界を抜け出し現実世界へと歩み出すその一歩を逃してしまったのである。比喩的な言い方をやめれば、これまで結婚相手が見つからなかったということである。彼女をいまだ手の入っていない小さな鉢から引き抜き、結婚という庭へ移植せず、この花をパスするほどに軽率だった男はみな何と哀れむべきか。彼女は香り立ち、花開くこともあっただろうに、いまや誰にも賛美されることなく枯れていくしかない。彼女の同伴者は、やや頑固そうな顔つきをした男性だが、これが父親である。彼はつねに自分の魚の目と、オールド・ミスになってしまった娘のことで苦しみながらも、スケジュール表にあまり楽しくもない外出の予定を書き入れることはできる。娘が理想に固執するのとは正反対に、父は現実的なものの考え方をする。とはいっても彼は人のよい人物で、自分たち夫婦にとって唯一の子孫であるこの娘をとても愛しており、彼女のためにかなりの犠牲も払う。その犠牲のうちでとくにあげられるのが、オペラやコンサートの鑑賞である。こんなことを父は、自分の娘ウルリーケと結婚してくれる相手が見つかったら、というかすかな望みがあればこそ、我慢しているのだ。巧みな話術の才を持つプルツル氏は、われらが新しい知人ファルテル氏とその娘に、近づくすべての人を絡め取ってしまうあの抗しがたい魔法を一瞬にしてかけた。父はこの活発な男が求婚者になるかもしれないと思う。娘は娘で、この男のことを、自分が心の奥で感じているすべてを力強い言葉で語る、近しい魂の持主だと感じる。というのも彼は力強い言葉で彼女がいつも胸のうちに感じていることを、しっかりと表現してくれたからである。

いよいよここで長らく怠っていたことに追いつき、そしてこのただいま紹介した三人組の会話に耳を傾ける時が来た。

ちょうどプルツル氏の長口舌が終わりに近づいている。

「音楽は創造の魂、それはわれわれが呼吸する大気そのものであり、われわれを養ってくれる神肴《アンブロシア》であり、われわれを元気づけてくれる神の酒《ネクタル》なのです。咲き誇る花々からは音楽の香がもれ、天の雨はハーモニーを降らせます。雷鳴は、ざわめく木の葉とさらさら流れる森の小川の旋律に伴う通奏低音として轟きわたります。稲妻は黒雲の中に燃え上がるような拍子を書きこみ、北風は骨の髄まで震撼させるような超絶技巧のソプラノを響きわたらせてくれます。嵐にさいなまれたブナの木は、うめいて、恐ろしい不協和音をを出しながら神々を酔わせるシンフォニーとなるのです」

ウルリーケ嬢　なんて素敵なのかしら、おっしゃるとおりですわ！

ファルテル氏　ただいまご指摘されたことはどれもこれも、これまで一度も気がつきませんでしたなあ。

ウルリーケ嬢　私はとうに気がついていたわ。でも引っ込み思案だから、口に出すことができなかったの。

プルツル氏　（深く息を吸い込んで）いや、音楽はそれ以上の存在なのです。音楽は道徳と悪習を融和させてくれます。音楽の抗しがたい魔法がわれわれに人間の持っている錯誤の謎を解明してくれます。それは多くの哲学者が解き明かすことのできなかったものです。市井の人々にとって憎悪すべきだと思われるものを、音楽に身を委ねたものは、感動と驚嘆を以って認識します。吝嗇漢にとっては、金管の音が嬉しいものです。気持ちよく酔っ払っている者には天上でヴァイオリンの音がします。借金まみれの男は債権者に出会いそうな所で転調を試みます。口論好きの人は対位法を行います。不誠実な男は、恐ろしい程の不協和音の関係を解消しようとします……。

ウルリーケ嬢　なんて博愛的なのでしょうか。

ファルテル氏　（あくびをする）

プルツル氏　音楽は人生における唯一無比、最上にしてもっとも真なる喜びなのです。

ウルリーケ嬢　すばらしいお話ですわ！

ファルテル氏　なるほど確かにすべてはおっしゃるとおりで、素晴らしいものでしょう。もしこの喜びがこれほどの多くの犠牲を必要としなければの話ですがね。私が言いたいのはチケットのために支払うはした金ではありません。付随して登場してくるさまざまな厄介なことですよ。この混雑、この暑さ、この喉の渇き、この退屈さ。それに正直に申し上げますが、音楽の楽しみというのは、いつでもたんなる思い込みに過ぎませんよ。そこにはいつだって同じ音符ばかり、ただ音符の並べ方と長さが違うだけですよ。であるから聴衆が、もう何度も聞いたことのある曲を聞いてまたうっとりするなんて、これは自分で自分をからかっているのですな。

この素人の相手にとって実に幸いなことは、ちょうどこの時、オーケストラでフルートがラの音を鳴らしてくれたことである。われわれの音楽狂はただちに甲高い裏声で同じ高音を出そうとし、そしてすでに自分の頭の中では整理されていた反論をすっかり忘れてしまった。その反論を聞いたなら、このファルテル氏は今晩これ以上どんな意見を開陳することも諦めたことであろうが。

プルツル氏　高いな、通常よりも一六分の一高いぞ。

ウルリーケ嬢　なんていう素晴らしい耳をお持ちなの。

プルツル氏　そうですね、すべて識別できます。三〇分の一音でさえ私にとっては聞き分けることのできる音程なのです。歌手や演奏者が少しでも調子をはずせば、耳が痛くなるほど私は敏感なのです。

この主張が法外であるということを、われわれはのちに知ることになる。

ウルリーケ嬢　あなた様には無条件で驚嘆いたしていますわ。
プルツル氏　お嬢様、はっきり申して、自分で自分に驚嘆しているのです。私は体の隅々まで奇跡と境を接するほどの音楽の才能を天から授かりました。私の血はリズミカルに波打ち、私の脈は拍子と同じように打っています。私は、音楽のテンポに合わせて呼吸をしています。私のくしゃみは完全な三和音で鳴りますし、食事もお酒も消化も正確な音程の中で行われます。
ファルテル氏　そいつは羨ましいことですね。というのも私の消化器官は……。

序曲開始の合図があり、われらの熱狂者が命令調の合図を出し、ファルテル氏の言葉を禁じる。イタリアのオペラが上演された。それは最新の流行に倣って作曲されたものであるが、みずみずしさも力強さもないものだった。特徴的なものも精神性も見あたらない。さまざまないい加減なメロディをつなぎ合わせたいわば「ごたまぜ」であり、その音楽と台詞との関係は、焼肉とパイナップルの関係のようなものである。その器楽演奏は、聾者でさえ耳をふさぎたくなるほどである。しかしこのごたまぜ音楽は、騒音が響くわりに何ひとつ語ってはおらず、あのマエストロの皮相さが嘆かわしいほど赤裸々に露呈している。はや最初の和音がプルツル氏に電流を流す。彼の指が二倍に伸び、彼の目が輝きだす。彼の頬が赤く染まり、胸は締めつけられ、息もたえだえとなる。彼の体全体がえもいわれぬ至福を表現する。ときどき震える彼の唇からは小声で、感嘆の言葉が流れ出た。「神々しい」

「奇跡だ」「うっとりする」等々。それから目をつむり、下あごを胸の所まで沈め、口を大きく開き、すべての音の洪水を飲み込むかのようである。アレグロが始まり金管楽器が狂ったように演奏し、嵐が起こり、騒音が発せられ、まるで地獄が口を開けたようだった。クレッシェンドが信じられないほどにまで高まり、ついには聞くに耐えないフォルティッシモが聴衆の耳を聾さんばかりにガサガサざわめく。いまや終結部の畳みかけるような盛り上がりが嵩にかかってくる。これこそ現代の作曲家が強烈な効果を得るために、絶対に嘲ったりしない刺激剤である。そしてわれわれの音楽狂いの感動は、絶頂へといたったのである。

わめき、足を踏み鳴らして、喝采が向けられている作品とバランスを取ろうとするかのように、負けない喝采を彼が轟かせているのを見る人は、彼の肺が壊れてしまわないかと本気で思ってしまう。心配をして下さった読者よ、ご心配召されるな。彼の熱狂には際限がないが、彼の肉体もまた限界を知らない。というのはこのような燃え上がる精神を造った用意周到な自然が、その精神をきわめて頑強な肉体に包みこんでくれたのである。

ようやく拍手の嵐が止むのであるが、それはまもなくこれまで以上に大きな歓声をあげんがためである。イントロが始まる。これはあのマエストロが自家薬籠中の方法を使ったものである。彼はこの曲を聴衆の気持を逃さないために前もって演奏させる。これによってマエストロは、後に続く曲の弱さをありのまま受け止められないようにできればと思っている。合唱とオーケストラは十二分に考え抜かれたものであり、その効果も否定することはできない、音楽劇の特徴としているものをあまり深くつきつめないことを前提にすればのことだが。異教を奉ずる僧侶が、彼らの神を称えるために賛歌を奉納する。これは何も知らない者にとって、軽やかなジャンルの、兵士の歌のように聞こえてしまう。この歌は、飲み屋で賭け事をする時やワインの乾杯の際には、実にその場にふさわしいものとなるであろう。だがこの場面は、白い髭を蓄えた老人が祭壇の前に立って歌うという設定なので、驚嘆こそが求められている。それにもかかわらずこのイントロは、望んだ効果を十分に発揮する。さかんな拍手が湧き上がり、騒々しくアンコールが要求される。

われらのヒーローはもうとうに心を動かされ有頂天となってしまっていたので、もはやその感動は抑制のきかないものとなってしまった。彼はライオンのような声で「ブラーヴィ！　ブラーヴィ！　アンコール！　アンコール！　ブラーヴィ！　ブラーヴィ！」そしてすでにもうアンコールが始まっているにもかかわらず狂ったように叫び、はしゃぎ続ける。この曲の最後になっても、彼はまだまったく衰えをみせぬ声の大きさと長さで、拍手喝采を叫び続ける。

ついにプリマ・ドンナが現れると、プルツル氏は熱狂的な挨拶を送る。彼女のとても長くて退屈なレチタティーヴォを聞くと、彼はほとんど涙を流さんばかりである。そしてこれに続くアリアになると心揺さぶられ、彼は柱に抱きつき、抑制のできないうめき声をあげたので、彼のまわりにいた人たちは素直に心配し、大丈夫かと、親切にも尋ねる。

感動の表出が多少強めだったり弱めだったりはあるものの、同様にして、彼はこれに続くひとつひとつの楽曲を追いかける、どんなルラードも、どんなトリルも。彼の驚嘆する能力は大海のように尽きることがない。ある時は、彼はウルリーケ嬢の手をつかみ、強い力で握ったので、彼女は金切り声をあげ、痛む指を上品なバチスト製のハンカチにくるんだまま、「どうしてこんなことをしたの」と尋ねているかのような目で彼を見つめる。またある時は、ファルテル氏の永遠に痛みの消えない「魚の目」を踏みつける。踏みつけられた方は、恐ろしい程のうなり声で自らの不機嫌さをこれ以上はない明瞭さで表現するのである。テノールのスターが頻繁にかすれたようなファルセットで調子をはずそうとも、女性歌手がはっきりと分かる力量不足の声で歌うことがあろうと、あるいはマエストロが許しがたいほど大胆に慌てて転調しても、プルツル氏のあれほど繊細であると自慢していた聴覚はまったく感知しなかった。この点に関して彼は、少しばかり自信過剰であったようだ。

幕が下りた。通常のカーテンコールが一〇回から一二回ほど繰り返され、その後休憩となった。これを利用してプルツル氏は心のうちに溢れている感情について、誰かから尋ねられたわけでもないのに大きな声で釈明する。

「まったく法外です」と彼はいい始める。「いったい全体、音楽というものはわれわれになんともいわれぬ印象を与えることができるのでしょう」

ウルリーケ嬢は、バチストのハンカチにくるんだ自分の指をそっと眺める。ファルテル氏は、本能的に先ほど踏まれた足を椅子の後ろへ引っ込める。ふたりのため息、「そのとおりです」

このふたりの防衛作戦に気づかず、プルツル氏は話を続ける。「音楽以外のどんな精神的な楽しみも身体的な楽しみも味気なく、中身がうすいというのは反駁できない真実です。音楽だけがわれわれの精神を教育し、改善し、そして高貴なものへと導いてくれるのです。この音楽の本質というのをしかしながら本当に理解しているのは、最近のイタリアの作曲家以外にはありません。そしてまさに今日のオペラの作曲家こそ、この意味において誰にも真似できないお手本として存在しているのです」

ウルリーケ嬢　おっしゃるとおりですわ！

プルツル氏　序曲を見てみましょう。明晰でわかりやすく、それでいて絵画的です。あらゆる要素を兼ねたオペラのエッセンスが私たちの前で展開します。序曲を聴けばオペラ全体が想像できます。最初の数小節の中でマエストロは、口ずさむことのできる愛らしいテーマを聴かせてくれます。そのテーマは実にさまざまなヴァリエーションを紡いでアリア、合唱、四重唱、合奏へと展開するのです。このようにしてマエストロは、自分の芸術作品という統一体の特徴を、きわめて機知に富むものにしています。それどころか繰り返しという点では、彼はオペラの後の方でも思い出させるために、同じテーマを、何度も登場させることまでやっているのです。そこにあるのはいつもの顔ぶれです。優しい声で私たちに語りかけ、理性に小声で唄を聞かせて軽いまどろみに誘い、それだけ情緒に自由な裁量を任せるのです。驚嘆すべき天才でもってこの作曲家は、テクストの裏をかく方法を心得ています。彼は音楽の撞着語法を使い、すばらしいアイデアを表現することもまれではありません。ドイツの芸術家たちが誠実な正確さで詩人の奴隷となり、言葉の背後で喘いでいるのに対し、イタリアの作曲家たちは活力をみなぎらせてこの窮屈な制約を超え、楽しいアイロニーを見せながら、精神の創造力によって、じつにとんでもないコントラストを混ぜ合わせるのです！

ウルリーケ嬢　まあなんて高尚なの。

ファルテル氏はその間に眠り込んでしまい、安らかな寝息によって、彼がどれだけプルツル氏のもったいぶった長談義に興味を抱いていないかを漏らしていた。

わが親愛なる読者よ、あなた方を同様の運命から守るために、オペラの第二幕とプルツル氏のさらなる弁舌と誇大妄想にまでいたるような熱狂ぶりをこれ以上述べるのはやめよう。

それでも突然彼から離れてしまうのは、あなたにも私にもつらいことである。それゆえ読者諸氏をプルツル氏の家までご同行して下さるようお誘いし、彼が実際の演奏家でもあるところを観察しよう。

彼の意見から察するところ、彼はイタリア音楽を格別に愛しており、ドイツ人の作品はあまり価値がないと思っているらしい。

しかしそのように判断を下してしまうと、間違いを犯すことになる。

プルツル氏はいつでも誇張したものの言いかたをするが、ついでに付け加えておけば、彼自身は、その都度、その誇張をひたすら真実だと思っている。しかし次の瞬間、別の重要なものが現れると、たった今いったばかりの信仰告白とは反対の主張をする気になってしまうのである。彼の辞書には、中庸という言葉は存在しない。彼にとっては、神々しいものと下賤なものしか存在しない。つねに興奮しているために、彼が格別な判断にいたることはない。それゆえ彼は目立つものに目がくらみ、心奪われるのである。たとえば彼にとってはとてつもなく速く演奏できる音楽家こそが、もっとも完成された芸術家である。彼がそういう超絶技巧派の演奏を聴くと、えもいわれぬ憧れに捉えられて、同じ芸術的高みへ登りつめたくなるのである。リストを知って以来、彼は毎日六時間くたくたになるまできわめて難しいパッセージをとんでもない速さでピアノでがんがん叩いて、隣人たちを震え上がらせる。エルンストがその魔法の響きによってプルツル氏を籠絡すると、今度も六時間ぶっ続けでこれまで一度も聞いたことのないヴァイオリンの重音や三重音を弾き、隣人たちの驚愕を増大させる。明日になれば太鼓の名人が現れて、彼はその楽器に熱中することになるかもしれない！　というのも、彼には上辺が格別なものなら何でもよいからである、今日は古典的なものに打ち込んでいるかと思えば、明日には通俗的なものにうっとりしている。彼にとってはモーツァルトとドニゼッティは同じであり、ベートーヴェンの交響曲はヘルツの変奏曲の一部と同じ印象を与える。

さて、彼は今まさに三人の友とともにシュポーア*の傑作を虐待しているところである。彼は作品についてもその料理法についても、満面に至福の表情を浮かべて語っている。

彼は、第一ヴァイオリンである。

自らの役割の重大さを理解しているので、顔に非常に表情豊かな皺を寄せている。眉は吊り上がり、まるでゴチック様式のアーチになっている。唇は、すっかり顔から消え失せるほどにきっと固く結ばれている。驚嘆せよといわんばかりの諦念で、彼はもっとも難しいパッセージを弾く。ただし、右手と左手で、パッセージの解釈と演奏の仕方が違っているようである。というのはときどき左手の指使いと右手のボーイングで考えが違っているのが聞こえるから、その結果はあまり好ましくないものになる。この第一ヴァイオリン奏者と同様に、三人の友人も自分のパートをほかの人に惑わされることなく、かつ思い切りよく弾く。ところでこの四人はときどき自分たちの調子が合っていないかのような、あいまいな感じがすることがあるらしい。すると、めいめいが褒むべきほど察しよく、ほかの人の考えと協調しようとする。こうしてようやく長く待ち望んでいた栄光の瞬間がやってくる。だが少し休憩すると、またそれぞれがわが道をいく演奏に戻ってしまうのである。

それぞれの作品の演奏が終わるたびに、プルツル氏はおしげもなく賞賛の言葉をあたえるが、三人の仲間の功を褒めすぎず、自らの功を一番調子よく持ちあげることも忘れてはいない。

力のこもった賞賛が終わると、この四頭の役畜は再び音楽の神アポロンの畑で自由意志による苦役を始める。収穫は永遠に同じままだが、第一ヴァイオリン奏者の拍手喝采によって、苦労はたっぷりねぎらわれるのである。

いま見たようにこの四人は毎日集まり、額に汗して音楽の練習に励む。外が晴れていようが雨が降っていようが、春を知らせる最初の息吹が花の香りとともに空気にみなぎっていようが、ひばりが、神の創りたもうたすばらしい自然の中で生気を回復せよと、素朴な歌を感動的に歌って市民をリーニ*エの外へ誘おうが、彼らは部屋の中に座り続け、ヴァイオリンを弾き続ける。それゆえこの狭い室内では空間が足りなくなり、音は泣いているような調子で、開いている窓からそそくさと外へ出てゆく。

この長時間にわたる戦闘に終止符が打たれた時われらの音楽狂はある友人のもとに急ぐ。そこでは声楽四重唱が彼を待っている。プルツル氏が息せき切ってその部屋に駆け込むと、歓声に迎えられる。非常に簡潔ながら情熱のこもった、弦楽四重奏の報告をしている間に、彼は新たな達成に向けて準備をする。ネクタイを外し、楽譜をぱらぱらめくる。二、三回深く息を吸って咳払いをし語る。「準備完了」やや調子のおかしくなったピアノで最初の音を出す。そして歌が始まる。

数小節もいかないうちに、第二バスが突然歌うのをやめる。彼はその直前に何度かぞっとする喉声を出していた。「こりゃどういうことだ」と彼はびっくりして大声を出す。「今日は声の調子がおかしいのかな、下のファの音が出せない。普段ならレだって簡単に出るのに」（……）

「僕もそうだ」と第一バスが口を挟む。「ここでラの音を出さなければいけないのに出ないんだ」

「だけど僕の声は神がかりだ」と第一声部を歌っているわが音楽狂は自慢する。「高いラの音が楽々出る、聞いてくれ、この立派な声を」

この間に、第二テノールがピアノに向かい、あらたに音を探す。するとどうだろう！　プルツル氏は急いでいたために、ファの代わりにシを鳴らし、そのためバス歌手を困らせたのである。わが友人の熟練した耳がこの五度の音程差にすぐに気がつかなかったことには、注目せずにはいられない。これまで彼は三〇分の一の音程差でさえ聞き分けると豪語していたことを思い起こすならなおさらである。こうして音の高さに関しての一致が計られたあと、四名の歌手は新たに歌い始める。どうやらプルツル氏にはあの簡単に出ると自慢していたラの音がしっかり出せないようだ。というのはそれより高くない音でも、頭をそらし、目を軽く閉じ、喉を太くしていることから、かなり頑張っていることが分かる。それに反して第二バスは煙突の中にいるようである。その声はごろごろがちゃがちゃいう。あたかもつるべ井戸の鎖を飲み込んだかのようである。そして彼のもっとも低い音は、埃のたまったオルガンのペダルが踏まれた時のようにぎいぎい音をあげる。その顎を深く胸に沈ませ、口の左端を三ツォルほど引き下げ、眉毛は聳え立つアーチを作り、座ったまま無理強いしてぞっとする声を出す。中声部の歌手はどちらかといえば受け身的にならざるを得ない。彼らの声は第一テノールのとげとげしたファルセットと第二バスのうなり声の間にあって、うすぼんやりしている。この男声四重唱がハーモニーに満ちているなどといおうものなら、おべっかになってしまうだろう。けれども彼らは自分たちの努力の成果にとても満足していて、練習を見事に我慢強く夜遅くまで続けるのである。

ここで私はこれまで読者が、私の描写に対し我慢強くおつきあいして頂いたことに感謝を申し上げたい。そしてこのあたりで音楽狂に別れを告げ、彼に思う存分、道楽に打ち込ませてあげることにしよう。

第七章　ロトくじ狂

無記名

ペーター・フェンディ「ロトくじ屋の前に立つ娘」（一八二九年）

貧乏人がまっとうな仕方で金持ちになる道は、みっつある。仕事で稼ぐこと、遺産を相続すること、そして宝くじに当たることである。

この中で最も簡単な方法が「宝くじに当たる」ことであるのは、争う余地がない。「仕事で稼ぐ」には勤勉、器用、忍耐、努力、配慮、克己その他の美徳が欠かせないが、これを実行するのは、多くの人にとってはきわめて困難である。「遺産を相続する」には金持ちの親戚か友人を必要とするが、親戚や友人の財産が転がり込んでくるようになるには、その前にその人たちが死ななくてはならない。それ以外の状況がいかに有利であっても、この条件なしの遺産相続は、そもそも不可能である。けれども、「宝くじに当たる」のに必要なのは、まったく運だけである。運とはしばしば、それだけの値打ちを持っている者よりも、収入を持っていない者に好意を寄せる。この真理を見ぬいている多くの者は、この快適な小道を見つけ出そうと懸命になる。というのも、その小道は、ひとたび発見すれば、それ以後は苦労せず、目標地点に連れていってくれるからだ。ただこの快適な小道を見つけ出すのは、結構手間がかかる。そのために、ゆっくりではあるが確実に目標地点まで導いてくれる、「仕事で稼ぐ」という道を歩むのを怠けてしまう者も少なくないのである。

自分の力を使わないで心配のない生活を築くことを好む者たちに、金持ちになる最良の機会を提供するのが数字合わせのロトくじである。わずか数クロイツァーの投資で莫大な金額が当たる機会が得られる。幸運の壺から引き出されたみっつの数字が、幸運の女神《*フォルトゥーナ》に気に入れられた者を、あらゆる心配事から免れさせてくれる。けれども、この三つの数字をあらかじめ決めること、それが問題なのだ。この難関難所《プンクトゥム・サリエンス》を運よく跳び越えた者が、莫大な賞金を抱えて空を飛ぶ羽のついた幸運の女神《オケアニス》の手から富を受け取ることができる。だが、最初の一歩でつまずいた者は、もんどりうって、地面に顔をぶつけてしまう。

典型的なロトくじ狂は、そうした間違いを避けるためにあまたの方法を試みる。失敗した場合でも、彼は新たな大胆さと新たな気力をもってこの冒険を始める。当たり番号を偶然に当てるのはいつもうまくいくとは限らないので、彼は別のやり方でその数字を知ろうと試みる。彼は、デカルトが「我思う、故に我あり」の真理に自信をもっていたのと同じくらい、次回のロトくじの数字を計算で予測することができると確信している。だから彼は日夜、比較し、計算し、調査して、望みの結果を手に入れる。何年も前から彼は当たり番号を書き留めており、思案し、組み合わせて数字を設定する。そうやって当たらなければ、新たに思案して組み合わせるのである。

熱烈さでは劣らない二番目の種類のロトくじ狂は、当たり番号を計算で予測することをまったく重視せず、心の中では一番目のカバラ学者の無駄な努力を馬鹿にしている。もっとも、彼はもっと馬鹿ばかしい妄想にとらわれていて、やはり幻影を追い求めている。彼は夢を信じているのである。幸運が現れるのは眠りの中であり、神々は夢を見る者に好意を寄せるのだ。そして霊感が解放され未来のベールを見透すのは、体が睡眠で休息しているときだけなのである。

彼にとってきわめて重要な意味をもつのは、つね日頃見る夢である。花の咲きほこる木々の夢を見ると、その木々が彼に黄金の果実をもたらしてくれると確信する。死や墓所の夢を見ると、これが彼の予想を活気づける。夢の中で自分の家が焼け落ちるのを見ると、その焼け跡の下で財宝が見つかるという期待を抱く。

たまたまぐっすり眠り込んでしまったために、目覚めたときに夢の中の姿をまったく思い出せないか、それをはっきりと解釈できない場合には、彼はため息まじりに「われ一夜を空しく過ごせり《ディエム・ペルディディ》」と言う。

夢の中の姿が不気味に思えれば思えるほど、目覚めは喜ばしいものになる。というのは、悪い夢こそ幸運が近づいていることを予言しているからである。

三番目の種類に属するロトくじ狂は、自然科学を頼りにする。雲を研究し、星まわりを読み、月の満ち欠けを観察し、たまたま道に転がっていた石を精査し、木々の樹皮に触る。数字を見つけるためにである。

こうした人物の空想力はまことに素晴らしいものであり、最近の少なからぬ詩人たちにとっても有益であるかもしれない。雲のどんな形も、樹皮のどんな裂け目も、砂岩のどんな模様も、彼の空想の中では数字として現れる。星空と無数の恒星は彼にとって数字の登録簿にすぎず、彼の確信するところによれば、月はくじに影響を及ぼすためにのみ創造されたものである。というのは、月が満ちていく時の当たりくじは大きな数字だけであり、月が欠けていく時は小さな数字だけだからである。満月は偶数、新月は奇数であり、月食の時は、くじに当たる可能性はまったくない。

このような占いにとくに相応しいのが、迷信である。そうした例としては、ロマンチックな雰囲気のシーヴァリング近くにある*ヘルマンスコーゲルのわき水がある。そこには毎日長い行列ができていて、「処女の泉」(1)のぬかるみの中で、当たりくじのみっつの数字を究明しようとしている。山に登る前に、シーヴァリングの居酒屋できこしめした新酒が、もともと活発な空想力をさらに煽るのに少なからず役に立っており、しらふの観察者には残念ながら感知できないものごとが、酔っ払いには見えるのである。

われわれは親愛なる読者を、この種のロトくじ狂の一党のところに案内しよう。読者自ら彼らの会話に耳をそばだててもらおう。ひょっとして自分の運を試そうという気持ちに襲われたような場合、他山の石としていただきたい。

(場所はロトくじ販売所の前。登場人物たちは扉に貼り出された当たり番号を確認しようとしているところ。その傍らには、前回の当たり番号がチョークで書かれている)

ドラマの登場人物

シャービンガー氏、金利生活者
シュテルツツル氏、*火酒酒場の店主
ビーゲルフーバー、荷物運搬夫
トーマス、街路灯点火夫
セッペル、靴屋の小僧
ナッツル、御者
見知らぬ男
リーゼル夫人、洗濯女
ナンニ夫人、物売り女
バーベル夫人、薪割り職人の妻

ビーゲルフーバー　こんちくしょう。よく見やがれ、五、二七、四一だぜ。俺の方は五、二七、四二。最後の数字がひとつそろえば、大当たりだ。

シュテルツツル　旦那に言っていたのさ、四一はまだまだ出番じゃないって。だってプラムはまだ熟しちゃいないんだ。それより前には出ないって、たとえ旦那が逆立ちをしたってね。

リーゼル夫人　まったく同感よ、でも誰も聞きゃしないわ。

シャービンガー氏　数に関しては一家言ある人ばかりだ。わしなんざあ、もう四ヵ月間もずっと三四を寄食させておる(2)。たとえこの世が破滅しようとこいつを手放す気はない。

シュテルツル　おっしゃるとおりでさあ、シャービンガーの旦那。そいつをずっと離さないでおいてくださいよ。だけど、長くは養えませんぜ。突然来ますからね。

リーゼル夫人　ナンニの奥様、今度の最初の数字は何になるとお思い？

ナンニ夫人　それだったらバーベルの奥さんに聞かなくちゃね。その数字には詳しいのよ。

バーベル夫人　今度は七七ね、すぐに貼り出されるわ。だってうちの宿六がこのところ三日間続けて飲んだくれてるの、だから、当てにできるのよ。

セッペル　だったら七七は当たりくじ全部に出てくる筈だ、だって……。

バーベル夫人　お黙り、ひよっこ。あんたにロトくじの何がわかるっていうの。

セッペル　え、おらにロトくじがわからないっていうのかい、最近だって三つの数字が夢に出てきたのさ、これを買っていて、その番号が出てればいま頃は大当たりのところさ。

ビーゲルフーバー　そういうふうにして自分の運をとり逃がすやつが多いのさ。

ナッツル　今日見た俺の夢を誰か解いてくれれば、何か出てくるんじゃないかなあ。

シュテルツル　話せよ。

全員　さあナッツル、話してみろよ。

ナッツル　こんな夢を見たんだ。酒場で喧嘩をし、仲間にコテンパンに殴られ、それから放り出された……。

ビーゲルフーバー　おいおい、それは夢じゃないよ、それは昨日ナッツルに本当に起こったことさ。

ナッツル　そうだったのか、酔っ払ったせいで夢を見たと思ったんだな。

トーマス　いま六四が出てくるなんて誰も考えなかったよ、これは特別な数字だし、*ファッシングのときによく引かれるくらいだったのに。

シュテルツル　そのとおり、それから八〇。この数字だって年に二回の宿替えに活発になるだけだ(3)。

リーゼル夫人　いまは、拠り所がすっかりなくなってしまったのよ。どんな予測もチャリになっているのよ(4)。

バーベル夫人　七七だけは確かよ。

シュテルツル　とにかく俺はいつもいってるんだ、俺にやらしてくれりゃあ、全部変えるってね。

リーゼル夫人　まったく同感よ！

シュテルツル　俺なら、賭ける奴は誰でも当たる、それでもロトくじは損しないってな具合にするね。賭け金が多くなりゃ、お金もずっと多く入るだろうからさ。

セッペル　旦那はまったく頭がいい、ずっと前からそういうふうにしなかったのがまったく不思議ですよね。
バーベル夫人　当たるってわかれば、もっと賭ける気になるのにねえ。
リーゼル夫人　そこに気づいてないのねえ。
ナンニ夫人　儲かるのにねえ。
シュテルツル　俺にいわしてくれりゃあなあ。
ナンニ夫人　だけど、あたしがいまどうしても知りたいのは、鼻血がどんな数字……。
バーベル夫人　鼻血は三七よ。
リーゼル夫人　どうして知りたいの。
ナンニ夫人　先週とても愉快な夢を見たの、問題はこれをうまく解くことなのよ。そうすりゃ当たりは間違いなしだわ。夢の中でね、死んだ亭主がまたあたしんとこにいたのよ。一五分もたたないうちにあたしたち喧嘩してとっくみあいになってね。これは生前もそうだったのよ。どうか安らかにお眠りください、とっくみあいが最高潮になってるときにナンニの奥さんが入ってきたけど、すぐにまた引っ返して行っちゃうの。亭主がげんこつであたしの鼻んとこを殴って、その痛みで目が覚めたのよ。それから二時間というものずっと鼻から血が出てて……。
バーベル夫人　死者と生者は四七、とっくみあいの喧嘩は二一、ナンニ夫人二六に相当、そして鼻血は三七ね。

ナンニ夫人　そうじゃないわ。あたしは向きを変えたんだから六二よ。

シュテルツル　こりゃこまったぞ二六をとるべきか、六二をとるべきか。

シャービンガー氏　わしは五つの数字、三七、四七、二六、六二、二一の全部に賭けるよ、運が向けば、大当たりだ。

シュテルツル　その考えは悪くない。ここにいるみんなで賭けよう。各人が二〇クロイツァー出して、みんなで二連《アンボ》くじを六本、三連《テルノ》くじを四〇本賭けてみよう。

見知らぬ男　私がみなさまのご歓談に割り込むのをお許し下さい。でもどうしてもご忠告申し上げたくて。

全員　はて、なんでしょう。

見知らぬ男　いいですか、私は長年来ロトくじで実地体験を積んできた老人です。すでに家を一軒まるまる質に入れております。ですがそのかわり、この世で私ほどくわしい者はいないでしょう。

シュテルツル　もちろんお疑いはいたしませんが。

見知らぬ男　あなたがたがいま賭けようとしている五つの数字ですが、これは出ませんね。

全員　なんですって。理由はなんですか。

見知らぬ男　よろしいですかな、私はカバラに通じております。ですからひとつの数字が熟すまでに(5)どれくらいの時間が必要か計算で予測できるのです。二六は二週間前に当てられたばかりです。ですから今後三週間は休みが必要なんです。というのもこの数字はふたつのくじの中で連続して引かれてますからね。

シャービンガー氏　ほほう、いったいぜんたい誰がそのようなことを理解していたでしょう！

見知らぬ男　三週間たったらこの数字は動き始め、その後少したてば、またよく出ることもあります。しかし、その後すぐに出なければ、少なくとも半年以上は腰を据える[6]ことになります。六二ですが、こいつは牡羊のような番号で動きが読めません。ジュピターがつかさどっていない場合には信用してはなりません、なぜならこいつは夏にだけ動くのです。三七はニシンが来るころになってようやく動き出します。四七と二一はワインの当たり年が必要なのです。

ナンニ夫人　（他の人たちに向かって）なんでもお見通しよ、この人は本当に頭がいいわ。

シュテルツル　失礼な質問をお許しください、私たちはすでにお金を集めてしまったのですが、どの数字に賭けたらいいのでしょう。

見知らぬ男　すぐにお教えしますよ。これまで頭の数字はつねにクラッセ[7]がよく出ています。ですからこの次のくじ引きでは双子[8]が続きます。

シュテルツル　合点だ。これで間違いなし。外さないぞ。

見知らぬ男　来月になればリュッケン[9]が並びます。

トーマス　なるほど！

セッペル　街路灯点火夫のあたまに灯りがついた。

見知らぬ男　最初の数字は五のリュッケンですよ。その中から少なくとも三は必ず出てきます。とにかく私はこの数字をもう二年ほど前に計算で予測していましたからね。

シャービンガー氏　ほほう、しかしそれならあなたはもうきっと大金持ちなのですね……。

シュテルツツル　あなたは先ほど家を一軒まるまる質に入れたとおっしゃったようですが……。

ナッツル　でもお召し物は、あまりパッとしませんね。

セッペル　頭を使いすぎるとこうなるのさ。

見知らぬ男　私は賭はもうすっかりやめております。いまは計算で推測することだけに没頭しているのです。でも私の体験が役に立つ人がいるならば、お役に立とうと思うのですよ（退場）。

ナンニ夫人　あれはたんなるほら吹き男。もし私がほんとにあの人のように何でもお見通しなら、このロトくじの販売所を破産させているわ。

シュテルツツル　あいつの助言なんか必要ないさ、金をすべて双子のぞろ目にだけ賭けてみよう。

ナンニ夫人、バーベル夫人、リーゼル夫人、シャービンガー、ビーゲルフーバー、トーマス　そうだ、そうだ、そうしよう（彼らはロトくじ販売所の中に入っていく）。

ナッツル　幸運をお祈りしますよ、ごきげんよう（退場）。

シュテルツツル　外しっこないさ（退場）。

セッペル　（指で数えて）一、二、三、四、五、六人が中に入っていった。きっとぞろ目のアホがゾロゾロ出てくるぞ（走って退場）。

この登場人物たちの幸運を祈り、辛抱強くおつきあい頂いた読者諸氏には、心から感謝を申し上げる。私はつぎのスケッチのためにペンを置こうと思う。

原注

（1）泉および周辺地域と結びついている大昔からの伝説にもとづいて、この泉は「処女の泉」あるいは「アグネスの泉」と呼ばれている。

（2）これ以後も注釈を付ける機会があるだろうが、ロトくじ狂たちには彼ら独自の業界用語がある。寄食させるとは、ひとつの数字にずっと賭け続け、その数字が当たった場合に莫大な金額が射止められるよう、その数字に対する賭け金を毎回増やしていくことをいう。

（3）数字が活発になるとは、その数字が当たりくじとしてよく引かれることをいう。

（4）チャリになるとは、だめになることをいう。

（5）数字が熟すまでとは、その数字がふたたび当たりくじとして引かれるまでのことをいう。

（6）腰を据えるとは、当たりくじとして引かれないことをいう。

（7）ロトくじ狂は、十の位に同じ数字を持つすべての数をクラッセと呼んでいる。たとえば、二一、二二、二

三、二四は二〇台のクラッセ、三一、三二、三三は三〇台のクラッセである等々。
（8）双子とは一一、二二、三三、四四、五五、六六等の数字である。
（9）リュッケンとは、一の位に同じ数字を持つすべての数。たとえば、一一、二一、三一、四一、五一等、あるいは一五、二五、三五、四五、五五等である。前者を「一のリュッケン」、後者を「五のリュッケン」という。

第八章　地下墓所をゆく

アーダルベルト・シュティフター

ヨーゼフ・ランツェデェリ（父）[*]「聖シュテファン教会の地下墓所めぐり」

われわれは祖先をお人よしの愚か者とみなすことにたいそう慣れてしまっているために、なんであれ精神的な偉大さが話題になるようなとき、ただちにそれを栄光にみちた現代のさまざまの進歩と結びつけてしまう。そして誰もが、自分が生きてきた時代こそそうした栄光の時代だと思う。またここかしこで起こる愚昧な出来事が話題になると、われわれはすぐさま叫ぶのだ、「これはなんとも信じがたい。こんなことがいま一八四二年に起こるとは」。しかし私はこう問いたい、「いったいなぜそれが起こってはならないのか」と。われわれはたとえいくつかの方向でなにかしらを獲得したかもしれないが、それはたいていただ個々人の、あるいは少数者の所有にとどまっていた。他方われわれが喪失したものは、万人が喪失したのである。私はもっとはっきり私の思いを表明しよう。科学や産業、またある分野において芸術も（ここではより少ないが）、驚くべき進歩を成し遂げている。しかし優れた点、私はこれらのものがもたらした人間的に優れた点を意味しているのだが、それはどれだけ多くの人にあたえられたというのだろうか。それとも大衆は、かつてのように野蛮さのうちに縛られてしまっているのだろうか。ただこちらの縛りはよりゆるやかで、より洗練されているのだが。そして人間的に獲得されたもの、つまり科学、政治、芸術を所有する人々のうちで、どれほどの人においてそれが最終的に徳性と心の装いになっているのだろうか。つまり本当に人間的なものとして。あるいは彼らはそれを生命なき宝として、ただの知識や能力として抱いているにすぎないのではないか。それを善のためではなく、せいぜい功利のために利用しつつ。そう、多様な精神的、物質的なコミュニケーションの手段によってわれわれはより繊細になり、より円滑に、より柔軟になった。互いにこすれあう小石のように。しかし、そのために小石の内部では硬さが減少してはいないだろうか。ああ、憂愁と驚愕とともにわれわれは経験せざるをえない。今日この洗練が、かほどに誤って「教養」と命名されたこの洗練が、激情によって外皮を打ち破られるとき、かつて、いや最古の時代においてさえ見たこともないような燃えさかる炎がこちらに向って襲いかかるのを。それともフランス革命は残忍と放埒において、なにか古《いにしえ》の時代の出来事よりもましだというのだろうか。あるいはイベリア半島の流血事件は純粋に人間的な益をもたらしたのだろうか。そしてそれにもかかわらず、われわれには得るところがあった。なぜなら世界史のこうした狂愚の場面は、ありがたいことに、まれになりつつあるからだ。だが、いつになったらあの時代は訪れるのだろうか、推論上の誤謬がもう今日では論理的破綻とされるのとまさに同様に、戦争が理性の破綻となる時代は。人間、このふしぎな、恐ろしいまでに崇高な存在よ！　そしてひとりひとりの人間の思考にめまいをもたらすほど遠大なものは、人間教育の計画である。この教育は、人間がそれを数千年かけて、もしかしたら数百万年かけて成就すべく、神が人間の道徳的自由という贈り物として人に委ねたものなのだ。そして人間が成人するまでに、どれほど長い時が、何十億という世紀が経過せねばならないだろうか。私は上で、われわれが喪失したもの、それは万人が喪失した、と述べた。現代の円滑で平板な世界では、祖先が有していたすべての深い心情の力や信仰の忠実さは没落した。確かにこうした現代はいかなる知識や経験をもわれわれに提供するかもしれない。しかし敬虔な心情の力は、この時代によってわれわれの頭上彼方へ追いやられてしまうのだ。だが、これこそかつては万人共有のものであった。これこそ時代の精神だった。それというのも、ただこの精神のみが恒常的なものをもたらすからなのだ。それは確かに個人を通して作用するが、その個人を自ら産出するものこそ、その時代精神なのである。それゆえかつてこの意識があの感動的な崇高さを持ったいくたの大聖堂を建立し、あの諸々の絵画を描いたのであった。それをわれわれは今日ただ驚嘆することはできても、われわれの技術的手段の大変な卓越性にもかかわらず、もはや模倣するのは不可能なのである。その間われわれの時代精神はいわゆる実際的なものに向かい、それを彼らはたいていただ物質的で実用的なものと、それどころかしばしば、ただ感覚的で快楽的なものと理解するようになっているのだ。そのためわれわれは、古の彼らが大聖堂や祭壇を建てたのにたいし、鉄道や工場を建設する。そしてたとえ現代、教会が作られることになったとしても、それはまた非常に実用的に建設されるか、あるいは、残念ながら私が祖国ですでに見聞したように、もし塔がなければアパートかと見まがうようなものになるであろう。そう、この時代は古のあの力強く美しい作品たちをもはや賛嘆すらできなくなっているのだ。それというのも、日々いかに何千ものウィーン人が聖シュテファン広場*を行き交うことだろう。それでも彼らはそこに聳える大聖堂について、とても大きいということ以外なにひとつ知らないのだ。もしも誰かが私にたいして祖先の迷信に反論しようとすれば、そのとき私は彼にこう反論しなければならない。今日いわゆる教養ある階級の宗教的な無関心主義は、大衆の宗教的な古い迷信とならび、いかに恐ろしく忌むべきものか見るがよい、と。そして最終的に迷信は無関心主義のあの病弱な無力さに比べれば、より美しく、より聖にして、より力強いのだ。その無関心主義は、神、不死、永遠という言葉を聞いてもなにも考えず、やはりなにも考えない他の言葉のように、それらをただ自分が受け継いだ決まり文句として語るにすぎない。これは書籍印刷業のあれほど豊かな利便性の影の側面なのだ。つまり、彼らが書籍を多数複製するようになってから、無数の人々が、この世にふたつとない独自の思想を持つこともなく、世を去ってゆく。それというのも、彼らは読書によって、特定の観念世界（それは一種の本性となる）をまとめあげ、それを死ぬまでずっと自分自身や他人にたいして語り聞かせるからである。それでいて彼らは、この世でなにひとつ、自ら思索しなかったことに思いいたらない。そのためわれわれの文学でさえ、なにかひどく味わいのない、互いに相似たものになってしまったのだ。一方古人のそれは、われわれが今日ほほえむような単純さ、素朴さにもかかわらず、実に新鮮で、実に直接心に訴えるのだ。

これに類似した憂愁の思いにふけったのは、わたしがある日シュテファン教会の地下墓地からふたたび白昼の光の中へ出て、街路を行き交う浮薄な流れの中を急ぎ足で家路についたときであった。

さて、私は親愛なる読者諸氏をこの地下墓地へお連れしよう。読者がもしも上記の無関心主義にとらわれているならば、われわれの町の過去の真面目な一断面を目の当たりにして、神について、世界史について、永遠や報いについて、いくらかでも熟慮をはじめ、もしかしたら生き方までも変えるようになることを念じつつ。

シュピネリン・アム・クロイツ*やウィーン西方の山々を越えてこの都市に来る人は誰であれ、広がる家並のただ中に、その重心のように、古く、厳粛にして壮大な聖シュテファン教会が静かに安らっているのを目にして、周囲の景観とのこうしたシンメトリーを楽しむことだろう。しかしながら事態はつねにこうであったわけではない。それどころか、はじめて建立されたとき、この教会は市街地の外にあったのだ。そしてかつては、われわれの祖先たちが生きるなかで慰藉と確信を得た場所の周囲に、すなわち教会の周囲に、さらに死後もまどろむことが彼らの感動的な慣習だった。そして、その死の場所に彼らは安らぎの中庭という美しい名をあたえたのだった。そうした事情はウィーンのこの教会でも同じであった。そして齢をとったウィーン人の中には、まだ相変わらず聖シュテファン広場という代わりにシュテファン墓地という人がいくらかはいる。だが、それはもう墓地ではない。というのも、父祖たちのこの慣習はやはりたいそう実用的な衛生上の配慮から廃止されてしまったからだ。かつて教会というものは死を想起するいくたの記念碑の中から聳え立ち、周囲には死の戦慄の空気が流れていたが、今日ではどれも日常生活の楽しい雑踏の中からまっすぐそそり立つだけの、ほとんど普通の建物になってしまった。こんな事態を悲しんでいたとき、たびたび私は考えたものだ。もしも人がただ地中深く墓を掘ってやるならば、死者たちは彼らの教会の傍らに安らうこともできよう、そして壁によって生者の浮薄な歓楽と分離されている死者の園によって、街中のそれも含めて、教会がみな取り囲まれているとしたら、いかに宗教的荘厳の雰囲気を醸すことになるだろう、そしてそのような墓地の中に格子を越えて入るなら、彼ら生者たちも永遠についての思いに襲われざるをえないだろうに、と。

シュテファン墓地はもはやなく、いまは美しい家々や商店の並ぶ広い都市広場となっている。そして輝くような儀装馬車が、下にわれわれの祖先たちの遺骸が眠る舗石のうえをガタガタと走る。彼らの十字架や記念の墓碑は消失し、それに書かれた彼らの美徳の賞賛は沈黙している。彼らの親族の安らう場所を永久にわたり表示するために、かつて彼らが建てた記念碑は、われわれの産業と交通によって教会の壁すれすれまで押しやられた。確かにそこにはまだ赤い石のいくつかの石板が残されていて、それには子供たちとともに祈りを捧げる父親や組んだ手を胸にのせて横たわる死者自身、あるいは聖人の像やその他の寓意画や紋章が彫られている。だが、いくたのものが時を経て剥がれ落ち、風化してしまっている。またその下には名前や役職が彫られ、死者の高徳が記されている。しかしもはや人が彼の生きた時代についてまったく知らないこともよくあるし、彼はわれわれの先祖だ、といえる死者はここにはもういないのである。

この教会の後背部の向かいにたいそう大きな建物が建てられたのはごく最近のことだ。それがすでに百以上の窓をもって、すばらしい住み心地を示しつつ、華麗な輝きに包まれたとき、そしてその地上階にすでにアーケード商店街玄関の緑の扉が高々と、優美にしつらえられ、そのアーケードに沿って幅広い平らな遊歩道が通じたとき、その建物から教会までの広場も平らにされ、それまでの傷んだ舗石は改修されたのだった。かつてこの墓丘は今日の舗道よりも意図的に高く設置されたに違いなかった。なぜなら上で述べた地ならしと舗装の目的のために地面を砕いたとき、埋葬された者たちの骨や頭蓋骨が出現したからだ。たまたま私が他の多くの人たちとそこに立ち、人夫たちが管状の上腕骨、あるいは頭蓋骨、まだ何本か歯がついた顎骨、肩甲骨やその他のものを、平然と、そこに置かれた手押し車に載せ、笑ったり、冗談を言いあったり、パイプにタバコを詰めたりしながら穴を掘り続けるようすを見たとき、私はこう考えたものだ。何十年、何百年も前、あなたたちはここに埋められた、そして墓前で「主よ、彼らに永遠の安らぎを与えたまえ」〔死者のためのミサで歌われるフレーズ〕と歌われ、墓は土で覆われ、この地に永遠に安らう者が誰なのかわかるように、墓丘には記念碑が置かれた。――そしていま、誰ひとり知る者もないあなたたちの遺骸はまったく無価値な物のように、うず高く積まれた遺骨の山のうえに置かれる。そしてそれはまた別の場所に運ばれるが、そこにも安住できない。なぜなら、いつかなにかの目的でわれわれの後裔たちにその場所がまた必要になるかもしれないからだ。

しかし、われわれがすでに経験したように、その安らぎがかき乱されずにはいなかったシュテファン墓地の墓丘のほかに、地位と富ゆえそれを許された人々は、全然別の、より堅固で安心な埋葬場所を選び出した。つまり聖シュテファン教会の巨大な建築全体の地下のみならず、その背後の広場全体の地下、そう、それどころかさらに、たとえばドイツ館*と呼ばれる建物や郵便局といった周辺の建物の地下にいたるまで、丸天井の数々の部屋や通路の仕組みが、われわれの祖先たちの流儀に従って、きわめて堅固に構築され、それがどこまで延びているのか、今日でも皆目わからないのだ。それらはここでは聖シュテファン教会の地下墓地《カタコンベ》という名称で知られている。かつてそれは純粋な埋葬の場所であり、いわば死者たちのための広大な地下都市だった。それでも、それによってこれらの小部屋が教会の基礎として築かれている、その実に分厚い壁にもかかわらず、通路や部屋や丸天井にアーチをかける角石にもかかわらず、そして、そう、どの部屋も、死者でいっぱいになったとき、壁でふさがれたという事実にもかかわらず、それでもここに眠る者たちは当初意図された安らぎを見出さなかったのだ。彼らの上方、墓地のむき出しの土の中に埋葬された、もっと貧しい彼らの兄弟たちが見出さなかった安らぎを、やはり彼らも見出さなかったのだ。いくつもの通路や部屋が時の経過の中で、あばかれていった。ある者たちを誘って、そうさせたのは好奇心だった。また他の者たちを誘ったのは、死と永遠について人間の心をとらえるあの戦慄の感情であるが、それは人を誘って、そうした戦慄の感情が目覚める場所に足を踏み入れさせずにはおかないのだ。また別の者たちを導いたのは、分をわきまえぬ冒瀆的な詮索心だった。その結果、時間と軽微な腐敗がはじめたことを、人間の手が、半ば敬虔な思いで整え、半ば気ままに破壊しながら、完成させたのだ。すなわち、ここにそっと隠された遺骸を、隠した人々が意図したのとはまったく別の状況へ移す、ということを。

では以下の部分で地下墓地を歩いた経験を述べようと思う。

われわれ、数にして五人が、塔が聳える教会後背部の聖シュテファン広場の濡れた舗石のうえで落ちあったのは、湿っぽい、霧のかかった一一月の午後だった。ひとりの友人がわれわれを地下墓地に案内すると約束した。われわれは彼を待つ間、笑ったり、冗談をいったりしながら立っていた。そして物悲しい空模様や友人が時間を守らないことを話題にしていた。しかし一時間後、事情はまったく変わってしまった。けっして私は、この一時間が私のうちにもたらした印象を忘れないだろう。

われわれがしばらく待ったとき友人が現れたが、彼はふたりのガイドを同伴していた。なぜなら彼は、もう度々この地下を訪れていたものの、自身やわれわれが迷わぬように導く自信がなかったからだった。地下に降りるのは、私が想像していたような教会からではなかった。ガイドのひとりは手を振って、広場に面したある建物へ招いた。それは広場に向かって突き出た角を作る、住居部分と商品倉庫を併せ持つ建物である。その角は、シュテファンの塔の一階部分にある堂守の住まいのはす向かいになっている。この建物に来ると、ガイドは黒々とした高い戸を開けた。その傍らを私はたぶん百回も通り過ぎただろうが、私はいつもそれを、たまたま半開きになった店の門扉とばかり思っていたのだった。そこから中に入ると、われわれは狭い通路にいた。ガイドはわれわれの後ろでふたたび戸を閉め、もうひとりのガイドは火をつけて、それで彼は松明に、われわれのほうはそれぞれ手にしたろうそくに点火した。それから階段ではなく、ゆるやかに傾斜した通路のようなところを進んだ。弱々しい日の光が、ドイツ館の中庭に通じる狭い縦穴を通して、最初の部屋に落ちていた。この丸天井の地下室はいわば玄関ホールであった。そこには棒や藁、板切れや担架といった類のものが隅に置かれ、どれも奇妙な古めかしい形をしていた。

その後われわれはありとある通路や部屋に入ったが、どれも中にはなにもなかった。われわれの祖先たちの流儀に従って、通路は狭く、部屋はみな比較的小さく天井も低いが、壁の造りは、まるでたったひとつの巨大な花崗岩塊が注ぎ込まれたかのように、堅固で分厚い。この数々の通路の中で、われわれが東あるいは西へ向かっているのか、それとも北か南へ進んでいるのか、もう誰にもわからなかった。そしてそれらが幾重にも交差し、多くの小部屋がみな同じようすをしていたために、ここでは人は迷い、出口が見つからぬまま何時間も探しまわるかもしれない、という事情も納得できた。ついに静まり返った暗い都市の最初の住人が来た。つまり、薪のように積みあげられて、何クラフターもの長さと高さにわたって腕や脚の骨だけがあったのだ。名状しがたい恐怖に襲われた。思えば、思索する精神によってまだ生気をあたえられ、愛し憎む心情に駆り立てられたとき、これらの器官のいっさいは、どんなに美しく、すばらしい、あるいは驚愕すべきことをなしただろうか。それなのにいまや、硬くなって重なりあい、無価値で、恐怖を引き起こす群としてここに横たわっているのだ。一定の間隔をおいて、いわば均整をとって並べられ、それらの骨の間に頭蓋骨が置いてある。だが、地面にも、もう骨の破片が散在している。歩くと軟らかな感触が伝わってきて、腐敗した土のうえを歩いているのに気づく。ガイドはわれわれに、幾重にも撒き散らされた地下墓地の骨や、かつてはシュテファン墓地で掘り出された骨が、整理のためにここに積みあげられたのだと説明した。目前の光景に戦《おのの》いたのか、あるいは大地の下にいるという意識に圧倒されたのか、私の想像はすでに働きはじめていた。空気はなんの作用もしなかった。というのも、ここに生じた解体の出来事はどれもすでにずっと昔のことであったし、その時以来ここでは乾燥がはじまり、そのために空気は、多くの縦穴によって外界の空気と交流しつつも、すっかり乾燥し、汚れていないのだ。われわれはろうそくと松明の光を大きな骨の山に沿って滑らせながら、ある時はこの部分、ある時はあの部分というふうに照らしていった。そしてこれらの乾ききった大昔の、色つやも失せ風化した灰白色の骨は、灯火に照らされて陰鬱な赤みを帯びて輝いた。そして、これらの部屋は一見すると小さかったが、にもかかわらず、その灯火は天井まで届かず、そのためその明かりは、部屋の上方高く、あるいは脇の片隅に座してじっと凝視する不気味で秘密めかした影たちのうちに吸い込まれた。われわれが壁際に近づくと、壁の岩石があらゆる多彩な微光を放った。おそらく花崗岩の美しい雲母片だろう。足元の地面には腐敗した厚い土があり、あちこち骨のかけらが散らばり、足はときおり、かつては高価で、キラキラ光っていたであろう絹織物の切れ端に触れた。われわれはさらに回廊を進んだ。埃っぽい長い髪の頭蓋骨があった。仲間のひとりがそれを照らし出した。私はしかし一瞬目をそらさざるをえなかった。そして身体の中をいいがたい戦慄が走った。「ほっときなさい」とガイドがいった。「私たちはそんなものに、いやもっとよく保存されたものに、これからもっともっと会えるでしょうよ」。ああ、実際われわれはそれに会った。堂々として大きな、四角い支柱の傍らに棺があり、それはこの部屋にある唯一の棺であった。あたかももともとあった場所から故意にここに移されて、開かれ、その後放置されたかのようであった。それというのも、実際その蓋は横に置かれ、部屋の形に作られたこの住まいのかつての住人が板切れの間に横たわっていた。その板切れは祭壇のろうそくの煤で黒ずみ、結びはもうゆるく、かろうじて四散をまぬかれていた。その住人は、女だった。ああ、彼女は誰であったのか。いかに華麗に彼女はかつて埋葬されたことか！　そしていま、いかなる状態でここに横たわっていることか。すべての見物人の視線にさらされ、惨めにもむきだしの土のうえに置かれ、粗野な手から守られることもなく。顔と身体は見事に保たれている。これらの閉鎖された空間には腐敗作用は侵入できなかったに相違ない。その結果、有機体の組織は、ただ乾燥はしたが、破壊されはしなかったのだ。顔の特徴は認められる。身体の四肢はある。だが、それをおおうつつましい衣類は埃にまみれ、裂けていて、黒く汚れた数枚の切れ端が手足に巻きついただけで、かろうじてそれをおおっている。一方の足には黒い絹のストッキングがゆるくはかれ、もう一方は裸足だ。髪は乱れ、埃だらけで、黒いヴェールの数片の切れ端が横に伸び、なわれた縄のように付着しあっている。こうして衣類が引き裂かれ乱れた、いわば一種ふしだらさに見えるようすは、私の心に刺すような痛みをあたえ、人の心を打たずにはいない死者のよるべなさを示した。そしてそれは、死体の神聖さということと恐ろしく矛盾するものであった。私はステッキの先端で、かつてはきっと華やかだった衣類の名残りをできる限り礼儀正しく四肢のうえに載せてやり、それから忘却された死者である婦人の顔を照らした。それは断末魔の苦しみのうちにあった。そしてその後に作用した自然の力によって歪められ、人間の顔に暴力をふるうこの事態のまま硬直していた。誰が知っているだろうか、あれほど情熱的に愛された生命をこの世の形から解き放ったかつての激しい戦いの姿が、まさにいく百年の不気味な静けさの中にこうして残ったことを。そして、ミイラや死体の驚愕すべき点はまさにつぎのことにある。すなわち、それらがたいてい鉄のごとき静けさの中にありながら、それでも恐ろしく激動する瞬間へ人を連れ戻すこと、さらに、われわれが彼らをすでに、この世とあの世の間にかくも神秘に満ちて懸かるあのカーテンの向こうにいる者として想わざるをえないこと、死者たちがそんな事情をもう知っているということ、――そしてそれにもかかわらず、別の世界の、このもはや見知らぬ市民たちが、厳しい沈黙とともに、ここ、われわれの眼前になおも横たわっているということに。私の目の前にいるこの死せる婦人は誰なのか。かつて誰であったのか。たとえ人間たちがその人生でどれほどの区別をつけようとも、たとえどれほど空しい虚飾に価値を見いだそうとも、そう、たとえ彼らが、こうした区別を墓の向こうまで持ってゆこうと労するとしても、死はいっさいを平等にしてしまう。そしてその前では、われわれがこの地上で努力し重視するものは、滑稽にも崩れてしまう。この死せる婦人は堅固に護られたこの墓室、富める者や貴人の避難所で休息することになった。いったいどれほどの名望、どれほどの費用が彼女にそれを実現させたのであろうか。それなのに、いま、おそらく彼女の生前には彼女の屋敷の敷居に近づくことも許されなかったような男が彼女の前に立ち、吐き気がするため手を使わずに、ステッキで数片の布切れを整えて彼女の身体をおおうのだ。そしてまもなく思いあがった者が現れ、彼女を棺から引きずり出し、衣類が裂かれた裸の姿のまま、そこにある無名の腐った骨の山のうえに放り出すのではないだろうか。そこで、その後この地下室を訪ねる誰もが彼女を乱暴に引き起し、照らし出し、回転させ、そしてまた放り出すのではないか。

憐憫の情にとらえられて私は身体の向きを変え、先へ進もうとした。そのとき私はひとり取り残されていることに気づいた。そして友人たちの灯火はすでに通路の彼方に小さく漂っていた。急ぎ足で私は彼らを追った。ほとんど恐怖に近い感情が私を襲ってきた。

「ここはちょうど教会の主祭壇の真下です」とひとりのガイドはいって、松明をあげて丸天井を照らした。われわれはたまたまその瞬間みな静かだった。そしてそのとき教会から長く伸びる重々しいオルガンの音がはっきり聞こえてきた。申し合わせたようにわれわれは立ち尽くし、しばし耳をそばだてていた。そしてその間オルガンはいったん沈黙し、それからふたたび、もっと高く、もっと柔らかな音ではじまって、それが丸天井を通して、不思議なくらいはっきりと、愛すべき響きをもって、われわれのもとに降りてくるのであった。ちょうど午後のミサが行われているに違いなかった。そして優美な黄金のはしごのように、これらの柔らげられた響きは愛された生者たちからわれわれのもとへ降ろされた、と私には思われた。

ついにすべてが沈黙し、われわれはさらに歩みを続けた。しかし音楽とはわれわれの魂になんとすばらしい働きをするものだろう。私がどこにいるのか再度方向確認し、私の想像力を再度この地下の部屋部屋に慣らすために、私はいくばくかの時を要したほどだった。それにしても、われわれに上から聞こえてきたものは、たぶんいわゆる祝福の歌《ゼーゲンリート》にすぎなかったのであろう。

さて、われわれはふたたび新しい広間に足を踏み入れた。そして私がアーチを支える石柱の角を回り、前方を照らしたとき、激しい驚愕に襲われた。ひとりの大柄な裸の男が硬直して壁にもたれかかっていた。その足元にはもうひとりの男が寄り添うようにうずくまっていた。彼はその両手を胸のうえに組み合わせ、頸のまわりの、もうゆるくなった包帯でなんとかぶらさがっている頭部を横ざまに肩の下へ沈めていた。頭を垂れてかがみこんだひとりの女が、同じく両手を組み合わせ、片隅でそっと待ち構えていた。そして周囲の壁ぎわには、ほかの者たちがもたれかかり、あるいは座し、あるいは横たわっていた。私がこうして照らしてゆくと、さらに再三再四ほかの者たちが現れるのだった。どれもただ死体だった。どれもミイラだった。ある者は口を開け、別の者は恐ろしいほどきつく閉じ、またある者は身体を伸ばし、ほかの者は小さく折り曲げていた。棺に納められたときそうであるように、ほとんど皆が手を組み合わせていた。皆がゆがんだ表情をしていた。だが愕然とさせたのは、まるで昨日ここに置かれたかのような崩れのない顔や身体の形だった。それというのも、私の知らない原因からここには腐敗というものが侵入せず、皮膚はおだやかに乾燥し、その感触はしなやかになめされた革のようだったからだ。肉の細胞組織も同様に乾ききり、詰め込まれたおがくずのように皮膚の下に満ちていた。そのため筋肉でさえ弾力を維持し、われわれのステッキが圧すとへこみ、圧す力が弱まると、ふたたびそっとふくらむのであった。

この広間の光景は異様で幽気が漂い、感情や想像力を圧倒するものであった。朽ちたものが山のようにに丸天井の壁へ向けて積みあげられていた。そこから衣装のぼろきれがはみ出し、木片も混じるかと思えば、腕が一本顔を出し、五本の指がそろった足が一本見えた。その足のうえには小さくかがみ込んだ姿の身体が乗り、別の者は長く身体を伸ばして横たわり、さらに別の者たちは直立していた。彼らがかつて無傷であり、彼らの流儀に従ってここにいることができたのだろうが、きっと厚顔無恥な者が彼らにいろいろな悪事を働いたものと思われた。なぜなら、彼らの多くがバラバラにされたため、腕はダラリと垂れ下がり、頭や手足はまったく欠けてしまっていたからだ。もしかしたら部分的には腐敗作用も働いたのかもしれなかった。奇妙な光景だった。肉体は残ったが、衣類はほとんどみな粉々になり、かびて朽ちている。ただそれが瓦礫で護られた箇所だけは、その布切れは完全な形で保たれ、それどころかその素材さえも認められた。たいていは麻と絹で、絹のほうはとりわけ強く、じょうぶに作られていた。

こうしていまわれわれは、とうに亡くなった、名も知らぬ者たちの集団の中に立っていた。彼らは何百年も前にここに運ばれ、やがて朽ち、それでもいまやはるか後の子孫たちに、かつて恐怖心から布をかけられ、棺の中へ隠されたときと同じ表情を示しているに違いない。そしてわれわれが手にしているろうそくの白々とした澄んだ光や松明の灼熱する暗赤色の炎が死者たちの数々の顔や手足のうえを走り、その中の厳しい戦いやこわばった安らぎ、あるいは醜悪な笑みを照らし出したとき、われわれはみな心の最奥まで震撼されたのだった。私は寓話が伝える死の領域に陥った気がした。それは、われわれが人間の生活の中で経験するのとはまったく異なる領域、われわれが人生の中で、はばかりと畏敬の思いを持って考えるのに慣れているいっさいのものが暴力的に破壊され尽くす領域であった。そこでは、この地上世界のもっとも気高いもの、もっとも神聖なもの、すなわち人間の姿が、ほかの汚物と同様のものとされて、塵芥の中に投げ込まれ無価値な物体と化すのだ。ああ、われわれがその手に委ねられ、意のままにされている力、それはなんと恐るべき、強大な力であろう。そしてわれわれのすべての思考を破壊し尽くすこの暴力の企図と目的は、なんと巨大なことだろう。その前では、かつてその力自らがあれほどの愛情を持って造った芸術品が、何百万回も破壊される。しかもそんな芸術品などまったく無に等しいというかのように冷淡に破壊されてゆく！　それともあの力は、その不毛の円環運動の中で不断に同じものを産出し、かつ破壊することを楽しんでいるのだろうか。身震いするような不条理ではないか！——実におびただしい破壊の王国のただ中にあって、私の心をひとつの火花がよぎった。それはきわめて深い不滅性の確信だった。われわれはみな黙って立っていた。そして松明やろうそくを燃えるにまかせていた。その印象はそれほど強力で、それほど新鮮、厳粛なのだ。それはわれわれの存在全体を占有し、そのため、それ以外のものはすべて脱落し、その力の前では無きに等しくなってしまう。私はこうして自分自身から脱してしまっていた。それでこの瞬間頭上の舗道からわれわれに聞こえてきた馬車の音が、まったく奇怪なものに思われた。そう、この対照は人を戦慄させる。いったいそんなことは労するに値するのだろうか。上を走る馬車の中で男が胸を張り、舗石の上をガラガラさせて去ってゆくことは。そしてまた、人々が家を建て、まるで大したことでもあるかのように、そこから色とりどりの布を垂らすのは。

この眼前にいる死者のうち誰であったかわかる者はもういないのか、とわれわれはガイドに尋ねた。「そもそも誰が地下に埋葬されたかは、たぶん教区記録保管所でわかるかもしれない」とガイドのひとりは答えた。「しかし、もう地下に誰も埋葬しなくなってから、ゆうに一〇〇年もたっているだろうから、実際のところ、誰が誰なのかまったくわからないでしょう。彼らは昔、貴人のための、擾《じょう》乱されない小墓所を持つために、シュテファンの地下墓所に埋められるよう切望したものでした」。

貴人のための、擾乱されぬ小墓所！　まるでこの世のどこかに、擾乱されぬもの、移ろわぬものが存在するかのようだ。そうだとも、この地上そのものが結局のところ移ろいゆくものではないか、そしていまかくも入念にその腹中に葬られている遺骸と同様に、その地球自体も遺骸となるのではないか。

私の脳裏にはフン族の王アッティラの伝説が浮かんだ。その遺体は黄金の棺に納められ、その黄金の棺は銀の棺に、銀のそれはさらに鉄の棺に、そして最後にそれは石の棺に入れられた。それから川の水が別の水路へ流され、これらの棺はその川床の地中深くに沈められ、ふたたびそのうえに放水された。そう、しまいに、この世に誰もフン族の王の墓所を知るものがいなくなるように、この仕組みを知り、その作製を手伝った者たちが殺されたのだった。しかし、ある日川は洪水を起し、砂や泥を押し流すだろう。あるいは水利工事が行われたり、川が流れを変えることもあるだろう。そして大昔の川床が掘られて畑や庭が作られるだろう。そしてそんなある日その棺は発見され、金と銀は剝ぎ取られるが、王は荒野の草むらへ放り出されるのだ。

いかなる名声もこんなものだ。それというのも、われわれ死すべき者にとってこの宇宙の中で人が名声を築くことができるほど永続的な場所はないからだ。地球そのものにしても、もっとも近い恒星からさえ、もう見ることはできないほどなのだ。たとえそれらの星の住人がわれわれよりも一万倍も高倍率の望遠鏡を持っていたとしても。そして、われわれの地球が永久に動きを止めるかの夜にシリウス星の住人が美しい星空をながめているとしても、彼は星がひとつ減ったことなど知らないだろう。そう、たとえ彼がある時星々をすべて数え、星座図に記入し、きょうまた数え、あらためて彼の星座図を見つめるとしても、いかなる星もそこには欠けていないし、天空は彼の頭上にいつもどおり、じつに壮麗に耀いているのだ。そしてさらにシリウス星の外、無数の銀河の彼方では、彼らは地球の消滅などやはりなにも知らない。そう、彼らはわれわれの天空全体についてもなにひとつ知ることはない。たとえ彼らが望遠鏡で夜空を探索し尽したとしても、ひとつの星雲、光の弱いひとつの小点としてさえ、地球はそこに現れはしない。

このような考えにふけっていたとき、またわれわれの頭上から聖シュテファン広場の舗石のうえを走る馬車の音がガラガラと響いてきた。私にはそれはおよそ蚊やカゲロウの世界史のように軽いもの、あるいはその程度の重さしか持たないものに思われた。

われわれはしかし再度、周囲の微動だにせぬ、幽気漂う集団を灯火で照らし、その後先へ進んだ。彼らはわれわれの遠ざかる灯火の背後で、また自分たちの古来の静けさの中へ、古来の夜の中へ沈んでいった。

この地下墓地の都市はますます先へ、そしてさらに複雑に、さらに大きく広がっていった。つねにあらたな死者たちに出会った。いくたの棺の破片、乾燥した腐敗物の山や土塁。そしてまた骨の山、それから、がらんとした地下室や通路の数々。そしてどれほど遠くまでこれらすべてが延びているのか、いまもなお確実に知る者はいない。というのも、いくつもの部屋には壁の中に石造のアーチ式の入口が見えるが、それは相当な重さを支え、われわれが入ってきた入口と同様に人が出入りするために、がっしりと精巧に壁にはめ込まれている。しかしこの飛梁アーチは壁で埋められていて、その背後にまた部屋があり、それが死者でいっぱいになったとき、壁で塗り込められたものと推察されるのだ。そして実際、われわれはいま、閉鎖壁が壊された現場に足を踏み入れた。そして見よ！　その破れた穴から無数の棺がのぞき、何クラフターもの高さで層をなし、気味の悪い残骸や破片とともに部屋の暗闇から浮かび出た。時が板や継ぎ目を分解した結果、それらはバラバラになり、みな混じりあって滑り落ちたまま床に横たわっていた。そして上部の空いた空間には死者たちの裸の足や四肢が空中に突き出ていたが、それらも、彼らの棺を護り隠していた壁に見捨てられ、いずれ垂れ下がった板に乗ったまま前へ滑り落ち、そしてついには、床に四散した板や継ぎ目のように、床に落下する運命にあった。それはミイラの部屋よりも、さらにぞっとする光景だった。なぜなら、この光景はより直截に腐敗と破壊の王国を開き示し、これらの者たちがみなまだ歩き、生きていた時により近かったからであり、われわれもまたいつの日かそうなるはずの運命をより徹底的に示したからだった。さらにまた、消滅と破壊の業がまさにいま、いっそう大量かつ大規模に進行するさまが見てとれたからだった。子供たちの棺が積みあげられた山もわれわれは目にした。投げあげられて積み重なったこれら小さな家々は、人生を生きる前に亡くなった住人のものであった。それらの棺から、か細い手足の一本も出ていないのが目にされ、すべてがひっそりとおおい隠されていたことは、いいようもなくほっとする思いだった。おそらく棺を押し壊すには、彼らの重さは少なかったからだろう。あわれな小世界よ！

硬直し、もつれた廃墟の前にわれわれがこうして立ち尽くし、手にした松明の光が壁の花崗岩や古びた褐色の棺板のうえに輝いたとき展開したのは、陰鬱で、壮大な光景だった。そしてさらに奥の板の破片の間から闇がじっと目を凝らし、われわれの空想力はその背後に、どこまでも、どこまでも続く同様の死者の群れを想像せざるをえなかった。鉄のような夜の中に彼らは横たわるのだ。いつの日かこれら前面にいる者たちが塵となって飛散し、ふたたびもう一世紀たって別の手がさらに奥まった部屋をこじ開けて、そこに眠る者たちを、われわれの灯りの中に暗く輝くこの死者たちのように、松明の灯りにさらすときまで。

たとえいかに広々としていようとも、こうした仕組みの地下の部屋部屋がいつかは死者でいっぱいにならざるをえなかったことは、明白だった。その日にこそ聖シュテファンの墓地は永遠に閉ざされたのであった。ここで、こうして投げ砕かれ、冷たく見捨てられて横たわるのは、およそ最高の権力者たちや最高の富者たちであろう。そしてこの対照はこの場面をさらにいっそう悲劇的にし、われわれが他人をうらやむのに慣れているけばけばしい装身具のすべてを、いっそう惨めなものにした。眼前に横たわる者たちは、過去と世界史の一部を作ることに手を貸したのであった。もしかしたら、中には英雄たち、死神のように敵を見据える眼を持った者もいるだろう。あるいは美の天空を胸に宿した心穏やかな芸術家たちもいたかもしれぬ。彼らはこの天空の住まいがいつかどんなに惨めに投げ捨てられることになるか、考えもしなかったろう。またもしかしたら、他の人たちの心に愛の浄福の火をともす眼を持った美しい婦人たちや乙女たちもいたであろう。そして彼女たちのために夢中になり、正気を失った若者がその前に身を投げ出したであろう。そしていまや、彼女らもまたここに横たわっている。――夢は過ぎ去った。男女のいずれも無価値な塊となった。あるいはその身をビロードと真紅の衣でおおった者たちも、ここにはいることだろう。そのまつげの動きが友好的か、それとも怒りのしるしかと、無数の眼がそれを見やり、金銀の器から食し、粗野なものや不快なものをことごとく遠ざけた彼ら。だが、その彼ら自身がいまや、岩間に転落し真昼の日輪に干され、夜吹く風に干からびる山の獣にさらにまさって惨めで不快なものとなっているのだ。彼らは誰もみな努め、獲得し、消費し、働き、出世し、いくたの行為をなしとげた。無数の腕が日々躍動し、魂は思索し、心は願いと欲望、充足と勝利に熱し、激情がたぎり、また冷めていった。いまや、すべては過ぎ去った。そしてこれらの人々の人生から生じた山のような業績は、それを記すたった一ページの歴史として残っただけだ。だが、この一ページも、何百年たったときには、わずか一行に縮小され、やがてついにはこれさえも消えてしまい、その中に生きた人々にとって実に壮大で、比類なく輝かしいと思えた時代も、もはや跡形なく消滅してしまうのだ。

われわれが思いにふける静寂の中に、不意にガイドの言葉が響いた。「もしもいつか、すべてが発掘され、空気が通うことがあれば、ここはいまよりずっと広く歩き回れるし、もっと興味深い見物もできるでしょう。というのも、われわれがいま歩いているこの床も、またきっと足下に広がる別の部屋の天井に違いないからです」。実際われわれは、足元に柔らかい腐敗物がないときなど、まるでだらかに湾曲した固い場所を歩いているように思うことが再三あったのだ。そしてガイドがそういい終えたとき、われわれは暗鬱な割れ目をあとにして、実際、床に穴が開けられた墓室に入ったのだった。そして、見たまえ、その下にはまた、われわれが立っているような広間があったのだ。はしごがひとつその開いた穴からこの広間へ降りていて、われわれのうちの二人が下に降りた。おそらくただ積みあげられた塵芥のせいであろう、その丸天井はいっそう低く思われた。壁ぎわや部屋の隅では、われわれの灯火もまったく役立たぬほどの深い闇や腐敗物のため、なにひとつはっきりとは見えなかった。しかしガイドは、ここ、下の部屋のどこも死者で満ちていると断言した。限りなくほっとした思いで、われわれはまた上に戻った。不思議なことだ！　空気は考えられないほど乾き、澄んでいたのに、ふたたび上の部屋で頭上にもはやひとつしか天井がないと知ったとき、私の空想力はほっとした思いにとらわれたのだった。下に降りなかった人たちは、いまもう一度下の洞窟を照らした。そしてわれわれはさらにいくつかの通路や空の部屋を進んだが、私はすでに帰路についているような気がした。われわれはもうあらゆる方向感覚を失っていた。それでガイドなしに出口を見つけることは誰にも不可能に思われた。とくに、たったひとりであるとしたら。誰かがいったように、そんなときは、つねに別の通路を、そしてさらに出口に通じるそれを見つけるために、すでに辿った道にせめて骨を撒いていかねばならないであろう。

「でも、もし万一彼の明かりが消えてしまったら」と別の仲間がいった。

こんなことは考えるだけでぞっとする。またそういう瞬間をいくつも綴る物語は恐ろしく中身の重いものになろう。灯火がもう一度ゆらめいて、消えてしまう。地上がこれまで知らなかったような漆黒の闇夜が彼を取り巻いている。先ほどまで彼の光が見せていた死者たちを、彼はいま心の目で見なければならない。しかもそれまで光が彼に親切に示していた彼の部屋の境界が闇の中で見えなくなってしまったため、彼はいまやただちに死者の部屋の全体を、そのすべての住人とともに地底に穿たれた死者の都市の全貌を一挙に想像せざるをえなくなる。彼はきき耳を澄ます。もしかしたらなにかがひそかに動くかもしれない。すべてが静まり返っている。聞こえるのはただ、彼の歩みのギシギシいう音だけだ。そして両手が壁をなぞってゆくときの鈍い音。彼は叫ぶ、そしてまた叫ぶ。聞いてもらえる一縷《る》の望みもない。彼は死神と亡霊の恐怖にとらえられる。永久に合流し続ける通路と地下室にどこまでも追い立てられる。すでに何時間もたった。あるいはもう、一日が過ぎたのかもしれない。彼は石壁を伝っているうち、死体をつかむ。そしてそれが、先に一度つかんだのと同じ死体だと知る。そのとき彼は頭上からオルガンが響くのを聞く、もしかしたら聖歌隊の歌声も。あるいは、鐘の鳴る音、舗道を走る馬車たちの軽快なガラガラいう音も。彼は叫ぶ、そしてまた叫ぶ。——みなひたすら自分の道を行くだけだ。静かになる。夜になったのだ。そして翌日また彼は同じ音を聞く。そしてこうした状態がいつまでも、いつまでも続く。この墓地に死人がひとり増えるまで。

こんなことを考えたとき、私は恐怖に襲われた。そして思わず駆り立てられるように、足はガイドたちのほうへ向かった。かすかな寒気とともに脳裏にひらめいた言葉が私の口をついて出た。「この道をただ進んだとして、最初に入ってきたあの狭くて高い入口に確実に戻る道が見つかるだろうか」。「私たちはいま郵便局の下にいます」とガイドのひとりがいい、通路の先を照らした。これらのどっしりとした回廊や地下室が連なる中で、私は押しつぶされるような気がしはじめた。絶えざる壁、鉄のように堅固な石壁。窓もなく、隙間もない。人間があの軽やかで明るい天井なしで済ますのは、なんと困難なことか。それは蒼穹という天井であり、その貴重さに彼は軽率にも関心を払わないのだ。私には、まるで空気そのものがなくなってしまったように思われた。

この瞬間、ひとすじの青白いものが上から射した。それはドイツ館の縦穴からきた真昼の光だった。私は最初の部屋にあった棒や藁、板切れや担架をふたたび認めた。地面が高くなった。狭い門扉が開いて、われわれは聖シュテファン広場の雨に輝く舗石の上に出た。

最強の男子といえども、この新鮮な外気の中では、胸をいっそうのびのびと膨らませたものだ。一一月の細雨が空からしとしとと降っていた。街に夕べの灯火がついたところだった。それによって金や銀、キラキラする絹の布地が明るい商店の中で光を放っていた。高価な衣装に着飾った人々が群をなして私の傍らを通り過ぎた。きらびやかな儀装馬車が走っていた。聖シュテファン教会の巨大な塔がそそり立っていた。話したり笑ったりする声が、塔の向かいの明るく照明された家々に沿ってこだました。

私はしかし、重苦しい夢の中にいるような思いで家路についた。一方、私の傍らを人間たちの理解しえぬ生命が急流をなして流れていた。

第九章　ぼろ屑集めの女

シルヴェスター・ヴァーグナー

ヴィルヘルム・ベーム（絵）カール・マールクネヒト（鋼版画）「ぼろ屑集めの女」

最下層民の老女で、しかも肺と脚がまだ健全で、物乞いよりもごく僅かでも稼ぐほうを選ぶだけの自尊心がある場合、その女専用の生業《なりわい》はぼろ切れ、亜麻製品の屑、屑鉄、真鍮、鉛、ガラスの破片、オーデコロンの瓶、シャンパンの瓶の回収である。これは、すべてのまっとうな生業のうちで最低のものである「骨あさり《バンルシュティーラー》」と呼ばれる骨集めよりも、一段階上に位置する。それに携わる女たちは（男たちはそれには手を出さない）、市内*でも市外区*でも家々の中庭で「ハーダールンプ〔ぼろ屑〕、ハーダールンプ、屑鉄、真鍮、鉛、ガラスのかけら」という歌うような呼び声を聞かせるので、ぼろ屑集めの女《ハーダールンプヴァイブ》と呼ばれる。この呼び声の歌うような節回しはどの女の場合もまったく同じで、しかもきわめて独特なので、その言葉はわからなくても、そのメロディーからもう、誰が来たのかがわかるのである。彼女たちの外見は、「自分が取り扱うものは、自分の身にまとわりつく」という諺どおり、その仕事にまったくふさわしいものである。服装は背負い桶（彼女たちが背中に担いでいる入れ物はそう呼ばれる）の中のぼろ切れよりずっとましというわけではない。彼女たち自身は頑丈でがっしりした体格であり、すでに半世紀かそれ以上に渡って人生の荒波をはね返し、たしかに時という歯に蝕まれて若き日の豊満さはみな奪われてはいるが、粗野な手でその誉れである色鮮やかな鱗粉を拭い取られてもなお強い蝶のように、やはり逞しくあり、零落れ果ててはいても、かつて自分がどれほど溢れんばかりに美しかったかを示すのである。そのうえ発声器官、喉頭、肺、それにしばしば上下肢の筋力もまだまったく若い時のはつらつさのままなのである。それを彼女たちは長年続けている周知の呼び声によってばかりでなく、ほかの多くの機会にも証明している。そのような機会の主なものは、仲間同士での親しいお喋り、それにまた彼女たちの穏やかとはまったくいい難い罵り合いであることも珍しくない。

早朝そのような仕事熱心な老女は巡回を始め、市外区から市外区へ、家から家へと歩き、どこの中庭でも、あるときは大声で、またあるときは掠れ声で、二、三度、歌うように呼び声を繰り返す。そのさい彼女は自分の頭をできる限り後方に反らし、歯のない口を大きく開けて、すべての階の通路と窓にくまなく目をこらす。それは彼女が不安の中にも待ち望んでいた「ぼろ屋さん！」という呼びかけを、万一それが上のほうから降りて来ようとも、彼女のすっぽりと包まれた耳が聞き逃さないようにするためである。というのは彼女も頭巾としていわゆるグーゲルをかぶっているからである。グーゲルは当地では最下層民の女たちが、だがとりわけ農村の女たちが一般に用いるもので、一枚の大きな布からできており、それで頭部が目と鼻と口を除いてすっぽりくるまれるばかりか、首も幾重にも巻かれて覆われるのである。だが彼女は、絶えず上方を見るので、ほかの者たちはそうはしないのだが、顎の部分も開けておかなければならない。この頭巾は夏の猛暑の時でも用いられ、まったくの悪習であり、耳が聞こえにくくなり、頭の自由な動きを妨げ、頭部を熱くするなどの数多くの不快な事柄を惹き起こすばかりでなく、健康によいはずがないものである。

運良くどこかの窓から声をかけられると、彼女は階段をちょこちょこ駆け上り、差し出された品物をよく見てから買い取る。ぼろ切れやガラスの破片の場合には、彼女はそれらを、ただではないにしても、まったく僅かな代価で、たいていは数本の留め針ないしヘアピンと引き換えで入手する。屑鉄や鉛はもう少し高値で買い取らなければならず、彼女の価格表の最高値は瓶と古い真鍮である。家々にまったくなにもない場合には、彼女はゴミ屑が投げ散らかされたり捨てられたりしている場所を訪れて、役に立つ物を選び出すこともいとわない。そのような場合には骨もそのままにはしておかない。大変な苦労ののち背負い桶がとうとう一杯になると、彼女の一日の仕事の厄介な部分は完了であり、いまやもっと楽な部分が、すなわちそれぞれをしかるべきところに再び売却できるように、かき集められたさまざまな物を同種の物に仕分けすることが始まる。ぼろ布はまたいくつもに類別される。というのはそれらはその品質によって値段が異なり、それゆえ白色のものは染色されたものと区分され、上質のものは粗製のものと分けられ、それから売却のためにぼろ布集積所へ運ばれるからである。これらすべてが終わり、その日の売り上げが換金されると、同業の仲間たちの会合を訪れる。そこではその日の特別な出来事が話し合われ、場合によっては稼ぎの減少がぼやかれ、それにたいする役に立つ措置が提案され、稼ぎの不安定の原因が究明され、訴えが調停されるかないしは継続され、その日の儲けに応じて見積もった食事がとられる。このような会合場所はふつう安ワインが出される地下酒場であり、そこを午前中に路上で見かけた時、または景気付けに一杯やっているさいに出会った時に、指定しておくのである。そのような会合には男性が欠けてはならず、またその男たちが骨拾い、物乞い、それにあらゆる種類の浮浪者たちであることは、容易に想像できる。

彼らのお喋りをちょっと知るために、そのようないかがわしい酒場を訪れて、しばらくの間、彼らの会話に耳を傾けてみよう。

二、三〇段ほど大地の懐へ降りて行くと、ランプ油の匂いのする煙がわれわれのほうに流れ出て来て、われわれは戸口に立つ。それを通して、いくつかの照明の悪いテーブルに向ってぼろぼろの服装の男たちと三人の女が座っているが見えた。会話は、叫び声とさまざまな手の動きから察するに、とても活気があり、熱心なようである。だからもうちょっと近づいて、彼らの会話を少し立ち聞きしてみよう。

「おれが言ったとおり、レスルのおかみさん」とやや歳を取った小柄でずんぐりした男が叫ぶ。この男は話しかけられた女の真向かいに座っており、汚れた白のスペンサー〔男性用の短い上着〕と同様なズボンを身に着け、命の水、通称火酒*によって赤黒く染まったむくんだ顔をしており、目はごく小さく、口には鶏卵大の羊乳チーズを頬張り、歯の間からはこのチーズから吸い込んだ液体をものすごい勢いでしゅっと噴き出している。「おれがいったとおり、レスルさん、そろそろおれたちが出くわす戦争はもう遠くはないぜ。それで白い布切れはみんな包帯用に取って置かれ、染めた布はどっちみち値打ちが無くなっちゃうんだから、ぼろ屑集めの商売はこんなにひどい不景気になるんだ」

「そのとおりだよ、ツィーヴェブム・ゼッパル」とレスルさんは答える。「そのとおりだよ。だってもうこの何年かでいまほど商売がうまくいかないときはなかったよ。わしら一、二ポンドの血の付いたぼろ切れをかき集めるのに一日中うろつき回らにゃならんのに、集まった物はどうにもならんような物ばかりさ。わしが思うに、もっといい物は連中が自分でぼろ布集積所に運んでいるらしい。けど悪いぼろ切れだってひどいもんさ。だって、前はただで手に入ったところでも、いまはもう金を払わなきゃならんのだから。それに、この間やっと小間使いが答えてくれたんだが、料理女は台所秤で量っているので、どのくらいの目方か正確に知ってるのさ」

「そんなのまだどうってことないよ」と続いてレスルさんの隣の女が発言する。並外れて大きく、猛々しい顔つきで、サイの皮のように分厚くデコボコした皮膚の女である。「わしに最近ほんとに格別なことが起こったんだ、それを聞いてくれなくちゃ。市内のあるきれいな家で台所の下女がわしを呼んで、わしに大量の布切れの束を投げてよこしたのさ。それでわしは嬉しくて胸がわくわくして、いくらほしいのかねと尋ねたんだ。その女がいうには、さて一〇ポンドあるから一グルデン四〇クロイツァーだと。それでわしは硬貨かねと尋ね、その女にウインクしてみせた。こののろまはわしの言うことがわからなかったので、いいえお札と答えたってわけさ。さて、わしは極上物を一〇クロイツァー以上払わずに手に入れたわけだから、すばらしい取り引きができたんだ。それはほとんど染めた物ばかりだったのさ。それからそのボヘミア女はこういうのさ。おかみさんは知らないでしょうけど、これは、うちの料理番さんの気のいい彼氏が私にくれたものなのよ。その人は大きな布地仲買商の店員さんだか帳簿係だとかだそうよ、と」

「そんな話しがいったい楽しいのかね、わからないのかね？　あんたたちはつまらないぼろ切れ商売以外の話は全然できないのかね？」と今度は隣のテーブルの男が叫ぶ。若い男で、たっぷり眠って酔いを醒ましたらしく、才気と生気に溢れている。白い長ズボンと黒の燕尾服を身にまとい、頭には上向きのひさしの付いたチャコのような帽子をかぶっている。彼の髪は頭の両側から耳を経て目尻までまっすぐに伸びており、そこで内側へ巻かれてほとんど口元まで垂れ下がる巻毛となっている。髪は入念に撫でつけられており、ゴム糊を塗ったように輝いている。口には、柄と付け根はごく短いが、頭はそれでも少なくとも六ツォルの高さはある彫刻入りのマッ*サパイプをくわえている。

「黙りなさい、この夜遊び男が」と彼にぼろ屑拾い三人組の三番目の女が言葉を返す。彼女は、そのつぶれた鼻から十分過ぎるほどわかるように、若い頃に何らかの事故で鼻の軟骨を失ってしまったので、鼻にかかった声を出す。「それじゃお前やその同類の話しをしようか？　もちろんまたぼろ屑の話しをするんだけど、もっとずっと悪い奴で、*クレプスガッセの留置所におあつらえ向きの連中の話しさ。で、お前たちがパパデクルをノックする羽目にでもなりゃ、そこのお方たちはどんなに喜ぶことか。だってそうなりゃ、そのお方たちはそんな連中にもうけっして煩わされないことを、ちゃんと知ってるからさ。一晩中そんなヤクザな奴らとうろつき回っているよりも、骨拾いに行くほうがお前さんにとっていいだろう。けど見ていなさい、そのお方たちはそんな奴らをきっと取っ捕まえるから。すまないがわしらの話しに口をはさまないでおくれ」

「まあまあ、フランツルのおかみさん、あんたが今日そんなにも高飛車なら、俺は黙っていよう」と彼は答えて、沈黙する。

「俺たちの宿敵の犬どもがますます少なくなってからは、わしはいまやもう商売のことでまったく不満を言わなくてもいい」とツィーヴェブム・ゼッペルは話しを続ける。「前はひどかった。路上にはもうほとんど骨が見つからなかったんだから。たくさんの犬が全部、拾い集めたんだ。ハンスイェルゲルは世にもまれな人だ。だって、聞くところでは、犬どもがまとめて捕まえられたのはこの人のお陰なんだから。この人は犬がわれわれにしでかす害を真っ先に見抜いたので、それについて田舎の自分の親戚への博学な手紙にずっと長い間書いたのさ。だけどその代わりに、俺たちはみんなその小冊子をうんとたくさん予約したよ。近々俺たちみんなで彼を表敬訪問して、彼のためにどこかに大きくてきれいな子牛の骨だけで出来た、注目すべき碑文付きの記念碑を建てることを許してくれないかとお願いするつもりだ。お前らぼろ屑集めもみんなで彼のところへ行って、お前たちの苦労を話したら、本当に利口なお方ですぐさま物事の核心を突く術を心得ていらっしゃるから、ひょっとしてお前たちも助けてくれて、お前たちの稼ぎをまた上向きにしてくれるかもしれん」「そうとも、そうとも」とレスルさんの隣の猛々しい女がいう。「あいつらが（つまり犬どもが）路上で骨を拾い上げることはもうできないさ、鼻革と口輪が押さえつけるので、全部あんたたちのためにそのままにしておかなくちゃならんのさ。いまやお前さんたちの出番というわけさ！」

「世の中はそうしたものさ」とテーブルに向かっている五人のうちの二番目の男が答える。路上で見つけた葉巻の吸い殻をふかしているこの男は、この一座で一番のぼろを身にまとい、だがしかし一番もったいぶった顔つきをしており、あらゆるゴミの山で骨を探す道具である火かき棒を手にしている。「世の中はそうしたものさ、すべては変わらざるをえない。お前たちぼろ屑集めの女には、機械製の紙が発明されるまでは、良い時代があった。だけど機械製の紙には紙屑は要らず、樹皮やその類いから作るので、お前たちを圧迫するのさ。わしが聞いたところではそういうことだし、わしもそう思う。そうでないと紙があんなにさらさらとして、あんなに簡単に破れるなんてありえないからだ。そうでないとわしはお前さんたちの商売が悪くなる理由がわからない。この世で紙ほどたくさん消費されているものはないんだ。いまはみんなが書くことができ、まだ書くことができない者は、どの街角にも張ってあるポスターを見ればわかるように、二四時間でアメリカ式に習うことができるんだから」

われわれがいま聞いているように、あまり穏やかではないが、それでもこの連中の本性にまったくふさわしい会話はこんなふうに続く。いやそれはしばしばもっとはるかに下品になり、全員での喧嘩、本当のぼろ屑たちの集まりで終わることもまれではない。この最終段階になって初めて、この最も低劣な滓たちのさまざまな名文句が現れる。それらは、たいていの多少はましな人々にはまったく理解不可能な言い回し、誹謗の言葉、罵詈雑言からなっている。

にもかかわらず、彼らは、明日もまたぼろ切れや骨があるだろうと思って、つぎの日を気にかけずに今日の稼ぎを使い果たすので、当該の地下酒場にとっては軽視すべからざる客なのである。

第一〇章　食糧雑貨商

シルヴェスター・ヴァーグナー

ヴィルヘルム・ベーム（絵）カール・マールクネヒト（鋼版画）「食糧雑貨商」

ほかのところではフラーグナーあるいはケーゼシュテッヒャーと呼ばれる食糧雑貨商《グライスラー》は、ウィーンでは最も重要な食料品の小売業者であるばかりでなく、家具と布地を除くその他すべての台所および家庭用具類の小売業者でもある。食事の支度をする別嬪さんが朝早く肉屋や八百屋から帰って来て、なお必要とする物はなんでも、食糧雑貨商のところで見つかる。ケーゼシュテッヒャーがその名称をチーズ販売から授かっているように、食糧雑貨商も最初は粗挽き粉《グリッツェ》——当地ではグリースと呼ばれる——と豆類だけを販売し、それでグリースラーあるいは食糧雑貨商という名前を頂戴したのである。その後、食糧雑貨商は、ケーゼシュテッヒャーと同様に、その商売を拡大し、取扱品をすべての食料品や細々とした家庭必需品にまで広げたのである。もともと彼らはそんなに多くはなく、ウィーン市の営業権、すなわちウィーン市によって賦与され、売却することができ、死後に子孫に受け継がれる営業権を有していた。そのうちのかなりはまだ存在し、他と区別してフラーグナー、市公認ないし都市食糧雑貨商と名乗っている。

その他の者たちには営業権はその人格《クオ・アド・ペルソナム》にたいしてのみ賦与されるのであり、したがって売却できず、また法的にはその相続人に受け継がれない。その商売も、法律に基づくと、市公認食糧雑貨商のそれよりも限定されている。というのは彼らはいくつかの品物を、例えば箒、石灰、木炭等を扱ってはならず、食料品商《ヴィクトゥアーリエンヘンドラー》としか名乗ることができなかったからである。

最近この後者がとても増えており、新しい共同住宅が建てられて真っ先に入居する間借り人は、決まって「食糧雑貨商」なのである。二軒ごと、ないし三軒ごとにひとりの食糧雑貨商が見出される通りもあるので、どうやってみんなが存続できるのか、ほとんど説明できないほどである。もちろん破滅する者も多くいるが、彼らはヒュドラの頭のようなもので、打ち落とされれば打ち落とされるほど、ますます多くの頭があとから再び生えてくるのである。

　われわれが絵の中で目の前にしているのは、種々多様な在庫品からわかるように、ひとりの市公認食糧雑貨商である。彼は自分の店の戸口の敷居のところでくつろいで背をもたれており、がっしりした体格の筋肉隆々の男で、いわゆるごつい感じで、威勢のいい肉屋のツンフトの出である。そして彼のシャツの袖がめくり上げられていることから察するに、ちょうど薪を挽き終わって休息し、商売の成り行きをじっくり考えているようである。すでに陳列棚にわれわれは大量かつさまざまな販売品を見る。そこには一日に三度焼かれるチョッキボタン程の大きさのカットパンから質感のある五グロッシェンパンまで見出される。われわれはピグミーのように小さなソーセージや美味なフランクフルト・ソーセージから巨大なプレスブルク・ソーセージに至るまでの各種のソーセージを見出す。その隣では、ソーセージを暖める器具も湯気を噴いている。それは、自分が買ったソーセージにお腹にどっしりとくるハウスマイスター[1]を添えて、すぐにその場で平らげようとする客のためのものである。さらに、強い臭いを放つ塗りチーズ[2]から美味なグリュイエールまでの全種類のチーズが見出される。ありふれたプラムから極上のレーヌクロードまで、早生の青リンゴ《ハーバー・アプフェル》からチロルリンゴまで、蜜梨《ホーニヒ・ビルネ》からザルツブルク梨、大玉梨《ブルッツァー・ビルネ》、イーゼンバルト梨、皇帝梨《カイザー・ビルネ》まで、良い香りの苺からみずみずしい葡萄までのあらゆる種類の果物、ありふれた食塩から辛味ピーマン（普通の唐辛子）や激辛胡椒に至るまでのあらゆる種類の香辛料も見出される。彼は本物のチコリ製のものからバニラ入りのスイス・ゲンパールや極上のプラーガー、香りの良い貴婦人用《ダーメン・ズロガート》までの各種の代用コーヒーも扱っている。設定された値段を記した価格表示板から読み取られるとおり、あらゆる種類の食用油脂や小麦粉があり、また全種類の豆類がある。

彼の長靴用靴墨とろうそくの在庫は実に豪華である。靴墨はつぎのようなものが見出される。油脂魚油混合靴墨、改良されたフランクフルト油脂製艶出し靴墨、改良されたオリーブ油製ミラノ艶出し靴墨、シュトラースブルク風油脂製艶出し靴墨、光輝鮮やかなロンドン油脂製艶出し靴墨、刺激性の硫酸を含まない皮革類に最適で最良の長靴用靴墨、新発明のパリ油脂製艶出し靴墨、まったく新発明の魚油製艶出し靴墨、芳香で真にイギリス風の比類なき油脂製艶出し靴墨、とりわけ良質極上で皮革類に有用な瓶および箱入りの鏡のごとく輝く油脂製艶出し靴墨、ごく最新の太陽の輝きを約束する長靴用靴墨、そして最後に、新しいプラハ製長靴ラッカーである。

ろうそくで彼が取り扱っているのは二クロイツァーの細芯ろうそくのようなありふれた獣脂ろうそくから巨大な靴職人用ろうそくにまで及ぶ。それから経済的なアルガントろうそく、太陽のように明るい特許《パテント・ケルツェ》ろうそく、長持ちする歓談用ろうそく、荘重な会食用ろうそく、か細いアポロろうそく、悪臭を放つ油煙ろうそく、決して芯切り鋏の要らないミリー＊ろうそく、うらやましいステアリンろうそく、まばゆい植物油ろうそくおよび素晴らしいサン・パレィろうそくである。

彼はおが屑からブナの丸太や木炭まであらゆる種類の木材を販売する。

さらに彼の品揃えに含まれるのは寝室用ランプ、マッチ、錫製の小瓶、白樺やゼンドルの枝で作られた箒、雪かき用シャベル、熊手、原木の鞭打ち棒や伍長棒、箒や鍬の柄、麦藁、鞘皮や藁の束、スギナ、トクサ、必要不可欠な各種のお茶、ニワトコやシナノキの花、ゼニアオイ、タチアオイ、カモミール、澱粉、蛍白剤、鶏卵、セイヨウワサビ、酢漬キュウリ、赤カブ、燃料油や上質食用油、果実酢、ワイン酢、ラズベリー酢、エストラゴン酢、スミノミザクラの実の酢、亜麻仁粉や豆粉、マスタード、ニンニク、タマネギ、大根である。

食糧雑貨商のところでさまざまな内容の書物と楽譜が見つかることもまれではない。それらは屑紙として買われたか、ないしは学問に励んでいる者たちや、芸術に携わる者たちによって一片のチーズと交換されたものであり、美しい装丁のため、あるいはその他の価値と称されるもののために廃棄を免れて、それから陳列棚を飾っているのである。（われわれの絵でも、湯気を噴くソーセージ暖め器の隣という工夫を凝らした場所が、学問と芸術のために選ばれている。われわれはそこに、きわめて多くの学識ぶったがらくたや心気症気味の詩人たちの心中の吐露のように捨てられる運命を免れて、かどと背が豚革の二巻本の『豊穣の角の祭り』が置かれているのを見て取る。真ん中には、空腹のギムナージウム生徒が与えられたバター入り羊乳チーズの質草にしたが、すでに食糧雑貨商の所有物となってしまったロバ革の『パルナッソスへの階梯』を見つける。それらの下にはヴァイオリンおよびピアノの名手から物々交換で得たシュトラウス*のワルツ、最新のフリオーソ・ギャロップ、四重奏や交響曲の楽譜の束が置いてある。)

非合法に入手した品物を彼は秘密の場所《コンクラーヴェ》に、つまり自分の部屋に保管している。国内産の飼料用ビート製の砂糖、外国産の蔗糖、ジャワ島の豆がそうである。親しい顧客には掛で売られ、また突然求められた場合にもそれを持ち出してくる。男女を問わずアルコール飲料を享受するディレッタントにたいして、またおずおずとしたプロの火酒*飲兵衛にたいしても心温まる酒精が提供される。確かな客にはつけで、だが女性のアルコール享受者の突然の不調の襲来や激しい疝痛の発作の場合には鎮静剤として、それを提供する。

さてわれわれはウィーンの食糧雑貨商の品揃えを知ったので、われわれにできる限りで、商売中の彼も眺めてみよう。この商売にとっての必要条件は、彼が自分の扱う商品についてのしかるべき知識を持ち、それらの商品の価格変動を正確に判断することができ、季節やその他の偶然の出来事を自分に有利なように利用できることである。まったくないし容易には腐敗しない品物を彼は、たとえば時期のせいで、あるいは市場がそれで溢れているために最小価格である時に、しかも大量に買う。サイ*ラーシュテッテ――金曜日ごとに大食料品市がおこなわれる市内の広場*――、シャンツル――シュラークブリュッケとケッテン・ブリュッケの間のドナウ運河の河岸で、水路で到着するすべての果物、ジャガイモ、カブ類の陸揚げ場所――およびナッシュマルクト――ケルンテン門の外側、ウィーン川に架かる橋を越えると、*ヴィードナー・ハウプトシュトラーセと*フライハウスとウィーン川の間にあり、陸路で到着する果物の集散地――が彼のハンブルクであり、彼のフランクフルトであり、彼のトリエステなのだ。ここで彼は相場をつねに正確に知り、潮の干満を自分の利益のために一生懸命観察しなければならない。金曜日は彼にとってもっとも大事な日である。というのは彼のもっとも重要で、もっとも儲けの多い品物を、この日にサイラーシュテッテで手に入れるからである。すでに朝とても早くわれわれは食糧雑貨商たちが、桶と柳の枝で編んだかごを背負って、あらゆる方面からこの彼らの黄金海岸に向かって行くのを目にする。真剣な顔つきと速い足どりによって各人とも不安げな緊張をのぞかせ、今日は鶏卵はいくつあるか、バターと牛脂の相場はどうか、市場にたくさんの品物が出回っているか、それともわずかしか出回っていないか、彼は松材を買うことができるか、それとももう一週間待たなければならないか、もしや安価な亜麻仁粉が*オーバーエスターライヒから届いていないかどうか等々を知りたがっている。

　彼は今日この広場を活気づけているひどい混雑の中へ思い切って入って行く前に、ワインを一杯やるために近くにある酒場に入り、そこでひょっとすると同僚に、つまり小売商本人や仲買人や支配人に、あるいはせめて鶏卵をチェックする女に出会い、彼女からこっそりと価格を探り出し、それによって自分の計算を立てることができるのである。こうして力をつけ、準備して、いまや売り買いする人々の大波の中へ大事な一歩を踏み出す。右を向いたり左を向いたり、自らの玄人の眼を市場に出回っている物すべてに向け、まずは注意深くすべてを見渡し、ここでは、重い買い物かごを手に持ち、愛らしく着飾っている、自分の近所の良く知った料理女に愛想良く会釈を送り、そこではバター小売商や太った卵数え女と意味ありげな視線を交わすのである。こうして彼は販売のために二列に並べられている食料品のアルファたるシュヴァーベンのクレーン商人（西洋わさびは当地ではクレーンと呼ばれる）からオメガまで、つまりクロアチア人の家禽運搬車のところまで、値引き交渉する大勢の人々の間を苦労してくぐり抜ける。どんな物も彼の目は逃さず、ちょっとした一言も彼の耳は逃さない。もっとも、卵やバターを売っている女たちが彼に向かって発する呼び声は、聞き流しているようであるが。端っこに着くと回れ右をして、二度目の巡回を始める。いまや彼は狡猾な卸売商の女たち、汚れた荷担ぎ女たち、青白い料理女たち、頬の赤い台所の下女たち、それにベールを被った奥方たちをかき分け、よく太った料理屋の亭主たちや重い荷物を背負った鶏卵運搬車の下僕たちの間を進み、卵は何個あるのか尋ね、気遣わしげに頭を振り、いくつかを取り出し、新鮮さを判断するためにそれらを眼に近づけてよく見たり、日にかざしたりし、その際、仕入れの難しさや、時期の悪さや、ひとをだます人間どもについての小売り商人たちの嘆きにはまったく冷淡にしか耳を貸さず、あまり話しはせずに、別の商人のところへ行って、同じことを繰り返すのである。さてこんな具合にクロアチア人の家禽運搬車を見終わると、彼はボヘミア人の樽やオーバーラントの木箱のところに向かい、同様に鶏卵をよく見、バターを味見し、卵を数える女たちや小売商たちと彼流の冗談を交わし、その際大事な言葉をいくつか耳に囁いてもらい、もっとも安い価格に値切り、こうしてやっと時期と事情によって変わりやすい需要量を満たす(3)のである。必要な物を用意すると、なお幾人かの同業者たちとあるいは仕入れや小売りに関わる話を、あるいはほかの話をしながら、なにか飲み物をとり、それから家へ帰る。家で彼は在庫品中の売れた物を補充し、今日の価格でまた来週の売値を決めるのである。

果物が熟する時期には日々朝早く訪れるナッシュマルクトやシャンツルにおいても、サイラーシュテッテにおいてと同じような周到さが彼には求められる。他の品物はすべて、木材を除いて、大方それを商う者たちによって彼の店へ運ばれる。

食糧雑貨商の商品の大部分はグロッシェン単位で、いやそれどころかクロイツァー単位で小売りされるので、ふつう販売をおこなう彼の妻はその際単位と重量に特に注意しなければならず、また、彼がのしあがって行くためには、そもそもよく働き、みんなに親切な女でなければならない。

家での時間を仕事熱心な食糧雑貨商は薪を小さく挽いたり、それを整頓したり、分けたりすることで過ごす。薪は単位や重量によってではなく、目分量だけで販売されるのである。店がもっとも繁盛する時間である朝、昼、夕方には、彼自身も店で働き、求められた物を手渡し、並外れて陽気で、誰にたいしても愛想が良くていんぎんで、自分の売るおいしいバター、見事なチーズ、まったく新鮮な鶏卵、およびその他の求められるどの品物もしかるべくほめ、その際、すべての女性の顧客のご機嫌をとり、彼女たちにその年齢と身分の度合いに応じてふさわしいお世辞をいい、ある時は無垢な台所の下女をからかい、またあるときはもう若くはない内気な料理女にあまり上品ではないおべっかを浴びせる。それによって彼は、ちょっとしたユーモアを解する、あるいは当地ウィーンでいうように、馬鹿話ができる愉快な奴という評判を得るのであり、それだけでもう彼のところへ好んで買い物に来るのである。彼の良く知っているご婦人たちのひとりが急に気分が悪くなったり、あるいは別嬪さんのひとりが発作に襲われたり、下腹部の締め付けるような痛みを訴える場合には、彼は急いで治癒のための酒精を持って来る。それは小グラス一杯飲めば必ず期待された効能を示すが、その代わりこれらの由々しき容態を繰り返し引き起し、まさにそれゆえにほぼ毎日、増量しなくてもよいが、同じ分量だけ繰り返して摂取されなければならない、という特性を持つのである。

　食糧雑貨商はさらに近隣全体の照会と情報蒐集所でもある。この辺り一帯では家庭で昼食に何を食べるのか、温かい食事それとも冷たい食事がとられるのか、今日はお隣の酢漬けキャベツ屋の奥様の恋人は招かれるのかどうか、あれこれの料理女の良き恋人は誰か、あれこれの小間使い娘は大勢の崇拝者のうちの誰とこの前の日曜日に*ヴェーリンガーシュピッツで踊ったのか、などをここで知ることができる。その種の事柄について話し合われる本会合は、たいてい早朝、朝食のパンを買い求めに来る時である。その時には召使いたちの苦労や難儀について苦情が述べられ、主人や奥様は微に入り細にわたって分析され、彼らの長所短所があげつらわれ、彼らの弱みや愚行が容赦なくこき下ろされ、時には起こる家庭内の幕間劇が笑いつつ、あるいは嘆きつつ話題にされる。奉公先を探している別嬪さんが八百屋のおかみさんの誰かから――というのはおかみさんは大部分、奉公先の斡旋をやっているからである――ある家の住所を受け取ると、彼女はまずすぐ近くにある食糧雑貨商のところへ行き、その奉公がどんなものかを尋ねる。食糧雑貨商の述べる奉公の内容が彼女の好みに合わなければ――その種の好みとは、買い物に行く場合のお駄賃、少なくとも二週間に一度は六～八時間の外出を許可すること、恋人の自由な出入り等々である――彼女はわざわざ所定の場所へは行かずに、これは自分に適した場所ではないとそれとなくいって、その住所をただちにまた返却するのである。それにたいして、食糧雑貨商のところでそれとは逆の話を聞いた場合には、彼女は自分で出向いて奥様ないし御主人様に自己紹介する。そこで採用されると、彼女は再び情報蒐集所へ戻り、奉公というものを知っておかなければならないので、主人のさまざまな気まぐれに際してどういう態度を取るべきかの行動規範を教えてくれるように懇願する。食糧雑貨商自身ないしその妻が奉公先を割り振ることもまれではないが、そのような奉公先のほうがきっともっと好条件に違いない。なぜならば、そうでなければ彼は自分の顧客を減らすという危険を冒すことになるからである。恋文や口頭での逢い引きの言伝もここで受け付けられ、自由な出入りが認められている場合、ないし一方あるいは他方の側の生来の内気さのためにそれが許されない場合には、恋人たちのところへ届けられるのである。

食糧雑貨商にとっての無くすことのできない悪弊は掛売りであり、彼は客の入りを維持するためにそれを避けることができないのである。さまざまなツンフトの仕事場にたいして、朝食、午後の軽食、夕食用のパン、チーズ、バターないし果物が丸一週間分、掛売りで供与され、日曜日になってやっと支払われるのである。パンすらも十分にもらわず、ましてやほかの物はもっとわずかしかもらわないで、しばしばごく粗末な添え物の野菜を与えられている徒弟たちにたいして、食糧雑貨商は、彼らが注文品を運ぶ顧客の誰かから数グロッシェンもらって、それで借りを支払うまでの間、パンをつけで与える。これまたしばしば余りにもわずかしか毎日のパンを切って与えられない召使いたちも、自分たちの給金が支払われる日まで、食糧雑貨商のところでパンをつけで買う。貧民たち、あるいは一時だけ金に困っている家庭にとっては、事態が好転する時まで食糧雑貨商が避難所なのである。だがもっと良い家の召使いや女性たちも、偶然に小銭がなくて、いつもの決まったやり方を乱さないためにに月の末までもう両替してもらいたくない場合には、食糧雑貨商の掛売りを求める。学生たちは、ちょうど現金が底をつくと、つぎの郵便配達日まで彼を頼りにする。

食糧雑貨商が妻ともども上述の特性をすべて持っているならば、商売が儲かることは間違いないし、彼はうまく乗り切り、産を成すのである。家主にまで成り上がった多くの金持が、そのことをわれわれに証明してくれる。だが彼にそれらの特性がなければ、食糧雑貨商の数は日々増えているのだから、彼は間違いなく破滅するに違いない。それを証明するのが大勢の零落者たちである。彼らの大部分はかつては肉屋、薫製屋の下僕、あるいは料理屋ないし商店の下男であった。初めに選んだ職業では自立の見込みがない奉公人およびその他の者たちも、数グロッシェン貯めると食糧雑貨商の商売に志願し、それからやはり少しの金を持っている娘と結婚し、ふたりの財産を合わせて新たな生業を始めるのである。その商売で彼らは、その能力の度合いに応じて、成り上がったり、わずかな持ち金までも無駄に費やしたりするのである。

原注

（1）ライ麦粉のセンメル。

（2）古い悪臭のするチーズの屑から作られた混合物。

（3）「満たす」とは「仕入れる」に代わる食糧雑貨商たちの言葉である。「彼の背負い桶を満たす」こと。

第一一章　プラーター

アーダルベルト・シュティフター

作者不詳「プラーターのブランコ」（一八三〇年ころ）

世界でこのようなものを示すことのできる首都は少ないだろう。それがわれらのプラーター*だ。それは公園か。「違う」草地なのか。「いいえ」庭園か。「それも違う」では森か。「いや」娯楽場か。「でもないね」――では、いったいなにか。これらすべてをひっくるめたものだ。ウィーンの町の東部に広いドナウ島がある。もともとはドナウ河の多くの島のような中州だ。そこでは川が平地を通り抜けていて、やがて時がたつうちに、草地や森林、公園や遊び場、人々の群れる散策地やひっそりとした寂しい場所、さんざめく酒亭の庭や静かな林苑などの混じりあう魅力的な地帯になっていったのだ。さて、たとえプラーターを訪れる人は多くても、まだ自らのプラーターの魅力と美しさを知らないウィーン人も多数いるかもしれない。それというのも、いくつかの場所では、とくに特定の時期には、人々のにぎやかさは耳を聾するほどなのに、別の場所ではまるで広い荒野に迷い込んだかのように物寂しいからだ。そのため人はこう錯覚するかもしれぬ。つまり、こうした草地や林に沿って歩いてゆくと、偉大な君主国の壮大な首都よりも、むしろ小綺麗な農場にでも行き着くに違いない、と。しかし、まさしく壮大な首都だからこそ、そこに住民を注ぎ出し、それでも孤独な散策者や観察者には人気《ひとけ》のない部分をまだ十分に残す、そんな巨大な庭園が必要なのだ。そして、このプラーターがあって、私たちは幸いだ。ウィーン人はそれを熟知している。そしてたとえば暑い夏の月々には彼のプラーターにたいし、ときおりよそよそしくなることはあっても、その分だけほかの時期には並々ならぬ好意を示すのだ。それはたとえば春、とくにその特定の日々であり、プラーターへ馬車を走らせるか、それが不可能な人はせめて歩いて行くのに具合のよい時などだ。五月の一日と二日はそんな日だ。それから復活祭の月曜日と聖霊降臨祭も。遠隔の地の読者よ、そんなプラーターの一日をいま考えてくれたまえ、そして心の中で私に従い、私たちがながめるものをこの紙面上で自分なりに解釈してほしい。

　五月一日の午後四時をいくらか過ぎた。ちょうど日曜日でもあり、空はこのうえなく晴れ渡っている。

　私たちは*フェルディナント・ブリュッケを渡って、*市外区の*レーオポルトシュタットに入り、すぐに右に折れ、プラーターに通じる*イェーガーツァイレに向かう。この美しい、並外れて広い通り全体が人々の黒々とした流れにあふれ、あまりに人が密集し、波立っている。そのため人が、この通りを誰にも触れずに端から端まで歩き通せば公国ひとつを贈呈しよう、といわれたとしても、それを手に入れることなどできないだろう。この流れの真っただ中に、流氷に漂う数艘の船のように馬車が動いている。たいていはゆっくりと動き、たびたび停車しては何分もまったく微動だにせず止まっているが、ときどき車線が空くと、つぎつぎに、光り輝く幻のように、もっとのんびり歩く見物人の群集の傍らを疾走してゆく。あちこちで歩行者の海から突出し、あるときは向こう、あるときはこちらで馬車の列を追い越しながら、騎馬の人々の姿が軽やかに跳躍する。そしてこの通りの両側の、ほとんどが豪華な家々は、押し進む人々の群から静かに聳え立ち、その窓やバルコニーは無数の見物人で占領されている。彼らは眼下の輝かしい人の流れがゆっくりと通り過ぎるようすをながめ、その絢爛、微光、キラキラする飾りを楽しむのだ。たいていは婦人たちで、彼女たちは色とりどりに着飾っては、この春の動きを窓から見下ろしている。花咲く春の木々が肉体を備えたかのように。午後三時四十五分、この都市全体が呆けてしまい、もうみんな固定観念にとらわれて、この通りをまっすぐに下ってゆく、といってもいいだろう。そして異郷の友よ、君も私と一緒にゆっくりと逍遙するのだ。あそこに、あの通りの隙間から土埃を通して、もうプラーターの高い木々が見えている。あたかもそこで永遠の至福が分けあたえられるかのように、私たちはみなそこへ押し寄せてゆく。とうとうこの長いイエーガーツァイレも終わり、星のように通りが分かれ、もつれた人間の塊は解ける。高いポールにいくつもの小旗が風にひるがえり、散策者たちに道を示す。私たちの左側の旗は、空中高くはためくその舌に「皇帝フェルディナント北部鉄道*」の名を記している。そして実際、人がぎっしり乗った車両も左側に立つ駅舎めざして飛ぶように疾駆する。そこでは火を噴く馬が、いななき、荒い息を吐きながら待機している。この駿馬のスピードによって私たちの市外区のひとつとなったマルヒフェルト*の野やさらにはブリュンにまで行く果てしない車列を引くために。つぎの、真ん中の小旗は、やはりきょう開校祭を祝う水泳学校を案内している。三番目の旗は「ナドール号」か「ゾフィー号」、あるいはその他の名を記し、太い矢印の腕が蒸気船乗り場への道を示している。さらに先の右側、芝生のうえには、動物を見物させる木造の小屋が立ち並び、巨大なカンバスには怪獣たちが、小屋の中で見られるよりももっと恐ろしく描かれている。これらの絵や中から聞こえる異国風の叫び、吼える声、ピーピー、クークーといった鳴き声が人々を誘い、入口の前は絶えずひどい人だかりだ。そして子供たちや田舎娘は、その中にいったいなにがあるのかぜひ見たいというわくわくした期待に眼を輝かせている。芝生の広場にはさらに果物や焼き菓子の屋台も立ち、火口《ほくち》と火打石を売るクロアチア人の男や散歩用ステッキを売る男、そして手回しオルガンの男もいる。そのうえには犬が一匹乗っていて、きちんと直立し、前足にはさんだ剣を肩に担ぐ芸当ができる。だが大部分の人の流れはこれらすべてをやり過ごし、いわゆる中央並木通り《ハウプトアレー》へ入ってゆく。それというのも、そこではきょう最上層から最下層までのウィーンという世界の全容が見られるからだ。ひたすら気分と富の力によって考案された衣装や貴人用馬車や従者たちの華やかさ、それをきょう中央並木道で見られるのだ。通りの両側には緑の陰深い並木が連なり、片方は歩行者のため、他方は騎者のためにある。通りの真ん中には何千台もの馬車が行き交い、一台がもう一台に接するばかりに進む。安全上一方の側は下り、他方は上りとなっているが、見るため、そして見られるために、多くの馬車がこの上下の円をもう何度も往来している。こうしてここではいま、実に目くるめくばかりにあとからあとから色彩が、魅惑が、華麗さがあふれ、つぎつぎに群集が押し寄せ、すべてがひっきりなしに動いている。そのため慣れない人はめまいを起しかねないほどだ。通りの両側には見物人がぎっしりと人垣を作り、彼らの背後では逍遙する人々の彩り豊かな流れが波打ち、一方、通りの中央では、馬車がひきも切らずにガラガラと音をたて、それは鮮明なあるいは微かな輝きを放つ帯となって、おそらく半マイル以上も長く続いているだろう。あそこに、飛行船のように軽々と進む馬車に乗って、豪華だがシックな衣装を身にまとい、少ないながらも高価な装飾品で装った最上流社会の女性が通り過ぎる。彼女のすぐあとに続いて富裕な市民の家族が行く。向こうには嬉々とした子供たちを満載した馬車があるが、まわりの華麗な世界にたいする彼らの驚嘆や歓声ははてしなく続く。こちらには男がひとり馬車の中に立ったまま、四頭の比類なき馬を初めて誇らしげに披露しつつ、やって来る。いま騎馬の者たちが傍らを駆けてゆき、一台の馬車に向かって挨拶を送る。それにたいして馬車の中から世にも美しい顔の女性たちが頷きかえす。かしこには重厚な自家用儀装馬車にひとり孤独な老人が座り、上品な黒の礼装を着て胸にたくさんのごく小さな十字勲章をつけている。そのあと楽しそうな商人見習いや学生を乗せた辻馬車*が来る。それから他の馬車が何台も、またさらに何台もやって来る。そして君の眼前を踊るように通ってゆくが、その動きはいつになっても終わろうとしない。そしてきらめく光輝と微光からあらたな光輝と微光が浮かびあがり、すべてがこうして躍動し、波立ち、湧きかえるとき、君はそこに、ただプラーターしか提供できないような光景を目にするのだ。飾り立てた一団のすぐ近くに一頭の鹿が現れ、堂々とした枝角を控えめにのせ、愚かしくも聡い目で雑踏の中を凝視している。鹿はこんな雑踏を何度も見てきただろうが、きょうほどすごいのは初めてなのだろう。それで実際少しの間ながめてはみたが、また踵を返して脇の草地へ帰ってしまう。人間のほうでも誰も鹿の出現をいぶからない。なぜなら彼らはプラーターが鹿と散策者のためにあることを知っているからだ。こうして、流れはとどまることを知らない。そして、衣装の豪華さ、馬や馬車の美しさ、羽飾りの波打ちや装飾品のきらめきがどんなに君の眼をくらまそうとも、それでも一再ならずこの群衆の中にすべてのものを忘却させる顔が現れるのだ。それは優しい美しさを漂わせながら君の眼の前を過ぎてゆくので、君の眼はそれ追うのを喜び、見えなくなると、いっそう侘しくなることが再三なのだ。どうか待ちたまえ。ウィーンはそんな美しい女性に事欠かない。もしかしたら、じきにまた同じような女性が現れるかもしれないし、もっと美しい女性さえも現れるかもしれない。ほら、あそこで沿道全体の人々がいっせいに帽子を取っているが、なぜだろう。六頭の白馬が美しい馬車を引いている。――誰がそこに座っているのだろう。皇帝陛下と皇后陛下だ。君は不思議に思うのかね。君はパリでこうした光景を見たことはなかったのかね。ここではただ両陛下に挨拶を送るだけで、彼らがプライベートに市民の中を馬車でゆくことに驚きはしないのだ。誰もこうした光景には慣れているし、両陛下のほうも、これほどぎっしりと民衆が群れをなしても、ご自身の宮殿にいるように安全だということをご存知なのだ。ほら、見たまえ、アスパーン*の英雄カール大公*もいる。見えるかね、もうひとりの人物と騎馬用の並木をゆくあの黒服の男がそうだ。彼にはみなが挨拶している。どうか待ちたまえ、私たちはきっと皇家のほかの方々にもお目にかかるだろう。彼らもきょうの見世物に参加されて一緒に楽しまれるのだ。あそこに両陛下の六頭立ての馬車がゆくが、それもやはりきょうの馬車の走行ルールに従う。苦しそうな二頭の栗毛に引かれ、あえぎ過ぎてゆくこちらの辻馬車と同様に。

だが、いま並木道を少し下ってみよう。それからまた左に折れる。そうすれば、こうした感覚を麻痺させるほどの顔や衣装や華麗な馬車の洪水のほかにプラーターがまだ供するものが見られるだろう。しかし私たちが奥へ奥へと進むほど、事態はいっそうひどくなるように思われる。人の混雑はますます増し、ますます動きはゆるやかになる。道の左側には飲食店が並ぶ。いわゆるプラーター・コーヒーハウスだ。中からは音楽が聞こえてくる。木々の下には無数の椅子が置かれ、多くの着飾った人々に占領されている。おしゃべりに興じる一団もあれば、笑いさざめく一団もあるし、にぎやかな音を立てる人々もいる。また音を立ててグラスを合わせ、ボーイや勘定係りを呼ぶ連中もいる。そして、目の前をあわただしく行き交うのは、やはり同じ輝かしい馬車たちの行列だ。目が届く限り、並木道は尽きることがないかのようだ。

こちら側では社会の選良層が活動しているとすれば、さらに先の左側では本当の民衆が活動している。民衆というものはただ逍遥したり馬車に乗ったりするだけでは不十分で、もっと実際的な喜びを求めるものだ。そしてこれがいまや、周囲のいたるところに繰り広げられている。中央並木通りの流れから出て、ここで左に入ってみたまえ。蒼古とした木々に生い茂る広い芝生の広場が私たちを迎えてくれる。そしてそこには、ありとある民衆の娯楽施設が点在している。ここには考えられる限りのあらゆる世界覗き眼鏡《コスモラマ》、全景写真《パノラマ》、透視絵《ジオラマ》がある。あちらの小屋には、いままでに有名になったすべてのものが蠟細工になっている。ある者は大男ゆえに、もうひとりは小男ゆえに見世物になっている。ある男は火を喰らい、別の男は絹のリボンを口から吐き出し、三人目は、鉄床《かなとこ》よろしくはだけた胸を怖ろしいほどハンマーで打たれている。彼らの間に、背の高い狭い小屋でまた新しい演目をはじめたばかりの道化師《ヴルステル》の太鼓や鐘が鳴り渡る。向こうの飲み屋のまわりには酔客が群れをなし、まるで硝石の塊のようだ。この大層な人々のただ中であわれな小屋が身動きできなくなった、とさえいえようか。ひとり、ふたりが、ほかの人々よりも高位置にあがっては、ある舞台の場面を演じると、やんやの喝采を浴びたり、笑いを集めたりする。樹木の反対側ではある男が朗誦している。ハープ弾きはリ弦を猛烈にかき鳴らして演奏している。それは同伴の女性の歌を響かせるためだ。彼のすぐ脇ではリモーニエと笛がかなでられているが、それが止むと、少し離れたところから手回しオルガンのか細い音が聞こえてくる。そしてグラスが打ち合わされ、叫び声があがり、散策者や見物客は雑踏の中を苦労してくぐり抜けてゆく。そして君が向きを転じると、あの、もっと大きな木々の下にまたしても同じような飲み屋があり、右にもまたひとつ、さらにその先にもまたひとつという具合だ。どこへ行っても同じ風景だし、いやもっとにぎやかな風景が拡がるのだ。そして音楽が枝間に鳴り響く。それはいわれなくしてトルコ風と呼ばれているのではない。大太鼓が急速なテンポで打たれ、チラチラする光がそれに混じって、まるで真鍮の小屋が狂いだしたかのようだ。そして、回転木馬にまたがった騎士たちが円を描きヒュッと風を切って疾駆しては、トルコ人の頭やその他のものを打ち落とす。そんなとき歓ぶのは飛ぶように回り続ける子供たちだけではない。職人も恋人を連れて来ていて、彼女は回転する車の中で人目を引くし、彼のほうはトルコ人たちを槍で突く。存分に楽しんだ人々や気分が悪くなった人々は立ち去るが、またあらたな客が乗り込んでくると、元気よく太鼓が打たれ、回転木馬もコマのように回り出す。そして太鼓が鳴り止むしばしのあいだ、木立を通して別の回転木馬から同じ音楽が響いてくる。向こうの何台かのブランコは多くの人が乗って揺れるため、綱はギシギシいい、木々はたわんでいる。本物のより糸みたいにリールから外れたブランコも、いくつかある。愛しあうふたりが喧嘩になる。女はもう家に帰りたがるのに、男はまだ帰りたくないからだ。異国の読者よ、君はここに描かれているままの、いわゆる*ヴルステル・プラーターの真っただ中にいるのだ。その名はハンスヴルストから取られたのだが、彼はもうとうに死んでしまった。なんといってもここと比べれば君の眼前に穏やかに展開されていた中央並木の輝きと華やかさは、それだけでも十分に眼のくらむものだったが、ここがめざすのはそうした輝かしさや華やかさではない。しかし、もしも君がここで主役をつとめるものに慣れていなかったり、それを自由に操れなかったりするならば、それは君の理性を大混乱に陥れる。私は神経過敏な、真面目な紳士を知っていた。彼は自分の骨がバラバラになっていくのが感じられるといい張って、頭を抱えたものだった。だが、見たまえ！　これこそ民衆が自分自身にあたえ、自身を健やかにする、まことの健全な民衆的愉悦なのだ。彼らを自由にふざけさせ、歓声をあげさせよう。ときには粗野な振る舞いにも眼をつぶろう。それというのも、ここにいる人々は歓びという幾分強くて辛口のブドウ酒を必要とするからだ。なぜならそれは、翌日から続く憂鬱な労働の時間、ふたたびきょうのような祝祭がやって来るまで彼らが耐え抜かねばならぬ労働の時間全体にわたって効き続かねばならないからだ。そのため労働者は実際何週間も指折り数えてそれを待ち、臨終のベッドに伏せる時以外、それに参加することを止めないだろう。そして私は思うのだが、人々、とりわけ大都市の人々のかなりの部分がもう人生の時間の大半を暗く狭い仕事場で、憂鬱で狭苦しい思いのうちに過ごすよう宣告されているのだから、彼らにこうした歓びを享受させてもいいし、いやむしろ、ときには大きく眼をあけて、魂を広く解放し、愉悦と歓喜に身を委ねるように彼らを励ますべきなのだ。——こうした愉悦や歓喜が厳しい批評家にとって無縁だったり、粗野に過ぎるとしても、彼にはむしろ責める代わりに気の毒に思ってほしい。この労働者の状態そのものが自身を陶冶することを許さず、その結果青年時代により高尚な喜びを味わうまでにいたらなかった、ということを。おお酷評家よ、君の辛口の審美眼で彼の愉悦を壊してはならない。それよりむしろ立ち去るがよい。それとも、しばらく立っているのもいいだろう。いずれにしても彼らは君のことなど眼中にない。陽気な国民は、また悪気のない国民だ。それを私たちはここドナウの岸辺で知り尽くしているし、まさに私たちの町でもそうであることを嬉しく思う。そして仕事と愉悦、愉悦と仕事、このどちらがウィーン人にとって主要な関心事なのか君にはわからないほど両者は渾然としているのだ。おそらく両方ともが彼らには関心事なのだろう。君は享楽の民パイアケス人*を知っているね。そこはいつも日曜日、「いつでもかまには焼き串が回っている」(二)のだ。

もうしばらく、ここにとどまっていたまえ。そうすれば君は、ウィーンが音楽の都だと知るだろう。だからここにも、たっぷりと音楽があるのだ。トルコの音楽、手回しオルガン弾き、ハープ弾き、大道歌手、夢中になってギターを奏する徒弟たち。あちらには二本の平行線のようにいつまでも五度の音程差をつけたまま、恋歌を歌い続けるふたりの乙女もいる。*リナルド・リナルディーニを歌いながら家路につく友人たちの列もある。あちこちで少年の手にハーモニカが握られている。——そしていま、ジプシーたちまでやって来る。この奇妙で頑迷な連中は、ひとつの夢だ。現代の影響を受けぬまま、世界史の大昔の時代から残されたままの姿。だから君はまもなく耳にするだろう、彼らがたとえもう一生の長きにわたってプラーターに定着してきたとしても、それでも私たちの音楽の精神や手法には影響されずに、自分たちの太古の響きをかなではじめるのを。それは彼らの瞳のように、火のように激しく、憂愁にみち、世界のほかの民族の数々の運命の中にか細く続いてきた彼らの歴史の糸さながらに、夢見るようにもつれあい、音を引きずってゆく。彼らのヴァイオリンの高く続く音色は悲嘆と反抗の表現であり、それを聞くと私はいつも不気味な感にとらわれる。にもかかわらず、それは私を引きつけ、その場を去らせないのだ。この独特な異国的詩情というものは。それから、よく見たまえ、第一ヴァイオリンをかなでるあの男を。またシンバルを打つ男を。ひとりは、ほとんど優美といえるほど、まるで巨匠のように弓を運び、もうひとりはすぐれたバチさばきだ。ふたりともひどく真面目で、ほとんど悲哀をたたえたように、濃い褐色の顔から白目をむき出している。そして周囲がどれほど騒がしく、沸き立ち、音楽が奏されようと、それでも彼らの音楽は耳に届くのだ。本質的に異なったものとして、ほかの音楽から際立ちながら、それは叫ばれ、歌われ、およそまだ調べが聞こえる限り、どれほど遠くにいてもそれとわかるのだ。

彼らの演奏はますます熱気をおび、いっそう激しく弦をかき鳴らし、その響きはまるで幾筋もの打ち上げ花火のように空へ昇ってゆく。いまその熱狂は最高点に達し、人の群はますます多くなる。*豪華な馬車も見物にやって来る。ワインが利きはじめる。歌声があちらこちらであがる。ただふたりの客だけが柔和に、黙している。赤みがかった土埃を通して、すべての人々の顔のまわりに光を注ぐ愛すべき夕陽と、なま暖かい春の空気を感じ、刻々健やかに成長する、巨木のか弱い新芽のふたりだ。

では、さらに先へ歩いてみよう。そして、日が沈む前にプラーターのほかの箇所も訪ねることができるように、この沸き立つ魔女の厨《くりや》をあとにしよう。私たちは立ち並ぶ大樹の下の芝生を歩いてゆく。人ごみは次第にまばらになってゆく。そして音楽と騒音が混じりあった音はますます弱まってゆく。――やはり混雑を好まない何組かのグループやふたり連れが、春の空気の中、すでに緑になった芝生を楽しそうに巡り歩いている。あちらにがっしりとした木造の足場が立っている。それは仕掛け花火をやる場所だ。いまはわずか数グループが歩いたり横になったりするのが見えるだけだが、あの場所で芸術的な花火師*シュトゥーヴァーが彼の幻想的な花火を打ちあげるときは、肩と肩がぶつかりあい、立錐の余地のないほど人が群がるのだ。そしてみなが打ちあげ花火と耳をつんざく音響によって切断される夜空にながめ入る。あるいはまた、花火師は突如としてその夜空に星をあげ、それがいまは赤、いまは緑、そして青、金というふうに、つぎつぎに色を変えては暗い夜空に浮かび、やがて風に運ばれてゆっくりと下降し、横のほうへ落ちてゆく(1)。あるいは星がはじけ、一握りの色とりどりの火花を夜空にまき散らす。または不意に君の眼前に透かし模様に燃える市街が浮かびあがり、パチパチ音を立てながらゆっくりと消えてゆく。繊細な眼に、繰り返し、工夫を極めた火の詩を実演しながら。きょうはしかし、そうしたことはなにも起らない。そして灰色の足場は広場にひっそりと立ったまま、輝かしい春の夕陽に穏やかに照らされている。

さあ私たちはもっと先へ、ドナウの岸辺まで歩いてみよう。この左手の土手ぎわに水泳学校の建物があるが、それは別のおりに見学することにしよう。それとは別の、いかだに乗ったこれら木造の小屋は、ただ水浴と水泳に使われるだけで、夏になるとたくさんの人が押しかける。ここはもう大きなドナウの一支流が合流する地点だ。ほら、そこの水中に多くの棒ぐいが立っているのが見えるね。そこが屋外プールといわれるところだ。ピンと張った太綱で囲われて、その内側では誰でも泳げるわけだ。さらに先へ、ドナウに沿って下ってみよう。いいかね、私たちのプラーター、私たちのウィーンの庭がどれほど大きいことか。もう音楽が君の耳に全然聞こえなくなってから大分たつ。実際中央並木を走る千台以上の馬車の音も聞こえてこない。人々の歓声の騒がしい大波から君は解放されたのだ。ここはもう、人里離れた森の草地にでもいるように、ひどくもの寂しい。水際にまで進んでみよう。あの中州に一頭の鹿がのんびりと草を食《は》んでいる。岸辺の粘土質の土についた多くの足跡は、彼らがよく群をなしてこちらへ来ることを示している。さらにその先の外側、中州の灌木におおわれた先端に牛の群がいる。首につけた鈴の響きがときどき水を渡ってここまで聞こえるようだ。だが、それは錯覚というものだ。ドナウはここでは大変広いので、あの動物たちは色合いの異なる小さな子羊くらいにしか見えない。この静寂はなんと心地よく、安らかなのだろう。そして私たちがいましがたあとにしてきた雑踏の直後の、この穏やかな春の風景は！　ここでは、私たちの邪魔をする人はほとんどいない。聞いたことのないほど長い釣竿を手に身動きもせず水辺に立つことによって、きょう五月一日を祝うあのひとりの漁師は、景観を乱すどころかこの風景になくてはならぬ点景なのだ。私たちの道は流れに沿ってさらに下る。そして水辺の草地のはるか彼方に望まれるあの光る塔は、もうウィーンより一マイル以上下流の村*エーバースドルフを示している。君が立っているここは、いっぱいに水をたたえたドナウ本流の岸辺だ。そして、カイザーミューレンと呼び習わされたあの水車が回っている対岸には、川を下る蒸気船が発着する広場がある。さらに先へ下ってゆけば、あたりはますます鄙びて、ひっそりとしてゆく。不思議なのは、あれほど多くのウィーン人が自分の町を嘆くのを聞くことだ。少し散歩をするだけで、これほど美しくてすばらしい田園に来られるのに。そして、ほかのどんな首都にもないほど近くに、彼らは魅力的な変化に満ちた公園を持っていながら、ほんのわずかな人しかそこを訪ねない。そうした場所こそ、もっとも美しい。なぜなら、自然がもっとも豊かなところは訪れる人がどこよりも少ないからだ。さて私たちは、灌木の茂みの中の狭い小径をたどって逍遙し、美しい大樹の立ち並ぶ草地に足を踏み入れる。夕陽が朱の糸を引くように枝葉の間に射し込む。そして黒ツグミやヒワが覚えたばかりのさえずりを響かせる。兎が草の中を駆け抜ける。大都市を思わせるものは、片鱗すら見られない。私たちが半時間前にはまだ、すさまじい雑踏のうちにいたとは、とても信じられないだろう。ドナウの中州の寵児であるこれらの楡《にれ》やハコヤナギがこれほど大きく堂々と聳える姿、君がここ以外の地でそうした姿に会うことはまずないだろう。ここではそうした樹木は大切にされていて、枯れ死するまで誰も伐らない。その結果、それはますます広がり、大きく成長することができ、この柔らかく肥沃な大地で最高齢の限界にまで繁茂するだろう。それにしてもウィーン人は、巨人のように大きな、樹冠の広い、美しい、この故郷の樹木も大層愛しているのだ。それで私は忠告したい。誰も散策者たちのいるところでこれらの木の一本たりとも傷つけることがないようにと。それらの木々は厳選された場所に一定の間隔をあけて植えられているので、都市の住民には真の宝物のような存在となっている。散策者は木陰から木陰へと渡り歩き、瞑想にふける人、思い悩む人、哲学者、本の虫は幹のわきに腰をおろし、思いに沈んだり、読書にふけったりする。疲れきった労働者や無為の輩は木陰で眠っている。たっぷり眠って昨日の乱痴気騒ぎの疲れを取らなければならないあわれな職人がその仲間になる。そして逍遙する人は彼らすべての傍らを通り過ぎるが、それ以上彼らの休息を乱そうとはしない。芸術家が画板を手に低い折りたたみ椅子に腰掛けて、一本の木か人々の群をスケッチしている。あるいは油絵を描いているのかもしれない。そして、なかに『プラーターの見どころ』が入っていない画家や初心者のかばんなど、ウィーン広しといえども、まずないだろう。それで、ここに物見高い散策者や、馬車を道端に待たせたまま、ちょうど芝生を散歩中の貴婦人が近づき、画家の背後に近づいては画板を覗き込む。はたしてこの画家はあのすばらしい木を同じようにすばらしく再現する才能があるのか、と。彼らは去り、また別の人たちがやってくる。だが、画家は描き続け、眠る人たちは眠り、思い悩む人たちは依然として思い悩む。子守娘が来て、純白の亜麻布を芝生に広げ、幼い子らを陽光とさわやかな風が心地よいところ、あるいは樹幹の傍らに座らせる。このときまだ陽光は射し、空は蒼い。そして暑い市街を渡って来た微かな西風はここで、新鮮な森の緑に出会ったことを不思議に思い、ハコヤナギの枝の中で嬉しそうに葉を揺らす。

　プラーターでのこうした静かな荘重な時間といえば、たいてい春と夏の美しい午前だ。そしてその都会的な面が鳴りを潜める下流の奥まったところに、それはある。

　しかし、異郷の友よ、いまやふたたび私たちの多感な逍遥の道を引き返そう。そしてあの何組かの男女や旅人たちと同様に、また人間の群を求め、そしてついには市街を捜すことにしよう。それというのも、見たまえ、五月の太陽はすでに傾き、デープリング、グリンツィング、*ヌスドルフまたレーオポルツベルクとカーレンベルクというふたつの姉妹城砦がある彼方の丘陵のまわりに、めまいと火焔のような夕靄《もや》を注いでいる。もしもプラーターの夜露と夜の湿気が降りて君に悪寒を感じさせたりすれば、私は大変気の毒に思うだろう。だって、私はもとより君をここへ案内し、この遠く離れた寂しい場所へ誘った本人なのだから。しかし安心したまえ。あそこにもう、中州の先端の水際にある園亭《ルストハウス》まで行く馬車が何台も見える。上流へ上ってゆこうとすれば、その数はますます多くなる。そしてもう私たちにはふたたびコーヒーハウスの音楽が聞こえてきた。そしてついには、曲芸サーカスから鳴り渡る音楽までも。先刻同様、馬車が、そして光輝と華やかさが中央並木をせわしなく上下している。ヴルステル・プラーターから魅了し、惑乱させる同じ響きが聞こえてくる。君がこうした雑踏から疲れて逃れたいと願ったような波立ち沸き立つ群集のうねりがまた私たちを迎える。君はきっとウィーンのすべての住民がここにいるに違いないと思っているね。あるいは帰りつつあると。――だが、よく見たまえ、私たちは、赤々と顔に射す夕陽をまぶしく受けて、永遠に続く長い並木道を昇っているさい中なのだ。いままた私たちはイェーガーツァイレに立っている。そして君には、通りがほとんどみな昇ってゆく人々であふれているのが見えるだろう。君のまぶしい目の前で土埃と夕陽の中を泳ぐように進む暗い影が群れ、一方、道に面した窓々はきらめく黄金の列を放射している。感覚は麻痺し、疲れ果てて、私たちは、ふたりとも同じひとつのあこがれを感じ、多大な歓びのうちにはじめたこの逍遥から、とうとう帰宅した。そのあこがれはやはり満たしてやらなければ。私と一緒に来たまえ。庭のある私の住まいの涼しい風通しのよい部屋で妻が私たちを待っていて、クロスを敷いたテーブルにもう私たちに必要なものを並べている。名だたるウィーンの名物料理だ。この上なく繊細な味わいのサラダを添えたローストチキン、そしてなかなかいける年代もののヌスベルク産ワイン一本だ。さあ元気を回復したまえ。そして私たちとまだしばらく話し、それから休まれたらいいだろう。だが、注意したまえ。夢にうなされ、ベッドと一緒に気の狂った人間の独楽《こま》に入ってぐるぐる回転したり、あるいは同じ独楽の中でひどく滑稽な馬車に乗って回りながら、もしも夢ではなかったら、君の機嫌を損ねるようなシャツを着て、プラーターをあちこち漂ったりしないように。
では、おやすみ。

原注

(1) 落下傘花火。

訳注

〔一〕 ゲーテとシラーの合作による二行詩集『クセーンエン』(一七九七)の一節。

第一二章　景品くじ売り

シルヴェスター・ヴァーグナー

ヴィルヘルム・ベーム（絵）カール・マールクネヒト（鋼版画）「景品くじ売り」

儲け、くじに当たること、これがありとあらゆる形に姿を変えてたいていの人々の頭に亡霊のように憑きまとっている言葉であり（そもそも言葉にすぎないだろう）、まさしくこの亡霊がまた個々人によって、そしてまた社会全体によって利用されるのである。なんのためにだって？　同じく儲けるためにである。だがくじに当たることは素晴らしいことでもある。苦労も労働もまったくなしに、精神や肉体をまったく働かせることなしに、普通いわれるところでは眠っているうちに、あるいは愚昧のうちに宝物を手にするのであるから！　単独相続だけがくじに当たることと幾分似ている。しかしながら、すべての人々が富裕な友人ないし後援者を持っているわけではないので、誰もが遺産相続できるわけではないが、くじに当たることはありうるだろう。というのは、そのためには元来わずかな元手しかいらないからである。（そのためにはかなりの分量の愚かさが必要だと主張する人たちも確かにいるが、それについては詮索しないでおこう。）したがって、大いに称賛される公益性を考慮すると、くじに当たることのほうが遺産相続よりもはるかに優先に値する。だがこの点で誰かがつぎのように述べて、われわれにその反対を証明してみたいという気持ちになるかもしれない。つまり、くじに当たることは賭けを前提とし、古い諺によると賭けは悪徳であり、それに対して遺産相続は富裕な人々の死を必要とするだけであり、それは単なるエロル・ナトゥラエ、はっきりいうと自然のしくじりなのだ、と。そのうえ遺産相続は悪しき作用を伴わないが、くじに当たることは、なんらかの損失の結果なので、そうとは言えないだろう。また遺産相続人はしばしば公益性に気を配りすぎるくらいだから、公益性という点でも遺産相続は引けをとらないのだ、と。

それにたいしては手短にこう答えよう。第一に、話題にしているのは、馬鹿な連中によってだけ退屈しのぎにおこなわれるたとえばトランプゲーム等のような下劣な賭け事のことではさらさらなく、むしろ大規模な賭け事、広範な社会的規模での賭け事、祝福されたロトくじのことである。その場合には全員が、借金で首が回らない物品くじの元売りの大地主も、ロトくじの元売り商とそれを仕組んでいる者たちも、みんな儲かるに違いないのである。前者はそれによって窮地を脱し、後者は各々少なくとも五〇万を得るのである！

第二に、古い諺と老嬢がものの役に立たないことは周知のとおりである。作用に関しては、それが有利なものであり、他方で遺産相続の場合にはまったく有利な作用はなく、したがって公益性もくじの場合のほうがはるかに大きいに違いないことが、第一の点から明らかとなる。最後に、くじ売りが取るに足らぬ産業部門でないことには、まったく触れないでおこう。

そして仮に小さな欠点があるとしても、われわれはそれを幾分許容しがちになるであろうが、それは許されるべき生来の欠点だからだ。というのは偉大なローマの詩聖がすでにこう述べているからである。

「われわれは常に禁ぜられたる事物を求め、而して拒絶されたる物を欲す」

そのことをある現代の民衆詩人も、詩中の作男をしてつぎのように語らせる時、美しくも正しく歌っている。

賭け事は悪習と
もうしょっちゅう耳にした
そう耳にしたし、わしもそう思う
だけどわしゃそれが楽しい

さて、上述のことからしてくじに当たることは素晴らしいことなので、人々がくじに当たりたいと思い、それ故またごく好んで賭けることは、まったくあやしむに足りないだろう。特に、わずかな元手が少なからぬ儲けの見込みを伴っている場合には。それは宝くじや景品くじの場合である。数百グルデン得られるのではないかという甘美な希望を二、三日間育むために、自分の最後の二グロッシェンを賭ける人々がたくさん存在するのである。

ウィーンでしばしば見られるいわゆる景品くじ売りは、職業的物乞いおよび「行商」という名称で知られる料理屋や個人の家での商品販売と同様に、ウィーンではかなりの人々の重要な生業であり、小規模な宝くじに他ならない。子供も大人も、男女の老いも若きもしばしば何軒もの料理屋の中をあちこち歩き回って、食料品やその他のこまごました物を自前でくじ売りする。彼らはそうすることによってそれらの品物を、ごくわずかな賭け金であるとはいえ、しばしば本当の価値を三倍、数倍も上回る値段で売り払うのである。

この商売の一番下の階梯、くじ売りの初歩段階に位置するのは五歳から一〇歳の幼い子供たちであり、彼らはみっつの番号が書かれている紙片を手にして飲み屋や料理屋の庭をうろつき回り、そのような紙切れをわずかな報酬と引き換えに受け取ってくれるようにと客たちを悩ますのである。これは幾分繊細な物乞いにすぎず、かくもいたいけな年齢の子供たちが酒場の中をうろつき回るのを許し、早いうちから良いことよりももっと多くの悪いことを学ばせている当該の親たちは、許しがたいものである。

この上位に位置するのは、クライン*の小都市ゴットシェー*からやって来る「ゴットシェーバー*」と呼ばれる、天の星や浜の真砂のごとく数知れない物売りの若者たちの群である。彼らはとくに冬期にはビール酒場やワイン酒場の本当の悩みの種であり、シロップから造られたのか、それとも家具用の膠から造られたのか確かにはいえないような紙包みの鼻風邪用麦芽糖衣錠、青いレモンや酸っぱいオレンジ、砂糖をまぶしたアーモンド、靴の底革のようないちじく、およびその他の粗悪な甘味類をくじ売りするのである。彼らは決まった時期にイナゴのごとく群をなして彼らの黄金郷、ウィーンへ向かう。これと並ぶ位置にいるのが、わかりにくい言葉を話すフリウリ地方の、石膏像を売る若者たちである。ゲーテ、シラー、ナポレオン、シェークスピアの胸像をここでは二クロイツァーで当てることができる。さらに同じ賭け金で愛好者たちのために用意されているのは、つぎのような物である。裸身のグラツィアやミューズ、牡牛に乗るエウローペーや淫らな白鳥、色彩豊かに描かれたイタリアの盗賊やスペインの山賊たち、絶えず頷いて顎をふるわせるユダヤ人の像。かなり以前、あるひょうきんな靴屋の小僧がこのユダヤ人の像を自分の仲間たちに示して、これがおれたちの市参事会員様だ、と宣言したことがある。中国人の顔つきで、頭が小さく、底面が丸くなっている大きなお腹のためにごくわずかに触れただけでも絶えず前後に傾く、足のないしかめっ面の置物。これは自分の主人がいうことすべてに対して、たとえそれがどんなに馬鹿げていても、驚嘆してイエスで答える愚かなおべっか使いの忠実な模写である。この者たちの上に位置するのが、粗悪な木製の雁首や悪臭を放つマッサ雁首の付いたタバコパイプをくじ売りする者たちである。この連中は大部分がまだ若いが、体を悪くして働けなくなったひもである。彼らは、おそらくはじめに余りにも仕事を張り切りすぎたために、もうそのような夜の立番をするには衰弱しすぎているのである。すれっからしで、危険ではないが、まったくたちの悪い若者たちである。彼らと対をなすのが同様にタバコパイプ、蓋付きの容器、タバコ入れ、ガラス製品およびその他の小物、ないしはハート形のレープクーヘンをくじ売りする顔色の悪い少女たちである。このハート形のレープクーヘンは亜麻仁油菓子に劣らぬ値段であり、その表面には『恋文執筆の平易な手ほどき付きの恋人たちのための完全な手引書、あらゆる状況下の恋人たちの必携書、U博士執筆』のような高名な著作の、さまざまに増補された完全な新版から取り出した心を感動させる詩句付きの、美しい絵が描かれている。これらの少女たちの評判があまり芳しくはなく、くじ売りの他に別の副業も行っていることは、あまりにもよく知られた事実である。彼女たちに続くのは、巨大なバーデン・クロワッサンや、時にはオンドリあるいはガチョウもくじ売りするが、くじ札の売り捌きの点では若い少女たちにはるかに及ばない老女たちである。

自前のくじ売り人たち、すなわち、くじ札を販売したのちすぐさまくじ引きをおこなうことができるように、九〇枚の番号札を小袋に入れてあらかじめ携帯しているくじ売り人たちは、これらの人々でおしまいである。さらに挙げられるくじ売り人たちは、すぐ上に位置するロトくじで一定の評判を博しているようなもっと価値のある品物のくじを売り出しており、それには宝くじ局の許可を必要とする。これに属するのは、銀で飾った海泡石*のパイプ、オルゴール時計や絵入り時計、銀製の食事用具およびその他の贅沢品のくじ売り人たちである。いやそれどころか一般に大いに尊敬されている聖人たちの絵ですら、くじを免れることはないのである。

この業種全体の最上位に位置するのはロトくじの元売り商であり、それと並んで、紙入れを携えて行商するユダヤ人たち、そして、当局による最近の制限以降は、いまやもう少数の中年女たちでしかない。これらの人々はあらゆるところでくじを客に売り、そのロトくじの予定表や多くの賞金は、七エレの長さとそれにさほど劣らぬ幅の文字で、またとてつもなく大げさな表現で、すべての通りや小路の角に貼ってあるのが見える。彼らはどこでも賞金を確実に人々に後で届けるので、三グルデン

（協定通貨）の賭け金で、酒やビールを飲んでいる場合でさえ、一〇万グルデンを二度当てることを妨げられないのである。これらのくじ行商人たちは、景品くじ売りと同様に、当該のくじ元売り商から少なからぬ手数料をもらう。

くじ売りのこのような一般的人気とそのかくも大きな広がりを考えると、書籍業者諸氏がその商人根性から著名な文芸作品のそのようなくじ売りを行うことをまだ思いつかないのは、ひたすら不思議である。そうすれば彼らはきっと確実に儲かるだろうに。幾人かのジャーナリストたちにも、彼らが尽力している新聞・雑誌をもっと普及するために、この助言が与えられるべきであろう。

添付した挿画はこのようなくじ売りの場面を紹介するものである。くじ売り女はバーデン・クロワッサンと称するものと鵞鳥をかかえたあの老女たちのひとりである。場所は、ホイリゲ*でよく使われるジョッキが見当たらないので、とある飲食店の庭、しかも、長いパイプとテーブル上のジョッキから判断すると、ウィーンのリーニエ*の内側か少なくともそのすぐ近くである。よくあるように、家族全員が、乳飲み子から一二ないし一四歳までの腕白小僧あるいは幼い娘にいたるまで、パパ、ママと一緒にワインやビールを飲む場所に集まっているのである。

ここではそのような二家族がくじ売り女のまわりに集まっているようだ。ビールジョッキを手前に置いて座り、悠々とタバコをふかし、少しも好奇心を示さない男性は、幼児を腕にかかえて彼の向かいに座っている女性のご主人なのだろう。その幼児も、間接的にではあるが、大麦とブドウの美酒を堪能させてもらうのだ。彼女の前にはさらにふたりの男の子が立っており、ひとりは四歳ぐらい、もうひとりは五歳ぐらいである。後者は、どぎまぎしつつも期待に満ちた顔つきで、クロワッサンあるいは鵞鳥さえもらえるかもしれない当り番号を小袋から引き出そうとしている。そのすぐ隣に立ち、最も興味を示し、ひょっとしたらもう心の中で鵞鳥を齧っているかもしれない、長いパイプをくわえた男は、われわれにはその顔の一部分しか見えない背後の女性の夫なのだろう。酒を飲んでいる男とわれわれに背中を向けている男には、ガチョウもクロワッサンもなんの感銘も与えていない。ひょっとしたら彼らはパン屋の親方なのかもしれず、彼らはどのみち、こんなに大きくはないにしても、クロワッサンは十分に持っており、パン屋が一、二羽のガチョウに不自由することなどまったくないからである。くじ売り女のすぐ隣のふたりの若く可愛い少女たちの親が誰であるかは、はっきりということができない。だが彼女たちが賭けに加わっていることは、彼女たちのそらされることのない視線がくじを引いている少年の手元に向けられていることからわかる。くじ売りの老女も固唾を呑んで出てくる番号を待ち受けている。ひょっとして彼女は全部のくじを売り捌いておらず、それゆえ彼女もまた儲けを願っているのかもしれない。この賭け事全体に最も関心を抱いていないのはガチョウのようである。ガチョウは左側の自分と同類のふたりの若い女にも、他の誰にも目をくれず、むしろなんの期待も心配も持たずに遠くかなたを見やっているのだから。

第一三章　ホイリゲの兄弟

シルヴェスター・ヴァーグナー

作者不詳「ホイリゲ」

ああシーヴァリング、ああシーヴァリング
汝はわが人生のすべて
汝の美しい庭の緑
汝のぶどう酒

下層階級のウィーン人にとって週に二度、すなわち日曜日と月曜日に新酒を飲むこと、あるいは彼の表現によると、*ホイリゲに行くことは、格別の楽しみである。彼はそれを*リーニエの外のどの隣接地区のブドウ農民のところにも見出す。だがとりわけグリンツィングとシーヴァリングが彼のお気に入りの場所である。それはひとつにはこのふたつの村落が魅力的な地域にあって、それにはどれほど粗野なウィーン人でも心を動かされるからであるが、圧倒的理由はとくにシーヴァリングに見出される良いホイリゲのせいである。シーヴァリングはウィーン市から一時間半ほど離れた優美な谷間にあり、そこから一般に天国《ヒンメル》と呼ばれる所領パァッフェンベルクやコーベンツル、それに近隣の山地のとても素晴らしい眺めが楽しめる。そのうえ、新酒《ホイリガー》が出される家にはどこでも、そこでおこなわれるさまざまな会話のために必要な場所が不自由しないように、大きな庭、あるいはより正確にいうと、芝生があるのである。

　ある日曜日の午後、ちょうどほかにこれをしようということもなかったので、私もやはりシーヴァリングへ行き、ちょっと人々に混じって楽しみ、ホイリゲの賑わいをこだわりなく観察し、ついでに自分でも何かうまいもの《ベーネ》を味わった。私はそこでごく様々な光景がまるで一枚の額縁に収まっているかのように目にし、ごく罪のない子供じみた愚行からひどく淫らな言動に至るまでのまったく様々な場面を見たのである。

絶え間ない埃、うだるような暑さ、見境のない日曜騎手の馬によって踏み倒されるかも知れぬという絶えざる危険、等々の途中での難儀を無事乗り切ったのち、私は埃にまみれ、汗だくで私の徒歩の旅の目的地に着き、手近の庭へ入り、少し奥の快適な場所を探して陣取り、小ジョッキ一杯のシーヴァリングの甘露を私の前に置かせた。庭全体は大賑わいで、たいていのテーブルはふさがっており、テーブルとベンチでなく、芝生を選んでいた家族も二、三あった。私のすぐ隣には、いずれももう五〇年以上は生きたと思われる三人の男が座っていた。彼らの顔は、とてつもない量の新酒をしっかり受け取ったことが良く読み取れる受領証であった。私が着いた時にはすでに、この三人の紳士たちは彼らがそうとう精通しているらしい政治について話し込んでいた。その証拠として彼ら三人の会話の一部が役立つだろう。

上座に座って実際に会話をリードしていた男がいった。「そうフランス人、フランス人はいやな連中で、奴らはわれわれをもう一度悩ませるだろう。奴らがイギリス人を恐れてさえいなければ、もうとっくにまたここへ来ているだろうよ」

二番目の男が言葉を返した。「おいおい、フランス人の話しはやめてくれ、新聞が書いている通り、フランスはこれから壁で塞がれるんだ」

「フランスでなくてパリだよ」と三番目の男が正した。

「なにいってるんだ！　フランスはパリの中にあるんだぜ」と二番目の男が強情にいい続けた。「フランスを彼らは壁で囲み、甲騎兵が守る砦を造るつもりさ。で議員たちもそれをもう議会で承認している。それもこれも、我々が入り込むのを奴らが恐れているからだ」

最初の男が口をはさんだ。「黙りなさい、グレーゴル君。黙りなさい、君はあまりにもわかってない。だって君は目が悪いせいで、新聞をもう読み間違えているんだから。だから君の情報もいつも信頼できるわけじゃあない。私は君たちにこの件を『アルゲマイネ』紙にしたがってまったく別なふうに説明してあげよう。つまりこういうわけなのさ。フランス人が彼らの首都のパリの守りを固めているのは、現在の危機的状況のもとで――危機的状況というのは、その地の人々はみな協力し合っているのにまったく孤立無援状態にある聖なる都を再び取り戻すために、わが軍とイギリス軍がまさしくエルサレムを目指している間に、トルコ人が再び立ち上がって、エジプトへ向かって進軍しているからだが――そういう危機的状況のもとで自分たちの身に何事も起きないようにするためなのさ。というのも、トルコ人はエジプトを片付けると、自分たちのところへ向かって来るかもしれない、と彼らは恐れているのだから。そんなわけですべてがトルコへ送られて、トルコ兵の靴になるので、いままた革が再び高騰しているのだ」

「これからは状況は変わるよ」と今度は三番目の男がいった。「事はまったくはっきりしているのだから、ダーフィト君が説明してくれれば、みんなわかるさ」

この三人がこんな風に政治談義をしている間に、少し離れたテーブルが特に賑やかになったので、私はそちらに注意を向けた。

そこには五人の若い男たちが座っており、みなしゃれた服装で、髪型はタマネギ頭のようであり、髭はカトー*風であった。顔の部分で見えるのは、もじゃもじゃ髭から突き出ている鼻頭と両眼だけであった。座長を務めているのは長身の、幾分やせてはいるが、がっしりした体つきの金髪の男であり、私の見たところでは、ものすごい新酒飲兵衛であった。私が眼を向けた時、その男はちょうど立ち上がって、ぼさぼさの長髪を後ろに振り動かしながら、乾杯の言葉を述べようとしていた。そして大声で「万歳！　友情万歳、兄弟たちよ！」と言った。「何人かの友達と大空の下でおしゃべりし、まったく自由気ままに、喉を通るかぎり極上の果汁を飲むことは、なんて気持ちいいのだろう」と彼は話しを続けた。「女抜きで男たちだけで郊外のホイリゲまでちょいと出かけること、これに限るぜ、なあシュレージンガー、それに君たちみんなも。ワインを飲むのになんで女が要るものか、彼女らは話しを邪魔し、飲むのを妨げるだけさ。だからおれはいうのさ、女とつき合いのない奴は幸いなりと。おれの人生で一度だけあったことで、もう絶対に起きないだろうが、そんなおまけが付いていると、抜け出すのはやっと四時頃、なんという時間の無駄だ！　ホイリゲに着くや否や、すぐにまた帰らなければならない。それから家の門や通りの角でひどく待たされる。だからもう一度いうが、万歳、友情万歳！」

他の者たちもしっかりとお返しの乾杯をもって応えた。そして、なんエレもの総飾りの付いた長い柄のとてつもなく大きな陶磁器製のパイプを手にし、絶えず煙をもうもうと口から吹き出している男に顔を向けて、彼は話し続けた。「だけどブレスラウ君、君の飲み仲間で、われわれみんなの親友のポンメルン君は今日いったいどこにいるのか教えてくれないか」

話しかけられた男は巨大な煙の雲を吐き出し、煙が髭の中に入り込んでいるので、顔全体がタバコをふかしているようであった。彼はこう答えた。「今日は奴にまだぜんぜん会っていないと思う。奴はきのう、遅くになって緊急の仕事が入ったので、上着をもう一着仕上げなければならないと俺にいっていた」

「それじゃそのポンメルン君と上着にも万歳といこう」と音頭取りは呼びかけながら一気に小ジョッキを空にした。

ワインは徐々に効きはじめ、五人のブッシュマンたち、あるいはより正しくは髭面の男たちは歌を歌い出すに至った。何曲か提案があって、試しに歌ってみてから、ようやく全員一致をみて、すぐさま文字どおりわめき散らした。まだ覚えている限りでは、最初の一節はおおよそこんなものだった。

こんにちは、兄弟のシュトラウビンガーよ
君に会えて嬉しいぜ
君はまったく知らんかもしれないが
俺はランツフートを出て行くぜ
親方夫婦にゃなんの恨みもないさ
だけどあの大学生連中を
俺は我慢できなかったのさ

彼らがこんなふうに吠えている間に、まるで誰かが私のポケットの中身を調べようとしているかのように、私の上着がかすかにつまんで引っ張られるのを感じた。私はあたりを見回したが、驚いたことに、芝生に座っている家族のうちのひとりの小さな女の子が、一片のベーコンを握っているためにひどく脂だらけになった小さな手で、私の上着をあちこち探っており、すべての指の痕が上着に付いているのが見えた。最初はむっとしたので、私はその小さな子を突き飛ばしてやることもできたであろう。だがその女の子は無邪気にそうしたのであり、自分たちが夢中になっていたためにその女の子にまったく注意を払っていなかった両親にだけ、その原因があったのである。それで私のひそかな怒りもその両親に向かい、私はその時から彼らにこれまでよりもっと細かく注意を払った。その家族は中年とおぼしきひとりの男性と、ふたりの女性（そのうちの年上のほうは三〇歳ほどで、年下のほうは二四歳くらいだった）および四人の子供たち（五歳から八歳くらいのふたりの男の子、上述の四歳くらいの女の子、および女か男かわからないまったくの幼児）からなっていた。この一族全員は大きなかごのまわりにぐるりと輪になって陣取っており、そのかごからこれまでのところ、巨大な子牛のもも肉がひとつ、一片の小さからぬローストポーク、それにきっと二エレの長さはある一本のソーセージが取り出された。それにもかかわらず、私が気づいた限りでは、そのかごはまだ完全に空にはなっていなかった。

父親はこれまでのところ外からの印象をまったく感じていない様子であった。それほど完全に彼は栄養の摂取に熱中していたのである。世界の滅亡ですら、それが子牛のもも肉を持ち去らなかったならば、彼をその無感動から目覚めさせることはできなかったであろう、と私は思う。彼の両眼は曰くいい難い喜びで自分が口に運ぶひと口ひと口に釘付けになっており、顔全体には、一瞬下顎が静止するたびに、いうにいわれぬ満足感が広がっていた。

ふたりの女性のうちの年上である母親はそれほどには食事に励んでいなかったが、その分したたか新酒を飲んでおり、彼女の顔はそのせいでもうほんのり赤くなり始めていた。彼女は、靴下以外は、ひどく着飾っていた。靴下は、彼女が靴にちょっと風を通したときに私は見たのだが、まったくずたずたであった。そもそも彼女は、子供たちにこびりついた汚れと破れたままだったり、へたくそに繕ってあったりする彼らの衣服から判断するところでは、甘美な無為が並外れて好きなように見えた。若いほうはこの女性の妹であり、切なげな目をしており、話す時は舌っ足らずで、不快な感じではないが弱々しい体つきであった。彼女は幼児を膝に抱いていたが、まったく下に眼を向けることはなかった。というのは、彼女は少し離れて向かい側にいた人物、あの髭面のブレスラウの蒸気ボイラーに思い焦がれるあまり、子供のみならず、食事すら忘れていたからである。私はあれほど恋い焦がれた、切なそうな眼差しをこれまでに見た記憶すらない。子供たちは上の子から下の子まで汚れのかさぶたのようなもので覆われており、ママは子供たちに当たり前の面倒すら見ておらず、ましてやそれ以上の面倒など見ていなかった。彼女はまったくゆったりと芝生に寝そべって、手には一片のローストポークを持ち、自分の横には命の泉、つまり泡立つ新酒の小ジョッキを置いていた。その間にふたりの男の子たちはとてつもないわるさといたずらをやらかして、小さな女の子はその場に居た人々の衣服を順番に汚していたのである。最初にはっと気がついたのはパパであった。深くため息をついたのち、彼は消化を促進するために一口飲み、ふたりの幼い腕白小僧たちを自分のところへ呼び寄せて、おとなしくしなさいときつく戒めた。というのも、「いまはお前たちとつき合う暇ができたからだ」彼は続けていった。「お前たちは知っているだろう、日曜日は食事の時間を除いてすべて、お前たちの年齢が増えるにつれて道徳と知恵も増えるように、パパがお前たちを教育してやるってことを」彼がこう話している間、ママは嘲るような笑みを浮かべ、年下の男の子はパパの後ろに跳んで行き、彼を背後から抱きしめ、彼が腕を引っ込めると、両手を彼の頭の両側に置いてロバの耳のようにするのであった。するとママは腹の底から笑い、こういった。「可愛いクーノちゃん、こっちへ来て、この冗談のご褒美にキスをさせて」こうしているうちに恋い焦がれている女の膝の上に置かれている幼児が泣きはじめた。邪魔されたことに腹を立てた叔母はその子供を手荒に引っ張り上げ、腕の中で少し揺すり、おとなしくしなさいという厳しい警告とともに新酒を注ぎ込み、その子供を芝生の上に置いて、食べ物の入ったかごのところへ行った。パパが彼女に尋ねた。「俺たちはいったいどのくらいワインを飲んだのかね、ピンヒェン」

「ジョッキ一〇杯だと思うわ」

「それは多すぎらぁ」とパパはいった。

「どうしてよ」とピンヒェンはいい返した。「四杯は二人の坊主が、三杯は姉さんが、一杯は私とおちゃっぴいが、そして二杯は義兄さんが飲んだのよ」

「いいさ。万事にきちんと気を配ってくれたまえ、ピンヒェン。俺が簞笥をやっと仕上げる水曜日まで、俺たちがやっていけるだけの金がまだ残るように心がけてくれ。わが奥方のエメリーネはどのみち料理以外はなんにも関心がなくて、金のことなんか気にもかけないんだ」

ちょうどそのとき三人の新来の客が私のテーブルに座った。彼らはかなり音をたてて座ったので、私はこの興味深い家族から注意をそらされてしまったが、あのロバの耳が私をいたく激怒させたので、それは私にとって少しも不愉快ではなかった。

新参者たちはどうやら外科学の学徒らしく、彼らののちの会話から判断すると、ちょうど授業を終えてやって来て、ホイリゲで少し休息し、長時間の勉強によって滅入った気持ちに刺激を与えて、またしゃきっとしようとしていたのである。

三人すべてのうちでもっとも興味深い人物は、明らかに最後に来た男であった。彼らはその男を、少しあばたがあったので、継ぎはぎ君と呼んでいた。彼は一冊の本を脇に抱えていたが、到着するとそれを不機嫌そうにテーブルの上に放り投げて、オーピッツ*の頌歌〔XIVの〕の最初の一節を朗誦した。

アステリアは望むがままにやってゆくがよい
彼女のことも、彼女の寵愛も、もはや私が知ったことではない
ずっとより高き目標を
私はいまや抱えているのだから

「ワイン！」と彼は精一杯大きな声で叫んだ。「ワイン！　それもいいやつだ」

彼らの会話はすっかり彼らの身分の特徴をおびてきた。まずいかに頻繁に学校をさぼっているか、いかに教授が嘲笑されるかが語られた。それから、各人がこの学年中にいかにわずかしか勉強しなか

ったかを語った。そして最後に教師たちのあら探しが行われ、この教師が罵られ、あの教師が賞賛された。この教師が呪われ、あの教師が笑い者にされ、ついには、会話はまったく学問的になり、大部分は生理学の命題が論じられた。珍しいので、これらの生理学の学徒たちによって話し合われた命題のうち二、三のものをこの場で紹介しよう。

「ねえ継ぎはぎ君、生命とはいったい何かを僕に説明してくれたまえ」

問われた男はすぐに答えた。

「生命は学問上の立場でそれぞれ異なっており、現在のそれに基づくと、生命とはふたつの能力の対立であり、それらの能力がまた他の諸能力の対立によって維持されているのさ。生命は存在するものすべての中にあるんだ。存在と生命はまったく同一であり、ただ人間の生命はより高次に強められた生命、思惟を伴う生命なのさ」こんなふうに、彼は注意深く耳を傾けているふたりに話し続けていた。だが私がこのきわめて学識深い生理学の講義にごく注意して耳を傾けようとしていたちょうどその時、ひとりの手回しオルガン弾きが庭に入ってきて、居合わせた人々すべてをほとんど熱狂させてしまったのは残念であった。一部の人々は踊り、その際特に目立ったのはブレスラウの蒸気ボイラーと恋い焦がれるピンヒェンであった。彼は自分の縁なし帽子を三たびすっ飛ばし、一度は、ピンヒェンの脱げた片方の靴にもつれて重心を失ったために、芝生に長々と寝そべってしまいさえした。他の四人は歌をわめき、際限なく飲んだ。男の子たちは庭中を無茶苦茶に騒ぎ回り、こうして、もうみんなに酒の効き目が現れていたので、上を下への大騒ぎであった。あの三人の老政治家たちでさえ声が大きくなり、私は大騒音の中で何度もはっきりとナポレオン、ルイおよびその他の名前を聞くことができた。私はいまやもう我慢ならなくなった。それで金を払って出て行こうとしたが、まさにその時不意に、エメリーネ夫人が恐ろしく大柄な歩兵伍長の腕で手回しオルガン弾きのまわりを狂ったようにぐるぐる振り回されたので、彼女の顔は茹でた蟹のような形相になった。私はもうちょっと立ち止まっていたが、もう七時半になったので、帰途についた。私はワインに酔った人々の集団の真っただ中で、帰路をとても快適に過ごした。それで私は近々もう一度、半ば己が蒙を啓くために、半ば娯楽のために、日曜日の午後を民衆に混じって過ごそうと思った。

第一四章　ポスター貼りおよびビラ配り

ダニエル・フリードリヒ・ライバーストルファー

ゲオルク・エマーヌエル・オーピッツ「ビラ配り」（一八一五年ころ）

ウィーンのポスター貼りは、「俺の仕事には昼も夜もない」というレポレッロのせりふを〔一〕、うぬぼれでも誇張でもなく、口にしてよい。なぜならば、ポスター貼りは、あくせく働くいろいろな人たちの中でも一番あくせく働く人間のひとりなのだから。

けっして休むことのない彼らの仕事ぶりとさまざまな義務の詳細に立ち入る前に、まず、われらが主人公の身なりを忠実に再現しておこう。

　彼らの服装の一番の特徴は、洗いざらしの南京ズボンである。その元の色は、もうあとかたもなく消えうせている。その上このズボンはたいてい、丈《たけ》がかなり短すぎるし、あちこちがいくらかきつめにできている。前者の不都合には、ときに、めっぽう長い二本の吊りひも《シュトロッペン》――ウィーンではシュトルッペンと呼ばれる――が対処する。この吊りひもは、上にあがろうとする努力に最善の力添えをして強情なズボンを制し、ズボンの持ち主に、すらりとしたファッショナブルな外観をあたえるのだ。さらに注目すべきは、どれほど厳しい冬になろうとも、この南京ズボンはポスター貼りたちの愛用の一着であり続けることである。そのことはもちろん、熱い血と、いっそう活発になった活動とを推測させる。腰周りには青いエプロンを巻き付けているが、その怪しげな青い色は、このエプロンの年齢を証明するまぎれもない証拠となっている。

　ポスター貼りたちが着用におよび闊歩している上着の色を描写するのは、容易なことではない。なぜならば、ぼろ布が無数に縫いつけられているので、どんなに熟達した目で見ても、どの布の色が本来の色なのか、どれが、穴をふさぐため誰か熟練の手であとからつけ加えられた布なのか、とんとわからないからである。

そのかぶり物は、他の服装とよくマッチしている帽子で、半分すり切れた皮のひさしとたくさんのシミを装備している。これは、冬になると、ほつれた糸の見える毛皮の帽子、俗に言うプードル帽《プードルハウベ》に変わる。

こうした着こなしは、こぎれいとか豪華とかいう言葉にはあてはまらないにしても、きわめて絵画的で目立つということは、誰も否定すまい。

ポスター貼りの仕事は、先に暗示したように、大変苦労の多いものである。一見したところ、この仕事をこなすにはさして知的能力を必要としないように見えるが、まっとうな評価を下そうと思えば、ある実践的な熟練のわざを見逃すわけにはいかない。それは、ポスター貼りがその職責を果たそうとする時、必須の能力なのである。

この主張を以下で証明しよう。たいていのポスターにとって肝心なことは、すぐ目に飛び込んでくる配置である。それによって、どんなに無関心な通行人もそこに注意を向けることを、いわば強制される。そのためには正確な土地勘を必要とし、ポスター貼りが公衆に勧めたいと思うポスターの占めるべき場所について、その高さと距離の適切な計算を求められる。

しかし、ポスター貼りのこうした実践的能力は、彼らの目的達成のためにはまだ十分ではない。仲間を出し抜くために機敏かつ柔軟である必要もあるし、自分の意図にもっともかなう場所をじっくり選べるようにするためには、つねに最初にその場所に到着していなければならない。しかし、遅れてやって来た者たちがいんぎんな態度を取るのも、彼にはおもしろくないのだ。

真夜中を過ぎるとすぐに、活動的で、自分の仕事の重要性に張り切っているポスター貼りたちは、*市内および*市外区を走り始める。左手にはほの明るいカンテラを持ち、右手には一五〇センチほどの長さの細長い板を持っている。ポスター貼りたちはこの板を使って、家々の角や市壁のとんでもない高さにまで巨大なポスターを貼り付けることができるのだ。また、大きなカゴには広告のストックを入れて引きずり、縄のようによじれているエプロンの中には、パップヘーファルと呼ばれる、にかわ糊をたっぷり入れた大きな壺を収めている。こういう身じたくでポスター貼りは、まるで幽霊のように、ぴょんぴょん飛びはねる鬼火のように、暗くて人気《ひとけ》のない道を急ぐ。そして、糊を付けたポスターを所定の場所に貼り付けるときの力強い、遠くまで鳴り響く打撃音で近隣を脅かしながら、自分の存在を告げ知らせるのである。

こうして、うまずたゆまず働いて町を一巡する彼らの姿は、朝七時か八時ごろまで見られる。こちらでは、うまくライバルの先を越すことができて満足そうにほほえむ姿もあれば、あちらでは、不機嫌そうに首を振りながら、目を付けていた場所がすでに占拠されているのを見つけて、口の中でぶつぶつ文句を言っている姿もある。しかし、彼らはつねに活発でマメであり、一箇所にとどまる時間はほんのわずかにすぎない。足早につぎの角へ向かう。

道すがら、たまたま焼酎酒場がいかにも入りたくなるような店のドアを早くも開けていたりすれば（そういうことはけっして珍しくないわけだが）、ポスター貼りは、驚くような機敏さでするりと中へ入り、「恵まれない者への光」（彼らは、一杯の焼酎に、ユーモアを込めた名前を付けている）を一杯ひっかけて、また先を急ぐ。

ときには、別の種類のポスター職人に出会うこともある。彼らは、この職業のいわばエリートである。服装はずっと清潔で、ポスター貼りよりも品位と落ち着きのあるふるまいを見せる。彼らの仕事は、劇場ポスターや小ぶりの広告を、チケット売り場や旅館、ビヤホール、商店や個人の家に配ることなのである。劇場ポスターが文芸のことに触れている限り、このポスター配りたちも審美家の列に加わるのであり、それゆえ、劇作家や役者、歌手、踊り子などの批評も手がけることになる。それを彼らは、ポスターを受け取る店員やボーイたちに配達のついでに伝える。

彼らが口コミで語るうわさ話は、確かに、抜群の審美眼とか豊富な知識とかの証しにはならないが、たいてい公正かつ真実である。新聞に載るおおかたの批評などよりもよほどおもしろいのだ。

ひとりの職人が、夜中のポスター貼りと朝のポスター配りの両方を兼ねている場合もある。そういう両生類的な人間は、昼の間に衣装を着替えるが、お気に入りの南京ズボンを脱ぐことはない。ただ、エプロンは消えるし、帽子はゆがんだつばなし帽に、上着は、数十センチの裾をたらした着古しのフロックコートに取り換えられる。

夕方になるやいなや、ポスター貼りたちは再び出かけていく。しかも、自分が最前おこなった仕事とはまったく逆の活動のために出かける。早朝貼ったポスターを、今度は処分するのである。一日中誇らしげに人目を引いていたポスターを、厚かましい靴屋の小僧どもに先を越されないうちにその場所から引きはがし、残骸を集めて、小間物屋やサラミソーセージ屋などへ売りに行く。かくて、この貧乏人に恵まれる休息の時間はほんのわずかしかない。しかもこの時間は、気まぐれなプリマドンナが突然のどをからしたとか、どこぞの役者がめまいの発作に襲われたとか、そういうことによって、さらに無慈悲に削減されることも珍しくないのだ。なぜならばそれは、以前の広告がまだ貼ってあるにもかかわらず、できるだけ早く公演の変更を知らせるため、際限のない一巡がまたもう一度はじまることを意味しているからである。


いまわれらがポスター貼りたちにいちばん衝撃を与えているのは、産業と美化の精神の所産である新しい広告板である。それは、あらゆるサイズのポスターに合うよう工夫された枠つきの板でできている。ここへ広告が、需要に応じて数日ないし数週間の間、注文主の知らないうちにはがされたり意向に反して撤去されたりすることなく、ずっと展示される。

この広告板は、家々の角の外観をそこねず、むしろ美化に役立つため導入が急速に進んでいる。しかしわれらがポスター貼りたちは、もちろん、これをただ横目にながめ、軽蔑と嘲りの笑いを浮かべながらその前を足早に通り過ぎていくだけである。

訳注

〔一〕 モーツァルト《ドン・ジョヴァンニ》第一幕第一場の冒頭で、ドン・ジョヴァンニの従者レポレッロが、主人の女好きに振り回される身の上を嘆いて、Notte e giorno faticar と歌う（原語はイタリア語）。

第一五章　木炭農夫

シルヴェスター・ヴァーグナー

ヴィルヘルム・ベーム（絵）カール・マールクネヒト（鋼版画）「木炭農夫」

木炭をウィーンへ運ぶ農民はみな、一般に木炭農夫と呼ばれる。彼らの大半は、本書のきわめてうまく描かれている挿画の中の農夫もそうであるように、ウィーンの森の南の地域、いわゆるヴァルトフィアテルからやって来て、その服装ならびに馬と馬車の点で目立った特異性を示す人々でもある。彼らの服装の仕立てはニーダーエスターライヒの平地の農民の服装とはまったく違っており、後者のそれのように目下の流行によって多くの変更を受けることなどおよそなかった。そもそも山地の住民は、平地の人ほど簡単にまた頻繁に自分の衣類の形を変えることはなく、また移ろいやすい流行を受け入れることはけっしてないのである。

木炭農夫およびヴァルトフィアテルの男の住民ともっとも似ているのは、タールガウ*、ホーフ、エーベナウ*、サンクト・ギルゲン辺りのザルツブルクの農民、そしてオーバーエスターライヒ*のモントゼー、サンクト・ヴォルフガングおよびその近隣のシャーフベルクの農民たちである。というのは彼らも、体にぴったりの膝上まで達する牛革の長靴、山羊革の細身のズボン、色鮮やかなチョッキのうえには胸のところで横帯によって結ばれている緑色の手のひら幅のズボン吊り、きわめて旧式だが、都会の洋品店ではいまや最新型の、大きな銀ボタンの付いたくるぶしまで届くコート、幅の狭い縁の付いた円錐形に尖った帽子といういでたちだからである。

手入れの行き届いた重量あるザルツブルク産やシュタイアー産の馬の見事な飾り付け、アナグマの皮が張られ、ぴかぴかの真鍮がたっぷりと施され、真っ赤な布地で飾られた首輪、さまざまな小さな白い骨片で飾られた端綱、それによく手入れされ、丹誠込めて黒く塗られている革紐類も、同様に上述の諸地方およびオーバーシュタイヤーマルク*の馬の装飾品に似ている。横が長くなく、幅が狭いが底の深い馬車は、狭くてしばしば最善の状態には保たれていない森の道や山道に合わせたものである。だがその代わりにこの馬車は、長い白樺の枝を用いて積み荷を著しい高さにまで人為的に積みあげることができ、そうすることで長さと幅の不足を高さで補うのである。

これらの木炭農夫たちのもっとも主要で、もっとも多くの者たちはポッテンシュタイン、グーテンシュタイン、ヴァイツェン、ブーフベルクからやって来て、高山帯に近いために農耕があまりおこなわれていなく、牧畜もわずかしか営まれないので、この地方では炭焼き業が住民のもっとも大事な生業なのである。必要な木材を彼らに提供するのは皇帝の所有する大きな山林、ウィーンの森である。このウィーンの森は六地区と二四の営林署に分けられていて、毎年一〇万クラフター以上の木が伐採される。

だがもっと遠くのマリアツェルへ向かう途中にある村々からも、またシュネーベルクの周辺や背後の諸地域からも木炭がウィーンへもたらされ、人、馬、馬車もわれわれの絵のそれとまったく似通っている。それにたいして、ハンガリーのプレスブルク県にあるパルフィ伯爵領のクーヘルから木炭をこちらに運んで来るスロヴァキア人たちの場合には、馬も馬車もこのような特徴を持っていない。彼らの三頭から四頭立ての小さな馬にはあらゆる装飾がないばかりか、必要な革紐類さえもほとんどすべてなく、結び合わされた粗末な縄くずで、長く幅の広い馬車の前方に相並んで繋がれ、犬のように互いに連結されているのである。彼らは自分たちの木炭を大部分は目分量で、つまり測定単位にもとづいてではなく、ひとを見て事情に通じた火夫ないし食糧雑貨商《グライスラー》に売るのである。

木炭が売られる場所は、市内の同名の通りと混同されてはならないが、コールマルクト*〔石炭市場〕という名称であり、ウィーン川とゲトライデマルクト兵舎の間、カルクマルクト〔石灰市場〕のすぐ隣にあり、ウィーン川河畔の市外区*ライムグルーベに接している。木炭の販売と測定は当局の監督下でおこなわれるので、そこには、「石灰十分の一税事務所」と表札に書かれた平屋の小さな役所の建物もある。

ここでは二ドイツ・メッツェの容量の木炭用の枡である計量桶《シュテイビヒ》が、一頭立ての馬車の場合は六クロイツァー（協定通貨）、二頭立ての馬車の場合には一〇クロイツァーという法定料金で用いられ、木炭は測定されて袋に詰められなければならない。すでに測定された木炭を詰めて買い手のところに運ばれる袋も、一袋につき一・五クロイツァー支払って、役所から借り出されなければならない。というのは、衛生上の理由から、市内*ではすでに以前からの条例によって、市外区では一八三八年八月一八日の条例によって、無蓋馬車で木炭を市内や市外区へ運ぶこと、およびそれらを通りや中庭で積み下ろすことないし測定することまでも、厳禁されているからである。

公的検査を受けた計量桶を用いてのこのような市場での計量、および計量桶と袋の法律にもとづく借り出しから除外されるのは、買い手が剝き出しのままでの積み下ろしに適した場所を所有している場合に、計量せずに目分量で売却される木炭だけである。そして宮廷および造幣局、兵器局、銃器工場、陶磁器製造工場等のような国庫管理官庁や作業場に買い入れられる木炭も、それらの場所にはすべて計量桶と袋が備えられているので、またたいていのところには害を及ぼさずに快適に計測するための場所もあるので、同様である。だがその場所がない場合には、それらの木炭であっても市場で本来の計量桶で測定され、本来の袋に詰められて、運ばれるのである。

木炭の価格は時期によって異なるが、良い硬質の木炭一計量桶の平均価格は二グルデン一二クロイツァー、硬軟混合の木炭は一計量桶につき二グルデン、軟質の木炭は一計量桶につき一グルデン二四クロイツァー（ウィーン通貨）と推定される。

役所による計量桶と袋の貸出しによって得られる収益は、最近、一年間一〇〇〇グルデン（協定通貨）で賃貸されているが、用益賃借人は計量桶と袋を良好な状態で、十分な数だけ用意しておくことを義務づけられ、それに反すると処罰される。この少なからぬ年間賃借料から、木炭の陸路での大量の輸送を推測することができる。なぜならば水路で当地へ運ばれる木炭は、ドナウ運河の両岸ですべて計量せずに目分量で販売されるからである。

計量、梱包、手続きに携わっている人々は木炭計測人と呼ばれ、大部分はもう長くこの業務をおこなっている。役所によって任命されるのではなく、この仕事は家内相伝であり、父親から息子へと受け継がれ、したがってよそ者が受け入れられるのは容易ではない。彼らは木炭取引に精通していなければならず、木炭に関するあらゆる抜け道、木炭農夫、購入者を熟知し、この商売に伴うあらゆる手練手管を知っていなければならない。彼らは支払いを一部は小売業者から、もう一部は木炭農夫から受け取る。われわれは本書の絵に、うまく描かれたそのようなふたりの人物を見る。そのうちのひとりは、計量桶の上にゆったりと座って、心地よく休息して木炭農夫と会話をしている。会話はおそらく商売の状態と木炭の埃によってからからになった彼の喉に関してであろう。彼の喉はもちろん、しっかりとしたすすぎ洗いと徹底的に湿らすことが必要なのである。もうひとりは馬車の上に立って木炭の品質を入念に検査し、それについての時宜を得た言葉を呟いている。それは彼に問い合わせているひとりの買い手に、木炭の品質についての自分の意見を内密に伝えるためである。彼は自分自身の利益を考えてそうしているのだが、口では買い手の利益のためだといっているし、時には木炭農夫のためだけを考えているともいっている。

木炭農夫という生業が最もつらいもののひとつであることは、木の伐採がいかに骨の折れる仕事か、また良い木炭を焼くにはいかに注意力と苦労が必要かを知っている者なら、誰でも容易にわかる。木炭農夫はできる限り時間を無駄にせずに、朝早く市場に着かなければならず、そのため夜通し走るので、木炭を当地に運ぶためだけでも数夜を費やす。また彼はできる限りすみやかに再び自宅で働くことができるように、同じく帰路にも数夜を費やすのである。

ところで木炭農夫は、たいていの森林および山地の住民たちがそうであるように、美しく、たくましく、頑丈な種族であり、生まれつききわめて人がよく、またしばしばいわゆる常識以上のものを兼ね備えている。彼の性格上の特徴は美しい祖国への揺るぎない忠誠と愛着、古来の王家へのほとんど神に対するような崇拝、宗教と神聖なるものすべてへの深い感受性、そしてそもそも天国の至福が約束されている子供のような天真爛漫さである。したがってまた彼の風習の清廉さ、愚直なまでの率直さ、あらゆる人に対する腹蔵のない開けっぴろげな態度、生活必需品の質素さが生まれる。

ウィーンの周辺に住み、したがって帝都とさまざまに交わって生活する農夫たちが都市の生活から、磁石がそうするように、大量の金、銀、鉄の削り屑のうち後者の鉄だけを引き寄せ、前者を無益なものとして放って置くのとは違って、木炭農夫は自分がこれらすべてを蓄えていることを自覚して、何物も引き寄せないように見える。だがそれゆえに木炭農夫は、大道芸人、ハープ弾きあるいは酒場の道化師たちによって、つまりあらゆる点で彼よりはるかに洗練されているが、ただ善良さという点においては欠落しているウィーンの賤民たちによって、彼らがそう名付けるところの彼の愚かな言動を笑ものにするために、民衆劇の中で悪趣味なカリカチュアの形で観覧に供されることもまれではない。

第一六章　万霊節

無記名

作者不詳「行列」

――死者も生きよ――

荒れ模様の晩秋となった。とても長い夜と寒くて不快な朝を連れた、暗い訪問者の到来だ。一年の歳月が、自らを貪欲に飲み込もうと待ち構えている墓の前にうなだれ、嘆いている。白髪の王は、玉座が危うくなってきたことを知る。王冠を奪う、力強い若者が、大胆にも近づいてきたのだ。こまやかでキラキラと輝く雪の花が、まもなくわれわれの家の窓辺でいつものように渦をまき始め、心地よく周辺を満たすことになる。轟音をたてていた川の流れが、まもなくまた氷の鎧を身にまとう。数週間前にはまだ笑いかけ、青々としていた自然は息を止め、横たわる。その堂々たるむくろの上に、ほのかに光り輝く白銀の棺掛布がのっている。

だからといってわれわれはうち沈んでしまってよいのだろうか。この季節の移り変わりが、ちょうど空の天気のように私たちの気持ちを暗くさせ、陰気にさせてしまってよいのだろうか。とんでもない。今われわれが目にしているものは、死ではない。これは美しくて可愛らしい、まどろみなのである。

びっしりと張った氷の下では、軽やかな波が陽気に歌いながら流れて行き、遠くの氷結していない海原へと、勢いよくそそぎ込んでいる。そこでは再び、青く広がった空が大声で笑いかけてくる。むくろにかけられた雪の白い布の下では、若い芽が希望と期待を胸に抱き、春の訪れやヒバリのさえずりが聞こえるのを待っている。そうなればすべての花々はその再生を祝い、黒い大地の底から興味津々の首を持ちあげてくる。すると、ようやくあのどんよりとした冬の雲のうえに、恒星がその軌道上を走り回る、永遠に青く、永遠に澄んだ空が浮かび出るのではないだろうか。

そしてこの懐かしい時は、人々を心底から感動させる、素晴らしい祝祭日をもたらしてくれる。万霊節、聖ニコラウスの祝日、キリスト降誕祭、大晦日。これらがやってくる度に、われわれの若い頃の思い出も浮かび上がりはしないだろうか。幻想的でキラキラと輝くメルヒェンのような世界が浮かびあがりはしないか。この時期に、子供にかえることのできない大人は、きっと微笑みを浮かべたことも、遊んだこともないのだろう。われわれはみな、光を放ってちらちらと揺れるクリスマス・ツリーの回りを、はしゃぎまわったものだ。かぐわしい春の日には、青い空と暖かな陽射し、萌えたつ緑がひろがる。「聖夜」には、黄昏の中で雪片が楽しげに動きまわるようすを見たり、部屋の中でとても若い世界市民が声をひそめたり、騒々しくなったりしながら、きき耳をたてているようすを見ることができる。今かりにこの春の日と「聖夜」のどちらかを選ぶようにいわれたら、みな嬉々として後者をとるだろう。そのとおり。一年間の締めくくりにわれわれに与えられた最後の二ヵ月は、美しく、多くの意味を持っている。そしてこのおごそかな踊りの先頭に立ってリードするのが、とても意味深い万霊節である。

死者も生きよ！

心の中に強く死者のことを想起させるのが、この万霊節である。この時期にいたる前のわれわれは、生者と楽しい時を享楽し、自己中心的な生活に追われ、静かな墓の中に住む先人を想起するいとまがなかった。しかもこの想起することが、われわれの願望がつくり出した困惑の、しばしば笑ってしまう程に愚かしい夢や空中楼閣になんの賛同も保証も与えないとしたら。それでも耳をすませる者には、かつての同胞の墓の下から「どちらが幸せなのか」という声が響いてくる。「休む暇もなく夢を見続ける地上の憐れなお前か、それとも夢を見ることもなく地下で静かに眠る死者の私か」

人生と仲違いをした不幸者の役を演じることで、自分の夢をつぶしたこの世に恨みを抱き、そして最後には死者たちのほうが夢を見ることなく地下で眠っているのだからずっと幸せだという必要はない。

でもこれくらいにしておこう！

わが帝都の住民の万霊節とその祭りに話をもどそう。

ウィーンの教会墓地の中ではとくに聖マルクス墓地が面積と、とりわけ美しい墓碑の多さで抜きん出ているのだが、それ以外の墓地もこの感動的な慰霊祭のために、すでに数日前から準備がおこなわれ、飾りつけがなされる。墓の間にある通路や狭い小路（静寂の町の街路にあたる）が掃き清められる。富者の墓碑はランタンや墓ランプ、花瓶で周りを飾られる。貧者の塚にはそのような飾り物はない。しかし、万霊節の厳かな夜がやってくると、あとに残された貧者の親族にしても、地下の愛する死者のために、愛のしるしとして少なくとも一本の、炎ゆらめく小さなろうそくを、ものいわぬ悲しみの塚の上に立てるくらいの余裕はある。

　この日の数日前からすでに多くのウィーン人はリーニエ*の外に出て、静かな墓地に向かう。ある者は大切な者たちの眠る墓に自らの手で飾りつけをするために、またある者は、身内をまだ失っていないか、少なくともその墓地に忘れられない人が眠っていない場合には、関わりはないものの、心を動かされなかったわけではない見物人として、好んで悲しみの塚の列の間を歩き回り、墓碑の文字を読んでいく。

　とくにこの墓碑の文字を読むという作業には、また独特の面白さがあるように思う。それは人間愛を呼び覚まし、高めるのに適しているように思われるのだ。というのも、それによってはじめて、いかに多くの高貴で卓越した人々がいたかが明らかになるからだ。彼らの存命中は、もちろんこの高邁な真実については何も知られていなかった。しかし、そこへ行って墓の十字架や墓碑の文字を読んでみるがいい。そうすれば、そこに何百、何千の人が眠っていようと、彼らはみな人間として、父親、伴侶、兄弟、友人として素晴らしかったことがわかるはずだ！。誇らしげな大理石のピラミッド形の墓が金色に輝く大きな文字で訴えるみごとな嘘には、しばしば苦笑いするかもしれない。それほど厳かなことでなければ、笑ってしまうかもしれない。この地上に住むのが天使ばかりでないことはわかりきったことだ。人々の中で、このような天使にはごく稀にしか出会えない。善人にすら頻繁には出会えないものだということは、わかりきったことだ。賞賛すべきものを墓のうえに書いてもらえない他の者たちはみな、いったいどこに眠っているのだろうか。おそらくは、飾りのないあの、貧しい塚の下にである。というのも、そこには、彼らの行ないについて饒舌に語り、故人が生前には持っていなかった数多くの徳を並べたてる墓石がないからだ。

しかし、私たちはこの倒錯した事態をあまり非難するつもりはない。死者にとっては、墓石になんと書かれていようがどうでもいいことだ。死者はそれをもはや読むことはないし、大きな嘘で赤面することもない。とすれば、悲しんでいる残された者たちにたいして少なくとも、彼らの喪失感を実際以上に述べるというわずかばかりのこの慰めを与えてはいけない理由があるだろうか。

しかし、このように墓碑の文字を読んでいくと、私たちの興味を別のいくつかの点でも強く刺激する。墓碑自体が苔むし、死体が土に還っていくと、以前あちこちで死者たちのために墓に刻まれた愚かしい記念の詩句は次第に消えていく。ただときおり、昔の人たちの飾らない敬虔な素朴さが、やはりそうした衒いのない韻律で記されているのに出会うことがある。比較的新しい墓碑の上に的確な文句や、高貴なる呼びかけ、喜ばしい再会の願いが記されているものもある。

飾り立てたピラミッド形の墓碑や骨壺形の墓、さらに苔むした碑文の単調な姿の中からしばしばわずかな言葉で、私たちに重くのしかかる、心の大きな喪失感を示唆するだけの碑が浮かびあがる。それはだからこそ他のいかなる長い銘文よりも深い共感を誘う墓碑だ。長い銘文は、飾り立てた大量の言葉をもってしても私たちを感動させるものではなく、また私たちの心を表現するものでもない。墓地を訪れるとき、私は必ずある墓に足をとめる。その簡素で品のいい石碑には、つぎの二語以外のものは刻まれていない。

「わがグスタフ」

なんと感動的な響きがこの短い音の中に溢れていることか。それは、美辞麗句でいっぱいの、哀調を帯びたいくつものきまり文句以上のことを伝えているのではないだろうか。

この死者を私は知っていた。私にとっては兄のように大切な人だった。この碑文を死者に与えた貴人も知っている。死者はかつて、若い頃の私自身を導いてくれた最も裕福で、最も好意的な人たちのひとりだった。気品のある頭を垂れ気味にして、穏やかに見つめ、親しげに微笑む彼を思い出すと、楽しかったあの頃がいかに生きいきと、感動した私の心の前に立ち現れることか。あの頃は、彼のお気に入りと私が彼のまわりをはしゃぎまわっていた。彼は私たちにせがまれて、手にしていた本を置き、彼自身の経験豊かな人生の出来事であれ、彼の著作の中の物語であれ、私たちに語り聞かせはじめた。ふたりは、彼がたくさんある蔵書という聖域を開いてくれる時にはいつも、ある畏敬の念を含んだ好奇心をもって彼の著作を眺めたものだった。私たちは彼の蔵書が、すなわち、沈黙しているものの、やがて声高に語るようになる、新旧の時代の偉大で高貴なあらゆる精神の証人が、長い列をなして並んでいるのを見ていたのだ。

しかし、またもや本題からずれてしまった。懐かしい思い出から離れるのは、むずかしい。読者には、これから私に付き従って万霊節に向かってもらいたい。私はそこへ脇道をせず、読者を連れていくつもりだ。

意味深いその日がやってきた。そしてこの日とともに、静かに心を動かされた生者たちが、墓地の広い安らかな場所に入りこんできた。あらゆる階層、年齢、男女の人間の群が墓の周辺で動いている。人間たちは、地面の下ではじめて、しかし永久に区別なく同じになってしまうように、この日に関しては地面のうえですでにそうなるのである。

まだ外は明るい。敬虔な訪問者たちが歩き回り、彼らの愛する者たちの墓のところで悲しみの休息をとり、無言の、祈りながらの瞑想にひたる。心の痛みがまだ癒えていないところでは、涙がこぼれ落ち、押さえつけた胸からはため息がもれる。しかし、死者の塚のうえに草が生い茂るように、時という草が生きている者の心の墓のうえに生い茂ったところでは、悲しげな微笑みが祈る者の唇の周りにわずかに浮かぶ。というのも、悲しみがその刺を失ったからである。かつて悲しみの刺が心にささっていた度合が深ければ深いほど、思い出の中ではかつて悲しみに襲われた者にとっていっそう懐かしいものになったのである。

こちらには、わが子の小さな墓の前でひざまずく母がいる。憐れな母親よ。おまえはどれくらいの間、幸せで夢見るような予感を抱きながらお腹の中にその子をかかえていたことか。その子がまだ世の光を見る前にどれくらいの間、おまえは母親になるという甘美な思いを抱きながら、おまえの中で芽ばえつつある生命に耳を傾け、こっそりと歓声をあげながら、その子の胎動を感じていたことか。そして、ついにそれまでの夢の生活という夜から、昼の明るく活気ある日の光の中へ出てきた時、おまえはいかにやさしくその愛し児の世話をし、お乳を与えたことか。おまえは、その子が大きく強くなってくれさえすればと、いかに甘美な夢を見たことか。そしていまは、匂いもなく、色もなく、命もないままに、かよわい花がおまえの前に横たわっている。死神の吐くひと息が、生命という樹木から可愛らしいつぼみを吹き落し、冷たく湿っぽい土の中に埋めてしまった。――あの夢は終わってしまった。

おまえに、幸あれ！　愛し児の墓の前で流す悲痛な涙が、おまえの心を限りなく圧迫し続けている重荷を軽くしてくれるのなら、――涙を流すがいい。

だが、うずくまった母親のそばには、死んだ児の兄弟たちが墓のまわりを子供らしく無邪気にはしゃぎまわっている。その子たちは、まだ理解できない母の心の痛みは気にも留めず、たわいのないおしゃべりで時を過ごしている。母親は悲しくも甘美な思い出にひたりながら、わが子の青ざめた唇から出た最後の息に茫然自失となってキスをしたあの瞬間から、はじめて自分のお腹に幼い生命の鼓動を感じたあの感激の時まで、死んだ児の短い生涯を振り返っていた。母親が心の中に悲しみの黒い面影を抱きながら、この影絵芝居のさまざまな場面を動かしている間に、屈託のない子供たちはその時もまだ、小さな棺の中であの子はとても可愛かったねとか、いろんなことをささやき、さらには、あの子はお花をまだ全部もってるかしらとか、十字架は組み合わせた手の中にあるかな、にっこりした微笑みは口もとに残ってるかなといった小生意気な質問も口にする。

あちらの別の墓の前では、男たちの一団が厳かで意味深い言葉を交わしながら、亡くなった詩人のために荘重な慰霊祭を行なっている。死の急襲が詩人の胸の中の竪琴を壊したのだ。彼の生命の歌の響きは終わってしまった。だが、詩人ははるか先の世代にいたるまで永遠に生き続ける。なぜなら、いつの日か詩人の名前が顧みられなくなるとしても、彼の思想という堂々たる鷲は、彼がその思想を送り込んだ太陽の光のもとで羽ばたき続けていく。

逝ってしまった友を悼む者もいれば、気高い教師の死を悲しむ者もいる。こちらでは愛しい父親のために、あちらではやさしかった母親のために涙が流される。そこでは誠実だった夫のために、向こうでは亡くなった彼女のために。

あそこの墓には沈黙した、厳かな態度の男がもたれている。その男の口もとにはこの世を軽蔑する表情が漂い、額の皺は死や永遠を、永続や滅亡を信じまいとする不敵な意志を表している。しかし、この信じまいとする男の近くには愛しあう男女がいて、そのふたりの間に墓があり、そのうえでふたりは黙ったまま愛の盟約を交わしている。「死を超えて永遠に」彼らのうるんだ目にはそう書いてある。そして、ふたりは互いにそれを読みとり、彼らの唇がそれを言葉にする必要はない。

このように雑多な群衆がいくつかの墓所で似たような群れをつくって行動している。どの顔も開かれた本のようで、こちらの顔からはつらい夢を、あちらの顔からは聖なる嘆きを、(そこからは、少なくとも深い思案というものだけでも)読みとりかつ学ぶことができそうである。

いまや教会墓地はうす暗くなっている。見るがいい。こちらの墓、あそこの墓でひとつ、またひとつと小さな灯がともり、葬られた者たちの魂のように、親しげにまた穏やかに光を放ってくる。すると、突然何百もの明るいろうそくが死の暗い黄昏の中に輝きだす。そして、この荘厳な光景全体がさらに深い意味を帯びる。

真っ白な骨壺形の墓、十字架の墓、ピラミッド形の墓につけられた墓碑とそのきらめく碑文、、黒い腕をひろげた木製の黒い十字架の立つ墓、それらの間に何千ものろうそくの灯がともっていて、人々がたえずあちこちに動きまわっている。その多くはまた火のついたろうそくを持ち歩いていて、その炎が夜の闇の中を、生暖かい夏の夜に飛び交う大きな蛍のように動きまわっている。それに加えて、場所により時間によってそれぞれ独自の慰霊の儀式がおこなわれており、寄せては引く波のような大きな群衆の動きにもかかわらず、死の静寂が力強く浸透している。これらすべてが巨大な力で、きわめて冷静な観察者の感覚と心に襲いかかって、観察者の魂を真面目な夢で満たしているからだろうか。

こうした雑踏が夕方の遅い時間まで続く。誰も彼も、死者たちに奉げられる畏敬を喜んでいる。貧者もまた彼らの灯をともす。飾りのない墓の上空には、サファイア色の丸天井に星々の灯がともり、慈悲深くかつ力強く広がっているのだ。貧者と富者の間に区別はもはや存在しない。

ますます夜の闇が濃くなっていく。遠くにある市内*の塔が青い夜空に浮かびあがる。人混みがまばらになり、次第になくなっていく。ろうそくがひとつまたひとつ消えていく。ひとつの墓にだけ、厳かに、沈黙したままもたれている姿がまだある。絶望したあの暗い男である。たったひとりになっているのに気づいて彼は苦笑いし、それからうらむかのように言葉を発する、「そんなにも早く消えてしまうのか、万霊節のろうそくよ」

その時彼の視線は天空に向く。そこには星々がよりいっそう美しく、強い光で輝き続けている。すると彼は驚いて言葉をとめ、沈黙したまま厳かに墓地から歩み出る。彼の心の中には、まるで遠くの方で霊が語っているかのような声が聞こえる、

「死者もまた生きている！」

第一七章　パイプの死神（ウィーンの喫煙およびパイプの習慣の一情景）

アントン・リッター・フォン・ペルガー

テオドーア・ホーゼマン「紳士の苦しみと楽しみ」（一八四七年）

ウィーンの紳士諸氏がとりわけタバコ好きであることは、あまねく知られているし、ほかならぬ彼らがもしそうでないとしたら、非常におかしな具合となるに違いない。なぜならば、一切のものに煩わされることなく片隅に腰を下ろすのが好きな、健康で快活な男に、どうして、よい香りを放つ紫煙なしで過ごせといえようか。この青い煙は、彼の周りをゆったりとたゆたい、幾千ものいやなことを忘れさせてくれるのである。あたりを支配する静けさをきわめて優雅に破り、規則的に間をおきながら繰り返されるシュポー、シュパーという楽しみをどうして我慢せよとこの人にいえようか。この楽しみは、きわめて忠実に彼に気晴らしを与えてくれるのだ。喫煙、ここでいうのは堅実な喫煙のことだが、それはもちろん快適な暮らしをもたらすひとつの源泉となる。戸外の明るい空のもと、楽しい食事を味わったことのない人は、誰であろうといかにも気の毒だが、それと同じように、天気の良い夏の午後、風がそよそよと通り抜ける涼しい四阿《あずまや》に座り、よく手入れしたパイプを吹かすことはなんという楽しみであろうか。これを一度も経験したことのない人もまたあわれである。こうしてパイプを吹かしていると、心の中のどんなざわめきも寝かしつけられ、心地よい眠りへ誘われて、曇ることのない安らぎがこの喜びを享受する人の顔の上に広がっていく。最初の一服で、澄み切った大空の新鮮な大気がこの幸せ者をさわやかな気分にし、つぎの一服のあと、芳香を放つ煙が彼の鼻の周囲で渦を巻きながら、無数の姿や相貌を形作りつつ、葉や枝にからみつき、上昇しながら空中へ滑り出ていく。煙はそこでいよいよ広がり、回転して、最後にはやさしく、静かに消えていくのである。

しかし、喫煙に関しては、*海泡石のパイプが頻繁に使用されることが、よきウィーン人たちに独特の性質を与えている。私は、ヨーロッパの都市の中で、ハンガリーのペストは別かも知れないが、ほかならぬウィーンほどたくさんの海泡石を加工している町はほかにはほとんどないのではないかと思う。修行を終えて巣立っていく徒弟も、哲学科に入学してくる学生も、その最大のあこがれは、銀を打ち付け、美しく燻し色のついた海泡石のパイプであり、これがなければ彼らは、けっして一人前の男になった、と感ずることができないのだ。彼らに至福と満足《ベアーティ・エト・コンテンティ》を。

私がこれまでに「唯一の帝都」で知り合ったさまざまな愛煙家の中でとくに際だっていたひとりを、いまから読者に紹介したいと思う。さっそくみなさんを、フォン・タッケル氏一流の非常に変わった部屋にご案内しよう。氏の家系は、その古い古い祖先の時代からすでにウィーンに定住し、つねに独特の気風を保ってきた。この部屋はとても広く、天井が大変高くて、きわめて優雅な家具調度を備えている。ソファー、脚輪《あしぐるま》つきのいす、回転式安楽いす、その他同種の快適な調度類は、壁のそばに置かれている。また、クッションにはすべて、茶色のエナメル革が上張りされており、窓に掛かるカーテンも同様に茶色の絹でできている。これは、ニコチンの煙で汚れないようにするためであるらしい。この、部屋というよりは喫煙*サロンの中央にみっつのテーブルがあり、その真ん中のテーブルは円形で、直径は六フィート近くある。このテーブルの上に、ハンガリー産トネリコの木目も美しい、小さな器具をふんだんに用いてしつらえられた回転式の陳列棚が置かれている。この陳列棚のみっつの段に、驚くほどの数の海泡石のパイプが、さまざまな大きさごとに並べられている。これらのパイプを見れば、*マッサパイプも、パイプの彫りの具合も、形状も、あらゆる種類を知ることができる。こちらには、ハンガリー式カット、ドイツ式カット、短い首、長い首、白鳥の形の首、橋頭堡のような頭、ボックスボイテル瓶のような頭、それに*ウルムパイプがある。またこちらには、よく磨かれたパイプや彫刻の施されたパイプ、紋章のついた頭、それに、あらゆる種類のさまざまな*ジュースだまりがある。これらのパイプのどれをとっても豊かに銀が打ち付けられ、うっとりするほどの燻し色がつき、きわめて清潔に保存されている。しかし、その中でもすぐれた逸品は、高さが一フィート近くもあるパイプの頭である。それは、この上もなく見事な海泡石から彫りだされ、ゼウスが変身した白鳥と*レダの彫刻で飾られている。この頭は、最上段のさらに上の、ビロードのクッションの上に至宝として鎮座し、釣り鐘状のガラスケースに収められて、そのけがれない輝きをいまも失っていない。

　パイプの頭と同様、管の方も注目に値する。これを見ると、まるで、ブナ、マハレブ、カエデから、マホガニー、黒檀、ヒカゲノカズラにいたるまで、あらゆる種類の木材がパイプに敬意を払わずにはいられなかったかのようである。陳列棚の下部の周囲には、真鍮製のフックがおそらく一〇〇個ほどもねじで留められており、そのすべてに特製のタバコ入れがひとつずつ掛けられている。こちらでは、コステクがポーランド製のタバコ入れの隣りで人目を引いているし、さらにこちらを見ると、あらゆる大きさと口径のタバコ入れが、絹製や刺繍を施したもの、メッシュやクロシェット編みのもの、エナメル革製や、絹に真珠つき、といった具合に華麗さを競っている。

ふたつの背の低いサイドテーブルのうち一方には、みっつのタバコ容器が並べられている。ひとつめは蛇紋石、ふたつめはウエッジウッド、みっつめは白い大理石でできている。これらの容器の隣りや間には、あらゆる種類の点火用小道具が置かれている。蒸気機関車をかたどった大きな点火器もあれば、火縄式の点火器、リンのマッチ、火口《ほくち》用の乾燥キノコやこよりとこけ、火打ち石、瑪瑙《メノウ》の小片、イギリス製の発火鋼、ブリキ缶やガラス瓶に入ったアルコール使用の点火具や小さなランプ類など。またこちらには、ろうそくを立てるランタンや、プラチナ球つきのランプがある。さらにこちらには、長持ちこよりやその他のこよりを入れた木やガラス、象牙のコップ、乾燥キノコを収めた小さな缶、点火具を入れた小さなバッグなどが山のように積みあげられている。

このテーブルの引き出しには光り輝くブリキが内張りされており、タバコの灰の受け皿になっている。特別な仕切りの中には、パイプを掃除するためのエレガントな道具や、やすり、汚れを取るスクレーパー、タバコを詰めるプレッシャーなどの用具類が収められている。

もうひとつのサイドテーブルは、葉巻に捧げられている。ここには、銀で縁どったマホガニー製の箱が置いてあり、その内部は、すず箔をひいた無数の垂直の仕切りに分けられている。その仕切りに美味この上ない葉巻が一本ずつ収められているのだ。この小さな宝石箱の周囲では、さまざまな種類とデザインのケースや小さな袋類に並んで、葉巻立てと扇子が際だっている。このテーブルの引き出しには、およそあらん限りの種類の葉巻の吸い口が深紅のフェルパ〔絹綿ビロード〕の上に広げられている。ここでは、主として琥珀がそのさまざまな色合いで輝きを見せており、この家の主の富といたく好みを改めて証明している。

そのほかにこのサロンで注目すべきもうひとつの品は、黒ずんだカエデから作られた大きな箱である。その両開きの扉にはたくさんの彫刻があしらわれているが、いくぶん重たげではある。

さて、氏一流の流儀で間違いなく完全にしつらえられているこの部屋へ、いま三人の紳士が入ってきた。ひとり目のインゴールラム氏は、なんらかのすぐれた特徴もない、まったくつまらない社交人だった。唯一変わったことがあるとすればそれは、おそらく、たえず体を揺すり、R《エル》を発音できないことだったろう。この文字の発音になるとこの人は、代わりに不快なW《ヴェー》を置くのがつねだった。これよりはるかにおもしろかったのは、ふたり目の紳士である。この人は、パガニーニに似たやせぎすの人物で、膝を曲げたときでさえ内側にしわの出ない上等の黒い服を身につけていた。彼の体は、まるで細い垂直線ばかりを組み合わせたように見え、その顔には、四〇歳になったばかりだというのに、たくさんのしわがあるので、まるで顔全体がくたびれきった網格子のように見える。しかし、この人に不気味さがただようのは、何か心理的な動揺があったときである。そのようなとき、このたくさんのしわがめちゃくちゃにぴくぴくと激しく動くので、まるで一枚の網を揺さぶっているか、あるいは、彼の顔が電磁板になって、その上を閃光がめまぐるしく行きかっているかのように見える。彼の名はシュトラムリンガーといい、やはり資産家であって、その生き方においても考え方においても生粋のウィーン人だ、というのがもっとも適切な表現である。

三人目はこの家の主で、名前はすでに挙げたとおりである。この人はでっぷり太った体つきをしていて、グレーのフード付きコート以外の服を着て現れたことは一度もなかった。まだ豊かなその髪は銀白色で、彼の外見は、ものを大切にするセンスの持ち主であることをこの上もなくはっきり示している。彼の服装は古めかしかったが、着る服にはきわめて入念に気をつかい、右に紹介した喫煙神殿だけでも十分わかるように、大変裕福な、途方もない金持ちの独身男性だった。他のふたりの紳士も同様である。

彼は友人たちをパイプ城へ案内し、脚輪《あしぐるま》つき安楽いすをふたりの足下へすべらせたので、両名はおのずとそれに座らざるをえなくなった。主は、大きなテーブルにある陳列棚の下の方の段を回し始め、特に美しく燻し色のついた一本のパイプを選び出すと、それにタバコを詰め、左手に持っている火のついた長持ちこよりとともにインゴールラム氏に手渡した。インゴールラム氏はそれに対して丁重なあいさつを述べ、満足そうに肩を揺すりながら受け取ると、こよりに向かって十分に息を吹きかけた。

しかし、フォン・タッケル氏が、同様にしてシュトラムリンガー氏にも同じ栄誉を授けようとした時、シュトラムリンガー氏はすっくと身を伸ばし、すばやくテーブルから離れると、ぴくぴく動く痙攣が顔にしっかり根を張っているかのようにしながら、こう叫んだのだ。「それはやめてください。タッケルさん、後生ですから、それはなさらないでください。心底お願いいたします。そのパイプを私に渡さないでください」

「それはまた、なぜです」と、ひどくいぶかしげな面持ちで主は尋ねた。「このパイプの形がお気に召しませんかな。まあ、ご覧になってくださいよ。燻し色の具合は、黄みがかった白からみずみずしい栗色にいたるまで実によく調和しているではありませんか。パイプに敬意を払うと思って、さあ」

「敬意ですと？　私以上にこのパイプの美と価値がわかる者がほかにいますか。でも、美と価値を評価できるからこそ、私にはこれを受け取ることが許されないのです。私には、こういうパイプでタバコを吸うことは許されないのです」

「どうしたのです。同郷にして、最良《オプティマ・フォルマ》のウィーン人、海泡石の友であるあなたが。それならば、こちらのほうがお気に召しますかな、それともこれ、あるいは、ひょっとしたらあれでお吸いになりますかな」とタッケル氏は、立派なウルムパイプを指し示しながら尋ねた。

「大変ありがたいことと感謝いたします、敬愛する友よ。しかし、どうかご辞退をお許し願いたい。このすばらしいコレクションのどれにも指一本触れることはできません」

「あなたは、愛煙家じゃないですか」とインゴールラム氏が尋ねた。

「それも、並々ならぬくらいの」と、フォン・タッケル氏が勢いこんで口をはさんだ。

「もしタバコが吸えなくなれば」とシュトラムリンガー氏がみずから補った。「私は病気になるでしょうし、もし私のささやかなパイプがおいしくなければ、気が狂うでしょう」

「それなのに、私に栄誉を与えて下さらない。それは、まったく私の良心に反することです！」

「そへは、本当におかしい」と、R《エル》発音不能氏が割って入った。「自分でタバコをお吸いになふ。美しいパイプをめでふ。そへなのに、このパイプかはは吸わない。いいですか。そへは、変ですよ」

「申し訳ないが、みなさん、私の事情をお知りになれば、そんな無理強いもなさらないはずです」

「なんですかな、それは」とフォン・タッケル氏が大きな声で言った。「とても不安になりますよ。でもね、私のパイプの一本からタバコを吸っていただくのは、私の名誉に関わることですからな」

「けっしてそんなつもりは。本当にあなたのパイプを尊重していますし、ずっと親友であってほしい、というのは私の切なる願いです。これは私の最大の喜びになる、と白状してもよいくらいです、こういうパイプから吸うことが——もし許されるなら！」

「ははあ、けっして口にしないという誓いを立てたんですな」とフォン・タッケル氏が言い、インゴールラム氏がさも意味ありげに付け加えた。「ひょっとしてシュトはムひンガーさんは、いまは葉巻をお吸いになふとか」

「それを言うならあなたは」とフォン・タッケル氏が言葉を引き継いだ。その際に彼は、黒い服の紳士のほうを向き、申し分のない一本のパイプに自分用のタバコを詰めた。「非常に徹底した、正統派の愛煙家ではありませんか。あなたと何度もかわした対話から私にはよくわかりました、あなたがいかに正確に、タバコの種類や、乾燥の度合い、葉の大きさ、葉脈の細かさ、年数、刻みの具合、といったことを熟知しているか、ということをね。あれだけ認識を深められた方なら、葉巻を吸うのはまったくもってエレガントな趣味への犯罪行為であり、あれはまやかしものであって、アメリカの昼間の暑さや、軽薄なフランス人にはいいかもしれないが、われわれにはまったく不向きだ、ということをよくご存じでしょう。なぜなら、われわれオーストリア人は、紫煙をこよなく愛してはいるが、それが目にしみるのは我慢ならないからです。ということは、あなたが私の愛し児たちを拒否される原因は、もっと別の重大なものであるに違いない、ということですな」

「みなさん」と、シュトラムリンガー氏は、たえずぴくぴくと筋肉を震わせながら、いくらか話をそらすように答えた。「おふたりは、かくも心ゆくまで喫煙をたしなむ方々であるとお見受けします。その楽しみに、私はあえて私の流儀で身を捧げているとしても、どうかお許しください。悲しみをともなうことではありますが、喜んでおふたりにその事情をお話ししましょう。しかしいまは、おふたりが示されている誘惑にもうこれ以上勝てません。まずは、私のパイプを見てどうか憤慨なさらないようお願いいたします」

こう言って彼は大変しゃれたケースを披露し、それを開けると、まったく、本当にありきたりの陶製のパイプを中から取り出した。それは、燻し色がすでに黒ずんでおり、みすぼらしいブリキが打ち付けられた、管の短いパイプだった。びっくりしているフォン・タッケル氏からはタバコをもらい、ふるえているインゴールラム氏からは、火のついたこよりを渡してもらって、シュトラムリンガー氏は、まず大きく二、三服吸い、そのあと鼻から巨大な雲の奔流を吹きだした。そのため氏の姿はすっぽり煙に包まれ、ふたりの友人には、彼が突然、部屋の中央から消えてしまったかのように思われた。

しかしまもなく、強い一息が煙幕を切り開き、これによって生まれたすきまから、嵐の中でふるえる蜘蛛の巣のような変わり者の顔がのぞいて、にやりと笑った。彼はいままさに、自分の話を始めようとしていた。

しかし、この家の主であるフォン・タッケル氏が、自分の一番好きな楽しみのひとつを台無しにしたくないから、そのあまり芳しくもなさそうな秘密の開陳はさしあたりしないでほしい、と頼んだ。シュトラムリンガー氏は話そうとするのをやめ、インゴールラム氏は体を震わせて、こう言った。

「もちほんですよ、もちほん。私たちはその前にまだ楽しみがひとつあふんですかは、私かはも、あなたの奇妙な説明はまだしばはく控えてくへふようお願いしますわ。フォン・タッケふさんは、私に話してくだすったもうひとつのパイプコへクションをわへわへに見せてくへふおつもひだと思うんですがな」

「なんですって」と、シュトラムリンガー氏は、自分の煙の雲から飛びだして叫んだ。「もうひとつのパイプコレクション？　どこにあるんですか、それは」

「この箱の中ですよ」と主は彼に答え、私が先に紹介した両開きの扉を開けると、つぎつぎに引き出しを引っ張りだした。そうしておいて、「ご承知のように」と主は話を続けた。「私は、自分のふるさとから離れるのを好まないウィーン人のひとりではありますが、わずかとも言えない旅をしましてね、その際、ほかの人がなんらかのものに情熱を傾けるように、私の情熱は昔から、あらゆる国のパイプを手に入れることだったんですよ。おふたりはすぐにおわかりになると思いますが、このコレクションは、ただパイプの形や、様式、珍しさといった点でおもしろいというだけでなく、それぞれの国民の性格という点でもいくつか重要なことを教えてくれるんです。たとえば、ここのトルコのパイプをご覧になってください。この長くて太い、装飾過多の管、このがっしりした琥珀の三角の形、このまるで杯のような形の頭、これらは、享楽好きで派手好み、それでいて無感動ということを表していませんか。さらにそれ以上に、尊大、高慢、隷従を連想させるのは、バラ香水の容器と長い管のついたこのペルシャのパイプです。あわれな使い走りの小僧が、馬に乗った主人のあとを追いかけて、これを主人に手渡さねばならない、というしろものです。それに比べると、こちらの中国パイプの外見はなんと違うことでしょう。長くて極端に細い管の先に、低い、茶碗のような小さな頭がついていて、この頭の中に、円錐形に固く丸めたタバコを詰めるんです。これを立てると、身が細くて頭の大きい中国人を見ている気がしませんか。こちらにあるのは、アメリカの未開人が和平成就の時に吸うピースパイプですよ。素っ気ない石のパイプで、リボンや革ひも、羽根がぶら下がっています。ちょうど、不屈の未開人がいつも自分自身の身を飾っているのと同じようにね」

「これはの国すべてに、本当に行かへたのですか」と、驚きのあまりますます激しく身を震わせているインゴールラム氏が尋ねた。

「いえ、そうではありません。私が歩き回ったのはヨーロッパだけで、だからこそ、特別のつてで手に入れたこれらの珍しい品々は、ひとつの引き出しにまとめて入れてあるんです。しかし、今度は、私自身が当ヨーロッパで買い求めたパイプにまいりましょう。まずご覧いただくのは」

ここでフォン・タッケル氏は、きわめて幅広い、驚嘆に値する知識を披露した。彼の口から流れ出る語りは立て板に水のごとしで、残念ながら、そのすべてを読者にお伝えすることはできない。私はここでほんの二、三の引き出しについて、それにまつわる必要最小限のフォン・タッケル氏の言葉とともに再現することしかできないのだ。たとえば——

引き出し五番　パリのパイプ。「これらは、ただ喫煙に媚《こび》ているだけのように見えませんか。この中のただの一本とて、目的にかなっていると言えましょうか。このパイプの頭はすべて銀でできています。喫煙のときこれに触れれば、いやおうなく《ノレンス・ウォレンス》手をやけどするに違いありません。こちらの何本かは、白い陶器でできています。その外側に、ガラスの目がはめ込まれたカリカチュアが描かれており、パイプでもっとも大切なこと、すなわち彫りの具合よりもはるかに多くの注意がこのカリカチュアに払われてしまっています」というように。

引き出し六番　イタリアのパイプ。「注目すべきは、この国には、ヨシの茎を突っこんだだけの短いマリノロパイプ以外には独自の一定の形は見あたらない、上流階級のための本当に特徴あるパイプは見あたらない、ということです。かの地では身分の賤しい者だけがよく働きます。それはそうせざるをえないからですが、それと同様に、独自のパイプの形を作りだしたのもこの賤しい者たちだけなのです」

引き出し七番　スペインのパイプ。「みすぼらしい短いパイプです。メキシコ人とムーア人の影響が、パイプの形に及んでいます。もともと紙巻きタバコが好きなんですな、スペイン人というのは。ごく小さなタバコの煙をむさぼっておりますよ」

イギリスのパイプ。「マドロスパイプのほかには様式というものがありません。いくつかの木製および陶製の頭には、いかにもイギリス人というジョン・ブル気質《かたぎ》がはっきり表れています。全体としては、イギリス人はこれを越えることはけっしてないでしょうな。イギリス人は、ネクタイを付けるにも、ズボンを取り替えるにも、やたらに時間をかけます。例の別口の煙にも手間取ってますわな」

オランダのパイプ。「ほかのものよりセンスがいい、目的にかなっている、きわめて明確なものを愛するがゆえの単純さがあります。これらのパイプは、ケルンの陶土でも最初期の純正なものから作られており、海泡石に次ぐ最良のパイプです。とはいえ、パイプの本来の国はいまもこの先もドイツであり、さらに、材質から見れば、北部（北西部）の陶製パイプと、南東部の海泡石パイプに分けることができます。また、海面からの高さを見れば、すなわち、より山がちの地域であるか、またはより平らかな地域であるかに着目すれば、もっと多くの下位区分も見いだせるでしょう。というのも、山が多い国々にはたいてい、非常に高いふたを打ちつけた短いパイプが見られるからです。これに関しては、ケルンテン地方のチェデリングと、スロヴェニアはクライン*の、塔のように高いノーズウォーマー〔管の短いパイプ〕だけ思い出してもらえば、ほかの多くは言うに及ばずでしょう。他方、平地では概して、むき出しのパイプはまったくないものの、金具は平たく打ちつけられているのが普通です。

もっとも実用的、かつもっとも美しいのは、なんといってもウィーンのパイプで、これは、ハンガリーのパイプと非常に密接な姉妹関係にあります。ティアキや、リュッツェ、ノルツェは、絶妙の彫りが生む上品この上ない形で不滅の名声を勝ち得てきました。「それだけに」と、フォン・タッケル氏は、蘊蓄を傾けた彼の解説を締めくくった。「それだけにいますます、私にはわけがわかりません、シュトラムリンガーさん。海泡石パイプのふるさとに生まれたあなたが、どうしてこの美しいパイプの数々にそんな嫌悪を抱くことができるのか。そもそも私は気づいていましたよ。あなたは私の外国のコレクションに驚嘆のまなざしを向け、釘づけになっていたとお見受けするのに、そのどれひとつとて手に取ろうとなさらなかったことに」

「それはつまり――私は――」と、いままた顔のしわが激しくぴくつき始めた黒い服の紳士は、つっかえつっかえ答えた。

「あなたは――なんなのですか」

「私は――驚かないでくださいよ――私は、パイプの死神なのです」――

シュトラムリンガー氏が最後のひとことを言ったか言わないかのうちに、フォン・タッケル氏は箱の両開きの扉をパタンと閉め、不吉なシュトラムリンガー氏の脇の下をつかむと、パイプの陳列棚のそばを大きく迂回して彼を引っ張って行き、サロンの一番奥にある寝いす《シェズ・ロング》に彼を座らせた。

インゴールラム氏は、だんまりを決め込んだ。

「説明してください」とフォン・タッケル氏は大きな声で言った。

「そうしましょう」と、シュトラムリンガー氏はあえぎながら答えた。「私の苦難の半生に、我慢して耳を傾けていただけるなら。ご承知のように、私は法学部に籍を置き、実家は裕福な家のひとつに数えられております。私がまだ子どもだったころ、両親は毎年、夏をメートリングで過ごしました。母は大の喫煙嫌いでしたが、父は反対に喫煙の静かなる崇拝者でした。といっても、父がタバコを吸うのは自分の部屋にいる時か、ひとりの時、あるいは私と一緒に散歩に出る時だけでした。私は早くも一二歳の時に、退屈をまぎらしてくれるこの楽しみがとても好きになり、栗の木から小さなパイプを彫りだす方法を仲間から教わりました。しかし製作はどれもうまくいかず、試すたびに放りださざるをえませんでした。その後私は、陶製のパイプをいくつも買いましたが、たえず不幸に見舞われました。ある時は踏みつぶしてしまいましたし、そのあと管をなくし、つぎにはパイプの上に座ってしまい、あるいは、さまざまな仕方で粉々にしてしまいました。そんな調子で、私は幾千もの不快を味わってきたのです。

分別盛りを迎えたと思う最初の年、私はそれまでに小遣いをたんまり貯めておいて、ついに海泡石のパイプを一本買うことができました。熱望してきた計画を実行に移すことができたこの日は、私の最大の祝日のひとつでした。この日を心ゆくまで味わうために、仕事はいっさいせず、ただパイプの手入れだけにあてようと私は考えていました。喫煙作法においては私よりはるかに経験豊かな同僚も何人か誘い、彼らから助言と援助をもらうため、一緒に郊外へ行きました。どんな大学教授とて、私が初めて自分の海泡石のパイプを吸った時ほどの敬虔な気持ちで、最初の講義をおこなった人はいないでしょう。私はいまでもはっきり覚えています。あれは、ヴェーリングのコーヒーハウスでした。私は、このマッサパイプが熱くなりすぎず、混ぜられた蠟がたぎって燃えださないよう、規則正しくゆっくりと吸いこみ、五、六服吸ってはいったん止めました。最後まで吸い終わり、まったく混じりけのない真っ白な灰が、軽やかに、いささかも内側に付着することなくパイプの中から落ちた時、私の満足は最高潮に達しました。友人たちは私を賞讃し、私は自分の巧みさに自信を持てたので、これまでの恐怖心も消滅しました。

こうしてこの日は、大満足のうちに過ぎていったのです。夕方になると、同僚たちは、ビリヤードを一勝負やっていこうと提案しました。私は賛成し、帰る途中、またあのコーヒーハウスに私たちは入ったのです。私は初めのうち、ゲーム中はタバコを吸いませんでした。しかしとうとう、もうこれ以上我慢できなくなりました。私は自分の愛しい品を手に取り、というより口に当てて、ゲームを続けました。突然私は、周りにいる何人かの紳士がにおいをかぎ始めたことに気づきました。何かが焼けるにおいが店中に広がって、誰もがそのにおいのもとを探り、私も一緒に探しました。そのもとはほかならぬ、今日祝福されたばかりの私のパイプだとわかった時の私の驚愕を誰が絵に描けましょう。パイプの頭の右側に、一ターラー銀貨ほどの大きさの、恐ろしい、取り返しのつかない焼けあとができていました。私は目がくらくらして倒れそうになり、キューを脇へ置くと、急いで家路につきました。友人たちが私を慰めようとしましたが、無駄でした。わたしは、パイプにタバコを均等に詰めなかったし、脇には葉巻が一本置かれていたのです。このマッサパイプにはいくらか多めに蠟が混ぜられており、私はゲームに熱中して十分注意を払わなかったために、恐ろしいことが起きてしまったのです。

この日から不幸は私について回り、私は、パイプに焼けこげを付けてしまうことにおいて誰にも引けを取らなくなりました。こうしたことはいつも、泥棒のように夜やって来ます。私は、あらゆる形と硬さのパイプを少なくとも五〇本は買いました。私は、自分に用心を強いるために、わざと値の張るパイプを手に入れましたが、それでも、幸福は数日と続きませんでした。そのためついた恐ろしいあだ名が、パイプの死神、というわけです。

ボローニャでは、なにが起きたと思いますか。私は、ある友人と旅行をしていました。一月でしたが、イタリアはどこへ行っても満足な暖房装置がありませんから、私たちの体は冷え切っていました。ボローニャまで来てようやく、初めての鉄ストーブを「スイス・ホテル」に見つけたのです。私たちはうれしくて有頂天になり、すぐに点火するよう命じました。部屋には、分厚い、とてもふかふかとした藁《わら》入りのマットが敷かれており、ほどなく心地よい暖かさが広がりました。

食事が済むと、気のいい友人は、たっぷりとタバコを詰めた彼のパイプの一本を手渡してくれました。私はそれを受け取りましたが、いくらかふるえていました。というのも、そのころにはすでにきわめて平凡なパイプを使っていたからです。しかし、あまりにも快適な気分になっていたため、あのおそれを克服し、大いに満足してパイプをくゆらせました。待望の暖かさに心地よくひたって、私たちはふたりとも、タバコを吸っていたにもかかわらず、しだいにうとうとし始めました。ふと目覚めると、銀を打ちつけた頑丈な海泡石のパイプが口からすでにずり落ちて、私の足元のやわらかな藁《わら》入りマットの上でみっつに割れてしまっていたのです!

私の恐怖の叫びで、友人は目を覚ましました。彼は自分の友情の結果を見て、ひどく不快な気分に襲われました。そのパイプは、彼がフィアンセからもらった記念の品だったのです。すでに一度、馬車から道路の敷石の上に落ちたことがありましたが、それでも少しも損傷しなかっただけに、どうしてこれがやわらかなマットの上で割れてしまったのか、私たちには理解できませんでした。これは、私への罰だったのです！」

「あなたが大変不幸な目にお会いになったのは、確かに否定できませんが」とフォン・タッケル氏が言葉を引き継いだ。「しかしそれでも、なぜあなたが、パイプの死神などというありがたくない名前を頂戴しなければならんのか、私にはわかりませんな。私もこれまでの人生で一度、その種の男に出会ったことがあります。しかしこの人は、あなたなどよりずっとそのあだ名にふさわしい男でしたな。なにしろ気性の激しい人、いやそれどころか、極端にかっとしやすい人で、気に入らないものがあるとすぐになんでもかでも地面に投げつけたのですから」

「私は、そんなことはしません」と、永遠に顔のしわがぴくついているシュトラムリンガー氏は大きな声で言った。「しかし、それだからこそ、私は、美しいパイプを台無しにする厄病神に間違いない、ということがはっきりしてくるのです。私は、そのように運命づけられているのです。私は、可能な限り慎重に取り扱ってきました。いや、それどころか、新しい一本を手にするたびに私はますます慎重になっていきました。しかしつねになんらかの偶然が現れて、私の努力をあざ笑い、名工たちのこの上もなく美しい傑作を破壊と損傷にさらしてきたのです。しかしいまは、もう六年前からですが、ただ凡庸なだけのパイプを一本持つことにすべての喜びを見いだし、こんながらくたを」と、彼は自分の短いパイプを高く掲げて、「使い物にならなくなるまで吸い尽くすことに、幸せと誇りを感じています。こんな成功は、私にとって、唯一で初めてのことなのです！ これを窓から外へ放り投げた時には、目に涙が浮かびましたよ」

こう述べるとシュトラムリンガー氏はいすから踊り上がり、ふたりの紳士に自分のパイプを見せた。「この粗悪品に」と彼は続けた。「どれほどの注意深さを払ってきたか、ご覧になってください。これは、一本のパイプを最後まで使い尽くした証です。灰の最後の残りは、吹きだされたように中から落ちており、もはや表面の装飾もどうしても必要というものではありません。それに金具は、ただの薄い鉄板にすぎませんが、まるで磨き上げた鋼《はがね》のようにぴかぴかに光っています」

「確かに、それなりに珍しい一品ですな」とフォン・タッケル氏は言い、さらにそのパイプを調べた。「こういうひと品を私のコレクションに加えてもいいくらいですよ」

「どうぞお取りになってください」と、シュトラムリンガー氏はできる限りすばやく言った。「なにしろ、あなたが、まださささやかとはいえ幾ばくかの価値をこのパイプにお認めになった以上、あと三〇分も私が持っていれば、これが破滅にいたるのは間違いありませんから」

「そのパイプかはもう一服吸ってみへばいいではあひませんか」とインゴールラム氏が沈黙を破った。「試しに、ほんの一服だけ」

「そうですよ」とフォン・タッケル氏も答えた。「ぜひ、そうなさい」

「いいえ、もはやけっして」と、要請されたシュトラムリンガー氏は、力を込めて反対した。「どうか、いまのこの状態のままあなたのコレクションに収めてください。私はもうこのパイプからは吸いませんし、こわれなかったこのたった一本のパイプが、完全な状態で私の手を離れたら、そのことを私の最大の自慢にしたいのです」

シュトラムリンガー氏はその短いパイプをさしあたりテーブルの上に置き、ふたたび腰を下ろした。ふたりの紳士は、いぶかしそうに彼を見つめた。沈黙と熟考のかなり長い間が生まれた。

突然、ピシッと割れる音が部屋の中に響いた。シュトラムリンガー氏が、雷に打たれたようにさっと立ち上がり、パイプを見た。よくよく運のない人だ！　彼は、先ほどタバコを吸ってまだ熱かったパイプを、抗議に夢中になっていて、氷のように冷たい大理石の小箱の上に無造作に置いてしまったのだ。その結果、パイプに斜めにひびが入ってしまった。

シュトラムリンガー氏は帽子を取り、ドアの前に立つとこう言った。「私はパイプの死神ですか、それともそうではありませんか」

「まさしくあなたは死神だ！」とふたりの紳士が異口同音に言うと、不幸な男は姿を消していった。

フォン・タッケル氏とインゴールラム氏は、改めてそれぞれのパイプにタバコを詰めた。前者は、自分のコレクションを脅かした男が幸いにもドアの外へ立ち去ったことを喜び、後者は、死神に台無しにされるかも知れないコレクションを持っていないことに満足した。

　ふたりがパイプをくゆらせながらさらにどのくらいここに座っていたのか、私は知らない。しかし、シュトラムリンガー氏がこの時から葉巻しか吸わなくなったことは、よく知っている。彼は、やがて私も取りそろえることになる同じ産地から葉巻を取り寄せたからである。

　ところでインゴールラム氏は、いまも相変わらずRをW《ヴェー》のように発音している。フォン・タッケル氏も、いまでもまだグレーのフード付きコートを羽織り、熱心にコレクションを続けている。彼がこんな主張をしたのは、つい一昨日のことだった。「パイプの死神」なんてのは、ウィーン人の最大の名折れだ、なにしろ、自分（フォン・タッケル氏）も何百もの友人、知人も、一〇代からいまの年齢にいたるまで、数え切れないほどのパイプを、どんな扱いにくいものであれ、つねに最善の状態に保ってきたのだから。それゆえこう言ってもいい、どんなパイプも、主人に忠実に仕え、忠実に奉仕して、主人と全生涯をともにしてきたのだ、と。

　しかしフォン・タッケル氏は、おそらく全ウィーンでもっとも古い海泡石のパイプも所有している。それは、大きくてがっしりした、首の長い、きわめて濃い黒褐色になるまで燻し色のついた、ドイツ製の頭を持つパイプで、背の低い金具と銀のクサリが付いている。作られたのは一六九九年である。フォン・タッケル氏の大祖母の大叔父がそのころ、やんごとなき許婚者からの異例の贈り物として手に入れたものである。しかし、この名品は、一年を通してただの一回しか見ることができず、しかもそれは、いま述べた大叔父の命日である喜びの主日〔四旬節の第四日曜日〕と決まっている。それ以外の日には、このパイプは、ビロードで内張りしたモロッコ革の小箱に収められて眠っている。したがってこれを見たい人は、いま述べた日曜日の午前一〇時から一二時の間に、フォン・タッケル氏の喫煙サロンまでご足労願いたい。すると訪れた人は、この堂々とした主人が自分の大きな茶色のひじ掛け安楽いすに座っている姿と、そのいすの周囲の床一面にクッションが敷き詰められているのを見るだろう。それは、このときにのみ吸われる古美術品に、ボローニャでシュトラムリンガー氏のパイプに起きたのと同じことが起きないようにするためである。

訳注

〔一〕　対清国のアヘン戦争（一八四〇―一八四二）を暗示する。

第一八章　カーレンベルク、レーオポルツベルクへロバで行く

シルヴェスター・ヴァーグナー

ヴィルヘルム・ベーム（絵）カール・マールクネヒト（鋼版画）「カーレンベルク」

帝都を南から北へ半円形で取り囲む大きな丘陵の連鎖のうち、ドナウ河畔近辺でかなり険しくそびえ立つ末端の頂きのカーレンベルクとレーオポルツベルクは、疑いもなくウィーン近郊のハイライトであり、その大きな評判はその歴史的特異性ばかりでなく、その地勢とニーダーエスターライヒ最大で最も美しい部分を見渡す遠景によって得られたものである。そこでは晴れた日には文字どおり無上の楽しみが自然愛好者を待ち受けており、したがってあらゆる身分の他所から来る人々や地元民たちがこんなにも多く訪れるのである。真の自然愛好者が平日にひとりで、あるいは考えを同じくする仲間とこの美しい丘陵を登るのにたいして、ウィーンの庶民は、精神的な楽しみと並んで肉体的快楽も求めて、日曜祭日に徒歩や馬で隊列を組んでそこへ詣で、仲間で楽しむとともに美しい展望を享受する。私の場合はその逆である。つまり私は美しい展望とともに、一度はそのような人付き合いの楽しみも味わおうと思い、この目的のために、ある天気の良い日曜日の午後に小さなロバにまたがって《スペル・アセットルム・セデンス》、すなわち今風の駕籠かきに担がれてカーレンベルクを訪れることにした。私はそんな日の前夜、偶然にもグリンツィングにおり、明日はそのようなピクニックにとって天候が好都合であろうと期待できるしかるべき根拠があったので――というのは、ついでに言っておくと、私はわれらが気象学の金科玉条たる観天望気にかなり精通しているのである――ただちに、ある良き知人の好意ある助言に従って、一頭のロバを前払いで予約した。彼が私に確言したところでは、近頃は前払いする者だけがその種の動物を確保でき、予約者ですら確保できないのである。それは、彼が言うには、ロバ不足のせいではなく、雌は大部分が乳母の仕事をおこない、牡はことごとく民衆劇場の懸賞作品の仕上げのために雇われている、という具合に多方面で用いられていることにもっぱら起因するのである。

さてロバ前払い予約証を携えて、予想どおりとてもすばらしい天気に恵まれたので、私は市内*へ行き、アム・ホーフでグリンツィング行きの乗合馬車に詰め込まれた。私が乗るまでただひとりの人物、並外れたボリュームの女が占めていた一番後ろの座席に、まだひとり分の席が残っていたので、私は、隣の肥満女はふたり分に計算されるのだろうという確かな期待を抱いて、すぐさまその場所に座った。だが私は間違っていた。というのは、私が馬車に入るやいなや、仕事熱心な御者はふたたび客を乗車させるために扉を開けたのである。しかも私の隣の女よりもっと太った女、私が少年のころ田舎の酒場の戸口にしばしばその絵が貼ってあるのを見た、世界的に有名なボヘミアの酒場の亭主に堂々と匹敵するような女のためにである。

「真ん中が最良《イン・メディオ・サルース》」と考えて、私は新たに到着したおデブさんに場所を空けてあげるために、か細いブドウの木*がエトナ山の巨大な「百馬の栗の木《*カスターニョ・デイ・チェント・カヴァッリ》」に近づくような具合に、私の隣の女のほうへ身を寄せた。だがこのたびは格言は真実の言葉ではなかった。なぜなら、私は、まるでプルツァー・ピルナー〔ミネラルウオーター〕瓶のコルクのように、ふたりの女たちの間に無理やり押し込まれることになったからである。五体いずれも動かすことができず、自分の足も見えず、感覚もなかったので、私は降車の際に両足がもう見つからないのではないかと心配した。かくも惨めに脂肪に挟まれて、私は馬車さえもおおう果てしなき埃まみれの地帯を揺れながら通り抜けて、私のピクニックの最初の休憩地のグリンツィングへ向かった。この塩漬けニシンの樽のような乗合馬車の中身は、一〇人の女性、ひとりの初老の男性、それに小生であった。そのうちの四人は黙していた。すなわち安らかに寝入っていた私の向かいの三人の女たちと、挟み込まれた私である。三人の女たちはその手を見れば、みんな大きな旅亭の女中さんであることがわかる。

他方、他の八人は自分の発声器官を駆使していた。ふたりのおデブさんのうち、痩せているほうはフォン・フックス〔狐〕夫人、もうひとりはフォン・ダックス〔穴熊〕夫人と呼ばれ、ふたりとも良き知人同士で、ふたりの製油所共同経営者の妻たちであった。彼女たちは高尚な料理術についての素晴らしい講義をおこなっていたが、レバーライスの最良の調理法の章で互いに相譲らぬ論争に陥り、それが終わったのはやっとグリンツィングに着いてからであった。このかくも長い論争のために、彼女たちが高尚な料理術からそれに付随する肥育術に話題を移すのを妨げられたのは、私には残念であった。肥育術は、理論的部分においてではないが、確かに実践的部分では、彼女たちの料理術の本来の要素なのであるから。肥育を最高の完成度において成し遂げた人々によるそのような肥育術の講義が、野心的な農業経営者たちの集まる前でおこなわれるならば、どんな感銘を与えることだろうか！きっと、か細い声の医学教授によっておこなわれる気管疾患の予防法についてのきわめて学識深い議論とは、まったく違った感銘を与えるであろう。私の向かいの三人は、すでに述べたように、温和な市参事会員のように絶えず首を縦に振りながら、走行中ずっと眠っていた。年老いた男性は彼の側で喘いでいる金髪の女とふざけ合い、その他の四人の可愛い若い娘たちは、いまここにはいないが、グリンツィングで会えるはずの仲間をどうやってびっくりさせるか、相談していた。私は、ときおりまったく穏やかならざる馬車の振動が言葉の本当の意味で絞り出させた幾度かの深いため息以外は、声を立てなかった。グリンツィングに着いて締め付けから解放されたとき、私は最初はまったく麻痺状態で、ほとんど降車することもできず、空気圧が少なすぎて、冷水をしたたらせた生石灰のように自分が崩壊するのではないかと思われた。だが私は運良く再び回復し、その後もうわがおデブさんたちの誰にも会うことなく、醸造所のすぐ隣の馬貸出所に着いて、私の前払い予約券を行使した。

私の昨日の知人の言うとおりで、私は彼の分別のある助言に心の中で感謝した。というのは、それがなければ、私はひどくおろそかにされていたためにきわめて劣悪なカーレンベルクへの長い道を、徒歩で行かなければならなかったであろうから。そこでとても多くの男女がみな、馬あるいはロバを手に入れようとしているのを見たとき、私はなんと驚いたことか。男性五人と女性三人の八人の一行のために、鞍を置いた馬やロバが立っており、男性たちはちょうど、識者の目つきで用意されている動物たちを吟味しながら、選択している最中であった。この場を仕切っているのは、背丈で彼らみんなをはるかに凌駕する、真っ黒なアブデル・カーデル〔アルジェリアの反仏運動指導者〕髭の、海緑色の上着風燕尾服、あるいはそういいたければ燕尾服風上着（上着と燕尾服の雑種のための言葉がないので）を着た、がっしりした体格の男であった。その上着には、彼のその時々のご主人たちの頭部が彫られた、水銀アマルガムで金メッキした黄金色のボタンが付いており、そのボタンからすると、彼はフォン・ベーレン〔熊〕氏、ドン・ヴォルフ〔狼〕、ミセス・ヴィルトシュヴァイン〔猪〕とかの従僕か御者であったが、馬丁でないことは確かであった。彼は目前に迫っている騎行に適していると思われる馬を各人に割り当てた。三人の婦人のうち、一番可愛い女性だけが平日は高級ホテル《オテル・グラン》「黄金の牡山羊」でケーキ作りをしている人だとわかったが、彼女たちは優しい配慮からそれぞれおとなしい葦毛のロバをもらった。さて馬とロバの配分がおこなわれると、今度は、日曜日どころか、閏年の閏日にしか馬に乗らないような男女が、長いこと格闘するさまがまた実に滑稽であった。いったい馬のどちら側から乗ったらよいのか、まずどちらの足で鐙を踏みかけたらよいのか、ひらりと飛び乗る危険な動作の際に、鞍頭、たて髪、それとも馬の耳のいずれに支えを求めたらよいのか、彼らは迷っている。さらに、これらのことが、馬のそばにいる従僕——ドイツ語では「馬追い」と呼ばれる——の手引きでおこなわれる場合には、この勇敢な動物は大切な重荷を担いだまま棒立ちとなるかもしれないが、ついには、自分にはものすごい重荷を担ぐという名誉が与えられたのだという認識に到達して、それゆえためらいつつ、杖で打たれながらも、耳を前に垂れて道を歩むのである。そんな様子を見るのも滑稽であった。だが騎手はただもう楽しくて、鳴くときのオンドリのように目を閉じ、操る手綱を右手で探り、左手で杖を振るって力強く鼓舞し、伸ばした自分の両脚を股関節が動く限り馬の腹から離し、こうして風のように空を切って進む用意が整ったのである。

このようにして行列が動き始めたとき、私も前払い予約によって得た自分の雌ロバ、おとなしく並外れて御しやすいロバに乗り、堂々たる騎手たちの一団のすぐあとをついて行った。

村のすぐ上方の切り通しで、御婦人がひとり残されていた。それは彼女の牡ロバが、私の雌ロバが到着するまでもう何度も振り返っていて、もはやその場所からまったく先へ進まなかったからである。牡ロバはその女性騎手とともに私の、というより、私の雌ロバのすぐ近くまで突き進んで来て、それからは逆らうことなく、ごく落ち着いてそのいつもの歩みを進めるのであった。私は、ロバが代わりにやってくれたおかげで自分の許へやって来た御婦人に満足していたが、牡ロバもまた、それに劣らず、強引に手に入れた雌ロバに満足している様子であった。だが、私がまだ心地よい驚きから覚めやらなかったときに、獣の頭付きボタンの男が約二、三百歩離れた一団の中からもう駆け戻って来た。男はこう叫んだ。「まあ美しいエヴェリーネさん、いったいどうしてあなたはお仲間を離れるのですか？　あなたはこのお仲間の華でいらっしゃるのに」。お追従をいわれたこの女性がまず自分の牡ロバを見て、それから少しあっけにとられたように私を見つめ、まさに返事をしようとしたとき、このアブデル・カーデル髭男はこう話を続けた。「おやおや、なるほどこの強情な畜生が先へ行こうとしないんだな。だがお待ちなさい、わしがきっとこの畜生のわがままを叩き出してあげましょう」。そこで彼は棒を高く振り上げた。もし昔サムソンがこの棒を持っていたならば、疑いなく、ロバの顎骨で殺したよりもっと多くのペリシテ人を、殴り殺していたであろう。しかしこの娘さんは心からの優しさでつぎのようにいって、それを妨げた。「お願い、従僕さん、この罪のない動物をなにも苦しめないで。そうすることに慣れているのでしょうから（彼女は慈悲深い眼差しを私に投げかけたが、その眼差しが私の雌ロバではなく、私に向けられたものだ、と私はせめては思い込んだ）、このロバにはこのつらい道を自分の仲の良い知人《ベケンテ》[1]と並んで歩くほうが気持ちいいのでしょう」

　こうなだめられて、従僕さんはその巨大な棒を収め、「わしは徒歩でも楽に一行に追いつけるだろうから、エヴェリーネさんはどうぞ私の馬に乗ってください」と提案した。だが彼女はこのいんぎんな申し出を、「私が急速度の乗馬にはうまく耐えられないことを、あなたはご存知でしょう」と弁解して断り、「私にはまったくお構いなく、道がもっと急になり始めたならどっちみち皆さんにまた追いつくでしょうから、そこまで存分に馬で駆けて行ってくださいな」と彼に勧めるのであった。私たちはその間に切り通しを抜けて、クラッペンヴァルドゥルとブドウ畑の多いヌスベルクの間の草原に近づいたが、そこは道がしばらく平らなので、この威勢のいい騎手は私たちのもとを立ち去り、一行のあとを急いで追いかけ、自分がそこに到着すると、もっと速度を上げて走るよう合図を与えた。男性騎手たち全員は実に野蛮な叫び声をあげ、大男クリストフォルスの散歩杖のような巨大な杖で哀れな動物たちを無慈悲にさんざん殴りつけ、そんなやりかたで馬たちの走りを*ギャロップにした。道はすべて、そして草原のほとんど半分は彼らによって占拠されていた。彼らは類まれな巧みな馬さばきでジグザグに疾走し、上に高く跳ねたり、身を沈めたり、両腕と両脚でフリオーソ・ギャロップの拍子をとったりしていた。その際いくつかの帽子が埃の中に落ちたが、真っ逆さまに振り落されて、長々と地面に横になってみんなの笑い者になるという不幸な目に遭ったのは、騎手たちのうちで従僕さんだけであった。われわれの前方でこれらの出来事が起きている間に、私は、否応無く《ノレンス・ウオレンス》私に同伴することになった女性のことももっと詳細に観察することにした。私が見出したのは、外見からすると、スタイルの良い大変可愛らしいブルネットの女性であり、おおよそ一八歳くらいで、シャモア色のワンピース、満月よりもはるかに小さくはない三列のボタンが胸のところに付いた深紅でビロードの乗馬用上着といういでたちであった。その白いちっぽけな帽子には、牡ロバの背中まで垂れ下がる緑色のベールが付いている。彼女はこの帽子を襟首まで深くかぶっているが、頭全体は覆われず、わずかに後頭部が日差しから守られているだけである。この帽子はちょうど*アイペルダウ、ガーゲランおよびガブリッツァーの鵞鳥飼い女たちのいわゆるニシン帽(2)の形であるが、ただし、胸まで垂れ下がっている両側の目庇《まびさし》がいっそうこの帽子を不恰好にしていた。豊かな巻毛らしきもののために、残念ながら、その可愛い小さな顔は、真ん中の部分が縦長に見えるだけであった。衣服のウエスト部分は、気の利いた馬の毛のペチコートの発明者の名誉を汚すものではなかった。七エレの槍をもってしても、この厄介物の山を貫いて本体にまで到達するのは不可能であろう。従僕さんのように落馬すれば、また少しの風があれば、きっと女性のグリーンが見えたことだろう。ただでさえ可愛らしい小さな足を、彼女はひどくきつい靴の中に仕舞い込んでいたので、彼女の足はできるかぎりそこから抜け出ようと際立った努力を示していた。すでに述べた障害物のために、その顔は一部分しか見ることができなかったが、それは、どこで知ることになったのかはすぐに思い浮かばなかったが、私の見知らぬものではなかった。だがついに、私が毎日そのそばを通る婦人靴店の中で、彼女が数人の女の子たちと座っているのを見たことがあることが、はっきりしてきた。彼女は靴に最後の手を加えていた、つまり靴に縁取りを付けていたのである。

「山と谷は出会わないが、人間同士は出会う」と古い諺にいわれる。私は昨日どうして想像できたであろうか、それどころか夢見ることさえできたであろうか？　一頭の牡ロバが私を今日エヴェリーン嬢の、可愛い靴縁取り屋さんの栄誉《シャポー・ドヌール》あるお相手に選ぶなどということを、私は昨日夢見ることすらできなかったであろう！

「乾杯！」と私は心の中で考え、鞍の上で身を起こし、サンチョ・パンサ流の騎士のいんぎんさで、即興で私の意のままになるあらんかぎりの上品な、もったいぶった、かつセンチメンタルな言葉をこのお嬢さんに向け、その牡ロバの強情さが招いたお仲間との由々しき別れを心から残念に思うと述べた。お仲間はとっても楽しんでいるでしょうが、お嬢さんがいなくて残念でしょう、と。だが他方で、私は自分の幸運を祝福し、私を今日思いがけずに喜ばせ、自分の全人生を捧げることをこの上なき至福と思わせるようなこんなにも優美な御婦人のお供でカーレンベルクへ騎行する、という大いなる名誉とまれなる喜びを与えてくれた自分の良き運命を、ほめたたえるのであった。

　だが私のえり抜きの長広舌はエヴェリーン嬢になんの印象も与えないようであった。なぜならば、目を伏せることなく、また少しも顔を赤らめることなく、彼女はいくぶん嘲るような笑みを浮かべて私にこう答えたからである。「私は自分の仲間をまったく失っておりませんし、あなたはなにも私めを得ていないのですから、私たちの確かに奇妙な出会いが自分にとっての由々しい災難だとも、あなたにとっての幸運な出来事だとも思っておりません。それどころか、あなたはご自分のとても熱心な観察を邪魔されたように見受けられますが」。私がこれらすべてに異議を申し立てたことは、容易に考えられるだろうし、こんなふうに会話がいったん始まったので、女性の舌を振り子と比較するのが正しいとするならば、それがそんなに急に停止する恐れはないのである。会話が進むうちに、彼女はもう四年間ずっと、私のところからほんの一軒先の家に住んでいて、毎日毎日たびたび私を見る栄誉に浴しているので、私は、私たちの前でどたどたと走っている一団の五人の男性たちみんなよりも前からの彼女の知人だ、ということを知った。他方、彼女は従僕さんおよび彼のそばで馬に乗っているふたりの男性とは数週間前にはじめて知り合ったのだが、ほかのふたりは彼女のまったく知らない人だ、というのである。彼女はさらに私にこう話した。「私はある仲の良い女友達にたいする好意からこの小旅行を承諾したのです。でも、彼女には近侍である叔父さまが当地にいて、その方の奥様が突然病気になったので、この叔父さまの近侍*殿とヒッツィング*のドマイヤー・カジノへ行って、奥様の代わりを務めなければならず、それでとても残念だけれどこの騎行に参加することができなかったのです。それが原因で、従僕さんは、いつもは大笑いするほど愉快な人で、私の親友の本当の良い彼なのですが、今日は少し機嫌が悪く、それで旅行全体が台無しも同然なのです」。そのような会話をしながら、私たちは一同が待っていたこれまでより急な道のところへやって来た。彼らはお嬢さんを喜んで迎え、また彼女の遅れについて、あまり上品ではないたくさんのジョークの火の粉を浴びせた。

さらには事故もなく、カーレンベルク[3]、すなわちウィーンの庶民のいうところの「カルテンベルク」の豪華な旅亭への短い道のりを進んだ。だがカルテンベルクというのは、本来は、その頂につくられた小さな村「ヨーゼフスベルク」のことをいうのである。

ここに到着すると、掲示板で「休憩広場」と記された旅亭の前の平地で止まり、馬から降り、婦人たちは親切にも鞍から降りるのを手伝ってもらった。そして駄馬やロバたちは家へ連れ戻すために、馬追いの少年たちに預けられた。さて、休息して軽食を摂るのはここにするか、それともレーオポルツベルクにするかの相談がおこなわれた。だが従僕さんの重々しい声が後者に決定したので、一座は小さな森のほうへ向かい、レーオポルツベルクへ徒歩でゆっくりと歩いて行った。旅亭の前の庭に座って軽食や清涼飲料をたっぷり用意されている数多くの客たちの間から楽しげな歓声が上がるのにも、またカジノから招くようなドン、ドン、ドン、ドンというトルコ太鼓の音が聞こえてくるのにも見向きもせずにである。

エヴェリーン嬢に私のお相手をしてくれたことにたいして心から、きわめて丁重に感謝し、また彼女に同伴する男性たちにもお礼を言って、私はカジノへ行った。それは、ひとつには圧縮による衰弱から、もうひとつにはきつかった騎行から、本物のクロスターノイブルク・ワインを一杯飲んで少しは回復するためであった。ここもたらふく飲み食いして騒いでいる人々であふれており、よい陣容のオーケストラ、一人の即興詩人、鼻風邪用麦芽糖衣錠のくじ売り少年たちが、それらの人々の楽しみに少なからず貢献していた。即興詩人はまだ若く、したがって、先日亡くなったばかりの彼の年老いた前任者とは比較にもならなかったが、それでも居合わせた人々を楽しませるために精一杯寄与していた。かつてここに居て、私がとても良く知っていたあの哀れな男に負けまいと努力するこの若者の即興詩を聴くことに、私は興味津々であった。それで彼がちょうど自分の才能を試されていたテーブルに座ると、まだ間に合って、彼は最後の女性、青い目のとても愛らしいブロンドの女性にその御尊名を尋ねているところであった。「オッティリエ」と彼女は答えた。彼は額に長い皺を寄せ、目玉を上のほうへぎょろつかせてから、はじめた。

ああ、神のようなオッティリエ
あなたは美しい、ユリ《リーリエ》のように
天使のように優美《ホルト》だ

給え、ミンネのうっとりするようなお給金《ゾルト》を

隣り合わせで座っているふたりの男性とひとりの初老の女性は拍手し、大いに笑い、巡回はいまや私のところに来た。私も自分の名前を尋ねられ、彼はそれを聞くと、突如語り出した。

あなたの名前はジルヴェスター
で妹《シュヴェスター》さんは？

そして彼が妹の名前を知ると、こう続けた。

あなたの妹はヨハンナ
これでぴったんこ《ツサンマ》

私のテーブルの隣人たちは、このすばらしい韻文にほとんど笑いを止めることができず、私も実際、それが気に入らなかったわけではないので、私のためになにか彼の前任者について即興で作ることを願った。すぐさま私たちは耳にした。

あの老いた誠実なミューズの息子《ゾーン》よ
何だったんだろう、彼の努力の報い《ローン》は
まずは半ば身を滅ぼし《フェアドルベン》
ついには命までも失う《ゲシュトルベン》

自らの崇高な天職をこのように証明したのち、彼はわれわれみんなから少額のチップを受け取り、居合わせたほかの人々も自分のミューズの才能で楽しませるために、別のテーブルへ移動した。

もうかなり時が経ったので（というのはもう午後四時だった）、心地よい音楽やすばらしいクロスターノイブルク・ワインには目もくれず、少し休憩したのち、私はここから再び出発して、レーオポルツベルクへの散歩を開始した。

そこへの道は、あるところでは自生の樫やブナによってつくられた日の当たらない木立の群れを通り、またあるところではよく繁茂した芝生と美しい草原を通るが、その途上で私は自分と同様にレーオポルツベルク、カーレンベルクに詣でる静かな一団と騒がしい一団に出会った。芝生ではそれぞれの仲間連れ全部がまわりを陣取り、さまざまに興じていた。まわりからは朗らかな歌と楽しげな歓声が聞こえた。

レーオポルツベルクに着いてみると、教会のまわりの広場とテラスは、景色を眺める人々、食事する人々、酒を飲む人々によってぎっしりと占拠されていた。ここではある人がビールを褒め、そこでは別の人がワインをけなし、ここではミルクを飲み、あそこではコーヒーを飲んでいた。従僕さんとエヴェリーネ嬢も仲間と一緒に、出されたビールと自家製パンの重みで喘いでいるテーブルに座っていた。そこはひどく混雑していたので、私はやっとのことで、とても静かにかつ快適にローストチキンを食べているひとりの男性のそばにわずかな席を見つけた。他方で、向かいに座っている彼の妻は、腕に小さなピンシャー犬を抱えて、薄いコーヒーをすすり、ときどきその子犬に浸したミルクパンの小片を与えながら、彼女にパンを一切れ乞うてきた空腹の小さな男の子を、こんな言葉で追い払うのであった。「とっとと失せな、おんぼろカラスめ(4)」。しばらくすると、彼女は全身全霊をあげてローストチキンを食べている寡黙な自分の夫のほうを向き、こういった。「このことはいっておかなくちゃ。素晴らしいコーヒーは登って来るだけの価値があるわよ。だけど生クリームも素晴らしいわ。素晴らしい景色はそのつぎよ」

「なに、景色だって?」と、この言葉によって自分の食事道具を突然止めた夫は、彼女の言葉を遮る。「景色がどうだっていうんだ? わしには世界中の景色よりも一羽のローストチキンと半マースの新酒《ホイリガー》のほうがいい。世の連中が景色《アウスジヒト》と同じくらい分別《アインジヒト》を喜ぶならば、まったく様子が変わるだろうに。レーオポルツベルクからプレスブルクを覗くよりも、自分の銭入れを覗き込むほうがいいってものさ。わしはただもうわしらのミーネルのためだけに足を引きずって登ってきたのさ。あの子がいつ、どこへ行って来たかを話せるようにな。だっていまじゃどの集まりでも、本当に、世の連中は景色について話すことで盛り上がっているんだから」ここで「マリアン号が来た」という突然の叫びとそれに続く大混乱によって、会話は中断された。

鶏喰らい男と彼のピンシャー犬女房を除く全員が席から離れて、テラスの手すりにどっと押し寄せ、美しい蒸気船が山の麓のドナウ河を急いで通り過ぎるのを見た。

この見ものが終わると、大半の人々は再び自分たちの席へ戻ったが、自然を愛好する男女たちはまだ手すりのところに留まり、柄付き片眼鏡とオペラグラスで武装して、類いまれな遠景を楽しむのであった。私は教会の後ろの木造の通路に立ち、私の脇には五、六人の女性がいて、彼女たちの真ん中には、もうすでに半世紀以上は生きたであろうが、にもかかわらず女性たちの間で二〇歳の若者を演じているひとりの男性がいた。彼の姿かたちや独特な礼儀作法、それに達人の域にまで達している能弁から、この人は異性とのつきあいを生活と飯の種に選んだことが、確かに推察できる。

彼はパノラマ案内人を務めており、両手でシュネーベルクのほうを指して、こう述べる。「あそこをご覧なさい、美しいお嬢様方、あのずっと後ろのシュネーベルクを。あの山はその大きな銀色の頭を高く空にもたげ、まわり全体からはるかに抜きん出ています。ご覧なさい、そのまわりの小さな山々は、弱々しい幼子が引率者の足元にしがみつくように、この巨大な山に身をすり寄せ、もたれかかっています。そしてここ、私たちの目の前には、建造物のシュネーベルクたる巨大な聖*シュテファン教会を伴った見渡すかぎりのとてつもない家並みが見えます。シュテファンはすべての家々を超えて雲にそびえ、危機の日々には自分に望みをかけ、自分を頼りにして群がって来る無数のピグミーのように小さな人々を、うなずきながら見下ろしているのです」。彼は絶えず説明し、女性たちを曳き裾のように後ろに引き連れながら、先の左手のほうへ向きを変えた。そして私がその曳き裾をさらに長くしようとしなかったので、彼は、私が彼のパノラマ釈義をもうなにも聴くことができないほど遠くまで、私から遠ざかった。私は自分がなにを考えていたのかはもうわからないが、その男を見送っていると、とても若いひとりの男が、燃えるような赤い髪の若い女に腕をまわして、私のすぐそばの手すりのところにやって来た。彼は柄付き片眼鏡で見ていたが、それを、手が自由にならなかったので――彼は一方の手で真っ赤な巻毛女を抱え、他方の手でショールと一緒に杖を持っていた――優雅であると同時に巧みに、頬の皮膚を上に引っ張り、額の皮膚を押し下げることによって、左眼のちょうど手前にできたくぼみにはめていたのであった。「必要は発明の母」といわれるところである。このはめ込み方を私が初めて見たのは、あるブリキ屋の仕事場においてであった。その窓はとても活気のあるとおりに向かって突き出ていて、屋内でハンマーを打つ職人たちは、ひょっとして近眼なのに好奇心が強かったためであろうか、手は使えないことを鑑みて、優雅に外を見るためにこの柄付き片眼鏡のはめ方を考案したのである。わが伊達男たち、そして私のそばに立っている青年も、この方法をきっとブリキ職人たちから学び取ったのであろう。

両名、つまりひどく若い柄付き片眼鏡はめ込み見物男と彼の蛍のような髪のアマリリスは、しばらくの間、きっと驚きのせいだろうと思うが、無言であった。そしてついに、長い、長い、意味ありげな、思い焦がれるような眼差しを恋人に向けながら、蛍は幾分ひそめた、だが類いまれな声で、まったくの忘我状態でこう叫ぶのであった。「ああ、なんて素敵な眺めなんでしょう！　うっとりするわ！　素晴らしいわ！　神々しいわ！　申し分なし！」。そのさい彼女は彼の腕をもっと強く自分の体に引き寄せ、燃えるような小さな顔を彼の肩に置き、世界中の舌を全部合わせたよりももっと雄弁な目をして、こう話し続けた。「ここにあなたが、すべての男性の心のうちでもっとも気高い心の持ち主であるあなたが、暮らしている。そして死ぬ！」。私は死にたくない、と私は考えた。そしてこの感激屋の女史から離れて、別の側へ行った。そこでは数人の若者が下を流れ去るドナウ河の深さについていい争っていた。ひとりが言い張った。「ドナウ河は分岐すればするほど、また広がれば広がるほど、いっそう深さは減少してしまい、反対に、川床が一番狭いところがもっとも深いんだ」。だが反対者たちはまったくそうは思わず、仲間うちでもっとも学識のある者は、その根拠《グルント》はまったくない、という。すると前者は腹を立て、こう叫んだ。「まさに底《グルント》がないからこそ、ドナウはそこが一番深いじゃないか」。これでこの厄介な争いは終わった。隣では何人かのやや歳を取った男性たちが、ちょうど近くのシュトッケラウ鉄道を走り去って行く列車の速度について論争していた。だが居合わせた人々の本当の中心をなしていたのは、テラスの真ん中でひとりの学者のまわりにぎっしりと輪をなして集まっていた人々であった。彼は自分の聴衆に*クロスターノイブルク修道院の起源について説明し、高い学識で彼らにこう述べた。「アグネスのベールがニワトコの灌木に引っかかっていたのか、それとも野バラの茂みに引っかかっていたのかは、まだ確信をもって断定することはできない」。彼は深い学識を持ってこう続けた。「これについては、われわれがいうように、『この件はまだ決着して《アド・フック・スブ・ユーディケ・リス・》いない《エストゥ》』のであり、はっきり言うと、われわれ歴史研究者はまだそれを巡って争っているのです。ところで現在未完成のまま立ち尽くしているこの修道院は、建築が盛んであった*カール六世時代の遺物なのです。とくに富裕な各修道院は彼の偉大な建造物を模倣しようとしましたが、大部分はあまりにも壮大に開始された建築計画の半ばでいっこうに進展しなくなりました。多くの中途までしか完成していない修道院が、そのことを証明しております」

あまりにもぎっしりと人々に取り囲まれていたために、こんな物知りぶった御託を並べるこの男を、私はさしあたり見ることができなかった。それで私は、もう夕方になったので空きつつあったテーブルのひとつにとりあえず座ることにし、なぜかしら私の興味を引き始めたこの不可思議な人物を、面と向かってみる機会をまだ得られるのではないか、と期待した。

従僕さんの一行もエヴェリーネともどもまだそこに座っており、したたかに飲み、騒いでいた。ピンシャー犬夫人と彼らの娘のミーネルを連れたその夫もまだワイン瓶を丸々何本もしこたま飲んでいた。そして私ははっきりと聞くことができたが、この景色嫌悪者は、もう自分のローストチキンを平らげたので、無感動を脱したようであり、横の従僕さんのほうに目を向けて、不機嫌一杯にこう叫んだ。「だけど奴ら床屋の職人どもはひどい騒音を立てるじゃないか。自分が話す言葉もほとんど聞こえないじゃないか」

いまや私は、あの学者が自分のまわりの聴衆から解放されて、出口の門のほうへ歩いて行くのを見た。それで私も急いで立ち上がり、なんとしても多少は親しくなろうと固く決意して、彼の後を追った。門の外で彼は少し立ち止まり、一瞬あたりをぐるりと眺めた。私は彼にかなり近づいて、彼を正確に観察することができた。痩せた小男であり、メフィスト顔そのものであり、手は長く、脚はとても短かった。彼にはひどく幅が広すぎ、長すぎるグレーの上着は、もうかなり着古されており、密生したぼさぼさの白髪で覆われた頭にかぶられたつばの広い帽子も同様であった。丁寧に「今晩は」と挨拶し、「ヌスドルフ*へ通じる一番の近道はどれですか」と尋ねながら、私はまっすぐに彼のところへ向かった。彼も同じく丁寧に私に挨拶を返し、左の森を通って下るようにと教えてくれた。「ですが、もしあなたがヌスドルフへ行きたいのでしたら」と彼はいい、それからこう話しを続けた。「そしてあなたに急ぐ用事がないのでしたら、こんな素晴らしい晩には、もっとはるかに快適なヨーゼフスドルフを通ってグリンツィングへ行く道をお勧めしたいです。私もそこへ行きますので、私たちはこうして一緒にぶらぶら下りて行くことができるでしょう」。私が彼の申し出に喜んで応じると確言すると、彼はまた饒舌に話し続けた。「ご覧なさい、このうえのほうが本当は私の楽しみなんですよ。

ここでは自然がまだその簡素さで保たれています。人の手はまだそれを、不都合だからといって《ウスム・デルフィニ》取り除いておりませんし、わが国の気候では奇形的にしか育たない外国の樹木や灌木はそこには見出されません。ここでは、歴史的回想をわれわれの内に呼び起こすために、人工の廃墟や円形劇場は必要ありません。どの石、どの場所も、ここでは、思惟する愛国的歴史愛好者にとっては、もともと歴史的意義を有しているのです。どの身分の者であろうとも、誰もがここから満足して立ち去るのです」

　彼のお気に入りの場所、あるいは彼がそう述べたように、彼のトスクルム〔ローマ市南東方の古代都市・保養地〕をこのように熱狂的に称揚しながら、私たちはヨーゼフスドルフへ来たが、そこで彼は、有名な小さな教会がなおざりにされていることについて、辛辣な皮肉で襲いかかった。彼のこの弾劾演説は、歌を歌い、ギターを弾き鳴らす若者たちの一団によって中断させられた。だが彼はいったん憤激してしまったものだから、さらに腹を立て続けた。「そうですよ、もちろん、今日は鷽、あるいは人々はこの鳥をギンペルと呼んでいますし、鳥類学者によってはコッコトラウステス・サングイネアと名付けられていますが、この鳥が歌うのも聞くことができます。他方、静かな平日には、大いに賛美されている私たちの歌い手たちがこれらの森をあちこち歩き回り、今年はそのうちの何人かがそこに住んでいて、これらの丘陵はパルナッソスになっているのですが、心を高めてくれる彼らの歌声はあまり気前のよくないミューズに養われているのですよ」

　グリンツィングまで下る間にその倦むことなき雄弁さで自分が言及したすべてのものに、彼は苦い液体をふり注ぎ、その液体は最後には罵りの言葉に濃縮するのであった。私はもういくぶん不気味な気分になっていたが、嬉しいことに私たちはグリンツィングに着いた。そこで彼は、明日来ないかと私を招待してくれ、彼は毎日八時から彼のトスクルムで見つかるとそれとなく言って、私に別れを告げた。私はすぐにあたりを見回してあまりぎゅうぎゅう詰めではない乗合馬車を探し、それが見つかったので、過ごした午後にはなはだ満足して、ウィーンへ戻った。

原注

（1） 下層階級で用いられるBekannte《ベカンテ》の代わりの表現。

（2） 下層階級の市場の女商人たちがかぶる一種の麦藁帽子。

（3） カーレンベルクとレーオポルツベルクの歴史のいくつかの局面を、面白く感じる読者もいないではないであろうから、以下でその注目すべき事柄をいくつか手短に述べよう。ウィーン人は「カーレンベルク」という言葉で、帝都を取り巻く丘陵群全体の中で最もウィーン市に近く位置し、最も広がりのある丘陵を理解する。カーレンベルクはレーオポルツベルクの右後方に隆起し、ヌスベルクがそれもたれかかっており、この山なみの最高地点であるコーベンツルとヘルマンスコーゲル*に連なる。それはもともとはシュヴァインスベルク〔豚の山〕という名前であったが（みずならの木の実があったためにそこで飼育されたか、あるいは野生で現れたたくさんの豚に由来する）、その後、皇帝フェルディナント二世が一六二八年にカマルドリ修道会派の修道院と聖ヨーゼフを祀る教会をその頂上に建造し、その本来の名称である「ヨーゼフスベルク」もそれに由来する。修道院と教会は一六八三年にトルコ軍によって焼き払われたが、復興され、一七八二年にとうとう廃止された。教会は聖別を喪失した。だが一年後に同教会は再び聖別され、クロスターノイブルクから一名の助任司祭を受け取り、この小村はそのときに「ヨーゼフスベルク」と命名されたのである。フランス軍の侵入以降、教会は再び荒廃し、今日では崩壊寸前である。

　レーオポルツベルクは小村カーレンベルガードルフとクロスターノイブルクの間のドナウ河右岸から険しく隆起して、かなりの高さに達している。その頂上に、一一〇一年、聖レーオポルトが聖ゲオルクを祀った礼拝堂付きの堅牢な城を建設し、五年後に自分の住居をメルクからこちらへ移したが、彼の息子と後継者ハインリヒ・ヤゾミールゴット公爵は再びこの城を去り、ウィーンの新しい宮殿に入居した。一二三〇年までこの城は河川監視所としてのみ利用された。この頃に城に入居したのはレーオポルト栄光王の未亡人テオドーラであり、彼女はまたそこで死去し、彼女の未亡人としての居所はクロスターノイブルク修道院に遺贈された。彼女のもとで城ととりわけ聖ゲオルク礼拝堂は最高の華麗さに到達した。だがクロスターノイブルクはこの遺贈物を長くは所有しなかった。というのは、バーデン辺境伯ヘルマンがフリードリヒ好戦王の姪ゲルトルーデの夫としてオーストリアに要求を持ち出し、クロスターノイブルク修道院からこの城を再び強奪したからである。彼の死後、城には領邦君主たちが入居し、城代たちによって管理された。アルベルト一世はウィーン人たちの蜂起のさいにそこへ避難せざるをえなかったが、秩序が回復するとすぐにまた立ち去った。一三四四年、弁髪のアルベルトは、大理石像や家具調度品を新しく建造したラクセンブルクへ運ばせることによって、この城からその装飾品のすべてを奪った。一四三一年になってはじめて、アルベルト五世が聖ゲオルク礼拝堂を再び復旧して、この城を居住可能にした。三〇年後に起こったアルベルトとフリードリヒの間の兄弟戦争において、ウィーン人たちは城を焼き払った。皇帝フリードリヒはこの城を再び新たに堅固なものにさせたが、それにもかかわらずマティアス・コルヴィヌスによって一四七七年と一四八三年に征服され、一五二九年についに爆破された。一六七九年にウィーンで恐ろしいペストが猛威を振るったとき、皇帝レーオポルトは聖シュテファン教会を復旧させることを誓い、その礎石も築いた。しかし建築はハンガリーの暴動とトルコ軍の侵入によって、再び妨げられた。ウィーンの包囲が解かれ、トルコ軍が駆逐されたのち、皇帝は改めて誓い、聖レーオポルトとキリストをお助けなさった聖処女マリアを祀った教会が成立した。そのときから、このかつて「カーレンベルク」と呼ばれた頂上は「レーオポルツベルク」という名前になり、以前の名前は、人々の間では、ヨーゼフスベルクに移行した。いまあるような教会と建物は一七三〇年にカール五世によって建造された。ヨーゼフ二世の治下で一七八五年、教会は再び聖別を喪失し、建物は山ともどもクロスターノイブルク修道院に返還された。一七九七年に皇帝フランツ一世がこの山を訪れて、かつての公爵の城のあった場所で「ここに再び祭壇を立てよう」と宣言したとき、皇帝に同伴していた当時のクロスターノイブルクの修道院長代理は、教会を再び開設し、一七九八年にそれを聖別した。一六八三年、帝国とポーランドの連合軍がこの二つの丘陵を越えて下方へ突如進撃し、その麓でトルコ軍の最高軍司令官カラ・ムスタファに大敗北を与えることによって、ウィーンを解放し、トルコ軍のさらなる侵攻におそらくは永久に終止符を打ったのである。

(4) コクマルガラスほどの意味で、粗野な男の子にたいする慣用的罵言。

第一九章　ローバウへの遠出

アントン・リッター・フォン・ペルガー

ツィンマーマン「アスパーンの戦い」（一八三八年）

わがウィーン人は、「唯一の帝都」ウィーンの周辺地域をこよなく愛している。彼らは、ヒッツィング*や、バラのないバラの丘《ローゼン・ヒューゲル》まで出かけるし、あるいは、もっと遠くのリージング、メートリング、バーデン、さらにはヴィーナー・ノイシュタット*へさえ足を伸ばす。かつては非常に人気の高かったハイリゲンシュタットや、ペッツラインスドルフ、ドルンバッハなどは、いまでは流行遅れのようになってしまったし、いわゆるラープ*鉄道は人々を大量に南西地域へ送り込んだため、ウィーンの北部や東部の郊外地域を訪れる人は、以前に比べると非常に少なくなった。

ところで、総体的に見れば、ウィーン人には三種類しかいない。一番目は、泥や、水たまり、雪の中に入っていかねばならないので、ブーツを履く人たち。二番目は、目的に見合った、清潔で、美しい履き物として、ブーツを履く人たち、三番目は、空に雲が現れると、ブーツを履く人たちである。

一番目のウィーン人たちの履くブーツは、たんに歩くためというより、もともと泥や雪など歩きにくいものの中を歩くために作られている。この種のブーツは、高さが膝の上にまで達することが多く、もまれながら主人と苦楽をともにし、油を塗ってもらうことはあっても、磨いてもらうことなんて絶対にない、まさによくある人生そのものである。

二番目の種類のブーツを履くウィーン人は、本物の男にほかならない。彼は、必要ならば雪の中や水たまりを歩くことを恐れないが、そうならないよう用心しているし、自分の歩き慣れた道や、きちんと石が敷き詰められた道路を歩くのが好きである。彼はそんな男なので、たとえいつも馬車でやってくるわけではないにしても、きれいなブーツをはいてそれを、より洗練されたサロン*で見てもらいたいと思っている。

三番目は、こう言ってよければ、伊達男である。短靴は、女性や、店員、踊り手の役に立つだけであるし、ついでに言えば、どのみちたくさんの仔牛の革をこぎれいに身につける人々の役に立つばかりである。恐怖心からブーツをさっと履くわけではないが、短靴を履くのは、礼儀上最高の義務である正装のとき以外は、つねに軟弱さのしるしである。われわれの美しい郊外地域を訪れる人々もまた、この三種類のブーツ愛用者に分けられる。読者は私の言い分を理解してくれるであろうし、わが身に該当する細部を具体的に思い描くことができるだろう。

とはいえ、私にとってもうひとつ不思議なのは、愛する同郷の人々が、わがいとしの市外区*のドナウ側に対しては、プラーター*は別として、ほとんど権利を認めていないし、それどころか、そんな場所の存在すら知らないことである。そのため、ライン河やエルベ河、その他の川でなら非常に頻繁におこなわれる船遊びも、われらの荘厳な流れにおいてはいっこうに実現しそうもないのである。

しかし私には、偶然だが、もうずいぶん前からある考えがあった。とうとう流れることをやめない太古からの頑固なイスター*、すなわちウィーンからすぐ下流のドナウ河とその周辺をあちこち舟で回り、もちろんきわめて変わりやすいこの川の支流の多彩な蛇行ぶりと、狩りの獲物に富む島の数々をもっと詳しく知ろうというのである。そういうわけで真っ先に私が検分におよんだのは、歴史的観点から大変興味深いローバウ*であった。その小旅行での出来事をこの小文において読者のご高覧に供するわけだが、ともすると話が広がりがちな私のくせを諸兄にはお許し願いたいと思う。私は祖国《ファーターラント》を、あるいは、一二世紀のドイツ語に美しく表現されているように、私の「生まれ故郷《ファーターハイム》」を愛するものである。この土地において私の目に入るいっさいが私にはとても心楽しいものなので、普通は外国のものしか評価できないドイツ人の本性を私は否定しているかのように見えるかもしれない。ともかくも、いざ出陣《アド・アルマ》！

ドナウ河へ注ぐ細い支流、いわゆるノイヴァッサーの岸辺で、私は簡単な小舟の一艘に乗った。ノイヴァッサーは、エーバースドルフ*からアルバーン*を過ぎて、マンスヴェルト*のほうへ曲がっていく支流である。私が乗った舟は、その粗雑な作りから、しばしば「おぼれ舟」と呼ばれていた。船頭は、誠実な漁師で、灰色の上着を羽織って、ナイトキャップのような帽子をかぶり、外側へ折り返しのある長靴を履いている。この男が舵を取り、前方に座っている年老いたフランツルが規則正しくオールをこいで、舟は、アシと明るい色の草地によって区切られた、かなり浅いドナウ河支流の真ん中へすばやく滑り出ていった。私は、澄んだ緑色の水の中に見えるたくさんの水草を見下ろして満足した。それらは、冷たい静寂な水底に萌えいで、繁茂して、水面《みなも》のところどころにおずおずと静かに一、二枚の葉を伸ばしているのみである。他方、周囲のアシの葉は、まるで、言わねばならないニュースが無数にあるので、ささやきをやめることができない、とでもいうように、たえずさわさわとそよいでいる。空気はやわらかく、ほんのかすかに動くだけであった。あたり一帯なにもさえぎるものはなく、のどかに、広々と私の眼前に広がっていたので、まるでここには冬も嵐もないかのようであった。ふわふわした雲の群れの移動を観察しようと、空を見上げたちょうどその時、予期せぬ現象が起きた。騒々しい首都のすぐ近くなのに、一羽の堂々としたアオサギが、私の頭上へさっと飛んできて、首を曲げ、脚はぴんと伸ばして、草地の一番高い銀ポプラのまわりを旋回すると、アシ原の中に慎重に降り立ったのである。アオサギはそこで一本足で立ちながら、身じろぎもせず水中に目をこらしている。それはまるで、周知のように浣腸術を発明したあのいとこのトキ氏から、自分の発見によって地位と名声を奪える、とでもいうかのようである。

「あいつぁ、魚取りの名人でさ」と船頭は言った。私は彼に当初から、ここで起きるはずのことはなんであれ私に教えるようにと言っておいた。いま船頭はそれを忠実に、かつ、彼なりのやり方で実行したのだ。「あいつぁ、魚取りの名人でさ。ああやって何時間でもじっと立って、魚たちが自分のまわりに集まってくるまで水中をのぞき込んでる。なにしろ奴さん、あの目で魚どもに魔法をかけることができるもんでね。で、そのあと、一番気に入ったやつらをぱくっとくわえる。どんな毒でもへっちゃらでね。雨風に耐えてきた義足みたいな足のあいつときたら、ひきがえるだろうが、トカゲだろうが平気だし、蛇だって呑みこんじまうんでさ。ちょうどあっしらがパンを一切れ食べるみたいにね」

私は、親切な男の念の入った教えに礼を言って、最大限に驚いてみせると、毒に強い魚取りの名人のほうへできるだけ近づいてくれと頼んだ。しかし、足長のアオサギ氏は鋭敏な視力の持ち主で、われわれが向きを変えたと気付くやすぐに、ぱたぱたと飛び去っていった。

「あそこにひょうきん者が一羽飛んでまさ」と、地獄の渡し守カロン*がまた叫んだ。彼は、教えがいのある私の態度に気をよくして、次の獲物を探すべくあたりを見回していたのだ。彼は、鋭い声で鳴いている冬カモメを指さした。「だんな」と彼は続けた。「あのひょうきん者は、天気を予報してくれるんですわ。天気がよくなるときは真っ白だが、悪くなりそうだと灰色になるんですよ」

「結構だ」と私は内心思った。「この鳥にそんな超能力があるとすれば」。ただし残念なことに、その能力の現れはここではそんなに珍しいことではない。なぜならば、灰色と白色が現れるのは、灰色のカモメと白色のカモメを混同しているだけで、わが国の河川には両者がともに生息しているからである。しかし、船頭の見解は私のそれよりはるかに詩的であるし、私はけっして、喜んで訂正の労を取るような人間ではない。そのため私は、この件を彼に説明するのをひかえた。

船頭は、私の沈黙へのお返し、とでもいうように、また、飲みこみのいい子供たちを喜ばせてやろうとする時のように、さらに多くの鳥たちに私の注意を向けさせた。向こうには、タゲリが三羽から五羽のグループを作って座っていた。また、鏡のような水面の上へ、オバシギのいくつもの見事な群れが遊ぶように輪を描いて飛んできたので、めまいのするようなワルツを踊りながら、楽しげにたがいの心を奪い合おうとしているように思われた。かん高い声でなくシギたちが、わずかに泡立っている流れの上をヒューと斜めに横切っていく。オーストリア皇室風の羽毛をつけたキノドアオジが、短いさえずりを響かせた。どこにでもいるカラスたちは、老いたニレの木のてっぺんにある枯れ枝にとまり、太陽に向かってカーカーと鳴きながら、体を揺すっている。

とうとう川幅が広くなってきた。黄色っぽい、濁った色になり、これまでより流れが早い。草地の終わりにあたる小さな砂州の周囲をぐるっと回ると、大河ドナウの流れの中に出た。満々と水をたたえた流れに比べると、われわれの小さな乗り物が手で握りつぶせるドングリの殻のように思えただけに、ドナウの川幅の広さはますます興味深いものになった。

ここで大事なのは、川を越えるのに都合のいい一点を見つけることである。年老いて歯の抜けたフランツルは、この件をあっさり片づけようとするが、船頭は断固たる優位を示して自分の考えを言い、小舟をこちら側の岸につけさせた。フランツルはオールを舟の中へ入れ、陸に上がり、「くつわ《ツァウム》」、すなわち引き綱を手にとって、上流の悪名高い「仕立屋のくぼ地」へわれわれを引っ張っていくことになる。このくぼ地の名前は、首を吊った仕立屋の伝説にちなんでいるのだ。

ここへ来ると、水の性格は、風のない草地とは一変する。ここでは底は見えない。流れはたがいにせめぎ合い、さざ波を立てて、たえず渦を巻いている。フランツルは、その流れを確実に乗り越えていくことで、見事な腕前を証明する。われわれは、岸辺にぴったり寄り添いながら、すべるように流れをさかのぼっていった。私は、岸からおよそ二〇歩も離れたところに立っている草地の木々の長い根に驚いた。流れはここで、残りの土をすっかり洗い流して深みへ引きずり込み、根がすぐに奇妙な具合に曲がったかと思うと、ふたたび、ぴんと張った丈夫なロープのように見えたりするいくつもの動きを、ここを通過していく私の目にさらしているのだ。

風は、本流に入る時にすでに強かったが、ここではかなり激しく吹いている。川は一・五フィートほども波打ち、それが絶え間なく寄せてくるさまは、楽しげでもあり不機嫌そうでもある。その波は、海では「羊波」と呼ばれるあの飛び散る白い泡の渦も作っている。われわれの小舟は、揺れ、きしみ、いくらか浸水した。しかし漁師の船頭はこう言う。「大丈夫でさ。それに、このちっとばかり人《ひと》の苦労は、あとで川を下る時に自然と埋め合わされるんですわ」。シンドバッドの言葉を借りれば人馬《うま》とも言うべきフランツルは、親方の元気づけのかけ声に押されながら、相変わらず一生懸命舟を引っぱっている。彼は、かつての宿敵ナポレオンが一八〇九年五月一八日に建設させた浮き橋の右のたもとにたどり着いたとき、ようやく止まった。フランツルは「くつわ」を巻き上げ、舟に乗ると、かぎ棹を手に取り、すべては厳格な主人の厳然たる命令のままに、舟の右側の上流のほうへ向けてその棹をぐいとおろした。というのも、漁師の説明によると、いまわれわれはまさしく「王の山」（王の島）の上におり、ここが、川越えがもっともうまく行く場所だからである。

かぎ棹が収納され、オールがふたたび戦列に復帰した。「いけ、フランツル、ひきつけろ、二、三度思い切りこげ」と、小舟の船長が声を張り上げると、わずか数分でわれわれは川の真ん中へ出た。水は、先ほどよりも満々としているが、渦はゆっくり巻いている。流れはとても速いので、風も追いつけない。一回り大きな渦の輪が、風変わりなフォークダンスを踊っている。われわれは「難所」に入った。すなわち、ドナウの流れのもっとも深いところに来ており、われわれの小舟は、造船術へのパロディーとしか思えない。しかし、雌ライオンたるドナウ河は慈悲を示し、この粗末な舟が彼女の背中で踊るのを辛抱強く見守ってくれている。とうとう、さしもの「難所」も通過し、水はさらさらと流れて、浅くなってきた。われわれは、砂の堆積地であるかつての「エリーザベトの山」(エリーザベト島)のわきを通り過ぎ、砕けた岸に船首がぶつかった。目的地に到着したのだ。私は陸に上がり、滔々と流れるドナウ河にあいさつを送った。

今度は、歩いて奥行き二時間、横幅四五分の大変名高いローバウの島を散策する番である。私は、船旅の間、ドナウ河にばかり気を取られていたので、どのくらい時間が経ったのか考える余裕がなかった。しかし、足元が揺れなくなったいま、巨大な力で押されたかのように以前の考えが戻ってきて、自分が、たまたま不意に開いた一冊の本のように思われた。

われわれみんなにとって非常に注目すべき古き時代よ。いや、むしろ最近の時代と言いたい。そこに生きたかなり数の人々は、すでに世を去った。しかしこの時代は、われわれにいくつかの遺構を慈悲深く残してくれた。それは、われわれがこの時代を、たとえそうしようと思っても忘れることはできないし、忘れてはならないからである。私がいま歩いているこの場所には、三二年前、コルシカ生まれの男の中でももっとも大胆な男が、恐ろしい軍隊を率いて駐留していた。それまでに多くの勝利をわがものとしてきたこの男が、ここで初めて敗北のつらさを味わったのだ〔一八〇九年五月二一、二二日のアスパーンの戦い〕（一）。世界征服者の腹心の部下たちは、この男のため息と悲嘆の叫びをここで耳にした。「ああ《アー》、神よ《モン・デュー》、神よ《モン・デュー》」と。

　パリからアスパーンまでは、長い道のりである。これに比べれば、アスパーン*からローバウへ戻るのは、いわゆる目と鼻の先にすぎない。しかし、ほかならぬこの短い距離が、この「小男《プチ・コルポラール》」にとっては、予期しない重いものとなったため、これに続くワーグラム*での数日（二）がもしなかったら、まったくやってゆけないほどになった。彼が、自分の昔の「できない《アンポスィブル》だと？　そう思うやつはばかだ《セタン・フー・キ・アン・クロワ》！」という言葉をなおも堅持したいと思うならば。

　私は、この男が、マルヒフェルト*での最初の戦い〔一八〇九年五月二一日の戦闘〕のあとドナウ河を渡ってエーバースドルフまで引きあげてきた時、その姿を見たかったと思う。彼は小舟に乗り、小首をかしげている。脇にはベルティエ*がおり、目の前には、あの日の唯一の悲しい戦利品、すなわちふたりの捕虜を置いている。ひとりは皇帝アレクサンドルの副官チェルニチェフ、もうひとりは瀕死の重傷を負っている元帥副官ヴェーバー。私は、ベルティエ*に向けて語った苦い言葉を、彼の口から聞きたかったと思う。

「四〇も戦いに勝ってきたのだから、ひとつぐらい負けても何とも思わんよ」

その言葉の言い方は奇妙だったろうし、奇妙に聞こえたに違いない。

実際、三二年前、ここはいまとはまったく違った外観を呈していたかもしれない。いまはすべてが平和な幸福感に満ちて私の前にある。当時は兵たちがひしめき合い、轟音がとどろいて、大混乱だった。普段はひどく威勢のいい「バンザイ《キル・ヴィーヴ》」が、岸辺の周囲で不安げに夜通しどよめいていた。いまは、すべてが心地よく眠っているかのようである。私はうなだれて、暗く深い物思いに沈んでいった。


その時、私の横の林の中でザワザワという音がした。私は船頭たちかと思ったが、それはアカシカの群れだった。見事な角をつけた一頭に率いられて、草原の茂みの中へ楽しげに駆けていく。善良な鹿たちよ、お前たちの先祖がもし生き残っていたら、その鹿たちにもなにか語ってもらうことができたろうに。しかし彼らは、新緑に萌える自分たちの住みかに高い家賃を支払うことになったし、彼らのうまい肉は、ここにきわめて入念に砦《とりで》を築いた敵を養うことになったのだ。

「砦のことをお尋ねですかい」と、舵取りの親方が、つい声に出てしまった私の想念をさえぎって言った。「砦ならそこでさ、すぐそこんとこですわ、さ、一緒に行きやしょう」。船頭は小走りに先に立って、波打つ草むらをかき分けていく。私は彼のあとに従い、数百歩行くと、ドナウ河にぴたっと接して立つ最初の防塁が見えてきた。私は思わず知らず愛着をかき立てられ、しだいに急ぎ足になり、ついには足早に走りだしてしまったので、まるで銃剣を構えて砦に突撃するかのようであった。私は、かつて彼が立った防壁の上に立ち、彼もまたかつて見たであろうウィーンの方角に目をやった。しかし、そこへはせる思いはまったく別だ。

私の勝利などはきわめてささやかなものであるし、闘いに敗れたからといって、それが耐えがたい、などということはない。私はフランスの鷲でもドイツの鷲でもない。もしどうしても鳥になれと言うのであれば、私が一番なりたいのは四十雀《しじゅうから》だろう。この鳥は気楽に丘から丘へ飛び、命をいただいたことをその小さなさえずりで神様に感謝し、甘いベリーや妙味のある木の実を（それが苦くない限り）食べて満足する。日の光をうれしく思い、夜には、人知れず快適に過ごせるねぐらを探し、悪魔を気にかけるのは――いや、ローバウの散策に戻ろう。

「これが最初の砦でさ」と、年老いたフランツルがつぶやいた。彼はそれまでにも、船頭と同様、私に教えをたれることで得意になろうと、明らかに苦心していた。「そう、これが、フランス人が築いた最初の砦なんでさ」

「それは違うぞ」と船頭が反論した。「こいつぁ、最初でもなければ最後でもありませんや」

「そんなこと言ったって、これは、ほかのと比べたらウィーンの町に一番近いじゃねえですか。だから、やっぱりこれが最初だったにちげえねえと、あっしは思いますわ」

「考えても見ろ」と、主人は熱っぽく彼をたしなめた。「お前さんは、あの戦いがここで始まった時、ウィーンにいなかったじゃないか。あの人は、もうウィーンを手に入れていたし、そうなら、この砦なんぞ大して必要じゃなかったんだ。一番重要な砦は向こうの草原の真ん中にあって、俺たちはこのあとそれを心ゆくまで観察できる。だが、お前さんは、自分が知らねえことに口をはさむんじゃない。ウィーンのだんな方に間違ったことを教えてはならねえぞ。あっし自身は、フランス人がここへ来た時、やっと一六になったばかりのガキでしたぜ。でもあっしはこの目で見たし、よーく知ってるんでさ。やつらがローバウに退却せざるをえなくなった時、奴さんたちがどんなに怖がっていたかをね。シンマリングからエーバースドルフまでたなびいた長い砂ぼこりが、胸ん中でドキドキしてるいくつもの心臓を覆いかくしてましたぜ。だんな、フランス人どもは、デムノニーの向こうがわへ引きあげてきたんです。すると、やつらの楽隊が、じつにきれいで熱烈な行進曲の演奏を始めたんですわ。ところが兵士たちは、楽隊の目から見ても、すっかり青ざめ、不安におびえていて、いまにもそこかしこの家にするりと入りこんじまいそうだった。実際そうしたやつらもいたし、下士官たちが剣を振り回して引っ張りださなきゃ、そのままずっとそこにいたでしょうな。それでな、フランツル」と、船頭はふたたびフランツルのほうに向き直って、せわしく話を続けた。「やつらは、あいつのために草原に出ていくのはまっぴらだった。でも、そうしないわけにはいかねえ。で、最後には、ナッサウから来た連中だけが町に残ったのよ。こいつらはドイツ人で、フランス人に格別思い入れがあるわけじゃねえ。やつらには、ウィーンの乙女たちの方がはるかに気に入っちまったし、実際しゃれた若造もいたよ、このナッサウの連中にはな。うちの親父がまだ生きてりゃ、あの時のダンスのことを微に入り細にわたってお前さんに話してくれたろうな。だが、それはもう遠い昔の話だ。時代は変わったし、ドナウ河も変わった。難所は、あのころは少なくとも二〇クラフターは向こうのはるかかなたにあったが、いまじゃだんだんこっちの左岸のほうに寄ってきてる。それに、この砦も何回か高波に襲われて、もう側壁がふたつも流されちまった。そういうわけでね、だんな」と、船頭はふたたび私のほうを向いて言った。「だんながご覧になっているのは、この砦全部の半分もないんでさ。それに、ドナウがすぐに流れを変えない限り、一〇年後には、この残っているふたつの側壁ももう見られなくなりますわ」

船頭の言うとおりだった。実際、いまここに残っているのは、四角形に作られた砦のふたつの側面だけである。だがそれらは、流れのせいで壊れた箇所を除けば、保存状態は大変よかった。私は、崖のようになっている端のほうへ歩み寄り、川波を見下ろした。波は、たえず流れて永遠に同じことを繰り返しているのに、どの波もたった一回しかやってこない。私の目の前には、歴史の流れがあった。時がその動輪であり、歴史の流れも時も、とどまることなく、うまずたゆまず回転し、いまも回転し続けている。しかし、流れが速くなるにつれ、消えていくひとつひとつの波も多くなった。最後には、形のない無理強いと、交互に訪れる恐ろしい慌ただしさ、目的地に到達しようというすさまじい勢いだけになる。こんなふうにして川面《かわも》を見下ろし、いまはもう半分以上がもぎ取られてしまったナポレオンと彼の砦に思いをはせていたら、私の目の前でガチャガチャと音がして、痙攣するように、締めつけるように心臓をむんずとつかまれ、足元が崩れて、どんどん深く沈んでいき、波が私を呑み込んで、情け容赦なく引っさらっていくように思われた。感覚がなくなり、かつてそこにいた人も将来いるはずの人もみな消えていくように、私は消滅した。

「そんなに端っこへ近寄らねえでくだせえ」と船頭が叫んだ。「砂がもろくなってるし、だんなが落ちでもしたら」

「そうなったら、思わぬところで冷水浴だな。ところで、教えてくれないか」と、私はすっかりわれに返って、続けた。「この周りの木は、もう当時からこの砦のそばにあったのかね」

「いいえ、だんな」と船頭は答えた。「ここにある木はみんな、あとから大きくなったんでさ。フランス人がやってきたころこの島は、まるでハンガリーのペストの床屋に剃られたみてえに丸坊主でしたわ。でも、種はもう土ん中にあったんですな。敵が退却したあと、それがすぐ伸び始めた。木がこんなに早くこの高さまで伸びたのは、たぶん砦のお陰もあるんですぜ。なぜって、堀ん中で芽ぶいた新芽は、それだけ風や悪天候から守られるでしょ。で、そうしてるうちに、自分でそれらに立ち向かえるほど強くなれたってわけでさ。あと数年もしたら、伐採できるようになりますわ」

「それにしても、こんなに短時間にこれほど太くなるとは、驚きだな」

「一番小さな種が、一番大きな木になる、って言いますからな」と、年老いたフランツルが割って入り、つぶやいた。

「わかった、わかった。お前さんはこういうことだってよーくご存じなんだよな」と、船頭が応じた。彼は、自分のしもべと永遠に争いながら暮らしているように見えた。「お前さんは、あいつらに吹き込まれて、そう思いこんでるんだろうが、知らねえのか、一番小さな種は、それが木になるまでに一番時間がかかるってことを。だんな、お願いしますぜ」と、船頭は私のほうを向いた。「先へ行きやしょうや。見るべき砦がまだたくさんありますから」

私は慎重に下へ降りて、船頭の後についていった。彼の相棒は、不機嫌そうにぶつぶつ言いながら、数歩うしろへ下がる。草原で船乗りは、さまざまの比較的大きな穴や小さな穴、彼が言うところの「くぼみ」を私に見せた。その上には、かつてテントが張られていた。また、それらよりも深い穴には、スペイン騎兵たちが放り込まれていたという。そのあと彼は、長さおよそ六から八クラフターの、やはりびっしり草に覆われたとある堀に私を案内した。しかし、船頭が説明を始めようとしたその瞬間、得意顔をしたいフランツルがまたも私の脇にやってきて、主人にさからってでも気の利いたことを言いたいんだとばかり、大きな声できっぱりとこう言った。「これは、*九柱戯用のレーンでさ。フランス人どもは、ここで日曜になると九柱戯のボールを転がしてたんですわ！」

「頼むから、フランツル、静かにしててくれないか」と、親方が彼をさえぎった――「まったくお前は正真正銘、一本ねじが――てやつだ。だんなからも言ってやってくださいよ」――彼は私に語りかけた――「こいつとつきあいきれるものかどうか。こいつは、なんにでもくちばしを突っこんで、自分のほうがよく知ってる、という顔をするんですわ。いまだって、ただ自分がそう思ったというだけで、この堀が九柱戯場だと言い張る。でもあっしは確かに知ってるんですよ。ここには防御柵がたくさん打ち込んであって、あっしらがさっき見た砦と、これから行く砦の間の空き地を守ってたってことをね」

この説明は、主人としもべの関係が私にはおもしろかったのと同じくらい正しいと思われた。私は満足して、最初の砦から二五〇歩離れたところにある第二の砦へ向かった。

第二の砦は、また独特な印象を与えた。というのも、この砦は、びっしりと茂った木に覆われ、堀はアシとつる草に囲まれていたので、『正統派』の著者が実に卓越した描写力を見せているあのインドの城をどうしても思いださせたからだ。私たちは、人跡まれな、細い息苦しい小道を、真の縦列隊形で、つまり、ひとりの後にまたひとりと続いて中へ入っていき、砦の内部で芝のすばらしい緑と、ニレや、ポプラ、ヤナギが作る気分爽快な影を見たとき、私はうれしくなった。これらの樹木は、まったく見事に残っているこの三角形の砦にきわめてやさしく枝をからませているので、まるで、この砦の周りに平和の永遠のネットを掛けようとしているかのようであった。ここはとても快適で、ひそやかな場所だったのだが、私たちは、すでに一・五フィートの太さに成長して防壁の上に覆いかぶさっている木々の幹の間を通り抜け、第三の砦のほうへ歩いていった。この砦には、とくに色濃く木々が影を落としており、一重の稜堡が作られている。

第四の砦の内部を見たときは、また新たな驚きに襲われた。というのもここは、まだつい昨日まで陣地が敷かれていたように見えたからだ。草は踏みならされ、いくつかの場所には地面に穴があけられ、脇には一種の地下室が掘られている。真ん中には大きな火床があり、そこには二本の木の幹が、一本は半分炭になり、もう一本はまだ煙を上げている状態で横たわっていた。

「これは、一体どういうことかね」と私は尋ねた。「ここは野営地だったのかね」

「そうでさ」と船頭は答えた。「それも、つい二日前ですわ。フランス人どもがとてつもねえ恐怖を堪え忍んだこの場所には、夏の何ヵ月かの間、シレジアの草刈り人たちがかみさんや娘や子どもたちを連れてやってくるんですわ。日曜にはそりゃ楽しそうにやってますぜ。エーバースドルフやアスパーンの楽師がここへ来るし、若い猟師や兵隊も顔を見せる。そうなると、踊って飲んで、歓声をあげて、みんな腹の底から笑いころげるんですわ。でもあっしらはいまから、フランス人の鋤《すき》とツルハシが作った、ローバウで一番大きい、一番大がかりな砦に行きやしょうや」

とがった部分すなわち稜堡がみな一様にマルヒフェルトの方を向いている砦が、東北から南東の方角へ、徒歩約一五分の幅の半円の形に広がっている。この砦は、他の砦と同様、保存状態は大変良いが、やはりびっしり植物に覆われているので、ここのことを知らない人はみな、とくになにも言われなければまったく砦に気づかず、自分はとても気持ちのよい草原にいるとしか思わないだろう。この広大な砦の真ん中を、こう呼んでよければナポレオン街道が通っている。これは、この強大な権力者が、エーバースドルフにある、船を並べた三重の浮き橋から、ローバウ島全体を抜け、アスパーンの橋にいたるまで貫通させた道路である。この街道は、きわめて短時間に作られたのに、最上の仕上がり《オプティーマ・フォルマ》になっており、あの陣地が敷かれていた時代には、灯りを用いて実に見事に照明されていた。いまはそこも、砦の内部と同様草が生えている。さても、私はここであのユダヤの諺を思い出す。「草におおわれる」。これは古来より伝わる諺で、*アブラハム・ア・サンクタ・クララに従えば、ありとあらゆるものが失われることを意味している。動きが止まり、活気が消え、人気《ひとけ》がたえ、名誉が損なわれた。だが、ちょっと待て。最初の三つはすべてここに当てはまるとしても、四つめは明らかにここには合わない。なぜならば、まさにその反対のことが何千という人々により誓いを立てて保証されているからであり、ここでは、その草でさえ、裸の砦を保護するように時が着せ掛けた緑のコートにすぎないのだから。

すなわちここは、ナポレオン軍が復活祭から精霊降臨祭までの時を過ごした〔三〕場所だが、どこでも連戦連勝だった兵士たちが、不安におののきながら首尾よく終わることをこい願った場所であり、時も状況も、自然でさえも、結束して彼らに敵対し、ひょっとしたら、大胆なあと一撃があれば世界史の方向が変わったかも知れなかった場所なのである。

この結果は、起きるべくして起きたのだ。そう見れば、ドナウの河川の氾濫に匹敵するアスパーンの戦いは、この有名なコルシカ人の最後の運命の、明確なのに簡単に聞き流され、簡単に忘れられた前兆だったのである。

女神ネメシス*は、恐ろしくも、ナポレオンの大胆不敵な建物の門を三度叩いた。一度目はここで、二度目はロシアで、三度目はライプツィヒだった。ワーテルローの夜は彼の棺桶のふたを開け、セント・ヘレナの巌《いわお》が彼の二五年の歴史を受け入れた〔四〕。

いまこうして、長大な砦を歩いてみると、そうしたいっさいがさらにはっきりとし、明瞭になってくるし、ここで干戈《かんか》を交えた戦いを身をもって体験してみたかったという願望は、ますます切に、ますます熱くなってくる。私は、できることなら、わが軍の五つの部隊〔五〕がビーザムベルクからルスバッハ*河畔を下流へ移動して、島々や耕地に安全に布陣していた敵に向かっていくさまを見てみたかった。私は、できることなら、戦争という大胆なさいころゲームの中で、わが軍の兵士がアスパーンやエスリング*に身を投じて、恐ろしい戦いがますますうねり、荒れ狂っていくさまを見てみたかった。ついに強力な夜が勝者にも敗者にも休息をもたらしはしたものの、両軍の誰ひとりとしてそれを享受できない〔六〕、そんなさまを見てみたかった。

はたせるかな、夜明けとともにいっそう恐ろしい戦闘が始まり、猛威と殺戮はとめどなく続き、この上なく大胆な勇気の場面が、この上なくぞっとする恐怖の情景と入れかわった。そこでは、ベニョフスキー*連隊が、何度も勝者が交替したアスパーンの教会墓地の壁めがけて突進した。ヒラー*が投じたたいまつで、教会の屋根と司祭館がぱっと燃え上がり、その黒い煙が、四〇〇門の大砲の、休みなく渦巻く恐ろしい白い煙と混じり合う。それら大砲のすさまじい轟音は、荒れ狂う雷鳴でさえあざ笑う。野心と祖国愛、憎悪が、わが軍の兵士を極限へ駆り立てる。これはもはや戦いではない。これは、嵐であり、あとさき顧みない全力の投入であり、あらゆるものの沸騰であり、暴威であって、それは絶望の狂乱さながらである。擲弾兵《てきだんへい》が、敵の目をえぐり取ろうとするかのように、敵の砦の銃眼に銃剣を突き刺す。そこには恐怖と不安があったが、忘れ去られた。大公が、みずからの手で、ねばり強さを示す軍旗を振る。大公の周囲でも側近が倒れたが、それでも大公は、手勢の擲弾兵とともにつき進み、敵は後退する。敵は、たとえ皇帝ナポレオンが踏みとどまるよう強制しても、後退するしかない。皇帝は、踏みとどまらせるために部下の名誉心を鼓舞し、皇帝自身が救いの浮き橋を撤去させたと兵たちに信じさせようとする。しかしその浮き橋は、実は、石を積んで火をつけたわが軍の船と、解き放った船水車によって打ち砕かれたのだ。皇帝は、いまや勝利かさもなくば死だと叫ぶが、それも無駄に終わる。彼らは持ちこたえられず、後退し、逃走して、完全な敗北をとげたのだ。

これが、恐るべき、身の毛もよだつ二日間の出来事だった。だが、偉大な、途方もなく偉大な日々だったのだ。

私は興奮していた、興奮しすぎていたくらいだ。連れたちは、いぶかしそうに私を見つめ、この瞬間、私には、夢想からわれに返る十分な力がなかった。

「ここでこの大きな砦は終わりですよ」、とうとう船頭が控えめに私の言葉を引き取った。「でも、あそこの下ったところには」と、船頭は右のほうを指さした。「土盛りがまだたくさんありますぜ。それもご覧になりますか。どれも、最初に入ったのとどっこいどっこいですがね」

私は、船頭が私をさらに先へ案内しようと言ってくれたのを断った。というのも、私は実際、疲労を感じていたからだ。そこで船頭に、また私を岸まで連れもどしてくれるよう頼んだ。

私たちは舟に乗り、岸を離れた。帰りの船旅は速かったし、この日の見聞と想念の反芻が中断されたのはただの一度だけだった。それも、私たちからほど遠くないところをきわめてゆっくりと滑るように走っている中くらいの大きさの舟によるものだった。この舟には、三名のひげ面の男が乗り組んでいた。その中のひとりめは、長い棹を慎重に上げたり下げたりし、他方ふたりめは、棹が上がるたびにその下端を調べている。三人めは、舵を取っていた。舟の様子は、ひどく憂鬱そうに見える。

「あそこにいる人たちは、なにをしているのかね」と私は、ずっと得意顔をしたがっていたフランツルを、質問で一度ぐらいは元気づけてやろうと思い、彼に尋ねた。

「あっしが思うに」と、彼は満足げに大きな声で答えた。「あいつらは、誰か溺れてねえか調べてるんでさあ」

「なにぃ！」と、親方が叫んだ。「お前さんは、ほんとにいかれちまったのか。ありゃあ、金の洗鉱をしてるんだって、わからねえのか、お前は？」

「金の洗鉱？」と、私はびっくりして尋ねた。「ウィーンのこんな近くでも金が取れるのかね」

「もちろんでさ」と船頭は答えた。「あの連中は、あれで結構悪くない稼ぎをしてるんですぜ。とくに、乾燥して、川の水位がずいぶん下がった年なんかはね。あの長い棹を持ったやつが川底を掘り返し、二番目のやつが、役に立ちそうな砂があるかないか調べるんですわ」

「で、もし役に立ちそうな砂が見つかったら、どうするんだ」

「そしたら、その砂を舟に一杯積んで、岸へ行き、金が出てくるまで洗うんでさ。で、そのあと、金がある程度たまったら、やつらの領主に売るんですわ。あいつらはみんな、ハンガリーから川をさかのぼってやってくるんですよ」

金の洗鉱夫たちの舟は、すでに述べたように、もの悲しい様子を呈していた。舟は、ゆっくりぐるっと回ると、堆積物の向こうに姿を消した。私は、それが視界から消えたのを喜んだ。

とうとうノイヴァッサーにまた帰ってきた。私は、着くとすぐになつかしい岸辺に上がった。

私は、感動していた。私が見聞し、考えたことはすべて独特のものであり、新しいわけでもなく未知でもなく、その両方を同時に兼ね備えていた。まずは、草原の間を抜けていくおだやかな航行、さまざまな珍しい鳥たち、荘厳な流れ、つぎには、途方もない記憶を宿した島、最後に金を探す風変わりな舟。ふたりの漁師でさえ、独特の雰囲気を醸《かも》し出してくれた。私はいままでにウィーンの周辺で、このローバウへの遠出ほど興味深い旅をしたことはなかった。ウィーンおよびウィーン人にとって、われわれの周囲のある一点が重要であるとすれば、それは間違いなく、世界史に残るこの島である。しかしこの島は、私が恐れるように、その価値の割りには訪れる人が少ないのだ。

訳注

〔一〕一八〇九年四月、オーストリアのカール大公*（オーストリア皇帝フランツ一世の弟）は、ナポレオンのスペインでの苦戦を見て、イギリスとともに第五次対仏大同盟を結成し、ナポレオンに戦いを挑む。四月二二日、レーゲンスブルクの南にあるエックミュール村での戦いに勝利したナポレオンは、一八〇九年五月一三日に九万の軍勢でウィーンに入り、カール大公は同一六日、ドナウ河左岸のビーザムベルクに撤退。大公はここで、ボヘミアやハンガリーへ通ずる戦略上重要なアスパーンおよびエスリングの両村を守るため、七万五〇〇〇の兵力で陣を敷く。ドナウ河のすべての橋を破壊されたナポレオンは、浅く細い支流に囲まれているローバウ島へ南岸から渡り、ここを拠点にして、五月二一日アスパーンおよびエスリングへ攻め入り、両村を占領。しかし、アスパーンでは九回、勝者が入れかわる激戦となった。ナポレオンは、破壊された橋を修復して兵力を増強。翌二二日早朝、戦闘が再開されたが、大公みずからが軍旗を掲げて先頭に立ったオーストリア軍の前にふたつの村は陥落。午後、ナポレオンは全軍の撤退を命じ、夜間にローバウ島へ退却した。ナポレオンはみずから指揮する野戦で初めて敗北を喫し、彼の不敗神話が崩れて、これ以後、敵対する各国が勢いづくことになる。アスパーンとエスリングはともに、現在、ウィーン市二二区の小地区となっている。両村間の距離は徒歩で三〇分ときわめて近い。

〔二〕アスパーンの戦いに敗れたナポレオンは、引き続きローバウ島に兵力を温存し、援軍を呼び寄せて一九万の大軍となった一八〇九年七月四日の夜、ドナウ河右岸とローバウ島からドナウの渡河を決行、アスパーンとエスリングを奪還した。さらに、五日から六日にかけてのワーグラムの戦いで、カール大公率いるオーストリア軍を屈服させたのち、一〇月一四日、ウィーンの*シェーンブルン宮殿で講和条約を締結させた。この結果、第五次対仏大同盟は崩壊し、カール大公は引退。オーストリアは、兵力を制限され、七分の一の領土と三五〇万の人民を手放し、賠償金の支払いと、イギリスへの大陸封鎖令の遵守を約束させられた。

〔三〕一八〇九年の復活祭は四月二日、聖霊降臨祭は五月二一日であるので、ナポレオンが五月一三日にウィーンに入り、五月二二日に敗北した、という史実と正確には符合しない。

〔四〕「ロシア」は、一八一二年一〇月のロシアでの大敗、「ライプツィヒ」は、一八一三年一〇月の*ライプツィヒの戦いでの敗北、「ワーテルロー」は、ナポレオンが一八一五年二月にエルバ島を脱出後、同年六月のワーテルローの戦いで敗れたことを、それぞれ示唆する。フランス総裁政府のイタリア方面軍司令官として一七九六年四月にイタリアへ遠征したときから、一八二一年五月五日のセントヘレナ島での死亡までを数えれば二五年となる。

〔五〕アスパーンの戦いの時のオーストリア軍の構成は、第一、第二、第四、第六軍団と予備軍であったため、五つとなる。

〔六〕五月二一日の戦闘の結果、アスパーンはオーストリア軍が、エスリングはフランス軍が占領し、互いににらみ合う中で、夜の休戦に入った。

第二〇章　行　商　人

ダニエル・フリードリヒ・ライバーストルファー

作者不詳「行商人」

行商人の運命は、かなり悲惨なものである。読者はこのことを、私の言葉どおりに信じてよい。そうしたわけで、彼の顔を見ても、そこにはいつもある種のメランコリックな微笑がただよっている。この微笑は彼によく似合っているが、熟練の観相学者にとっては、その行商人の苦悩の歴史をすみからすみまで実にはっきりと物語るものなのである。

このメランコリックな微笑は、一本の細いずるがしこさの線によってやわらげられる。この線のおかげで、彼の顔はとても興味深いものになる。

俳優は、行商人の表情を研究対象として選ぶべきだろう。なぜならば、行商人の顔の上ほど、感情表現がすばやく、いきなり変わり、それが真実で自然であるものはないからである。

いま飲み屋の敷居をまたいだばかりの行商人のようすをとくと観察してみよう。彼は、すべてを知り尽くした狡猾な眼差しでそこに居合わせる人々をながめ、なにか少しばかり買ってくれそうなカモがいないか探す。彼の薄い唇ににやりと微笑が浮かべば、格好の獲物を見つけたな、とわれわれにはわかる。するとわれわれが目にするのは、連れのないひとりの客に彼がうやうやしい身振りで近づいていく姿である。その客は、ぼうっとあらぬほうを見ている。はじめこそまだ、行商人の顔は探るようなずるがしこい表情だったが、それがたちまちにして誠実そうな色合いを帯びた。彼は好意的な声色でその客に商品を示し、これほど上等でありながら格安の品物は世界中探しても二度と手に入りませんよ、と心から請け合う。しかし、彼の口もとがすばやく、ほとんどわからないほどぴくっと動いたのを見れば、われわれの心には、彼がいま言ったことは、彼がそう信じさせようとしているほど真剣に言っているわけではないのだな、という疑念が浮かぶ。客は、おそらくは暇つぶしに、なにか買うつもりもなく、二、三の品物を手に取り、それをまた、気のないようすで目の前に置く。行商人は、うかがうような目つきで客のひとつひとつの動作を観察し、いろいろな品物を自分から進んで見せることで、客に興味を持たせようとする。さんざん無駄な苦労を重ねたあげく、早くも行商人の顔には、期待を裏切られていやになった、というかすかな気配が現れる。とはいえ、彼の口もとは相変わらずにこやかにほほえみ続け、声の調子は相変わらずへりくだって従順なままである。ついに客は、おそらくは、もうなにも買わずに逃げることはできないと観念したのか、歯ブラシとかそういったものをつかみ、値段を尋ねる。するとわれらが行商人は、すぐにうれしそうに愛想よく値段を告げる。しかし、言い値の半分しか払うつもりはないと聞いた時、行商人の喜びの表情は突然、驚きの表情に変わる。彼は、誇りを傷つけられたという顔つきで一歩下がり、半分は懇願するような、半分は罰するような眼差しでこのあきれた買い手の目をじっと見つめる。それはまるで、こう言いたげである。「だんなさん、どういうつもりですか。これは盗品だ、とでも言うんですか」と。しかし客はこのかけ引きを気にもとめないようすで、歯ブラシを平然と押し戻したので、行商人は表情と身振りを変えて、小さくため息をつきながら歯ブラシを客に渡し、憂鬱そうに部屋の天井を見あげる。まるで、その上に向かって、こんな不公正な人間たちを守り、お救いください、と懇願するかのように。

彼は支払われたお金をさっとポケットに突っこみ、あらたに到着したつぎの客のテーブルへ行って、自分の運を試す。

　このあわれな行商人がまる一日、折り紙付きの彼の秘術を尽くしても、ひとりの買い手も釣れず、びた一文稼げないまま、くたくたになって夜遅く帰宅する、確かにそんな日もある。しかしつねに彼は、翌日あらたな元気を得てふたたび縦横無尽の旅を始めるのである。行商人は、ワインかビールのせいでほろ酔い気分になったひょうきんでたちの悪いいたずら者の犠牲になることもよくある。こういう手合いは、何時間もねばって値切ろうとし、行商人から忍耐と時間を奪い、ついに行商人がぶっきらぼうな物言いで商品をかき集めて、このふざけ半分の若者を置き去りにすると、いたずら者は自分の「愉快な冗談」に満足して大笑いするのである。

　行商人は、嵐も悪天候ものともしない。雨も雪も、凍てつく寒さも酷暑も恐れない。こつこつとねばり強く、あらゆる飲み屋やビール酒場を歩き回り、倦むことなく自分の商品を宣伝して、買い気を誘う。ある日幸運が彼にほほえみ、稼ぎがいつもより多かった時には、彼はしたたかに酔って夜遅く帰宅し、あらたな翌日の仕事に向けて床に就くのである。

第二一章　リーニエの外での夕べ（風俗素描）

フランツ・シュテルツハマー

作者不詳「ハンスイェルゲルの手紙」（一八三八年）

ああ、最高に愉快な晩だった。ふつうだったら、遠くまで出かけてえらく物入りになるところが、なんて安くすんで、なんて近くにあったことだろう。だが、この件についてはごく手短にお話しようと思う。

　私たちは街角に立って、いろいろなポスターを見ながらその日の晩の目的地を探し出しているところだった。そこには、みなさんご存じのあのすごい字体でこんなようなことが書いてあった。「*シュペル亭、*ビルン亭」「*シュトラウス、*ランナー、*ファールバハ、マング、ベンデル」「*ヒッツィングやらペンツィング、*市有地やら*御料地」「作曲家何某自身が指揮、とか、ヴァイオリンを弾きつつ指揮！」といった具合だ。そこで私たちは、選り好みの激しいお嬢さんがたがいつも、さまざまな宝石を並べた陳列ケースの前でやるように、ああでもない、こうでもない、と品定めばかりしていたものだから、ちっとも話がまとまらなかった。しかしそうはいっても何かしなければならなかったので、いったん歩き出した方向にずっと、ぶつぶついいながら歩き続けた。やがて*市内も*市外区も背後に遠のいてゆくうちに、いつの間にか目の前に、黄金夕焼楼という、神さまからの賜物のような大きくてものすごいホテルが現れた。

　黄金夕焼楼ならふつう、なかなか楽しく気楽に過ごせる。そこには、主なる神のすべての客も居候も集まってくる。日がな一日働いてやっとほんの少し稼いだ人が、腰を下ろして小鉢やグラスを前にし、舌鼓を打つ。暇つぶしののらくら者は隅に立って、指先をがじがじかじっている。こんなことを考えて、私たちもこのグランドホテルのつつましい小部屋で夕食をとろうということになった。

そうしようとした矢先、なにかの仕事仲間の男たちが私たちの目の前を通りかかったのだが、彼らのしゃべっていることが偶然、ガイドになった。

「あの老いぼれ親父のとこが、このあたりで一番の二四年ものを出すってのは、そりゃあきっとほんとだぜ」とやせた老人がいった。

「そいで、おれは子豚をホースラディッシュと食うのが楽しみだわ。きょう親父がつぶしたんだわ。肉が新鮮だっぺな」と元気のいい外国人がにんまりして、立派な太鼓腹をささげながら答えた。

「おれが好きなのは、あそこの血のソーセージとザワークラウトなんだわ」ともう一人がいった。彼が同郷人であることは間違いない。

「おい、おれが食うのはうちに帰ってからだかんな。飲み屋の挽肉には慣れちゃねえんで」と四人目は、毛羽立った深い低音で若い太った男。「けど、食い終わっちまったら、もう上着なんかきつくて着ちゃおれねえが、女房がどんな渋い顔しても、老いぼれんとこに一杯、ミルツェン（メルツェン*ビール）飲み行かんちゃならん」

この肩幅の広いビール飲みはバイエルン人か、少なくともその国境付近の出身だったのだろう。

五人目、「けどビールがお前にゃほんと神さまみてえなもんだな。スカッとくることっちゃあ……」

また別の人、「スカッと引っこ抜いたばっかのラディッシュみてえだって言いてえんだろ。ははは」

さらに別の人、「水晶みてえな澄み具合だからよう」

さきほどの四人目、「結構苦えんだけど、何てか、その……コクのあっこった……」

それからめいめいが自分のいったことをくり返して、それをもっと強く確かなものにしようとしているようだった。だから、私たちの耳に入ってくるのはしばらくの間は、きれぎれのおかしなごたまぜでしかなかった。メルツェンビールの二四年もの、水晶のラディッシュ肉、ザワークラウトの渋い顔、老いぼれ親父の血のソーセージ、等々。だがそれでも、私たちは倦まずたゆまずこの貴顕紳士がたの後をついてまわり、とうとういろいろな建物が立ち並ぶところにやって来て、狭くて見栄えのしない小路に入った。やがてある建物のがっしりした門と、地面がでこぼこしている小さい中庭を抜け、開いた格子扉を通って、そこに広がる気持ちのよい影のある庭園に入ると、ほぼ文字通りごうごうと波打つ海に沈んで行ったのだった、海とはいっても、人の海だが。そこでは五、六人の熱くほてっているボーイが重荷を積載した蒸気船よろしく、休むことなくあちらへこちらへ舵を取っていた。ここに来て私たちは、あのおかしなごたまぜを、後ろで聞いていておかしいと思ったわがガイドたちがいっていたことを、まさにてんこ盛りで経験し、聞くこととなった。ありとあらゆる料理を、しじゅう同時にあちこちの一〇のテーブルで、少なくとも一〇人の声が一斉に注文する。だがなにもかもをはるかに凌いだのは、ほとんど気も狂わんばかりの、ドアノブのがちゃがちゃ鳴らす音や、なにかをどんどん叩く音や、大きなわめき声だった、ビールを求めて。

そうなのだ、わが異郷の読者よ、あなたはいま、もしやグリンツィングやグンポルツキルヒェンのワインの瓶を前に、心地よく一杯また一杯とゆっくりやっておられるところかもしれない、それも注意深く、敬虔な気持ちで。あたかも将来いつの日か、この一滴一滴に対する申し開きをしなくてはならなくなるかのように。そしてまた、味気ない無色の雨のしずくをこのようなこがね色の、気のこもった酒に変えてしまう国を、心の中でほめたたえておられる読者よ、思う存分あれこれ知り、賛嘆なさるがよい。だが私は断言しよう、わが国ですでに久しく、また日ごとに強く、一般的になってゆく合言葉はもはや、ワインではなく、ビール、ビール、ビールなのである！

というのも、歩いてなり、泳いでなり
実直なバイエルン人と
シュヴァーベン人がやって来て
わが神からの賜物を味わった。

シュヴァーベン人とバイエルン人は
同席して飲み食いし、
パンもワインも

すっかり一緒になって
誰もがおおいに堪能した。
だが、やがて心の奥底からため息をついた、
ああ、荷馬車一台分のメルツェンビールがあれば！

だが彼らのため息はなんの実も結ばず、依然、ぶどうの木は、ホップの房でなく、ぶどうの実をつけた。そこで鳩首凝議、ぶどう圧搾機《ケルターヴァンネ》の横にビール・パン《ビーア・プファンネ》を並べて立て、ワイン醸造者《ハウアー》の隣にビール醸造者《ブラウアー》が立ち、魅力的な泡《ファイム》をたてて愛しきビール《プファイム》を醸した。

なるほど確かに、屈辱を味わったワインの精は新参者の高慢不遜な野望に、長い間、負けじ魂で抗い、水を濁して、ワインを崇拝し信奉する人の心に、新しい安酒に嫌悪を感じるよう仕向けた。しかし、人間としてのシュヴァーベン人の企画力と強い決断力に不可能なことなどあろうか、と問えば、考えためらうまでもなく、なにもない、と答えよう。だからもう読者も、こういわれたからとて驚いてはならない。彼らは混ぜ合わせ、分離させ、長時間休まずに煮沸精製し、遠い故郷から、賢い従兄弟や抜け目ないおばたちを呼び寄せて、相談したり手伝わせたりした。当地生まれの人々の唇と舌先を注意深く、麦芽のクリーミーな泡で濡らし、ホップの繊細な芳香で口やのどの隅ずみまでくすぐったので、彼らのほうから、いよいよぐいっとばかりに一息に飲んでみようといい出す。その柔らかい

口当たりに心奪われ、彼らはワインの古びた精への信仰に背を向けることになった。

このような次第があって、それから急速な進歩が遂げられた。いよいよもってワインの神の力と栄光は揺さぶられ、この神が暗い地下の丸天井の穴ぐらに、ひっそり立てこもっている一方、ビールの神は地上で、遠くまで広まり、いくつもの王宮やドームを建立し、鎮守の森を築き上げる。これを賢明な観察力で見、茶色く、さっと泡立つ麦ジュースへの欲求をほとんど抑えがたい人々の声を理解し聞く耳がある人には、予見者のいうことをおおよそ信じてもらいたい。予見者は、そう遠くない将来、実り豊かな土地を持つすべてのぶどう栽培業者が農夫兼ホップ園経営者に転身するのを見抜き、さらに、わずかにほんのところどころでぶどうの木の高貴な幹が、登るのがつらい丘のうえで、弱って生きることに倦んだ内気な逃亡者となってしまうのを見抜いているのである。

しかし、なにを話していることやら。それとも早くも茶色い奴が、ひそかに私の脳に影響し支配しているのだろうか。

「ボーイ!」私たちの横で突然、そう呼ぶ声がする。「何時だ? 俺はもう何サイデル〔〇・三リットル〕飲んだかね?」「なにをいってんだ、この野郎?」「時計とサイデルが同じ数だってか?」「ならいってみろ、いかれ仕掛け時計め! 一、二、三、四、五……いい加減にしないか? 六、し……うそ、うそ、いたずら小僧め、そりゃあないぞ。ビール七サイデルといったら、ノイジードラー湖*の半分の量じゃないか。そうすると、俺の胃はハンガリーの一県の四分の一の大きさもあるってことになっちまうぞ。だがなにもかも同じことだ。俺の胃がそういう大きさなら、俺のからっぽの体は気高きハンガリーの八分の一だし、そこを統括する支配者たる俺の頭は大貴族。ははは、変てこな貴族だな。そら、十分の一税だ！」それから彼は右の平手で自分にばちんとびんたを食らわし、それから今度は私たちにたいして実に巧妙に鉾先を向けてきた。こちらはそういうあまり普通でない論法や身振りに少しばかり驚いていたのだが。

彼はいいだした。「旦那さんがた、あっしは旦那さんがたを存じませんが、あなたがたもあっしをご存じない。あっしはきょうはたぶん少し――ここでこの男は自分とあまり気高いとはいえない動物との少し大胆な比較をした――ただし、はっきりいっておきますが、こういうことやってんのが、うまいビールとあなたがたの大切なおつきあいにつながってくんです」

「いやそれはどうも、有難いことで」と私の礼儀正しい仲間は愛想をいった。

「いえいえ、ぶしつけながら申しますが、あなたがたはあきれるほど分別くさくつつましく議論しておいでなので、あなたがたの話に耳を傾ける愚かな奴はいらいらして酔いつぶれるし、賢い奴は喜びすぎて酔いつぶれちまうんですよ」

「神がそんなことを防がれますように。私たちは人間性の観点から、将来のために沈黙を誓わねばならないでしょうな」と私はいった。

「全然そうじゃないです。あっしが旦那さんがたを侮辱したてんなら、どうかお赦しを。しかしいつもいっていることだけはいわせてもらいますが、ほどほどに酔ってるのは別にやばくはないってことです。そうですよ、あっしは理性的に振舞うことを大切だと思うし、大好きでもあります。けれどそれはあっしの本分《メティエ》じゃありません。つまり、一日中まじめに……」、私の勘違いでなければ、彼は両手で織機の杼《ひ》を操る動作をして見せた、「それに手足を使って働く人ってのは、よく知られているように、頭がお留守になりがちだ」といって笑った。「若いころにはあっしだってすばらしい本を読んだものです。たとえば『ロビンソン・クルーソー』。あなたがたもおそらくご存じでしょう。彼はつまり」

「船が難破した人ですね」と私は、話が長くなりそうなのを防ごうと思って、急いでいった。だが、思ったように簡単にはゆかなかった。この男は私もそのすばらしい本を読んでいたことをとてつもなく喜んだが、おまけに、ほんとうに手に取って、注意して読み通したことを私に疑われないように、不運なカンペチェの主人公の場面や状況をいくつも引用したので、いい加減に、私は気をそらせようと思って、ここは毎日こんなにとてつもなく飲み食いされているのか、広いこの郊外一帯のほかの飲み屋もだいたいこんなありさまなのか、と尋ねた。

「旦那さんがた、きょうは」と男は、躊躇なく私の問いに入り込んで説明した、「土曜日でして、つまりあっしら労働者階級の者には、だいじな、喜びいっぱいの日なんです。誰もが金を持っている。それってどういうことかおわかりですか。しみったれの工場主たちが帳簿台に向かってため息ついてる間、そいつの労働者はみんな、酒場のカウンターで歓声をあげるんです。だからここらへんの飲み屋は、どんなにみじめったらしくても、評判が悪くても、きょうは客が来るんです。一晩じゅう静かにはなりません。だって、きょうという日が待ち遠しくて歓迎したいのはあっしらだけじゃなく、負けず劣らず、どんな飲み屋のおやじたちだってみんななんですからね。ハープ弾きも、どんな音楽師や唄歌いも、曲芸師や奇術師も、みんなこの日を飢え焦がれているんです。けれどその日がとうとうやって来たら、へーい！　現に始まった。ここいらじゅう、調子の狂った仕掛け時計みたいにがちゃがちゃどんちゃん騒ぎになるんだ。ほんのちょっとでも踊れる場所があれば陽気なカップルたちはくるくる旋回し出す。固いかなめ石がひとつあれば、安っぽいアクセサリーや甘いものを売る店が立って、金が動きはじめる。若いもんは半数が一晩じゅう目を閉じない。というのも、あしたはありがたき神の日曜日だし、金は、つまり一週間のたんまりの全収入も、かつかつ二、三日もつだけですから。月曜はどっちみちあんまりたくさんほしくない。だって、きのう、おとといから腹はまだ一杯ですから。火曜日にすっかり酔いは醒めるけど、仕事はちっとしかやりません。つぎの三、四日は機械から目を離しちゃいられないので、労働と緊張で貧しさも苦しさも忘れちまいます。するってえと、また喜びの土曜日になるんです。――でも、旦那さんがた、ずいぶんとあっしを喜ばしてくだすったから、こっちからも旦那さんがたを喜ばして差しあげたいもんです」

「どんなことで？」

「ほかのところにお伴してご案内します。ここほど飢えや渇きを満たしちゃくれませんが、別のことで……」

この男は小さく抜け目なさそうな目をして、指をぱちんと鳴らした。

友人と私は、問うようにして互いを見合ったが、男はそれに気づき、七サイデルの酔い心地にもかかわらず瞬間的にわけを見て取って、こう説明した。

「旦那さんがた、行儀がよくないからって、なにも心配なさることはありゃしませんよ。というより確かに、旦那さんがたのようなちゃんとした殿がたには不相応なものですが。あっしの身分の仲間を気持のいいもんじゃないって思っておいでなんだな。でもはっきりいっておきますが、あっしはまっとうに振舞えますし、自分の親父のまねだってできます。こんなふうに」

彼は重々しく椅子から立ちあがり、荘重に腕を腰にやり、口を閉じ、口元を軽蔑的な感じにいくぶん下げ、少し声を高めにして大声を出した、「給仕、ボーイ、大きいグラスのパンチだ！　さっさとやれ。後でもうちょっと見てやるからな。回れ右だ。いい加減にせい！　いかがです。あっしゃあウィーン子の心意気ってもんですぜ。まあ、旦那さんがた、冗談はさておき、ともかく一旦、郊外に来てあっしどもの領分にお入りになったのだからして、これで羽目はずしなんか見たくないだの、おっしゃるなら、そりゃあ罪にして恥ってもんです。あっしが案内役として一番ってわけではないとしても、こういうおりにここの土地勘があるのがいるってのはいいことですよ。ともかく予想もつかないことがいろいろ起こるんですから。わかってくれますよね。ここだけの話ですが、ここにはあっしの仲間が大勢いて信頼できる奴らなんですよ」

「それは」と私の少し内気な友人が話に割って入った、「どういうことですか。案内してくれようとしている場所では、よく悶着が起こるというわけですか」

「よくってこともありません。けれど、こういう日にはなんだってありえます。でもいいましたように、旦那さんがた、これっぽっちもご心配には及びません」といって男は安心させてくれた。

私たちは金を払って出かけた。

わあ、これは確かにまったく別の代物だ。簡単でいい加減な掘っ立て小屋だが、ありったけの安っぽい金ぴかの装飾がついていたりぶらさがっていたりして、ぎんぎらぴっかぴかに明るく輝いていた。

ごく簡単にクッションを取り付けた格子門の入り口には、節だらけの巨大な杖で有無をいわせない、妙にきちんとした奴が立っていた。その主な役目は、見たい気持ちはあっても入場料を払う金がなくて、夜をほっつき歩いている男女たちを――私たちが少なからず驚いたことには、こんなに遅くなのにおよそその半数はぼろぼろの服を着た汚い子どもだった――そういう者たちをぐらぐらする手すりに近よらせないこと、また金を払える人には、きょうは*サロンで特別な出し物があるので、六クロイツァー（協定通貨）の入場料を支払うようにと伝えることだった。

狂乱のフォルテピアノと悲鳴をあげるヴァイオリンが、踊っている人々のたてる騒音で幾分くぐもってはいたが、またとない爽快感とスピード感を伴って私たちに向かって鳴り響いてきた。足を踏み入れてから、私はもう一度「わあ、これは確かにまったく別の代物だ」と声をあげていった。ひとり残らずみな帽子を脱いで、いくつかのテーブルについて座っているのはまったく折り目正しい紳士たちで、その妻と娘が彼らのそばにいた。空いている椅子は、ちょうどダンスの求めに応じている男たちなどのものだった。

私も踊ったし、必要とあらば私の男っぷりも見せてやろうと思った。いやいや！　あんな踊り方はそれまで見たこともなかったし、私の美学の原則に照らして、そんなものを踊るのも修得するだけのことでさえもできない相談だろう。というのもペアは、四分の三ほど開いた二本のポケット・ナイフのように互いに、首を相手の肩に乗せてもたれ合い、狂ったバッタのように跳びはねてワルツの円を描くのだから。あるいは背筋をまっすぐ伸ばして硬直させ、同様に顔も目も硬直させてまっすぐ向き合い、人形のように足をばたばたさせながらちょこちょこ歩いては、右に左に向きを変える。一方がちょこちょこ歩けば、その相方も前に後ろにちょこちょこ歩く。その姿はまるで、見えない手に操られる人形のようだ。その実体も見かけもそもそも全体として、実に幽霊のような不気味な機械的動作をするのである。だから、ワルツが突然終わって、彼らがいわばけいれん的な魔法から解き放たれ、自然な命を分けあたえられるたびごとに、私はうれしくなった。

そもそも少しでも観察してみれば、ウィーン市を取り巻く郊外や集落に住む若者の、ある種の戯画的なものが好きでたまらないようすが説明できる。

だがさて、どんな異様な出し物が飛び出すことか。

ブスッ、ブスッ、ブシュッ。さあなにかが起るぞ。ブシュッ、さらにブシュッ。だが一体全体、この音はどこから来るのだろうか。人々は徐々にお喋りをやめて、その目はどこに集まっていったのだろうか。

ああ神よ、要するに、あの人間そっくりの案山子からブシュッという変な音が出ていたのだ。しかしこいつはなにをしようというのか。しっ、奇跡か。いま、なんと人間を模した奴の動かぬ目から声がしなかったかとさえ思う。本当に。とうとう異様なことが起るに違いない！――だが、この文章も冗漫に陥りかねなくなったから簡単にすませると、それは、少なくとも私には、実に異様なこと、最高に面白おかしいことだった。だが、誰にとってもそうだったし、ごうごうたる喝采がそれを証明していた。というのも、想像してみてほしい、ここに説明したものが、歩行道具を使って突然動き出し、見事に動いたり向きを変えたり、腕で空中に奇妙な記号かなにかを書いたりした時、それがほんとうに超ものまね的ちび人間であることがわかったからだ。しかも、
なにがどこで、と訊いてはいけない。

　　わが世ではなんでもありだったから。

と朗唱もしたのだった。

このちび人間が拍手喝采を受けて退場し、ワルツがふたたびうえに述べたような調子で始まったとき、私たちはもうそこにいる気がなくなった。わが案内役にしてテーブル仲間は、彼のいい方をすれば、自分の気がすむようにしたいので、私たちをリーニエ*の格子門のところまで見送るといって聞かなかった。そのため、私たちは別れるとき彼に、リーニエの外で過ごしたこの晩のことを私たちは決して後悔しないだろうと、誠実にきっぱりいったのだった。

第二一章　ウィーンの町の表情と民衆の性格（スケッチ）

フランツ・シュテルツハマー

フランツ・クサーヴァー・シュヴァイクハルト「クロスターノイブルク」(一八三二年ころ)

帝都はただひとつ、
ウィーンのみ。

ライムント*〔一〕

一二年前のこと、大学の中でももっとも重要かつ有名なウィーン大学で究極の書籍のほこりと、ふたりの著名な法学教師クードラー*と故ヴァーグナー*の最終学説を取り込もうと、曇り空の万霊節の日に、初めて壮麗なドナウ河をウィーンに向かって下って行ったときのことを、私はいまなおみずみずしく記憶している。

まだウィーンまで二時間もあるのに、私ははや船のデッキに立って、ノアが鳩を放ったように、憧れの気持ちを込めて世に名高い聖シュテファン*教会の塔のある方角に向けて視線を放った。無駄ではあったが。今日もなお厳かな陰鬱さをたたえる万霊節には、山並みは厳粛なさまを見せる。その山々は、おのれの流儀と礼儀にふさわしく賛嘆され称揚されることを望んでいるかのように、川岸に向かって距離を縮めてゆき、私のもくろみを妨げるが、それよりなお強烈な風に蹴散らされ、長らく遮っていた視界をふたたび解放せざるをえなくなる。しかしふくれっ面をして、無理強いされたことに腹を立てているかのように、手のうちをすっかり見せることは拒み、とりあえず指を一本だけ差し出してくる。その指とは——先述の、世に名高い聖シュテファン教会の塔である。そこを中心にして、古都ウィーンの町は、*シュタンプァー教授の考案になる、回転軸のまわりを回転するストロボ円盤よろしく、色とりどりの魅惑的活況を呈しつつ回転している。

しかしこの姿は、ここでは読者にいわば先取りして紹介しているにすぎないのだが、実は私が後になって近隣のさまざまな丘を散歩し、そこから見下ろして観察したからわかっているのである。こういう点においても、そもそもなしうるすべての経験や知識の獲得においても、はじめてこの地に到来してはじめての試みをする人は誰でも、ありがたい導きを受けて、かつての私よりも良い、もっといろいろなものを惜しみなく差し出してもらえる廻り合わせになるように祈る。つまり私と違って、すべての点でつねにごく些細なことから大きいこと、さらに偉大なことへ進んで行く手間が省けるとよいと思う。また、ウィーンをはじめて訪れる人が、*ヌスドルフから下って来たり、*ブリュン通りから入って来たりするのでなく、有名な*シュピネリン・アム・クロイツを経由するほうがよいと教えられることを祈る。それなのに私は、

ペトロヴァラディン〔二〕から
誰もが入れるとは限らない
よそから来る人が
いてもよいだろう

と偉大な無名詩人が歌っているから、それに従って花咲き乱れ、果実の恵み豊かな*オーバーエスターライヒからやって来てしまった。だがそれでも、ヌスドルフにも到達しないうちからすでに、私は偉大さと壮麗さに対する畏怖の感情に襲われた。まわりにそびえる山々に抱かれているのは、もはやたんに無意味な岩石や未開のごつごつした森ではなく、孜々として大胆な作業にいそしむ人間の手が建立し、造り上げた遊歩礼拝所〔庭園などに設けられた東屋のような礼拝所〕や歓喜祭壇〔イエスの降誕を告げる天使の祭壇〕である。道路は標識が整備され、幅が広く、よく磨かれていて、まもなく厳かな行列がそこを通るのかと思われるほどである。力強く荘厳な川に力強く抵抗する突堤が築かれ、流れをせき止めるが、これはまた、川幅が狭くなったため、水がうちに向かって密に織り合わさって波打つ川面を、絶えず容赦なく切り裂く。切り裂かれてはためく波の房は、両側に敷かれた石の軌道に鍛えられ、強く従順な分流《アーム》となる。この分流《うで》が女主人たる魅惑的な*ヴィンドボーナの需要と欲望のために日夜、とてつもなく重い積み荷や貨物を運んでゆくのである。と同時にこの分流は町の運河や下水溝を浄化し、また、人々に汲み尽くされて空になっている町の水盤や鉢を、永久に枯渇しない水脈でふたたび満たしてやる。

　おお人間よ、ちっぽけな弱い生き物よ、一致協力して周囲の無抵抗な自然にたいしては全能のふるまいをするものの、未だに自分の力の限界もわかっていない。それが認識できるようになっても、しかるべき時間を費やしてからでなければ、なお天啓にも行動にもいたらない。

幾分長短はあるが単調な時がしばらく続くと、きまっていつも唐突に人間の脳の中で明るく燃え立つような考えがひらめく。しかし灯火となった人間の額には、いつもまたたく間に、鈍重な好奇心を持った無数の蛾の群がよろめきながら近よって来る。それは、不精で無気力なため、あらゆる新しいものの敵という烙印を押された連中であり、だらだらした仕事が大好きで、どっかり根を張っている慣習を盲信する者である。そしてそのまわりを追いはぎや党派人間のようなすりのまねをしたがる蝙蝠どもが遠巻きにひらひらと群がり飛ぶ。「愚かさ」という名の、光を忌み嫌う大きい梟と、それの大好物である「衒学趣味」という雄鶏が、ぶつかり合いながらやって来て、危険な灯火を消し、打ち砕く。そのあとを、その瓦礫を踏み越え、「公共の福利」という嘘くさい錦の御旗を掲げて、狂信的な凱旋行進が荒涼とした歓声と狂気じみた悲鳴の中を、暗黒世界の後ろ盾や代理人に先導されて悠然とおこなわれる。これらの連中がみな、目がくらんでいるために気づいていないのは、まさに灯火を破壊したことによって光の精神〔三〕を解放し、この精神を世間一般に普及させてしまったことだ。

《人類》という名の巨体はいつの時代でも頭を持っている。その頭が掟を作り、秩序を打ち立て、裁きながら、その他の部位や手足を監督する。だから個々人はおのれの全盛期に、頭全体ではないが、その一部ではあったと納得する以上には気高い誇りの意識も高揚した感情も持てない。

　これらのアフォリズム的な文章は、いまここで思いついたものだが、おそらく本章全体と内的連関がありそうなので、読者の皆さんに開陳しないわけにいかなかった。だがこうして文章を述べたから回想と観察に戻って、ふたたび心置きなく続きをいうことができる。ウィーンの町にはほかの多くの町のようなあの否定的な特徴、つまり、どの町もほかの町と変わりがない、という特徴がない。ほかの町はどこでもたくさんの家があり、それ以上にたくさんの人々がいて、その人々はみな一様に飲食する時は口をあけ、眠る時は目を閉じ、少数の例外を除いて二〇歳から三〇歳の間に結婚し、六〇歳から七〇歳の間に死ぬが、そのあとは例外なく誰も再登場することはない。――そうなのだ、ウィーンの町には肯定できるものがある、ほかの町と容易に区別でき、差異の歴然としているものが。

　古都ヴィンドボーナをながめてみよ。そこは耕地や果樹園や自然の芝地(1)という柔らかい緑の柵の只中にあって、まわりを*バスタイという風通しのよいバルコニーに囲まれている。よくながめてみよ。その町は愛情をこめて念入りに手入れされた、秩序ある家父長的な古い領主の館のように見えないだろうか。少々離れたところ、といってもすぐ会いに行ける距離だが、ぐるりと子や孫の比較的新しい住居が立ち並んでおり、私の思い違いでなければ、いまではもう三五軒になる〔四〕。彼らは親しみのこもったまなざしを交わし、よく踏みならされた、涼しい木陰のできる道を通って互いに訪れ合う。畏敬の念を持つことが好まれ、またよく理解されており、その念がまなざしに表れて、つねに広く開け放たれているあちこちの門から内にも外にも向けられている。社交好きでかつ陽気なので、独自性が尊重され、求められる。また、どこに行っても明らかなのは、互いに近づきになることが好まれているということだ。

しかしこうしたことをすっかりイメージがふくらむように描き、語ろうと思うなら、全体を色とりどりのモザイクになぞらえてみるのもよいだろう。モザイクの中央には本来の市内*がつつましく鎮座しており、それは準宝石の猫目石で表される。その周囲をエメラルドの環が縁取りし、さらにそのまわりをトパーズや紫水晶などあらゆる種類の宝石が広く遠くまで取り囲む。その実に色とりどりの混ざり合いが徐々に薄れて、もっと価値の低い原石に変わって、さらに遠い周辺地域となる。

あるいはこれになお飽き足りないなら、人間の姿と、たとえばゴシック風のいかめしい王侯の姿にたとえてもよいだろう。頭はオーロクス〔五〕の飾りでおおわれている。胸と首筋は武闘競技を終えたばかりであるかのようにまだ鎧をまとっているが、すでに緑の首飾りもつけている。それに式典や講和の際に着る、細い縞模様の入った白い式服も着る。かくてこの王の姿かたちは確固として静謐、すべてを予期し、なにごとをも受け入れる覚悟のできたものとなる。

わが愛する町ウィーンの特徴として、この町の日に日に大きくなってゆくさまがほかの町とまったく異なっていることを述べておいてもよいだろう。陰鬱なロンドンは人口増加に関して、いつもせっせと自分の皺を伸ばしているのに、その本数が増えてゆくしかめつらにたとえられるし、ほかの都も人口増加と町の拡大が太鼓腹や満月のような顔に比せられる。だが、それにたいしてわが愛するウィーンはいつも変わらず、緑の庭園に囲まれ、バルコニーには明るさが満ちあふれ、畏敬の念を抱かせるお屋敷であり続ける。そして、その真心と優しさによってのみ引き寄せられてきた、この町を好み敬愛する人々が、町から少々離れた周辺地域で数を増してゆく。まさにこの真心という点から、愛する古都ヴィンドボーナの安心感と信頼感も説明できる。隣人のルーテーティア（パリ）は突然自らの弱点に気づいたり、年をとるにつれて高まる不信と邪推が発作となって現れたりすると、砦に立てこもって防備を固めはじめる。それとはまったく逆に、わが町はとうの昔におぞましい外壁をみな撤去したし、バスタイを削って丸くしたり、不気味な濠を通行可能な土手に変えたりする努力をたえず続けているのだ。――わが町の外壁が愛となり、濠が暖かいドイツの血に満たされたオーストリア民衆の血管となるのである。

さていま、いわば図らずも民衆という言葉をつい口にしたが、ただちにこの機会を捉えて、民衆について非常に注目に値することをお話しよう。

よく、ゆえなきことではなく、肉体から精神を、家からそこに住む所有者を、巣からその中で子を産む鳥を推論するように、町の表情と外見全般から、ウィーンだけでなくどの町であれ、そこの居住者の性格を推論することができる。というのも精神は形を作り出すものだからだ。目に見えない精神の諸力は、それぞれが必要に応じて、自分を取り巻く物質的素材を湾曲させたり、たわめたり、尖らせたりするものである。これに必然的例外があるとしたら、ある町について、もともとそこに住んでいた人々がかつて抹殺されたり、追放されたりしたことが歴史の上で証明される場合であろう。また、これとはまさに正反対に、よそ者だが柔軟な精神が徐々に他人の硬直した肉体に入り込んで順応するということもあっただろう。だが、それと同じくらい、あるいはそれ以上によく起こったのは、そういう目にあった町は、だまし討ちによって殴り殺された人のように、さびしい荒地に葬られもしないままに打ち捨てられてしまい、いつしか、時間という名の鴉が肉とはらわたをついばみ、もろくなった骨を土が呑みこむということである。なぜなら、鳥でさえ自分の巣を作らずに、ほかの鳥の巣で雛を孵させるほど怠惰なことはめったにしないのだから。ここで思い起こしてもらいたいのは、無数の、あとかたもなく消えてしまった太古の町もそうであるが、なかんずくスペインにあるあのすばらしいムーア人のアルハンブラ宮殿であり、そのまわりの崩れ落ちたいくつもの騎士の居城であり、さらに、そのあちこちの美しい木々のうえによく捨て置かれている鳥の巣もみな含めてである。

だがここで、この小さい寄り道から、ふたたび私の本来のテーマに戻ることにする。そして、わが町の表情について賛同していただくための意見はすでにたくさん述べたので、私はそれを喜んでもよいと勝手に思っている。だから今度は、民衆の性格が必然的結論のように容易にまもなく決定できるだろう。そうなのだ！　この畏敬の念を抱かせる都市の住民は仕事を巧みに活発にこなす。しかし厄介で骨の折れる仕事やわりあい荒っぽい作業は嫌いだから、鉄道やその他多くの建設現場でも、無数の織機の前にも労働者のほぼ四分の三は、粘り強いボヘミア人や利口でなんにでも使えるシュヴァーベン人なのである。商売においてもこの民族は熱心で誠実だが、誠実すぎるのかもしれないし、また熱心さが十分というわけでもないかもしれない。であるから……。だが、人は自分がわかっていると思うことをすべて話す必要はない。間違いや錯覚もありうることだ。愛すべきユダヤ人も、別の面から見れば、克服し忍耐すべきことがあれこれあるものである。ウィーン人はウィーン人どうしでもよその人とでも親切で、礼儀正しく、愛想よく、人助けする意識があるし、また客を喜んでもてなすのは、彼らが生まれながらにして、とは王家が生まれて以来、そうでない例を一度も見たことがないからである。豪華や奢侈がごくまれにしか見られないのはそれが、安楽と快適を好むウィーン人の、いやオーストリア人の本性にまったく合わないからだ。このような特性が原因で、またその結果として、迅速な時の流れもたいてい、それが周辺のすべてを破壊しかけても、私たちという岩のために勢いを殺がれてしまう。また、王宮にあるあの謎の五文字A・E・I・O・U(2)の有名な解釈も、この感覚にもとづいてのみおこなえるものだった。わが国民は、空気でできたフランス人や水気の多いアルビオン〔グレートブリテン島〕の息子に比べて、土の要素が多いように思われる（火は国民の性格を表すには高貴にすぎ、あちらこちらの個々の人の頭や心の中でのみ明滅するものだ）。

わが民衆が格別に喜ぶのは、快楽に没入し、生の喜びに身を任せている時である。ああ、ああ、ここに来てみるがよい、世界苦の連中よ、生活悲嘆者よ、大心配屋よ、現世十字軍騎士よ、日夜思い煩い屋よ、人間嫌いよ！　五月一日にわが唯一無二のプラーター*に、あるいは七月二日に世にも名高いブリギッテナウに、はたまたカーニヴァルの時に、それともこうした日に来られないならば、ただの日曜か祭日に、行き当たりばったりの人の流れに押されて行くがよい、どこかの市門を通って外へ出て、どんどん遠く、どこかリーニエ*のほうに、どこへなりと！　しかしそこで横柄になりすぎるのも、おずおずしすぎるのもよくない。まわりの人と同様、グラスを前に置いてもらいなさい。というのはこういうものによってのみ、いささかどぎついことが多い友情の光を認識できるようになるのだから。明瞭に、くもりなく。「はあ、これが人込みというものか。ボーイ、注いでくれ」「熱いソーセージ、舌が焼けそうなフランクフルト・ソーセージ」「ニーナ、俺を愛してるか」「田舎っぺちゃん、くじが六つでたった二クロイツァーだよ」「おしゃべり女め、飲んで黙ってろよ」「サラミ」「コーヒー」「ボーイ、勘定だ」「どなたがお呼びで」「哀れな盲《めしい》で、お恵みを」「マンドレッティはいかが、旦那」「おや、おでこをずいぶん殴られたようだね」「こっちじゃあ坑道くぐりが見られますぜ、そこで……」「楽師さんたち、ゆっくり、ちょっと待って、うまくやって。なにしろこっちは木いちごの生えてるような柔いとこで踊るのははじめてなんだから」「とっつぁん、分かったよな」「いざ」

花が二輪に、星ふたつ

ぴよぴよ歌うは一羽の小鳥
これこそ詩――
　わかる人に幸多かれ！
でも私には謎――
　学びに学べど
すぐ疑ってしまう
　学びつくせるものなのか
すぐ思ってしまう
　手でならさっとつかめると
だから、私
　指先も鍛えてもらう。

「ユーリエ！」「ワインを持って来い」「さあできましたよ、あつあつのソーセージ」「目の見えないおかた」「ちんちん」「すぐ頼む」――この場で聞こえてくるぶんぶん、ががら、がたがた、ぐわんぐわんという音は、慣れない耳には、はじめてプールに頭から飛び込む時と同じような感じだ。しかし水の精のメロディは、はじめとても不気味な聞いたことのない響きだが、くり返し君をおびきよせては、どうしても耳を澄ませずにはいられないすばらしい深みに引きずり込む。——いいか、友よ。民衆精神とその本領はこれとまったく同じなのだが、ただしとうてい比較できないくらい性能がうえなのだ。勇ましく潜ってみると、まわりでごぼごぼと音がし、民衆精神の揉み合いと渦に包み込まれて、もっと詳しくもっと内側から理解したいという抑えがたい欲求に捕らえられる。そのたびごとに見事に強くなり、力を得て、その精神の深みからあがって、より高い人生の表舞台に入ると、英雄となって、広間や回廊の香水にむせかえる脇部屋をいくつもめぐることになる。だがはじめて飛び込む時には注意せよ。というのも舐めてかかって、浅瀬にがんとぶち当たり鼻血を出して戻ってきた人もいたからだ。いたずら者が多くの人々を最底辺の自分のところまで引きずり落とし、蛸のような腕で絡め取り、言葉でいえないほどの恐怖を味わわせてからようやく解放することもあれば、まったく解放しないこともある。——だが、深みに潜ろうにも、まったく中身のない人たちは、あわれとも滑稽ともいえる芝居を演じることになる。この人たちは、コルク栓のように風と波にもてあそばれる玩具となって、いつまでも水の表面をあちこち漂い続けるしかない。

こんなにあっけらかんと喜びにひたり、こんなに思い煩うことなく楽しみにひたる民衆が、天に誓って、不幸であるはずがない。この憂いや悩みのなさの理由はほかでもない、お上の愛と配慮にたいする信頼である。この「お上」という言葉は、この世の玉座と天の両方をさすものと理解してもらいたい。

ウィーン民衆の外見は、つまり姿かたちと風貌は健全さとはつらつとした若さを証明している。気質的にはこの人々は多血質かつ粘液質である。ゆえに、中背より少しだけ大きめで、適度な肥満体であり、髪と髭は淡褐色が多い。ゆえに、言葉に機知があり、日々喜びにあふれ、柔和な生き方をするのだ。

この全体像からしてすでに好感が持てるが、それを超えてきわめて好ましいのは、わが貴族社会が、ほれぼれする背の高さと上品な容姿、それに洗練された礼儀作法によって抜きん出ていることである。宮廷のしきたりと立ち居振舞いも、それに完全に呼応している。

わが「美しき性」を私はむしろ好ましい愛すべき性と呼びたい。そういえるような特徴がわが女性たちに、いわば雨あられと降り注いできたのだから、内からも外からも。

だがこうしたことはみな、懇篤なる読者よ、――私は、それがあなたの目にとまり、心に残るよう努力しているのだが――こうしたことはみな、初訪問の時、すぐに見えてくるわけではない。逆に私自身が思い出すのは――と言えば、拙文の終わりをはじめにつなげて、文章全体に完全な円環構造をあたえることができるし、この形が当地では非常に高く評価されるのだ――そう、私が思い出すのは、当時いくらかの冷静さと思慮分別を取り戻すのに、ほとんど二週間もかかったということである。ほとんど熱狂的なまでに人々は走り回り、何百台もの馬車や荷車が向こう見ずに暴走し、轟音をたてる。工芸品や商店の陳列品がその豪華絢爛さで目をくらます。そういったことに私はすっかり頭を奪われていた。そしてほとんど毎晩、そしてとくにこうしたことに加えて、なお輪をかけて怖ろしい嵐が襲った時、生き永らえ、肉体が無事であることを神に誠実な気持ちで感謝した。そうなのだ、すでに滞在して半年たったあとでも、これが今ではすっかりお気に入りなのだが、*ヴルステル・プラーターでのにぎわいや道化芝居、それにブリギッテナウでの乱痴気騒ぎに私はむかむかして胸が締めつけられるような思いでいた。――ああ神さま！　私は若かったし、案内人もいなければ、言葉の意味を教えてくれる人も、この先どうすればいいのか教えてくれる占い師もいなかったのだ。

原注

(1) ウィーンの*グラシは周知のように、その一部が耕地や練兵場に用いられていて、並木道の一部には胡桃の木が植えられている。

(2) *Austria erit in orbe ultima.* オーストリアは地上で最後まで残る国、永遠なり。

訳注

〔一〕初出はライムントでなく、アードルフ・ボイエレ（一七八六―一八五九）の戯曲『アリーネ』（一八二二）。ライムントはウィーン民衆劇の先達のこの舞台に出演していた。ちなみに一八六四年、この歌のメロディを*ヨーハン・シュトラウス（子）は*ポルカにしている。

〔二〕現セルビア第二の都市ノヴィ・サードの一地区。ドナウ河の下流にある。

〔三〕　一八四八年の三月革命につながる啓蒙精神をさしていると思われる。

〔四〕　行政区分の範囲に注意。現在のウィーン市は二三区に区分されているが、本書でいう三五軒とは、市内とリーニエの内側のみの部分の区分である。

〔五〕　ヨーロッパと北アメリカに生息していた家畜牛の原種。一七世紀に絶滅。

第二三章　ハープ弾き

無記名

ヴィルヘルム・ベーム（絵）カール・マールクネヒト（鋼版画）「ハープ弾き」

ウィーンの民衆生活の中で、ハープ弾きは特別な存在である。彼らが浜の真砂のように増えているのは、その人気の高さゆえかもしれない。民衆にとってハープ弾きの興業は歌劇、悲劇、喜劇と茶番劇を鑑賞することの代用品となっている。ハープ弾きの所へ行けば、娯楽も気晴らしも感涙にむせぶことも賢くなることも可能である。もっとも最後の点に関しては必ずしもいつも当たっているとは限らないが。

時代精神の進展とともにこのハープ弾きの一座にも変化が見られるようになった。というのも何組かの一座はある種の高みへ上昇し、民衆への影響という点で好ましい傾向を示したからである。これに関しては後に触れる。通常の意味でのハープ弾き一座とは、集合住宅の中庭や街角あるいはプラー*ターの遊歩道等々で興行する人々のことである。彼らは金切り声で何曲か歌い、半分しか弦がなく、調律も悪いハープでその伴奏をする。

時には、ふたりかそれ以上の演奏家が結びつき、その中のひとりがクラリネットを吹いたり、ヴァイオリンを弾いたりして、聴衆の口によだれをあふれさせることもあるし、多声の歌を伴奏付きや伴奏なしで歌って人々の同情を誘うこともある。このように演奏者が何人か集まってくると当然、めはしの利く人物が、楽団を形成して自らその音頭取りとなり、座長となって多くの才能から利益を引き出そうと思いつく。

こうして流しの演奏家たちの集団ができあがる。彼らはビール酒場やプラーターの小屋で芝居を打ち、そこに集まる下層民を道化芝居で喜ばせる。

中には、むちゃくちゃな内容の即興の歌や芝居で満足するグループもある。冗談は洗練されているとは限らないし、彼らが見せる道徳は良俗にマッチしているとも限らない。この一座には通常、滑稽なバスを歌ういわゆる喜劇的な老人の役、裏声でテノールを歌う若い恋人役、ほかの声部を伴わずバリトンだけで聞かせる滑稽役がいる。さらにヨーデル歌手や恋の相手役としてすぐれている女性歌手が数名いる。

このような場面を上演するために彼らは自分自身の衣装を持っている。その衣装は、彼らがそれを着て演じる人物と同様、ひどい不快感を与えることも多い。彼らは飽くことなく成果を追い求め、聴衆の歓喜がますます彼らの熱意を刺激する。伴奏は通常はハープひとつで、盲人がそこで音楽にならない音楽をかなでる。

こうした一座を訪れたり、楽しむのが最下層の人々だけであるのは、証明を必要としないであろう。このような出し物に耐えるためには、見る側にもかなりの図太さが必要なのである。

まもなくこのぬかるみから実力のある者があちこちで頭をもたげてくる。彼らはさらに上品な店を探し、同好の士を集める。そのようにしてもっとましな一座ができあがる。彼らは卑猥な演技や不道徳な行為で聴衆を満足させようとはしなくなる。彼らはしだいに一座から女性を追い出してゆく。そして出し物を、よく知られた俗謡を歌うこと、女優なしで上演できる茶番劇の二、三の場面から歌うことに絞っていく。

　このような一座を訪れる観客は、もはや最下層民ではない。彼らは、滑稽な役者が歌や演技に強烈なラッツィの薬味をきかせ、そうして生まれる荒っぽい冗談を楽しむのである。

　そういう役者がひとたび観客の人気をとると、増長し、高慢ちきになる。彼は座長を苦しめ、聴衆に対して気まぐれで粗野になり、自分の仲間を見下すようになる。彼が舞台に上がると、その顔は「わしのお出ましだ、よく見ろ」といわんばかりである。客席で誰かが、おしゃべりしたり、グラスを鳴らしたり、皿で音をたてたりすると、命令口調の「シー」という声が鳴り響き、相応の注意を払わなかった怠慢への罰だとしてその軽率な人間に恐ろしい眼差しが向けられる。演技が終わって十分な拍手が得られないと、彼は軽蔑と怒りの表情で舞台を去り、今夜の客は一顧だに値しないと見定める。座長や観客は、この時つぎのようにいうかもしれない。「あれじゃあ遠慮も会釈もあったもの《セトゥコムシェ》じゃない《ヌー》」と。

　一度道が開かれれば、つぎつぎにほかの者が後に続くようになる。誰しも自分の分野ですぐれた成果をあげたいので、座員の選択も注意深くなる。座長は自分の俳優がきちんとした身なり、誠実な態度で観客に接することを要求し、音楽に関する知識と訓練された喉を持っていることを求める。さらに座長はハープ弾きを雇うが、ハープ弾きは自分の楽器のことを熟知し、幕間に芝居の時以上におもしろい演奏で客を楽しませることができなければならない。座長もしくは座員のひとりが一座のために短い喜劇や悲劇を書く。そこにはソロや、二重唱ないし三重唱が織り込まれ、ハープ弾きがそれに曲を付ける。このような新しいタイプの一座は、しだいに質の良い観客を集めるようになる。こうした一座は、低俗な笑劇や道化芝居で宵の数時間を楽しませるが、けっして卑猥な内容ではなく、しかも十分な利益をあげる。ここまで来ればハープ弾き一座の改善は目前であり、これもまもなくおこなわれることになる。新たな歌い手たちが立ち上がり、グループを作る。彼らの課題はよりすぐれた作品を作りあげることであり、その演技においては下品な動きや怪しいふるまいを追放することだった。

これらのグループの中でとくに抜きんでていたのがモーザーである。彼は「ハープ弾き」という名称を捨て、自らを「民衆歌手《フォルクスゼンガー》」と呼んだ。一度でも彼の舞台に接したことがあれば、これが決して思い上がりでないことがわかる。彼は自分の劇団が上品な装いを得るためにハープを廃止し、代わりにハンマークラヴィアを楽団に入れた。

彼が宵の催しを開催すると上品な観客が集まってくる。彼が選ぶ会場はたいてい上質のレストランであり、そこには、大勢の観客を収めることができる大きな広間がある。彼は、団員が観客の間を回って集金するという屈辱的な仕事をしなくてすむように、適度の料金を入り口で徴収する制度を導入した。それにこの制度によって下層民はこの会場に足を踏み入れることができなくなった。

モーザー自身は、礼儀正しい落ち着いた人物である。若い時には別なキャリアを考えていたが、古道具屋の父親が貧乏であったため高等教育を諦めなければならなかった。けれども父親の仕事を続ける意思がなかったので、ある貴族のなんでも屋としてドイツ、フランス、スイス、オランダを旅行した。そこで得た外国語の知識を活かして、帰国後、語学教師としてしばらくの間働いていた。彼は特別なコネがなかったのであるハープ弾き一座の一員となり、長い下積みの生活の末に座長へと登りつめると、すでにかなりの名声を得ていた。

名の通った新聞や雑誌がはっきりと賞賛したことで彼の興行が認められた。そして宮廷印刷業者ハ*ースリンガー氏は、モーザー作詞作曲の歌を非常に小綺麗な形で本にしてくれた。

教養ある者もはばかるところなく、モーザーが登場する店を訪れることができる。ご婦人がたでさえも、安心して彼のジョークに耳を傾けることができるのである。

ハープ弾き一座のような存在が民衆の美的センスに影響をあたえると先ほど述べたが、この主張は、それがたとえいかに滑稽に聞こえようともまちがっていない。

ハープ弾き一座は、つぎつぎに変化する出し物を数時間にわたり提供していかなければならないので、しばしば材料不足におちいる。また、観客を長く引きつけておくためには、つねに新しいものを手に入れなければならない。そこで彼らは、その素朴さや大衆性によって多くの人々に共感を呼び起こしているドイツの詩人たちの歌を使うこともある。ゲーテ、ウーラント、フォーゲル、ミュラーなどの作品が、このようにして民衆に知られるようになる。ベートーヴェン、シューベルト、クロイツ*

ァー、アドルフ・ミュラー*、プロッホ*などの耳に心地よい歌はさらに大きな人気を得たので、すぐに民衆はそれを口ずさむようになった。

このようなやり方は、頭の固い美学者には最初の瞬間、冒瀆のように思えるかもしれない。しかしよく見れば、詩と音楽の目的は、心の教化と純化を通じての精神の教化と純化にあるのだから、ハープ弾き一座の出し物に対する民衆の要求は正当であるということがわかるであろう。

パリの庶民は、フランスのシャンソンの一節を喜んで口ずさむ。イタリアのゴンドラ乗りは、アリオスト*やタッソーの詩につけた曲を全部そらんじており情熱を込めて歌う。そしてその仲間たちは、歓喜と誇らしい気持ちでこれらの不滅の歌に耳を傾ける。

民衆が歌ったからといって、こうした歌を穢すことにはならない。しかし、その歌い手の名前は民衆の心に刻まれ記憶となって、一座から次の一座へと受け継がれるのである。

モーザーの人気といったら計り知れないものがある。彼の名声はすでにオーストリアの国境を越えている。

彼が正式に客演をおこなった幾多の地方都市では多くの人々がその作品を見て喜んでいる。彼自信はとりわけ滑稽な歌で抜きんでている。彼の一座のテノール歌手は心地よい、しなやかな声で歌う。彼の一座の滑稽役は多くの地方舞台にとって貴重な手本となるであろう。

モーザーの筆になるおどけた場面は、非常に滑稽でウィットとユーモアに満ちている。この場面をふたつも引用すれば、多くの退屈なご当地ものの作品を不人気から救うことができる。

モーザーの作品が、観客席をいっぱいにすることは自明の理であろう。市外区*の劇場の入場料金は平均的にかなり高く、中産階級の人々にとっては、その値段でモーザーの舞台の入場料とちょっとした夕食をまかなえるほどである。

相当数の人々は、美的な満足を物理的な満足と結びつけるようになってきている。ビールを飲んだり、煙草を吸ったりしていると出し物はさらに面白くなるのだ。人々は演目に多くを要求しなくなり、目の前の出し物ですぐ満足するようになる。この点で多くのハープ弾き一座は、市外区の劇場にかなりの損害を与えてもいる。多くの客は、あの市外区劇場の娯楽を横目で見ながら、喜んで自分たちのわずかな金をこちらの一座のチケット売り場へと持参するので。

聴衆にとって、民衆歌手を見るのは魅力的なことなのである。

とてもわくわくしながら舞台に注目していることが、すべての人の表情にはっきり読み取れる。どんな冗談にも反応して心が弾む。大爆笑が、幾度となく演者の声をかき消す。しかしすぐにまた静寂さがもどり同様の笑わせるかけひきがまたあらたに始まる。聴衆は聴くことに夢中になり、一座は演じることに夢中になっているが、これらの歌手の粘り強さには驚きを禁じえない、なぜなら彼らは、息も詰まるような煙草の煙の中で三時間から四時間、休みなくその肺を酷使しているからである。

標準ドイツ語で演じる生真面目な場面がとくにおもしろいハープ弾き一座もある。その場合、語調や発音、演技や表現力が、尽きない楽しみを提供する。このすばらしさは、自分で実際にこの舞台を見聞きしなければ、わからないかもしれない。

このスケッチの中心人物だったハープ弾きについては、このあとの記述〔第五一章〕でもう一度言及するだろう。そこでは、点景として登場するのであるが。

第二四章　靴屋の小僧

無記名

作者不詳「靴屋の小僧」

ウィーンに住む「靴屋の小僧」〔徒弟〕は、同類をこの世の中に発見するのがまったく不可能な種族である。

なぜなら彼らは悪意、奸計、狡猾、人の不幸を喜ぶ態度、気まぐれ、図々しさ、ジョーク、アイロニー、ユーモア、茶目っ気が渾然一体となったアマルガムなのであるから。彼らには、ありとあらゆるたちの悪いいたずらを考え出す才能があり、場合によってはそれを毎日でも実行もする。そのためのチャンスは、いたるところに転がっている。彼らに良心はないも同然であるし、そもそも道徳などほとんど気にかけない。ひとたびいたずらを仕掛けるとなったら、自分の計画に必要などんな手段でも用い、その結果がどうなろうとまったく意に介さない。殴られようが食事を抜かれようが、いたずらはやめないし、それらがいたずらの罰として作用することもない。彼らは殴打や飢えを必要悪と見なして、ストイックな英雄のようにそれらを耐え抜くからである。まだ体罰を受けている間に、たとえそれがどんなにこたえるものであれ、彼らは早くもつぎの計画を練っている。それを彼らは見事な一貫性をもって実行し、同様に見事なあきらめをもってその罰を受け入れるのである。

「靴屋の小僧」はいつでも「陽気」であり、時々はとてもうちひしがれているように見えても、やはり根っからのいたずら者である。

純朴な愚鈍さを装いながら、彼は主人たる暴君（親方、親方の奥様、職人）に無遠慮な真実をいってのける。そしてその直後に平手打ちを受けると、びっくりしたふりをして見せる。彼の狡賢い悪だくみの標的は、親方の奥様である。彼女にたいして小僧は、巧妙な計算のもとつぎつぎに悪戯を展開する。天真爛漫な顔をしてこの怒り狂った奥様を見あげるのであるが、心の中では彼女に永遠の敵意を抱いている。そして彼女の怒りを見ることが心底からの喜びなのである。

彼は自分のあらゆる行動にお人好しの印象を与えるすべを心得ている。それがまた、彼の悪だくみを知る人間にとっては、最高に愉快である。

親方のいいつけで酒場にワインを買いに行く。帰宅途中で味見をしてみたい気持ちになる。小僧はぐいっとひと飲みしてから、瓶の中にできてしまった大きなすき間に気がつき驚く。すぐに決断し近くにある井戸へとんで行くと、ふたたび瓶をいっぱいにする。「うちの親方はいつもめまいがするといっている。だから一〇〇パーセントの純粋ワインは体にいいはずがない。親方の健康を気遣うのは、弟子のつとめ。これでもうこのワインは親方の毒にならないから、おいらも大いに安心というものさ」とひとりごちる。彼は喜びいさんで家路を急ぎ、いたずらっぽく横目で見ながらワインをテーブルのうえにのせる。

別な機会にまたワインを買いに行ったのだが、彼は頭のてっぺんからつま先まで靴墨で真っ黒に汚れた作業服で飲み屋に出向く。店から出たとたんに道にたむろしていた不良少年たちといさかいを始め、とっくみあいになって瓶が割れてしまう。どうしたらいいのだろうか。周囲をまじまじと見回す。遠くからとりわけ人の良さそうな男が自分のほうへ近づいてくるのがわかる。すると彼は突然泣きはじめ痛みを訴える。それはまるで路傍の石も同情しそうな声である。そして割れてしまった瓶を近づいてくる男に差し出すのである。「旦那様」と泣きべそをかいて訴える。「これを見てください、躓いてしまって瓶が割れてしまいました。いまうちに帰ったら奥様に殺されてしまいます。うちの奥様の怒りようといったら！」

こういわれた通行人は、狡賢い小僧がその顔に正しく読み取ったとおり、彼にもうひと瓶買うよう銀貨を一枚差し出す。そしてどこまでもお人好しのこの男は、小僧に尋ねる。「小僧さん、あんたは何をしているのだい」

「旦那様、あなた様には私の姿が床屋の小僧に見えますか」と黒ずくめの小悪魔は答えて、さっと逃げ出す。小僧が不注意からとんでもない損害を引き起こした時、彼は本当にうろたえているように見えるのだが、それでもちょっとしたチャンスを見つけ出すとすぐにまたヌケヌケとした受け答えや意地の悪い警句を放つのである。

親方が小僧に為替の両替を頼む。ややあって小僧は暗い顔つきでもどり、部屋の隅に腰を下ろすと呆然と前を見つめている。ことのなりゆきを察した親方が驚いて叫ぶ。「賭けてもいいが、おまえは金をなくしたろう」

「親方、どんどん賭けてください」と小僧がうれしそうに答える。「親方の大もうけはまちがいありません」

もし親方あるいは親方の奥様を本当に怒らせたと確実にわかりさえすれば、どんなにしこたま殴られても小僧の身にこたえることはない。「ざまあ見やがれ」という喜びが、こらえている痛みの間から、こんこんとわき上がってくるのである。

ある日小僧はいつものように親方の作業場へ注文された昼食を配達する。途中でこのお皿を結んでいた紐が切れ、食べ物が道の舗石の上に乱雑に散らばって、皿の破片がそれを取り囲んだ。小僧はあわてることなく叫ぶ。「これでもう食事の用意は万端ととのった。あとは、急いで親方をここへ呼んで来るだけ。そうすれば親方はすぐに食事ができる」

靴屋の小僧のいたずらを逃れた者は誰もいない。床屋が忙しそうに通りを走っていく。小僧は首を振りながら彼の後ろ姿を見送り、とうとう叫ぶ。「ねえあんた、ちょっとだけ時間がありますか」床屋は小僧が親方の散髪のために自分に声をかけたと思って返事をする。「もちろん」「それじゃあねえ、」と小僧が答える。「あんたがそんなに馬鹿みたいにつっ走る必要がどこにあるんですか！」

とりわけこの毒矢は小僧たちの仇敵に向けられる。中でも標的になるのは先輩の徒弟たちである。真っ赤な髪の毛をした古参の職人が、ある時上から下まで真っ黒の礼服を着ていた時の話である。「フランツさん、きょうは頭に火のついた黒い薫香ろうそくですね」

小僧の生活は本来、中国の絵画とは反対に光のない影だけの世界である。彼らの性分のみがそうした障害を乗り越えさせる。

　靴屋の小僧は、親方夫人の憂さのはけ口《スフル・ドゥルール》である。家にあっては下女の手伝い、子守の手伝い、料理女の手伝い、従者の手伝い、使い走りの手伝い、小間使いの手伝いである。親方、親方夫人、目上の職人のなんでも屋である。このような多方面の奉仕にたいする評価はなじりの言葉であり、げんこつのお見舞いであり、平手打ちであり、髪の毛をつかんで引きずられることである。もちろん優しい態度で小僧に接してくれる親方や親方夫人は存在する。しかしそういった場合、当然、いたずらや人を不幸にあわせてやろうという小僧の傾向は弱まってしまう。一言でいうならば、そういう小僧は「本物の靴屋の小僧」にはならないのである。

　そういう小僧は、この野性の種族から生まれた高貴な子孫である。彼らには国籍もないし、著しい特徴もない。したがってこれに関してはここでは触れない。「本物の小僧」は一瞬たりとも自己否定をしない。いつだって悪賢く、図々しく、敏捷で生意気である。彼はいつどこでも、自分がつねに耐えなければならない手荒な扱いの埋め合わせをしようとして、周囲を激怒させ、波風のないところに騒動を起こそうとする。敵たちとの休戦協定ほど憎いものはない。誰であれ相手が気分を害してしまうまでからかい続けるが、それがうまくいけばとたんに尻尾を巻いて逃げ出す。逃亡に失敗した場合には、無関心な思い切りのよさで自分のいたずらの罰を受ける。かつてある靴屋の小僧が雄の子山羊をひどくいじめていた時、立派な身なりをした紳士にそれをたしなめられた。この紳士の忠告に耳を傾けず、相変わらず子山羊をひっぱったりなぐったりしていたので、紳士のほうは動物虐待に対する人身攻撃《アルグメントゥム・アド・ホミネム》として二、三発荒っぽい平手打ちをくらわした。それを歯牙にもかけずに小僧はいい放った。「こんなにも雄山羊さんのことを心配するおやじさんは、きっと仕立屋さんですね」〔仕立て屋の蔑称が雄山羊〕。そして逃げ去った。わずかだが以上の描写で十分であろう。読者をもっと立派な対象へご案内するため、われわれはここでこのスケッチを終わりにしたい。

第二五章　給　仕

シルヴェスター・ヴァーグナー

作者不詳「新年の挨拶状」

第25章　給　仕

ある美しい春の夕べ、ドナウ運河右岸に沿ってゆっくり歩いていると、私のもうずっと前からのよき知人の一人、「眠れるバッコス亭」の荒っぽい亭主の給仕長に出会った。彼も私と同じ道を歩いていたが、仕事がらみでそうしなければならなかったのである。元気かい、どうしてる、なにか変わったことはあるかい、等々のいつもどおりの問いと、素晴らしい夕べについて少し話したのち、会話がわれわれふたりにとってもっと興味がある事柄、すなわちワインとビールに及んだのは当然である。というのも、ひとは自分の好むものについて話したがるからであり、また諺にも「心を満たしているものは、口からこぼれる」といわれるからである。彼はもちろん、彼を弁護するためにいっておこう、それによって得られる儲けだけのためにワインとビールを好み、それに対して、これらの夢中にさせてくれる液体への私の愛着は、浅ましい儲けなどみなものともせず、はるかに純粋で、ずっと気高く、高尚である。話が最高に盛りあがっている時に、われわれは道をわずかに進んだところで行く手を妨げられた。小さな背嚢を背負い、緑の短いフロックコートを着、シュヴァーベン帽をかぶった若者たちがわれわれに向かって歩いて来たのである。みな金髪で目が青く、正真正銘ドイツ的な豊満な頬の顔つきで、大きなビール頭《ビーア・コップフ》の若者たちであった。彼らは私がまったく知らなくはないお国訛りでわれわれに話しかけ、*レーオポルトシュタットの旅亭「ゼッペルレ・フォン・シュラークフェルティヒ従兄弟」とシュトロッツィシャー・グルントのヤーケルレ・フォン・シュトローマン親方の製パン所はどこかと尋ねた。

私の知人は彼らに手短にできるだけはっきりと答え、われわれはまた先へ行った。

これまでの話はやめて、彼はちょっと間を置いたのち、こう続けた。「うへっ、レーゲンスブルクの筏は俺たちにまたかなりの人口増加をもたらしてくれたもんだ」。私はよくわからなかったので、彼が私に説明してくれた。「こいつらはみんな、今日レーゲンスブルクの定期船で着いたシュヴァーベンの若者で、みんな、ワイン運び人、火夫、ランプ点灯夫、下男の空きポストを望んでいる者たちや、勤め口を探している製パン親方の手伝いたちでさあ。連中はみんな、少なくとも故郷に残った同郷人たちの目にはその働き、機敏さによって、また時勢を賢く利用することによって、立派になったと思われる彼らの先行者たちの幾人かと同じようになろう、という甘い希望を抱いてウィーンへやって来たんです」

さて話がいったんこのことに及ぶと、私は彼の饒舌さを利用して、給仕たちに関する相当多くの事柄についてさらに詳しい情報を得ようとした。そして、それを私は以下の叙述の基礎にした。

仲間内および本物のレルヒェンフェルトやヴィーゼン[*]の言葉では「ティーフリング」と呼ばれる給仕たちは、ウィーンの内部および周辺では酒場がわんさとあるので、とても数の多い一団体をなしており、それは、亭主たちと同じように、ワイン組合とビール組合のふたつの組合に分かれている。彼らは手工業者の場合の徒弟とまさしく同じ存在である。これらの組合のひとつに彼らは入会しなければならず、その時に必要な入会証も受け取る。彼らの勤務実績証明書にも、雇い主の署名のほかに、さらに組合の署名が付されなければならない。通常、規定によると、彼らには勤務先も組合によって割り当てられるが、それは強制ではない。ところが、斡旋される職場の収入の違いに応じて、しばしば少なからぬ謝礼金をとって、不法に職場の斡旋をおこなう者たちが若干いる。彼らは届け手《ツーブリンガー》ないし給仕の取り持ち《ケルナークップラー》と呼ばれ、大部分は破滅したかつての酒場の亭主である。ある給仕が勤め口がないか、あるいはわれわれのいうように、仕事もなくうろついている場合、彼は毎日、もっと上品ぶって「取引所《ベルゼ》」と呼ばれる自分の組合に姿を見せ、取引所の本来の仲介者にして事務員の通告人《アンザーガー》のところに出頭し、通告人が彼に能力に応じた勤め口を割り当てることになっている。ところで彼の能力は、気前のよさにもとづいて判定されることもまれではない。

　給仕間の等級と地位は、彼らの能力と振舞いによって異なる。がさつなワイン運び係やすばしこい給仕見習いから、いんぎんな客室内の給仕や勘定を清算する給仕長のあいだには、なお相当多くの中間段階がある。

　もうとても若いとはいえない、一四歳から一六歳くらいのガニュメデス*の召使いは、まずワイン運び係ないし下男として原材料の処理に必要な事柄や、手触りの荒すぎる物の研磨に不可欠な事柄を習得してから、見習いと呼ばれる補助給仕ないし料理運び係として役立つようになる。とくに料理運び係には誰もが適しているわけではない。というのは、あらゆる種類のスープ、ロースト、ブイヨンを載せた二、三〇枚の皿を片腕に抱えて厨房から運び出し、それらを破損せずにそれぞれのテーブルの注文客のところへ持って来るのには、少なからぬ名人芸を必要とするからである。したがって、事故の場合に補塡してもらうために、不安な料理運び係が自分の運搬物に保険をかけることのできる保険会社がつくられるとしても、それはけっして無用なものではないのである。

これらの諸段階をくぐり抜けたのちにはじめて、彼は、ほかのそれに必要な諸能力が欠けていなければ、正式の給仕、自前の給仕になるのである。つまり、客たちに飲み食いさせ、彼らが支払うならその金を彼らから受け取り、そうでない場合には自分のリスクで掛売りにし、夕方に彼の主人の亭主ないし給仕長と清算して、昼間中に信用貸しで受領したものの全額を支払う（業界用語で「数え上げ《アウフツェーレン》」と呼ばれる）、このような給仕を自前の給仕と呼ぶのである。また、高級なビール酒場で、見習い給仕がウールの上着ないしコートを受け取ったのちに、入念にブラシをかけ、見事になでつけられた、耳の上で箒のようにもじゃもじゃになっているか、ないしは幾千もの小さな巻毛に縮れている髪の毛に、銀のケース入りの鉛筆を差し込んでいる男がわれわれに向かってやって来て、ぞんざいに左腕にナプキンを巻きつけ、顔に笑みを浮かべて、そもそも良家で歓迎される客を迎え入れるように、適度にお辞儀してわれわれを迎えるならば、それはとりわけ件の給仕である。出迎えとまったく同様に、つぎのように尋ねる彼の挨拶も愛想が良い。「何にいたしましょうか　何を差し上げましょうか、フォン・H様　ご用命は何でございましょう、閣下」

彼は「ビールを一杯お願いします」という返事を耳にするやいなや、もっと身分の高い客の場合には完全に省略する普通の大麦の煮汁、つまりバイエルン・ビールから、ホップの利いたヘラクレスのようなミュンヒェン・ボックビールまでのビール登録簿をすべて驚くべき能弁さで読み下すのである。ヘラクレスのような、と私がいうのは誇張ではない。というのは、このビールは調子に乗れば、ライオンの喉元を引き裂くばかりでなく、数軍団をそっくりなぎ倒すこともできるであろうからである。

だが、ウィーンの高級なビール酒場、ないしより適切には「ビールサロン[*]」に揃っているすべてのビールの種類を覚え、まれなほどすらすらと名前を挙げることは易しいことではない、ということを理解するために、私は比較的有名なものをその品質ごとにここで列挙しようと思う。バイエルン、イェードラーゼー、レーオポルトシュタット氷塊《アイスシュトース》、ウンターーツォイク、カイザー、リヒテンタール、シュタイヤー、リージング・フェルゼンケラー、ボヘミア、純正ボヘミア、純正オーバーラント、レーゲンスブルク、ハライン、カルテンハウス、メルツェン・ミックス、ノイリング・ボック、リージング・ボック、そして最後に純正ミュンヒェン・ボックである。

しかしながら、名前を挙げたこれらすべてのビールがまさしく取り揃えられていなければならない、と思ってはいけない。そうではなく、仕事熱心な亭主あるいは腕のいい給仕長なら、私の知人が私に断言したように、よいバイエルン・ビールからメルツェンビールを除くこれらすべての変種を自分で作ることができ、[*]メルツェンビールの下位区分諸品目も、三種類のボックビールを除いて、この普通のメルツェンビールから同様に作ることができるのである。しかもそれらすべては融合と水で薄めることによって作られるのである。

給仕とその主人たちが、私が思うには、そもそも水治療法の発明者であり、あのグレーフェンベルク*の農民は、すべての農場主たちに対抗して、純粋水療法を思いつき、それによって混合水療法の過度の使用が引き起した災いを償った、という功績があるにすぎない。さて、人間とはともかく治療法なしでは存在しえないのである。誕生の時からもう、空気療法と水治療法が人間を出迎え、それから無感動、共感、熱療法が幾度か交代し、ついには同種療法も、逆療法も、水治療法も人間をもはやなんら修復せず、人間は仮借ない最終療法、つまり土壌療法の手中に陥るのである。

さて話を再びわが給仕に戻そう。彼はわれわれの選んだものを聞くと、自分で急ぐか、ないしは自分の意のままに動く見習い給仕のひとりにわれわれの望みを知らせる。すると一瞬のうちに、われわれは求めたものが自分の目の前にあるのを目にする。上方にきれいな泡がある、まったく混じり気のない琥珀のように澄んだビールである。われわれが泡立つ美酒を心地良くちびちびやっていると、彼はあまりにも親切に第二の質問をする。「ひょっとしてちょっとした朝食はいかがでしょうか」ところで当地では午後四時まで続く午前中の時間であれば、値段表がちょうど手許にない場合には、彼が即興で、リーフパイやセイヨウワサビ付きのフランクフルトソーセージから、小団子*入りのシュヴァーベン風スープ、子牛のカツレツ、そしてバターを添えた美味しい脳料理にいたるまで、すらすらと唱えるのはもちろんである。彼がわれわれの要望を聞き取るとすぐに、要求されたものが一二折判ほどの大きさで、もうわれわれの前で湯気を立てているのである。ウィーンの上流社会のビール酒場で朝食をとる者は、羊のもも肉が丸々、ないしは雄牛の第四部分までもが朝食に出されるような霧の国にいるのだと思ってはいけない。当地では、上品な朝食と夕食に関しては、同種療法に基づく極度のつつましさが根づいており、百万の十乗分の一の子牛の脳にバターの一粒の百万の十乗分の一が混ぜ合わされている。出される朝食は、高貴なお客の胃をグラス一杯のメルツェンビールと結びつけて十二分に暖めるものであり、また、愛すべきビール酒場の亭主が豪華な四頭立ての馬車を獲得するのを助けてくれるものである。われわれはこれによって、ウィーンではこのような最上級のつつましさが支配的だ、といおうとしたのではない。いや、けっしてそうではない。われわれのところには、このつつましさを料理の大きさよりも価格に適用する、つまり自分自身に適用する亭主や給仕が十分に居り、したがってそのようなところでは、サロンの朝食の値段でたっぷりの昼食を摂ることができるのである。けれどもそれは、もっともな理由から、娯楽文学紙の末尾や、『ウィーン・ガイド』、『居酒屋・コーヒー店急報』、『産業界逍遙』等々に載るようなことはけっしてない、普通の亭主たちの店においてだけである。

われわれは、午後にも、それに劣らずおいしくかつ迅速に、食欲をそそるような午後の軽食でもてなされる。つまり、とても薄く切られているので、ふつう日食を観察する黒ガラスの代わりにきわめてうまく用いることができるような三、四切れのヴェストファーレン・ハムないしプラハ・ハム、レルヒェンフェルトで製造されることがまれではなかった、これまた慎重に切られたヴェローナ・サラミ、黒ソーセージあるいはエメンタール・チーズも、わが給仕は提供することができる。また、えり抜きの午後の軽食の美食家のためには、さらに数グラーンのレモン付きキャヴィア、ないしパイの女王であるシュトラースブルクのガチョウの肝いりパイが用意してある。

夕方、なんらかの偶然で臣民と穏健な封建君主とのあいだの関係、つまり胃袋と頭の関係がいくぶん乱され、したがって頭が、今日も固形物の補給が許可されるのかどうか疑っている場合、ないしは、たとえば胃袋が頭に最大限の形《オプティマ・フォルマ》で反抗さえする場合があるとしよう。というのは、胃袋はどうしようもない民主主義者であり、あらゆる愚かな結社や陰謀の永遠に若き代表者であって、狂気の印し《シグヌム・インサニアエ》として「若い」という弁解の形容詞を自らの名前の前に置くからである。そのような夕方のことだが、その場合、わがつねに忠実で勤勉な給仕は、品質からするともっと粗野な料理を、たとえば悪臭のするネギを添えたありきたりのロースト、イギリス風のビーフステーキ、あるいはパン粉なしのローストビーフ等々を運んで来る。だが分量は、それを増やすことは彼の主人の懐にとっても、夕べにそれを食する者の健全な眠りにとっても益するところがない、という前提に立って、同じままである。

いかなる理由からであろうと美味な料理を味わおうとしない者は、鉛筆大のソルトスティック、あるいはウールの上着の巨大なボタンに大きさでほぼ匹敵するカイザーセンメルを食することができる。七百倍の拡大顕微鏡で見ると上等なグロッシェンパンにまったく劣らないような、可愛らしいカイザーパンも、彼のお望み次第である。ところで、この種の極小のパンは、贅沢パンとして価格統制の対象外である。だがこれらの小型パンも断るというのであれば、せめて喫煙によって、それ自体でもう心地良い、素晴らしいビールの味わいをもっと高めようとするであろう。そしていま話題にしているようなビールを飲みながらの会話の際には、自分のパイプをくゆらすことが普通であろうから、給仕はもう、長い柄のパイプの雁首を美しくではなくとも、汚れを落としておくことに気を配り、パイプを受け取る側からのわずかな謝礼で雁首を空にして差し出すのである。それにタバコを詰めることを望むのであれば、そのために彼には一〇クロイツァーという少額のお札《さつ》が与えられる。あるいはそれを望まないのであれば、給仕は黒い箱の煙草も用意しており、それにたいしては一クロイツァーの利益だけを要求する。というのも彼はタバコ小売人でもあるからである。葉巻喫煙者には、彼がいうところの本物のレガリア・カバナスやカサドレス・ラ・エンプレサ、あるいはまたブレーメン葉巻タバコを、一本六クロイツァー（硬貨）の大安値で提供する。おそらく投機的な在庫一掃セールで入手したためであろう。「持ってけ、持ってけ、恥知らず」というわけである。

一番いいのは、あらゆる肉体の糧をはねつけて、グラスのビールを飲みながらより高次のもの、つまり鼻や精神の糧を得ようとする者たちである。このふたつのの品物は飽きるほど、ただで提供される。というのは、給仕も亭主もたびたびテーブルからテーブルへと歩き、銀または金の缶からそれぞれの鼻に、最も節度のない鼻にさえ、餌を与えるからである。精神のパブラム〔子供だまし〕はすべてのテーブルの上に散らばっており、そこには酒場の政談家や、芸術愛好家や、政治的ゲテモノ喰い《ディステルフレッサー》のために、あらゆる種類と傾向の新聞と文芸雑誌が十分過ぎるほど用意されている。毒をもつ雀蜂、ひとを刺す*プラーターの蚊、そしてほかのいやらしい害虫が愛らしい野バラや、いわくありげなひな菊や、やさしい三色菫のまわりに群がる。貴重な思想の削りくず、読書の酸っぱい果実、それに他のいろいろな刻み藁がごちゃ混ぜになっている。重要な過去の回顧、時代の胸を打つ出来事、鋭い洞察力の気象予報、気難しい論評、しっかり案出されたシャレード〔ジェスチャーによる言葉あてゲーム〕と巧妙な謎解き、めそめそしたエレジー、身の毛もよだつバラード、それに心を打つロマンツェがビールで汚され、タバコの煙で味付けされた文学的がらくたと混ぜ合わされて、どのテーブル上にも見出されるのである。

さてメニューのすべてに、つまりビール、朝食、午後の軽食、パン、タバコ、葉巻、鼻および精神を爽快にするものに満足するか、あるいは好みに応じて個々の選んだものに状況次第で満足するならば、金の印章付き指輪で静かにグラスをたたき、給仕をびくっとさせるように「お勘定」と叫ぶだけでよい。そうすれば彼はもうわれわれの前に立ち、感じよく微笑みながら、われわれがなにを飲食したかを聞き、お辞儀をしながら勘定を受け取り、迅速なサービスに対する報酬がどうであったかに応じて、並外れて丁寧に、あるいは少し冷淡に、別れを告げる。そしてわれわれは、さまざまに思い巡らしながら、この高級なビール酒場を出るのである。

これらの給仕たちと同階級に位置するのは、一流のワイン酒場の給仕たちである。なぜならば彼らの仕事は、ビールをワインに置き換えれば、同一だからである。

ビアホール、ビール醸造元、ビールサロンという名称で知られる近代化された醸造所の酒場の給仕も、彼らと同列に並び、最後にダンスホールの給仕、ウィーン近郊にあるカジノの給仕、ビール酒場とコーヒーハウスを兼ねているところ、つまりまさしく両性的存在の店の給仕もそうである。ただビアホール、ビール醸造元、ビールサロンの給仕たちは、転嫁と計算といういやな仕事に精通していなくてはいけない。つまり彼らは、自分が損をしたくなければ、徴収し損ねた飲食代のすべてを居合わせる客たちに配分し、自分が取り逃した分はすべて、巧妙かつ慎重に操作して、客の勘定に加算しなければならないのである。これは確かに厄介で骨の折れる仕事であり――だが大半の給仕たちはそれに対処できているのである――、また、著名な人気のあるワルツのヒーローたち本人の指揮の下でこれらの場所で代わる代わる催される夜会、パーティ、宴会への人々の大殺到を考えれば、避けられない仕事でもある。そのような場合には、請求された入場料に飲食代も含まれていると錯覚しているひとが相当多く、他方で別のひとは素晴らしいクオドリベットやポップーリに酔い痴れてふらふらと出て行き、給仕のことはまるっきり忘れ、借りたパイプまでも持ち去ってしまうのである。

ダンスホールの給仕たちのほうがはるかに楽である。というのは、踊り狂い病患者たちはあらゆる点でさほどやかましくはなく、それどころか彼らは、ワルツを踊り、*ギャロップができる限り、すでに飲み干した瓶のあいだに冗談で数本のシャンパンの空き瓶をもぐり込ませても気づきさえせず、グルデンワインと偶然に取り違えてもはるかそれ以上に気づかないからである。この抑えがたい踊り狂いは、狂犬病よりもずっと多くのものをすでに破滅させた。というのも、すべての犬を打ち殺すことによって狂犬病を完全に根絶することにはご立派にも着手されているのにたいして、踊り狂いの撲滅のための措置はまだ講じられていないからである。

ウィーン近郊のビール酒場とコーヒーハウスが一体となったところの給仕、すなわちカジノの給仕たちは、それらのところでは大部分が、夏期にだけ大勢の人が訪れるので、いわゆる夏の給仕に属し、ほんとうの荒稼ぎ屋である。つまり彼らは暖かい季節の間だけ、客の多い帝都の近郊、郊外の庭園で就労し、冬には、せいぜい*ファッシングの時期に大ホールでときどき臨時の手伝いをするだけで、余分に蓄積した脂肪で穴熊のように生きるのである。彼らは郊外へのピクニックをおこなうというウィーン人の嗜癖を——その際多くの人たちは、これらの場所でのとてつもない高騰のために、ウィーン*市内で丸一週間に支出するよりももっと多くを半日間で使い果たし、しかもはるかにもっと質の悪いものを味わった——とてもうまく利用する術を心得ており、彼らの夏の単調な田舎生活を冬に埋め合わせるのである。冬を彼らは旦那衆として、市内できわめて快適に過ごすのである。

列挙したこれらの者たちのすぐあとに続くのはシャルジュ、大きな食堂や飲食店、いわゆるオテルのギャルソンである。彼は同様ではあるが、いくぶんきつい日常業務もしなければならない。ここでは、さまざまなビールの種類のうち欠けているものは、おびただしい種類のワインとものすごい数の料理によって、たっぷりと補われる。彼は、それらすべての発音しにくい名前はよいとしても、発音しやすい値段は全部覚えておかなければならず、それは多くの者にとって解決不可能な課題なのである。ワインは、もちろん名前だけのことがしばしばであるが――というのは当地では結合と製造の場が無限大なのである――世界の全地域からのものと、ノアの酒精による泥酔以来の全年度のものが揃っている。すなわち、低級な田舎ワインのヴェンデワインから強い山地ワインのヴァイトリンガー・アイルフ・ワインまでのオーストリア産、ネスメリィ・ワイン、オーフェン・ワイン、ルストとメネシュの特選ワインからトカイ・ワインやハンガリー・シャンパンまでのハンガリー産、ライン・ワイン、イタリアワイン、フランスワイン、スペインワイン等々がその香りのプラス、マイナスで順序づけられて、並んでいるのである。テーブルほどの大きさのメニューには、勇猛果敢な前衛の第一列として、力をつける滋養スープが載っており、第二列には、マスタード付きの小さい炒めソーセージや貴重なトリュフの赤ワイン煮から、オリーブ付きの酢漬けのアンチョビーや食欲をそそるひき肉の小型パイにいたるまで、前菜が豊富に用意されている。第三列には赤いザリガニ、肥えたドナウ鯉、生クリーム付きの熟成したボウダラから、美味な鱒、シロチョウザメのフライ、真チョウザメのフライ、脂ののったウナギまでのあらゆる水域の魚類が並んでいる。中央は六列からなり、みっつの戦線をなしている。第一の戦線には、内外のありとあらゆる調理方法で料理された牛肉と、炒めジャガイモから緑のシュガーピーやみずみずしいアスパラガスに至るまでの野菜が位置する。第二の戦線には、数えきれないほどの、しかも滑稽な名称の漬け物と、栄養のあるスクランブルドエッグからスフレ風オムレツやジャム入りオムレツに至るまでのメールシュパイゼが並んでいる。第三の戦線には、子牛と子羊の普通のローストから肥育された柔らかい若鶏と脂っこいシュタイヤーの去勢された食用オンドリまでのすべてのロースト、および小鳥や逃げ足の速いヤマウズラから臆病なヤマシギや見事なキジに至るまでの猟鳥がいる。後衛も同様に三列から形成される。つまり第一列は、薫製のタンや香辛料を利かせたシロチョウザメからマヨネーズ・ソースの家禽やアスピックをかけた冷やしたガランチンまでである。第二列を形成するのは、低級なキュウリサラダから美味なチキンサラダまでのサラダ類であり、第三列は、砂糖をまぶした匂いの良いイチゴやラム酒入りのしぶいクルミから砂糖漬けのメロンやとてもおいしいパイナップルの薄片に至るまでの数多くのコンポートからなる。最後に落伍兵をなすのは、パリ風棒状パンからアイスクリームケーキまでの高級菓子類、および消化を促進する強いアルコール飲料、小ポット入りコーヒーや小グラスのポンチである。

もっとも流通している日刊各紙は、最高級のビール酒場においてと同様に、ここでも自由に読むことができ、給仕はタバコ、葉巻ないしパイプを十二分に用意している。

一段階高いところに位置するのは、またしても先に述べたオテルの部屋係給仕であり、彼は到着する紳士淑女を最新型のフロックコートを着て出迎え、彼らに部屋を割り当て、食事と飲物を出すのである。前述の特性や知識とともに、彼には、身分の高い人々に仕えるのにふさわしい細やかな心遣いと態度が求められる。彼はさらに、巧みに食卓の用意を整え、奉仕に十分な経験を積んでいることを要求される。そして少なくともフランス語を口まねできるか、イタリア語でお喋りできなくてはならない。また彼は、特定の旅亭では、ハンガリー語、ワラキア語ないしポーランド語も少し理解するよう求められる。それは、たとえば、しばらくの間旅行して、数日間をフランクフルト・アム・マインかパリの高等給仕学校で過ごし、そこで博士号も取った二七ヵ国語に通暁するというオテルの所有者の息子が、外国の旅客たちの到着の際に、ちょうど取引中のアラブの金栗毛の馬に乗ることを望む場合に、代わりを務めることができるためである。あるいは御子息がある場所にいて、そこから呼び戻すと、この若き御主人の御ひいきを失ってしまうので得策でない場合に、または御子息がたとえばその心を燃え上がらせる劇場の王女と一緒に数週間、ひょっとして世界の果てまで行ってしまうような場合に、この給仕が代役を務めるためである。

給仕たちの最上位者、給仕のムガール皇帝は給仕長であり、彼は酒場で亭主の代わりを務め、他の給仕たちに手渡された料理などを書き留めるか、ないしはその代金を受け取る。彼は亭主の完全な信頼を得ているか、または保証金と引き換えに、すべての飲物をまとめて地下貯蔵庫から掛けで受け取る。いずれにせよ彼は信頼できる、長い勤続年数によって折り紙つきの、業務に十分な経験を積んだ人間でなければならない。別の種類の給仕長たちは亭主でもある。というのは、酒場の営業権はもはや売却できないし、またその賦与にはさまざまな種類の面倒な事柄がからんでくるので、ここでも回り道が見つけられ、自分の商売がもはやうまくいかないか、またはほかのなんらかの理由で私人の生活に戻りたがっている亭主は、勤務中に幾分かの蓄財をなした給仕と交代し、彼に毎年の賃借料と引き換えに、備品一式と酒場の営業権を譲り渡すのである。こうして両者が得をする。一方は容易に少なくとも名目上は亭主となり――ただし、この栄光がしばしば長く続かないことは残念である――、そして他方は、それ自体価値のない自分の生業を、莫大な金に変えるのである。

ウィーン人の気前の良さのおかげでたくさん稼げるこの接客商売のほかに、たいていの給仕たちには、もっと実入りの多い商売の機会もいろいろと与えられる。彼らは、なんらかの投機精神の小さな炎が自分のなかでかすかに燃え上がったならば、そのような機会もむざむざ取り逃しはしない。というのは、娯楽の確かさが費用の大きさで判断される現在では――つねにもっとも少なく要求する者が落札する、一般に有益だと認められている事業とは正反対である――、高い代価が高尚な享受の尺度であり、享受に関して、所得に見合ったある種の節度が、下品で、軽蔑すべき吝嗇とみなされるこの時代にあっては、借り方が貸し方を超過する人々に事欠かない。その両親がなんらかの専門分野で修行させるために当地へ送ってよこした若者たちの相当多くは、しばしば、まる一ヵ月分として彼らに家から送られてきた金額よりももっと多くを、一週間で浪費するのである。その代わり、その時には、彼の行きつけの食堂ないしビール酒場の給仕がジョージ、ジャック、あるいはどんな名前であろうとも、その給仕に別の時に支払うことにしてつけにしてもらい、彼が以前に金に汚いことをしていなければ、給仕はさらに急場しのぎの現金も貸してくれる。その金はジョージのメモ板上で日に日に驚くほど増え、合算され、ついには、たとえば愛するお母様から限りなく心を込めてこちらへ送られて来た数枚の二ドゥカーテン金貨で借金を弁済するか、ないしはジョージからお父様へ送られた手形がお父様によって引き受けられることになる。あまり信望のない者たちには、給仕は安い報酬で質草をとって貸し、こうして自分の小銭をますます増やしてゆくのである。だが彼は、外見上は信望があるように見える者たちによって、卑劣にも、彼の自惚れた賢さもろとも、だまされることがまれではなく、そのような過度の投機と過剰なつけによって自分が得た金をすべて失った者もかなりいる。彼らはありもしない巨額の儲けという魅惑的な餌によって、それに誘い込まれたのである。

仲間内では給仕たちは、お互いをたいていはニックネームで知っているだけであり、それらは彼らの会話の滑稽な諸場面や、肉体的、精神的な諸特質に由来するものである。たとえばスペードの八《ピックアハター》、*カチュチャのペピ、ビール頭《ビーア・シェーデル》、堅物のミヒェル、シュヴァーベンの大男、予言者ジャック等である。

雇われている給仕たちはみな、少なくとも午前は九時ないし一〇時から一二時まで、夜はもっと長く働き、したがって二、三週間ごとに当たる非番の午後以外は、早朝と夜遅く終業後にしか外出できない。毎朝彼らは、とくに日曜祝日には、もう決まっているコーヒーハウスに集まって朝食をとり、そこで序列等級ごとにそれぞれ会話する。伊達者たちは流行《はやり》のように髪を短く刈り、優美なリシュリュー風のフロックコートの上に臭いの悪いマッキントシュ、つまり細身のウールのコートか、ないしはスープ皿ほどの大きさの木製のボタンの付いた幅広でひどく丈の長いコートを羽織り、指輪を場所のある限りたくさん指にはめ、重い金の時計鎖を首に巻き、巨大な海泡石*のパイプから煙を吐くか、あるいはもっと高級なアメリカ製だと言われる紙巻きタバコを吹かす。そして脇には、プードル・ド・セライまたはオー・ド・ブレトフェルトによって完全に燻され尽くし、ウィーンの芳香化粧水で洗われ、まったく新発明の特許芳香植物性ハンドクリームを塗りつけられた愛人が侍っている。彼らが自分の職務を忘れることができ、自分のすぐ隣の者が偶然パイプにタバコを詰める時に、たびたび本能的にこよりに手を伸ばしたりしなければ、彼らは、その会話ぶりからすると、上流階級の伊達男と見なされるであろうに。

もっと下級の給仕たちはたいてい仕事のことだけを話し、そのような朝の会話に耳を傾ける機会のある者は、驚くべき話しを聞くことができる。すなわち、フォン・S氏とフォン・M氏、それにいんぎんなPはもうずっと以前から彼につけにしてもらっており、すでに彼らの時計と指輪を担保として渡している。つけてやっている伊達男の誰それがちょうどやって来るが、俺は奴の恥ずべき朝の訪問を無駄足にしてやった等々。さる亭主がビールの調合とワインの混合をやっている、といった事柄、それと同じような業務上の秘密がもっとたくさんここで話に持ち出されるのである。

給仕たちは、とくによい職場にいる者、つまり彼らにたくさんのチップが与えられ、たっぷり客を欺くことができる場所にいる者は、浪費的である、いやそれどころか調子に乗って贅沢三昧をしている。彼らの夜の集いでは、あらゆる点で甚だしく贅沢に飲み食いされ、またそれがまったく低劣な口論なしに終わることは、ほとんどない。そのような高級なビール酒場の給仕が、ひとりないしふたりの同僚とシャンパンに百グルデン以上も浪費するのは特別なことではなく、その男が、数週間仕事がなければ、惨めにうろつき回るのである。

私はこのことをもって、すべての給仕がほら吹きで浪費家だ、といったつもりはない。そうではなく、あらゆる点で彼らの職業にとって名誉となる、きわめて多くの、しっかりした、まっとうな人々がその中には存在するのである。だが、自分の主人や客たちを欺くあらゆる策略に通じている、おびただしい数の、いい加減な若者たちが彼らの中にいることは、まったく否定できない。

第二六章　牛乳売り女

シルヴェスター・ヴァーグナー

ヴィルヘルム・ベーム（絵）カール・マールクネヒト（鋼版画）「牛乳売り女」

牛乳は、子供と女性には絶対に不可欠な、しかしまた誰にとってもパンと肉のつぎになくてはならない食品である。この食品は、ウィーンの大きな人口とそれに起因する消費のためにもっとも重要な搬入品のひとつであり、したがって首都から数マイル圏にある周辺全体から運ばれてきている。牛乳は、ごく近郊の村落からは農婦たちがきれいに磨かれたアンペルと呼ばれる小さな木製の容器に入れ、それを桶に入れて持ち込んでくる。少し離れた村落からは一輪の手押し車か、一頭の馬で引かせた小さな車で朝早く運び込まれ、牛乳売り女《ミルヒヴァイブ》たちが売り場を持つ市門や家々の門口で売られる。しかし数マイル離れた村々では仲買商が買い集め、四分の一アイマーか二分の一アイマー入る樽で、牛乳売り婦《ミルヒフラウ》の名で知られる当地の牛乳小売商に引き渡される。そこでは一日中牛乳とクリームを売っているのに対して、農村の牛乳売り女たちがいるのは早朝だけである。上述のように、仲買商から必要量を手に入れる牛乳小売商と並んで、市外区*でもまた市内*においてすら、自分の牛を飼い、牛乳の販売と小運送業で生活している酪農家も少なからずいる。彼らの大部分は一頭ないし数頭の馬も養っているのだ。贅沢品ではなく反対に必需品にあたる品物で、牛乳と、当地では一般に「オーバース」と呼ばれる、牛乳の自然の抽出物であるクリームほど、多くのまがい物や混ぜ物が簡単におこなわれるものはない。そのために、自分の酪農園を持っていない限り、薄めていない牛乳と、混ぜ物をしていないクリームとはどんな高い値段でも手に入らないと率直にいうことができるほどだ。というのは、貴族の酪農園や山地を除いて、ウィーン周辺では牛乳はもともと粗悪なだけではない。最初の売り手のところでも薄められ、ついで業者が、いろいろな混ぜ物のことなど忘れて水を足し、さらに当地の女小売商により三度目の祝福が与えられて量を増すことになる。牛乳の泡立ちはふつう、卵の白身で作ったものであり、濃い目の青すぎる色あいは、口の悪い者たちがいい立てていることだが、小麦粉を混ぜ込むことでもとに戻されるのである。

さきに私は、当地周辺の牛乳はわずかの例外を除いてもともと粗悪だと述べたが、当地の農民の小さくて貧相な、奇形ですらあるような牛を見たことのある者ならば、誰もこれを否定しないだろう。それに加えて牧草地の不足がある。というのは、土地がすべてブドウ畑と穀物畑に利用されているからだ。当地のふつうの農民はクローバー栽培や飼料用植物の栽培にはまったく意を払っていない。払っていたとしてもごくわずかである。農民の所有するやせた二、三匹の牛は朝早く追い立てられて、地味の悪い荒れ地である市の放牧地に行くが、牛はそこで牧草を見つけられないだけではない。しばしば日陰がまったくなく、水がないこともまれではなくて、農民にとって貴重な肥料である牛糞すら手に入らないのはいうまでもなく、昼間中焼けつくような太陽の熱にさらされ、たえずハエに悩まされる。牛たちが夕方帰ってくると、夏場に待ち受けているのは、臭い匂いの雑草のアカザや干からびたオオバコやシロアザミからなる貧しいえさである。それらは、ブドウ園でははびこる雑草としてむしられ、畔や道端では引き抜かれているものだ。冬場は、いい場合で粗悪な干し草か、麦わらが牛の栄養である。それで良質の牛乳などどこから得られるというのか。市内および市外区の酪農家にしても、これよりましというわけではない。たいていは地下のじめじめしたところに牛舎がある。少しだけ借りているグラシ*の草は粗悪であり、健康で新鮮な空気はまったく不足していて、良質の牛乳を手に入れるのには適してない。

混ぜ物の牛乳とクリームについては、牛乳売り女や牛乳売り婦がいろんな品質の牛乳とクリームをもっていることがその確かな証拠である。価格はビールやワインの価格と同じように変動する。牛乳は一マース当たり六クロイツァーから二〇クロイツァーのものがあり、クリームは一ザイデル当たり六クロイツァーから一グルデン紙幣〔六〇クロイツァー〕のものまであるが、こうしたものさえさらに、ちょうど多種多様な成分からなる薬品が多くのガラス瓶やるつぼから注ぎ込まれて調合されるように、さまざまな壺から缶で汲み分けられ、混ぜ合わされるのである。ビールやワインや火酒*については品質測定器が数多く考え出されたのに、乳度測定器がとっくの昔に発明されなかったのは不思議である。もちろん、酒は、必需飲料よりも格段に大きな注意が求められる贅沢飲料である。さらには大人のための元気づけの飲料であって、大人はこの飲み物をできるだけ純正なものとして維持することに自分の発達した知力を傾けているが、頼るもののない子供たちのワインたる牛乳には無頓着であり、牛乳によって子供たちの健康が維持強化されようが、根底から破壊されようがどうでもいいのである。しかしながら私は、現在生まれ育っている多くの神童たちのなかに、無用な音楽の天才に代わって、役に立つ、若い人類にとって有益な能力を備えた子もまた出現するだろう、そしてその神童が、牛乳の混ぜ物と等級を計示する糖度計のようなもの（乳度測定器）を夢見て、それによってこの広くおこなわれている悪弊を除去してくれるだろうと、大いに期待しているのである。というのは、ウィーンの子供の多くの病気は、その親たちの若い頃の悪行や不健康な空気、じめじめした住まいとともに、子供が栄養を得ている粗悪な牛乳にその原因があるということを否定することはまったくできないからだ。

奉公先の斡旋もやっている牛乳売り婦たちの売店は、食糧雑貨商《グライスラー》と同様、早朝やおやつの時間には奉公女たちの集会所にして彼女たちのお喋りの発信基地であり、奉公先の照会や情報収集の総合事務所である。そこでは奉公先の出来事や起こりうる恋愛関係が検討されるだけでなく、近隣の新しい情報も交換され、雇い主が容赦なく俎上に載せられることもまれではない。

添付の絵は典型的な牛乳売り女を描いたもので、彼女たちが遠隔の山地の村落からやってきてマリヒルフ・リーニエから市外区に入り、自分の家の牛乳を市場に持って行くようすである。母親のほうはまだいくらか古いタイプだ。それを示すのは、「ニシンの頭」と呼ばれる帽子で飾った頭である。これに対して彼女のそばに座っている娘は当世風の頭巾をかぶっていて、脂肪の塊のような母親の傍らでは、大きなお腹の疑問符の横にいるやせっぽちの感嘆符みたいな印象を与える。娘は間違いなく、ママに混ぜ物商売の訓練に連れて行かれているのだ。娘もいつかは、直接にか間接にかを調べるつもりはないが、水の力によって年齢とともに身体の大きさも増加するようにというのだろう。元気のないのろのろした馬は、女主人ほど牛乳商売から利益を得たようにはとうてい見えない。牛乳売り娘については、彼女が橋を渡っていた時、自分の真新しいおしゃれな「ニシン帽」をドナウ河のなかへ風に持って行かれたという話だが、この古い肉の塊、もっとうまくいえば、魚油の塊が液体に変えられて彼女が水腫症になるというような不幸にこの大柄な牛乳売り女が遭うとしたら、彼女なら「ニシン帽」を飛ばされた牛乳売り娘と一緒に、「おまえなんか生まれたところへ行っちまえ」と叫ぶかもしれない。もっとも、私は母親のそんな不幸を願っているわけではない。

第二七章　気取り屋

アーダルベルト・シュティフター

ヴィルヘルム・ベーム（絵）カール・マールクネヒト（鋼版画）「気取り屋」

この派に属する人々は実に数多く、ほとんど草のように広く繁殖し、草のようにまさに種々さまざまで、そうした草には周知のように小麦ばかりか、ただ触れれば手を切るだけで、家畜さえ口にしない雑草も含まれるのだ。気取り屋たちの多様な姿に入る前に、読者諸氏の正当な要求にたいして、私たちはそもそも気取り屋とはなにかについて語ろうと思う。ただし私たちは、草についての定義と同様に、気取り屋についても定義はわずかしか知らないと、素直に告白しなければならない。だが、サラダ菜と草の両方が生えている場所に生活していれば、人はそれだけでじきに両者を区別できるようになるものだ。そのように気取り屋たちの中にいれば、じきに彼らのことも識別できるようになる。二、三年で人は彼らがわかるようになる。しかもきわめて軽微で堅実な気取り屋から、この分野における熱狂的な輩にいたるまで。もっとも彼自身がその問仲間のひとりになってしまわない限りだが。

私がしかし気取り屋について思い巡らし、読者の眼前に彼らを彷彿させようと、その本質的な特徴を解明しようとすればするほど、ますます自分もそのひとりだという漠たる確信が強まってゆくのだ。そうだとも、私は確信するが、小路で出会う私の左右の隣人も気取り屋であるし、わが伯父もそうだ。それどころかすべて人間というものは気取り屋なのだ。そしてもっとも具合の悪いのは、自身にたいしてもそうであるということだ。人はどんなことでも自分を欺いて真実と思いたがるし、どれほど明らかな嘘であっても自分から信じ込むのではなかろうか。

けっきょく気取り屋というものは、悪しき被造物ではないに違いない。なぜかといえば、神はそれをこれほど多く造りたもうたからだ。彼らの数がいかに多いか、それは実に信じがたいほどだ。ただ植物の中では私はそうしたものにお目にかかったことがない。他方、動物については、気取り屋がいないとはあまり保証できない。プードルや乗馬用の馬の中には大いにいそうだ。しかし、ガチョウにはいない。その中で私はいまだ一度もそれに出会ったことがない。だが、ここにはクジャクや七面鳥や雄バトがいるし、さらにロバでさえこの時代精神をまぬかれない。したがってこの派に属する輩は、イスラム教、バラモン教、仏教、さらにその他のどんな信仰や迷信よりも広く蔓延していることがわかる。彼らが無限の分派に分裂し、また時代と場所に従って変化するとしても、やはりある種の不変の正統性を有し、そのニュアンスを歴史上すべての時代を通じて記してゆくわけだ。ギリシア人は気取り屋だった、しかも多かれ少なかれ洗練された気取り屋だった。中国人もそうであるが、いくらか粗雑であり、たいていは自分自身にたいする気取り屋なのだ。同様にこの分野の人々と大規模な輸出貿易を営み、さらに宣伝も行う他の国の気取り屋連中のことは考えないとしよう。気取り屋はヨーロッパにいるし、ホッテントットの地域にもいる。ウィーンにもパリにもいる。アイペルダウ*やカクラン*にも、サロン*にも民衆の雑踏の中にもいる。さらにまた寝室にもいて、彼はそこではたったひとり、やがて眠りこむまで気取り屋の営みを実直に果たすのだ。

しかし、それにしてもいったい気取り屋とはなんなのか。

私はそれを知らないと、もう明言した。自分の前にいるのがまさに気取り屋か否か、私はそれぞれ個々のケースにあたり的確に告げられるけれど。彼らはいつも、概して人が密集して住む場所にこそ、もっとも多くたむろするものだ。それゆえ、たいていの気取り屋は大都市に、そして人が群がるところにいる。それというのも、人から見られるということこそ、気取り屋にとって必要条件のひとつなのだから。したがって周囲の環境は彼にとって、魚にとっての水と同様、不可欠なものだ。ただし、魚と違う点は、魚は水なしには存在できないが、気取り屋のほうは環境なしでもけっして干あがりはせず、それどころか自分のために環境を創造してしまうことだ。彼が彼自身の環境となるのだ。彼は自身を二分し、彼自身の観客になる。彼はこの観客の目を幻影によってくらませ、自分がきわめて人並外れた存在だと自惚れるわけだ。私はあるひとりの男、上品で気立てのよい男を知っていた。彼は優雅さと美しさの気取り屋気質を身につけていた。彼は考えられる限りのあらゆる高貴な仕草を捜し出しては、それを彼の立ち居振る舞いに加えた。彼はなにをやるにも、格好をつけた。そして家にひとりでいて、いかにも惨めなラシャの部屋着を身につけてソファーに横になっているときも、ひとえに美しくあること、そして自分は高貴な人間だと自分に思わせることを、片時もやめられなかった。鏡は彼にはきわめて危険な代物だった。そして、そうしたたぐいの事柄には秘密厳守が彼の主義だったにもかかわらず、彼がふと見せる表情は、彼が女性たちからどれほどの至福を味わっているかという思いをはっきり示していた。ただ不思議だったのは、この男について愚かな者たちがみな、この紳士は貴婦人たちにはとても危険だ、といっていたことだ。ほかの人々はしかし、笑って、彼はただそう思わせたいだけだ、といっていた。

そういうわけで、すでに述べたように、観衆や競争相手がいるところにはどこにでも気取り屋がいるにもかかわらず、彼らはまた場所によってさまざまに異なるのだ。私はホッテントットの気取り屋をロンドンのそれと同じものと考えることはできない。したがってウィーン人も彼らに固有の品種を持つわけだ。ただ他面、つぎのことは認めねばならない。すなわち、ヨーロッパ文明が生み出す気取り屋たちは、小川の中の小石のように、おおよそ性状が似ているであろうこと、また、すべての大都市は同じような気取り屋を提示し、ただ、たとえばウィーンの気取り屋が、パリっ子の持つ政治的なニュアンスと同じものを示すことはけっしてできないように、都市の雰囲気によって独自の差異が生じるにすぎない、ということは。さて、人間のすべての事象と同様に、この技芸は、もっとも下位の原初的状態において、いわば乳児のおむつのうちに姿を見せるものだ。たとえば、いつか私が旅行記で読んだ南国のあの王様がそうだった。彼はヨーロッパから来た世界周航の旅行者たちに、自分が正装するまで、会おうとしなかった。船長と随行者たちは待っていた。とうとう中へ招じ入れられたが、そこで彼らが会ったのは裸の国王陛下だった。ただ陛下は唯一、光り輝く真紅のチョッキを身につけていたのだった。

しかしながら思うに、私たちは気取り屋についての一般論に十分すぎるほど長い時間を費やした。もうそろそろ、読者にウィーンのこうした名産品について実際のポートレートをいくつか披露しようと思う。ただ、この場合、微妙な色合いが実に多様なため、どこから手をつけたらいいかという判断が難しそうだ。しかし私たちは比較的洗練された種類からはじめ、私たちの絵に描かれているような種類で終わることにしよう。もしも途中で私たちが予定された描写の筋道からそれ、まったく別の順序に従ってしまうというような悪戯が起こらなければだが。それは神様の御手に委ねることにしよう。

このうえなく洗練された気取り屋は、もう気取り屋とはいえないのではないか。そして自らを意識することなど、ほとんどしない人々も。ところで私はある男を知っていたが、彼は他の人々の前で偉大な人物を演じていた。人々は彼のことをそう思っていたし、私もそう思っていた。そして彼も自分をそう思っていた。ここまでの段階には、気取り屋気質はない。彼の住まい、服装、話し方はまったく貴族的であり、その振る舞いは愛想がよく、どこをとっても自然だった。彼の思いは有能で豊かであり、行動は非凡で、どこにあっても善を志していた。そして、ほとんど偉大な人物だったたであろう。もしも彼が気取り屋でさえなかったならば。それというのも、彼は、信じがたいほど洗練された仕方で、自分が脚光を浴びる領域を人前に押し出すすべを心得ていたからだ。その口からいろいろな名前が出ると、それらは彼の名望を高め、置き忘れた手紙が散らかっていると、そんな高名な人たちと文通していたのかと人を驚かせ、彼が実現せねばならぬ想念を垣間見せた。彼はすべての機構を掌握し、いっさいの偏見を脱し、その人柄には澄明な賢者の落ち着きが刻まれていた。――ところが、人の知らないところでは、彼は粗野で、召使いたちにはわがままで、妻子には暴君だった。そして最後に彼は儲かる役職につくためにおのれの哲学を裏切った。だが、外部ではそう見られずに、むしろ、それまでの重荷の上にさらにこのあらたな重荷を引き受ける自己克服の行為として賞賛されたのだった。

それから、気取り屋の天才たちがいる。これらの人々のいう台詞はこうだ。昨日あれこれの詩人と食事をした、この作曲家は自分たちの友人だ。さあ、もう商工会議所の会合に行かねばならぬ。そのあと物故した大人物の記念碑の除幕式があるが、これにも出席せねばならぬ。だって、これこれのかたと約束したのだから。晩は晩で忙しい。クラブに行かなければならないからね。この会員になるのはとても大変なのだ。そのあとは、原稿を読んで好意的な判断を伝えねばならないし、新しい音楽も聴きに行かねばならぬ。絵画展にも足を運ばねばならぬ。それから、誰それは馬鹿だ、とほのめかすのだ。件《くだん》の画家は、いかに理想が高くても、技量がついていかない、と。——そして、すべてに改革が不可欠だ、とも。彼らの机の上にはいろいろな作品がある。ヴォルテールとボリングブルック*、シェークスピア、ゲルヴィーヌス*、ジョルジュ・サンドなどが。そしてときおり、こういう人たちは長髪をし、いかにも世界苦を担っているといった風情を見せる。だがそうなると、彼らは気取り屋のたぐいというよりも、もう、愚者の色合いを帯びてくるのである。

それから、こんな気取り屋がいる。いっさいを確かな筋から入手し、いっさいをもう昨日のうちに知り、秘密のヴェールに包まれた気取り屋たちが。それから、パリにいて、ギゾー*やティエール*についての面白い知らせを聞かせてくれる気取り屋たちも。

そしてまた、偉ぶる人々のおびただしい群がいる。こうした鼻高々の人はウィーンのあらゆる場所に見いだされる。彼は他人に遠慮する必要もないために、ぞんざいな格好で腰掛けている。すべての社会的な作法を心得てはいるが、それに従うことはめったにない。新聞などいかにも無関心といわんばかりに脇にのけ、控えめに入って来る人を自信にみちた表情で見下ろす。彼は軽薄で上品な男、そして冷たい男だ。彼はときおり散漫になる。その歩き方は快活で、かつ自意識過剰だ。彼はウィットにあふれ、時たまそれを口にする。彼はなんでも知っているが、なにもかもひどい、ということしかいわない。鼻の高い輩は自己満足の輩でもある。彼らは「いやはや、なんという連中がいることか」という台詞ではじまる話をして、この導入のあといろいろな変奏部が続くのだ。主として若者の中に偉ぶった者たちが多い。彼の見解を改めさせることやそれに反論することは無理である。なぜならもとより彼のほうがそうした主張の根拠をよく知っているし、先に述べた自分自身にたいする気取り屋のひとりなのだから。

さて、気取り屋を生み出す住居や道具がある。私たちは大都会の穴居人だが、ただむろん古代のエジプト人ほど単純ではない。彼らははじめ、すぐに居住できる洞窟がどこか岩の中に見つかるまで待たなければならなかった。しかしその後自分で岩の中に穴居を掘ることを思いついたのだ。そうだとも、私たちはもはやそれほど単純ではない。私たちは美しいレンガを材料に洞窟ごと岩塊を築き、その中に住む。そこへ、ただ人に見せつける《シュトライヒマッヘン》以外なんの役にも立たない無数のものを運び込まなければならない。そのうえに腰掛けたり、横になったり、立ったりする道具がもはや腰掛けたり、横になったり、立ったりすることを目的とせず、見ることを目的とするようになる。つまり自分の洞窟を出て私たちの部屋を訪ねて来る隣人がそれを見て、腹を立てることを目的とするわけだ。腹を立てるということはその所有者にとって喝采以上に好ましい供え物なのだ。つまり隣人が、自分のところはこれほど美しくない、と思って腹を立てるのを所有者は願うのだ。不正な奨学金を得るために、貧しくもないのに貧困証明書が要るように、たとえそこに富がなくても、家具は豊かさを証明してくれなければならない。そのために引き出しやケースは中身よりもはるかに高価だ。ただそれ自体で価値のある唯一のもの、金や銀の食器は、外から見えるように、ガラスケースに収めるのだ。床も大切で、そのうえを土足で歩くくらいなら、むしろ足をポケットに突っ込みたいと思うほど。穴居の建築家が理性を働かせて製作した通気孔は、光が入らないように、まさに襞の多い幾枚ものカーテンでまた塞がれてしまう。こうすれば美しい襞模様《ドラペリー》が現れるのだ。続いては絨毯、ダマスカス産の織物、コーヒー用のナプキン、函類、テーブル、安楽椅子、長椅子。こうしたすべてのものがそれ自体でまた気取り屋なのだ。それというのも、それらの内部は無価値な軟質木材で作られているし、どのテーブルもトウヒ材の脚を持ち、ただ、くるみ材かマホガニー材のズボンをはいている。もっとも大きくて重厚な衣装ダンスは硬質材で化粧されている。そして窓台さえも、いつも晴れ着を着ている子供たちのようだ。こうしたものだけを彼らは美しい家具と呼ぶのだ。そして、すぐれたものを持っていると自ら思い込んでは、訪問客の目を欺いて、彼らにいったいなんと趣味の洗練された高雅な家に足を踏み入れたことかと思わせるわけだ。単純な人が信じるように実際の使用ではなく、このように見せることこそが家具の目的だということは、穴居住宅のこうしたよりよい空間には人が住まず、また訪問者がいなくなるやいなや貴重な品々が木のケースに入れられ、さらにそれに亜麻布のカバーが掛けられる、ということによって明らかになる。――つい最近友人が知人の妻について話してくれたように、誰ひとり入らない一連の部屋さえありうるのだ。ただある日小間使いとその女主人がそこに入り、召使いを呼んで、埃を払い叩くために絨毯を彼らに渡す。女主人と小間使いはすべての家具や調度をきれいに清潔に拭きあげ、安楽椅子の位置を整え、斜めになった壁鏡を正しくし、それからなにも盗まれないように、ふたたびしっかりと鍵をかけて部屋を閉ざす。その後冬になると、ときおりたくさんのろうそくがともされ、多くの人が招待されるが、彼らは部屋部屋すなわち穴居の仕切りを通りぬけ、ここに陳列された呪物を崇めたりする。ところが彼らがもっと優れたものを作らせたり、自宅で所有したりすることにもなれば、そうした呪物を崇めるどころか冒瀆することになろう。まぎれもないこの種の気取り屋は、客たちが彼のところにいるときは、そんなガラクタなど自分には重要ではないというかのように振舞いもし、それが彼にはさもつまらぬ物だと見せかけるために、乱暴に扱う。それなのに、客の帰ったあとでは、それらを大事に手入れし、また箱に収める。そして運悪くそうした物のどこかにぶつかったり、汚したり、ひっかき傷をつけたりした召使いでもいようものなら、厳しく家から追い出すのだ。私の考えでは、こうした気取りは、私たちが文化的に前進させられ、穴居住人からついに空中住人に変貌したときには、いくらか減少することだろう。

ここで私は認めなければならないのだが、私は実際気取り屋たちの卑属においてその組織の一部を欠落させてしまったのだ。子供たちとその教育に関わる気取り屋たちを、真実忘れていたが、それは明らかに家具より先に取りあげるべき事柄だった。それで私は、この件について知っていることを遅ればせながらお伝えしよう。いまおこなわれている教育というものが、明らかに、男は公務や実業のための、若い娘は夫のための訓練以外の何物でもない現状で、私はこの分野での気取り屋気質は大いに役立つものと思う。それというのも、男が公職につき、娘が結婚すれば、教育は終了するし、両方とも大いに役立つ事柄だから。むろん両親は断続的に教育するしかない、つまりその時々に立派な教訓を述べるくらいの暇しか持たない。両親はそれ以外の時には仕事や娯楽で手一杯なのだから。それで彼らがあたえる教訓も相矛盾することになる。こうした事情から、子供たちが必要とする限り多くの輝く面に、さらにたっぷりラッカーを上塗りされるということも納得がゆく。それは、子供たちが光を放つ存在になり、そして男性や公職が、まるで夜の蝶のようにこの光のもとに舞い降りてそこにずっと付着する、ということを願ってのことだ。そのようなラッカー塗装業者としていまや、さまざまな名手が手頃な値段で雇われ、そこで、響き輝く世界を教える。すると子供たちはあらゆる妙技への道にはまり込むのだ。彼らは現代のこのいとわしい責め木であるピアノを弾く。すなわち、貧しき心を美の文字通り魔術的な王国に引き入れようなどという考えが誰かの頭に浮かんだがために、子供たちはまるで太鼓のように音符をたたくのだ。また子供たちは二、三ヵ国語を話す。つまり、ドイツ語だとあまりに味気ない響きのする事柄をそういう外国語でいってみるわけだ。よしよし、もう十分だ。彼らはそうした言語を話している。父親も母親もこのことだけで満足し、もうそれ以上は求めないのだ。話された内容に思慮分別があるかどうか、それはここでは本質的なことではない。さて、子供たちはダンスをする。これなら大方の子供たちが上手にできるが、それはたいていの場合、ダンスに伴う代価は最小で楽しみは最大だからだ。それから、絵を描く。つまり、教師は手を入れ、こうして（教師が筆を運んだわずかな箇所は別として）生徒のこのうえなく見事な絵が完成する。それから、彼らはおとなしく、可愛らしくする。きちんとした振舞い方を知っている。一理ある話をする。そしてときおり演技もしなければならない。飾り立てられ、人々の見世物にされ、たびたび「カール、アドルフ、行儀よくなさい」といわれる。そしてこうしたことがすべて教育というわけだ。――人から抜きん出て輝き、重きをなし、人より前へ押し進むこと、いかばかり深く、賢く、教養があるかのごとく（真実は神のみぞ知る）行動すること……。そして本来教育だけに可能で、また教育に値するであろう唯一のもの、すなわち理性、人類のこの道徳的な学芸の女神《ムーサ》は――虚ろな教育の――。

だが、ここらでやめねばならない。こうした気取りの行為は私の心を悲しませ、また憤慨させる。その他すべての気取り屋は、これと比べれば、無害な小動物たちだ。教育に関わるこうした気取りこそ、大地の緑を食い荒らし、そのため堅固な樹皮が空洞化する危機が広がっている。そして、まさにこの気取り屋の行為こそ、ほかのどんな気取り屋のそれよりも、広く地上に蔓延しているのだ。こうしたことから、昨今ともかく増えつつある優れた両親たちは、ますます大きな尊敬と多大な感謝に値するのだ。彼らは、これまで述べてきたのとは別の仕方を選び、子供を他人のためではなく子供自身のために教育し、正しく、真実に、そして善良にはぐくむのである。

それにたいして、私がいまから述べようとする人々は、なんとまあ新生児のように無邪気であることか。それは商品広告のことだ。誰でも飼い犬と飼い主の関係について経験から身に覚えがあるものだ。自分の犬こそ最高に美しく賢い、そう、この犬はもうほとんど人間の知性さえ備えているのだ、と。あるいは、花を栽培する人の場合。彼は自分のところほど美しいカーネーションやバラやヒヤシンスは、ほかのどこでも見られない、と思う。さて、まさしくこうした事情が、物品を買い入れて、また同じものを売らなければならないすべての人々にもあてはまるだろう。思うに、彼らはそれにたいして同様に自分の目もくらませるだろう。その結果彼らは商品広告の中では、普通なら正当化できないような幻想に身を委ねる、ということになるかもしれない。この広告では、すべて本物、すべて激安、すべてどの家庭でも必需品、そしてすべて在庫わずか、といった調子だ。この点で広告編集者がおこなうことはまったく信じがたいことだ。彼らは、ひとえに公衆に最良の品を提供できるように、わが身を犠牲にし、身を粉にする。そして恩知らずな公衆はその後こうした品々に干し草のように悠然と喰らいつき、どんなに見事な松露《トリュフ》や神肴《アンブロジア》がのどを通ったかも知らないというわけだ。

私たちはいま気取り屋の分類をたどってますます進み、他人に尊敬を強いるために選択されるもっとも実体のない表徴に到達する。つまり、衣装である。私がすでに気づいたところでは、一般に事柄そのものではなく外見を狙うことこそ、気取り屋気質の本質的な特徴だ。なぜなら彼らの目的は、自分を重要と認めさせ、他人に驚異の念を抱かせ、他人を凌駕することであり、最終的には極端な手段に、大いに目立つ行動や愚行にさえも訴えることなのだから。いまや明晰な観念に比して、混乱したそれのほうが並外れて容易に入手できるため、いや、そもそも観念など持たず、ただ思い込みにふけるほうがもっと簡単であるために、そうした思い込みが大いに流通しているとしても、私たちは誰も不思議に思わないのだ。裕福で、卓越した、上流の男とその妻は美しい服装をする。それで、上述の混乱した観念が事柄をマフのように裏返し、こういうのだ。「美しい衣装を持つ人が、裕福で、優秀で、上流の夫や妻なのだ。それでこの考えを矛盾なく進めれば、私はどうしても美しい衣装、でもとくに当世風の衣装を、手に入れるように努めなければならない。そうなれば私は上流の人間になり、少なくとも自他からそう見なされるのだ。そして衣装がモダンであればあるほど、先端的であればあるほど、それを身につける人はそれだけ上流なのだ」と。たとえばボヘミアやモラヴィアの台所手伝いの娘が奥様のような婦人帽をはじめてかぶるとき、彼女の頭には、どれほど名状しがたい、筆舌に尽くしがたい、圧倒的な思想と革命が生起することか。この大きな美しいバラ色の帽子は、苦しい貯蓄をしてやっとのことで手に入れたのだ。スカート、スカーフ、そして靴がそれに似合っていることはいうまでもない。彼女がこの帽子をかぶって歩き回る日曜日は、一日中どれほど不思議と興奮にあふれていることだろう！　そして彼女は想像する。いつかこうして故郷の村に帰り、この娘はなんと上品な教養ある人間になったのだろう、とみなを驚嘆させるのだ。しかし台所手伝いの娘や料理女のみならず、奥様だって新しい帽子や舞踏会のドレスに我を忘れる。ところが、ウィーンではひとりでも使用人を抱えれば、誰でも奥様と呼ばれるのだ。奥様たちがこうして自ら衣装にこれほど大きな価値を置き、体面をかけているために、ひとりの奥様がこれまでにない最高の華麗な装いで現れたとき、なおのことほかの奥様たちは、どれほど驚き、嫉妬の炎を燃やさねばならないことか。この気取り屋気質というジャンルにおいては、より美しくわかりにくい女性という種族のほうが、われわれ男性たちに優越する。まだ一度もはやらなかったような女性の身体の奇形化というものは存在しない。より洗練された、慎み深い、教養ある女性がなにか新しいものを身につけると、それが経済的に限りある、浮薄な、愚かな女性によって極端化される。流行は更新される。そして彼女がクジャクのごとく、また同時に家鴨にも似て街路を歩き、もうとても人体といえないような物体のうえにキンキラ飾りやガラクタをつけてゆくとき、君は、彼女のこのうえなく幸福そうな表情のうちに、彼女がどんなに上昇したと思っているか推測することができるだろう。そしてまた幾人かの女性たちが振り返って見る視線に、彼女たちがどんなにそれを羨んでいるかを推測できよう。私はこれらすべてを買わなければならない貧しい夫の姿をたびたび思い浮かべる。あるときはその帽子のうえが、あるときは下部が飾りたてられねばならないし、あるときは大きい帽子、またあるときは小さいのが必要だ。またいまはもう帽子はだめ。つまりただ日差しから守る代物では。そのためにはもとよりパラソルというものがあるではないか。必要なのはうなじにのる一種の中空のフードなのだ。その布は、いまどきは白、少なくとも明色でなくてはならない。スカートはといえば、クジャクの羽のように大きく広がらなければ。そしてそうするために、貧相なスカートの中には毛のコルセットがつけられる。それがくるぶしの上部でひもか綱でピンと張られる。あるいは私も呼び名を知らない全然別のものがスカートの中につけられる。それはしかし一八四二年には大変美しいと思われているに違いない。だって大いに誇張が好まれる当節なのだから。そういうわけで絹やビロード、あるいはモスリン等々の生地や素材はサラサラ、ザワザワとうなるような音を出し、それは咲き誇る花壇が無秩序に捨て置かれたかのような風情だ。――おお、汝らあわれな者たち、汝ら欺かれた者たちよ！　君たちが達成しようとした目標、上流の、重要な、声望ある存在として世に現れるという、まさにこの目標に、君たちは達しえない。それというのも、発せられる一言、一瞬の身の動き、目のひとつの合図だけで、君たちは内部の空虚を露わにするからだ。そう、そもそも誇張すること自体がそれを露わにするからだ。なぜなら、まさしく気品というものは学習しえないのだ。そして威厳や教養は、より簡素な服装において、より美しく現れる。それは、誇張された服装に現れる尊大さやひけらかしよりも、美しい。ところで、私が聞かぬ耳に説法を唱えていることは、よくわかっている。もしもこの気取り屋の行為が比較的無害であって、道徳のみか、しばしば家族の幸福が破壊されてゆく、まさにその第一歩とならないならば、それを大目に見ることもできよう。心の貧しい人々の遊びとして。しかし……。

八方美人であるしか能のない男については、私は語る言葉もない。彼はまぬけ以外の何者でもない。むろんそういう男はたくさんいる。通常はしかし無害な存在だ……。つまり、その場限りの現象というものだ。

いまや最後になって私は挿絵に紹介された連中のところにたどり着く。世の名誉と尊厳を代表する存在になろうとして、いわゆる散財にふける人々だ。つまり、文字どおり彼らは金銭を投げ捨てるのだ。衆目を感嘆させ、ただ派手な騒ぎになりさえすれば、お金を使う目的などなんでもいい。そうした散財者自身は、代償として苦悶と不安を味わうかもしれない。だが、そんなことは問題にならない。彼はダンスをし、馬車を走らせ、馬に乗り、そして遊興にふける。これは彼しか知らないことが多いのだが、彼が騎士の身分を演出するために、だが御者を雇えず自分で馬車を御するとき、どれほど辛い気持ちになることか。そしてプラーター*で土埃や陽光や人々が不安な彼の眼前にただようとき、あるいは、あの盗賊が十字架に掛けられた姿よろしく彼が安物の駄馬にまたがるときに、どんな思いを抱くことか。それというのも、この男には相変わらず運が向かず、浪費するにもかかわらず資金不足が続き、この一件も滑稽な結末を迎えそうなのだ。彼がもっとも華やかに見えるのが、宴席か、舞踏会にいるときだ。そこでは彼は心も暖かく愉快《フィデール》になって、シャンパンを飲み、ビンを割り、揚げパン《クラップフェン》をテーブルの下へ放り、あるいは紙幣を使ってパイプに火をつけることさえしかねない。そしてここでブラヴォーの叫びが頂点に達することはもちろんだ。

この最後の気取り屋はたいていの場合もっとも無害な連中である。つまり、人間社会にたいして、という意味で。彼は自身にたいして役立つことするわけでもなく、まして特別な目的などなし遂げることもない。というのも、彼が私に尊敬の念やその種のものを抱かせたことは、いまだかつてなかったからだ。彼が持つ鳴り物はなによりも粗野なものなのだ。

さあ、これで私たちは気取り屋の一味に別れを告げよう。最後にあたって私が読者諸氏にひとえにお願いしたいのは、自分を正しく注視すること。そうすれば読者は、実に多くの洗練され、隠された気取りの行為を自分に見いだし、驚嘆するだろう。――私は少なくとも、これを書きながら、自身のうちに見いだしたのだった。残りの人生全体をかけても根絶しがたいほど、多様な色合いにみちた気取る行為の数々を。

第二八章　ウィーン大学の三学生

アーダルベルト・シュティフター

ザントマン「ウィーン大学」

私たちはとくにこの三人を選び出したが、それは彼らについてほかの誰にもあてはまらないなにかまったく特別なことを述べるためではないし、まして彼らの人生の履歴を語るためではない。そうではなくて、むしろ、彼らは学生というジャンル全体を表現しているし、ウィーンに関する本書の中でウィーンの大学生、および大学や家での彼らの生活を考察しないことは容認しがたいと考えたからだ。

彼らは同郷人だった。そして地方の古典高等中学校《ラントリュツェーウム》で徹底的に世界の英知、またの名は哲学を習得したあと、さらに上級の学問を修めるためにウィーン大学に入学したばかりだった。私たちは彼らのウィーン到着と大学生活を描くことを試みよう。なぜなら、まぎれもないウィーンの大学生はまさしくこうした新参者たちによって代表されるからだ。ウィーンにいるそうした人間は、家族や親戚から切り離されて、ただただ大学生でいるしかない。そしてこのような抽象的な大学生は、そのロマンチックな立場から来るいくたの危険や冒険を切り抜けながら、ついに卒業にいたる。彼は大学から姿を消し、学生というかつての立場に備わっていたすべての栄光と潑剌さを恥ずかしくも取り去られ、俗物となってゆくのだ。それにたいして初めからウィーンに育った大学生は、たとえどれほど学生らしいエネルギーを持っていようとも、けっして真に大学生に特有のあり方へ飛翔することはできない。なぜなら、彼にはつねに家族や親戚、あるいは派閥の色彩が付着しているし、彼が学生である以外に、彼は息子でもあり、従兄弟や甥であり、ウィーン人、社会で魅力的な人間でもあるからだ。一方学芸の女神《ムーサ》の真の息子である学生というものは、抽象的な一概念にも似て、ただひとり彼自身であり、あらゆる多種多様なことに忙殺されるほかのすべての人間の彼方に位置する輩であり、一〇ヵ月の全期間ひたすら学生として存在する。そのあと、眼には見えない共和国の一員となるために試験を受けるだけだ。借金をしない限り、彼はこの世の市民ではない。彼は国を持たず、土着する地も持たない。社会的な地位もなく、家族もない。絶えず変転するために、愛する人もいない。それで彼はただギムナジウム第四学年の生徒、第五学年の生徒、法律家、哲学者、そして休暇中は渡り鳥にすぎない。そう、ある者たちはこうした抽象化という犬儒主義を進める結果、大学生でさえもなく、もうまったく無の存在にさえなってしまう。そのため彼らには毎日災難がふりかかることもある。たとえばいつか私の陽気な従兄弟にふりかかったように。従兄弟はつまり、ある午後に手袋をつけ、大学に向かった。大学の下階の冷え冷えとしたホールで、彼はひとりの見知らぬ落ち着いた初老の男に、「いったい解剖学の教室はどこにあるのですか」と尋ねた。その男はしかし、「その教室で君はなにをしたいのですか」と反問した。「解剖学の年度末試験を受けます」と答えると、その落ち着いた男は妙な微笑を浮かべて言った。「私と一緒に来なさい。その教室を教えてあげよう。私は解剖学の教授で、ちょうどその部屋で試験をするのだから」。陽気な従兄弟はさっと帽子を脱いだ。そして、もしも彼がたまたまそれ以前に解剖学の猛勉強をしていなかったとすれば、教室にいるのも恥ずかしかっただろう。

至福なる学生時代よ、ああ、おまえが一生涯続くならば！　しかしそれは山嶺に浮かぶ靄のように、過ぎ去ってゆく。そしてパンを得る味気ない営みがそこに立ちはだかるのだ。むろん何人かは幸せにも、頭に大学生活の苔が指ほどにも厚く生えるのだが、この人たちとて、もしも運命が好意を示さず、人々が理性を失うと呼ぶように、ある日突然理性の前に遮断機が落とされる事態へと運命が追いやるならば、やはりついには去ってゆかねばならない。それで、この分別を失くした輩はもういまさら、われわれほかの者たちが仮借なくそれに向かって成熟している俗物性の中へ入ってゆくことなどできはしないし、そうなるとただちに永遠の大学生という芝居を演じて見せることになるのだ。そして私はいまなお、そんなひとりの変人、私がもう青年時代に目にしたあの男が、大学のいくつものホールを行ったり来たりするようすを思い浮かべる。彼はせっせと階段を上下しつつ、あの頃のように茶色の上着を身につけ、痩せた身体を猫背にし、顔は無精髭に覆われ、黒く小さな汚れた書物に指をはさんで持ち歩いている。それはある古典作家で、彼はこれをときおり開いては、強度の近眼のために目の直前にかざすのだ。この苔むした学生は私の学生時代以後たいそう老けてしまった。私も齢を取ったのだから、それは当然だ。そして彼の目は当時よりもさらに落ち着きを失っている。それでも彼は依然として大学の建物の支柱下を歩き回っているのだ。入学しては数年でまた去ってゆく彼のまわりのフレッシュな学友たちのように。――ひとり彼のみ、まるで学生世界の*永遠のユダヤ人のように、永続する。

そう、それどころか彼は休暇中でも大学のホールをたった独りで徘徊する唯一の学生だ。そのため、もしもその足音がけっして誰にも聞こえないように、つねに靴布がつけられていなければ、彼の歩みは広々とした丸天井のホールに不気味な音を響かせるに違いない。五年前彼は鵞ペンを売った。しかしいま彼はまた大学に戻って学問している。おお、至福なる学生時代よ！　無常なる人間のほかのすべての営みのように、汝もまた過ぎゆくとは、いかによきことか。

さて、すっかり脱線し、大学生をめぐる定義にかまけたけれど、この辺でまたわれわれの三人の友に話を戻して、彼らの大学生活の伝記を記してゆこう。それは以下のとおりである。

かの地方の高等中学校ではしかし、ウィーンならびに同所の生活について恐ろしい伝説が流布していた。莫大な資金を携えてこの町に来るのでなければ、光も射さない穴蔵に住まねばならないし、汚い安食堂に通いながら飢えと戦わねばならない。そして無垢な心は最初の日から誘惑されるのだ、というように。

それにもかかわらず、われらの三人のひょうきん者はこうした予想にあえて抵抗したのであった。彼らは潤沢な資金も持たず、年長の仲間から二、三度酒や禁制の煙草に誘われたりしたこと以外、これまでまだ一度も誘惑などされたことがなかったので、自分の純真さがどこまで堅固か知らなかった。それでも彼らが果敢な一歩を踏み出したのは、彼ら以前にやはりあえてその道を進んだ者が何人かいて、いつのまにか立派な紳士や役人になっているからだ。

彼らの計画はこうであった。金銭に関していえば、若い学生ほどのべつ幕なしに腹をすかせている者はいまいが、しかし若者ほど欠乏状態をかくも陽気に耐える者もまたいない。そして大学生ほどなんでもかんでも平らげる者もいないのだ！　したがって金銭についていえば、彼らは自分たちで大いに倹約を心がけようと決めていたし、純真さという点についても、なんの心配も感じなかった。なぜなら、彼らには途方もなく優れた志があり、加えて、一種の保証金として、ひとりが他のふたりを見守って、どんな不快なこともただちに、三人ともに髭が生えはじめたその口に出して話しあおうと盟約を交わしていたからだった。

こうした目標のために、彼らはひとつ屋根の下に住み、しかも最低家賃の賄いつき下宿を探すか、または自炊さえもしよう、そしてやがては、輝かしい学生生活を築くべく、家庭教師の機会を探していこうと思ったのだった。むろん、かの地方の高等中学校では人口密集の首都の悲惨な健康状態の伝説も語られていた。しかし青年の頑強無比なる健康と靴の底革やコルク栓さえ消化する丈夫な胃袋をもってしては、その種の脅しは信じないものだ。若者にとって不健康な土地など存在せず、このうえなく熱い生命を感じる彼には病気や死というものはまさにありえぬことなのだ。そして実際そうなのだ、瘴気をもつ怪獣《レヴィアタン》が来るのでもない限り、このがっしりとした身体を持った無骨者はそれに打ち勝ち、他の人たちがそれに苦しみ、みまかってゆく一方で、生命を謳歌するのである。そのうえ彼らにはこうしたすべての脅しや恐怖の絵図に対抗するひそかな理由と安心がもうひとつあった。つまり、人間に実にたびたび援助の手を差し伸べてくれるそれは、「案ずるより生むが易し」という思いであった。

それで彼らはあえてそのとおりの行動に出たのだった。

よく晴れた一〇月のある午後のこと（われらの三人の友がウィーンに向かった当時、大休暇はまだ九月と一〇月であった）、このよく晴れた一〇月のある日、彼らはヌスドルフ*で船を降り、ただちに、いつもこの都市におおいかぶさり、さまざまの病気を引き起こすという厚い靄をすぐに探した。だが、それは見つからなかった。彼らの右手には美しい緑の山並みがあり、左には美しい緑の草地があった。この中から鋸の歯のような繊細な装飾を施された灰色の塔が陽光に輝きながらそそり立っていた。聖*シュテファン教会の塔であった。粋な装いの散策者が傍らを通り過ぎた。車体にきれいな白い数字をつけた何台もの馬車が縦横無尽に走っていた。美麗な紳士たちや貴婦人たちが中に座っていた。そして御者たちの顔にはこの地の不健康な空気の兆候など微塵も見られなかった。それどころか、とりわけ元気がよさそうに見えたものだった。

私たちがこの古きよき大地の注目すべき重要な場所に近づき、そこで自分たちの将来全体についての決断を予期するときに、私たちの誰もが抱くような不思議な物悲しい感情。それをこの三人も確かに味わっていた。ただ、まさに当然至極なこと、すなわちこの地が地球のほかのどの場所とも異なっているようには見えないことが、彼らには不思議でならなかった。偉大にして重要な、世界的に有名な首都ウィーンの前に立っているということが、彼らにはまったく信じられなかった。それというのも、ここにはリンツ*のようにあの名高いドナウ河が流れているし、その水辺には彼らがもう何千回も眺めてきた木々や草地があるのだから。そして人々も、三人が彼らの誰ともすでに話したことがあるかのように思えるのであった。思いがけないことにたいしては各自が覚悟していたが、この馴染みのことには当惑した。しかしもっとも奇妙だったのは、町全体についても、ここではただ灰色の塔と、まさに農場にいるかのように見栄えのしない二、三の家屋以外、なにひとつ見えなかったことだった。「お客さん、トランクは」と脇で船長の声がした。「明日シャンツルで受け取れますぜ。でもいまは乗り合い馬車で町へ行けまさあ。お好みなら、歩いても行けるがね。リーニエ*まで半時間もかからないし」

もちろんシャンツルを知る者は誰もいなかったが、そのために彼らは恐れも抱かず、灰色の塔へ通じていると思われる街道を歩きはじめた。

だが、読者諸氏はまだ彼らの名前をまったくご存じないのだった。

未来の法学博士、フランツ・クサーファー・プァイファーが先頭を歩き、その後ろに、太い学生用のステッキを握って、医師の卵のウルバーン・シュミットとハインリヒ・クヴィーリンが続く。彼ら三人とも絶えず不器用な動きを見せる二本のぎこちない手を除いては、持っているのはただ脚だけといった、あのコウノトリのたぐいだった。どうか彼らのことを悪く取らないでほしい。われわれだって祝福された一七歳や一八歳の時分はみなこうだったではないか。ただプァイファーだけはすでに広い肩幅を有し、巌のようにがっしりとした胸を持ちつつあった。彼はその胸を威勢よく空気に抗し、ヌスドルフのリーニエを前進した。ほかのふたりはそのあとについて行った。そしていま彼らは本当に紛れもなく偉大な帝都にいるのだった。彼らがこれまでの人生で何度となく耳にし、地理の授業ではほんの小さな字で印刷されたページをすっかり暗記してしまった、あの帝都に。彼らはいまや本当にここにいた。彼らが町に近づくときに見た何軒かのみすぼらしい家々はいまや長い街路になり、それを彼らはますます深く入って行った。だが、ここでも彼らはヴェルス*やブラウナウ、またその他の馴染みの町にいるような気がしてならならず、実にくつろぐ思いだった。ただ家々がいくらか大きく、ヴェルスではどの街路を行ってもすぐに中心のマルクト広場に行き着いてしまうのに、ここでは街路はどこまでも続き、いわば都市が、ヒルシャウのあの滑稽な絨毯のように、次々につなぎ合わされ、延びて行くようだった。神聖ローマ皇帝がかつてその町の庁舎を訪れたとき、皇帝の足元に絨毯が敷かれたが、彼が前の絨毯に足を乗せると、後ろの絨毯が取り去られ、また大急ぎで前方へ敷き直された。それはとにかく急いで行われねばならなかったが、そうした結果は起こるべくして起こった。つまり、一度あまりに早く絨毯を引き抜いたため、あろうことか皇帝陛下を地面に転がしてしまったのだ。その皇帝はフリードリヒ赤髭王*であったという。しかしわれらの三人の友がどんどん先へ歩いて行ったとき、家々はやはり大都会らしくいっそう堂々と大きく聳え、豪華なものとなっていった。そのためヴェルスやブラウナウとの類似性はますます減少していったのだ。雑踏が驚くほど激しくなった。ただしそれとともに彼らの勇気も増していった。それでウルバーンは（彼のやさしい人柄ゆえにみなは彼をつねに洗礼名で呼んでいた）近くを行く馬車の将軍風の人物に帽子を脱いで挨拶しかねぬほどの威勢のよさであった。ただ彼が、なぜその人物が馬車の後ろに立っているのか知ったなら、さぞ驚いただろう。それは御者だったのだ。ファイファーのほうは建物のあらゆる銘文を読んでは、それについてジョークを飛ばしていた。クヴィーリンはもとより気質的には彼らの中でいちばんのひょうきん者かつ道化者だったが、ただ一種の洗練された雰囲気と思慮深い性質を備えていたため、悪戯者とみなされることはなかったし、きょうもまことに行儀よく都会的な態度で悠然と歩いていた。真っ正直なファイファーは、彼らの中でもっとも有能で、そのためなにをやるにもリーダーだったが、いちばんよくクヴィーリンにからかわれるのだった。一方物静かなウルバーンは彼の誘いに乗らない抜け目なさをつねに十分に備えていた。ファイファーはよく相手の思う壺にはまって、ばか正直にもだまされたが、そんなとき彼はいつも一緒になって笑い出すか、クヴィーリンに軽くゴツンとお見舞いするかだった。ところがウルバーンは罠にはまるたびに、いつも心の中で驚くほど腹を立てた。というのも、彼は劣等感を抱いていたからだった。他方ファイファーは、実際自分こそ、この家族的な共同体の建物をまっすぐに維持する人物であることをよく理解していた。

そのため彼がゴリアト*のようにますます元気に都会の原野に分け入ってゆくのを見ても、ほかのふたりは誰も、彼がなにをもくろんでいるのか問うことはせず、ただ彼に従い、彼はもう勝手がわかっているのだろうと思うだけだった。しかし本当は彼にもわかっていなかったし、彼のうちには、まずここの地勢を認識しなければならない、そうしたらもう市街図も浮かんでくるだろうという思いが漠然と去来していたにすぎなかった。人に尋ねることもなく、彼らはこうして、向かった方角をめざして、ありとあらゆる街路を通ってどこまでも歩いて行った。左右の建物は美しく堂々としていたが、先へ進むにつれていっそう美しく堂々たるものになっていった。あふれかえった人々は、みなとても洗練された身なりをしていて、ウルバーンはもう自分の上着の仕立てを恥ずかしく思いはじめた。そして馬車が何台もガラガラと音を立てて往来していたが、それらはぴかぴかに磨かれ、その数は、このたったひとつの街路だけで彼らがこれまでの全人生で見てきた馬車の数よりも多かった。再三にわたって建物のドアに、どれも「賃貸」のかわりに「信用貸住宅」なる札がついていた。プファイファーには初めこれがなんのことか、どうしてもわからなかったが、やっと理解したとき、心の中で思ったものだ。「さあ、この大海のような家並の中で、オリーブの葉をくわえた鳩のように、われわれを迎えるべき箱舟の場所を示してくれる札はいったいどこにあるのだろう。それはどこにあるのだろうか」と。するとこのとき不意に彼がまさに望んでいた計画がひらめいたのだった。いまや彼はただちに、後ろを歩きながら高い家々に口をあけて見とれているふたりのほうに振り向いて、提案した。これらの道をぐんぐん行って街中まで入りこみ、そこで大学がどこか尋ねてみてはどうだろう、そしてそこから、そのままいちばん近くの市外区*へ行って、できればそこできょう中にも、明日になったらすぐに家具を備えつけられる部屋を借りてはどうか、と。この提案は通り、半時間後、いろいろ聞きまくったあと、風変わりな三人の仲間は大学前広場に立っていた。彼らは自分たちの幸福と祝福の出発点となるはずのこのどっしりとした建物に目を凝らした。そしてそれは、正面列柱とふたつの噴水の穏やかな水音とともに、異郷から来た三人の新しい、埃だらけで冒険好きの若者を厳粛に見下ろしていた。ウルバーンは、自分とほかのふたりがここに立っているのを見て、ただちに察知した。もしも自分たちがこの都会を支配しているような文化や文明にいささかなりとも近づくつもりがあるならば、自分たちについて全面的な改造をやってのけねばならない、ということを。それというのも、なんとあわれな格好で自分たちはここに立っていることか。引きずるような、垂れ下がった、長すぎる上着をつけて、通りがかりの誰の服にも天賦の才のようにごく自然に備わっているエレガンスとスマートさに敵対して。やはりクヴィーリンの胸にも同様の思いがきざしたのかもしれなかった。なぜなら、彼ら三人全員がたまたま通りがかった人たちから好奇の目で、そして品定めでもするように見つめられることに彼が気づいたとき、その顔は明らかに当惑の色を浮かべていたからだった。しかしおそらくプファイファーになにかをはじめさせるのは容易ではなかろう。それというのも、彼は友人たちの感じたことなど少しも気づかぬまま、そこに突っ立っていて、彼の濃緑の長い上着は彼の身体に尻尾のようにぶら下がっていた。――そしてこの上着こそ彼のいちばん上等なものだったのだ。だって、彼のトランクにはもう厚手の粗織《ローデン》りウールの上着しかなかったし、それは長くはないものの、金羊毛のように毛がもじゃもじゃしていたからだ。

もうひとつの思いがウルバーンの心にのしかかり、彼を不安にしていた。この豪壮な建物が彼にとってはたしてタボール山*になるのか、それともゴルゴタの丘*になるのだろうか、と。というのも、彼は胸苦しい思いで、リュックサックに入れていた、そしてしばしば苦労して高等中学校で獲得した多くの一等賞の薄い書物のことを思った。だが、この点でもファイファーは難攻不落であった。なぜなら彼は、たった一度でも授業できちんと座れば、あとはがむしゃらに詰め込むこともできると生意気にも思っていたのだから。そしてきちんと座っていることをとにかく生真面目に企図していたために、なんの恐れも抱いていなかったのだ。かなり長く建物の外観をながめてから、彼らは正門から中に入り、列柱の並ぶ広々としたホールに達した。そこは集会と散策のために使われていた。だが、長い休暇がまだ終わっていなかったので、ホールはどれも人気《ひとけ》がなく物寂しかった。ただ、たったひとり、ここにはそぐわない姿があった。壁際の木製ベンチのひとつに腰掛けて、涼しい日陰で休息している老人だった。さまざまの予感を抱きつつ、彼らはなかばおずおずと、なかば不器用にそこらじゅう歩き回り、いくつかのホールに通じているかもしれぬ背の高い、暗褐色の、鍵のかかった扉を唖然として見つめた。そして、幅広く、優美に、互いに向かいあって上階へと通じている左右の階段をながめた。しかし彼らはそれには昇らず、住まい探しの仕事におもむくために、ふたたび明るい広場に出たのだった。太陽はすでにかなり傾いていた。なぜなら、大学教会とその二本の塔がもう大きな影をまわりの建物の上に投げ、大学を挟む両側の二本の小路には、すでに赤々とした夕陽が滔々と流れる川のように射していたからだった。それで彼らはそそくさと、そこをあとにし、しかも、誰に尋ねることもなく、まっすぐに歩いて行った。

運命の星は、彼らをシュトゥーベン門へ導き、二本の橋を越え、背の高いポプラの並木道を通って、感じのよい市外区に連れて行った。そこに立つ家にはラントシュトラーセ*と書いてあった。彼らは、すぐにもこの明るい雰囲気の通りに住まいを探そうと決めた。

「控えの間、台所、屋根裏部屋、地下室のついた十一部屋の住宅」、「部屋と小部屋」、「街路の眺望がよい四部屋、家具調度つき、聖ゲオルクの日〔四月二十三日〕まで貸します」、「九部屋の住宅」、「地下室、百樽のワインつき」、「家具つきの月ぎめ住宅」、三人の殿方にはお貸しできません。では、もっと先へ行ってみよう。住宅、倉庫、半地下室、地下室、家具つきや家具なしの月ぎめ部屋。なんでも十分にそろっている。この通りの左右には。ただ、彼らが大金を持っていない限り、彼らのための部屋はない。そしてハンガリーに向かって延びる長い通りをほとんど聖マルクス・リーニエまで見て回ったにもかかわらず、なにひとつ見つからなかったのだ。そして彼らは、すでに夜になりかけ、もう貼り札も読めなくなったため、帰路についた。死ぬほど疲れきり、ひっきりなしに続く騒音で気分は憂鬱、悄然となり、騎士ローラントの盾持ちのように手足は動かなかった。それで、この長い遠征から帰った彼らは、ついに赤鶏亭《ローター・ハーン》という宿屋にたどり着き、一夜の宿を求めたのだった。「通りに面した四三号室です」。長く待ってから四三号室の鍵が開けられた。大きな立派な部屋だった。彼らはそこであらゆる旅の持ち物から少し解放され、上着にブラシをかけ、髪を整えてから、階下に下りてレストランに入って行った。そこはまた見たこともないほど優雅で美しかったので、彼らは中でもいちばん慎ましい場所に席を取ろうとしたことだろう。もしも、ほかのふたりが身づくろいを終えたときすでに階下にいたファイファーが、緑の粗ラシャの上着を着て、すでにいちばん明るく照明されたきれいなテーブルに、大きなビアジョッキを前にして座っていなかったとしたら。ほかのふたりがまさに同じようなビールを注文するより前に、給仕はファイファーにローストチキンまで持ってきた。それはなんとも大きく、皿の四方に垂れ下がるほどだった。ウルバーヌスとクヴィーリンは、ローストの匂いにすっかり幻惑され変節したため、つい先ごろあれほど厳かに制定された彼らの貧民救済法がきょうこうして事実上廃止されるのをほとんど気にもとめずに、ただちに廃止に同意したのだった。やはりまさに同じ匂い、同じ大きさのローストを注文し、食事中のファイファーと同席することによって。チキンが来る前に、すでに彼らはなんとたくさんのセンメルを食べ尽くしたことか。しかし、彼らがついに、「ああ、いったい、もうウィーン最初の晩だというのに無愛想で惨めな吝嗇家であってよいものか」と思い、こうした根拠にもとづいて良心の呵責を克服しようと試みたことは確かなのだ。一方ファイファーといえば、もう猛然と食べることに熱中し、顔には心痛の片鱗も浮かべていなかった。彼が力にまかせてしたことを、ほかのふたりはびくびくしながらしたのである。——神が造られた地上のどこであれ、疲れきり、極度に空腹の若者にとって、たっぷりと提供された夕食、そして食後の楽しみほど甘美なものはほかにない。しかしこれこそ、人間の事物や世界のはかなさなのである。貧民救済法はとうとう廃止されて、彼らはどんどんワインを飲みはじめ、その部屋が最高に美しくきれいに着飾った客でいっぱいになりはじめたときは、もう元気にあふれ、会話に打ち興じて座っていた。そうした客たちはここで日々供されるワインを飲み、日々の会話を楽しむことを習慣としているのだった。そしてクヴィーリンはすでに覚悟を決めて、つややかな顔をし、上品な上着を身につけた、恰幅のよい紳士に話しかけていた。一方ファイファーはもうとうに、隣に座ったひとりの人と熱心に話し込んでいて、自分たちの事情がどうなのか、そして自分たちが本当のところ陽気で貧しい輩であって、せめてきょうはウィーン最初の晩ということで祝っているのだ、とあけすけに語っていた。それを聞いてウルバーヌスは心の奥深くで恥ずかしさを覚えた。なぜなら彼は、自分もそのように美しい服装《みなり》をし、これらすべての紳士のように見られながら、ここに座り、堂々とした態度で小グラスのワインを飲むことができるには、まだどれほど時間がかかるだろうか、と計算していたからだった。そう、すべてを語るならば、あの晩彼らは羽目を外し、まだテーブルに向かって座り、健康を願って乾杯し、グラスを打ち合わせ、給仕たちの微笑やあくびにも注意を払わなかった。そしてもう、レストランのどの部屋にも客はひとりもいなくなってしまっていた。最初に来たのが彼らだったように、いまや最後まで残ったのも彼らだった。ついに彼らも眠るためにそこをあとにした。そして四三号室への道すがら彼らのうちのある者には、自分がきょうウィーンの町と将来の三教授のためにあんなにたびたび祝杯をあげたことが明日にはどれほど後悔されようか、という漠たる予想が浮かんだのかもしれなかった。だが、きょうのところはそんな俗物的な思いはそれ以上熟すことはなかったし、彼らはこうしておしゃべりしたり、戯れたり、笑ったりしてしばらく過ごし、やがてひとり、またひとりと眠り込み、ウィーンの市壁の中のはじめての、至福にして安らかな夜は過ぎていったのだった。

彼らが翌日目覚め、クヴィーリンが濃い巻き毛の頭を枕からあげたとき、当然ながら、彼には頭の中も部屋の中もひどく乱れているように思われた。ファイファーが宿の前の広場を見下ろそうとして窓を開けると、下には霧とブドウの房と市場の女たち以外、なにも見えなかった。——彼は秋の朝の新鮮な、湿り気を帯びた空気を二、三度吸い込むと、ふたたび両開きの窓を閉めた。

するとこのとき彼には、朝の灰色の光の中でこの部屋が雑然とした無秩序と混乱の光景を呈しているのが見えた。そんなものを作り出せるのは、ここに泊まった三人の旅の独身者しかいない。ファイファー以外のふたりが身づくろいの真っ最中だったのだ。ウルバーンはといえば、鏡の前に立ち、昨日出会ったほとんどの人に見たように、いくつかウェーブをつけ優雅さをあたえようとして、髪をいじっていた。クヴィーリンはブーツから昨日の土埃を吹き落とし、口笛を吹きながらそれに足を入れていた。そしてその間ファイファーは、つぎのような提案をおこなっていた。つまり、自分はこれから出かけて、三人全員のための住まいを見つけるまでは、休息も取らないつもりだ。クヴィーリンはいわゆるシャンツルなる場所を探し出し、みなの共有動産の面倒を見ること。ウルバーンは大学におもむいて、三人それぞれが当該の学科に登録ができる時間と場所をそこで調べてこなければならない。そしてそれぞれが自分の役目を果たしたら、また赤鶏亭に集合し、その先のことを考えよう、と。その提案は満場一致で承認された。彼らがようやく身づくろいを終え（むろん彼らは宿の主人の持ち物から、羽布団の羽毛を幾片か上着につけて持ち去ったのだが）、心を痛めながら昨日の晩餐の代金を支払ったあと、彼らは湿っぽい朝霧の中、沈んだ心で門道に立った。そして、それぞれが役目を実行するために別れていった。ウルバーンとクヴィーリンは一緒に都心へ向かった。ファイファーはしかし、たったひとり小路にしばらく立っていて、ふたりの姿が霧とほかの人々の雑踏の中に消えてしまうまで見送っていた。だが、それから髪をかきあげ、ステッキで舗道をトンと打ってから、勢いよく最初の横丁に入っていった。

この物語の素材源となった年代記は、彼らのそれぞれがこの午前中にした迷走についてなにも述べていないので、われわれは物語の糸をまずは彼らが集合するところ、つまり大体午後一時、赤鶏亭旅館のレストランから、再度たぐってゆくしかない。しかしそこでもわれわれが伝えられるのは、つぎの出来事くらいなのだ。つまり、クヴィーリンとウルバーンがもう長いことここに座っていると、ついにプファイファーが顔を輝かせて走ってきて、彼らのために本物の宮殿をごくわずかな金額で借りた、と宣言したのである。それから彼らは食事をし、例の貧民救済法はまたもや期限切れ同然となった。ほかのふたりも首尾よく探求の成果を収めた。そして彼らは、ただちに自分たちの新しい別荘に入居しようということになった。その建物は昔もいまも、市外区ラントシュトラーセの横丁にある。現在その周辺は多くの建物でふさがれてしまったが、この物語の当時は、それは広い庭園の中にあり、運命によって金のない大学生でも借りられるよう定められていたのだった。というのも、それは本来侯爵の宮殿だったのだが、やがて持ち主を変え、いまはもう主を失った騎士の城のように荒れ果てていたのである。二階のいくつかの広間は大きくて、気味が悪かった。かつて客室や召使い用の部屋として使われた三階の多くの一人部屋では笑い声や戯れの言葉が絶えて久しかったし、側翼の車庫や厩舎にはマントほどにも大きな蜘蛛の巣が張られはじめていた。新旧住民が交代した惑星のように、ふたたびあらたな居住者がやって来て、しかも豪華な部屋にはあれこれの上流の旅行者か、あるいは夏をきれいな庭の空気の中で送ろうと思う人が現れて住んだ。しかし三階の一人部屋には学生や徒弟の一団が住むようになり、われらの三人の冒険好きな友もその仲間となったのだった。そして厩舎や車庫にもまた活気があふれるようになった。いや、それどころか、以前よりもいっそう華やかで、騒がしく、多彩になった。というのも、馬や馬車がまたやって来て、泊まるようになったのに加え、さらに、ここに住んではその牛乳を近隣地域に施してくれる牝牛たちまで現れたのだから。それから乗馬学校の一行が来た。また山羊の家族、そして数羽の鶏たち、馬車の身分の低い親戚さえも顔を出した。つまり干し草などをのせる重い格子枠車や二輪の荷車、はては一輪の手押し車にいたるまでのさまざまの車が適当な場所を占領したのであった。この家の裏側には大きな庭が隣接していた。だが、それはなんとひどい状態にあったことだろう。かつて砂を敷いていた散歩道にはあちこち大小の亀裂が走っていた。異国風の植物のきわめて美しい名前が書かれたブリキのプレートを木製の釘が留めていたが、時期遅れの高雅なチューリップやみすぼらしいヒヤシンスが生えはじめる、というようなことともよく見られた。プラタナスはまだあった。トネリコ、大手毬の灌木、それから大きくてほっそりした白い鐘形の花をつけた木も。それと並んで、活発に葉を伸ばすすべての種類のニワトコや、この野放図な庭に貴重にも成長しつつあらゆるドイツ産の木々があった。これらすべての植物が庭師の手入れもなく成長しなければならなかったことは、一目瞭然だ。この森のような庭の背後に第二の庭が接し、いまそこは二列の瀟洒な家並によって占められているものの、当時は灌木や雑草に覆われた荒れ放題の状態であった。そのただ中より異教風な神殿が聳えていたが、その大理石柱はすでにひどく雨に洗われ、傷みも進み、あちこちにもう木部がのぞいていた。その床は大理石、煉瓦、イラクサからなっていた。ありとあらゆる甲虫や蝶がこの黄金境《エルドラド》の中をブンブンと音をたてたり、飛び回っていた。そしておよそ羽と喉を持ついっさいのものが梢の中で歌い、さえずっていた。というのも、庭の境壁の向こうにも、庭がいくつも遠くまで続いていたからだった。この庭を散策や勉強のために（おそらくまた歩き回ったり、草の中に寝そべったりするためにも）使う権利を、ファイファーは三つの窓の部屋とともに、この魔法の城を所有する女性から得た。そしてその日の午後四時には、トランクひとつと帽子箱ふたつ、それに多種多様な勉強道具をつめた布袋をひとつのせた手押し車が、ひどい舗装の館の中庭に入ってきた。その傍らを田舎出の三人の大学生が希望にあふれて行進したのだった。

彼らがどのように自分たちの部屋に家具調度を備えつけたか、それを語ることは当然目下のわれわれの責務だろう。だが、彼らはまったくなにも備えつけなかったのだ。それというのも、彼らは眺望と他の家々の美しさにひたすら見とれるのみで、自分たちの部屋のことなど忘れてしまい、自分たちは灯りもなく寝なければならなかった。ファイファーはクッションつきの肘掛椅子に、ウルバーンは籐製の肘掛椅子に、そしてクヴィーリンはナラ材の椅子に、それぞれ上着を敷いた。今宵はしかしみな大いに煙草を吸った。翌日になって彼らに周辺のようすがいくらかわかってくると、昨日とはむろん変わって、彼らは住まいがもっと居心地よくなるように、いろいろそこへ運び込んだ。ファイファーがあのクヴィーリンに、ファイファーが探り当てた古物市場から二個のブリキの燭台、紙切りばさみ、そして曇った鏡を明るいうちに家に運ぶよう強いたことは公表しても差し支えないだろう。しかしこれを告白するのはいささか恥ずかしいのだが、ファイファー自身はもう二日目に夕闇にまぎれて、見聞したこともないような大きいおまるを緑の上着に隠して家に持ち込んだのだった。そのあとそれは夜（これぞ真に共和国の流儀で、誰からも遠すぎることのないように）部屋の中央に設置され、ハードカバーのフルート教本で蓋をされた。ウルバーンは箒を引き受けたが、少年に九クロイツァーあたえて家に持ってこさせ、その代わり彼は夕食抜きで済ませたのだった。宿の女主人は部屋を貸しているだけで、それ以上の面倒は見なかった。そしてこの館の中にひとりも下働きの人間がいなかったため、（当時なお植物のようにひっそりと生きていた、別の時代の生き残りの、赤鼻の痩せこけた門番は未婚だった）われわれの三頭政治は各自みずからの召使いたることを決定した。それはこんな具合だった。仕事は埃仕事と水仕事に区分された。後者はさらにきれいなものと臭いものに分かれた。埃仕事の内容は、ただ箒で掃いて、塵芥を階段や廊下のどこか差し障りのない角に隠すことだった。きれいな水仕事は中庭のポンプ井戸に水を汲みに行くことだった。たとえ家に一滴の水もなくても、当番には夜、水を汲みに行く義務はなかったが、翌朝洗顔のために水が置いてなければならなかったし、誰か夜のどが渇いたとき水を飲む権利は厳しく定められていたために、水汲みの義務を負う者は最悪の嵐のときも、体が凍え、歯ががちがちいうときも、真っ暗闇の中、下の庭に立ったまま水を汲まねばならなかった。とても簡単だとみなされるわりには大いに恐れられていたのが、臭い水仕事、つまりある容器を外へ運ぶことだった。三人に共通の事柄としてのこれらみっつの仕事は、最初はくじで割り当てられ、その後は順番に回っていった。その他やらねばならない個々の仕事、たとえばベッドの整頓や服のブラシかけなどは各自が自分でやった。各自が好きなだけ上着やブーツを埃だらけに放置しようが、それもまた自由に任されていたことも、紛れもなく共和国的だった。そしてベッドについても、なんとか使えると思えるようなら、かまわず放っておくというのも、共和国的であった。ただしそれが寝るために使えるかどうかなどということは、つぎのような展開を見れば、たいして意味を持たないことだった。なぜならその後、いつしか学生仲間の活発な親交ややり取りが開始されたとき、こんなことが日常茶飯事となったからだ。つまり、それぞれの肘掛椅子にもうふたりが座ったり馬乗りになったりしたし、椅子代わりのトランクは三人によって分捕られたし、共同で使っているタンスの赤い石板に座った者たちは、それ以上誰も上ることを許さなかったし、さらに別の六人ないし一〇人はベッドに座るか横たわるかしたのだった。その他、窓枠に腰掛けて足をぶらぶらさせ、ブーツの踵で壁をこすって汚していた若者たちのことは全然考慮しないまでも、ともかくこれだけの数が集まったのである。こうしたおりに煙草を吸い、哄笑し、冗談を飛ばし、放歌高吟したことは語るまでもない。さて、上記の仕事は委任もできた。ひとりが別の者にたいしてなにか厄介なことをそれと等価のものと交換に引き受けるのを了解するという条件で。最初の時期はすばらしかった。それというのも、かつてローマ時代に独裁官があるときは鋤を引いて畑を耕し、だが別のときには敵軍を打ち負かしたように、ここでも同じことが起っていた。ファイファーはきちんと掃除をし、そのあと出かけて輝かしい成績で試験に合格したのだった。しかし、まさに古代の異教の共和国のように仕事が無給であったため、事態はついに、諸慣習の単純さが徐々に失われてゆき、もういくばくかの安楽と贅沢が侵入してきた当時のような進みゆきを見せたのだった。こうしてウルバーンはいつも汚い水仕事について交渉するようになり、掃除の際に前掛けをつけ、そう、後には窓にカーテンさえかけるようになった。プァイファーは万事をいまだに古代的な単純さと太古の時代の古典的な素朴さのうちに遂行していたのだが、たいするクヴィーリンとウルバーンなる分派は、かつてペイシストラトス*やシーザーのような人物が登場したごとく、この国家を清掃するために、ついに近所の元気な管理人の女性を雇うことまでやってのけた。――そして美しき時は去った。洗練された布地さえも家に入ってきた。さらに燕尾服さえも。――そう、ことはさらに進展し、こんなことまで起ったのだ。すなわち、プァイファー自身も心が沈み、脆弱になった。そして夏の気配がますます濃くなり、暑さが増してゆき、夏のモードが現れたときのこと。あるとき友人が訪ねてきたが、ちょうどプァイファーが立派な昔馴染みの粗織りウールの上着をはさみで切って、裁断し、まるでプードルにするようにあわれにも毛を刈り込んでいる最中で、友人はすっかり驚愕したのだった。そればかりか、彼は裁断のさいコンパスの代わりに定規を使ったため、上着は前の先端が惨めに垂れ下がったのに、後ろは襟ぐりが円形に切られたことで滑稽にも首まわりが丸出しになる、というひどい結果になったのだった。混乱に陥ったこの共同生活の中についに恋愛さえも広がっていった。

　それにしても、私はどこへゆこうとしているのだろう。この時代はもとよりはるか昔のことで、そのため脱線もしたが、他方私には彼らの経済生活と大学生活のはじまりを描く義務もあるのだ。

　こんなわけで、彼らはこの古い館に移り、彼らの道具一式とともに広い部屋に住み着いたものの、むろんそれらはまだ部屋を満たすほどではなかった。そしてすでにホームシックは収まりかけていた。そのとき最初の講義がはじまった。学籍登録は正式になされていた。こうして彼らは一緒に大学に向かった。だが、二、三週間前、まだ休暇中に、胸を締めつける予感とともに足を踏み入れた静かな厳粛な建物はどうであったか！　それがなんと変わってしまったことか。きょう彼らが出会ったのは蟻たちの群がる蟻塚だった。*ヴォルツァイレから大学広場に通じるアーケードの下には髭を生やした者たちや生やさない者たちからなるいくつもの集団がいた。みな学芸の女神《ムーサ》の息子たちと知れた。そして三人はそこに貼られたおびただしい札を読んだ。賄いつき下宿、貸家、個人教授、劇場、*海泡石のパイプ、遺失金銭、教科書、迷い犬探し、舞踏会とコンサートといった情報が掲示されていた。それを読んでいない者たちはふざけあったり、葉巻さえ吸ったりしていた。アーケード右手の通路は、哲学科に登録し、パイプと上着、それにもったいぶった顔つきまでも手に入れたばかりの連中で黒山の人だかりになっていた。――その先の広場では上級科目に移行する者たちの一団が立ったり歩いたりしていた。そしてわれらの友人たちがホールに足を踏み入れたとき、まるで巨大な共鳴箱に入ったかのような、まさに轟々たる物音がはじめて彼らの上に襲いかかった。ぎっしりと、黒山になって、人々は押し合いへしあい、入り乱れていた。無数に足が踏み鳴らされる音が響き渡り、さまざまな声が交りあい、ステッキがガタガタ鳴らされ、呼びかける声や笑い声があがり、どれもカオスの中にあるように、部屋部屋をつらぬき、あふれ流れていた。講義室の扉は開け放されていた。それを通って大勢の人の流れが出入りし、さらに階段を上下していた。古参学生が水を得た魚のように軽快な動きを見せ、自分はこの家の主だ、だから騒いでもかまわないのだ、と新入生に感じさせていたが、一方新入生のほうはあっけにとられ、おずおずとした態度で、見とれるばかりだった。ときどき教授が群の間を歩いてゆくが、そのあたりでは帽子がいっせいに取られるのだった。楽しそうな顔、確信に満ちた表情、大都市特有の軽やかな身のこなし、立派な服装、ひどくいかつい髭。こうしたすべてがわれらの友人たちにひどく畏怖の念を持たせたために、ファイファーでさえ気おくれしはじめ、ここでこれほど敏捷に行動し、もっとも輝かしいことを確実に成し遂げるであろう、これらすべての学生の中で自分が実際愚か者でしかないように思われてならなかった。ただ、人に後れを取らないために粉骨砕身勉学しようという堅固な意図によって、彼は重苦しい気分を少し晴らすことができたのだった。――どうして当時の彼に予感できただろうか。自分も一年半もしないうちに彼らと同じような状態になり、葉巻をくわえ、すごい髭をたくわえるようになろうとは。法典を根拠に論戦し、それどころか、ユスティニアヌスの問題など特別重要というほどではまったくないよ、それは空虚な決疑論さ、と髭の間からのたまうまでになろうとは。――だが、さしあたりいまは、彼はキツツキのように緑の粗ラシャの上着を着て立ち、上目づかいに、いぶかしそうに見つめていたのである。とうとうホールは次第に閑散となってゆき、講義室がいっぱいになった。いまやその中で呼びかけ、挨拶し、長椅子にあがり、ステッキをぶつけあっていた。また誰もが自分にとって最善な席を得ようと、それを探していた。もちろん、そんな席が必ずしも最前列であったわけではないが。そう、一種の世界市民が存在し、彼らは自ら選んで最後列の席を探し求めるのである。なぜなら彼らにとってそここそコスモポリタン的な理念と行為にふけることのできる最良の場所なのだから。たとえばタロック〔七八枚のトランプカードでするゲーム〕をする、眠る、小説を読む、まったくいなくなる、等々のための。われらの三人の友もみなこのコスモポリタン・クラブの手に陥ったが、それは彼らに賛同する思想からではなく、ただ前列に行けないという純粋な慎ましさからだった。しかし遺憾ながらわれわれは、彼らが純粋にこの慎ましやかな精神から糧を得ることはなくなってゆき、しだいに彼ら俗物世界との、あの境界領域にいる心地よさを感じるようになったことを報告しなければならない。

やっと喧騒は徐々におさまっていった。堂々とした大教室の席は埋め尽くされていた。入り口の両開きの扉が開いた。そして、満場水を打ったようになった。教授が入ってきたのだ。われわれがしかしこの教授ではなく、学生たちの伝記を記しているので――そもそも物静かな傾聴する人物は作家にとっては好ましからざる対象である――、われわれはこの講義のみならず、これから彼らが受講するすべての講義についても記さぬまま済ませようと思う。ただし、われらの三人の友が真面目に講義に耳をそばだて、几帳面にノートを取ったことはいっておこう。

最初の講義が終わった。ファイファーは二階の大講堂を通り抜けた。その巨大な両開きの扉は、階段上の大変な人ごみを緩和するために、戸外の通路に向かって開かれていた。大講堂の建築の壮大さと重厚な古代風の絵画に驚嘆したあとで、彼は幅広い中央階段をおり、また階下のホールのいくつかに入っていったが、それらが講義の開始時と同じように人であふれているのを見て驚いた。しかし彼はそのときまだ知らなかった。このあたりでは四六時中、全科目の講義がなされるため、これら中庭を持つ博学の間は絶えず往来する学生の群れるところとなっていて、中には教室に座って聴講するよりも、ホールをぶらつくほうを好む連中たちもいるということを。そう、ウィーンという都市がこれほどの大人口をかかえているにもかかわらず、あの潮のような人の群がそこからかなり離れた大学周辺にまであふれ出て、そこでも著しい群集となっているということも知らなかった。しかし、はじめて見たとき、こうした雑踏は彼の心に重くのしかかり、憂鬱な気分をもたらしたものだが、次第にそれは躍動的で心を高揚させる印象をあたえるようになった。つまり、ひたすら若々しく、フレッシュで、努力し、たいていの場合美しい男たちを目にすること、そして、ひたすら晴れやかなる表情、輝くまなざし、そして本質的にはじまりつつある生命の、ほのめく光とありとある愉快なきらめきを眺めることが、およそすべての若者の心に実に強力な作用を及ぼしているのだ。そしてこうした事情全体がその効果をいや増すのは、実際ウィーンには美しい女性が群がっているにせよ、平均的には美しい男性のほうがずっと多いという事実によってなのである。

人ごみのさ中にクヴィーリンが立っていた。そしてよく晴れてめずらしく暖かい秋の日だったので、彼らははじめて一緒にプラーターに繰り出した。

こうして日増しにこの都会と大学は彼らの当初の奇異でおずおずとした物腰を取り除いていった。そしてまだ楽しい白い冬が屋根の上で舞い踊るより前に、すでにわれらの友の住まいや学生生活には、この生活をたいそう貴重に、忘れがたいものにする、あの学生らしい機知や軽薄さが生まれていたのだった。彼らの田舎生活の貧しく狭い視界は拡大された。いまだ知らなかったすばらしい愉悦がかずかず現れた。いかなる学生も抗しきれないあの魅惑的な緑の布、すなわちビリヤードがそうだった。また泥土と嵐の中を遠くの市外区のコーヒーハウスへ渡渉することもあった。なぜならそこでは彼らは、ふだんならどこでも手の届かない名士連の扱いを受けたからだ。きれいな海泡石が首の部分についたパイプも購入した。友人たちが訪問してきて親しくなった。そして残念ながら、講義中の騒ぎと笑い、さらにつぎのような抵抗しがたい悪癖まで愉悦となった（およそ教授と学生が存在する限り、根絶されることはけっしてない病）。すなわち彼らの教授の誰それにたいして、しばしばもっとも愛され、もっとも尊敬されている教授にたいして、あちこちで悪口をいう、それによってこのあわれな男を笑いものにするということが。多くのこうした話の中でただひとつあげてみるなら、これは冬の間中、みなの口にのぼった滑稽譚であった。つまり、教室の扉のいちばん近い席にいた学生が、両開きの扉のうち、いつもはうえから錠が下りているほうのその差し込み錠を毎日ちょっと上げておいた。そのため、人のよい老先生が入ってきて扉を閉めると、もう片方のゆるい扉がカタカタと音をたてた。それで先生は落ち着いて真面目な顔でうえの錠を押し込んだが、それと同時にきまってマントが肩から滑り落ちた。そのときその悪戯者はそのマントをうやうやしく拾いあげて差しあげた。そのあと、やはりきまって教授のほうから、よく通る低音で、「きみ、どうもありがとう」と声がかかり、聴講学生のほうからはクスクスと忍び笑いが生じるのだった。遺憾ながら人間の性《さが》というものはかくも弱く、悪に陥っているので、真面目で神聖な場所柄、もっとも笑ってはならないようなところで、まさにもっとも笑いを誘われ、しかもつまらぬことにも笑ってしまうものなのだ。飲み屋では誰も刺激することのないもっとも些細な笑いの種が、たとえば教会で生じたと仮定しよう。その場合、ただちに全会衆が悪魔のごとき笑いの欲求と闘うことになるわけだ。そしてまさしくきわめて厳粛な講義でも事情は同じなのだ。当然ながらプァイファーにもこの種のことは起ったし、それは彼自身に悪しき人物証明書を、少なくとも大きな災難をもたらしたのである。いったいどんなデーモンの導きによって、高慢なブラウン伯爵がプァイファーの隣に、そして長身で痩せたみすぼらしい古参学生シュプリンガーが前に座ることになったのか、わからない。だがつぎのことは確かである。伯爵がある日、講義中にチェリーを食べ、漏斗の形にした紙袋で種をシュプリンガーの上着のポケットに滑り込ませながら、茎のほうは巧妙に、苦労してシュプリンガーの上着の背中の長くほつれた縫い目の中へ差し込んだ。その結果、気の毒なことに上着の所有者は、矢来《やらい》状の細い茎の剛毛の列を背中につけた、痩せ細り衰弱した雄猪の観を呈して目の前に座すことになった。その剛毛の列は、シュプリンガーが意味深い命題をノートしようと（彼は大変勤勉な学生だったから）身をかがめるやいなや、クジャクの羽のように堂々と逆立ち、その後身を起こし背筋を伸ばして講義を聴くと、ただちにまた元に戻って静かに傾くのだった。さて、このときファイファーの神経組織に例の悪魔が矢のように押し入り、もはや笑いをこらえきれなくした。むろん、いきなり吹き出すことは避けようと、彼は必死の努力をして喉もとで声を押し殺したのだ。だが、そうすればするほど、いっそう彼の顔には、笑いの衝動のすべてが無数のしわとなってありありと現れた。それで講義中の教授が静かな口調で、「八列目の五番目のきみ、いったいなにがそんなにおかしいのかね」と尋ねることになったのだった。——だがファイファーはブラウン伯爵を災禍のうちに突き落としたくなかったし、かといって実直なシュプリンガーを笑いものにするのも嫌だったので（なんと立派な感情をこの環境のすべての紳士たちが分かちあっていることか）、頑固に押し黙っていた。その結果、もしもふたたび、そのような笑いの痙攣に彼も責めを負う場合には、ただちに移動し、仲間から離れて、最後列に座らねばならぬ、との威嚇を受けたのだった。このブラウン・シュプリンガー事件以降、しかし彼はすでにひとたび教授の目に焼きついた存在となってしまい、ことあるごとに自身の見解を問われ、普段も関心が向けられるようになった。そしてもしも最優秀の解答によってこの老先生の栄光に満ちた微笑みと好意を獲得しなかったとすれば、学期末試験ではもう少しで手ひどく扱われるところだったろう。そして最後に教授はプァイファーに手を振って、特進クラスへ進級させてくださったのである。

住まいでの生活も、公の場でのそれと同様に、広がっていった。クヴィーリンが例のトランクを探しにいったときシャンツルで見つけたジャガイモが家に着いたところだった。彼はそれを冬場に栄養を取るために大いに役立つ手段として計画したのだった。老朽化した鳩舎が、冬のための格好な暖房手段となるために、屋根裏部屋から運びおろされたばかりだった。そして彼らは、隠遁の生活を送るために、さなぎのように部屋に閉じ込もったばかりだった。だが、そのあと彼らはもうまた隠遁とは大いに異なる生活をしはじめるのだった。彼らの古びた宮殿の三階はつまり、この古い館に巣食うために、鷲のように世界のあらゆる地域から飛んできた学生たちの群れるスズメバチの巣に変貌したのだ。わずかな日々のうちに自然に知己の関係が生まれ、会話と交際がはじまった。そしてまもなくみなは、われらの友の部屋がこの古い館で最大の、したがって集会場と社交室（サロン）[*]にもっとも有用な部屋であると気づいた。そして毎晩、きょうノイリング[1]のビアホールへ行きたい者は誰でも準備するようにと廊下で木の鉢を木槌で叩く音で勧誘するのがつねであった。だが、雨の日やそれ以外の日にでさえ、夕刻プァイファーのところに集まっては、きわめて美しい歌を吠えるように歌い、向かいの食堂からビールを運ばせ、テーブルにセットさせる、ということが再々あったのだ。そう、彼ら三頭政治の王室費は目に見えて改善されたのだ。それで、大変可愛い旗が考案され、それが窓から下げられると、向かいのビアホールのボーイによって了解されて、そのあと彼は取り決めてあるビール、ソーセージ、そして必要な道具を運んできた。そしてその代金として毎月始めには多額の請求書を見せるのだった。三人の誰もが技芸に親しんだ。ファイファーは油絵を描いたが、彼の描く人物がどんな人種に属すのか、誰もわからなかった。クヴィーリンは夕べには小型のチェロと格闘したり、フルートからヒューっと音を出したりしていた。またウルバーンはといえば、厚紙細工の名人芸を見せた。それに加えてすべての種類の骨や頭蓋骨が家に運び込まれ、その後研究された。ファイファーはまたタンスと机の一面を地図と統計表でおおった。一匹のプードル犬がこの階にはいたが、それが誰のものか、ついにもはやわからなかった。なぜならその犬は誰にたいしてもチンチンし、獲物を持ってきたし、疑い深い独裁君主のように毎夜部屋を変えて眠ったからだった。タロックのカードやチェス板が購入された。春にはハンマークラヴィーアが、賃貸費用は共同負担で、この階に収められた。ほっそりした歌の巧者が、ちょうどその頃世に出たシューベルトのリートを歌い、ある医師がピアノで伴奏した。他の者たちはテーブルやタンスを太鼓代わりに叩き、煙草の灰を床にまき散らした。夏になると庭で勉強したり、じゃれあったり、フェンシングやレスリングをし、木陰で眠ったり、ボクシングをしたりした。そう、ファイファーと部屋の隣人はあるとき調子に乗って朽ち果てた神殿の中で夜悪魔を呼び出す呪文を唱えたが、悪魔は訪れなかった。いたるところ生意気盛りの年代が満開の花を咲かせていた。幸福と歓喜が四方で芽ぶいていた。熱い情熱が侵入した。永遠の友情が契られ、心にはすでに愛の予感さえあった。というのも、クヴィーリンがいまだ目立たぬ髭をいつも磨き、プァイファーが熱した紙切りばさみで髪をウェーブしてもらった時のことを人は覚えているからだ。もしもこの熱狂的な酒神賛歌を終焉させたふたつのことが起こらなかったとしたら、万事がどこまでエスカレートしたことか、まったくわからない。――第一に、遺憾ながら、みな次第に日に日に分別を備えるようになり、冷静になっていったのである。ウルバーンはまず非常に美しい青い燕尾服を仕立てさせ、霊感が訪れる厳粛な時間に作った、祖国と愛を歌うすばらしい三巻の歌集を焼いてしまった。第二に、学生時代といえども、実際おのずと過去のものとなってゆき、残念ながら人は人間社会でそれなりの存在になっていったのだ。しかしもうそれ以前にも運命はこの結びつきをほどいていた。すなわち、プァイファーが第三学年だったある寒い冬の日に、ひとりの裕福な伯爵が夫人とともにサロンにやって来た。そしてちょうど団子《*クネーデル》を料理中のプァイファーに、自分たちにたいしてプァイファーが推薦されたといって、子息の教育を依頼したのである。プァイファーは前掛けを着けたまま、真っ赤になって彼らの前に立ち尽くし、口ごもりながら承諾した。そして三日目にはもう伯爵の屋敷の寄せ木張りの部屋にいて、あの荒涼とした城館のサロンを痛む心で想起したのだった。

だが、他の者たちの時間もやはりついには過ぎ去っていった。そしていっさいのものが散り散りになった。彼らの多くはもう何人も子供をもうけ、その頭は禿げている。何人かは金持ちだが、何人かは金がない。そしてプァイファーは伯爵の広大な領地の管理者となり、すでに五人の男子の父親で、まだ何人かは見込まれる。彼は尊敬される医師になったクヴィーリンと文通し……、そして彼らはいまもなお頻繁に訪問しあい、愛しあっている。彼らの妻たちも親しい友となり、料理のレシピや小説の情報を教えあっている。ウルバーンはダンディになった。

原注

（1）ウンガー通りとノイリングガッセの角にビール醸造所があった。

第二九章　洗　濯　女

シルヴェスター・ヴァーグナー

ヴィルヘルム・ベーム（絵）カール・マールクネヒト（鋼版画）「洗濯女」

さあ立ち上がっとくれ、さあどいとくれ、さあ彼女を座らしとくれ
ヒンメルプフォルトグルントの洗濯女トーネルがやってくるぞ
彼女は若い娘だ、人生を試したいのさ
だからけっして彼女を悲しましちゃいけないよ

香《かぐわ》しいアルザー川は、かつてウィーン西部の市外区*を曲がりくねって流れていた小川だが、近隣住民の利益のために大規模な企てがおこなわれた結果、いまは消滅して暗渠と化してしまった。そのアルザー川の魅力的な岸辺に、活きのいい民衆の小さな一群が、散在する小屋に住んでいる。ウィーンの洗濯女である。彼女たちは元気のいい陽気さやぶっきらぼうな素朴さ、華やかな言葉づかいの威勢のいい機知で知られ、尊敬に値するほどお互いにむつまじく、女たちの共和国をつくって暮らしている。そこには、かつて若い群盗の共和国に女がいなかったのとは違って、男が欠けているわけではないものの、評議の場では男たちは言葉の真の意味で陪席判事であるか、もしくは集会に席はあるものの発言は認められない外部の評議員にすぎない。洗濯女もしくは洗濯娘（下層民言葉では洗濯ねえちゃん）たちは、ふざけて石鹼水の妖精とかアルザー川の精と呼ばれたりするけれども、ウィーンの女性住民のなかでは、下から二番目の地位を占める独自の勢力を形づくっており、独特の衣装と言葉はヴィーゼンの最下層地域の女性住民の基本タイプをなしている。「ヴィーゼン*」という呼称でいわ

れるのはリヒテンタール、トゥーリ、ヒンメルプフォルトグルントの三市外区のことである。

　彼女たちはその仕事内容により、晴れ着洗濯女と通常の洗濯女というふたつの部類に分かれる。それでも彼女たちは、よき共和主義者にふさわしいことだが、互いに地位を誇ったりはしない。彼女たちは両部門から月曜日と金曜日に*市内に大勢繰り出して、顧客から洗い物の下着を受け取り、洗濯した物を顧客に引き渡す。豊満な肉づきの洗濯の妖精たちが通りを急いでいると、不作法な伊達男や、怪しげな遊閑人、女好きの白髪頭のなかには、視力は衰えたものの好色な眼を補助するために柄付き眼鏡に手を伸ばさないではいられない者がいる。彼女たちは、きれいなビロードのブーツ、まばゆいほど白いストッキング、念入りに襞を入れ大きく広げたスカート、締め帯をひらめかせた短い前掛け、三分袖のぴっちりした短い上着、純白の地に淡い色の斑点のある布地で出来た独特の頭飾りという姿で、その頭飾りは頭の後ろを愛らしく巻き、頰のうえまで垂らし念入りになでつけた頭髪を包んで、背中にはきれいに磨かれた桶を背負い、そのうえに同じように磨き洗いされた柳のかごを結わいつけ、かごのなかに洗濯物の包みを入れている。きれいにした洗濯物を戻しに来る土曜日には、彼女たちは籠の両側に、空きがある限り女物の服の上下をぶら下げている。この女物の服はモードという暴君の仮借なき意志に従って、幅広にまたごわごわに糊づけされており、そのためにそれらは小路の半分を占領するほどで、やせた女のうえにかかってさえいれば豊満な体つきに見えるほどだ。

　ところで、今日の女性のモードは正当にも「膨らまし」と呼ばれているが、これはまさにわれわれの時代精神にぴったりで、しかも「これ以上はダメ」という然るべき基準が欠けているなかで予測のつかない余地を認めてもいる。というのも、「膨らまし」は今日ではごくふつうにおこなわれていて、膨らますことなしには安心できないほど生活のなかに深く食い込んでいるからだ。そうだとすれば、女性の流行とその追っかけ女たちがどうして膨らまさないことがあろうか。そんな流行娘を見かけると、私はふと自分の子供時代を思い出す。その頃私は湧き出ている近くの泉から元気回復の水を飲もうと、外目にとても膨らんだ茎の葦に喜んで手を伸ばしたのだが、きわめて残念なことに私は何度もひどく勘違いをして、本来の茎のまわりの無駄な草を取り除いてしまうと、その葦は麦わらほどの細さまで小さくなってしまったのだ。

娘たちが運べない物は、男の手伝い人が籠に詰めて手押し車に乗せて市内に運んでくるが、この手押し車にはさらに毛むくじゃらの馬のフィラックス、この忠実な見張り番が目を光らせていて、その間、彼女たちはお客のところで油を売っていたり、地下酒場で気持ちよく一杯やっていたりする。洗濯女たちは歩いていると辻馬車の御者や荷担ぎ夫などからしばしば面白おかしくからかわれるが、彼女たちはどんな時でも、最も適切なやり方ではないにせよ、間違いなく最も的確なやり方で、じつに痛烈にやり返している。

彼女たちの平日の単調な仕事に興趣を添えるものは歌である。洗濯小屋では、独特のヨーデルのほかに、洗濯桶のまわりに集まって、熱したアイロンで武装した妖精たちが突然、最新のワルツやオペラのメロディーを歌い出すのが聞こえることもまれではない。そもそも洗濯女は歌と踊りのために生き、またそのために死ぬのだ。そして、洗濯女たちは日曜日にはおそらくいつも、疲れきるまで*歌と踊りの女神《テルプシコラ》に敬意を捧げる。洗濯女は自分の熱愛者を情人《グシュヴーフ》と呼びたがるが、その情人がいないとか、用事で差しつかえがあるような時には、この目的のために別の男が、たとえばいい男になりそうな仲間の女の息子とか、でなければ、たいていは洗濯物の乾燥や整理、運搬の仕事を任されている使用人たちのなかから粋な若者が雇われる。この若者はダンス好きの美女を、訪れるダンス会場まで彼女の費用で随行護衛として付き添い、いざとなれば彼女と踊りもするが、彼女がワルツを踊りたい時間や相手のことに対してはけっして異議を差し挟んではならない。というのも、ワルツを踊ることがとにかく彼女の人生だからだ。ほかでは人気のあるギャロップ*は彼女たちには見向きもされない。しかしながら彼女は、自分の喜びを完全なものにしたいのであれば、ヨーデルを歌い、彼女たち自身が歌い込まれている流行歌を歌えなくてはならない。その点で彼女たちはとても気前がよくて、とくに音楽師たちに生活の資を提供しているのだ。彼女たちのことをとても巧みに歌うのは、居酒屋や家々の中庭で演奏する流し演歌師《ベンケルゼンガー》である。彼らは民衆からはふつう「ハープ弾き」と呼ばれているが、彼ら自身は「民衆歌手《フォルクスゼンガー》」と自称している。陽気な洗濯女トーネル〔アントーニアの愛称〕のことをつぎのように描き出す時、この民衆歌手はとても巧みに歌っている。

第29章　洗　濯　女

さあ立ち上がっとくれ、さあどいとくれ、さあ彼女を座らしとくれ
ヒンメルプフォルトグルントの洗濯女トーネルがやってくるぞ
彼女は若い娘だ、人生を試したいのさ
だからけっして彼女を悲しましちゃいけないよ

酒場に入れば、そこは彼女の生きる世界
食べて飲んで、ますますお盛ん
お客がいるからって、遠慮することがあるだろうか
いやいや、お客のために彼女を悲しましちゃいけないよ

演奏を始めろ、音楽師たち、彼女のダンスの曲をやれ
きれいにめかし込んで、今日はとても華やかだ
彼女は若い娘、人生はこれからさ
だからけっして彼女を悲しましちゃいけないよ

洗濯女たちの生活のなかには、その性格によく適っている毎週一回のこの楽しみ以外に、第一級の

華《はな》の時が毎年ふたつある。すなわち、五月祭と、ファッシング*の時期に彼女たちの仲間が催す舞踏会である。

五月一日にはしごく当然のことながら、洗濯女たちもまた欠けてはならない。その日には、ふたたび甦る自然を祝うために、追立て猟と呼ばれる走者たちの競走がプラーター*で早朝に開催される。この競走はとても人気のあるもので、多くの人々が見にくる大規模なものだが、彼女たちも、いくたりかの人間競走馬たちが寿命を数年縮めるほど走るすばらしい見世物をわが目で見ようとするのだ。夜にはヒンメルプフォルトグルントにあるなじみの飲食宿「女羊飼い」亭で大きな夜会と入場式がある。そこでは煙草を吹かし、酒を飲み、歌を歌いながら、五月柱を立てて称える。

「女羊飼い」亭で洗濯女たちが催す舞踏祭はそれなりのやり方で、人気のあるわが舞踏の花形たちが設える舞踏会と同じくらい奇抜で、だからまたそれと同じくらい多くの人々がやってくる。この舞踏会が注目に値するのは、一般に女性たちだけの一団が自分たちだけで踊ることだ。超急進的なシュトラウス*のファン、保守的なランナー*のファン、穏健なラブルのファン、革新的なラーベンシュタイン*のファンが次々と繰り出してくるけれども、ワルツを踊るためでもギャロップを踊るためでもなく、またポルカ*やカドリーユ*をやるのを見るためでもない。ただひたすらリンツ*のヴァイオリン楽団ファンにしてヨーデル歌手ファンたちの楽しげな動きを観察し賛美するためである。というのも、この機会に言っておけば、洗濯女たちはシュトラウスのファンでもランナーのファンでもなく、ラブルのファンでもラーベンシュタインのファンでもなくて、リンツのヴァイオリン楽団のきわめて純粋なファンなのである。

　だが、アルザー川の精たちのこの大規模な舞踏会を訪れる機会にまったく恵まれていない人たちにも多少は想像できるように、手短に、少し詳しくこの舞踏会を描き出してみよう。飲食宿への入口の前に番兵のような男が立っているが、これは表敬のためというよりはむしろ、いさかいという悪魔、ワインに含まれるすべての酒精のうちのこの最悪のものが起こらないようにとの予防のためである。舞踏ホールは、客間をガラスの壁で区切った特別室で、華やかに飾られ、輝くばかりの照明が施されて、入口には皿が一つ置かれている。客はその上に思い思いの入場料を置き、舞踏会はこれによって賄われる。入場する者一人ひとりにグラス一杯のワインが洗濯女のひとりから差し出され、各入場者のために乾杯がおこなわれる。それに対して入場者はそれぞれその気持ちに応じて多かれ少なかれある金額を先に述べた皿のうえに置くことになる。だから客が多ければ多いほど祝宴は華やかになるのだが、洗濯女は自分たちの顧客やその他のたまたまの知り合いをも招待することをのがしはしない。そのとき彼女たちは最高のおめかしをしている。いちばん高価な装身具にまばゆいばかりの盛装、純白のドレスに身を包んでいる。髪の毛はきちんと分け目を付け、可愛らしく編んで*オー・セレスト・カチュチャを含ませている。ルックスの特別許可美容化粧品、すなわち、サン・パレイユ婦人用歯磨き粉、ウィーンの芳香美顔水、また芳香植物入りのハンドクリームが彼女たちの本来の魅力を高めている。今日だけは並の石鹸には目もくれず、カカオナッツオイル・ソープやサヴォン・ド・ファミーユ、サヴォン・コスメティック、サヴォン・ヴェジェタール・エモリア〔植物性無刺激性石鹸〕などの石鹸を使用している。たしかに彼女たちにはヴァンドー・ド・ヴェニュス〔ヘアバンドの名前〕や特許付きの安全ブレスレットは欠けているが、金色の額バンドや腕輪は彼女たちの豊満な体に必ず付けられている。そして観客たちのなかには、タリオーニ*やエルスラー*、チェリット*ーを見ているかのようにわくわくして、入り乱れて動き回る踊りに見入り、波のようにうねる群衆のなかに彼女を見失ってようやくわれに返る者たちもいる。ダンスのあとは歌に代わる。つまり、最良の歌い手の女性たちの一団が立ち並び、彼女たち音頭をとって旋律を口ずさんだあとに、楽師たちが伴奏をするのである。

物見高い見物人たちがたえず出入りし、踊りあり、手拍子《パッシエン》あり、ヨーデルや歌あり、はやし声ありのなかで、夜が過ぎてゆき、それとともに、陽気な洗濯女たちが待ちこがれていた自分たちの舞踏会が過ぎてゆく。洗濯女たちがおしゃべり好きであることを知っている者なら、あの祭の夜のあらゆる出来事や、さらには大事な観客の来訪にすら話が及び、明日も、またおそらくは数日後、数週間後も、洗濯日にはその話題でもちきりになることを誰も疑わないだろう。わが洗濯女たちのアマゾネス*国では年々歳々こんなふうである。たとえば死神が彼女たちを連れ去っても、新参者たちが穴埋めをしてくれる。政治の世界全体がホイッグ党*、トーリィ党*、ロコフォコ党*等々によって変革されても、この女の国には何百年後も今日見ているのと同じ姿で出会うことだろう。

第三〇章　骨拾い

シルヴェスター・ヴァーグナー

ヴィルヘルム・ベーム（絵）カール・マールクネヒト（鋼版画）「骨拾い」

骨拾い、俗称「骨あさり《バンルシュティーラー》」はぼろ屑集めの女の対をなすものであり、彼らも一日の仕事のあとでしばしば地下酒場に集まって彼女たちと話をする。骨拾いはたしかに堅気の商売のうちの最下級のものだが、ロンドンの街の、まだ先の人生がある釘拾いの悪童よりは実入りがいい。それは大部分、人生の先がない老人がおこなっている。通例これに従事するのは、自堕落な老人だとか、若いときに遊び呆けていた連中だが、規則に縛られた仕事よりも、束縛されないのらくら仕事を怠け心から選ぶ若者にたまに出会うこともある。

ゴミの山が骨拾いたちの黄金郷であり、手近な火酒酒場《セラーフ・バイス》で*火酒《ブレン・アービ》を一杯引っかけたあと、朝早く、まだ仲間たちが掘り返していない投棄されたばかりのゴミの山を見つけたら、彼の途方もない希望は叶えられたことになる。このときにはゴミの山は上から下まで探し回り、骨だけでなく、ぼろ屑と呼ばれる古い亜麻布や、ガラスの破片や屑鉄も、その種の物がゴミの山のなかに見つかれば、拾い上げる。というのは、これらの物のどれについても骨あさりたちは不思議な裏の経路を知っているからだ。彼はボロ布をわずかな謝礼と引き換えに、同類のぼろ屑集めの女に委ねる。ガラスの破片は一ポンド当たり二クロイツァーでガラス業者に売る。屑鉄は一ポンド当たり四クロイツァーで屑鉄業者が買ってくれる。

しかし、彼らの一番のお目当てはつねに骨であり、骨がとりわけ立派であれば、彼は一桶当たり三〇クロイツァー（協定通貨）で車軸油製造業者に売る。もっとも、品質によっては三六クロイツァー

（ウィーン通貨）まで下がることもある。車軸油製造業者はこの骨を煮出し、得られた脂肪を車軸油に変える。しかもこの業者は煮出した骨をさらに別の業者に売却し、その業者はわざわざそのためにこしらえた、馬で動かす搗き棒や水車で、この骨をそのまま粉砕するか、もしくはまず焼いて炭化させてから粉砕する。そのまま粉にする場合には農場経営者にすぐれた肥料として売る。しかし、焼いて粉にした場合には、そこからフランクフルトの黒インクや焼き象牙の顔料が製造される。ずんぐりした骨、とりわけ管状骨はボタン製造業者に売られる。この業者はそこから骨ボタンを打ち出すのである。

骨拾いはふたつの部類に分かれる。ひとつは大口の骨業者で、食堂や大きめの酒場から、厨房の従業員が取っておいてくれた骨を買う者である（この売上金は、料理女が買物駄賃やほかのところでの副収入に潤っている場合には、洗い場女や調理場の手伝い女の臨時収入なる）。もうひとつが、ここでとりあげている小口の骨業者で、リーニエの内側と外側にあるゴミと堆肥の山のなかや家々のゴミ置き場のなかで骨を拾い集める者である。この骨拾いは最近目立って少なくなっている。というのは、新しい施策によって市内*でも市外区*でも、公共の利益のためにゴミは決まった日時に搬出されており、その際どの建物の住人も、入口にある木製の鐘の合図を聞いたら、ゴミを決まった荷車に降ろすよう義務づけられているからだ。これに対して、以前は大部分の建物の中庭の一角に箱がゴミ溜めとして備えられていて、管理人が毎週それを、住人からゴミ代と呼ばれるわずかな報酬をもらって搬出しなければならなかった。骨あさりたちは毎日この手つかずのゴミ箱を熱心にあさって、使えるものを取り出していたのである。

いまではゴミの搬出は、以前と違ってもはや最低額で引き取る業者ではなく、最高額で買い取る業者に委託される。ごちゃごちゃしたゴミのなかに売れるものが数多くあることがわかったからであるが、そのために金鉱山の場合と同様、収集したゴミは契約業者のみに収穫物として委ねられ、骨あさりたちは一定の料金と引き換えでしか収集したゴミに手を付けることは許されないことになったが、これもまたもっともなことである。そのために、骨あさりたちにとって金のかからない資源探しとして残されているのは、夜間に不正投棄されるあちこちのゴミと、馬小屋のある家の馬糞溜めで、女の使用人たちが馬丁たちからいつでもそこのゴミを空にしてよいという許可を得ているところと、それから最後に、すでに探しつくされたものだが、熱心な者にはときおりちょっとした収穫物をもたらす、リーニエの外にある大きめの集積場くらいである。

しかしながら骨あさりたちは他方で、新しい飼い犬許可令によってふたたび得をすることになった。というのは、犬がもはやそれほど多くはないだけでない。犬は口輪と鼻革を着けないで通りに出てはならないことになったが、口輪と鼻革があるために、捕獲される危険はなくなったものの、犬は、以前は自分のものにしていた、通りに散らばっている骨を拾う機会を奪われてしまい（提訴したかどうかは確認できない、というのは骨あさりたちが権利を行使しているから）、そのために通りの骨は現在手つかずに骨あさりたちに残ることになったからだ。しかし先ごろ、ウィーンにいる犬が年に、数百頭の牛や子牛、豚、羊、家禽は除くとしても、膨大な量のパンを平らげていることを鋭敏な頭脳の持ち主が計算して示した。しかしそれも、ゴミの搬出制度によって骨あさりたちが被った損失と釣りあうものではない。不思議なことに、さきにあげた鋭敏な計算家は、平らげた多くのものの補償として、少し古いタイプの薬剤師たちが*ギリシャの白《アルブム・グラエクム》と呼ぶ糞や骨を犬がどれくらい出しているかは算出していない。それをやっていたら、彼の学術論考は表彰ものだろうし、彼は不滅の名前を得ていただろう。

　ところで、骨あさりたちは、若いころの気分を依然として引きずっているために、空が白み始めるとともに火酒酒場に現れる陽気な連中である。キュンメル酒やチェリーブランデー、有名なアブサン酒のような高価な酒を飲むというわけにはいかないが、二ないし三グロッシェンの安い火酒《ドッペルポルニッシュ》を飲み、ハウスマイスター(1)やクロイツァー・ピレ(2)、あるいはせいぜいのところウンターカノニーア(3)を平らげて、それから仕事に向かう。午後には骨以外の物、つまりボロ布やガラスの破片、古ブリキや屑鉄などを分別したあと、彼らが*ノイエ・ブリュッケとアルザーグルントの間にある*グラシに骨桶を置くと、そこで骨が現金と引き換えられて荷車に受け取られる。それから彼らは地下酒場へ行って同業者たちと落ち合い、陽気におしゃべりしながら、明日もまた骨が見つかって、それで糊口をしのげることを念じつつ、その日の稼ぎを飲みつくすのである。

挿絵はとても出来栄えがよくて、ひとりの骨あさりがリーニエの外とおぼしきゴミの集積所から道具を使って骨を探し出している最中のようすである。一羽のオンドリがゴミの山のうえの彼の相方で、両者は、それぞれが別のものを目あてに掘っているために、すこぶる仲よくやっている。陰鬱な表情と髭を剃っていない顔からはわからないかもしれないが、つぶれた帽子、ぼろぼろのシャツ、すり切れた衣服が彼の貧しさを示す明白な証拠である。

原注

（1）センメルの一種〔センメルは小型で皮の硬い白パン。ハウスマイスターは管理人の意〕

（2）ライ麦製のライプヒェン〔小型の丸パン〕

（3）ライ麦製の棒状パン

第三一章　ウィーンの市郵便

アーダルベルト・シュティフター

ヴィルヘルム・ベーム（絵）カール・マールクネヒト（鋼版画）「ウィーンの市郵便」

われわれの町のもっとも特徴的な現象のひとつが、疑いもなく、俗にいう小さな郵便馬車あるいは都市郵便馬車である。私がかなり長期にウィーンを留守にした後またここに戻って来たのは、コレラがはやった年の頃〔一〕だったかもしれない。そして二、三の小路を行くか行かぬかのうちに、もうこれまで一度も見たことのない独特の馬車が目に入ったのだ。*市外区の名と番号を背につけた感じよく彩色された馬車、御者の黄色く塗られたブリキの腕章、彼のいわば役人風の帽子、それにふさわしい態度を見て、私はただちに、この都市のあらたな装置が眼前にあるのを確信した。しかしその装置の目的となると、おぼろげに推測するしかなかったのだ。でも、万事を説明してもらったとき、どんなに私は喜んだことだろう。というのも、この装置は緊急の必要事への対策として生まれたのだから。

　都市郵便馬車は、その名も示すように、都市の書簡類の往来を自ら仲介する役割を持つが、その働きの区域は、たんに本来のウィーン市街地だけでなく、近隣の周辺区域にも広がっている。この制度が生まれたことは本当に差し迫って必要であった。それというのも、それ以前の状態には不便な点が多々あったからだ。私がパリやマドリッドに知らせを送らねばならないときは、ただ座って、それを紙に記し、郵便局に渡しさえすればよかった。しかしあちこちの市外区の友人に急いでなにかを伝えなければならない場合、家を出て、一時間あるいはそれ以上歩いて、彼を捜さねばならなかった。それなのに彼が不在のこともあったし、あるいは在宅の場合も、彼の家にぐずぐずとどまり、時間を浪費してしまうこともあった。もしも自分で行きたくなければ、召使いを雇っている場合には彼を遣るか、そうでない場合は自分で歩き回ってどこかでメッセンジャーを見つけるしかなかった。いまはしかし毎日二回、市内と市外区[*]および近隣周辺地区の全域にこの郵便制度を使って手紙を送り、そこから返事を受け取ることができるようになった。つまり、ウィーン中央郵便局管轄の全地域が区に分割され、これらの区のそれぞれに郵便物回収箱があって、その近隣周辺の人はそこに手紙を投函し、もっと遠方に宛てた手紙も、さらに局で発送してもらうために、そこに入れるのである。本書に掲載されている絵に描かれているような馬車もそうした箱のひとつだ。ふつう一頭の馬がつながれていることの四輪の郵便車は、毎日少なくとも二回は区の回収箱の前に現れ、中にある手紙類や比較的小さい小包を回収し、中央郵便局へ運ぶ。そこでこれらの郵便物は分類され、遠方に宛てられたものは本来の郵便局に委ねられ、近隣宛てのものは担当の配達夫に引き渡されて、当事者に配達されるのだ。こうした方法で、ただ市内全域をつらぬいて縦横無尽に文通できるのみならず、ちょうど市外区に住んでいる場合でも、きわめて便利に世界中に手紙を送ることが可能になった。それというのも、市内であれ、市外区であれ、上記の回収箱はつねに手近に使えるような間隔で設置されているし、手紙の投函のためにまたしても、以前のように、旅をしなくてもよくなったからだ。

この記事の筆者は最初のウィーン到着のとき、事情にうといために不運にも離れた市外区に住む羽目になった。彼は昔から筆不精だったが、いまやいっそうそうなった。なぜなら、たとえ一念発起してできる限り長い手紙を書こうとしても、その手紙はまたしても用いられぬ死せる資本として彼の手もとに残るのだった。理由は、もし手紙を届けるとすれば、彼は燕尾服を着用し、市内へ向かって半マイルの道を行かねばならなかったからである。ナイトガウンでいることがどれほど快適でくつろぐことか、それを知りうる想像力をお持ちの方なら、筆者がナイトガウンを脱がず、燕尾服も着用しなかったこと、そしてその結果手紙が進捗しなかったことをもご理解くださるだろう。それに加えて、筆者がいまや健忘症にも悩まされていることから、こんなことも起こったのだ。つまり、筆者がその後二日目、三日目、七日目に市内に出たときも、その手紙はちゃんと家の斜面机の中で検疫を受け続け、ついには年月が過ぎてしかるべき時を逸し、そのためこうした実直な仕方によって、もはやまったく発送されずに終わったのだ。私はこんな仕方で、ほかの人たちに名状しがたい喜びをあたえたはずの手紙を何通か、また自分のために入手した。私は手紙の焼却処分を決してしないたちなので、それらは多分これからも私の所有するところとなろう。そしてそれらは、高齢の未婚婦人にも似て、私が受信し、したがってその使命を果たしたほかの手紙と混じりながら文箱に眠ることになるだろう。

日々の文通を運ぶ御者は、いまヨーゼフシュタットから中央郵便局へ、そのあと中央郵便局からまたヨーゼフシュタットへと走行することに業務を限定している。彼は明日も同じ行程をこなし、また明後日も同じであるために、その存在全体には、なにかしら紋切り型の様相が刻まれたのであった。そして通常こうした御者は落ち着き払った、つねに変わることのない単調な男であって、かつてカロ*ンが影となった死者たちを運んだように、いまや郵便物を町の内外に搬送するのだ。そしてなんという名状しがたい愛の悲嘆や愛の歓びを彼は自分の箱に入れていることか。債権者や見捨てられた美しい女たちのなんという非難を、崇拝する人の手になる最初のやさしい一枚の手紙を、あるいは叔父からの待ち焦がれた金をやっと手に入れた青年のなんという歓喜を自分が運んでいることか。そしてまた商売、問い合わせ、注文、依頼、切望、要求、意見等々が自分の箱の内部で混じりあって、なんという混乱を呈していることか。そうしたいっさいのことに彼は関心を払わない。そのために、ひとつの蟻塚がそのにぎやかさとは裏腹に死産した代物同然となっているのである。――気がふれた男がいとも平然と歩き続け、自身の頭の中でいかなる乱舞がはじまったのかなにも知らずにいるように、彼はそんなことには無関心なのだ。こうして彼は車を郵便局へ運び、そこで空にし、それからまた同じように落ち着き払って自分にたいして決められた市外区へ取って返す。その場合、彼はうえで言及したばかりの気がふれた男よりも幸いである。それというのも、後者はむろん自分の頭の中の乱舞を払いのけることができないまま、利口な人間としてこの世に決別するからだ。郵便配達人が毎日毎日どんなものを運んでいるか、いかにおびただしい数の思想や感情がこの封印された手紙の中に凝集され、開封した者に向かって解き放たれることか、それはただ驚くばかりである。もしもすべての手紙がこうして雄弁に語ることができるとしたら、また突然その要件を伝えはじめるとしたら、実際それはとんでもないことになろう。――だがこうした考えそのものが、なかば狂気じみているし、郵便配達人はそんなことはつゆほども考えない。なぜなら、もとより彼が届けるのは、ただ文字の書かれた何ポンドかの紙、ならびに付随する数ポンドの封蠟と封印紙にすぎないからだ。封を開け、他人が書きつけたものの真意を行間から読み取る人たちが、どんな怒りにおちいり、あるいはどんな歓喜に包まれることになるか、そんなことは彼には関わりのないことだ。彼は都市の中をあちこち回っては火薬を運び、彼らがそれで決闘し顔を撃ちあうことになるかもしれぬ、などと心配することはない。そしてたとえ、中にひたすら恋の炎が燃えあがる五メッツェもの恋文を届けようとも、まるで羊乳チーズさながらに、それをのんきに運んでゆくのだ。そしてやっと一日の仕事を終え、夕暮れ時になり、そして、町の何人かにそれを見たら激高するであろう手紙をそれとなく届けたあとで、彼は悠然と馬を車から外してやるのだ。その馬は無関心と機械的という点でさらに御者を凌駕しているが、いまやこの駄馬が夕食のカラスムギをむさぼるあいだ、その主人はおそらく飲み屋で一杯のワインを飲み、愛用のパイプをくゆらせながら、楽しいお喋りのうちに自分の時間を過ごしていることだろう。そしてついに深夜になり、彼も、また彼が届けた手紙によって腹を立てさせたり喜ばせたりした人たちも、死のような深い眠りに包まれる。翌日また彼は、それをふたたび同じように終えるために、目の前の仕事にとりかかる。こんな具合に神様が天よりあたえたもう毎日が過ぎてゆくのだ。一日の特定の時間には郵便局の中庭でこれから郵便物の運送に向けて準備しているこうした車の数台が並んでいるのが見られる。それから車は目的地に向かって散ってゆく。

内部の仕組み、つまりこれらの郵便車や郵便配達制度全体のいわば統計的、技術的な仕組みに関することについては、われわれは自制して語らぬことが正当だろう。すなわち、それにたいしていくら支払われているか、何時に手紙が受け取られ、どんな小包が配送されるのか、そういう回収箱はウィーン全体にいくつあるのかといった事柄については。われわれは読者諸氏に、ウィーンの統計上の知識ではなく、ひとえにその晴れやかなひとときをお届けしようと思っているからであるし、読者はこれに加えて必要ならばこの件についての情報をどの年鑑からも得ることができるのだから。

訳注

〔一〕　一八三一年八月から三二年二月にウィーンにコレラが流行した。

第三章　古物市場

アーダルベルト・シュティフター

ヴィルヘルム・ベーム（絵）カール・マールクネヒト（鋼版画）「古物市場」

以下の文の筆者は、打ち明けていえば、古い遺物の大変な崇拝者である。いわば、とうに過ぎ去った時代が現代に語りかける言葉の崇拝者ともいえる。あるいはむしろこういったほうがよい。つまり、こうした言葉をわれわれはなんらかの歴史のうちに読んできたが、古い遺物はそれについて感覚的に訴える注釈である、と。曾祖父が永久にこの世を去ったときに脱ぎ、あとに残した衣服、この衣服がいまやこの曾祖父の歴史の断片を感動的に、率直に語ってくれるのだ。古い遺物にたいする私のこうした愛情はしかし、さらに無用な中世伝来の道具全体へ向かうのみならず、その言葉をわれわれがもうまったく理解せず、ただ残り物のガラクタとして余命を生きるしかない、はるか昔の古物のそれぞれにまで及ぶのだ。――私はそのような古物を愛する。そして私の心が痛むのは、それらが壊されたり、多くの角石や窓辺、階段や廊下を持つために私自身住んでみたいと何度も思ったことのある家が撤去されるのを見るときだ。だが、こうしたものは現在すべて粉砕され、投げ砕かれてゆく。なぜなら、人々の言葉を使っていえば、整然とした合理的な建物がその場に建つためには、古臭い無用な箱など取り去らねばならない、というわけだ。――整然とした合理的な建物と彼らがいうのは、たくさんの窓を持った、大きく、直線的で、四角い代物のことだ。しかし、これこそまさしく箱に見えるし、その詩情なき散文的な様相は、快適さ以外、ひとかけらの魅力も感じさせない。したがって、この種の古美術品にとっては首都というところは大変危険なのだ。なぜなら、ここでは趣味と流行をめぐる特異な営みと進歩が支配しているからだ。そして、まだこの都会のあちらこちらで黒々とした、破風の多い、聳え立つ家を見るたびに、私は不安になってしまう。明日通りかかったときは足場が組まれ、建物を撤去し住民を立ち退かせるために無数の人々が集まり、白々と輝く、直線的で、四角い、魅力なき賃貸住宅を作っているのではないか、と。いまやこうしたことが日々刻々と起きているために、ウィーンは、古代ローマ人の時代に由来する都市ではなく、まるで昨日生まれた都市のように見えるのだ。それと同様にこの都市の淑女たちも、つねに最新のファッションで颯爽と歩く。古臭い衣装など絶えず手放し、新しいのを購入するからだ。それこそまさに、建物にたいする建築家のあり方と同じなのである。だが一方、僻地の小さな田舎町では、まだ大昔の市壁の傍らを大昔の服装で歩く姿は、頻繁に見かける光景なのだ。私がこれを書いているまさにこのとき、俗に明るい小径と呼ばれる場所の、不便な位置に建てられた、小さな、古い家が取り壊されている。正当にも。というのは、そこの通路の拡幅が緊急に必要だから、というわけだ。しかし昨今そこを通りかかるたびに、いつも私は思ったものだ。ああ、あの愛らしく、魅力的な、石の天使はいったいどこへ行くのだろう。この建物正面の壁龕《へきがん》から外を見つめ、あたかも夜の蛾のごとくそっと身を包もうとするかのように、その翼をいとも敬虔に、優しくたたんでいた天使は。——どこへ彼は行ってしまうのだろう。だが、人々は解体作業を陽気に続け、けっきょく、まったく石のように不壊ではなかったその天使はもうその辺のどこかに壊れて転がっているかもしれないのだ。過去を想起するためにただ名前だけが残るが、それさえも常というわけではない。こうして、いまは街中の小さな広場になったが、かつて危険なハンガリーに対峙していた市壁の櫓であったルークエックもそうであるし、さらにローテントゥルムや*グラーベン、*フライウング、マリア・アム・ゲシュタード、*フィッシャーシュティーゲ、*ヴォルツァイレなどもそうだ。多くがしかし、実際変わってしまった。たとえば、昔のロマンティックな*カッツェンシュタイクがあった場所にいまや華やかな*サイテンシュテッテンガッセが作られた。以前は「エーレント」と呼ばれていたところに、いまはツォイクハウスガッセなる名が読める。たとえばパーター・ノスター・ゲスヒェンのような、いくつものほかの名前は完全に消えてしまった。建物や道がこうした事態なら、それより小さな、動かせる、古い時代の遺物にいたっては、いっさいもう保存できないことは自明の理なのである。というのも、鋲《びょう》や釘で固定された建物でさえ破壊され、引き裂かれるしかないとすれば、世界中動き回り、永遠に所有者を変えてゆくあの古道具など、いかなる保護を期待できようか。

　むろん、いわば歴史的、芸術的、骨董品的な価値を持つものは古美術コレクションの中を遍歴するのだが、いってみれば、そうなったものは、もはやまったく別物になってしまっている。それというのも、第一に、そうしたコレクションには、ほとんどの場合、過ぎ去った公的生活についてわれわれに語る事物しかない。だが、それらはわれわれにとってもっとも直接的で、もっとも切実な事柄について、すなわちわれらの先祖の日々繰り返された日常生活についてはなにひとつ語らない。そしてまさしくガラクタや古道具こそ、重要な歴史的事物よりも、いっそう鮮明にそれを物語るのだ。そうした歴史的事物もけっきょくのところ、やはり古道具という最終的な断片に成り果てるのであり、その本来の関連から無理やり切り離されると、押し黙ってしまうのである。第二に、およそ古い物は、かつてそれらが使用された場所から、そして自身の環境との関わりがあってこそ、きわめて感動的にわれわれに語りかけるものなのだ。もしもそれらがいまやそこから引き離されて、ほかの物たちと一緒に見知らぬ陳列ホールに押し込められるなら、たいてい自分の母国語を失くしてしまう。その状態は、整然とした蔵書コレクションの文言をばらばらにして混ぜ合わせ、さらにその全部を、これらの書籍の言葉がもはやまったく語られない異国に持ってゆき、展示したようなものだ。このため甲冑、槍、盃、鎧の胸当て、旗、骨壺、絵画、彫刻品、刺繡、そしてそのたぐいのものが、古代芸術陳列室の展示ケースの中にぎっしりと並びあっているときは、実によそよそしい反抗的な眼で私を見つめるのだ。それらがかつて生命を持ち、まさに自分の時代に躍動していたときには、そんなことはけっしてなかったのに。逆に、かつてより自分たちに定められた場所からは、まったく別の、親密なまなざしでわれわれを見下ろすのである。たとえば、われわれが大修道院の回廊を散策し、そこに厳粛で誠実なタッチで描かれ、年月を経て黒ずみ光を失った歴代の修道院長の肖像画が懸かっている場合である。あるいは柱廊や教会墓地の石像たち、聖具室の中の古めかしい器具やミサ用祭服、古城の中の武具や豪華な道具、そして最後に市民の家の食器や布地や長持もそうだ。

私はかつてある男と知り合いだった。当時は彼を大変な愚か者と思っていたが、もしもいま私が彼の立場にいたとすれば、自分も同じことをするだろうと思う。この男は、田舎の家を手に入れたが、彼の先祖はそこに数百年間住んでいなかった。そのため家は奇妙な物や昔の遺物に満ちていた。さてこの男はその家を昔のままに維持しようとした。釘一本の位置をずらすことも許されなかった。支柱ひとつ塗ることも、窓枠ひとつ近代的にすることも許可されなかった。厨子、ベッドの台、羽目板など、まず完全にといってよいほど、なにひとつ、手を触れたり、それが帯びる名誉を傷つけたりしてはならなかった。破損していた箇所だけはすべて修理された。この男は生涯そこに住むことを考えていたので、家は住み心地のよい状態にされたのだった。ただし、彼はこんな考えを持っていた。そしてこれこそ私が愚かしいと思った点なのだ。つまり彼によれば、修理というものは、私ばかりかほかの分別ある人々ならそうしたであろう仕方とは違って、すでに過去のものとなった精神や様式に従っておこなわれる必要などまったくなかった。それでたとえば両開きの窓扉の片方がなくなっているところに、彼は古い扉の隣にまったくモダンなそれをつけた。脚のない中世伝来の肘掛椅子は現代的な脚を得た。壁の羽目板がなくなっているところには、下地の石壁をむき出しにさせておいたが、やがてそれは漆喰を塗られ、当世風のやり方に従って絵が描かれた。こうして、いたるところなにかが欠損していたために、彼の家は新旧の恐るべきコントラストの場となり、足を踏み入れた人は誰も笑い出すのであった。――しかし彼はしばしの間しかここに住めなかった。そのあともう徐々にその効果が現れはじめた。まさしくこのコントラストが、われわれに昔のものを際立たせるようになったのだ。そしてここにはどこにも古めかしく改修した箇所がなかったので、そうした古い部分こそ紛れもない本物であることが明らかになり、古物としての影響力を行使するようになったのだった。この家の中に男はいまや曽祖父たちの品々に囲まれて座っていた。彼らが三、四百年前に使い、当時はとても美しく、真新しかったそうした品々を日々使いながら。私がこの男を訪ねたのは小さな生徒の頃だったが、そのとき私は彼を見て笑ってしまった。彼の白髪自体はすでに骨董品であったのに、きらりと光る黒い両眼は、古い家の新たな改修部分のように、髪と不調和な付属物といった具合だったからだった。彼はもうとうに亡くなってしまい、その家を相続した従兄弟はもっとましな趣味を持っていた。いまは白く輝く、風通しのよい別荘となり、その家族が三、四年ごとに夏訪れては、数週間滞在する。だが、私は亡くなったあの老人とその古道具のことを実にたびたび想い起す。私はあれほど多くの父祖たちの遺物がある家を持たないし、古い時代の研究者でもない。しかし、かつて昔の城、荒れ果てた教会、廃止された修道院を、時を忘れていつまでも歩き回ったことによって、古い事物にたいする子供っぽい愛着ばかりか、あの古びた家に住んでいた、いまは亡き男にたいする紛れもなき親愛の念も私の中に生まれたのだった。そしてさらにそうした状況は進み、私がこのエッセーの表題を書き記したとき、——なんなら読者諸氏が私のことをお笑いくださっても、それはかまわないが、私は一種敬虔な気持ちでこの執筆に向かったのだった。私は古物市場の熱心な訪問者のひとりであるし、この市場は、それ自身骨董品であるだけでなく、きわめて貴重な古道具を蔵していて、私はもうたびたび、すばらしい掘り出し物を携えて帰宅したのだから。

ところで、ここまでの導入部は古物市場をまさに根本から評価することができる立場に皆さんを導くために書かれたのだが、それが終わったいま、読者の皆さんは私についてこの市場自体にお入り願いたい。この市場がまだどれほど長く存続するか、それは誰にもわからない。われわれの父祖たちの純真な、よき、市民的時代が残るこの廃墟が。動物闘技*が、そしてまた体操競技が廃れたように、いつの日か、古物市場というこの黒々とした板張りの簡素な町も取り壊されて、過ぎ去った華やかさを伝えるものとしては、大きな空っぽの広場以外、なにひとつなくなってしまうだろう。そしてそのうえには、いつかまことに美しい並木道になるようにとポプラの若木が植えられるだろう。

私は読者にすでに本書の別の箇所でお伝えしたが、どの城砦もそうであるように、このウィーンの本来の市街地のまわりにも、グラシ*というなにもない空間がベルト状に走っている。それは、包囲された際に敵の重い砲弾が市内*にまで達することなく、そのうえに落ちるように作られたものだ。しかし年老いた戦場の英雄が彼の武器をもはや装飾品や名誉の印としてのみ身に帯びるように、今日のウィーンもまた、いにしえの時代にトルコ人をあれほどしたたかに撃退したあの甲冑や盾を、もはやただ想起や装飾のために所有するだけなのだ。そのためにグラシもまったく別の意味を持つようになった。一部はまだそれまでのような、当地守備隊の広い練兵場だが、ほかの部分には並木道がしつらえられ、きわめて心地よい散策路、それどころか、ところどころは木々の密集する公園の観を呈しているのだ。グラシの向こうにもともとの市街地を取り巻く形で市外区の森が連なっているが、いつか将来、この開放された空間を建物でふさぐといった着想が浮かぶとすれば残念至極であろう。このグラシは散策路としてかけがえのないものであるし、大都会のきれいな空気の貯蔵庫として、まことに恵みをもたらしているからだ。ウィーン川の右岸に接するこのグラシのうえに、本論で扱うつもりの対象、すなわち古物市場もある。それはきわめて古い木造の小屋の集合体で、まさに町のようにいくたの路地に分割され、番地を付され、人が古物市場に求めるものはなんでもそろえている。いまや数少ない都市、つまり首都だけが、この種の施設を、あるいは、過去の時代のこうした名残り、といったほうがよいかもしれないが——見せてくれるだろうし、それにまさしくこういうところで一風変わったウィーン人の多くが活動し、ときには裏取引もしているという理由から、われわれは本書でこの古物市場に一章を設けたのであった。

古道具を商う《トレーデルン》、古道具商人《トレードラー》、女古道具商人《トレードラリン》という代わりに、ウィーンの俗な表現では古物を商う《タンデルン》、古物屋の亭主《タンドラー》、古物屋のおかみ《タンドラリン》という。そしてこの職業はありとあらゆる種類の古道具、新旧の道具の取引と理解されているが、いったいなにを古物屋が扱うのか、扱えるのか、ということを一般的に定義しようとすれば、まさに難事だろう。いな、それはヘラクレスの課題のようなものだろう。それは、高価な真珠の飾りや金製のシリンダーつき時計にはじまってばら売りの錆びた靴釘にまでいたり、黒テンや白テンの毛皮から履き古された家庭のスリッパにまで、銀器、組みひも、そして絹織物から投げ捨てられた古い革ひもやなめし革にまでいたる。あらゆる身分、あらゆる年齢と種族、あらゆる時代がここにある事物によって代表されているのだ。

市内にも市外区にもいくつか古物を商う小屋はあるし、懸かっている絵や時計、海泡石*のパイプ、銃器、衣類などで遠くからそれとわかる。だが、あらゆる種類の失われ色褪せた遺物が集まる詩的なクラブと称すべき本来の集合場所は、やはりこの古物市場なのである。たとえば幼い少年の頃、祖母の長持が開けられ、古い物がいまや山のように現れたとき、どんなに楽しい思いをしたか、そこには、古びて硬くなった、大きな花柄をつけた絹の婚礼衣装、側翼がふくろうの耳のようにぴょんと出ている黒いかぶり物、桜草の形をした真鍮のブローチ、踵の高い靴、扇、毛皮入り手袋、マフ、さらに一〇や二〇の小さな小箱やピルケースや小瓶、そのほかもう誰も見覚えがない数々の物が出てくるのだった。そのような楽しい思いを覚えている人は誰も、そうした物がまさにあまた山積みされているこの市場の路地を嬉々として歩むことだろう。かつては戦場を疾駆した高貴な騎馬がまず箱型馬車を引くようになり、そのあと辻馬車*を引き、さらに堆肥やレンガの車を引くようになって、ある日あわれな最期をとげるというように、役目を終えた馬たちはしだいに零落してゆく。まさにこれに似て、古物たちも最終的に古物市場を最後の目的地とし、そこで、さらに売られてゆくために陳列され、輝きを放つことになるわけだ。そして、生きていたときには互いに天と地ほどに離れていた物たち、たとえば元帥の上着を飾ったあちらの金モールと、山型をした黄色のボタンが無数についたジプシーのこちらのチョッキが、ここでは平和のうちに対等に並びあうのだ。むろんただ古い品があるだけではない。完全に新品の衣類やベッドカバー、鉄のストーブやそのたぐいのものも懸かっていたり置いてあったりすることは、私には古物市場のイメージにそぐわないと思えることもたびたびであった。だが、この世の物事はまあそんなものだ。そしてすべて人間のすることはそうであるように、この施設もまた変質した。私はできる限りこれら資格のない新たな品は遠慮し、古いものだけに関心を向けてきた。そして人や衣類やガラクタに満ちた、屋根で覆われた薄暗い狭い通路を歩くとき、おそらくあちこちで紛うかたなきその名の通りの古物商の小屋が、訪れる労苦に報いてくれるのだ。そうした小屋は、もう店外でも、板に釘一本掛ける余地があれば物が掛けられ、店内にいたってはますますもって古道具が飾られ、満載されている。房のついた古い肘掛椅子のうえには名も知れぬ物たちが波のように押し寄せている。床板のうえには古物のうず高い山ができているが、その真ん中に店の所有者、あるいはむしろ女所有者というべきだろうが、自らそんなたぐいの骨董品に身を包んで座っている。そして彼女は、自分の古い商品をはてしなく眺め続けたことにより、それ自体すでに古物と化してしまったような顔をしている。その奥は暗くなり、君はこのような古物の世界がどこまでも続いているに違いないと思うことだろう。このような小屋こそ私の関心事だった。そして私は古道具の中を嗅ぎまわり、探しまわり、それらが持つ来歴に空想を馳せ、購入したこのうえなく貴重な品を携えてしばしばそこをあとにした。しかるに家人たちは、いったいそれをどう扱えばよいのか、困惑することしきりなのであった。

しかし個々の事柄やその歴史に話を進める前に、われわれの他国の読者に一般的な概念をあたえることが私の責務だと思う。

すでにお話したように、カール教会から干し草市場《ホイマルクト》あたりまでの、ウィーン川沿いのグラシの上にぎっしりと軒を連ねて数百の木造の小屋がある。その目的が商品の陳列ということから、ほとんど市場の木造の組み立て小屋に似ているが、やはりまたそれとは違う。市場の屋台のように移動ができず、その場所にいつまでもい続けなければならない点で、それはほとんど小住宅を思わせるほどだ。やがてそれは黒ずみ年月を経てもろくも壊れてゆくが、そのあと古い小屋に代わって新しいそれが建てられる。だがいつか、こうした商売全体も古臭い野蛮なこととして完全に廃止されてしまうかもしれないのだ。小屋はほとんど肩を寄せあって立ち、開け放たれた前面の空間が規定された形式上の路地となっている。そこを購入意欲に燃えた人々があわただしく歩いている。これらの路地自体もしばしば屋根でおおわれていて、そのためこの市場では、ガラクタと人間でいっぱいの巨大な蜂の巣の中のように、どこへもするりと入り込むことができる。どの小屋も番号をつけ、たいていが絵の描かれたプレートを吊り下げている。それが伝える店名といえば、漁師屋、薔薇亭、緑の樹等々といった具合だ。その全容は風雪にさらされた黒い屋根を持つ長方形をなしているが、その屋根を遠くから眺めたとき、いつか火事が起ったら、この風通しのよい、乾燥した、古びた小屋の一帯は恐るべき混乱の坩堝《るつぼ》と化すのではないか、と心配になるだろう。好天で客の多い日々、その全体は遠くから見ると、どこもかしこも活発な動きを見せるにぎやかな蟻塚のようだ。

さて舞台はこのようなものだ。ところで、ここにはどんな品物が売られ、どんな買い手と売り手がいるのだろうか。これは、問うほうが、答えるよりも楽なのだ。もしも君がウィーン人であって、家や身体になにか欠けた点があるとしよう。たとえそれがいかに小さく断片的なものであってもいい。またごく変わった、およそ考えうる限りであらゆる人間の観念からかけ離れたものでも、かまわない。そんなときは古物市場に行きたまえ。そうすればそれが手に入る。もちろん多くの小屋は販売する物によって区分され、そうした小屋はただ特定の品物を提供するだけだ。つまり、衣類、布製品、鉄製品の店がこれに当たる。だが、それとは違う店もあって、どんな物でも一切合切扱うこちらのほうこそ、私が思うに、正真正銘の古物小屋なのだ。

しかしここではもう少し詳細にわたって述べたいと思う。

市場の並ぶ四角い土地の中で、傍らを車道が通る南面全体が、古鉄製品のみが集められた区画だ。カインとエノクの時代以来およそ鉄や粗金属から製造されたものは、ここにその代表的な姿を見せている、と思うほどだ。すべての種類と大きさの鎖が、錆びたのも新しいのも、まるで蛇の住処のように、小屋の入口や柵棒のまわりに横たわっている。その隣はストーブだが、無骨な四角いのもあれば、好ましい丸型のそれ、そしてひたすら装飾的な柱によってすらりと背の高いストーブもある。そのつぎは移動可能な炉、調理用かまど、ペンチ類、手斧、鉤《かぎ》、かすがい、シャベル、のこぎり、きり、ヤスリ台、ろうそくの芯切りの小集団、はさみ、金具類、それからさらに、トルソー、かつては完全な形を保っていたものの断片、ただの鉄のかけら、看板、ブーツや松葉杖の飾り金具、そしてついには、もはやまったく誰も用途を知らぬ物たちだ。わたしはかつて、まさにここで古代ローマの剣までも見つけ出した。それはまだ所有しているし、それに喜びを感じている。それにたいしてそれが本物ではないという証明など、誰にもけっしてさせたことはない。私が本物と思えば、それは本物なのだ。だから私はそれについて誰にも語らせない。最後に軽薄な若者が現れて、それがどこやらのコメディー劇場から出たものだなどと私に証明でもしようものなら、その希少価値は失われ、私はその剣を放り出すかもしれないからだ。それはいま、ほかの記念の品や珍重品と並んで壁にかかっているというのに。あらゆる品種、あらゆる変種の燭台や金属のポットやカップ、そしてその他の道具類がこれらの小屋の内部を占領している。

これら金属製品以外に、一品種だけを扱う小屋を持つのは、わずかに衣類部門だけだ。ただし、このような衣類の小屋は、金属のそれと違って、ただ特定の区画を占有するわけではなく、ほかの小屋と小屋の間に散在するほうが多い。それでも衣類小屋の場所としては、やはり北側がもっとも恵まれているように思われる。ここには、最新のピカピカ輝くものからバラバラに壊れるのを恐れて履くのをためらわざるをえない古いものまで、ブーツばかりの小屋がある。その隣には、ブラシをかけられ、プレスされ、磨きたてられた上着が何着も犯罪者のようにぶら下がっている。頭巾や縁なし帽がベンチの上で大きく口を開け、こちらを凝視している。毛布が重ねられ、婦人用のスカートやエプロンが反目しあい、肌着はきわめて美しい赤い絹のフリルで縁取られている。そんな店の間では、すべての動きが陽気で活気に満ちている。あちらではひとりがブーツを試して、文句をいい、加えてため息までつくと思えば、こちらでは別のひとりの履いたブーツが脱げなくなって、店の小僧がそれを引っ張って脱がさねばならない。こちらでは燕尾服の値段の交渉がされ、あちらでは店員が包みを取り出し、売り物として置いたものの、集まった客たちの軽侮の表情に気づいて、ドキッとする。その間を焼きたてのソーセージを売りに出す店の小僧が歩きながら叫んでいる。そして、なにかが盗まれ、騒ぎが生じ、盗人が追いかけられ、その中で女性たちのおしゃべりは、かん高さとにぎわしさの最高潮に達する。そのあと来るのは料理屋のおかみ。彼女はきょうの昼食に出される品が全部書かれたメニューを持ってきては、大いにご推奨のうえ、なにをお届けしましょうか、と熱心に聞いて回る。さて、これら衣類を扱う古道具商のほとんどが生業は仕立屋であって、家や他の場所で多くの従業員を雇っている場合が少なくない。そしてそこではまったく新しい服も仕立てられる。すなわち、あるものはたぶん完全に新品だろうが、ほかのものは古い服からまるで新品のように仕立て直されるのだ。ところで、古物屋が買い入れるときは、どんなものでも古くてあまり価値もないと宣告するのに、売る段となるとすべて完全に新品で価値も高いといい放つ、そうした矛盾を発見したが、そんなとき私はよく考えたものだ。いったいどこからこれほど多くの新しい品々が来るのだろう、と。これらが新品かどうかといった、品物自体のせんさくはおくとして、あくまでも買い手の財布を考慮するならば、これらの品々はやはり大変廉価であるし、そしてやはりなんといっても、最初から仕立屋に注文したのと同じくらい長持ちするに違いないから、これらの小屋はかなり多くの客を持っているのだ。そうした客は都市部に限らない。周辺の田舎のまったく店が少ない地区の住民も、彼らの衣類を古物市場から調達するのだ。その場合彼らは当然いくつか利点を持つ。まず服が手に入るまで長く待たなくてもよいし、いらいらする必要がない、仕立屋が約束を守らず、すてきな日曜の午前中いっぱい待ちぼうけをくわせることもない、どこか裁断違いの服になることもない、といった利点を。むろんここでも服を合わせてみて、どこか変に見えることもある。だが、買い手は選べる。彼は気に入らなければ、その品を買わずに済ますこともできるのだ。——実におかしかったのは、ある実直な田舎者がここで息子に一着の晴れ着を買ってやるときのことだった。彼はこの少年にそれを試着させ、その全身を無理やり上下や前後に引っ張ったうえ、いずれ身体のほうも成長するだろうと計算して、だぶだぶの服で案山子のように少年を包み、そこを立ち去ったのだった。春にはマントは安く買えるし、秋も深まると高値で売られる。パレードの盛装や観劇用の衣装、そして亡くなった独身者たちの軍服の場合、実入りの多い商売ができる。いまを去ることかなり前に、ある奇妙な出来事があったそうだ。もちろんその真偽のほどは保証できないが、とにかくそれを語ることにしよう。ひとりの高位の軍人が死んだ。彼の遺言にはあるところに預けた金額のことが触れてあった。だが、その書類が見つからず、預け先に問い合わせたところ、手もとの記録が証明するように、故人は当該の金額を亡くなる数日前に引き出している、との知らせが届いた。ただ、その金は見つからなかった。その男に仕えた従者に疑いがかけられ、彼は絶望に陥った。引き出しやあらゆる奥まった場所やかばんの中が探された。どの捜索も無駄であった。そのとき従者は不安のさなかに思い出した。主人が罹病したその日、その後埋葬されたときと同じ制服の上着を着て馬車で走り回っていたこと、そして同じ上着を身につけて今回問い合わせた銀行家の家にも立ち寄ったことを。もしかしたらその金はその上着のポケットにあるのではないか、と。実際家族の何人かが、故人があの日に問題の上着を着ていたことを思い出した。さてその金額が並々ではなかったので、墓を開く手続きに入ることが決められた。しかし、いまやその許可が下り、墓が開かれたとき、棺の中に発見されたのは着衣なき故人だった。ただちに開始された調査の中で墓掘人は潔白だと証明された。その犯人がついに見つかったか否か、私は知らない。だが、確かなのは、問題になっている制服の上着が古物市場で売りに出され、当局の捜査がそこに及ぶ中、従者によって発見され、確認された、ということである。そしてなんと！　この上着の胸ポケットに紛失した金が紙にくるまれて入っていたのだった。この事件全体が展開する原因となったあの金が。

古物市場では毎日何百回もの売買がおこなわれるし、とくに中古衣料や豪華品、またそれに類したものがそこで売却されるため、市場は再三窃盗や他の犯罪が発見される糸口となってきた。犯罪の事実内容が確認されると、盗品を記述した文書が即座にすべての小道具商に送られ、犯人が盗品を有利に売りさばこうとして、それを持って現れると、その物品ごと引き止められ、当局に引き渡される、ということがあるからだ。

二種類の小屋、つまり鉄製品と衣類の小屋のほかには、売り物をただ特定の品種のみに限る小屋はもはやない。たとえば、ボロボロの藁布団から純白の、ふくらんだ羽毛の枕にいたるまで、ただ寝具だけが販売される小屋がいくつかある東の区画を除いては。その他の小屋では商品の種類は多かれ少なかれ混在している。そして私は思うのだが、古いものと新しいもの、洗練されたものとつまらないもの、完全なものと壊れたもの、埃だらけのものときれいなものがごちゃまぜになる度合いが多ければ多いほど、それだけその小屋は古物屋ないし小道具商の小屋という名に値するようになるのだろう。むろん、かの古《いにしえ》の卓越せるオランダ人のひとりが見せるユーモラスな絵筆のほうが、私のつたないペンよりもずっと見事にこのような小屋を描いてくれるであろう。だが、それでも私は、このつたないペンでこうした小屋のシルエットをスケッチするのを試みようと思う。小屋は、その細長い全体の前面が開け放たれている。それでも小屋の中へ入ってゆくのは難しい。小屋の横壁の両側に、前に向かって障害物が置かれて侵入を阻んでいるからだ。右には、ひとつの物が置いてある。もし私にそれが見えるなら、椅子と呼ぶかもしれないが、もしかしたら、別のなにかかもしれない。つまり、それはボロ布やガラクタといった静物で覆われていて中が見えないのだ。数々の布の切れ端が細い木片にからまっているが、あるいはそれは巻かれた多数の小物かもしれない。革の泥除けの裏地が前の方にせり出し、地面に向けて垂れ下がっている。籐製の杖がそれにもたれかかっている。巻かれた毛布がうえに置かれている。ランプの傘が頭をもたげ、そのうえにスカーフが乗っている。やかんの下にはほとんど新品の鮮やかな緑色をした絨毯が浮かびあがり、地面にまで届いている。その縁のうえには鞍につけるバッグと徒弟職人の旅嚢がかぶさっているが、両方とも長いお役で老いぼれた代物だ。背後からは剣の柄《つか》も顔を出している。そして、これらすべてが、もしそういってよければ、椅子のうえに横たわり、あるいは立てかけてある。それというのも、すでに述べたように、それは古物が山のようにぎっしり積まれた床上の隆起物であり、それ自体またうえからぶら下がっている物たちに触れているのだ。つまり外側では、たとえば湯たんぽやギターが一本の釘に懸かり、その脇に塵たたきの束や扇子と陽傘の骨組みが、そしてパイプ、焼き串、銃床が懸かっている。ほとんど小屋の後背部にあたる、店のいちばん外側の境界のところには鉄の窓格子が立てかけられている。左にも、同様なバリケードが侵入を防いでいる。実際砦の方形堡のごとく、旅行用トランクがいくつも積みあげられ、さらに考えられる限りのあらゆる革の旅行用品が、いや旅行用でなくても、とにかく革でできていれば、なんでもそこに積まれている。その隣にはもうひとつ短いベンチが置かれ、それは書籍やいくつかの蓋つき容器、古い楽譜、口琴やリトグラフィーによって占領されている。そして君がたとえば書籍を調べようと思うなら、頬にそっと触れるものに驚いてはならない。それはあちこちにぶら下がり、下に影を落としている上着やマント、チョッキや婦人服にほかならない。それらの横にはもう一枚特別な棚が打ちつけられ、そのうえには、よく見るために光を要する、あるいは立派な額縁を持つ油絵が何枚か懸かっている。ほかの絵はトランクにもたれかかって、もっと店内寄りのところに並べられ、さらに地面に置かれているものさえある。私はかつて、地面に並ぶ二足の伝令用ブーツの傍らに、老ラウドン将軍*の肖像画がさかさまに置かれているのを見たことがある。特別な棚のうえの絵の間や下方には、煙草のパイプが懸けられ、財布や、ときにはクラリネット、晴雨計板、空気銃も懸かっている。そう、あるときなど、うえから下まですっかりひび割れたたファゴットがひどく真面目な顔でここに寄りかかっているのを見た。それはあたかもまだ完全に使用可能といわんばかりであった。こうした小屋の外観は大いに重要なので、向かいの小屋がこちらに背面の壁を向けている場合には、その主人は客のために通常この背面にも小さなベンチをひとつ置いて、時計のコレクション、鐘形のガラス覆い、コーヒー沸かし、カップ類を紙類や書籍とともに並べるのだ。その下にはブーツや靴、そう、ときには、長年この土地を使用してきた裏手の隣人が取得をもくろむ地役権の印として、他人の小屋に何本も釘が打ち込まれていることもある。そして裏手の釘にはピストルや軽い火打石銃や眼鏡が懸かり、その隣に重い射的銃や空気銃がもたれかかっている。ほかのものより盗まれやすい品である懐中時計は、多くの場合、より客に近いところにある。本物の古道具小屋の外観がこのような店構えになっているために、その内部にいたってはさぞかし豊富で多様な品物にあふれかえっていることかと推測する人もいるかもしれないが、こうした推測をする人は、たいてい人間についても、古物小屋についても誤りを犯すものだ。そこで、私は後者についてのみ、お話しよう。古物市場の目的が明らかに売ることであり、至近距離にあるこれほど多くの競争相手が同じ目的を持っている以上、古物屋の主人は売り物を、それを必要とするかもしれない散策者の目にただちにとまるように陳列しなければならない。すなわち、主人はそれらをできる限り自分の縄張りの先端、買い物客の流れが通り過ぎるまさにすぐ際にまで出さねばならない。しかし彼はすべての物を売る必要があるわけで、だからなんでもかんでも外へ外へとあふれさすのだ。このため、これらの小屋のほとんどは、一見すると、奥に行くほどわりにガランとしているように見える。ところが実情はそうではない。古道具屋の亭主あるいはおかみは今のところ買い手がつきそうにない物を全部、家の奥、彼らの居住空間に片付けているのだ。また目下はやらない品々は（これがまた最上級で最古の骨董品であることも少なくないが）彼の近くに置いている。だがまた、いちばん劣り、いちばん使い古されたガラクタ類も店のうしろに追いやられ、ベンチや棚のうしろに引き下がって、積もり積もった埃の友となっていることもまれではない。たいてい少し暗くなっている小屋の奥に亭主やおかみは座っていて、品物の分類に取り掛かっていたり、自分で選んだ手仕事をしたり、顧客の様子を窺ったり、隣の店の亭主やおかみと冗談をいったり、お喋りしたりしている。そして実際こうした人間のタイプには独特の種類の機知が見られるのである。それはまさに陽気かつウィーン風であることがまれではないし、時にはキラキラ輝くこともある。そうした機知のイメージや比喩は彼らの環境から取られ、多くの場合非常に的確だ。彼らが品物を買い入れるときの手腕は並大抵のものではないし、そうあらざるをえないのだ。それをまた廉価販売できなければならないからだ。私自身あるときそんな場面に出くわしたことがある。それは、ひとりの痩せた青白い女が錫の皿を手にやって来たときのこと、彼女はおずおずとそれをボロ布の包みから引き出して、引き取ってほしいと申し出た。店の亭主は偶然それが眼に入ったような目でながめ、皿の値段を尋ねた。値段が告げられた。男は、「これは全然使えない代物ですね。このままお帰りになって、それを手許に置いておくことをお勧めしますが」といった。どれほど途方にくれて女がその場に立っていたか、それは驚くほどであった。幻滅した希望の光景をこれほど鮮明に目にしたことは、いまだかつてなかった。小屋の亭主は床のうえをあちこち探し、商品の位置を整え、ついには金モールの糸を引き抜きはじめた。女は依然としてそこにたたずみ、身動きひとつしなかった。やっと、ひどくためらいがちに彼女が帰ろうとして向きを変えたとき、男はいった。「私はいろいろ考慮して、せいぜいこれだけの額しか出せませんね。しかしその場合でも、この皿は末代までもここに売れ残ることを、あなたは確信なさってよいでしょう」。ところが、その値段は彼女の言い値の五分の一だったし、それさえ私にはとにかく実にわずかなものに思われた。女が相変わらず立ち去ろうか、とどまろうかと迷っていると、彼はふたたび「では、どうぞお入りなされ」と呼びかけた。この呼びかけが不意に彼女を決心させたようだった。そしてまた、こうした形で周囲の目から逃れられることが彼女には嬉しかった、と私には思われた。ついに彼女は小屋からまた出てきたが、手に皿はなかった。そして立ち並ぶ小屋の間を足早に去っていった。奪い取られたも同然の品にたいする賠償金に、なおわずかばかり加えてあげたいとの思いから、私は彼女のあとを追った。それというのも、とりわけひどい困窮から彼女が先祖伝来の古い家財かもしれぬ錫の皿を売る羽目におちいった顛末が、私にはほとんど手に取るように想像できたからであった。もしも彼女がたんに軽薄な女であったなら、錫の皿をきっと、もうとっくの昔に手放していただろう。それはすでにいかなる流行からも取り残され、まったく使用されずに、ほとんどただ台所の死蔵品としてそこいらに置かれていたものであろうからだ。彼女に追いついたとき、私は、お皿をお売りになりましたか、と尋ねた。「ええ」「ところで、あの男は、彼が提示した額より多く払ってくれましたか」「いいえ」と彼女は答えた。「でも、あの人は変わった商人ですわ。私のお皿をあの人自身の決めた値段で買い取りました。でも取引が全部終わったあと、最初に私が求めたのと同じ額を上乗せして私にあたえたのです。そしていいました、『奥さん、いいですか、市場の相場を吊りあげることは私には無理な話です。それに錫というのは価値のない品ですし。ですが、奥さんにはそれとは別に差しあげましょう。これは純然たる施し物です。そろそろ地代《ツインス》（1）納入の時期になるからね。それで、誓って申しますよ。もしも明日奥さんがまた錫を持って現れても、私は奥さんからなにも買い取ることもしませんし、差しあげることもありませんな』と。こういって、私にお金をくれたのです」。私はいま女に渡そうと思っていた硬貨をあたえると、彼女と別れた。もう少しで私はロマンチックな思いから、これほど目立たぬ人間のかくも高貴な心と結びついたこの錫の皿を買うところだった。だが、私が熱心に錫の皿について尋ねると、亭主はたいそう高額を要求したため、私は赤面して、それ以上なにも交渉せずに、そこをあとにしたのだった。

売りに来る客の性格を研究することにかけては、彼のような買い手は、これらの小屋の間を古い珍品を探し回っているにすぎぬ無害な慈善家よりも、確実にずっと先んじているのかもしれない。いったい、いかなる仮面をつけて、やって来ることか。軽薄さ、だらしなさ、浪費癖、そしてまた困窮と貧困がこうした木造の建物やその所有者を訪れて、自分に残された最後の品や最良の品を売りに出すときは！　彼らの品物を売りつけて利益を得るために、暴利を求めるしたたかな心が、どんなにたびたび店の戸を叩くことか。そうしたときに一種の冷静な技術と落ち着いた抜け目なさが主人のうちに現れても、別に不思議ではないのだ。そして、わが錫の買い手は、けっきょくのところやはり、この世におよそ存在しうるもっとも気高い心を持った古物屋だったのかもしれない。

だが、ときたま変わった買い物によって古道具屋のほうが損をすることもある。その価値と本質について彼には皆目見当がつかない品を入手することだって、やはり起りうるからだ。たとえば五、六年前にこんなことがあった。再々古い絨毯やそのたぐいを古物屋で買うのを常としていたある婦人が、あるときまたここにやって来て、グレーの絹布やいくつかの真鍮の食器や、また彼女の子供たちのための彩色された兵隊さんなど、大小いくつかのものを買った。しかし古道具屋は、真鍮の食器は、そこにある金色の額縁に入った六枚の絵と抱き合わせでないと渡せない、なぜなら自分はその全部をまとめて競売に出しているから、というのだった。そして婦人は真鍮の食器がとても欲しかったし、絵のほうも二グルデンしかしなかったので、絵を購入することにした。これらの額縁をきれいにして、また売りに出せば、きっとその程度の額はまた手に入るに違いない、と考えながら。絹布からはいともきれいな人形の服が作られた。しっかりと磨かれた真鍮は台所で光り輝いた。兵隊さんには子供たちがたいそう喜んだ。六枚の絵はしかしガラクタ置き場にしまわれた。それを買ってからようやく一年がたったあるとき、住居全体の壁の汚れを落とし、塗りなおすことになった。そして例の絵のことが思いだされ、母と長女は、絵のことなど知らなかったため、黒ずみ、蠅のふんでいたるところ汚れていた金の額縁を洗いはじめた。実際運よく目的は達成されて、汚れた金色は消え、所々赤い下地が、いやその下の木部さえも現れた。それを見てお互い笑ってしまった。そして絵といえば、ますます真っ黒に汚れてしまい、赤や青のキャンバスもあちこちで判別できないほどになったので、もう洗う意味もまったくないと思われて、すんでのところで投棄されそうになった。もしもその場にたまたま新しい重い鏡枠を届けに来た金メッキ職人が出現しなかったとしたら。

彼は婦人に絵を調べてもらうよう勧めた。彼女は同意した。それで彼は若い男を紹介し、男はその仕事を引き受けた。最初の慎重な洗浄によって、積もった褐色の煤と、台所の油がほとんど瀝青化したものが絵から落とされ、それに続いて、それらがどれも、ほどほどの価値を持つオランダの古い風俗画であることが明らかになった。ただそれらのうち二枚はのちに修正され何度も上塗りされた跡をはっきり示していた。そして酒精とテレビン油やその他の方法で注意深くこの後年の修正箇所を処理したところ、その下から才気に満ちた筆のタッチと光の筋が見えてきた。そしてついに、細心の注意を払っていちばん元の絵が露わにされたとき、この二枚はきわめて美しく、見たところほとんど傷んだ箇所もないオランダの画家テニールス*の作品だとわかったのだった。婦人に対してこの二枚の絵を百ドゥカーテンで譲ってくれないかと申し出る者がいたが、彼女はその絵をたいそう楽しみ、その発見のまれなる偶然を大いに喜んでいたので、それを新しい見事な額に収め、豪華な部屋に懸けさせた。それらは現在もなおこの部屋に非の打ちどころのない状態で懸けられていて、美術品の玄人を楽しませ、感嘆させているのである。

さてこうした偶然事が古物市場でどれほど頻繁に起こるものか、私は、そうした買い物に心をそそられる人々に、語ることなどできはしない。少なくとも、あの時以来、たまたま出会う絵でも、なるべく危なげない絵しか買わなくなったこの私が、けっきょくこれまでに手に入れたものは、ただのあわれなガラクタでしかなかったし、絵の上に煤がたまっていればいるほど、洗ったときに出てくるものはいっそうひどい家族の肖像画であって、そんな私に語る資格などないのである。額縁についても大した運はなかった。ゼミロール合金でできていて、そのためよく磨いて、いまは私の部屋に懸かっている名画を飾っているものを除いては。

私のこの記述によっておそらく数を増やしてしまったであろう絵画の投機家のほかに、もうかなり昔から、古物市場をもうひとつのライプツィヒ書籍見本市よろしく訪れる種族が存在する。それは書籍の投機家というもので、もうはるかな先祖の時代からここに並ぶ書籍の中で希少な版や奇覯本やその他のたぐいをうまくせしめることはできないものかと虎視眈々と狙う輩のことだ。彼らがここでよく何時間も書棚の前に立って、そこに並んだ本を一冊ずつ調べている姿が目にされる。それどころか、もう断片しか店頭にないようなとき、残りのページについて尋ね、詮索する。こうした書物のためこみ屋の二人がどこかで出くわすようなとき、なんとかして相手にたいして機先を制しようと努め、たとえば豚革の装丁を覗かせているものや、二折り版、あるいは小さな汚れた羊皮紙本などをわれ先に摑もうとするのだ。こうした人々の忍耐心は誰も凌駕できないものであり、ただせいぜい匹敵するのは釣人ぐらいのものだ。ある人がかれこれしかじかの珍しい版の一冊を見つけたという噂がいったん広まると、それは彼らの心を強めて、また七年間の辛抱へと向かわせる。そしてその年月の中で見つかるものといえば、四冊の『ハイモンの子ら』やバセドウの初等本、『メーメルからザクセンへのゾフィーの旅』、あるいはそうした古典愛好者には駄本でしかない新しいポケット本やアルバムといったものでしかないのだ。この話から私はいつも私の亡くなった叔父のことが思い浮かぶ。彼は釣をやめようと決心しかけたそのときに一匹のうなぎを釣りあげるという不運に見舞われ、その結果この幸いな叔父はさらに一七年間釣に出かけることになり、そのうなぎのことを語り続けた。だがついに、水虫と痛風にかかって部屋に閉じ込もるのを余儀なくされたのだった。

私はこの文の中でさらに、古物市場があらゆる種類の品質と色の布地の集散地であることにも触れたかった。それらの布地のどの種類が非常に小さな布切れとして小売りされ（下層の人々はそれを端切れと呼ぶが）、どの種類がこれらのサイズを器用に作りだす勤勉な階級によってもたらされるのか、そんなことにも触れたかった。だが私は、そうしたことを述べた場合、ひとつの階級全体の罪を私が風刺していると非難されるのではないかと恐れるのだ。もとより私はそのような罪があるとはまったく信じていないのだ。古物市場の端切れはむろん実在しているが、それがどこから来るか誰が知ろう。——あるいは、それには非合法の可能性でもあるのだろうか。まったくやむをえず存在している端切れなのだろうか。哲学者なら「反論を許さない《アポディクティッシュ》」端切れというところだろう。

この項を終える前に、私にはじつはまだ話さねばならないことが二つある。私が古物市場に通うのはいったいなぜか、またそのうえ、ここで記述するのはなぜなのか。

古物市場のことが記述されるのは、それが本書にとって不可欠の一部となっているからだ。しかしそれを私のいたらぬ筆が記述すること、そう、偏愛をもって記述すること、そして記述のことなど思いつくよりすでにずっと前から私がそこに通っていたこと、こうしたことはみな、もとよりひとりの美しい女性のせいなのだ。その人はキンキラ飾りや蝶のような浮薄な品が大好きで、中身のない安物をぶら下げている。それによって彼女は私のうちに（私を生気づける反抗心のおかげもあって）古めかしい、いまは忘れられた、そしてすべての現代的な美の概念に逆らうような事物にたいする本格的な嗜好と愛を植えつけたのだ。それで私は書斎の中で、ありとあらゆる堅牢な大昔の事物で自分のまわりを囲んだのだが、それらは外をひらひら舞っている蝶や蜘蛛の巣のような浮薄な精神にたいする必然的なコントラストとなるわけだ。もちろん、いっさいの流行がふたたびこうした古風な様式になるとしたら、おそらく私にはいっそう耐えがたく、退屈なものになるかもしれないが、それは私の知るところではない。要するに、私は古い物を愛し、たとえば実に古風で風変わりなパイプを見つけ出したときなど、もしも私がそれを話題に出せば、食堂に集まった会食の仲間はなんというだろうと、もう行く前からわくわくするのが常なのだ。痴れ者と人は私のことを呼ぶ。そうかもしれぬ。愚かなところのない人を私はうらやまない。現在のロココ狂は私の愚かさにかなり近い。とはいえ私のほうはいっそう古風なロココ趣味がまさっているので、これを頼りに人生の終わりまで持ちこたえればよいのだが。そのときになれば、こんどは私たちの孫やひ孫が、彼ら自身の愚かさと折りあってゆこうとつとめる様子を目にするであろう。それまでは、私はときどき古物市場に足を運び、ときおり掘り出し物を手に入れてわが珍品コレクションに加えるであろう。そしてそれは数週間にわたって私を力づけてくれるだろう。

訳注

〔一〕　錫＝ツィンと地代＝ツィンスを引っ掛けたシャレ。

第三三章　団子売り女

シルヴェスター・ヴァーグナー

ヴィルヘルム・ベーム（絵）カール・マールクネヒト（鋼版画）「団子売り女」

*市外区の街路を散策しに行く途中で私は、物売り女《フラッチュラリン》たちの目抜き通りにして、かつあらゆる果物の有名な集散場所であるナッシュマルクトへやってきた。たっぷりと荷を積んだ農民の荷車が無数に並んでおり、果物商人たちが騒々しく群れ集い、物売り女たちのさまざまな呼び声が飛び交っている。「大きな梨三〇個で一グロッシェン。あたいの梨ひと山一グロッシェン。お客さん、立派なザルツブルク梨三〇個だよ」という声が私を立ち止まらせた。この波打つ人々の海を覗き込むと、岸辺には、売り台に立てられた汚いボロボロの雨傘が、大声で叫ぶ果物売りの女たちの売り台のうえのほうに、トガンマスト〔トップマストの頂部に固定されたマスト〕の帆桁のように人々の海から突き出ており、その後ろには、帆や索具のない車輪が四つあるヨット〔農民の荷車を指す〕がぎっしり並んでいた。何列もの売り台のあいだをとおって、大部分は手かごを持った女たちからなる混雑した群衆が押し合いながら進んで行く。女たちは二、三個の物を長い時間をかけて値切るたびに、また、数人の物売り女が何の遠慮もなしに、あるいは当地で言うように、何のものおじ《シェニーラー》もなしに、悪口を言い合っているのにびっくりして聞き入るたびに、その都度立ち止まっている。そういう悪口に対してはごく粗野な人間ですらふつうならば、然るべき「畏れ入りますが《レスペクト》」とか、もっとよく用いられる「失礼ですが《サルヴェニ》」という言葉を前置きしておくものなのだ。マストのない四輪ヨットの群の周りには桶を背負った食糧雑貨商《グライスラー》と、金切り声をあげる日焼けした顔とエチオピア人のように真っ黒な手をした女たちの無数の群が、ナッシュマルクトという物売り女言葉の学校でしか、しかも訓練によってしか習得できな

い言葉をしゃべりながら動き回っていた。私にはこの言葉がしばしば理解できなかったのだが、終わりのない混雑のなかの叫び声や喧騒も、バベルの塔が造られていた時ならばさほどいとわしいものではなかったかもしれない。

このひどい混雑を呆然と見入り、果物売りの女たちの寸鉄人を刺すような言葉に感心しているうちに、私はすでにかなりの時間立っていたようだ。そのとき、私は夢中になっていてそばにいるのも気づかなかったのだが、私の腕をやさしく指先で叩いて尋ねる者がいた。「ねえ、そうでしょう、あなた。あの人たちも楽しんでいるんですよ……」。それから先は、そばの通りをちょうど何台かの肉屋の荷馬車がうなるような速足で、ものすごい音を立てながらとおり過ぎて行ったので、男のいっていることが聞き取れなかった。

私は半分しか聞こえなかったその質問にうなずきながら、肉屋の荷馬車の地獄のような騒音が続いている間に、そばに来ていたとても興味深い男を観察した。彼は背が低くて太った小男、いわゆる出っ腹男だった。彼にあっては、肉体の形成が、哲学者の言葉を借りるならば、いっさいの存在するものの物質の形成が、ありとある力をもって胃袋とその付属器官および周辺におおいかぶさったようなのだ。彼の体形は球の原形にきわめて近く、そこから細くて短い手足が弱々しい細根のように垂れ下がり、その上にちっぽけな頭が魚《うお》の目のように乗っていた。しかし、お腹のせいで動きが鈍いのに、彼には不思議な活気があった。幅の広い楕円形の顔には過剰なほどの楽しげな気分があふれ出ており、つねに動いている生き生きとした眼からは真の愉悦の光が放たれていて、しかも細根のような手足がつねに震えていた。

「ご覧なさい」と、彼は荷馬車のガラガラ音が鳴り終わったあと、続けていった。「ご覧なさい、あなた。私はあの人たちが広々とした空の下で格式張らず、また気取りもせずに、心ゆくまま食べるのを見るのが何よりも楽しいんですよ。あそこに座って空腹予防の丸薬〔団子《クネーデル》のこと〕を数錠こしらえてやりたいような気にさえなるほどです」。こういいながら、彼は右腕をまっすぐに前に伸ばして、持ち運びのできるキッチンを指さした。このキッチンは、学校の長椅子の並べ方にならって、周りを二列の長椅子が四角く取り囲んでいた。キッチンは通路のいちばん前にあったものの、混雑の真ん中に入ったために私はまったくそれに注意を払っていなかったのだ。つまり、同時に食堂にもなるこの可動式キッチンが一列に五、六台も並んでいて、その周りにお腹を空かした客たちが、ある者はすでに食べながら、またある者は要求した料理を待ちこがれながらたむろしていた。

われわれのすぐ近くにあったキッチンがおそらくいちばんひどくて、そのためにこのキッチンの周りにはより選り抜きのお客たちが集まっていた。真ん中にでっぷり太った中年の女が湯気の立ちのぼる鍋の前に座っていて、現在は日傘屋が供給している雨傘を棒に高く接いで、焼けつくような日差しを防いでいた。その中年女は、相席食卓《ターブル・ドート》の所有者にして料理人、鍋磨きにして給仕、注文取り《ギャルソン》にしてハム切り人、また集金人であり、これら全部を一身に備えた者である。彼女は要求された料理をお客たちにぶっきらぼうに渡していた。その料理はポタージュ・オ・ビスケでもカントン・ソース・オ・オランジュでも、あるいはチュルボ・ソース・ア・ラ・クレームのようなフランス語名の料理でもなくて、ドイツ語名の料理であり、そしてすでにそれだけの理由でごくふつうの簡素な食べ物だった。つまり、かなりの大きさの小麦粉の団子と粗挽き粉の団子、小麦粉の*シュマレンと粗挽き粉のシュマレン、油で炒めたヌードルやツヴェルケル、小魚の揚げ物や酢と油と葱付きの焼き魚、レタスサラダ、ミックスサラダ、チシャサラダ、ポテトサラダ、キュウリサラダである。美食家のための一杯の代用コーヒーも彼女はそこに欠かさない。これは一グレーンの本物のマカオ・コーヒーを、二分の一ポンドのチコリやゲンパール〔いずれも代用コーヒーの材料〕のなかに入れ、バニラあるいは本物のプラハ〔代用コーヒーの材料か〕を混ぜて作られている。本当の空腹をあてこんだ料理のすべてがウィーン通貨で一人前六クロイツァーであり、それは値上がりにつねに不満があるなかではまさに奇跡のような値段である。もちろん、その女は、装飾やサービスなどに対する出費はなく、*豪華な馬車《エキパージュ》も保有せず、またピアノを弾いたりフランス語をしゃべったりする娘や、乗馬好きや馬に精通した息子にも恵まれていない分だけ、わずかばかりの儲けで満足することができるのだ。

　私が雨傘の下のこのような食事を目にしていた頃、お客は八人と鼻革を付けた一匹のプードル犬だった。美人の団子売り女はサーレル夫人という名前だったが、彼女の右側〔挿絵では左側〕には麦わら帽と埃除けコート姿の上品なレンガ運送屋が座って焼き魚をうまそうに食べていた。この男の隣の女は見苦しからぬ娘で、気恥ずかしそうな目つきをしていたが、サーレル夫人からメロッテンリーゼルと呼ばれていた。彼女は赤いスカーフを首に太めに巻いていて、少し声がかすれていた。彼女がサーレル夫人にいっていたところでは、昨日の夜、風が吹いているなかで数時間立っていて風邪を引いてしまったとのことだ。娘は、今日は喉が痛くて飲み込むと痛いし、団子とか水気のない料理は食べられないみたいなんで、いつもは好きじゃないけど、きっと一杯のサーレル・コーヒーだけで我慢しなくちゃいけないかなと、とても心配そうだった。

この娘の横には若い大柄の物売り女が立っていて、縁を広く折り返した大きな麦わら帽をかぶり、やはり焼き魚を食べていたが、彼女はそれをディオゲネス*さながらに、指で切り分けて口に運んでいた。彼女はすぐそばにジャガイモかごを置いていたが、そのために食べ物を口いっぱいに頬張ったまま何度も振り向いて通行人に、「さあ、雪みたいに白いドイツの白ジャガはいかが、ドイツの白ジャガ一二個だよ」と呼びかけていた。物売りの大女のすぐ横には反物売りのクロアチア人の男が立っていたが、この男については私は、たんにひやかしで見ているだけなのか、それとも彼も食事をしようとしているのか、はっきりとはわからない。この男の左側では二人の年をとった女運び屋がお腹を満たしてここから去って行ったが、その表情からは明らかにサーレル夫人の粗挽き粉の丸薬と小麦粉の丸薬のありがたい作用を読み取ることができた。彼女たちは、たとえラベンダーの香りを付けたパイナップルを食べ、リフォスコ・ワインを飲んだとしても、あれほど満足そうな顔つきを見せることはきっとできなかっただろう。無名氏がつぎのようにいうとき、彼はまったく正しい。

おまえが権勢ある王侯のごとく、空腹をパイナップルで鎮めようが
レバーソーセージで鎮めようが、まったく同じではないか

はやりの服を着たレンガ運送屋の向かい側でサーレル夫人の左には裸足のちんぴら《シュトラーヴェス》が立っていて、上向きに立った庇のある小さな帽子、側頭部の可愛らしい巻毛と大きなネッカチーフというちんぴら仲間独特のいでたちで、たくし上げた前掛けにハンカチと煙草入れをくるんでいる。泣きそうな顔つきで彼はボウルからスープの最後の一滴まですくい出し、彼をよく知っているらしいサーレル夫人にそのとき、「今日は空っけつなんであんたに払いができないけど、一週間もぶちこまれてるおれのレージー〔テレジアの愛称〕が今日には出てくるんで、そしたら明日にはもう文なしじゃないから」といっていた。「うん、わかったわ、ショルシェル〔ゲオルクの愛称〕」とサーレル夫人は彼に答えた。「もう聞いてんのよ、昨日あんたはカード賭博ですってんてんにされたってね。でもこうして逃げてきたんだから喜ばなくっちゃ。だって、聞いたところじゃあ、しゃれ者の濠端のシャーケル〔ヤーコプの愛称〕が捕まったって。いまはちょっと辛抱だね。そうしないとあんたもそんなふうになるかもしれないからね。もっとしっかりすることだよ」

彼女はこのありがたい説教を授ける一方で、地面に足を組んで座っている靴屋の小僧のために鍋から団子を三個取り出した。小僧は、少し腹ごしらえしておけば家では貧しい食卓でもいいようにと、通りすがりの短い休憩のときにそれを平らげた。彼は団子がすくい出されている間にも、まるでそれを鍋や皿やスプーンごと呑み込んでしまおうとするかのごとく、食い入るように見つめていた。サーレル夫人のか、お客の誰かのなのかわからないが、プードルは無感動者を演じており、起こっていることいっさいに無関心で、自分自身の思いにふけっているようだった。チャンスがあり次第、厄介な鼻革から解放される手だてをたくらんでいたのかもしれない。

私の隣の出っ腹男も気持ちのうえで、居合わせている者みんなと一緒に食べていた。そして人が貪るように呑み込むほど、ますます彼はうれしくなるのだ。彼はさらにつぎのように私に語ってくれた。「私はそもそも空腹がどんなふうなものなのか、まったくわからないんですよ。人生のなかで空腹を感じたことがないものですから。なにしろ、小さい頃からすでに優しくて気遣ってくれた両親から絶えず」、これは彼自身がこう表現したのだが、「去勢された食肉用のオンドリみたいに肥えさせられていましてね。それでいまも食べるのは空腹だからというよりもはるかに習慣だからなんです。ですからお腹を空かした人たちが食べるのを見るのがいちばん情熱を感じるんです。それでこのあたりに来るたびに、ここにしばらく立っていて、こうして無邪気に見て楽しむのをやめないんですよ」と。よく肥え太ったものだと思いながら私は話し好きなこの男に別れを告げて、街路歩きを続けたのである。

第三四章　ウィーンの聖週間

アーダルベルト・シュティフター

バルタザル・ヴィーガント「聖体行列」（一八四六年）

この聖週間*という名を人々が口にするのを聞くだけで、私には独特な、物悲しくも和やかな思い出が浮かんでくる。私の郷里と幼年期の一場面、その愛すべき、純粋な、厳粛な一場面が、この名とともに想起されるのだ。この祝祭の印象を喚起するのは、聖週間のみならず、それが行われる季節そのものである。私の生誕の地を囲む畑地にはすでに雪は消え去っていたが、地面はまだ太陽の光を受けず、濡れて、黒々と横たわっていた。空気はもうおだやかで青みを帯びていたが、その中で木々はなお葉のない黒い格子のように立ちつくしていた。牧草地は次第に緑になりはじめ、牧草地を流れる幾本もの細い水路や小川のほとりは、すでに蕾や、もうキンポウゲの花さえつけた、さまざまな暗緑色の縁どりで飾られていた。そしてこの花は私たちの郷里では「復活祭の花」という美しい名で呼ばれているのだ。すべての生き物の中に、とくに子供たちの心の中に生き生きと躍動する春へのまったき憧れが、すでに明るい火炎をあげて燃えたっていた。そこにさらに聖週間が加わった。宗教的な祭儀と情感に満ち、魔法のごとき力をもって幼い心に働きかける秘儀と神秘にあふれた、このいとも不思議な一週間が。そして、もう枝の主日*《パルメンゾンターク》に、私たちの教会では手に入る限りのあらゆる、房状の花序をつけた枝が森のように集められて、聖週間がはじまった。その枝は、その地では棕櫚《パルメン》と呼ばれているが、おそらく枝によって、かつてエルサレムに入城する救世主の足元に敷かれたあの棕櫚を表しているからであろう。――周辺の村々の住人がその枝の森を教会に運んできていた。そしてほとんどすべての男たちは、乾いたトウヒ材を彫ってほっそりと優美に仕上げた棕櫚形の樹幹を高く掲げていた。その先端には棕櫚の、すなわち房状の花序をつけた枝の密集した茂みが広がり、それに暗緑色の樅の葉が混じっていて、それが全体に鬱然とした厳粛さをあたえていた。とりわけ教会の柔らかな青い香煙が枝間から立ち昇り、木々の梢のうえへオルガンの安らかな響きが流れてゆくときに。それから月曜日になると、物悲しくも荘重な祝祭の準備がはじまった。祭壇にはうえから下まで黒い布が懸けられた。職人組合のたなびく旗の代わりに、むき出しの旗ざおだけが立っていた。午後には金槌と鋸の途切れぬ音が教会から聞こえた。そして、足場が築かれた。普段と違う教会の荘重な諸々の慣習が午前中におこなわれ、その後すべての鐘の音、また時を告げる音さえも途絶え、それは幼かった私の心に深い悲しみの印象を刻んだのだった。教会内には、ほの暗い赤や緑や青の炎に燃える灯火に照らされて、黒い墓が横たわり、一群の敬虔な人々が、深い、物音ひとつ立たぬ静寂の中で祈りながら、墓前に跪いていた。そして深い、物音ひとつ立たぬ静寂の中に、墓守を勤める教会のふたりの使用人も聖なる墓の傍らにひざまずいていた。——人間に生まれつき備わった宗教的感動というものは実に強力なので、私は幼い頃の日々、教会に足を踏み入れるか入れないうちに、心はもう畏敬の戦慄に襲われ、きわめて深い敬虔と砕かれた心をもって聖なる墓の前にひざまずいたのであった。そしてその墓は人の手で作られたものではあるが、いまはもはや木と亜麻布による物体ではなく、二千年前に救いの神秘として起り、それ以来人間の魂のうちに不断に作用してきた出来事を意味するものであった。その後、曜日が過ぎるとともに、次第に悲哀の思いは弱まっていった。復活の先触れとして、もう土曜日の午前には鐘が鳴り響いた。その響きは大変喜びにあふれ、さらにいっそう喜ばしいものを告知していた。土曜の夜には復活の祭儀があった。教会内は何百もの燃えるろうそくによって白昼のようだった。崇高な音楽が鳴り渡り、人々は盛装していた。それは、最大の奇跡として、信仰の根拠として認められてきたあの出来事、すなわち復活を祝うためであった。この出来事は実に喜ばしいために、私たちのところでは、太陽は復活祭の日曜日には普段のようには昇らず、うれしそうに三度跳ねながら昇る、という敬虔な伝説が伝わっているほどなのだ。復活祭の日曜日が回ってくると、いつも私はこの奇跡を見ようとしたが、毎回寝過ごして見られなかった。そして成長してもう寝過ごすことがなくなったときは、もはやそれを信じなくなっていた。さて翌日曜日の荘厳ミサの際にはすべての祭壇が灯に輝き、職人組合の重い絹地の旗が垂れ下がり、香煙は湧きあがり、音楽は鳴り響き、祭壇付近では荘重な賛歌が響いた。そして私は悲哀がこうして歓喜に変貌したことを喜びながら教会をあとにするのだった。他方、すばらしい一週間が去って、いまや変哲のない日々がずっと続くかと思うと、それもまた悲しかった。

たとえ私があの時以来いかなる迷妄や探求を重ねようとも、いかに努力しようとも、なにを獲得し、また失おうとも、いかに幸多く、また幸薄くあろうとも、そしてこれまでなにが変化しようとも、それでもキリスト教界のもっとも意義深いこの週間にたいするあの深い宗教的な感情は私から失せることはなかった。そしてつねにこの聖週間は私にとって、もっとも聖なる、もっとも厳粛な時であり続けたのだった。私がウィーンに来て、この大都市の住人になり、はじめての聖週間を体験したとき、当地ではその模様が、幼年期時から私の心の中でほのかな光を放ってきたものとまったく違うことに、当然ながら好ましからざる思いを抱いたものだった。つまり私はこのウィーンで幼年期の印象を失っていたし、他方、瑣末なものから浄化された当地の純粋な印象を、まだ得てはいなかったのだ。まさしく当時の私はあれこれの瑣末なものを度外視できなかったし、この祝祭がそうしたもので阻害されていると思ったのである。そこで私はたとえば屋台や商店はすべて、かの週には閉店しなければならないと思っていた。私の生まれた地ではいかなる客奉仕の仕事といえどこの週には休みになったからである。ここではしかし、教会の聖なる祝祭とこの世の熱心な営みとの絡み合いが、密接すぎるようには思われた。さらに故郷の教会ではみなが墓の前にひざまずくか、敬虔な心で立っているか、あるいはまた祈りながら椅子に座っていた。けれどもここで私が経験したのは、いくつもの団体が教会内をそぞろ歩き、ただ好奇心からなんでも見物してまわる光景だった。彼らはほかのホール同様に教会を出たり入ったりし、また外では教会の門の傍らを馬車が何台もガラガラ音を立てて走りすぎていた。さらに人々はひとつの門から入ってきて、それ以上とどまることもせず、すぐに別の門から出てゆくし、あるいは教会内で互いにお喋りしあい、教会の指示についての批判をささやきあっていた。そしてついには、ただたんに当地では普通の習慣である聖墓訪問に参加するというだけで、ひとつの教会から別のそれへ、ひとつの墓から別のそれへ移動するのであった。もう述べたように、こうした状景に私は好ましからざる思いを抱いたのだった。「ここでは、おまえの幼年時代の聖なる、深い、静寂な祝祭はどこにあるのか」と私は心のうちで叫んだ。そして大いに憤慨していたので、最初この町に滞在したときは何年にもわたって聖週間には全然外出しなかった。それにたいする冒瀆を見たくなかったからである。しかし物事の強い力がゆっくりと、だが確実に作用してゆくように、いつかふたたび聖週間の祝祭を訪れたときに、それがいつもとまったく違った姿で目に映るようになった。私はまさにその期間に首都の眼を自分のものとしていたのだった。田舎の住人、そう、要するに森の住人特有の一面性や頑固な不寛容は捨て去られていた。私は人間を、彼らのあるがままに尊重すること、またたとえ私の思うのとは違っていても、ただちに軽蔑はしないことを学んだ。そう、たとえ無価値に見えるような人々（天体の中の空虚な空間にも似た）も、ただ積極的な敵対者に、つまり道徳的世界の破壊者にならない限り、必ずしも排除する必要はないことを学んだのであった。こういうわけで、私は教会の祝祭の聖なる真面目さが、まさしくこの首都においては、産業上の活動と、さらに無為の軽薄さと密接に並存せざるをえないこと、そう、まさにこうした密接な聖と俗との並存にはどこか悲劇的なものがあり、そうした並存こそ人生の強烈なイメージであることを知ったのだった。そしてほかならぬこうした並存そのものが、いかなるときにも人類にとって神聖であった出来事が日々の営みや享楽をきわめて高く凌駕しているありようを、堅固な心には示すのである。たとえこうした聖俗の分裂が牧歌的な繊細な心情を害するものであるにせよ。

こうしてウィーンでも、このような対立がかくも際立つのは、一年のうちまさに聖週間をおいてほかにはない。すべての教会でこの聖なる期間の祭儀がはじまり、同じく多くの心の中で誠実かつ真剣にそれが開始される。だがそのときも、それとは別の人々がいる。彼らがこの祝祭を祝うのは、それがとにかく慣習になっているからだ。彼らは別によいことや悪いことを考えることもないし、ただときどき心を動かされる程度だ。ようやく彼らは教会にやって来るが、それは彼らにとって豪華さを楽しむ機会になるからだ。彼らは見たり、見られたりするために、ここに来る。しかしそれでも、かつての、より美しい、より深い、より宗教的な時代から訪れてくるあの聖霊の息吹きがいまなお吹き寄せていて、その力が、いわば大規模に祝祭を祝うために、今日の人々を路上や広場に駆り立て、そこを散歩したり、一面の華やかさに花を添えたりさせるのかもしれない。あの聖霊は、より深い心のうちにのみ、いまなお感受されるのであるが、他方、群集はそんな霊のことなど知らないし、ただそれによって導かれるだけなのだ。どれほど多数の人々が、ただそれが習慣だというだけで、出かけることであろう。またどれほど多数の人々がさらに劣った動機によって支配されていることか。これほど多くの人間が集まる場合、それ以外には考えようがない。外から眺める光景に従って考えれば、事態はこうであろう。ウィーンの多くの教会で儀式がはじまるとき、すでに路上には活発な人の流れとほかのどんな時期よりもすばらしい衣装が目にとまるが、それが完全に認められるのは、ようやく聖なる墓が設置され、それにたいする信心業がはじまるときである。そのときは盛装をしたすべての家族が路上を歩く。一年中この都市に来ることのない人々が、市内*のひとつ、ないしその他の聖墓、彼らがもうずっと昔から格別の信心を寄せてきた聖墓を訪れるために、遠く離れた市外区*の住まいをあとにする。何人かの貴婦人が教会前で馬車から降り、従者から、びっしりと鋲を打たれた祈禱書やビロードで装丁されたそれを渡される。御者の群が教会の門の前で主人の帰りを待っている。先ごろ結婚したばかりの夫婦が、はじめて今年聖墓訪問をしに行く。娘を伴った何人かの母親たち、あるいは何人かの孤独な中年婦人が、信心業をおこなうために家を出る。そのさい、たったひとつかふたつの墓を訪れるのではなく、通常市街地にあるすべての聖墓が順番に訪問されるのが慣習であり、そのため、あの数日間には、ウィーンの全住民が移動中であるかのような、それもみな、晴れ着で盛装して練り歩くかのような観を呈するのだ。それゆえあるとき異国の婦人がつぎのように語ったことは、いとも容易に説明がつく。ウィーンでは聖週間こそ、もっとも美しい衣装ともっとも美しい女性の顔が拝見できる、と。ただの無為や、はたまたおしゃれ癖や軽薄さが、自らの偶像に供物を捧げるために、この時節をも利用するというのは、もっともなことだ。こうしたわけで、ある特定の時間になると、着飾った人たちの大河のような流れが街路をよぎって進む。そう、あちこちの通りに見られる現象はすべて、最後はただの散策と変わらぬものに退化してしまう。こうしてたとえば、まさに聖金曜日と聖土曜日の夕暮れに、最高の装いのもと、コールマルクト*やグラーベン*、また聖シュテファン広場を散策するのが習慣となっているし、この習慣は実際大いに利用され、通りは人と人が文字どおりぴったりくっついて歩く有様だ。普段はいつも馬車に乗る人たちもここでは徒歩になり、幅広い、華やかな、滔々とした人の流れが完全に街路を埋め尽くし、走る馬車に妨げられることもめったにない。なぜならこの時こそ、こちらはみなが馬車に乗って行く五月一日とは違って、ほとんどみなが歩くのだから。ここには衣装の最大の華麗さを顕示しようとする明白な欲求があるが、それは、調和と美に慣れた目から見ても、この時節の本来の特性に反していない。それというのも、とりわけわれらの首都の女性たちは、たとえ自分のもっとも美しい衣装であろうとも、ここではやはりこの時節の真面目さ、落ち着き、厳粛さを損なうことがないばかりか、むしろそれを高めるような衣装を選ぶ、そうした独特な礼節のセンスを身につけているのだから。誇張することで自分を印象づけようとするはすっ葉娘や愚かな女もいくらかはいるものの、彼女たちは全体の性質を害することなどできはしない。たとえ通り過ぎる流れの一瞬に彼女たちが不快な姿で現れることがあったとしても、また群集の中に消えてゆくのだから。この壮観な夕べの逍遙は普通夜まで続き、角灯に火がともされたあと次第に終焉し、やがて昼の通常の活動に席をゆずることになる。

聖週間の最後の三日間に教会内部に入ってみると、ほとんどどの教会も同じ光景だ。聖シュテファンはその巨大な四肢を悲しみのうちに包んでいる。物悲しい暗闇がいくつもの大空間を支配している。小祭壇のひとつは救世主の美しい素朴な墓へと整えられていて、敬虔な人々の群がその前にぴったり身を寄せてひざまずいている。死は万人を平等とするが、感動と宗教もそれと同じである。侯爵夫人は後ろに立派な装いの従者を従え、彼は夫人がそこをあとにするときに彼女の前に道を開けようと待ちうけている。その侯爵夫人の横に物乞いの女がひざまずいている。そしてときにはこんなことも起こるかもしれない。隣の物乞いの女が自身の苦しみの除去を祈るのとまさに同じ熱意を込めて侯爵夫人が救世主の墓に向かって彼女の苦しみからの解放を祈るということも。椅子席には敬虔な人々の集団があちこち座っている。窓からは、糸を紡ぐかのように幾条もの春の陽光が射し込んでいる。そして広々とした夕暮れの教会の中はたいそう静かで、行き来する人の足音やただの物珍しがり屋のささやき声が聞こえるくらいだ。ただ、外からは鈍くうなるような物音や昼の仕事の音が引きも切らずに聞こえてくる。そして教会の門から外へ出ると、いっせいに光と騒音が襲いかかり、それらは、この厳粛な大建築の中に横たわる物悲しくも美しい詩情と、この瞬間、まさに対極をなすと感じられるのだ。そしてこの建築物は私たちの祖先の素朴にして敬虔な力が築きあげたものなのだ。そして事実、この厳粛な雰囲気はこの聖なる時節に現れた信心の強い力なのか、あるいは建物の崇高さがそれをいっそう強めているのか、私にはわからない。すなわち教会から出てきた人たちの表情を見ると、みなないにか厳粛なものをたたえているのだ。たぶんウィーン以外にはどこにも見られないような美しく、笑うことの大好きな愛嬌ある町娘の顔、その傍らを歩く年配の母親に生き写しだが、それよりもっと美しいこの顔でさえ、たいそう真面目で落ち着いているように見えるし、普段ならおそらく隠さないであろう、なんともお茶目なまなざしのうえに慎み深くまぶたを伏せている。――そして実際、いくつかの教会を出てゆく人たちを観察すると、いつも、聖シュテファンを出てゆく人たちの表情にもっとも深い真面目さと厳粛さが見られたように思われる。おそらくこの聖堂の芸術品の崇高さと見事さが、それが備える強い力によって列席者の心に働きかけたのかもしれない。たとえ彼らが自分では必ずしもそれに気づいていなくとも。

聖シュテファンのみならず、多かれ少なかれ他の教会でも、それらの空間の許す限りで聖週間の祝祭がおこなわれる。聖ペーター教会にはほとんど晴朗とさえいえる美しい墓があり、ことにそこで美しく、心を高めてくれるものが、いわゆる「嘆きの歌」*である。マリア・アム・ゲシュターデ教会では大規模な光のミサが持たれ、堂内はもっとも美しい花々に満ちあふれる。こうして市街地のすべての教会、市外区の無数の教会がそれぞれ独自の聖墓祭をおこなう。そして、より多くの墓で信心業がなされればなされるほど、信心はいっそう大きな価値を持つ、という大方のウィーン市民の見解を考えると、通りを埋める人々の雑踏も想像できるだろう。この時節こそ、教会を詣でる人々が他の群集よりもいっそう目立ち、この都市に荘厳な雰囲気が刻印される、一年を通して唯一の時なのだ。

もっとも活気に満ちるのが土曜の夕べだ。もしかしたらウィーンにおいて一年中でもっとも活気に満ちた日かもしれない。主の復活は百を超える教会で、そしてどの教会でもできる限り最大の華やかさをもって祝われる。この祝いがいたるところ同時刻におこなわれるわけではないので、すでに午後二時か三時には人々は路上に群れはじめる。それは文字通り押し合いへし合いの雑踏であって、場所によっては、もう中を通り抜けるにも難儀するようになる。秩序をもたらし、安全を見守るために騎馬の警官や軍隊が配備されねばならない。とくに四時ごろには押しあいながら前進する、キラキラ輝く人々の列はコールマルクトに沿って進み、復活祭がその中庭で厳かな行列によって祝われる王宮をめざす。この祝祭の列に臨席されるのは皇帝陛下のご一家、それから輝かしい大礼服に身を包んだ高位高官や軍人たちだ。これこそ、この日見られるもっとも美しく荘厳な行列なのだ。しかしあまりに多くの民衆が押しかけるのを防ぐため、普段王宮の中庭への通行は軍隊によって遮断されている。それで、この皇帝の城に誰かしら知己を持つ人はみな、王宮広場を囲む窓の一角にでもささやかな場所を得て、なんとかその祝祭を眺めようと手を尽くす。そして友人や知人のいない人たちは、それでもどれかの入口から入りこんで、どこかにちょっとした見物の場を獲得しようと努めるのだ。それにしてもすべての門や小門が衛兵によって固められているので、彼らの前で群集の流れはせき止められる。ところが、交渉や策略、はたまたいささかの力の行使によって侵入に成功する集団がいるものだから、それがほかの人たちの希望にあらためて拍車をかけて、その場に立ち止まらせ、いつまでも辛抱強く待たせることになる。それというのも彼らは、オーストリアの兵士というものは、邪険にも同国人に棍棒をふるって追い立てるには、あまりにも人がよい、ということを実によく心得ているからだ。とくにこの場合、国家の安寧に関わることではないのだから。そして、群集のうちまだ二〇人余計に中に入ろうが入るまいが、どうでもいい、ということも。――そしてたとえ彼らがそれ以上なにも見られないとしても、彼らはそのときでもやはり静かに安全を守りつつ暗い通路に立ったまま、周囲から聞こえる歌に耳を傾けるわけだ。中にまったく入り込めない人々は、祝祭の行列に参加するため乗りつける軍服姿の将校たちをながめ賛嘆するという歓びに甘んじるのである。こうしてあの二時間というもの、王宮は人の群に隙間もないほど占領される。とはいえ、彼らはみな着飾った、平和的な、物見高い人々である。いまや祝祭が終わり、自由な通り抜けが再開されると、人々の群はさっと散って、隣接する路地に流れてゆく。

では、聖シュテファン広場に行ってみよう。

広場を埋める群集はここでも教会を取り巻いている。その黒い建物は人々の彩りゆたかな群の中から山嶺のように聳え立ち、塔からは大鐘の深々とした響きが降り注ぎ、それが市内や市外区のほかのすべての教会の鐘々と共鳴しあって、家々のうえへ波打つように流れてゆく。リーゼン門*（それは特別な祝祭の折にしか開けられない正面中央の門だ）が開いている。何千もの人が外にはいるが、一部は信心から、一部は習慣から、一部は好奇心からそこに立っているのかもしれない。内部には、この建物の大空間がおよそ収容しうる限りの多数の人々がいる。自警団が身廊に配置されている。市当局の役人たちが現れる。大変な数のろうそくがともされる。それでも（そしてまさにこの点でこそ、この建物の途方もない大きさがわかるのだが）このろうそくの灯りはすべての空間にまでは届かない。頭上高く、尖頭アーチのあたりはほの暗く、あるいは真っ暗であって、また上方のさまざまな飾りや石の装飾も見えないために、そうした暗さが大聖堂にますますもって無限に広大な様相をあたえているのだ。いまや大オルガンの響きが鳴り渡り（これも、私の記憶が誤っていなければ、やはり年三回しか演奏されない）、先頭に高位聖職者が立ち、市当局の役人や自警団がそれに伴って、祝祭の行列がはじまる。この大建築の中、聖歌隊席や塔から降り注ぐこの力強い音響のうちに、さらにかくも壮麗に繰り広げられた教会の偉観のうちに、まことに崇高な祝祭の場が顕現する。大部分の人もそれを感じている。なぜなら、たとえばクリスマスイヴの深夜ミサ以外には、教会がこの復活祭ほどぎっしりと人で埋まる時はないからだ。そして離れたところにいる人々は、椅子のうえにまで昇って祝祭をながめようとする。

聖シュテファンの塔から最後の鐘の音が降り、人々が教会の門からあふれ出て、町のほかの塔もすべて沈黙すると、そのときもうひとつの芝居、それまでとは打って変わった芝居がはじまる。すなわち復活祭の日曜日はいわゆる休業日、言い換えればもっとも日常的な生活必需品さえも販売が許されない日であって、そのため、街灯が点灯されたあと、ありとあらゆる屋台が開いて、そこでは翌日のための食料品や贅沢品が買えるのだ。そしてウィーン人は食道楽で、大きな祝日にはできるだけ最高の食事を楽しむため、もう翌日のご馳走を求めての獲得レースがはじまっている。家路をたどる教会帰りの人たちは大きな籠を手に持った小間使いや女たちに出会うが、彼女たちは明日のためになんとか見事なすばらしいロースト用の肉を手に入れようと道を急ぐ。青物市場は無数のろうそくの灯りでゆらめき、教会から来た人たちと買い物客が入り混じり、肉や燻製の品を売る屋台には人が押し寄せ叫び声が支配し、食料品店やパン屋では、復活祭の卵や復活祭の焼き菓子が買えるようにすべてが輝かしく並べられている。家の戸主は家に帰って家族の者たちと、あれやこれやの教会がどんなに美しかったかを語りあい、徒弟やのらくら者、そして喉が渇いた者はすでにほかの飲み屋巡りでくたびれて、いまや食堂へと足を運び、また元気を取り戻し、きょう見たことや体験したことを物語る。そして、ようやく美しい夜が天空をおおい、明日、復活祭の日曜日の散策やピクニックの予定が立つと、ウィーンの町全体は幸福と愉悦に包まれる。それにしても、今年の聖土曜日は、およそ可能性の国でしか体験できない最高にすばらしい一日であった。

第三五章　美しきウィーン娘

ルートヴィヒ・シャイラー

作者不詳「モード店フランス婦人の陳列窓」

マリーは、シュトック・イム・アイゼン広場のすぐそばにある装身具店の、豊富に飾り付けられたショーウィンドーの前に立って、「美しきウィーン娘」をながめていた。ただし、「美しきウィーン娘」とは、つねに最新流行のファッションから選び抜かれた服を完璧に身につけて、同名の店の良質のガラスの向こうに立っている等身大の有名な蠟人形のことである。この像が示すのは、農家の娘や小間使い、料理女たちの理想の姿であり、現代の服の中にあらゆる美と気品の最高の目標を探し求めるすべての女たちの理想像であった。それゆえ、どんな日にも、この理想にあこがれる女たちやひそかな願望をいだく女たちが、この美しく着飾った像の前に群がりひしめいていた。そういうわけでいまマリーも、すでに述べたように、装身具店の、豊富に飾り付けられたショーウィンドーの前に立って、この「美しきウィーン娘」をながめていたのである。レース、リボン、ひだ飾り、芯の入ったカラー、光沢を放つ絹織物、愛くるしいひだ襟、すてきな帽子、この上なくかわいらしいむすび輪とそのセット、これらがショーウインドーの中の蠟人形と実に見事にマッチしていたので、どんな女たちもいつのまにか、このすばらしさを自分も手に入れたい、と心中願わずにはいられなかった。そうして、若い娘マリーの視線もまた、これらのファッションに釘づけになっていたのである。彼女がここに立っている時間が長くなればなるほど、想像はいっそうたくましくなり、さまざまな願望にひたって、もうほかのものはありえないとばかりに、幸福な未来を思い描くのだった。彼女は早くも、ぜいたくなものに取り囲まれている自分の姿を見ていたし、とても高価でセンスのいい服をいっぱい収めた衣装ダンスを持ち、豪華*な馬車で出かけ、華麗な調度を備えた広大な屋敷に住んでいた。このかわいい一七歳の娘が、周囲のすべてを忘れ、願望の芽生えをすぐにその実現と結びつけたからといって、誰がそれを責められようか。このほっそりとしたあどけない娘は、明るく、見るからにはつらつとしていて、白いうなじの上に、とても愛らしい、黒い巻き毛の小さな頭をのせ、顔には上品さと純真さ、そしていたずら心を宿している。こうしたいっさいが、一部はその大きな青い目から、一部はきゃしゃな形をしたその小さな鼻から、一部はほんのり赤らんだその唇から輝きあふれていた。これだけすばらしい少女ならば、どんな貴族のサロン*に出入りしてもけっして引けを取ることはなかったであろうが、それでいて彼女は、あらゆる種類の食品を詰めてずっしり重くなった買い物かごをその細い腕に下げ、まだら模様のエプロンをかけた少女にすぎなかったのである。このエプロンは確かに彼女によく似合っていたが、同時に、人がそれを見れば、召使い階級の女のひとりであるとすぐにわかってしまうしろものでもあった。

マリーはこんなふうにして、長いあいだ夢見心地でじっとそこに立っていた。その時である。彼女は自分の左手にそっとなにかが触れるのを感じた。彼女がやさしい顔を横に向けると、そこには、美しい身なりをした若い紳士の顔がにっこりほほえんでいた。その人は、目を輝かせて彼女を見つめている。マリーははっとして手を引っ込め、ほおを真っ赤に染めてその人から離れようとした。しかし、その美しい紳士はもう一度彼女の手を取り、おだやかな声の調子でこう語りかけた。「お嬢さん、ちょっとお待ちを。お供させていただいてもよろしいでしょうか」。マリーは困惑して、この問いにどう答えてよいかわからず、すぐに逃げ出した。しかし紳士は、早くも彼女の脇にぴたりと身を寄せ、甘い声でこうささやいたのである。「あなたをひと目見たときから、私はすっかり魅せられてしまいました。お目にかかった最初の瞬間にあなたへの愛のとりこになってしまったのです」。マリーは息をのんでその言葉に聞き入り、ほんのときおり、横目でちらっと同伴者を盗み見ることしかできなかった。その人のまなざしは、やさしく愛情に満ちて彼女の上に注がれており、その言葉は率直で暖かだったので、そこに、彼女をからかおうとかだまそうというような下心があるとは到底思えなかった。その上、彼のすらりとした体つきや、洗練された衣服、胸当てのみごとなボタン、金でできた柄つきめがね、彼が子ヤギ革の手袋を何気なくというふうに脱いだあと指に現れたいくつものきらめく指輪、これらすべてや、彼女自身どうしてだかわからないまま彼から見て取っていたその他のものが、世間知らずのこの少女にとっては、目もくらむような品々ばかりだった。それゆえ彼女は、彼がつぎのように言ったときも、抵抗することなくそれに従った。「[*]ヴァルフィッシュ通りに入りましょう、そこのほうが静かだし、ほかの場所のように人目を気にすることなく心の思いを語り合えるから」と。人通りの少ないこの小路で彼は、この晩のデートを彼女に切望した。彼は、熱意を込めて彼女の手を自分の胸に引き寄せ、どんな女王でもこれほどしとやかな手を持つことはできない、とうっとりもらしつつ、彼女の手にキスを浴びせかけた。マリーは、彼の求めには応じられない、と何度も言おうとしたが、彼の言葉は耳が麻痺しそうなほど絶え間なく続き、彼女が手を引っ込めようとするとすぐに、こんなかわいい手をたたえるのがどうして悪いのか、と彼は尋ねるのだった。マリーは、この近くのクルーガー通りのお屋敷に小間使いとして仕える身であり、ただこの日は、料理女が病に伏せったため、市場での買い物を言いつけられてきただけだった。そのマリーが、要するに、自分ではまったくその気はないものの、今晩七時に市門のところまで出てくることを約束してしまったのだ。美しい紳士は、うっとりしながら彼女と別れ、今晩七時に鐘が鳴り響くとき、けっして約束を忘れない、と彼女に誓った。

マリーは、ひどく興奮しながらお屋敷に戻った。彼女の気持ちは、たがいにぶつかり合っていた。一方ではひとつの内面の声が、見知らぬ人の言うことをこんなに早く信ずるなんてあなたは間違っているわ、と彼女に言えば、他方では、百の別の声が、彼の言葉と容姿のすばらしさを挙げてそれに反論する。マリーはこうした葛藤を繰り返しながらこの日を過ごし、夕方になって、彼女の内面の声が、「このまま自分の部屋にいなさい」ともう一度彼女に呼びかけた時、ふたたび百の別の声がこんなことを言った。「ひとりの美しい男性とはっきり約束をかわしたのに、それを守らないなんてだめよ。それに、ひょっとしたら今日から幸せな人生が始まるかもしれないのよ。それを、約束を破って外出しないことでみすみす棒に振ったりしては、もったいないわ」と。そういうわけで、いま七時、小いきな小間使いの少女は市門のそばに立っている。近くでともされた街灯の明かりがひとりの男性の長い影を作るまで、それほど時間はかからなかった。あの美しい紳士が彼女のそばに立ち、彼女が時間どおりにやって来てくれてうれしいという思いの丈《たけ》を、有頂天になって彼女に語りかける。やがて彼女に腕を貸し、話したいことがたくさんあるから、バスタイ*の上の遊歩道を少し散歩しよう、と彼はマリーに申し出た。彼女は、わずかに気が進まないそぶりを見せたが、それに従った。というのも、あえてそれに異を唱えることは彼女にはできなかったからである。彼女はすでに多くの点で彼に譲歩していたし、ほんの少しでも不信感を見せると、彼は声を大にして絶望を叫び、自分の愛の確かさを熱っぽく断言したので、もうなにも言えなかったのだ。

夕べの散歩の結果はこうだった。彼女を崇拝するこの紳士の名前は、ハインリヒ・フォン・ヴァルデン、仕事をする必要はなく、実家から独立しており、莫大な財産で暮らしている、ということをマリーは聞かされた。彼はあどけない小間使いの少女に、こうして結ばれたふたりの恋愛関係を続けるためには、もう小間使いをやめることが必要だ、と彼女を諭した。なぜならば、いまのままでは親戚の間で彼の立場が面倒なことになるかもしれないし、お金ならあり余るほどあるので、ふたりが結婚するまで彼女にはきちんとした、なにひとつ不自由しない生活を約束する、と彼は言う。マリーはこれを聞いて、何度も反対しようとした。しかし、それを言おうとするたびにフォン・ヴァルデン氏の並々ならぬ能弁にさえぎられて、とうとう彼女は、お仕えをやめ、仲のいいおばの家へ引っ越すことに同意してしまった。このおばならば、生来、情に厚い人なので、きっと、愛するふたりの信頼できる守り手になってくれるだろうと思われたのだ。フォン・ヴァルデン氏は別れを告げたが、マリーがそのかわいい頭をそらす前に、彼の唇が心からのキスとして彼女の唇の上に重ね合わされた――彼女は怒ろうと思ったが、できなかった。とはいえ、彼女は顔から火が出る思いでお屋敷の方向に走っていき、フォン・ヴァルデン氏のほうは、さっき話したすべてを始めるように、つぎの晩その経過を報告するように、と彼女に呼びかけた。

マリーは、自分の小さな部屋に着くと、この幸運を喜びたい、あんなに率直でお金持ちの恋人にめぐりあわせてくれた天に感謝したい、と思った。しかし、不安と心配に苦しめられ、自分でもわけがわからないまま苦痛の涙があふれてきた。彼女がハンカチを広げて、涙に濡れたほおをぬぐおうとしたそのとき、一枚の紙が床に落ちた。それは、彼女に宛てた小さな手紙だった。彼女がそれを開けると、五〇グルデン紙幣が一枚、彼女にほほえみかけている。手紙にはこんな言葉が書いてあった。

「大切なマリー。僕のことを誤解しないでください。永遠にあなたを愛するハインリヒより」

マリーは、自分がどうなってしまったのかわからなかった。紙幣は、まるで灼熱の炎で熱せられた鉄板のように、彼女の手の中で熱く燃えている。彼女は、今朝からの激しい感情の起伏にぐったりして、ベッドに横になった。耳の中では、さっきの手紙のひと言がたえずがんがんと鳴り響いている。「僕のことを誤解しないでください」。しかしその間にも、紙幣が、不気味な鬼火のようにひらひらとふるえていた。彼女はついに固く目を閉じて、この不気味な光景を追い払おうとした。

翌朝、目がさめた時、彼女が最初に見たのは、あの手紙であり、「僕のことを誤解しないでください」というあのひと言だった。恋がかなった無邪気な少女はこれを天の啓示と受け取り、こう叫んだ。「そのとおりよ、ハインリヒ、あたしはあなたを誤解しないわ」。彼女は暇をもらうと、おばの家へ急ぎ、自分がめぐりあった幸運を話して聞かせ、「もうすぐ裕福な家の奥様になるのよ」と語った。年老いた善良なおばは、うれし泣きしながら両の腕にめいを抱きしめ、喜んで小さな部屋を彼女の住まいに提供した。五〇グルデン紙幣は、いくつかの調度品や食器類の購入にあて、とても役に立った。バスタイの遊歩道の上を何度かたどった夕べのそぞろ歩きは、親密さを増すのに貢献した。なぜならば、フォン・ヴァルデン氏の愛の誓いは、気分をさわやかにする夜露のように、マリーの心に恋の花を咲かせ、彼女の心中のあらゆる疑念を沈黙させたからである。彼女は、女主人にいとまごいをした。誠実で、理解のあるこの夫人は、マリーを世間の落とし穴から守ってくれた人だった。女主人は、これからも立派につとめを果たすのですよ、と言い聞かせ、もし彼女の輝かしい希望が実現しなかったら、いつでも戻ってきていいのよ、と言ってくれた。マリーは、自分でも説明できない不安に襲われて、ふるえ、泣いた。しかしすぐにこの霧は、彼女の喜びの地平線の前に姿を消し、彼女はおばの住まいへと急いだ。きれいに家具調度を整えた自分の部屋に入ったとき、彼女は、うれしい驚きのあまり、あっと一歩退いた。シュトック・イム・アイゼン広場の蠟人形を見て彼女が賛嘆し、うらやんだあのファッション一式が、絹の靴から帽子のリボンの最後の一本にいたるまですべて、テーブルの上に置かれていたからだ。あれからまだ一週間も経っていない。メモが添えてあり、そこにはこう書かれていた。「美しきウィーン娘を、さらに美しきウィーン娘に」

彼女は、ここへ来るまで着ていた服をあたふたと脱ぎ捨て、このすばらしい衣装を試しに着てみることにした。その際には、この服を持ってきた少女が手伝ってくれた。着付けの少女がすぐにおこなったいくつかの手直しを除けば、なにもかもが彼女にすばらしく似合っていた。マリーは、この上品な服を着たまま、晩方、物惜しみしない彼女の恋人を迎えることにした。うれしさとせわしない気持ちでふるえながら、彼女は、彼が来るのが待ちきれなかった。ハインリヒ・フォン・ヴァルデンは、部屋に入ってきて彼女を見た時、明らかに驚き、感動していた。見目麗しい女性の魅力に、無垢の力がえもいわれぬ魅惑を与えている。それを見て、さらにいっそう純粋な気持ちにならない者などいただろうか。「ぼくの美しきウィーン娘」、ハインリヒはうっとりしてそう叫び声をあげ、キスでさえ遠慮して、やさしく彼女を胸に抱き寄せた。彼はこの夜、ずっとこんなふうに思いやり深く、やさしくふるまったので、マリーは歓喜の海に酔いしれ、ハインリヒ・フォン・ヴァルデンはとてもまじめな気持ちで彼女に接しているのだ、とすっかり信用するにいたった。ハインリヒが彼女の部屋をあとにし、月明かりと春の空気が甘美な魅力を放っているグラシ*の上を馬車で走っている時、気高くなっていた彼の気持ちは心の中でふたたび深く沈み込んでいった。彼はこぶしを丸め、こうつぶやいた。

「おい、ハインリヒ、こんなご大層な仮面をかぶって、お前はプラトニッククラブにでも宗旨替えしたのか。今夜ひと晩をみすみすあんなふうに過ごしてしまうなんて、ばかなことだ。今日のところは、あの女の感謝の気持ちにほだされて、激しい闘いにいたらなかった。だが、そのうちだんだんにわからせてやる、結婚はくだらない習慣だってことをな」。こういう、誠に見上げた考えをいだきながら、この美しい若い紳士は、市門へと急いだ。「このつぎの訪問はもっと有効に利用してやる」と決意を固めつつ。

つぎの日の晩、ハインリヒは、ふたたび恋人の部屋に入っていった。甘いあこがれに満たされ、彼を待ちわびながらソファーの上でもたれかかっていたマリーは、愛を信じ切った晴れやかな気持ちで彼を迎えに走った。この日のマリーは、ひょっとするとさらに魅力を増していたかもしれない。目は、天使のように清らかな深い愛情に輝き、その姿のすべてに、けがれなき乙女の神々しさがあふれていた。ところがハインリヒのほうはこの日、こうした魅力に抗する構えを整え、ただ彼女を、自分の求愛のいけにえであり、もうすぐおれの要求に屈するはずだ、としか見ていなかった。彼は自分の両腕に固く彼女を抱きしめ、彼女の顔にたくさんのキスを浴びせかけたので、彼女は困惑し、恥じて、彼の腕から身を離した。「おやおや、ぼくの美しいウィーン娘さん」とハインリヒは、侮辱されたというふりをして尋ねた。「どうして今日は、そんなに冷たくて、つれないんだい」。マリーは答えることができず、崇拝者の探るような目つきをかわそうとしながら黙っていた。その間にボーイがクッキーとシャンパンを持ってきた。この日のハインリヒは、ことのほか上機嫌なようすを見せた。冗談やしゃれがぽんぽん飛び出し、たがいの貞節と健康を祈ってふたりでシャンパンを何杯か飲みほしたあとには、さすがに彼の恋人も愉快な気持ちでいっぱいになった。ハインリヒは、しだいに厚かましくなっていった。マリーは、涙ながらに彼に自制を頼み、懇願したが、彼は彼女の心配をあざけり、恩知らずに、無表情に彼女をののしった。その顔は、まるで、あのシュトック・イム・アイゼン広場のファッション店のウィンドーに飾られた、生気のない彼女の似姿そっくりだった。彼はお粗末な詭弁を弄して、彼女の慎重な姿勢を打ち砕こうとし、さらに性急になった。このとき、少女の心に稲妻のように痙攣が走った。彼女は、恐怖におののいて深淵の中をのぞき込んでいた。いま彼女は、その深淵の縁に立っていたのだ。刺すような痛みをともなって、彼女の心の中で愛が消滅し、一週間前から彼女の愛の理想として見慣れてきた恋人が、いまや彼女にはみにくい悪魔に思われた。彼女は乱暴に彼を突き放し、いすから飛び上がると、あふれる怒りでつっかえつつ、顔を真っ赤にし、胸をどきどきさせながら、びっくりしている紳士に向かってこう言った。「もうあなたのことはなにも知りたくない。いっさい御免よ。いますべてがはっきりわかったわ。ああ、十分すぎるほどはっきりと。あなたは偽善者よ。でも、富と力で私をはるかに上回るからといって、私があなたとのおつきあいを名誉に思うなんて思ったらとんでもない大間違い。あなたとのあのことを……。ああ、私の心にあったあの胸騒ぎ。私はだめな女。分別をなくしてしまって、あの心の声に耳を貸さなかったなんて。この声は、あの日の朝からずっと、あなたには用心しなさいと言っていたのに。でもまだ時間はあるわ。差し迫っていた身の破滅からまだ私を救うことはできる。それに、私の将来だけでなく、この世の幸せも永遠の幸福も呑み込んでしまうところだった地獄から私を救い出すこともできる。あなたの偽善が誘惑の贈り物として持ち込んだいっさいを、この家から持ち去ってちょうだい。さあ、早く。それとも、隣近所の人に来てもらいましょうか。この服もすぐにお返しするわ。そして、もう二度と私に会わないよう用心なさい。そうでないなら、私はか弱い少女にすぎない、ということを忘れたい」

彼女はドアに駆け寄り隣の部屋へ入ると、うしろ手にドアを激しく閉め、かんぬきを下ろした。彼女は、心底傷つき、泣きながら華麗な衣装を身からはぎ取って、それまでの質素な服を着ると、一週間前にあれほどうらやんだ「美しきウィーン娘」のこの絹の服を、ヴァルデン氏がいる部屋に投げ入れた。そのとき彼女は、こんな男は一瞥《いちべつ》にも、言葉をかけるにも値しないと思ったし、いっさい警告してくれなかった、ものを見通す力のないおばの問いかけにも彼女は答えなかった。マリーは市内*へと急ぎ、以前の、よくしてくれた女主人のもとへ向かった。女主人は親切に彼女を受け入れてくれ、彼女の話に同情しながら聞き入り、以前にも増して愛情深く彼女に接してくれた。マリーは、このとき以来彼女をさいなむようになった男性への軽蔑と不信の念を克服できた時、ある裕福で誠実な男性の求婚に応じることにした。この人はその一年後、彼女を結婚式の祭壇に導き、こうして彼女は幸せなひとりの主婦となったのである。

とはいえ、このスケッチは、都市生活という大きな市場から採取した、まさに一枚のスケッチにすぎない。この市場においては、毎日、美徳と悪徳が出会い、富と貧困、高慢と謙遜、過剰と欠乏、老練な誘惑と世間知らずの若者、光と影とが交錯して、大きな独特の世界を大小の興味深い絵画に仕あげている。ここでは、誘惑は他の土地よりも数が多く危険だが、守護霊もまた、天から与えられた、警告し救済する力を、他の場所以上に断固として発揮するのである。

第三六章　商品陳列と広告

アーダルベルト・シュティフター

作者不詳「商品陳列」一八三五年ころ

なにかを購入したい、交換したい、取引して入手したいと思う人は、どこで購入し、交換し、取引しなければならないか、知らなければならない。それはごく単純な常識的なことである。反対に、売りたい、取り換えたい、取引して売りつけたいと思うもうひとりの人は、彼が売りたいということ、そしてなにを売りたいかということを、あるいは品物自体をお客に見えるようにウィンドーに陳列していることを伝えねばならない。これまた常識的なことだ。ところが、ことはさほど単純ではないようだ。つまり、こうした商品陳列と広告の目的は、ただ買うつもりのある人が買うことではなく、むしろ、そして本来、買うつもりのない人が買うことなのである。だが、私は最初から話をはじめることにしよう。

品物を宣伝と許容された自画自賛により功みに売りつけた最初の商人は天国の蛇であった。そしてエヴァは、それに続くすべての、買うつもりがないのに買ってしまう女性たちの模範となり、守護聖人となった。彼女らの数はこの数千年にわたりおびただしいものとなっているし、われらの時代にはさらに急速に増えているのだ。エヴァの当時、商品倉庫や果物貯蔵庫といえば、もとより樹木自体しかなかった。そういうわけで、蛇が商品の陳列場所を持っていたかどうかはわからない。したがって、おそらく広告・宣伝こそ商取引の最初の形態だったのだろう。それが後にどうなっていったか、私には語れないし、たとえ語れたとしても、そんなことをするつもりはない。だって読者を旧新約聖書の全体からはじまってウィーンのショーウィンドーにいたるまで案内することなど、とても私にはできない相談だから。しかし、もう大昔から商品は大いに宣伝されていたに相違ない、ということだけは確かだ。すなわちまさに客呼びの男にたいする「市場で叫ぶ男」という呼称が十分に示すように。たぶんそうした男は、当時は紳士であって、あれこれの広場でなにが手に入るのかということをただ役職上大声で告知していたのであろう。購買欲というものはともかく人類の古くからの遺伝的疾患である。それゆえ、売り手がわれわれの情熱と欲望を刺激する商品をそのまま身のまわりに広げ、その真ん中に腰掛けることによって、この購買欲をさらにいっそうそそることを間もなく思いついたのは、不思議ではない。そして天候や諸般の事情で彼が古物を携えて部屋や倉庫に戻るのを余儀なくされたとき、彼はせめて露店の前に一枚の大きなプレートを吊すことで、客の減少という事態をなんとか切り抜けた。そのプレートには売物の商品がきわめて魅力的に模写され、象徴的に表現されていたのだった。こうして小売商人の身分に相応する紋章と伝令官が生まれたというわけだ。つまり、吊看板と商号というものが。そう、ある特定の手工業者と小売業者はまったく紋切り型で固定的な標章と象徴を得た。いまはっきりと想起されるのは、私が生まれた町の大きなパン屋のうえで二頭の腹を立てた赤いライオンがすごく大きいブレーツェル〔8の字形をしたパン〕をかぎ爪でとらえていたこと、そして大なり小なり同じ絵が無数の町のパン屋に見られたことだ。パンだけでなくろうそくや石鹼も、この四足獣の王は好んで前足でとらえている。こうして、トルコ人や少なくともその頭部はタバコ屋の最初の見張りと門番になったし、また旅をした人なら誰も、どのような金や銀、黒や白の鷲の群が宿屋の外壁のうえに描かれているか知っている。そして居酒屋になくてはならない緑したたる樅の小枝や彫刻されたビールの看板のことはいわずもがなである。こういった代物はついにはあまねく広まって、たとえばウィーンでそうあるように、個人の住宅でさえ、プレートや標章のたぐいをつけないと、存在するのが不可能に思われるほどだった。それは大いに風変わりであることがしばしばで、たとえばウィーン市外区*のあるところでは「ヨルダン川邸」とか、「不可能邸」というものさえあるのだ。さらに商人は美しい小さなショーケースを作らせ、そこではガラスと枠組みの下にいくつか貴重な品を吊した。それは通りかかる人々に、店の中ではじめて入手できるすばらしい品々について、ただささやかな観念を伝えようとの意図からだった。商品をこうして描き陳列することは、いわんや書籍印刷術の発明前は商人にとってありがたいものであった。なぜなら当時は、いかに堅牢で卓抜な必需品目の数々を自分たちが品揃えしているか、それを印刷物で市民の半数に知らせることはできなかったのだから。しかし印刷術がついに発明されると、彼らはむろんそれを伝えることができるようになった。ただし彼らはそれでも商品の陳列と吊看板に固執し、並行して商品宣伝用に印刷物を利用したのである。それはもちろん当初は大変困難だった。はじめは聖書と大型本《フォリアント》しか印刷しなかったからである。ところが、現代に向かうにつれて限りなく容易になっていった。なぜなら、市場で叫ぶ男や告知人が次第にすたれ、その代わり沈黙の客呼びが活発になっていったからだ。つまり新聞である。それは上質の吸い取り紙のうえにのせて、発生したこと、いや発生しないことまでも、すべて世に伝える。そしてそれはどんな店員よりもずっと速やかに、かつ広い範囲を旅し、どんなものがどこそこで、また誰それのところで最高品質において手に入るかということを、いたるところで読者に知らせるのだ。こうなればもうライオンや鷲、駱駝や駝鳥、空飛ぶ馬や金の牛などは無用の長物になり、ショーケースも消えてゆくのではないかと、思ってしまうかもしれない。なぜって、新聞がどんなことでも語り、もっとも奥まった、もっともひそかな小部屋にまでもそれを伝えるのだから。しかし経験が教えるところでは、とりわけショーケースはその数をますます増やし、ウィーンのいくつかの広場にいたっては相当の距離にわたって店舗一階の足元の壁がまったく見えず、あるのはただ並びあう、瀟洒な、背の高いガラスケースばかりであって、その中では最高に購買欲をそそる品々がきらめき、誘惑するといった次第なのだ。こうした事情はつぎの点に由来すると思われる。実直な売り手は、たとえ自分のとびきりの、選りすぐった商品を新聞でつつましく広告したとしても、頑固な大衆が相変わらず売り手の誇大広告を思ってしまう、ということを知っている。そのため売り手は出かけて行って物そのものに悠然とおのれを語らせるのだ。彼はすなわち未曾有の美しいガラスケースに入れ、それを店の前に出して、思うのだ。「さあ、ごらんあれ」と。

もちろん私は正直な文筆家として、確かに新聞でも一種の誇大宣伝は可能であると認めなければならない。だがそうした誇張は、おそらく美と調和のセンスにもとづくのであって、いずれにせよ売り手の良心の呵責となることはない。なぜなら買い手は商品を自分の目で見るのだし、もしも彼がひどく分別をなくして、その商品の華やかさを演出するのに力を貸している重要ならざる副次的な事物を度外視できないとしたら、それはあくまでも彼自身の責任なのだ。たとえば、大いに洞察力に富む、経験豊かな一七歳のお嬢さんには、どうかこのことをぜひ知ってほしい。上質な羊毛のモスリンを一枚買うときに、あわせてキラキラ光るガラスケースや、モスリンの周囲に置いてある百エレンもの別の布まで、一切合切家に持ち帰ることはできない、ただめざす商品一点のみを慎重に選ばなければならないのだと。ところが遺憾なことに、この分野での教育は大層おろそかにされているので、彼女はそんなことなど知らないし、そしていざその生地を家の縫物机に置いてながめたとき、運よく手に入れたと思ったものがぼろきれ同然だったと知って悲嘆にくれてしまうのだ。それは切断して服を作ることなどとてもできない無価値な代物なのである。確かにそれを一緒になって引き立てる目もあやな色彩に取り巻かれ、上品なショーケースのまぶしく光るガラスの下にあったとき、その代物はまったく別のものに見えたのだった。しかし、そういう事情を彼女にはやはり知っていてほしかった。そしてそんなぼろきれをあわててつかむ前に、これらの副次的な事物など無視すべきだったのだ。というのも、彼女は売り手からこんなことは期待できないからだ。つまり、彼がなんとも不都合な、全然売れない自分の品を陳列ケースに閉じ込め、それによってそれらの品が他のものよりずっと劣ったどうしようもない代物だと彼女に教えるなどということは。そして、ことに彼女に考えてほしかったのは、つぎのことだ。無数の目が見つめるそうした代物を毎日ガラスの下に並べなければならない人間は、やはり彼なりの功名心を持っていること、それらによって彼の趣味のよさが評判となるように、そして自分の店の可能な限りのあらゆる陳列と装いの技を駆使して人を誘う周囲の同業者になんとしても遅れをとらないように、商品を配置しなければならない、ということを。

こうした広告や陳列に関する事態の全体は、人間が持つ不思議な特性にもとづくものだ。そしてこのことがわれわれをあらためて立ち戻らせる点は、つまり広告や陳列によってまさに買うつもりがなかった人たちに買わせるという点なのである。それをこれから証明しなければならない。——この不思議な特性について、私はこれまでその根拠を明らかにすべく大いに考えてきたが、その試みは無駄であった。つまりこの特性とは、すべての階級、すべての年齢を支配するあの購買欲であり、またはこう呼ぶほうがよいかもしれないが、いくつかの丸いつまらぬ金属製の代物で、いやそれどころかちっぽけな紙切れで、大きな、美しい、未知の、もしかしたらいいようもなく役に立つ、あるいは見事に装飾的な貴重品を手に入れたいという、あの意欲と願望のことなのだ。いろいろな品物を知らず、それらをわれわれの自我にたいして応用する仕方もまったくわからない幼年期には、あの購買欲も最大である。われわれの誰もが思い出すのは、子供の頃いくつかコインをかばんの中に触知すると、まさしく心は期待で燃えあがり、そのコインでものすごくたくさんのものを買おうと思ったことだ。そして、そのあと何個かの質の悪い梨やくるみを持たされて店から送り出され、帰宅したことも忘れられない。ただちに子供に続くのがほかならぬ女性たちである。彼女たちには広告と陳列は最高に危険である。とりわけそれらがそれまで知られなかった形や、新しい、できれば外国の名称をつけて現れるときは。なぜなら彼女たちの空想力はそのときただちに活動しはじめ、その品はどんな姿をしているのだろう、どれくらい似合うのだろう、どんな味がするのだろう、などと思い巡らすからだ。ぜひ私も試してみたい、そんなに値段も高くないし、等々。そして彼女たちが男に比べて外での仕事に拘束される度合いが少ないために、「想像力」という甘やかされた子をさらにいっそう甘やかす暇を持つのだ。そして自然は、人間の最初の住処として十分重要である彼女たちの肉体にたいして、（せいぜい役所で背を曲げて座っているくらいしかできぬ）われわれ男たちとは比較にならぬ入念な配慮を施した。そのため彼女たちは、実際いとも容易に、速やかに、あらたに広告され、目で見たばかりの品物に引きつけられ、それがどんなようすなのか経験したいという欲求に身を焦がすことになる。そうしたことから彼女たちは、ワッフルケーキやアスファルト、安価な下着用綿布《ペルカル》、育毛剤などを、新聞で読むか読まないかのうちに、急いで試さざるをえなくなるわけだ。それにたいして、子供たちは言葉でよりも、むしろ商品の輝きによって買収されるのである。さて美しく優しい女性という種族は、どうしてもこうした傾向を持つし、実際、男たちより多くそれを追いかけることができるので、彼女たちの生得の社会的バランス感覚は一定の確かな常識に達し、簡単にはひどくおかしな行動に迷い込むことはないし、極端に愚かなことを家にもたらすこともない。ところがわれわれ男たち、やはりこうしたアダム以来の災いを免れていないわれわれは、女性たちのようにそれを訓練して鍛え、制御するすべを学んでいないのだ。そして、もしもわれわれがひとたび購買欲の悪魔に取りつかれるならば、われわれは不恰好、不器用にそれをおこない、極端に道を外れたことや救いがたいことを思いつく。それで私はまだよく覚えているのだが、私たちと穀物の豊かに実る美しい大地に暮らしていた父が、あるとき山岳地帯の旅からアイゼンの大きな包みを持ち帰った。それは町の競売で運よく手に入れたものであった。それはその後、一度私の弟がその先端にぶつかってあやうく目をつぶしそうになったとき以外は、長い間家に眠り、使われずにいた。それから地面に下ろされ、まだそこに置いてあると思われる。「競売」という言葉によって私は本題から少々脱線して、これほどまでにまったく予期せぬ、おそろしく馬鹿げた買い物をすることは、競売以外いかなる機会にもないという見解を示したい。わが知人の誰ひとりとして、（そもそもそんな機会を彼が持ったとすればだが、）それ以前には夢にも思わなかった大変な買い物をする羽目に陥った経験をせずして、競売から足を洗ったことを自慢できる者はいないのだ。一例をお見せしよう。つい先ごろのこと、そんな競売のおりに私の大変尊敬する友人である某神父が軍隊用のティンパニと鉄兜を買ってしまった。こうしたことが起った原因はおそらくこうであろう。売りに出された品物はどれもつねに、細部が見えないためすべて魅力的に見える遠方からしか提示されず、さらに参加者は品物が同時に提供されることによってたきつけられ、人が高い値をつけることでそれに対抗するように、つまりさらにそれより高い値をつけるように挑発されるわけだ。私の知人のひとりの伯母は永遠の説教家であり、知ったかぶりの常設事務局のような存在だが、どんな競売にも行かせてもらえない。店の在庫品のいっさいを買ってしまうからである。

思うに、人間のこのような購入・獲得衝動を、商品陳列と商品広告はあてにしている。自分のお金を持った男が田舎からやって来て、ただ聖シュテファン広場、シュトック・イム・アイゼン、グラーベン*、コールマルクト*に沿って歩き、ありとあらゆる輝かしく魅惑的なガラスケースが途切れもせず無限に続くようすをながめるとき、この男はどうしてよいかわからなくなる。彼はなにか買わなければならない。とくにたとえば彼が想う妻や娘が家にいる場合は。しかしこの男だけでなく、子供のときからそんな誘惑には慣れている生粋のウィーン人でさえ、買い物へとそそのかされるのだ。すなわち彼がある新しい、あるいはとりわけ見事に配列された、光り輝く陳列に遭遇し、それに見入り、いま、それまでこの種のもので目にしたものをすべてしのぐ品々を見たときは。だが実際、最近においても、商品陳列の趣味と贅沢さは並外れて高まっている。まだ数年前には飛びぬけて趣味がよく華やかだと賛嘆された看板やショーケースがいまやほとんど貧相で惨めな姿になりさがり、この種の新しい設備はどれも再三再四既存のものを優雅さと壮大さにおいて凌駕する次第なのである。その場合、吊看板や看板文字を製作する技術や費用も上昇し、吊看板のうえでまことに見事な絵画に出会うこともよくあることだ。そう、食料品商やいわゆる小売商の店でさえ、人々がみな立ち止まったというような出来事がもう起きている。それは、チーズと箒、酢を入れる樽と卵、石鹸と礼装、藁と植物内皮の束、そしてそのたぐいのものが、まことに目を欺くほど本物そっくりに、巨匠のタッチで看板に描かれていたからだ。

しかし優雅で華やかなのは商品陳列の台やケースだけではない。その中にある商品の配列においても実に蠱《こ》惑的な趣味が表明されるのだ。私は蠱惑的といった。それは彼ら商人が商品を並べて配置するに際し、それがごく自然にそこにあり、また絵に描かれたごとく軽やかに見えるように、しかしそれでもひとつの品が巧みに別のものを引き立て目立たせるように、置くすべを心得ているからである。とくに布地を商う商人がそうだ。そこでは色彩とデザインの配置は、それらが互いに自制しつつ、相手を生かし、その結果どの品もそれ特有の燃えるような輝かしさの中に現れるよう工夫されるのだ。ここから私はわが麗しき女性の読者たちに助言したい。陳列されたある服地がすっかりお気に召し、それを買おうかどうかと考えるたびに、つねにその前に熟慮してほしいのだ。はたしてあなたがたが、例の服地をショーケースの中で囲んでいる商品と同色のワンピースや他の付随の品を家で持っているかどうかを。もし持っているとすれば、安心してお買いになるがよい。あなたがたは、すばらしく合う、つまりまさにお持ちのワンピースなどの色に合う品を得て帰路につくことになる。しかしもし持っていないとすれば、買った代物が家にあるものと並んだ際に、ショーケース内で隣の品にたいして持っていたのと同じ力、同じ輝きをなお保っているかどうか、それはまったく偶然頼みなのである。

商品陳列の華やかさがこの先どこまでエスカレートしてゆくか、予測はできない。新しいものはどれも、すべての古いものに勝っていなければならないから。というのも、公衆は、まるで手のひらのうえで見せられるように、なんでもすぐ目の前に置いてもらうことに慣れているし、幻惑され、誘惑され、それがないならなにも買わないことに慣れきっているのだから。ある人が彼の店に最良の、選び抜かれた、きわめて安価な商品を持っているとして、ただ店の前にはおんぼろのあわれな看板を掲げていたとしよう。そうするとこの店に入って買う人は誰ひとりいなくなるのだ。この文章を書いている私でさえ、もう外観からして美しい店に入るほうがはるかに好ましいことを正直に白状しよう。そして、なにかをあえて交渉して買う場合、ありきたりの、古風な市民風の店（それがいかに手堅く信頼の置けるものであったとしても）よりも、美しい店のほうが、交渉はずっと少なくなってしまうということも認めよう。むろんこの記事の報告者たる私は、買い手の理想像としてはまったくお勧めできない存在だが、思うに、この文章のたいていの読者諸氏もそうした理想像ではないであろう。

目下ウィーンを支配している陳列のこうした趣味や華麗さが原因となって、つぎのような現象も起きることになる。日曜日や祭日は、田舎や比較的小さな町では週のうちでいちばん輝かしく、お祭り気分も高まるけれど、まさにウィーンではいちばん寂しく、つまらない風情だ。そうした日には住民の大半が周辺地域へ遠足に出かけてしまうことはあるものの、ともかく通りや広場に沿って行くと、魅力的な陳列の代わりに、暗い色どりの扉や店を閉じるよろい戸ばかりが目に入る。一方週日にはありとあらゆる豪華さと贅沢が繰り広げられ、まさしく帝都にふさわしい壮観なのだ。ことにいくつかの通りや広場はこの点まったく特筆に値する。たとえば聖シュテファン広場、シュトック・イム・アイゼン広場、グラーベン、コールマルクト、ケルントナー通り、ローテントゥルム通りその他である。市外区でもすでに、市街地のいくつかの小路や広場に匹敵するような華やかさを見せている。

こうして天気のいい午前中に上記の広場に沿って歩けば、おそらく旅慣れた旅行者はいっそう魅了され、当地に生まれついた人は引きつけられ、遠方の孤独な地方在住者は困惑するだろう。ここには隙間の空間もなく、店につぐ店が並び、どの店の前にも優雅なケースの中にその店でいちばん華麗とみなされているものが陳列してある。ここには織物などを切り売りする店がある。その前には輝く鏡面ガラスのうしろでまさに種々の色彩が入り乱れつつ絹や羊毛や木綿の生地が、つまり、純正のカシミアからはじまって、もっとも手軽でつまらない木綿の安物服にいたるまでの、人間の着る百もの名を持つ服のための百もの名を持つあらゆる布地が並んでいる。それから蜘蛛の糸のように細く、空気のように柔らかな手触りの布地を扱う最高級の店。そして、あらゆる考えられる限りの、よく知られた、あるいは知られていない容器やろうそくやクリップ類や、黄色、白、緑やその他の色のランプを集めた板金製品の商店。それからさらに最高に洗練され、よき趣味に満ちたデザインの布地がある陳列ケース。活版印刷の芸術品や、やはり芸術品としての銅板彫刻用のみを置いた書店。高価な商品を備えた宝石商。ここには黒、緋色、すみれ色、さらにまた灰色のビロード地のきわめて豪華な台に乗った、蓋の開いたケースから、おびただしく多様な装身具がキラキラ輝いている。それは伯爵領半分にも匹敵する値のダイアモンドにはじまって、すべての種類の羽根飾りや扇やきらめく品々を経て、多彩な色と燃えるような炎を放つ宝石をつけてビロードのクッションの溝に収められたあらゆる形やサイズの指輪にまで及んでいる。その隣には暗色のビロードの上に何連か絡みあう形で穏やかな艶の真珠のネックレスが横たわり、またブリリアント・カットのダイアモンドの白い炎がきらめいている。それからさらにパイプの店が続く。海泡石*の火皿は全種類がそろっている。まったく非の打ちどころのない白色、銀製の飾り金具の炎のような光輝からそっと浮かび出た、まさに海綿のようにこのうえなく柔らかな白色からはじまって、全種類が。あらゆる大きさ、あらゆる型のパイプがここで人目を引いている。すべすべした火皿、ゴシック風のもの、ひとつ、ふたつ、ないしいくつかの彫像で飾られたもの。そう、完全な戦闘風景が彫り込まれたものさえある。――その下、ショーケースの土台のうえには、紫色のビロード上に、ガラスのおおいをかぶせられ、豪華なサンプルが置いてある。巨大な火皿であるが、それはきわめて上品な彫像をいくつも取りつけられ、打ち出し細工による銀板を打ちつけられ、火皿のうえには星としてルビーをのせている。いくつもの柔らかな白色の火皿の間には純粋な黄金色の琥珀の逸品が懸かっているし、ごく小さな葉巻の吸い口にはじまって、あらゆる種類や長さの吸い口から、巨大な、ねじられた、絹のような艶のあるトルコのパイプの先端で目立つ、やはり巨大なトルコの袋にいたるまで。そして、その後に続くのが光り輝く品々を備えた銀や金の店、それからふたたび反物小売店、そして絵画や銅版画やリトグラフィーを扱う美術品店等々。それからケーキ屋、リボンの専門店、毛皮の品々、さらにぴかぴか光るナイフの軍団、それからアートフラワーの森。さあ、もし君がこれらの建物に沿って歩き、小路に入り、小路を出ても、こんな風景がさらに続くのだ。ただすべての小路が同じわけではなく、ある小路には店がより多くあるし、別のにはより少ないというわけだ。しかしウィーン全体をとっても、ひとつ、あるいは、いくつかの陳列ケースのない小路などおそらくひとつもないだろう。この商品陳列こそ贅沢と虚栄のもっとも誘惑的な手段なのである。それゆえ実際毎時間、最高権限を持った数々の裁判官が、それらの店の前に立ち、判決を下したり、捜し回ったり、少なくとも願望したりするのだ。おお、なんという悲しそうな顔をして貧しい小間使いの娘がたびたび色とりどりにきらめく布地の山の前に立ち、なんとかこの楽園《エル・ドラド》へ飛翔して、あれか、これか、一巻きの高価な絹地を家に持ち帰りたいと願いながらも、絶望しかけていることか。店との交渉に際して彼女がすべての策を試み、持てるすべての表情を表出するとしても、そしてけっきょく安物の絹地を引きずるようにして帰宅するとしても、なんの不思議があろう！　パイプの店の前に思案に暮れた老人の愛煙家、そして努力家で将来に並々ならぬ大志を抱いた若者が立っている。美術品店の前には、いつも多くの人が通りまで鈴なりになって、いろいろな絵をながめている。そして口笛を吹く靴職人がやって来ると、彼はしゃにむに人込みの壁を押し分け、いちばん先頭、絵のすぐ前に立つ。商品の陳列は実に自然で、実に天真爛漫。思うに、そうした陳列ぶりは大いに下層階級を、とりわけ女性を魅惑し、誘惑して、贅沢やうぬぼれを求める気持ちをあおり、そしてもちろん、そんな素敵な生活へ向けて駆り立てるのだ。

広告についていえば、その中心的な卸問屋は「ウィーン新聞」*である。そこでは政治的な記事や公報のあとに、さまざまな広告の一群が続く。そしてご近所どうしの広告の並び方は、しばしばいかにも滑稽である。ここにシャンパン・グラン・ムソー、新しい絨毯・家具用布地の在庫、バターナイフの新発明、ポータブルな機械類、眼鏡。——正真正銘の英国の機械製撚糸で作られた、きわめて廉価なシャツボタン、四重の最高級編み物撚糸、血吸い蛭、グラーツ・ビスケット、九千エレンの布大売出し、ルスト産ワイン、ミリー製石鹸、少女教育施設、耐水ブーツ、皇室御用達ウィーン・サロン*・ブーツ・エナメル等々。私はまったく山のようなチラシを所有している紳士を知っている。彼はそれをすべて「ウィーン新聞」から切り抜き、それに従って必要品を買い求め、またあらゆる友人や知人に勧めるのだ。また他の新聞においても、あれやこれやの形でありとあらゆる推薦や賞賛が現れている。そしてそれらは、必ずしも所有者にとって役に立つとは限らないが、作成者にとっては疑いもなく有益なのである。このような広告にあっては、広告されたすべてのものが本物で、比較を絶し、途方もなく安く、なくてはならないものであるということは、おそらく自明の理なのだろう。しかし宣伝文句を逐一信じる人々が相も変わらず存在することは自明の理とはいえまいが、それにもかかわらず、そういう人々は現に存在するのだ。とりわけご婦人たちは新しい、そしてできる限り複雑な名前に弱いものだし、それが可能になると、ただちにその品を購入せずにはいられないのがつねなのだ。新聞のほかに、通りのあちこちの角には、あらゆる色、とりわけ赤の巨大な文字で、門のように大きい広告ポスターのうえに、公衆に必要な情報が掲示されている。たとえば*ローテントゥルム門外のようないくつかの場所には、ばかでかい壁面にうえから下までポスターが貼られ、骨折ってこれらを読むのに何時間も要するものと思われる。――こちらには巨人がいるかと思えば、あちらには小人がいる。パーティ、舞踏会、種々の憂さ晴らし、レクリエーション、動物見物小屋、鉄道の旅、遊覧用大型馬車、音楽会等々。つい最近、独自の広告機関の連合さえも発足し、そのさまざまのチラシを大きな暗色の木製掲示板に貼りだしているが、それらはじつに優雅で感じよく見える。他方、そのすぐ隣ではないものの、大規模な広告スタイルが登場するより前の、当初の無邪気さを依然残すスタイルも、排除されてはいないのだ。つまり、むき出しの石壁の、まさにいたるところに、じかにチラシを貼りつけるというスタイルも。

　陳列ケースの中にもすでに手書きの、あるいは印刷された紙片が置かれているが、それらはさし当たり商品の名前と、ときには値段以外、まだなにも記されていない。そして誰が知ろう。じっさいこの広告という産業部門がこの先どうなってゆくか、またわれわれがいつか、これほど大量に出回るチラシに記載された商品の全容を読むことなどもう不可能になってしまうのではないか、ということを。それまでは心ゆくまで陳列され、広告され、買われ、売られたらよいのだ。売り手は儲かり、買い手は有頂天になり、こうして両者とも助かるのだから。そしてこうした事態をかくも親しい思いで願うことのできる者は、この文の著者しかいない。ところがこの著者たるや、限りなくお気に召したものしか買わないが、そのあといつもそれが二束三文の代物だったとわかるのだ。彼の家族の者たちは、そんなとき彼を思い切り笑いものにするかもしれないが、彼はいたって満足し、すべての読者大衆にたいしても同じことを心より願っているのだ。

第三七章　リーニエ乗合馬車の御者

カール・エトモント・ランガー

ヴィルヘルム・ベーム（絵）カール・マールクネヒト（鋼版画）「リーニエ乗合馬車の御者」

きょうは日曜日、しかも晴れた午後。空気は青く澄んでいる。市壁や塔、煙突や切妻屋根もろとも靄の海に沈み込んでゆきそうな、蒸し暑く埃っぽい町にたいして、近くの山々が誘惑するように優しく、またその香るがごとき緑がこちらに来なさいと手招きしている。ひばりがほとんどこの帝都の市壁すれすれまで渦を巻くようにして飛んで来て、緑の自然の中から、さあいらっしゃい、と呼んでいる。誰がこんな誘いを拒むだろうか。私は絶対拒まない。読者のあなたもそうだね、腕をお貸ししてご案内しよう。といっても、あなたと腕を組んで全世界を敵に回してでも戦おうというわけではないが〔シラー『ドン・カルロス』〕。あなたと和やかにゆったりしたいい気分で、市内*と市外区*の乱雑で騒々しい道を歩き、家々の広大な海の外、リーニエ*の外へ、あざやかな緑の中に連れて行ってあげよう。あなたがウィーンの人なら、一緒にそこの人々の愉快な活動をあれこれ見てほほえむだろうが、あなたは異郷の人、私は親切なガイドになろう。さあ、いらっしゃい！

　さあ無事、市門を抜け出た。

おっ、ほら、なんという人だかり！　だが怪しむには及ばない。日曜日なのだから。

　事務員は六日間、事務机に向かってため息をついたあと、ペンをおいて、あらめて新鮮な空気を吸い、まき砂と書類のちりでなかば盲いた目に緑で潤いを取り戻す。陽気な学生の兄ちゃんにとっては普通、試験期間だ。彼のカレンダーでは、このうっとうしい数週間を除いて毎日が日曜日だが、彼も法規全集を放り出して、同じ気分の同級生を何人か呼び出し、一緒にうまいビールやきれいな女の子

を求めて、新大陸発見の旅やら十字軍遠征やらに乗り出す。『ファウスト』に出てくる彼の仲間が、

強いビールにきついタバコ、
それに、おめかしした娘――これがおれの好み。〔ゲーテ『ファウスト　第一部』〕

とあけすけにいうのとは違って、彼はいつも下卑た考え方やいい方をするわけではないが、それでも少なくとも部分的にはまた、ルターの有名な箴言を熱心に賛美し崇拝する。

酒も女も歌も愛さぬ者
生涯、阿呆のまま！〔二〕

私たちはそんなことはよくわかっているし、同じことをやってきた。私たちとは私と読者のあなたのことだが、ともかく先に進もう。じっと立ち止まって哲学的な省察をしたり詩文を引用したりなどという暇はない。私たちの後ろにやって来る者が、私たちを前に押しやる。つまり、流れに乗って行けということだ。
あちらでは、いろいろな武器を持ち、いろいろな色の制服を着た兵士たちが闊歩して来る、大半は

二、三人で組になり、拍子を合わせ均一の確かな足どりで。群衆の間を通り抜ける時、軍隊的調子で近づいて来ると、込み合っている群衆は気をつけてそれをよける。きのうはなにかの行列だか祭りだかで、野次馬の急所に銃の台尻を無慈悲に押し当てたが、きょうはすっかりおだやかでいい顔をしている。こちらでは、市内と市外区のあらゆる店や屋台の奉公人や手代、それにいろいろな同業組合の徒弟が浮かれている。ある者は分相応につつましく適度に楽しんでそぞろ歩き、身分を隠したりしないが、ある者は「散財して見栄を張る」。ウィーンでは、自分を実際以上の人間に見せたがる人のことをこういう。

ほとんどどの男の腕にも、寄り添う女がしなだれかかっている。ある女はむっちりした頑丈そうな台所女で、日曜日と彼氏に敬意を表してカラフルなけばけばしい服を着ている。またある女は可愛くて、おませで小生意気な顔だちをした子猫のような小間使いで、きょうは高貴なご婦人の役を演じており、負けず劣らずめかしこんでいる恋人にくっついてふわふわ漂っている。彼女の足は普通しっかり地についているから、ふわふわなどというのは思いもよらぬことだが。

そうこうしているうちに、徒弟たちも群れをなしてうろつきだす。彼らも日曜日におとなしく引っ込んでなどいたくないのだ。ふてぶてしい顔にふちのある帽子やない帽子をはすにかぶり、きょうは親方に見られないのでパイプを口にくわえ、急ぎ足で雑踏を通り抜けてゆくが、そのときしばしば有名なレルヒェンフェルト風、つまり上品とはいえないやり方でかき分けて行く。それに怒った人にはさらに、下卑たおちょくり言葉を投げつける。

このようにしてさまざまな人の川は果てることなくとうとうと流れ、波打ち、活気のある市外区の家並を通って進む。その家並の大部分はまっすぐリーニエに通じる。さらに数知れぬいろんな固定した――歩いているのだが――類型の人を群衆の中から取り出してひとつひとつ観察することもできよう。だが読者よ、そうしていたら時間がなくなってしまう。ずんずん先に歩いて行くことにし、ただせいぜい道の中心のほうにちらっと目をやろう。そのくらいのことならついでにでもできるから。道の真ん中にはお大尽の儀装馬車やすばしこい*辻馬車が行き交い、また、リーニエ内を走る大小の*乗合馬車が全力を尽くして、自分たちと同時に市門を出発した、くすんだ青の上着の傷痍軍人ふたりに負けじと、先にリーニエに行こうとしている。

そこにはみな窮屈な荷台に押し込められて座っているが、それにもかかわらず、内心同情して、私たちあわれな歩行者を見下ろしている。私たちは埃と暑さにさらされているが、彼らは快適に希望する場所に到達できるからだ。

まあみなさん、辛抱して！　そのうち私たちもいい目にあえるから。とにかくもうあそこに見えているあの黒と黄色の格子戸まで、リーニエ遮断木まで行こう。その外側にはもうしゃれた豪華な*馬車《エキパージュ》が何台か停めてあって、皆さんがかわいそうに思ったこの歩行者たちをたくさん乗せてあげることになっている。その歩行者の中には私も読者も入っている。ただし、読者がその馬車をあまりに庶民的すぎると思わなければだが。実は「リーニエ*乗合馬車《ツァイゼルヴァーゲン》」に乗るのだ。

さあ、ご覧なさい。もう来ているぞ。わあ、なんて楽しそうですごい奴だろう。整然と並んで、大きいのも小さいのも、屋根つきのも屋根なしのもある。座席が六つのと、八つのと、一〇のと、一六のと、もっとたくさんのもある。どれにも一頭のやせ馬がつないである。まともな馬が二頭というのはこの種の輸送車輌にしては滅多にない贅沢なのだ。どの馬車にもとびきり陽気な御者がいて乗客を勧誘、いやはっきりいえば、強要する。そのやり方はといえば、道行く人ひとりひとりに*ステントールのような大声で呼びかけるのだ、「遠出しましょうや、お客さん」

近づいて、そういう乗り物をよく観察しよう。読者よ、あなたがウィーンははじめてというのなら知っておいてよいことがある。まず、このタイプの乗合馬車はウィーンのリーニエの外側に停車場があるということである。だからどの馬車も、車体番号のほかにLZ、つまりリーニエ乗合馬車(Linien-Zeisel《リーニエン・ツァイゼル》)を意味するふたつの文字が白く輝く小さいプレートをつけている。つぎに、その所有者にはリーニエの内側に車を停めて、客を集めることは許されていないということ。最後に、この輸送手段の最大のものはその巨大なことと、帆船のようにゆっくり走ることから、「リーニエ船」とあだ名され、市内のすべての乗合馬車の所有者にも辻馬車の御者にも軽蔑的な目で見られていること。その中のいくつかは四人乗りの四輪オープン馬車で、非常にきれいに造られており、外見からは辻馬車にさほど見劣りしない。ただしつながれている四足動物のほうは、もしかすると辻馬車の馬より肋骨が浮き出ていて透けて見えるかもしれないし、馬の主人である御者は辻馬車の御者よりは、通常もう少しお人よしともいえよう。

こんな脱線をしたあとだから、読者よ、手近に私たちの目の前にいるリーニエ乗合馬車の御者を乗り物ともども仔細に観察し、そうしてから、もうとうにあなたの目から同意が読み取れているので、このテスピス車〔どさ回りの芝居用の馬車〕の内部へも安心して入って行こう。

ちょうど目の前に立っているのは小太りのずんぐりした体格の奴で、二四歳くらいだ（いろいろな年齢の人がいるがこの年齢の人が一番多い）。実直で人なつこいが、そのくせずる賢く抜け目のない顔つきをしており、その顔に広いつばとシャモアのたてがみと黒雷鳥の羽根のついた緑色の狩猟帽をえらそうな感じにぎゅっと押しつけている。たったいま得意の「遠出しましょうや、お客さん」を鳴り響かせた歯の間に、彼は管の短いパイプをくわえている。これはなくてはならないものであり、走行中、濃い煙の雲を作って不快きわまるニコチンのにおいをまき散らすので、乗客の繊細な鼻はひどくぞっとして気持ち悪くなってしまう。

身に着けているのは、色と製造場所がはっきりしない、だぶだぶで明るい色のズボンで、以前は黄色い南京木綿だったのか、白いリンネルだったのか、わからない。そのうえに青いエプロン、その両端は動きやすいようにうえのほうで結わえられている。最後に赤い布製の短い胴着《カミソール》と非常に派手な、もしかして熱帯特有のものかもしれない色あざやかなネッカチーフだ。上等の上着は彼には無縁だし、風になびくシャツの袖も同様にまぶしい白ではない。それは太陽がそこを照らしつけても、乗客の目にまぶしくならないためである。

こんな格好をして健気なリーニエ乗合馬車の御者は立ち、ゆすったひとりめの船客を一方の手でリーニエ船に押し込みつつ、その一方で、そっぽを向いて通り過ぎてゆく群衆の中をさらにうかがい、古くさい決まり文句「遠出しましょうや、お客さん」を連発する。比喩というものは、どれもこれもしっくりしないものだと人はいうが、それにしても私は、この男をあの不潔な動物と比べてみたくなる。そいつも、どんぐりをひとつ気持ちよさそうにぶーぶーいって噛みながら、その間に物欲しげな目つきをしてさらに二個め、三個め、五個め、一〇個めを虎視眈眈と狙っている。

わが御者の乗り物に関していえば、一二の座席のある本物のリーニエ船である。葦を編んで作った長いかご、といってももちろんスプリングなどついているはずもなく、おかげでもちろん結果的にとても心地よい、そして消化を促進する揺れがもたらされる。そのかごからうえに伸びている六本の竿が不格好な屋根を支えている。その屋根から両側に皮製の幕が垂れ下がっているが、その幕は天気の悪い時にだけ広げられる。というのも広げるのにいつもいくらか手間がかかるからだ。さて、どのリーニエ乗合馬車にもついているわけではないこの平和な屋根の下には六つの座席があり、柔らかい木材でできているものもあれば、硬い皮の詰めものをしてあるものもある。座席にはそれぞれふたり、必要とあれば三人座れるから、この船の乗客は一八人まで増やせる勘定だ。だが中の座席に行くのは、ちょっと苦労するどころではない。というのも、これに乗り込むには踏み段の助けがほしいところだが、それが全然ついていないのもあるし、一応ついているにしても、実に使い勝手の悪いものだったりする。すんなりと乗り込めないものだから、ことに女性は種々さまざまな無垢で純朴な気取りを見せたり、思わせぶりな風を装ったりすることになる。だが自分の足がきれいだと意識している女は、やすやすと勇気を奮い起こして、たじろがずてきぱきと甲板に昇ってゆく。

最後に、このノアの方舟の引き索を取る因果な定めとなった気高い駒は、いわゆる普通の馬なるものとまったく違うものの役を、馬より楽に、上手に演じることができるようだ。足を広げ、頭を下げて立っている時、人間と動物の零落について考察しているかのようだ。最初は広いハンガリーの平原を無心にはしゃぎまわる自由な子馬だが、それから入念に育てられ立派に調教され、馬車《エキパージュ》をひく地位にまで昇りつめる。そのあと、長年の奉公を終えると、博労に売られ、そのあくどい商売人の手から無慈悲な辻馬車の御者の手に渡される。今度はリーニエ内の乗合馬車の持ち主に、そして最後にリーニエ乗合馬車の御者に売りとばされた。まさに、全五幕の世界苦《ヴェルトシュメルツ》的悲劇なのである！　こんなこともその善良な馬は考えているように見える。というのもちょうどいま、有名な独白をしているからだ。

「私はいまはもう元のマリーアの影にすぎない！」〔シラー『マリーア・シュトゥーアルト（メアリー・スチュアート）』〕そういいながら、自分の横にいる不運な仲間に、憧れと妬みが相半ばするまなざしを投げかける。だがその仲間も、以前はいっぱい入っていたが、いまは空っぽの飼葉袋の奥にちょうど首を突っ込んで、同じような省察をする。

わが親愛なる同行者よ、これが、私たちを歓迎し、リーニエの外にある人気の観光地に連れて行ってくれる儀装馬車なのだ。これの代金として私たちは各自、五グロッシェンから八グロッシェン（ウィーン通貨）ほど支払わなければならない。この代金は、私たちにこの乗り物があたえてくれる主たる楽しみは別にしても、運賃としては途方もなく安い、いやほとんどただも同然であると信じてくれてよい。では乗ろう、ふたつだけになった空席以外、リーニエ船は満席だから。旗を振り、故郷の岸辺に、つまりリーニエ遮断木に向かって大声でお別れをしよう、未知の海に漕ぎ出す前に。そこに行ったら、ニンフや*セイレーンにではないにしても、岩礁や浅瀬に脅かされるかもしれないが。

帰還したら、ジョッキにビールを泡立て、チブーク〔柄の長いトルコのタバコパイプ〕をふかしながら、私たちの運命がどうなったか、ほかの人たちに話してあげよう。そしてそれについて本まで書いて出版することだってあるかもしれない。

それでは、錨が揚がった。さらば！

訳注

〔一〕ルターの作とされているが、信憑性はない。ホメロスの独訳者として知られるヨーハン・ハインリヒ・フォス（一七五一―一八二六）の作とする説もある。

第三八章　料　理　女

シルヴェスター・ヴァーグナー

ヴィルヘルム・ベーム（絵）カール・マールクネヒト（鋼版画）「料理女」

ウィーンに来たことがある者で、朝起きて一一時前に広場に行ったことがある者なら、彼女たちを見かけたことのない者はいるまい。あのいたずらっぽい代物にして豊満な生き物、燃えつきることのない美女にしてウィーンのウェスタ*の処女たち〔女神ウェスタに仕えた巫女〕を。彼女たちは、心のなかの消えることのない炎と、かまどの火というふたつの火に永遠に逆らい続けるだけでなく、人工の燐寸や自分の目の自然の熱火で毎日いくつもの火をたきつけている。魅惑的なあのウィーンの料理女たちは、野菜売り女のお気に入りであり、食糧雑貨商《グライスラー》の気晴らしであり、理髪師や奉公人、ウェイターの悦びであり、御者や家僕や職人の楽しみであり、ウィーンのすべての胃袋の誇りにして慰みである。彼女たちのローストチキン、彼女たちのローストビーフやシュニッツェル*、彼女たちのスイーツや焼き菓子はウィーンと彼女たち自身の名前と名声を、ドイツの諸都市とドイツ民族の間で不滅にして永遠なものにした。というのは、よそ者たちでさえウィーン料理を、したがってウィーンの料理女をも高く評価していることを知らない者はいるまい。それどころか、ほかのことではウィーンで見聞したことにけちをつけ悪しざまにいいたがる者たちも、料理女にはふさわしい讃辞を贈らざるをえなかったのである。私は、料理女を褒めた者たちがウィーン滞在中には料理にしか関心がなかったとは思いたくないが、これらの諸氏がきわめて健全できわめて偏見のない胃袋を持っていることは確かである。

しかし、わが料理女たちはなんとすばらしい食材を料理に使うことができることだろう。世界的に有名なハンガリーの牛、評判のボヘミアのキジ、シュタイヤーマルクの大きなオンドリなど、あらゆる地方と地域の極上のもの全般である。だから、ウィーンでは料理法が学問にまで高まって、料理女たちの間から著述家が現れてきたし、さらに現れてくることも不思議ではないだろう。その証拠に、あまた料理本があるなかに、あらたに出版されたものもあれば、重版や増補されたものもある。たとえば、『料理法大全 格言による平易な記述』『食卓、出てこい。エプロンを着けず、鍋を磨かず、指を火傷せずに料理上手になる方法。付録 急な来客に慌てない方法』『頼れるジャガイモ・果物料理』『今日の献立、明日の献立』『はじめてのウィーン料理』『信頼できるウィーン料理本 肉食日と精進日のための調理法一八〇二 素朴で平易な記述 付録 料理の基礎講座二章』このほかにもまだ何冊かある。真に模範的な著作ばかりで、人間が原始状態に落ち込まないかぎり、それらはほかの多くの本の不名誉な運命をまぬがれることは確かである。

ウィーンの料理女は、田舎のオンドリと同じく、たいていの家でいちばん早く立ち働く者であり、彼女の貴重な時間《ゴルデネ・シュトゥンデ》は、主家の朝食が早いか遅いかで、五時から九時の間のどのあたりになるか定まらない。「彼女の貴重な時間」と書いたのは、彼女の場合、「金《ゴルト》の代わりに「お金《ゲルト》」と置けば」というおなじみの古い諺が、文字どおり真実だからだ。朝の空気が大好きな料理女が、同じように朝の空気が大好きなどこかの誰かさんと短い逢引きを途中でしなければ、彼女がまず訪れるのは牛乳売り女である。この女のところには大勢集まることもまれではなく、そうなると本物の朝の談話パーティができあがる。

ここではなによりもまず夢《プラエ・プリーミース》が語られ解釈されるが、この解釈では夢に精通した牛乳売り女が小さからぬ役割を果たす。牛乳売り女は、自分の名声を危険にさらしたくなければ、夢判断の知識を絶対に欠いてはならない。水と靴の夢は不幸の予言であり、お金を拾うこととシラミの夢は幸運、魚と卵の夢は不快の予言だ、ということを彼女は知っていなければならない。しかし、とりわけ彼女は夢をロトくじと結び付けるすべを心得ており、このロトくじがわが料理女たちは全然嫌いどころではないのだ。彼女は断言する、死と生は四七、幼児と皇帝は一、火と兵士は一一、汚物と腹痛は九〇など。そして、女性が恋人の夢を見たときには、必要なのは彼の年齢と誕生日と名付けの日の日付だけであり、そうすれば三連《テルネ》くじの当たりは確実である。

さらに、牛乳売り女たちのところで語られるのは、料理女たち自身の間で起こった、あるいは彼女たちの崇拝者や知人、友人たちの間で、でなければ彼女たちの雇い主と主家で起こった昨日の昼と夜の出来事である。日々の重大事件や町の噂が持ち出され受け売りされて、新しい情報が低俗な年鑑に採録されたり、古い情報が甦って改められたりする。したがって、日々の事件から都市史が、都市史から国家史が、そして国家史から世界史ができているという意味では、牛乳売り女は世界史の豊かな資料庫、尽きることのない鉱脈である。とすれば、わが料理女たちもまた世界史《ヒストリア・ムンディ》の変わることのないきわめて重要な共著者なのである。

牛乳売り女のところからパン売り女のところへ、これがいなければ食糧雑貨商のところへ行く。料理女たちの訴えの第二審である。ここでは、時間がまだ許すなら、牛乳売り女の予言が点検され吟味される。そこで審議されるすべての事柄のなかで、万一あるかもしれない正しくないことは修正し、あまりに疑わしいことには解説の傍注を施し、真実のことや真実らしいことは補足を付して充実し、あまりに目立ちすぎる誤りはもっと確実な根拠をいくつか付けて糊塗してしまう。

この朝の社交パーティは日曜と月曜にことに大勢集まる。というのは、ここでは弁論《ブレーデ》の材料に事欠かないからである。日曜に相談されるのは、午後はどこで楽しく過ごそうかということだ。ヴェーリ*ンガーシュピッツの舞踏祭に行ったほうがいいのかしら、それともシンマリングの祝祭舞踏会か、コ*ロッセウムの「最後の日」に行ったほうがいいのかしらとか、それともアウ*ガルテンの「ヴェニスの一日」かしらとか、という具合にである。人気のある先導役がたまたま別の考えであっても、その人の考えを簡単に変えることができると見込んで集まってくる。そして、仲間のなかにいる孤児や未亡人の世話を気の毒がって焼いてあげる。彼女たちは、人間にとってひとりぼっちがいかにあわれなものかをよく知っているし、いるべき人がいないそうした状態を埋めてくれる人がいちばん簡単に見つかるのがその種の舞踏会やお祭りだと、十分に期待してのことである。月曜には今度は事細かに報告がおこなわれる。どこそこに行ったとか、知り合いの誰それに会った、誰それとどれくらい踊ったとか、ハンス・イェルゲル・ギャロップとアンネン・ポルカ*が気に入ったとか、誰それがどんなドレスを着ていて、どんな帽子をかぶっていたとか、お喋りが品がよかったとか、ぱっとしなかったとか、相手のいないさびしい仲間の女性が同じ思いの男性を見つけたかとか、どんな男性だったかとか、いろんなカップルでもめごとや仲たがいが起っていないかとか、もしかしてドレスを汚さなかったかとか、手袋をなくさなかったかとか、求愛者たちがみんなお猿さんだった（酔っていた）とかそうじゃなかったとか、そういったことの報告である。

　牛乳売り女とパン売り女のところから帰宅すると、わが料理女は朝食の準備をし、朝食をとったあと彼女はお気に入りの外出用の普段着を羽織り、可愛らしい柳のかごを腕にかけて肉屋にいそいそと向かう。この途中で、偶然の場合もあるし、約束していた場合もあるが、お伴の男性が現れることもよくあるのだ。肉屋に行くと彼女は主人と使用人からひどく愛想よく迎えられ、「おはよう、べっぴんさん」などと肉屋流のお世辞で挨拶される。このお世辞は、彼女が若くてきれいであるか、食肉帳をもっていないと、いっそうさかんに使われる。食肉帳がない場合にはとくに主人の側から丁重な扱いを受け、使用人もきわめて義務的ながらより大きな心遣いをしてくれる。なぜなら、食肉帳のない、この三倍も幸福な料理女は、自分の好き嫌いで、また自分がいい加減な扱いを受けただけのことであっても、そうしたごく些細な理由からでも、毎日肉屋を取り替えることができるからだ。食肉帳を持つあわれな料理女たちよ、月々の帳尻合わせに苦心のやりくりのねらいを定めていることをわからせながら、自由を制限するこの食肉帳、料理女たちにとって不愉快なこの忌まわしい発明、登録された肉屋のみに出入りを制限するこの旅券に嫌悪を示すがいい。食肉帳は、たとえば、おまえたちが肉を一ポンドではなく三フィアティングだけ買うとか、レバーは一クロイツァー分ではなく二分の一クロイツァー分にしておくというようなことをさせないいとうべき統制であり、おまえたちの柳の買物かごの名誉を奪う烙印なのだ。おまえたちの側から食肉帳一揆のようなものを起こされたとしても、仕立て職人の一揆ほど愚かしいものではけっしてあるまい。職を得る前から、二週間ごとの休暇がとれるかとか、恋人が自由に出入りできるかとか、そんなことを気にするよりも、食肉帳のことをもっと気にしたほうがずっといいだろう。

　さてわが料理女は、然るべき身ぶりをともなって、さかんにふりまかれる肉屋のお愛想、たとえば「ご冗談でしょう」とか「冷たいエンドウだけなんですか」といったお愛想を当然の敬意として、もしくはなんらかのお返しのお世辞として受け入れて、お願いしていたテール肉、牛ロース、薄切りまたは厚切りの牛モモ肉、鶏肉、豚モモ肉、あるいは、要求していた、肉を外した幅広の軟骨を受け取る。そのあと、肉屋で彼女にふりまかれたお世辞の香りを漂わせながら青物市場の野菜売り女のところへ向かい、必要な野菜を値切って、ついでに牛乳売り女とパン売り女のところでやった議論の続きをおこなう。というのも、野菜売り女は料理女たちの本来の神託の巫女《ピティア》なのである。赤く燃える炭の入った熱気を放つ火鉢を自分の下に置き、四本足の台の上に座って、野菜売り女は夢と宝くじに関して、きわめて重大な言葉をいわなければならない。彼女の許す《ペルミットー》もしくは禁じる《ウェトー》という言葉が、夢の解釈とロトくじの数字をここにおいてやっと決定するのだ。

ついでにいっておけば、青物市場は料理女たちのいわば造幣局である。ここで彼女たちのいわゆるかご銭*が打ち出される。いいかえれば、捻り出されるのだ。そしてこのかご銭のことで大騒ぎが起こることもある。それは、仕立屋が残った端布《はぎれ》を自分のものと見なすのとは違って、料理女が搾り取った小銭を自分の所有物と見なすのは当然至極のことではないと思われるからだ。

この青物市場はさらに、わが料理女が、奉公先を探している仲間の女たちと集まる場所でもある。彼女はその女たちから少なからぬニュースを聞いて、困っているこの女たちのところに駆けつけ、力の限り支援することもまれではない。青物市場での仕事が終わったあと、彼女はさらに、先のギャロップ*の際に切れたコルセットの革ひもを取り換えようと、街角に立っているひも売りのところに立ち寄ったり、昨夜の夢見のために、近くにあるロトくじ販売所へ行ったりする。それから重いかごを妙な格好で腕にかけて帰宅し、自分の仕事に、おはこ中のおはこである高貴なる料理術にとりかかる。

市の立つ日、ことに金曜日には、食料品の大きな集散場所であるサイラーシュテッテ*で料理女の姿があるが、それは、彼女自身が自分の責任でするのであれ、主家がするのであれ、こまごました生活用品の大供給者である食糧雑貨商から買わないでおくことができる場合である。サイラーシュテッテでは料理女がしばしば、卵、バター、獣脂といった必需品を一週間分大量に購入する主家の奥さまのお伴をしている姿を見かけることがある。しかし、特定の商人や小売商を勧めるのを奥さまが聞き入れてくれないとか、小売商が鈍くて料理女の側からの目くばせを見ていなかったり理解できなかったりする場合には、もちろん料理女には家まで荷物を運ぶ役目しか残っていない。だから、主家から大量購入を任される料理女には、きわめて実入りのいい職務がともなっているわけだ。まさにこの理由から彼女は、いつもよりずっとめかし込んで見えるし、たいていの場合、重い荷物運びから彼女をまぬがれさせてくれる荷運び女を従えている。

料理のあとの時間は、その他の家事に使われることもあれば、台所の勘定書の付き合わせに使われることもある。夜の八時から一〇時までは料理女たちの逢引きの時間だが、彼女の忠実なフィレモン*たる錠前師とか指物師が、主家のほんの気まぐれから彼女のところに来るのを許されないとか、内気すぎたり気位が高すぎたりして台所に入れない場合には、逢引きは階段のうえか、車寄せのところや門扉のところ、あるいは小路を散歩しながら実に気持ちよくおこなわれる。しかし、恋人の立ち入りが許されて、それが奉公契約のなかに認められていても、男の奉公人や家の若主人さえもがたまたまとおりかかって、善意からか悪意からか、彼女に優しいまなざしを投げかけるといったことで、幕間狂言でも起ってくれなければ、この短い時間も、暖かいかまどのそばでふざけたりお喋りをしたりして終わってしまう。

門扉まで恋人に付き添っていき、そこでさらに、大事なことを話し合ったら、今度は一日のなかであまり愉快でない仕事、おそらくはもっとも愉快でない仕事に取りかかることになる。つまり、主家の奥さまに台所の勘定書を提示し、家政に関して奥さまが出してくる万一の異議や、勘定のなかに含まれている市場銭*〔かご銭のこと〕にたいして奥さまがしばしばそれとなくいう嫌みを我慢して聞き、翌日の献立表を受け取ることだ。この協議がとても激しいものになることもまれではない。というのも、奥さまと料理女は、容易に理解できる理由、すなわち両者の利害がつねにぶつかるという理由から、小間使いと奥さまのような親密な関係にあるのはめったにない、もしくはまったくないからである。

これまで述べてきたことからすると、ウィーンの料理女たちは、食事の準備には変化があるものの、時計のように、日々同じ動きをしては止まり、ねじを巻かれてはまた以前の動きを続け、ねじを巻かれるまでずっとそれを繰り返す、きわめて散文的な人間であるように思われるかもしれない。しかし、それは大きな思い違いである。料理女の人生には、他の女性の人生と同じように、変化と楽しみがある。彼女たちにも同様に恋の謀りごとがあり、自尊心の満足も不満もある。男性の気を引き、恋文を書き、芝居を観に行く。休みの日には、魅力的な若い紳士ではないにせよ、たくましい男性の恋人の腕に抱かれ、精いっぱい着飾りお化粧をして、ヴァッサー・グラシ*やプラーター*、フォルクスガルテン*へ行く。ドマイヤー*やツェーガニッツ*に現れ、社交パーティや夜会に出向き、ランナー*やシュトラウス*、モレッリ*の演奏で、タリオーニ*やエルスラー*、チェリットー*のごとく軽やかに踊って自分たちの勝利を祝う。しかし、なんと妙な姿で踊ることか。とにかくこうした有名なダンサーたちのごとく、二本足の引き馬に引かれて帰宅する。たとえ彼女たちのなかにワルツの最良の身のこなしをしていない者がおり、たとえば頭を傾けて、雨が降りそうな時のガチョウのように、一方の眼で空を見上げる者がいたとしても、また、必死の形相で巻き毛がほどけ、騎士のステップでギャロップを踊り狂う者がいたとしても、それでも個々の例外は通則をそこなうものではない。

わが料理女たちは、恋文がうまく書けないことがよくあったために、世間の物笑いの種になっている。しかし私は、この種の中傷をこれから先いいふらそうとする者にはひとり残らずあえて挑戦状を突きつける。私はこのような中傷屋の誰とでも良心の呵責を感じることなく闘うことができる。つまり、私には立派な友人がいるのだが、その友人が一風変わった収集家で、そのために彼は、収集家がすべてそうであるように、狂人とそう隔たっていない。こういっても彼を侮辱することにはならないだろう。それはまえもってわかっていることだ。なぜなら、彼もすべての非収集家を狂人と見ているからである。さて、この友人は死亡通知および料理女の恋文の非常な収集家なのだ。どんな手段であれ、それを手に入れる労苦と費用をいとわない。それどころか、もしできるなら、別の方法で入手しそこなった恋文や死亡通知を盗みかねない。それほど彼の熱狂の度合いはすごいのだ。彼はこの趣味をすでに一二年以上続けていて、この部門では間違いなく世界に並ぶもののないふたつのコレクションを所有している。私は特別の好意から彼のこの愛好の対象への自由な立ち入りを許されており、料理女たちの恋文の文体に関する十分な情報を提供することができる。私の見るところでは、その文体はけっして悪口をいうほどひどいものではない。したがって、私はまたここでそのうちの二通を、原文に忠実に読者の眼に委ねる義務があるように思う。

最初の恋文は、心の気高い料理女、とくに優れた料理女のものである。カバーは外から、幅広の中国風の金の縁飾りできわめて上品に装丁されている。金色の封印は一本の矢が貫いたハートの絵柄である。その上に宛名ではなく「思い出のために」と書かれている。手紙本体は一六折り判のごく上質の紙に書かれていて、へりに沿って綺麗な、やはり中国風に描かれた渦巻き模様で縁取られており、その角には色とりどりの熱帯の鳥が施されているのだが、私は鳥類の知識がまったくないために、それが何の鳥かいうことができない。忠実に示すと、手紙の文面はつぎのとおり。

愛する貴方

私は貴方を、私の胸に抱いて
忘れません。山を越え、丘を越えて
おごそかに貴方を求めて悲しみます、
永遠に
貴方にお会いしたいのです、愛
なんと素晴らしい感情でしょう。それは

眼をとおしておこなわれます。愛、そう、それを
感じてはおります、私はそれを
言葉にすることができません。
愛しい貴方は楽しく賢明に
未来の小道を歩きながら
貴方のために咲いているすべての花を、
人生を旅しつつ摘み取って、
選んで花束をつくる。貴方の愛しい手が
いつかバラを折るとき、貴方は小さな花を見つけるでしょう、
その名は忘れな草、そしてその
花こそ私なのです。

A・W・

二番目の恋文は通常の料理女の、したがってまったく詩的でも感情に満ちたものでもなく、ふつうの判型のごくふつうの紙に書かれている。宛名は、「ムッシュ・アロイス様」内容はこうである。

第38章　料　理　女

ウィーン　一八四一年四月一四日

大好きなアライス

あなたは、あたしがそっ直にあなたに手がみを書く事をゆるして下さいますね。とにかく、心をとろかすようなあなたのもうし出がずっとまえからあたしの心をもえ上がらしているんです。かよわい娘のあたしはぶさほうをかまわず、どうしても告白しないではおれません。あなたなしであたしは生きていけません。私のそっ直な告白をわるくとらないで下さいね。とにかく、自分で自分の心がままならないんです。恋するふこうな女を見すてないで下さい。もうおこってらっしゃらないのなら、いちどあたしたちをおたずね下さい。おたずね下すったなら、もっとあなたとおはなししたい事があります。もしいらっしゃれないのなら、おねがいですから、ふたこと、みことでも書いて、あん心さして下さいませ。

いとしいあなた。

そんけいの念をもって

あなたをえいえんに愛する恋人

アロイジア・シュ……

いわゆる偉い料理女たち、すなわち、大きな家の主家に仕える料理女は、われわれが語ってきたのと異なる種類の料理女である。この料理女たちには、こういってよければ、さらに自分たちより下の奉公人、つまり、料理手伝い娘や皿洗い女がいる。この種の料理女たちについて口さがない連中はいっている、彼女たちは料理をして眠り、少し酒を飲み、ピアノを弾き、ロトくじをやり、タバコを吸い、コーヒーを飲み、そうして料理手伝い娘をいじめる以外になにもやっていない、と。しかし、私はその証拠を示すこともできなければ、まったく否定することもできない。なぜなら、私にはそのために必要な、高貴で富貴な方面の知り合いがまったくいないからだ。

ウィーンの料理女たちのなかの本来の真珠、その真髄にして極致《ノン・プルス・ウルトラ》、料理女というものの気質を備えているのは、ボヘミアの料理女である。彼女たちが「ボヘミアの」とわざわざ呼ばれるのは、*コラッチュや*タルケルだけを焼いたり、*ボヴィドルを作ったりするからではない。毎年若くて豊満な娘たちを家畜の群のように帝都に送り込み、そこで娘たちの幸福を作り出す、ボヘミアというあの豊穣の地の生まれだからである。ドイツ人の同業の女たちはボヘミアの料理女を軽蔑の眼で見下している。それは、ボヘミアの料理女が、自分たちからいちばん格好よくていちばんもてる仕立て職人たちをかっさらうからであり、また、彼女らが巧みに、したがって自分たちの長所をなおざりにすることなく、自分たちの主家と付き合うすべを心得ていて、妬む女たちの主張するところでは、主家に取り入ってこれをダメにし、そんなふうにして勤め口をふいにするからである。

このボヘミア女は通常、きれいではつらつとした娘であり、彼女たちはあっという間に首都の色あいに順応する。やってきた時は木靴と粗目の亜麻のスカートという格好だったのが、数週間たつと装身具ではどの貴婦人にも引けをとらないくらいまでになる。その盛装した姿を見れば、唯一のつまずきの石である言葉さえしゃべらなければ、彼女たちのことをなかなかの女性だと見なしたくなる者も多いかもしれない。そもそも装身具と恋の謀りごとは、彼女たちのもっとも抜きん出た特質であり、彼女たちはそれができるようになるやいなや、その特質をできうる限りあらゆる方法で工夫し発展させるのである。彼女が仕事についた頃は、少なくとも最初のひと月は恋人も知人もいない。しかしきれいなグルディナーペル帽と大きな絹製ショール、白のドレス、黒の編み上げブーツ、オーデコロンの小瓶、頭につける匂いのいいポマードを買うようになるとすぐに、彼女は親戚の男とか同郷の男を見つける。彼女の主家もそうした男がしばしば訪れてくるのを簡単には拒否できない。慣れない場所で昔の知り合いとか、さらには親戚の男と会って、ときおりしばらくの間、お国言葉でおしゃべりできるのは、その男が軍人であれ民間人であれ、いかにうれしいものであるか、よくわかっているのである。いま述べた同郷の男がマリアンカを外出日に、というのも、それ以外の日のために彼女がそのような装身具をそろえたりするはずもないが、費用が彼女持ちか男持ちかは場合によるとしても、その男が「小さなギャロップと一杯のビール」亭に連れて行くなどしているうちに、徐々に同郷の男から愛人に変身することほど自然な成り行きはない。

悪口や陰口をたたく同業の女たちはボヘミアの料理女についてつぎのようにいい立てている。彼女たちは、そのときどきの主家の、とくに男たちに取り入るすべを心得ている一方で、絶え間ないハンドキスの挨拶や大げさなお世辞、彼女たちだけが知っている手管によって奥さまの虚栄心をくすぐることもでき、その結果、すっかり盲目にしてしまうのではないにせよ、「一方の手がもう一方の手を洗う〔魚心あれば水心あり〕」というよく知られた諺どおり、奥さまの側から自らすすんで目をつぶる気にさせてしまうのだ、と。この悪口をまったく信じないというわけではないが、事情はどうあれ、われわれは、このかわいい娘たちがわずかな賃金にもかかわらず、短期間のうちに、市民の妻のみならず貴婦人でさえ恥じるほどの装身具の費用を工面できることを、しばしばいぶかしく思っていたことだけは断言できるのである。

第三九章　仕立屋

シルヴェスター・ヴァーグナー

ヴィルヘルム・ベーム（絵）カール・マールクネヒト（鋼版画）「仕立屋」

「仕立屋こそ、産業の勝利、世紀の栄光である」と私は定評ある新聞で最初に読んだ。「なぜなら、仕立屋はそれを解決したのだ、すなわち、六時間で自然の状態のひとりの男性を洗練の栄光で被うという、時代精神にとってきわめて偉大かつ価値ある課題を解決したからである」。しかも、本当に洗練されたダンディのなかには、ダンディである資格、あるいはそうであるように見える資格をすべて仕立屋のみに負っている者も少なくない。彼らは言葉の真の意味において仕立屋が造った男性なのだが、同時に、神が創造した広い世界にたいする忘恩の被造物でもある。というのは、しかるべき深い敬意をもって自分の第二の創造主について語るどころか、彼らは、「さきほど話していたあの男のかたはどなた」という質問にたいして、「仕立屋風情さ」と、あたかも長靴脱ぎ台かなにかについて語っているかのような調子で答えるのである。この善良な男にはそれが聞こえているだろうし、聞こえていないとしても、彼にはわかっている。しかし、それにもかかわらず、彼はたゆまず、裸の人間を服で被い、その自然のままの姿に磨きをかけ、その欠陥を隠したりうわべを飾ったりすることに携わっている。彼は、あらゆる肉体的および精神的欠陥を慈悲という外套でおおうと努める思いやり深いサマリア人なのである。これにたいしてしばしばなされる野卑な辱めにたいしても、「忘恩は世の習い」という侮辱的な諺を心深く抱いて超然としている。こうしたあらゆる労苦を埋め合わせてくれる唯一のものは彼の控え帳、すなわち、その労苦、彼の度量と寛容のおこないが記入された偉大なる記録簿、ひいきの顧客と、不払いのまま離れた顧客および支払いをして離れた顧客の強力な目録である。誠実に考える者たちの少額の「借り方〔支払い〕」が、自分の物で飾ってやったのに逃げて行っためかし屋たちの多額の「貸し方〔不払い〕」にたいする彼の慰めである。

ウィーンの仕立屋は、景気のいい時季、すなわち一〇月から六月半ばにはその総数が一五〇〇〇人にまで膨れあがるが、全人類同様、男の仕立屋と女の仕立屋に、もっと適切にいえば、紳士物の仕立屋と婦人物の仕立屋に二分される。この両者はさらに高位貴族相手および下級貴族相手の仕立屋、市民相手の仕立屋、民衆仕立屋、市場仕立屋、古物市場仕立屋、かけはぎ仕立屋に分かれる。

男物仕立屋は一般に女物の仕立屋よりも性格が荒っぽく、そのふるまいも礼儀正しくなくて、口達者というにはほど遠い。婦人物仕立屋はふつう、か細い体つきの、小ぎれいな身づくろいをした男で、時として美男でもある。しばしば小商人風に見え、お世辞やお愛想をふりまく。女性の美しさと腰のくびれを褒めて倦むことなく、生地を称えて比類がない。婦人物仕立屋はその生地を夫に、もっと適切にいえば、夫人に持って行きたがる。彼は何度も手にキスをするが、その仕方はダンス教師にきわめて近い。婦人物仕立屋は近年、仕立の心得のあることが必須条件である小間使いや侍女から、またしばしばそれに携わるほかの女たちから、回復しがたい損害をこうむっている。

高位貴族相手の仕立屋は騎士《カヴァリエ》同然である。すなわち馬に乗り、馬車をつかう。したがって騎乗用の馬、馬車用の馬、時には競走用の馬も飼っており、大きな家をこしらえている。彼の仕事場はブティークと呼ばれ、裁断場はコンプトワール、店舗はオフィツィンである。彼自身は職人たちから親方《パドローネ》と呼ばれ、女の奉公人たちからは旦那さまと呼ばれる。職人たちは彼の家に雇われていて、自分たちを高級職人《スプイエクト》、職人頭を帳簿係、記帳に従事する者を事務係《コンプトワリスト》、徒弟を見習い《プラクティカント》と呼んでいる。彼の顧客は、身分の高い貴族のほかに、一流の詩人、文筆家、俳優たち、最新の流行を追うダンディ、金持ちのユダヤ人である。彼が看板を出すことはめったにない。出していても、そこには「仕立屋某」と書かれているだけである。店舗《オフィツィン》と裁断場《コンプトワール》は同時に、仕事に必要なあらゆる生地や品物の立派な倉庫でもある。顧客との清算は年に一回だけ、つまり新年にだけおこなわれている。

下位貴族相手の仕立屋は仕立屋たちの本来的な風の神《アイオロス》であり、つねに最新のパリのモード雑誌どおりの服を着ている。馬車を持っている者はまれで、むしろ*辻馬車を利用する。彼は自分の職業のためにパリで二年間働いており、そのためフランス語を話す。彼の所帯はパリ風に設えられ、彼の周囲はすべてフランス風である。彼はフランス語の広告を新聞に印刷させる。親方、職人、仕事場、店舗は、騎士仕立屋の場合と同じ名前で呼ばれている。彼の顧客は、所領の小さい貴族のほかに、中堅どころの文筆家や俳優たち、おしゃれはしたいが金のない伊達男たち、劇評家たちや商人の召使いたちであり、最後に、産業案内書の通信員と賃払い召使いには無料で作っている。彼は、陳列品が陳列ケースに豪華に並ぶきらびやかに設えた店舗、布地倉庫、および「仕立屋《マルシャン・タユール》」と書かれた看板を持っている。彼の会計帳簿は月々の仮勘定書のなかに散らばっている。いまあげたふたつの部類の婦人物仕立屋で店舗《オフィツィン》を持つものはひとりもいない。仕事場《ブティーク》と裁断場《コンプトワール》は二階《レタージュ・プルミエ》にある。

市民仕立屋は、彼のお客と同様、質素な男で、男物仕立屋であればたいてい料理女がいるが、婦人相手であれば妻のために小間使いがいる。彼は市内*であればたいがい五階か六階に住み、市外区*であれば一階に住んでいる。店舗を持っているのはまれであるが、仕事場と職人や徒弟はいる。業務用の布地の小規模の在庫は持っているが、求めに応じて顧客を店舗に案内し、専門家としてお客の選択に助言を与えている。そしてこの場合には歩合《プロツェント》と呼ばれる謝礼、すなわち布地一エレ当たり五グロッシェン紙幣を商人から受け取る。しかし、彼にはしばしば顧客自身から、付属品にいたるまで材料がさまざまに渡される。彼の記録簿からは分割払いがあることがわかるが、それ以上に現金払いがあることもわかる。市民仕立屋は熱心な国民衛兵《ナツィオナルガルディスト》である。彼はつねにどこかの部隊に、どの部隊かは彼の自由だが、編入されていることを好む。彼は自慢の制服姿を見るのが好きであり、市民の埋葬やその他の式典には必ずといっていいほど出向く。彼は新聞をたくさん読んでいて世界商業に通じており、したがって、ユダヤ人を交易の癌とののしり、蒸気船を今世紀のペストと見なす深遠な政治家でもある。ワインと郊外へのピクニックを彼は全然馬鹿にしていない。日曜日や月曜日には家族全員でシーヴァリングやヘルナルス、グリンツィング[1]へ行くし、ミューレン[2]では定席を持つ常連客である。

民衆仕立屋は市外区、とりわけ工場の多い市外区や、リーニエ*の外側にある近くの村落にも住んでいる。彼は徒弟修業を終えたばかりの二、三人の職人と、三、四人の徒弟と働いており、その徒弟たちは同時に家事もこなさなければならず、親方が子宝に恵まれていれば、子守りもやっている。徒弟たちは食料として夏季には日に焼けた屑野菜が、冬季にはカブやジャガイモが与えられ、またパン代として一日当り二クロイツァー硬貨をもらっている。民衆仕立屋は布地の在庫を持っていない。彼は必要に応じて少しずつそれを仕入れる。彼の顧客は最下級の使用人たちのほかには、市場仕立屋と古物市場仕立屋である。彼はこの両者から布地と裏地の供給を受け、ズボン一本またはベスト一着で一グルデン紙幣を受け取るが、市民相手の仕立屋ならばそれで三ないし四グルデンを要求する。それはともかく、彼は市民仕立屋以上に偉大ではないにしても、それと同じくらい偉大な政治家であり、そのうえ道楽者でもある。

市場仕立屋は、名前の示すごとく、既成の衣服を持って各地の市場を旅して回っており、仕立屋商人とか商人仕立屋とか呼んでもかまわない。彼は、衰えてきた職人を雇うか、もしくは、上述の仲間たちに、自分が倉庫で格安で買い入れた傷みのある布地だとか、ごく安っぽい布地だとかを裁断して分け与え、それによって自分の在庫をその仲間たちにわずかばかりの対価で作らせるかしている。彼はいつも旅に出ており、そのために世界を知っていて、ユダヤ人のことも、蒸気船と鉄道のことも悪口をいったりはしない。

古物市場仕立屋はふたつの部類に分かれる。ひとつは、古物市場向けの仕事をしている仕立屋で、その大部分は民衆仕立屋とかけはぎ屋である。もうひとつは、古物市場に小屋を持っており、したがってこの仕立屋は仕立屋と古着屋を兼ねている。彼にあっては質屋が大きな衣服倉庫であり、彼はそこから月々自分の在庫を補充している。そのほかに行商ユダヤ人の大きな群れのなかに無数の供給者がいる。行商ユダヤ人は市外区で「商売だよ《ヘンデルン》」と叫び回ったり、市内のユーデンガッセ*を大勢でうろついているのである。このようにして掻き集められたものを彼は民衆仕立屋やかけはぎ屋を使って繕わせ、汚れを落とさせ、見ばえを整えさせる。買い手が玄人《くろうと》かどうかで、売値を安くしたり高くしたりする。仕立古着屋は、いくつかのこまごました作業を除けば、働くことはめったにない。なぜなら、彼は賢者の石を、すなわち、労働は利益を多くは生み出せないことを見出したからである。彼はまったくの商人にして山師だ。このほかに彼は人情に厚く相当な額の謝礼をとって、つまり月一グルデンにたいして二〇クロイツァーの利子をとってあわれな奴ら向けに金貸しもやり、質札で闇商売をやっている。彼は自分から買う者も、自分に売る者も顧客と見ているが、彼の顧客層はあらゆる身分にわたっている。彼のところでは、現金払いを採用しており、交換によるか、硬貨の現金によるかどちらかである。

かけはぎ屋はたいてい落ちぶれた仕立親方もしくは年老いた職人であり、着古して傷んだ衣服の繕いものをしている。手配書を書くとすればこうである。屋根裏部屋もしくは小部屋に住み、年齢は五〇から六〇、体つきは小柄、痩せぎす、猫背、くしゃくしゃの髪の毛、赤ら顔で鼻は青い、堂々たるタバコ鼻、長く細い指、親指幅のつばのある古いぺしゃんこのシルクハットをかぶり、以前は黒かった燕尾服（肘には継ぎ当てがある）を着て、メリノのネクタイ、嗅ぎタバコが散らばっていて色がわからなくなっているベストを着け、茶色の布製ズボンと、きちんと鋲打ちされた子牛皮の短いブーツをはいている。特徴はこうだ。歩くよりも走ることが多く、つねにひとつまみの嗅ぎタバコを親指と人差し指の間に持ち、ズボン吊りはしていない。

ウィーンの仕立屋のふたつ目の区分は、市民の仕立親方と認可仕立親方である。市民の仕立親方はウィーン市民であり、国民衛兵のなかの、市民だけから構成される第一市民連隊に編入されるが、それは歩兵、射撃兵、砲兵あるいは騎兵への登録を選ばない場合であり、どれを選ぶかは彼の自由である（芸術家部隊にだけは登録できない）。市民親方は総じてウィーン市民に属するすべての権利を有している。彼の営業権はかつては売買可能だった。しかし、近年は濫用が目立ってきたためこれはもうおこなわれていない。とはいえ、廃業の届け出を息子に有利なようにするか、親戚の有利なようにするかは彼の裁量に委ねられている。彼には、災難や損害その他の原因で困窮した場合は、ほかのすべてのウィーン市民同様、サンクト・マルクスの市民救貧制度、いわゆる市民養老院*という大規模な慈善施設に入る権利がある。

認可仕立親方はウィーン市民ではない。彼は認可親方たちの連隊である第二連隊、歩兵または砲兵に編入される。職人を抱えるのは許されるが、徒弟は許されておらず、市民救貧制度を受ける権利もない。市民仕立親方と認可仕立親方の数は四〇〇〇から五〇〇〇で、そのうちの三分の二はスラブ民族の者たちである。

ウィーンの仕立職人の数は七〇〇〇から一万の間を変動しているが、やはりさまざまな等級に分かれる。すなわち、高級職人と職人《ゲゼレ》に分かれ、この両者がまた出来高払い労働者と週払い労働者に分かれる。

高級職人は第一および第二等級の親方〔高位貴族および下位貴族相手の親方〕に雇われ、有能な仕立屋である。髪の毛と髭を伸ばしていて、不服従の者たち《ウンゲショルネ》〔「髭を剃らない者たち」の意もある〕に属し、したがって二言目には、とにもかくにも労賃をあげるべしと剛情に繰り返す真のカトー主義者である。*彼らはおしゃれで、流行の服装をしており、ときおり拍車と乗馬鞭を持ち、月曜日にはビリヤードを好んでおこなう。彼らは全員、製品一個ごとに労賃が支払われており、したがって彼らの労働時間は拘束されていない。食堂やコーヒーハウスで彼らは気前よく使い、しかし同時に怒りっぽくもあって、そのために誰かが彼らに命令で従わせようものなら、ごく些細なことでも剣でもって復讐しかねない。

職人は第三および第四等級の親方〔市民相手および民衆相手の親方〕のもとで働いており、上述の者たちよりも仕事熱心だが、腕がいいことはまれであり、少なくとも週ごとに労賃が支払われる者たちである。コーヒーハウスに行くことは例外的でしかない。日曜日の午後と月曜日を彼らはホイリゲ*かミューレンで過ごす。そのほかの点では彼らは高級職人たちにかなり似ている。職人たちも大部分がスラブ民族の者たちである。

徒弟たちについてもう少しだけいっておこう。仕立徒弟は、一二から一五の年齢でボヘミアやモラヴィアから、そこに関わりのある何人かの者たちによって隊をつくってターボア・リーニエ*のところに連れてこられる。そこには民衆仕立屋がすでにしばしば待ちかまえており、運送屋に少しばかりの謝礼を払って、まだ言葉もドイツ語ではわからないことの多いこのあわれな者たちを受け取るのである。彼らは靴屋の小僧のような者ではまったくない。というのも、いつもお腹を空かせていて、彼らがユーモアを生み出せないからであり、いくらか出てきたとしても、そのユーモアは彼ら自身と同じように貧弱だからだ。そして、そのために彼らはまたしばしば靴屋の小僧の機知の標的になる。仕立屋のところほど徒弟たちが苦労するところはないし（当然、例外のない規則もないが）、また面倒なことと闘わなければならないところもない。だからまた彼らは意気消沈しているし、若者特有のいたずらっ気がまったく欠けてもいるのだ。もちろん、彼らの性質が生まれつきやや弱く、仕立の仕事が若者にとっては緊張が少ないことにもいくらか原因がある。

仕立屋の同業組合はウィーンでは靴屋のつぎに人数の多い組合であり、おそらくはもっとも資産を有する組合のひとつだろう。そのことを示すのはヴィップリンガー*通りの新しくてきれいなこの組合の建物である。

原注

（1）ウィーンの近くに位置する村落で、おいしいワインができるので多くの人が訪れる。

（2）ミューレン〔水車小屋〕はターボア・リーニエの外側にある、洪水の危険があるために運搬できるようになっている木造の小屋であり、カイザー*川《ヴァッサー》と呼ばれるドナウ河の脇分流の両岸にあって、ワインが飲めて、民衆がよく行くところである。カイザー川がまだもっと流れの水量が多くて、そのなかに船水車小屋《シフミューレン》があったかつての時代には、これは粉挽き屋の住まいで、そこからこのミューレンという名前がある。もっとあとに、船水車小屋が水量不足のために三〇分ほど離れたドナウの主分流に移転したときも、粉挽き屋の家族はまだここに住んで、そこで自分たちの小麦粉とパンの小売りをやり、公然とではないものの、小麦粉とパンを買った者たちにワインを飲ませていた。したがって一アイマー以上を在庫として持っていけないことになっていたのである。近年は、船水車小屋はすべてその家族とともにドナウ本流にあって、この小屋は名前だけになっているが、いくらかのお金とよき友を持っている者ならば誰でも、このような小屋を買ったり建てたりすることができ、一定の貢納金を払って酒類販売免許を得ている。

第四〇章　管　理　人

シルヴェスター・ヴァーグナー

ヴィルヘルム・ベーム（絵）カール・マールクネヒト（鋼版画）「管理人」

どこそこの建物《ハウス》に誰が住んでいるかとか、そこに住んでいる誰それのふところ具合や役職の状況、その他の事情はどうなっているかとか、あれこれの世帯が抱えている問題はどんなことかとか、あそこに住んでいる仕立屋《シュナイダー》はどれくらいの、どういうお客をもっているかとか、建物に住んでいる奥さんやお嬢さんの誰それの美しい腰の線は仕立屋《タユール》によるものか自然のものかとか、すべての階のご奥さんや娘さんその他の女の人たちはどんな男性が好みかとか、六階や七階の徒弟たちはベーコンやチーズをどこから買ってくるのか、料理女たちが枝朶《しだ》の床ブラシや麦わらの床ブラシを買ってくるのはどこからかとか、賃貸住人のうち家賃をいちばんきちんと期日に払っているのは誰かとか、そういったことをウィーンで知ろうと思うのなら、建物の門扉に備え付けられた、鐘を鳴らす引き綱を探しさえすればいい。すると、引き綱が壁をつたって、中庭のどこか隅の窓のうえのほうか扉のうえのほうに消えるのを見出すだろう。さてこれこそ、そこに「管理人《ハウスマイスター》の住まい」と書かれていなくとも、それぞれの建物の内務省にして総合情報局かつ宮宰《マヨル・ドムス》〔宮廷職の首位を占める職〕の部屋へと通じる窓もしくは扉である。

この内務省にして総合情報局の長官が管理人であり、彼は昔のフランク王国なら宮宰、近年では家主の大臣に相当する者である。したがってまたいくつかのもっと新しい建物では彼の住まいに、もはや「管理人」ではなくて「用務員」と書かれているのだが、彼は用を務めているというよりははるかに管理しているのだから、「用務員」というのは、彼の役職の尊厳をいくらか貶める、まったく間違った表現である。

管理人は、いつも一方の足を自分の仕事に、もう一方の足を居酒屋に入れている。彼はふつう、歴とした石工のツンフトの出で、ひどく粗暴な男であるのが通例である。そのために管理人は以前から諺になっているほどで、ウィーン人が典型的なウィーン的誇張法で「あいつは管理人以上に粗暴だ」と言う場合には、古代ローマ人が「それはヘラクレスの柱の外〔文明の外側〕にある」というのとまさに同じである。管理人は、家主が使う脱穀用の殻竿《からざお》にほかならない。「家賃」という麦粒が自分から落ちてこようとしない場合には、家主と一緒に「賃貸世帯」という麦わらを叩いて麦粒を取り出す。言葉の真の意味で家主の殻竿であり、理由はどうであれ、家賃を然るべき時までに払えない世帯のところに一週間のうちに二〇回も送り込む手先である。

彼は家主のスパイであって、ある家族が引っ越してくる以前から早くも、その家族の内外の全事情を早くからすでに自分の雇い主に報告している。このスパイは、奉公人の誰それが階段に水をぶちまけてしまったとか、始末におえない徒弟が階段をはしゃいでどたばた駆け降りて建物の土台を揺すったり、恋する料理女が薄明かりのなか門扉のところでやっている逢引きがあまり長すぎて、この建物の評判を損ねている、といったことを家主に毎日報告している。彼は、中庭や階段、それに、誰もが個別に、あれを催した時にだけ行くあの秘密の小部屋をすべて調べる検査官である。彼はさらに、建物の傷んだすべての箇所を修繕したり、階段や廊下、便所の毎年の塗り替えをやるかけはぎ屋である。

最後に管理人は、これが彼の最重要任務なのだが、家主の財務局長でもある。彼には建物、地下室、屋根裏部屋の鍵を預かっており、したがって、きっかり夜の一〇時に建物の扉を閉めて、朝六時に開ける義務と並んで、門限に遅れる怠慢者は誰であれ、彼の裁量次第で長くも短くも門扉の外に立たせておく権限も与えられている。彼はその権限を然るべき場合には良心的にも行使する。このようなことができるのは、長い経験から彼は、ふつう門限を過ぎても戻ってこない住人たちは誰と誰だと、もともと知っているだけでなく、鐘の鳴らし方で誰それとわかるほどまでになっているからだ。それが二グロッシェンしか払わない者、いわゆるしみったれの客であれば、凍りつくほどの寒さであろうと、あるいは滝のように雨が降っていようと、管理人はけっして急いで行ったりはしない。グロッシェンをたっぷり払う客にはこれよりは速く行き、さらにもっと気前がよさそうな者だったりすると、鐘の引き綱に手が触れるか触れないうちにもうくぐり戸が開き、いつもは不機嫌な管理人がバラ色の上機嫌で入ってきた住人に「こんばんは、ご主人」と挨拶して、急いで部屋に向かうその住人に「奥さまのお手にキスを」といって別れを告げたりする。他方、二グロッシェンの客には、鎖につながれ、ゆったり構える老番犬のうなり声に似ていなくもない調子で「おやすみ」という。しかし、たまたま二グロッシェンを持ち合わせていないあわれな奴が、晴れた夏の夜、心地よい散歩をいつもより長くやろうと思い立ち、一〇時を五分過ぎてやっと建物にたどり着くようなこともしがあるとすれば、典型的な管理人のどやし文句で迎えられることはないにせよ、したたかな出迎え《サルヴェ》の挨拶が彼の後ろからとどろくのは確実である。

それに管理人は、この建物に住む年少の者たちみんなにとって怖い存在である。彼らは、門限に遅れたことは一度もないが、小遣いがあまりに乏しくて、その一部をこの地獄の番犬《ケルベロス》のものほしげな手のなかにときおり握らせることができないのである。管理人は、テーブルからパン屑ひとつ落とさないようなけちな主家に仕えるすべての料理女にとって恐怖であり、またいつもうるさくいう人物である。徒弟や子供、犬たちは、廊下や階段の新しく塗り替えた壁、あるいは磨きあげたばかりの階段を、管理人をからかって、機会があればすぐに汚すのだが、そういう彼らにとって、ただし、その彼らが家主と親しい関係になければであるが、その彼らにとって管理人は永遠の告発者である。

これまであげたすべてのことで忠実に管理人を手伝い、きわめて積極的に彼を支えるのは、彼の秘書であると同時に枢密顧問でもある、彼の愛する妻である。彼女は、世帯ごとの事情や習癖、家計の秘密に関する情報を、水運び女や、建物に住む不平屋の奉公人たちから報告によって増やしているが、妻は彼らから情報をきわめて巧みに探り出すすべを心得ているのだ。管理人の妻は自分の従順ならざる女中のことを「ちび」とか「のろま」とか呼ぶ。妻自身がこののろま身分から管理人の仕事の玉座に登って二日しかたっていなかったとしてもである。家族のなかには、とても貧しいか、管理人の財布のなかへ小銭をたっぷり喜捨することを義務と見ていないところもあるが、そういう家族の子供たちは「悪たれ小僧」と呼ばれ、家族全体は「けちんぼの下衆ども」と呼ばれて、その家族はあらゆる機会に笑いものにされ、ひどくののしられる。このような場合にもし誰かが管理人のところにこの世帯やこの奉公人のことを聞きにでもきたら、彼らの平安はお終いである。というのも、たっぷりの補遺を付けて、たったいま上梓したばかりの悪事年代記を、聞きにきた人に持たせてやるのが落ちだからだ。さらに管理人の妻は、入居したがっている世帯のことも密かに探り出している。もしその世帯が、彼女の夫や管理人の仕事ぶりの全体を承諾しないというのなら、希望する住まいがまったく得られないか、そうならなかったとしても、その住まいに長くいることができないかのどちらかである。こうしたことをやりとおすのは、管理人と家主との結びつきが密接な場合は、管理人にとって難しくはない。一般に家主は、管理人に自分の意思に従ってふるまわせたがる。なぜなら、自分自身が賃貸住人たちの世話をするよりはるかに確実で心配が要らないからである。

　しかし、これまで述べてきたことからすれば、親愛なるわが読者氏には、あたかもウィーンの管理人とその愛しき妻は生まれつき粗野でひどく粗暴であるかのように思うかもしれないが、まったくそうではないのだ。というのも彼は、炭焼きをおこなう粗暴な住民として悪名高い、古代アテネ近郊の村*アカルナイの出でもなければ、*エトナ山の*ヴァッレ・デル・ボヴェの出でもない。反対に彼は、仕事から離れて自分の職務を少しの間でも忘れることができるときには、この世でもっとも礼儀正しい人間である。そのため、*クニッゲの『交際術』を読んだことがなく、つぎのようなこの分野の最新のすばらしい書物を知らない人は彼をお手本にしてほしいほどである。『世事に通じた、礼儀正しい男性。若い男性に不可欠の本』、『ハンドキス、そのさまざまな段階。敬意を必要とする相手、慣習上の相手、商売上の相手、懇ろな相手。礼儀正しい男性のために』等々。管理人についていわれる、粗暴という悪口は、彼の人格にではなく、むしろ管理人という、独特のものを有する地位のなかに潜んでいる。そのために彼は、粗暴になったときに、何かを投げ捨てることになる。そう、とにかく粗暴にやって怖がらせないと、人々は管理人の仕事のために財布を開けようとしない、というのが、この仕事の呪いなのだ。しかし、そのために人々は、日々一〇回も二〇回も自分たちの行く手に立ちはだかる男からにこやかな表情を、愛想のいい挨拶を買い取らなくてはならない。これをしておけば、管理人と彼に付属するいっさいのことに融通が利くようになり、丁寧になり、さらには親切になったりもする。そして、気前のいい賃貸住人とか物惜しみしない世帯ならば、家主から守ってくれることすらあるし、この者たちのために家主と全力で掛け合ってくれることもまれではないのだ。管理人には、入居の際にたっぷりと酒手をあげるがいい、新年には挨拶をし、階段清掃とゴミの片付けには少なからぬ謝礼を毎月末にあげるがいい。料理女が地下室から薪をもってあがるさいにたまたま階段に何本か落として、彼女が拾わなかったとしても、それにかまわないがいい。管理人には三ないし五グロッシェン協定通貨の開門料を払うがいい。毎年管理人に台所と部屋を塗り替えてもらい、薪割りとかもろもろのことは彼のところでやってもらうがいい。管理人とその妻がおこなったすべての仕事に支払うときにはけちけちしないがいい。そうすれば管理人は、たとえ建物が壊れても、しっかりと立つことのできる巌《いわお》となってくれる。他方、いま述べたようなことをしなかったら、たとえ家主が身を挺して土台になったとしても、住人は転落せざるをえないのである。

ウィーンの管理人は、いかなる点でも活動的で勤勉な男である。彼は、労苦が少しの実入りしかならないとしても、けっしてその労苦をいとわない。彼はこの点で、粗暴なことでは彼をもしのぐといわれる門番とはまったく比較にならない。しばしば陰口をたたかれるように、彼は好んでビアホールへ行くが、それとても、昼間には自分の力の修復ために、夜には休養と気晴らしと学習のためにそうするのである。彼はビアホールで新聞をめくり、スペインに関する記事や死没者欄に目を通し、いちばん重要な時の話題や町の出来事を知り、彼が参加した戦闘について語り、自分の手柄話を持ち出し、ナポレオンとフランス人について議論し、スペイン人やバルセロナについてしゃべり、エスパルテーロ*と新発明の南京虫駆除剤をののしり、ネズミ捕りに関する講義をおこなう。というのも、彼はまさに偉大な政治家であるのと同時にネズミ捕りの名人だからである。彼自身の住まいに無遠慮にもハツカネズミやドブネズミが住みついて増えるようなことがたまに起るとしても、それは彼の技をなんら損なうものではない。なぜなら、世の中には自分が他人に勧め教えているまさにそのことを、どうしても自分自身のために使用することになってしまう人が多いものが、いま述べた点で彼に起っていることは、そうした多くの人たちに起こることと同じだからである。

しかし、管理人の名誉のためにいっておけば、建物の住人たちもまた笑劇をけっこう演じているのだ。筆者が見聞し、請け合うこともできるちょっとした実話がこのことの証拠として役立つかもしれない。五階には三人の大学生なども住んでいた市内*のどこかの建物で、一〇月頃、二階の階段の壁龕《へきがん》からペナーテス〔家の守り神〕の古い煤けた木像、もはやどんな神秘的な人物を表しているのかわからなくなっていた像が盗まれたことがある。管理人の疑惑はおのずと大学生たちに向かった。それはことに、彼らが門限を過ぎて建物の外にいることはまれだったし、またふだんでも、ときには宮宰に然るべき謝礼を与える余分なお金を持っていなかったからである。したがって管理人は彼らにたいして事あるごとに無礼にふるまって、ペナーテス泥棒はおまえたちしかありえないと彼が疑いをかけていることをはっきりわからせようとした。学生たちはそれにたいして少なからず怒っていたのだが、自分たちの無実を証明することができず、そのためにこの不名誉な嫌疑を法的に払いのけることができなかった。

しかし、いくらか寒い季節になり、住人が暖炉を焚き始めた頃、なくなっていたペナーテスがとある暖炉のなかで発見された。これで確かに彼らへの嫌疑は晴れたが、管理人にたいする怒りは募るばかりで、彼らは仕返しをもくろんだが、危害を加えないやり方で管理人をからかってやることにした。この目的のため、彼らは今度は、壁龕に戻された像をほんとうに盗んで、それを近くに住んでいる彼らの仲間のひとりのところへ運んだ。騒動は今回、以前よりさらに大きくなったが、学生たちはもはや疑われなかった。数日後、紙製の折畳み提灯を購入し、ある夜、閉門後に帰宅することを取り決めてから、彼らのうちの誰ひとり建物の外にいないと管理人に信じさせておいた。その約一時間後、彼らの仲間がペナーテス像を門扉の前に置き、この像の一方の手に灯をともした折畳み提灯を、もう一方の手に二グロッシェン硬貨を持たせて、鐘の引き綱を思いっきり引っ張って素早く逃げた。管理人は門扉を開けて、彼自身がのちに述べた言葉によると、提灯と開門料を持ったペナーテスのほかに誰もいないことに気づいた時には、少なからず驚いたという。このときから木像が置かれている壁龕は鉄の格子で封鎖されている。この話が口外されないはずはないし、管理人が食堂でしばしばからかわれたのは、当然のことである。

さらに管理人に関してとくに奇妙な点は、美人の娘に恵まれることが少なくないことだ。その娘は、感傷と夢想だけでできていて、あたかも自然があの荒っぽい両親のところで疲れはててしまったかのごとく、生まれつき両親とは正反対である。しかしこの点で素質はいくらか後れをとっているにせよ、それだけ熱心に教育をつうじて補われることになる。なんといっても娘は父親の誇りにして喜びであり、母親の楽しみであり慰めだからだ。なにしろ、きれいな娘を持った両親が娘の教育にいくばくか費用を回せるとすれば、管理人だけが例外的に、ウィーンで一般的な進路を歩ませないとはやはり思えないからである。

ごく幼い頃から娘はすでに母親からやたらと飾り立てられ、父親からは冗談交じりにお嬢さんと呼ばれて、あらゆる方法で甘やかされる。両親は額に汗してパンを稼ぐのがいかに大変かよく知っているので、彼らの努力はすべて、可愛いわが子に自分たちよりずっとましな境遇をあたえることに向けられる。娘がいくらか読み、下手くそな文字を書くことを習ったか習わないかのうちに、ダンスを教え込み、刺繍の枠をあてがい、フランス語の教本をあたえて、たとえ部屋は狭くとも場所を見つけて、楽しみのために小さなピアノを購入する。これらを全部やってしまうと、フランス語とピアノの授業を同時におこなう安上がりの教師を探す。月謝を少なくするため、あるいは食事付きの日を週二日にするためである。その教師も見つかり、こうして娘の教育と訓練が万全の態勢で動き出す。

音楽をとおして、おそらくは若い教師によってもまた、一〇歳から一二歳の少女のファンタジーがさらに呼び起こされ、同じ趣味の友だちからラフォンテーヌ*やデッラローサ*の小説のことも教えられ、こうして美しい少女は、両親が気づかないうちに、熱っぽい夢想家になる。両親は子供の頃にそんなこととは無縁だっただけに、どうして気づけるだろう。ところが両親は反対にこの猿芝居を高貴なものと見てしまう。なぜなら、両親は日々そうしたおこないを身分の高い者たちのところで見かけているからであり、むしろ愛娘は、より高いところへ行く第一段階をすでに越えている、したがってすでに両親の世界を飛びだしていると信じるのである。小説を読み、鍵盤をいくらか叩き、少しばかりフランス語を口まねし、いつも派手なお化粧をする、いまからはそうしたことが彼女の日々の仕事になる。長い巻き毛にいくらかあご髭姿の美男の商人の召使いが早くも彼女の小さな胸をとらえていけたからだ。

る。というのは、月の明るい夜、彼が六階の屋根窓からつぎのような内容の感傷的な詩をささやきか

おお、なんと可憐な
管理人の娘よ
わたしが小鳥なら
小窓のもとに飛んで行って
見つめたい、清らかな
管理人の娘よ

すると彼女はこのときはじめて父親にたいしてふくれっ面を見せた。父親は、ちょうど門扉を開けに行ったので、この美しい心情流露の詩を聞き、粗暴にうえに向かって「待ってろよ、空にいる恋人野郎、一発くらわせてやる」と叫んだが、それによって彼女の感じやすい心を深く傷つけてしまったのだ。

しかし、一六、七歳頃になると、彼女のこの青春期最初の気持ちも消えてしまう。というのも、夜や日曜日の午後にしか賛美者《アドミラトゥール》がいないというのでは彼女はもう満たされず、このような男たちが毎

日、毎時間いてほしいからだ。そこで彼女は華麗に着飾っては通りに出て、流行の布地で最新の仕立の服、品のいいヴァテヌールのビュルヌー〔北アフリカ起源のマント、上着〕とか、美しいチベットのカーディナル〔深紅色の僧衣風コート〕とかを身に着け、昔風の深青色ビロード製の帽子をかぶり、三色スミレやマーガレット、ツキヌキニンドウといった花で飾り立てる。首筋までなびく頬隠しで美しい顔の両側をおおう。彼女は腕輪をふたつみっつきらめかせ、ペディクリヌの靴を履き、特許刺繍を施したウールのシュミーズと破れやすい高級長靴下を着けて、自分の周りいっぱいにいい香りを漂わせる。すると、賛美者たちがぞろぞろ現れ、そのなかから、通りをぶらぶらするよりほかにはなにもできないひとりの上品そうな遊蕩児《リベルタン》が柄付き眼鏡を彼女に向けて、上から下までいうなれば嗅ぎまわり、家まで彼女についてくると、彼女は誇らしげにそっくり返り、もう一度可愛らしい頭を反らして得意げな態度をとる。すると、人のいい両親は、こんなに多くの高貴な殿方たちを狂わせている美しい娘に名状しがたい喜びを感じるのである。家でこの娘は着替えをしたあと、本を手に取ったり、父親にピアノで「至福の人々」を弾いて聞かせたりする。父親はワインを次々と飲み干しながら、満足げに彼女の演奏に聴き入る。しかしその際、母親がやってくれていなかった時には、彼女は、お部屋が片付いていないという不幸な目に遭うこともある。

　彼女の蔵書には、ラフォンテーヌやデッラローサの小説のほかに、古い小型本が何冊かある。すなわち、シュペアリング・エドラー・フォン・シュパッツ*の著作、それからティッペルスキルヒナー＝

シュパースマッハー・ヴォカティヴス・ツュンドリヒテルの著作、さらに『機知と冗談でいっぱいの四つ葉のクローバー』、『陽気な遊歩庭園のお笑いウィーン教会堂開基祭』、『冗談と諷刺。一田舎詩人の気のきいた閃きと馬鹿げた思いつき』、『今日読む本、明日読む本、あるいは胡椒と塩でいっぱいの思想』、『シュターベルの青い月曜日。一分ごとに笑う技』、『チヴォリ逸話集。遠足者用の一秒ごとに笑う薬』、『おどけハンスヴルストの夢』等々。フランス語の勉強から何が彼女に残ったか知らないが、楽しみ《デリス》、喜び《プレジール》、引き起こす《コゼ》、愛する《エメ》、痛み《ドゥルール》、親しい《アンティーム》、悲しみ《トゥリステス》、熱愛者《アドラトゥール》、賛美者《アドミラトゥール》等々といった言葉はともかくいまもしばしば聞かれる。われわれはここで、上述の事情に合致しないすべての管理人の娘を大いに称賛することで（ただし、とても美人に限るが）、管理人がわれわれにたいしてなんら根に持たず、門扉を開ける際には長く待たせないようにお願いしながら、管理人のこのスケッチを終わることにする。

第四一章　市場の光景

ルートヴィヒ・シャイラー

ヨーゼフ・ランツェデリ「果物売りの女」（一八二〇年ころ）

　ウィーンに関するある統計を調べると、つぎのようなことがわかる。この町では、年に九万頭の雄牛、一二万五〇〇〇頭の仔牛、二六万羽の鶏、二万ツェントナーの穀物、九〇〇〇ツェントナーの小麦粉とパン、六〇万アイマーのビール、七万頭の豚、三五万ツェントナーの野菜、四二〇〇万個の卵などが、胃袋という飽くことを知らぬ暴君の犠牲となって口から呑み込まれていく。これを知ると背筋に冷たい戦慄が走り、人があふれるこの帝都は、早晩、恐ろしい食糧危機に見舞われるに違いない、という恐怖に襲われるかもしれない。しかしこの町は、自然の無限の再生産力と、利潤を求める人々によって運び込まれる食糧とによって、そのような不幸におちいらないよう完全に守られているのである。ウィーンは、十分な量の食糧を持つという点で、ヨーロッパのほかのどんな大都市にも優っている。なぜならば、ウィーンを中心とするオーストリア帝国の各地域はいずれも、農業生産の面でも畜産の面でも肥沃で恵まれた土地であるため、わが大陸においてこれに比肩しうる国はほとんどないほどだからである。ウィーンでの生活費がパリやロンドンに比べてはるかに安く済むのも、部分的にはこの点に原因がある。パリやロンドンといった首都に蔓延する物価高騰は、土地柄があまり恵まれていないという条件のほか、これらの都市は他よりも人口が著しく多いということも原因なのではあるが。

　ウィーン人の旺盛な食欲は、確かにどこでも非難の的だった。しかし、予断なく観察すれば誰でもすぐに気づくはずである。活発な食欲に財布のひもが待ったをかけない限り、よそからウィーンにやってきた人々もこの点でなんら土地の者たちと変わらない、ということに。とくに財布のひもに関しては、ウィーン人はそのひもを締めるすべも大変よく心得ているので、当地を訪れた多くの美食家たちに模範としてまねを薦めてもよいほどである。そもそもウィーン人は、自宅での日々の食事においては、他の国民よりもはるかに慎ましく、消化器官に大きな任務を与えるのは、酒宴の機会とか、レストランにおいてのみである。後者に関してウィーン人が悪く言われるゆえんはないだろう。なぜならば、食事を楽しみ元気を回復しようという時に、定規を手に持ち、一センチたりとも道を踏み外すまいとする人などまずいないはずだからである。

食料品への途方もない需要にともなって、これを扱う商売もまたきわめて多彩かつ活発になる。また、その利潤も普通は大きいので、おびただしい数の商売人が生まれる。彼らは、これらの品の製造や販売に従事して金を貯めこむのである。この記述の正しさは、粉屋や、パン屋、肉屋、鶏肉と野菜の商人、その他いくつかの商売がいかにもうかるかを考えれば、すぐわかるだろう。小麦粉とパン、肉は、たいてい、とくにそのために定められた店舗でしか販売されない。他方、野菜、牛乳、卵、ジャガイモ、バター、果物などは、公共の広場や、あるいは、年いくらの供託金と引き替えに出店を許された場所、それに戸外で売りに出される。こうした売り手がかなり多くある場所に毎日集まるようになると、それは、よく知られているように、市《マルクト》と呼ばれるようになる。ここでまた注意を払うべきは、この売り場に現れる商売人の数は、週に二日、火曜と水曜に、他の日よりも多くなることである。それゆえこの二日間は、とくに市場の日と好んで呼ばれる。ウィーン市内で市が立つのは、主につぎの広場である。アム・ホーフ、*フライウング、*ホーアー・マルクト、ユーデン・プラッツ、*サイラーシュテッテ。市外区*にも独自の市場《マルクトプラッツ》があり、そこでは、青物やそのたぐいの商品が毎日売りに出されている。しかし、多くのやりくり上手の女たちや、家事の切り盛りをする女中たちは、週に一、二度、市内*の市場で買い物するほうを好む。それは、こうした場所のほうが安くて上手に品物を入手できると考えるからである。とはいえ、この安さというのがくせ者である。なぜならば、安さは、つねにどこでも、都市の人口の増加と反比例の関係にあるからである。いまウィーンの住民の数は年々驚くべき勢いで増えているので、生活費の安さは結局、徐々に衰えていき、ついには、蔓延する物価高騰の腕の中で安らかに息を引きとることになる。これは、状況がもたらす自然な成り行きであり、これを回避することはできない。それゆえ、最近ひどくなっている物価高騰に関して多方面からあがる嘆きの声に対し、それがいかにもっともであろうとも、これを減らすためには、ぞっとするような断固たる方法、すなわち住民の大量削減以外にはほとんどすべはないのかもしれない。しかし、私の愛すべき隣人たちは、ヨーロッパのすべての大都市の中でウィーンがいちばん安く暮らせると彼らに教えてやりさえすれば、そこまでひどく不満を募らせることはないだろう。他方、これとは反対に認めねばならないのは、すべての国々における暴利と強欲は、わが国においてもひそかに機会をうかがい、破滅的な手段をもって、多くの品物の値段を途方もなくつり上げてしまうだろう、ということである。

　しかしいまはこうした考察は脇に置いて、市場の人々の営みを少し詳しく見ていくことにしよう。ここでわれわれは、おそらく道徳家たちをぞっとさせるであろういくつかの場面に出くわすことになる。しかしそれらは、わが読者諸氏にとっては、せいぜい、ちょっと額に不機嫌のしわを寄せ、「悪党め！」とか「小ずるいやつらだ！」と二言、三言声をあげさせる程度のものだろう。しかもそのしわは、いくつかの場面を見ていくうちに楽しい微笑に変わって、一度ならず緩んでいくはずである。

　夏ならば日が明け初めたころ、冬ならばまだ夜の帳《とばり》が明けやらぬうちから、市場は活発に動き始める。かごやおけ、売り台、あるいはそのたぐいの木製の道具類を背負った男女が、時効切れの習慣を権利として主張したり、厚かましい地位要求者となったりして、彼らが占拠している場所に近づく。すると、まだ小夜鳴き鳥が鳴き、ほかの住民たちはすやすやと寝息を立てている静かな朝のうちから、そうした場所で、時に優先権争いが勃発することがある。たとえば、でっぷり太ったあるおばさんは、市場に着いてみると、彼女が数日前、数週間前、数ヵ月前、あるいは数年前からずっと自分のものだと主張してきた場所を、豆類を商う別の男に占領されている、という事態が起きる。それを見た彼女の驚きは大きく、正当な怒りが体中の血管にたぎって、ひょっとすると、モーゼにならい、石版を何枚か彼に打ち付けて粉々に砕いていたかもしれない。ところが、ところがである。それは、このあたり一帯を、したがってくだんの罪人をも赤く染めた最初の日の光のせいだったろうか。それとも、やわらかな青い色を見せ始めた空と、おだやかな朝の空気のせいだったろうか。おばさんは、自分の権利をほのめかしながら、ただ小声で、彼女の職種に特有のきついアクセントの言い回しでこう尋ね始めたのである。「いったい、あんたはんは誰だんべね」。豆売りの男は黙っている。

「ははん」と、小売りのおばさんは繰り返す。「あんたはんは、耳が遠いんかね」

「ここでいったい、なにをするというつもりかね。ここはおらの場所だんべ。心得とき」。男は、またも黙ったままである。商いにかまけて無言を貫くこの男に対しては、〔弟子に沈黙を強いた〕*ピタゴラスでさえ反感を抱いたことだろう。「あんたはん、このインゲン豆の王様」と、おばさんは声を荒げてすぐに言った。「尻に帆掛けてすぐに退散しろって言ってんのが、わかんねぇだか？」

「俺は、ここを動かん」、ついに豆男が口を開いた。――「そんじゃあ、おらの仲間が目にもの見せてやんべ」と、この野菜売り女は、さらに不機嫌になって答えた。「そんじゃあ、そいつらに目にもの見せてやんべ」と、口数の少ない豆商いの男が応酬する。

「そう来るだか」と、この市場の常連であるおばさんは、両腕を腰に当て、怒りで真っ赤になりながら答えた。

「そうともよ」と、ピタゴラスの敵も答える。

「みんな、来ておくれ」と、礼儀作法を手ほどきすることになったおばさんは、仲間の女たち数人に呼びかけた。「おらの仲間が、この豆王子野郎を根こそぎひっこぬいてやるだべ」

周りを包囲された男は、自分と彼の商品が市場のアマゾネス*の一団によってたちまち攻撃を受けるのをまのあたりにし、強力な抵抗を試みる前に、早くも遠く離れた市場の片隅へと追いやられてしまった。

このような争いは、自分の商品を持って市内にやってくる農民と、市内の市場商人との間でもよく起きる。勝利はたいてい、女の数が多いほうの側に傾く。なぜならば女たちは、ギデオン*が部下にラッパを吹かせた時のように達者な口でまくしたてるので、敵は多くの場合おじ気づき、狼狽してしまうからである。

こうしたいさかいは、市場はあそこやここのほうがこっちよりも場所がいいとか、いい場所は前列に多い、という見方から生まれる。というのも、周知のように、市場商人たちは列を作って並び、やってくるお客の通路としては狭い空間しか残さないのが普通だからである。するとしばしば、前の列のほうがほかの場所より早く売れる、ということが起こる。そこから、いい場所、悪い場所という呼び名が導き出されるし、いつも同じ市場に来るわけではない商人は、運しだいで、いい場所になったり、悪い場所になったりする、ということにもなる。いい場所に陣取った場合には市場商人は、商品をたいてい早くも八時か九時までに売り切ってしまうし、言うところの悪い場所の場合は、完全に売り切るのに一二時かあるいはそれ以降も座っていなければならない、ということもよくある。

ある女が最近、キノコや果物といった品々を売っていたが、ほかの者たちはもうとっくに商品を売りさばいて立ち去っていき、まだ市場に残っているのはほとんど彼女ひとりになってしまった。この女がこう言ったものだ。「おら、どしたらよかんべ。こんな下のほうじゃちっとも売れねぇ。こないだあそこの上のほうに座ったら、もう九時にはおらの品もん全部売れちまっただによ」

また、同様に運に恵まれなかった別の女は、隣で商いをしている男に、こう言った。「だめだ、今日はもういいわ。今日の損は、どうしても出ちまった分よりも多いわな」

「おかみさん、日のあたるところに行くんだな」と男は答えた。「わしだって、物を売ってくれと全然お客に言われてねえんだから」

こうした商人はたいてい、市場にやってくる女中たちやその他の客層のひいきに預かっていない。それゆえ彼らはただ、自分の商品が、行きかう買い手の目にとまる幸運な偶然を当てにするしかない。そこで彼らは、きわめて愛想よくふるまい、通り過ぎていく人々に先手を打って、自分の商品をさかんにほめそやすのである。こんなふうに叫びながら。「きれいなお嬢さん。あ、そこの奥様。坊や、かわいいねえ」とか、「さあ、寄ってらっしゃい。おいしいジャガイモだよ。おいしいキノコがあるよ。本当に安いよ」などと。

すでに信用をかち得ている市場商人のふるまいは、これとは違う。彼らは自分の露店に悠然と構えて、顧客が来るまで待っている。彼らは、知らない通りすがりの客に自分の呼びかけによって買い気を起こさせる、などというのは、自分の沽券《こけん》に関わると考えている。それどころか彼らは、知らない客を短くつっけんどんにあしらうか、まったく返事をしないことさえある。それは、たとえば、客が品物一個分安くしろと値切ってきて、「こりゃあいくら何でも高すぎるぜ」、などと言った場合である。そのような時しばしば商人が口にするのは、つぎのような言葉である。「わしは、あんたはんを待ってたわけじゃねぇ」とか、「よそでうちより安く手に入るか、やってごらんなせえ。あんたはんのようなお人にかかっちゃあ、誰ひとり金持ちになれねぇわい」という具合に。

ユーデンプラッツでは、青物の販売が、ウィーンの畑作農家によって卸しでおこなわれている。野菜はすでに夕方のうちから、畑作農家の奉公人や女の働き手によって、たっぷり入る大きなおけに入れられてここへ運ばれ、所定の場所におけが並べられると、そのそばに何人かが残って不寝《ねず》の番をする。朝になってようやく、主人や野菜の所有者、あるいはその代理のおかみさんや娘たちがやって来る。彼らは市内ないし市外区の小売商と取引を結び、通常は早くも七時に店を閉め、たんまり金の入った財布を持って家路に就くのである。空になったおけは、一個一グロッシェンの報酬で、奉公人によりまた戻される。こうしたおけの運搬で稼ごうと、畑作農家の奉公人は普通、おけを八個、一〇個、それどころか一二個もぎゅっと押し込み、文字どおりのおけのオベリスクを作っていっぺんに主人の住まいまで運ぶのである。

市場には確かに、青物やジャガイモ、キノコ、バター、生クリーム、凝乳その他のものと並んで、牛乳も売り物として置かれている。しかし、その量はほかの品物と比べてほんのわずかしかない。牛*

乳売りの女たちは、ほかの市場商人たちとは異なる特殊な部類を形成しているのである。彼女たちは、そのスタンドを、公共の場所ではなく、市門の内側の、広々とした入り口の屋根の下に開く。なぜそうするのか、という理由は、いくつかあるかもしれない。たとえば、寒さ、暑さ、ほこり、雨や雪から自分と商品を守るためとか、どっと人が押し寄せて商品が倒れる危険からまぬがれるためとか。しかし一番肝心な理由は、間違いなく、市門の両開きの扉の陰に隠れて、彼女たちの秘密の操作、手練のわざを、ほかの場所よりも安心して余念なくおこなうことができる、という点にある。彼女たちはそのわざを用いて、もっとも粗悪な牛乳を見ためは見事な生クリームに作り替えることができるのである。ウィーンの計算高い牛乳売りの女たちは、牛乳を水で薄めること、通称「水増し《パンチェライ》」をおこなうことで悪名高い。彼女たちはこのわざをみんなできわめて広範囲におこなっているため、例を挙げれば生クリームの純正品一マースは、たとえ一グルデン三〇クロイツァーといった高値をはたいてでも手に入らない。このため、当地の人気喜劇作家ネストロイ*も、笑劇『ルンパーチ・ヴァガブンドゥス』においてつぎのように歌ったのである（牛乳の水増しがいかに壮大におこなわれているかをあてこすりながら）。

銀河はもはや輝きを失っちまった、天国の、
乳売りぎん婆さんが水で薄めたときたもんだ。〔二〕

しかしこれは事実でもある。市門の前を通りかかり、その下にこのような魔法使いが店を構えていたら、彼女の仕事ぶりをちらと見てみる。すると、ちょうど誰も客がいなければ、彼女が、密封した牛乳容器を一心不乱に振っている様子をきっと見ることができるだろう。ときおり彼女はその容器のふたを開け、十分泡だって、その中に含まれている乳状の液体がきちんと立派な生クリームとして通用するかどうかを調べる。そのようにして、彼女の高貴なる努力が期待したとおりの見事な成果をあげるまで、彼女はこの仕事を続けるのである。

六月から一一月までの間、市場の格別の売り物になるのは、果物である。果物は、ウィーン人の暮らしに欠かせない自然の産物とは言えないのだが、これがウィーン人に好まれ、大量に消費されているところを見ると、とくに低い階層の民衆にとっては、一年のある時期の間ずっと、果物が特定の栄養源になっていると認めざるをえない。

水路や陸路をたどり、頑丈な農夫の肩や背にかつがれてウィーンまで運ばれてきた果物の主な集積地は、ドナウ河畔の*シャンツェルや、市内のアム・ホーフ、それに*アウフ・デア・ヴィーデンのいわゆるナッシュマルクトである。シャンツェルでは、ウィーンから遠く離れた地域の果物が手に入る。アム・ホーフでは、見栄えがよくて美味きわまりない種類の果物が入手できるし、ナッシュマルクトは、そこで売られている果物がとびきり安いことで有名である。これらの場所では、グロッシェン単位の小売りと並んで、おけやかごあるいはそのたぐいの容器一杯でいくら、という単位の商いもおこなわれている。これを購入していくのは、ウィーンでは果物売り《オプストラリン》の女と呼ばれる町の*物売り女《ヘッカリン》や、町の食料品商、すなわち食糧雑貨商《グライスラー》たちである。果物を扱うそのほかの男たちや女たちも、安価で大量に果物を仕入れ、それを別の市場へ運び、そこで小分けして販売する。しかも彼らは、果物を入れた容器をある市場から別の市場へ運んだという労苦に対して相当のもうけを得ようと、元値よりはるかに高い値段を付けている。

　しかし、なんといっても抜け目なくてずるがしこいのは、食糧雑貨商の果物販売のやり方である。この商人が、その店で販売するすべての商品から法外な利益を得ているのはよく知られている。しかしそれでも、きちんとつり合いは取れているのに違いない。というのも、そうでなければ、この業種の店は無数にあるのに、どうしてそんな法外な利益が成り立つのか理解できないからである。大きめの建物が建ち並ぶ通りでは、どの建物にも一軒ずつこうした食糧雑貨商か食料品商がいる。*トラットナーホーフや*ショッテンホーフのように、それらが二軒ある建物さえある。しかし、こうした商人の実入りが悪くなることはない。それどころか、かなりの額の蓄えを持っている者も大勢いる。なぜならば彼らは、「技は利で育つ」という諺を、利益が第一という、あまり称賛には値しない独特の流儀で解釈し、活用しているからである。

　こうしたやり手の者たちが、青い前だれを下げ、たっぷり入るおけを背負って、うかがうような目つきで市場をあちこち歩き回り、よさそうな果物を商っている市場商人たちを一人ひとり覚えていく。そうして、この市場で見られる果物の種類と、質および量を完全に見きわめたのち、おもむろにその売り手に近づいていく。たいていは三人か四人までの商売人がたがいに示し合わせているが、彼らの一番のねらい目は、まだ若くて、市場の事情に疎いように見える農民たちである。いま、こうしたやり手の者たちが、イチゴや桃、梨をひとかご分とか、サクランボ、あんずないしプラムをひとおけ分値切ろうともくろんで、ひとり目が市場の一団に近づき、値段を尋ねた。その値段が言われるやいなや、それが高かろうと安かろうと、食糧雑貨商は顔をゆがめて、「そいつぁたまげた」、という表情をその顔に浮かべる。

「あんたら、おかしいんじゃないか」と、彼の熱弁が始まる。「あんたら、まるで金貨ばかりで取引しようっつう腹みてえだな。だめだ、そんなんじゃ話になんねぇ。どこだろうと、町の果物売りのばあさんから買った方がもっと安く手に入るわ。あんたら、冗談が好きやな。すぐに銀行へ行ったほうがええで。あんたらのその果物でお札と交換してもらいな」。こんなふうにしてひとり目が言いたい放題不満をぶちまけている間に、ふたり目があとからやって来て、田舎娘に同じように値段を尋ねる。娘はたいてい、ひとり目ののしり言葉にまだびっくりしていて、すぐには答えられない。すると、すかさずひとり目が言う。「やめとき、訊いてもらちあかんで。この娘っこは、このプラムひとおけで四グルデンほしいとよ」

二人目　そりゃだめだ。とんでもねぇ、それじゃあ一〇〇グルデン出すのと同じだぜ。

一人目　第一、ひでぇしろもんだ。ちょっとそのプラムひとつ食べてみ。
二人目　（プラムをひとつ食べて）うぇー、こりゃ、刺すみてぇにすっぺぇじゃねぇか。
田舎娘　そんなこたねぇだ。このプラムがすっぱかったら、あんた！　これは、ほんと、蜂蜜みてぇに甘ぇんだから。
一人目　甘ぇだと？　いいだろ。これがすっぱくねぇってんなら、すっぺぇとはどういうもんだか、知りてぇもんだ。
この間に三人目が近づいて、同じように値段を尋ねる。
一人目　四グルデンだとよ。
三人目　四グルデンだぁ？　それ以上まけねぇってのか？　そんじゃ、あんたら、自分でその品物食うがええで。
一人目　これじゃぁ、一グロッシェンで二〇個にもなんねぇな。
二人目　うちのほうの果物売りのばあさんなら四〇個はくれるぜ。しかも、こいつよりちっとばかりうまくて、でけぇと来てら。
一人目　二グルデンなら出してもいいぜ。
三人目　そいつぁ、大金だぜ。
二人目　この娘っこは、ここに座らせとき。こいつをまた持ち帰るがいいわさ。

こんなふうにして、商品をけなし、農家の娘を脅す三頭政治が続く。そうするうちに娘はだんだん、この狡猾な商人たちに二束三文で果物を引き渡してもいいという気持ちになってくる。このまま行けばもっと安く値切られるか、あるいは、売れないまままた家へ持ち帰ることになるのではないかと、不安になってくるからである。

市内や市外区のほかの市場でおこなわれる果物の大小の取引は、大部分、朝方に集中している。これに対してシャンツェルは、とくに八月、九月、一〇月の午後には、果物好きの大勢の人々でびっしり埋め尽くされる。

中流階級の、仕事をしなくても暮らせる人々は、ここで彼らのおやつの時間《ヤウゼン・ツァイト》を取るのが普通である。彼らは、手近のパン屋に寄ってゼンメルや細長い白パン、クロワッサンで身を固め、果物を積んだ無数の舟か、岸辺で商いをしている女たちから、食欲と財布の中身に応じて彼らのおやつに必要な品を仕入れる。これらを彼らはハンカチにくるむか、上着の大きなポケットに突っこむかして、近くのグラシ*の木々の下にあるベンチに座ったり、ケッテン・ブリュッケ*の欄干にもたれかかったり、あちこちをゆったり散歩したりしながら、気持ちよくおやつを食べ、おしゃべりをし、あるいは、ぼうっと雑踏をながめたり川の流れを見おろしたりして時を過ごすのである。

ウィーンの果物売りの女たちは、人通りの多いあちこちの小路にスタンドを立て、毎年営業税を払って商売の資格を得ている。こうした果物売りと並んで、フェルディナント・ブリュッケ*のたもとには、一日のさまざまな時間に、ひと群れの女たちがたむろする。彼女たちは、サクランボや梨、リンゴ、桃、プラム、ブドウ、それに、そうした果実より安い種類の果物をたずさえて、ここで無許可の商いをするのである。

彼女らは、果物を極端に安い値段で売り、たえず行きかう人々のうねりの中から多くの客を呼び込もうとひっきりなしに叫ぶことで、いっそう確実に、市場役所による干渉を避けようとする。「さあ、寄ってきな。やわらかい梨が一〇個だよ、桃は六個だ。プラムなら一グロッシェンで三〇個だよ。あたいのブドウひと山一グロッシェンだよ」。同時に彼女らは、もし市場監視官が近づいてきたらすぐに発見できるよう、あらゆる方向に視線を走らせている。果物を差し押さえる権限を持ったこの恐怖の男を、ひとりの女が見つけると、この女はかん高い叫び声をあげ、それによって他のすべての仲間が危機の接近を察知する。この仲間たちが同様にさまざまな金切り声をあげると、彼女たちは、ひと山いくらで並べていた果物を大急ぎで片づけてかごに入れ、*レーオポルトシュタットの方向へ一目散に逃げだす。そうして、お役人がふたたび遠ざかっていくまで、市門の蔭に隠れているのである。彼女たちは、*バスタイの上へ駆け上がって、恐れられている男がその場を立ち去るまで、そこからまったく快適かつ向こう見ずにこの男を見おろしていることもよくある。そのあとこの女たちは、逃げるときと同じようにまたすばやく姿を現し、たゆみない気持ちもあらたに、先ほどの場所を占拠するのである。

訳注

〔一〕*ネストロイ作『ルンパーチヴァガブンドゥス』（一八三三年初演）第三幕第八場。（『ネストロイ喜劇集』行路社　一九九四、五三頁）。「牛乳売りの女たち」を表す Milchweiber（Miliweiber）と「銀河」の意味の Milchstraße が掛け合わされている。

第四二章　ある夜のレルヒェンフェルト（1）

シルヴェスター・ヴァーグナー

ヴィルヘルム・ベーム（絵）カール・マールクネヒト（鋼版画）「レルヒェンフェルトの若造」

レルヒェンフェルトへ一緒に行こう
わずかのお金で出るんだぜ
脂身入りソーセージとチーズがよ
乞食のとなりに腰かけて
特大ビールを注文し
楽しもうぜ、盛大に

民衆歌

おい、レルヒェンフェルトの野郎、リーニエ*の外の真珠のような歓楽街だと。なにが酒場のあまたある上品な村だ、なにが恋人たちに幸福を告げる天空のコントラバスと同じくらい空きっ腹に響く幸せな大きなソーセージと五グロッシェンのワインを出す並ぶものなき居酒屋かよ。小さいけど間違いなくすばらしい酒場街だとよ。ハープ弾きの集金袋、太鼓腹と素寒貧の老齢年金生活者の巡礼地、放蕩者の老人や若者の隠れ家、腹を空かし酒をほしがるウィーン子の贅沢な安息宿、てめえは立派な名声があるくせに、硬いロースト肉と酸っぱくなったビールをおれさまに出しやがる。だからてめえに復讐してやる、きつい復讐をな。

私の前を行く三人の男たちは、危なっかしい足取りからすると、みんなかなり酩酊しているようだったが、彼らのうちのひとりが、私と彼らが出てきたばかりのこのお楽しみの場所にほぼこんな言葉で一発食らわしたのだ。この危険な脅し文句を発した心情と行動からすると、彼は退職した朗唱教師か元ハープ弾きに違いなかった。ハープ弾き風の、いいかえれば、民衆歌手風のもののいい方で会話している同行者たちから判断すると、彼は、類は友を呼ぶという諺が真実ならば、流行り歌の歌手らしかった。

彼の同行者のひとりが「そう怒るな、ナーゲル」と、ムッシュ・ナーゲルがたっぷりと悪態をついたあとにいい返した。「だからって、怒るなよな。おまえはもう何度も酸っぱいビールをうまそうに飲んでたし、硬いロースト肉だって胃袋にしまい込んでたじゃないか。ちっとも前に進まずに、すぐに復讐のことを話している。いったじゃないか、今日はもうおまえは少し飲みすぎたんだって。だからそんなに難くせをつけるんだ。荒れるなよ。つぎはきっと亭主はおまえの名誉を回復させてくれるさ。おれたちがそうさせてやる。来いよ、ちょっとシュタムペルの苦い火酒*をひっかけに行こうや。あれは体にいいぞ」

このなだめの言葉に説得されて、したたかに酔った三人の男はよろめきながら近くの火酒酒場に行ったが、その入口でムッシュ・ナーゲルが同行者たちをちょっと引きとめ、しゃがれた声と少しろれつの回らない舌で、なだめた男のほうを向いていった。「しかしおい、コントラバスのショルシェル〔ゲオルクの愛称〕よ、ネズミの糞親父が明日、混合酒を二、三杯出しておれの怒りを鎮めなかったら、あいつの店を全部たたっ壊して、禿げ頭の顔に何発か食らわせてやる、天地神明に誓ってな。聞いたよな、おまえら」

この感情の放出を最後に、彼らは霞のかかった火酒酒場に姿を消し、私は灯りの乏しい通りにポツンと立っていた。月曜日の夜で、すでに一〇時を過ぎ、建物の門扉はすでに閉まり、通りは数人の酔っ払いを除いてほとんど人がいなかった。そのために私は人の群に踏み倒される危険もなく、自分の考えにふけり、名高いレルヒェンフェルトで過ごした夜を反芻する時間の余裕が十分にできた。

数時間前はまだ何千もの人々が飲食と楽しみのためにリーニエから庭園と酒場へ流れ出てきた。老いも若きも、男も女も、とりどりに入り混じって。当世のフロックコートもふんぞり返った豪華なロックコートも、シャツ姿もジャケット姿も、長靴も乗馬靴も、裸足もスリッパも、ゆっくり足も急ぎ足も、喜色満面の顔もひどくもったいぶった顔も、ソーセージと焼き肉で有名なレルヒェンフェルトへ波のように入っていった。陽気なお喋り、楽しげなざわめきがトランペットやホルンの響き、手回しオルガン、ヴァイオリン、ドラム、コントラバスに混じって、無数の庭園から響いてきた。ハープ弾きや流し演歌師《ベンケルゼンガー》たちが歌うだみ声、サラミ売りたちの叫ぶような声や宝くじ売り女たちの金切り声、食事や飲み物を運ぶウェイターや、腹を空かしのどを乾かしたせっかちなお客たちの大声が、もまれるように押し寄せる通行人たちの耳にごちゃごちゃに入り混じって届いていた。通行人たちの動きは川の流れに似ていないこともない。小路に沿って波が動いていき、あるときは左の騒がしい庭園へ、またあるときは右の焼き肉が匂ってくる居酒屋へ流れを枝分かれさせ、そこからまた小さい流れや大きめの流れを受け入れていった。

これらの庭園や酒場すべては、仕事をしないオスバチが棲みついた時のミツバチの巣箱に似ていたが、それでもハチは、人間が軽蔑する本能で自然の制約から踏み出ることはしないので、巣箱のなかには立派な秩序が保たれているという違いがある。これにたいして地球上の万物の霊長たる人間は、愚かしい妄想のなかで、すべては自分のために存在すると思い込んではいるが、けっして他者よりも永続するものではなく、この気違いじみた空想においてまさってすらもいない。私が思うに、創造の簒奪者、つまり、称賛された理性と透徹した悟性を持った、もろくはあるが不遜なこの人間は、しばしば泥濘のなかでのた打ち回り、エピクロスの家畜小屋のなかの豚の状況に沈み込んでいくものなのだ。

渦巻くような人の群から抜け出して、私もそこにいてそれをするためにここにやってきたこの人間の営みをながめながら、通りの角に立って、どの群と一緒に動いて、どこに落ち着こうかと決めかねていた時、私の頭のなかでは、いま述べたようなとりとめのない思がうろついていた。

気づいてみると運よく私は通りのある角に立っていて、そこは歩き回る酔っ払いのための案内図が取り付けられている場所だった。すばらしい歓待や快適な宿泊のためにどんな準備がなされているかの案内も一緒にあった。そこでふり向いてみると、驚いたことに二階建ての建物の正面全部が、一階から屋根組みまで、それほどの丈のある印刷された広告で覆われていて、そのうえ窓には同じ内容の手書きのポスターが貼られていた。

　そこには今日の催し物が数え切れないほど告知されていた。パーティ、夜会、社交パーティ、歓談パーティ、食事パーティ、午後のパーティ、夜のパーティ、ダンスパーティ、舞踏会、祝祭舞踏会、*ディアナ舞踏会、舞踏祭、音楽祭、バラ祭、民衆祭、庭園祭、教会開基祭、大祭、爆弾祭、擲弾祭、そしてこれら無数の祭をなんと呼ぼうと、そういった催し物が、ベンガル花火と鼻を突く匂いのするヤギ獣脂ランプ数百個のこの上なく明るい照明、それにふたつの火の輪や七発の爆竹、五発のふつうの打上げ花火、三発の花束の打上げ花火、一発の落下傘打上げ花火で構成されたフィナーレを添えて、すべて、個人の指揮のもと、また画期的なワルツの混成曲編曲者および勝利の戦闘曲編曲者の協力の下に開催、設営、演出されるというのだ。さらにつぎのような小さな演奏会も多数予告されていた。四重奏や五重奏、六重奏。*クリシュニクの当たり道化劇や剣呑み奇術師、亀背の役者の演目をそろえたハープ弾き。男と女の鳥獣ものまね歌手、すなわち、自然界にいる動物の声を出して、たとえばミミズクのように歌う歌手。男のソプラノ歌手、女のバス歌手、オブリガートの伴奏付きおよび伴奏なし。有名な*リンツのヴァイオリン楽団および定評あるチター奏者。

　とても大きな文字で印刷されたこれらのポスターのなかには、人間を個別や集団で戯画化して表した人文字で目立つようにしたものもあったが、そうしたポスターの下のところどころに、控えめで外目にはあまり目立たない小さめのポスターが見えた。それはいま現に演じている芸人たちおよび一見に値する見世物小屋を、しかも派手に知らせていて、この派手さのために、見世物のシンボルたるポスターの貧相な形も、隣の大きな顔をしているポスターとかなりいい勝負になっていた。

二グロッシェン紙幣で見ることができるのは、ウィーンではまだ一度も上演されていないが、ヨーロッパ大陸のあらゆる首都や王都で称賛され、すべての君主たちのすばらしい拍手喝采の光栄に浴した、人間技ならざるヘーメル曲馬団の演技と展開。それからもっとも新しくもっとも人気のある民衆劇やスペクタクル劇をまれに見る正確さで再現する世界的に有名な猿まわし劇場。さらに、自然のなかのごくまれな珍品奇類の見世物小屋。三本足の子牛、生まれつき尻尾のない生きた犬、ひとつ目の馬、六本足の羊、猫の目を持つ数匹のハツカネズミ、頭にヤマアラシの髪の毛を持つ男、長い髭とぞっとする胸毛を持つ女。さらには、バイエルンのヒースルからハンガリーのジョブリ・ヨシまでの有名な盗賊たちのろう人形部屋、すべて話の種になるくらい正確な作りだった。ある小屋では現代のフィラデルフス、中国生まれの有名な奇術師チン・フィンが、これまでまだ誰も見せたことのない、自然魔法分野の奇術をやって見せて観客全員を驚かしている。最後にまだ見るべきものとしては、ごく最近開業した特設の調教した蚤の見世物小屋がある。私は思った、そうだ、そこへ行こう、蚤で楽しめるぞ、と。

蚤の見世物小屋へ移動するために体の向きを変えようとしたら、もう一枚のポスターが私の目をかすめた。そこにある「選りすぐりの集い」という言葉が私の目を引いたのだ。そこにはおよそこんなふうに書かれていた。

「黄金のジョッキ」亭では本日六時ちょうどに選りすぐりの観客の皆さまの前にて、卓越せる口琴名人にして、いくつもの王室の宮廷口琴奏者、名人会議の免状授与正会員であるヒエロニムス・クレンペラーが演奏いたします。人気のある木の繊維の楽器《ハルモニカー》奏者マーダー氏、フィラデルフィア大劇場第一トロンボーン奏者、ブランケ嬢がご好意により同じ舞台で演奏する名誉を得ております。

注目。入場無料。速やかなサービス、きわめて安価なお食事とお飲み物に誠心誠意努めております。

マックス・ハッケル、店主

蚤を見ようという私の決断を動揺させたのは、選りすぐりの集いと珍しい楽器構成、とくにやはり口琴である。というのも私自身、こんなふうにいうのは気が引けるが、口琴をかなりやるのだ。私は飛ぶような足取りで「黄金のジョッキ」亭へ、手入れの行き届いたマックス・ハッケルの食堂へ向かった。

そこへ行く途中、私はヘーメルのサーカスや猿まわし劇場、珍品奇類の小屋と見世物小屋のそばを通らなければならなかった。この出し物の前の人だかり、陳列の品々を称える声、この見世物殿堂へ入る人々の流れを見て私は、珍品奇類と見世物に関しては、人々がわれわれに信じこませようとするほどひどいものではない、と十分に納得した。人だかりがこれほど大きくなかったら、すべての小屋に入ってこのすばらしいものを見物して感心したいという誘惑に抵抗することができなかっただろう。

この人だかりのなかで味わった不愉快な思いや危険と男らしく闘ったあと、私は被害なく、といっても、ポケットのハンカチを失くしたのだが、これは被害のうちに入れないとして、とにかく無事に「黄金のジョッキ」亭に着いた。

タバコの煙で暗くなっていた長細い食堂ホールには小さなテーブルが数多く置かれていた。六時にはまだかなり間があったために、テーブルも来客を待ちこがれていたのだが、食堂ホールに入るとすぐ、私には早くもあのポスターの印刷の誤りが明らかになった。というのは、間違いなく、「選りすぐりの」集いの代わりに、「掻きあつめの」集いとあるべきところだったからだ。しかし、とにかくここに入ってしまったので、それにすぐに、どの鏡工場主の前にもためらいなくモデルとして置けるような、燕尾服にズボン姿の猛々しい三、四人のウェイターがやってきて、腹を空かした人食い人種みたいに、襲いかかるように私に「ご注文は」と慌ただしく尋ねたので、私は何事もなかったような顔をして、強い酒を一杯注文し、適当な席を選んで辛抱強くかつあきらめつつ、なにが出てくるか、待つことにした。私はポスターを見て選ぶと妙な災難に遭う。毎回苦境におちいってしまうからだ。それは前からわかっていることであり、だからまた私は生まれもった私の運命に黙って従うのである。

ウェイターたちは、亭主が並はずれて活発で細い体つきであるのとは対照的に、給仕よりは荷物運搬人に向いているような、がっしりして鈍重そうな体つきをしていたが、そんなウェイターが数多くいたため、私はこの「選りすぐりの集い」のなかでの折り合いにいくらか不安を感じ、そのためにドアのすぐ近くにあるテーブルの席に着いた。そのテーブルはまだ全然ふさがっていなくて、同時に、全体をとてもよく見渡せるという利点もあたえてくれるものだった。

食事と酒が並べられた隣のテーブルには、すでに三人が陣取っていた。ひとりは五〇代の太った男で、うなだれてじっと自分のお腹を見つめており、そのために私はその男が一四世紀のイギリスで設立された静寂主義者《ヘシカスト》、いいかえれば自己凝視者の宗派に属しているのではないかとの疑いを強くしたほどだ。つぎには、柘榴石のような赤ら顔をした背の高い、すでに若からぬ婦人で、真紅のリボンと白バラで飾った*チュール・アングレ・シュテーハウベをかぶり、緑の花柄の付いた硫黄色のバティスト織のクレアドレスを着て、バター色の手袋と青の靴を履いていた。三人目は青白い顔の若い女で、観相家が自惚れと見なすような、少しうえを向いた小さな鼻を持ち、その胸は、もし複製を造ったら、ポンペイで発掘されて*ポルティチの博物館に保管されている泥質土製の胸像をはるかに凌ぐようなものだった。ウェストは、詰め物をして膨れあがったいまの時代にぴったりだった。彼女はうなじに稲藁でできた小さな帽子を置いていた。その帽子は空に向かって突き出たような、腕の長さほどある青い揺れ動く鳥の羽根で飾られているが、私は羽根学にまったく疎くて、それがコウノトリの羽根だったかガチョウの羽根だったかいうことができない。可愛らしい小さな帽子を脱いでいたので、長い髪の分け目のある前頭部が見えていたが、この分け目は、指三本ほどの幅のテープで後ろに引っ張った髪の毛の真ん中につけられていた。頭の両側では、耳のすぐ前で、極小のクロワッサンみたいに三日月形に曲げた薄い飾り毛が、頬にぴったりくっ付いて前に伸びている。その道の精通者だったら、すぐに彼女の身分を突き止めるところだ。透かし織りで刺繍をいっぱい施した白いチュール・アングレの上衣が、絹の青い下の服を透かして見せており、下の服は、少しの動きでもあたかも黄金の薄板でできているかのような音をたてた。裾が長かったために彼女の足と靴を見ることができなかった。両腕には特許付きの安全ブレスレットをいくつか着けており、指は宝石付きと宝石なしのきらめく指輪でいっぱいだった。傍らには*ドゥエリエール日傘、手を柔らかそうに見せるパリのガンティーヌを付けたネズミ色の指なし手袋を持っていた。彼女の顔とおずおずと見回す目からは、素敵で気立てがよさそうな、また温和で親切そうな雰囲気が輝き出ており、そのために私は、彼女は『こうして少女たちはいい子になる』という、一冊五グロッシェンと広告が出ていた五つの物語を読んでいて、心にとめてもいる、と信じて疑わなかった。赤ら顔の女はついさっき彼女に、帽子の上にある羽根が目立つように揺れ動かすには、どのように頭を動かさなければならないかを教えていたが、彼女は実に根気よく、何度も動かしてみながら教わっていた。

そのすぐ近くには四人の若い女が座っていて、私は外見から彼女たちは洗濯娘だとわかった。彼女らは自分の金で飲んでおり、隣にいるふたりの女をかなり大声でからかって、ときおりほかの客全部よりも騒がしい声を立てていた。彼女たちのうちのふたりは、女性がか弱いなどという些細な偏見など気にかけるようすもなく、長いパイプからタバコの煙をふかしており、歌を歌いたくてうずうずしているように見えた。というのは、彼女たちはやり歌をいくつか歌いはじめたからだが、「黄金のジョッキ」亭の顔利きの主人マックス・ハッケルは彼女たちが最後まで歌い終わるのを許さなかった。なぜかというと、彼がいうには、今日は自分のところで演奏会があるからだ、というのだ。私は、彼女たちのめちゃくちゃなお喋りや彼女たち独特のいい回し、ドイツ語ではあるが、大部分私には聞き取れないほどのいい回しなどを耳にするよりも、この洗濯の妖精たちがヨーデルを歌い、手拍子《パッシェン》をやるのを聞きたかったのだが、それが聞けないのが残念だった。

ほかのテーブルには、ところどころにシャツ姿の男たちや、薪割りや材木転がしのことを話すひどく下品な種類の女たちが陣取っていたが、私は彼らにそれ以上注意を払わなかった。しかし、もう少し先の真ん中あたり、あの口琴名人とその共演者たちのために設けられた高座の近くにさらに三人組が座ったが、これは詳しく書くに値する。

それは最下層のふたりの男とひとりの女だった。男たちは、煙突掃除夫がその日常服で見分けがつくように、容易に見分けがつく外見からすると明らかに、行状からも言葉つきからも、他の民衆とは区別される特殊な種族に属する者たち〔ちんぴらで売春婦のヒモ〕だった。彼らはハッカーブーベン、シュトラヴァンツァー、ラーディブーベン、シュトラーヴェスツィンダー、レルヒェンフェルダーブーベン、シュトラーヴェスあるいはシュトラーヴェスブーベン、ヴィースナーブーベンその他、いくつかの名前で知られている。

この三人は、当然その種族全体の代表に立てられるような選り抜きの見本だった。右に立っている男は少し古いタイプの者だった。貧弱な口髭で飾ったくたびれた顔は、前の世紀の最後の数年か、さもなければ今世紀の最初の数年の生まれ〔三〇歳代後半から四〇歳代前半〕とおぼしく、凌いだ嵐、眠らずに通した夜、重ねた情事、経てきた経験の痕跡を明らかにそこにとどめていた。かなりの容積のある彼の太鼓腹は、胃のなかにいくらか食欲は感じているが、けっして顕著な空腹は感じていなかったようで、すでに相当量のビールを収め、あらゆる種類の混合液体を受け入れていたように見えた。彼の骨格は、まだ若くて、比較的くたびれていない彼の横の男の体格よりもずっとがっしりしていた。彼は、自分の爪《ナーゲル》と称する、首はごく短いが、白銅の金具の付いた丈の高い木目頭のパイプをくゆらしていた。彼は、同じ幅のシリンダー〔帽子の山の部分〕と親指幅ほどのつばが付いている彼の帽子は頭から一度も脱がなかったが、彼の帽子はレルヒェンフェルトのモードによれば一八二六年ものだった。その他の衣服はほとんどすり切れていた。私は彼を、彼らの集まりで座長を務め、彼らの評議において第一の発言権を行使するちんぴら頭《がしら》だと見て不当ではないと思った。

この古めかしい男とは対照的に、左に座っていた男はモード店主同然で、ちんぴら《シュトラヴァンツァー》の伊達男、ちんぴら《シュトラーヴェス》のダンディ、ちんぴら《シュトラーヴェスツィンダー》の流行追い、ちんぴら《ハッカーブーベン》のしゃれ男だった。ぴんと立ったひさしを持つ帽子は、最新のレルヒェンフェルト・ファッションどおりだった。こめかみ全体を占領し、頬の半ばまで届いて、最近発明された発毛・強力ポマードを付けて前方に巻いた、大きくてばらばらの巻き毛は、最新のちんぴら風《ア・ラ・ラーディブーベン》の髪形を表していた。彼の服装全体は、顎《あご》を包んでいるネッカチーフから特徴的な乗馬ズボンにいたるまでうまく組み合わされていた。

真ん中の妖精には、ユリの白と天の露やバラの香り、エーテルの精気はまったく感じられず、はるかに粗野な種類の匂いと空気があった。彼女のきつい顔つきやかなり肥満した体つき、相当な体重を長い時間支える仕事を見込んだ、台座のような足がそうした匂いと空気をたっぷり示していた。顔は下品の典型というべきもので、こればかりは、フランス語ではクレーム・デベ〔「青春の女神クリーム」の意〕と呼ばれる新発明の皺伸ばし糊《ルンツェルパップ》でも、大げさないい方をする香水師がフランス語でクレム・セレスト〔「天のクリーム」の意〕と呼ぶ空色のクレムス軟膏、つまり英語のゴールド・クリームでも、女性向けの色塗りの技術を全部集めても取り除くことができないものだった。花柄のスカーフは、自己流にぞんざいに頭の周りに巻きつけて、首筋にこれ見よがしに結び目がつくられている。首まで届いている黒髪は、自然のままの黒なのか、毛髪を全然傷めない最新の染料で染めた黒なのかはわからないが、分け目を入れられ、顔の側面全体をおおっている。ネッカチーフはファンタジー結びにして首に巻きつけられている。上着は彼女の同類の年寄の女たちが念入りに選んだものだろう。色鮮やかなエプロンにはリボンがひるがえっている。必要もないのに、短いワンピースをしばしば持ち上げて、生のふくらはぎや偽物のふくらはぎを見せたりすることで、事情通には十分なくらい彼女の正体〔売春婦〕をわからせてくれた。

　彼らを観察していたあいだに、彼らは、疑いなくなにかに興奮して言葉を交わしたのだが、話し声がくぐもっていたのと、場所が離れていたせいで私にはなにも聞き取れなかった。しかし私は、口髭の男が威嚇するような表情をし、引きつったように自分のパイプをこぶしのなかに握りしめて殴る用意をするような仕草をすると、もう一方の男が挑戦的な態度をとったことを見ただけで、その見当がついた。若い方の男は激しい声を出し、怒った仕草をしながら、つぎのように文句をぶちまけたのだ。「この水っ鼻野郎、おめえさんが*クレプスガッセあたりのいけすかない酢漬け野郎だったとしても、おめえさんをおっぽり出してやる。おれがおめえさんをどう扱うかわからせてやるぜ、さっさと失せな」。ところがマックス・ハッケル氏の合図で、大男のウェイターのうちのふたりが、怒った男に二言三言ささやくと、それ以上の怒りの爆発がやんで、驚いたことに、以前のよき協調関係が再建されたのである。あとでウェイターのひとりからこっそり聞いたところでは、この前座の混乱の原因は、彼らの間にいたあの美女だった。というのは、彼女は、女性にはよくあることだが、だいぶ前から意見を変えていたし、それとともに好みも変えていたのだ。これにたいして年かさの男が、女はおれのものだったんだと、もっと以前からの権利を証明しながら異議申し立てをし、その要求を力づくで主張しようとしたらしい。しかし、これをマックス・ハッケルは慎重なやり方で防止するすべを心得ていたのである。

そうこうするうちに六時になり、それとともに客たちがかなり押しかけてきた。あっという間に食堂ホールは満席になり、マックス・ハッケルの顔つきもすっかり晴れやかになった。四〇を少し超えたくらいのやせっぽちの小さな男がひとり、新機軸による楽器を携えて高座に上った。顔は皺の多い鉛色、もったいぶった表情、眼は窪んではいるが生き生きとしている。堂々とした口髭を生やし、すり切れた黒い燕尾服とやはりすり切れたズボンという格好である。これが娯楽全体の総指揮者《コマンダントゥール・アン・シェフ》たる名人だったのだ。会場全体が静かになった。愛想のよい微笑を浮かべながら名人はあらゆる方向にお辞儀をし、本日かくも多くの立派な聴衆の前で演じる栄誉を与えられましたことは私の大きな喜びとするところでありますと、短い挨拶の言葉を述べ、聴衆の好意ある寛容の気持ちをあらかじめ頼りにすることを許していただけると信じる云々と語って、ふたつの口琴で*シュトラウスのワルツを見事に演奏した。すると、それに対して嵐のような拍手が彼に送られ、すでに演奏した曲を繰り返すまでやまなかった。私自身、会場全体の喝采に加わらずにはいられなかった。すでに述べたように、私は素人の愛好家にすぎないが、それでも、自惚れるわけではないけれど、この楽器の演奏は下手ではない。その私が拍手に加わらずにいられなかった大きな理由は、口の前でクモの足のように速く動く彼の指の技巧と、のどからの息を止めたり吐いたり、多彩に変化させる彼の能力に感嘆したからである。

ここで休憩が入った。会場の人々は、「変化は人を喜ばす《ワリアティオ・デレクタート》」という格言を銘じながら、食べ物と飲み物にすばやく目をやり、休憩を利用して、つぎに出てくる耳のご馳走に備えて体の準備を整えた。それほど経たないうちにもうひとりの、すなわち木の繊維の楽器《ハルモニカー》奏者のマーダー氏が高座に登った。ものすごく長身の、いくらか眠たげに見える金髪の若い男で、ひょろひょろの手足をしたまったくの肺病患者のようで、指尺の長さの馬の毛ネクタイ、リシュリュー風の緑の燕尾服と白と黄色のズボンという格好だった。彼は先の演者が指に持っていたのと同様の偉大な技巧を両腕に持っていて、操り人形を操るように両腕を入り乱れて動かしていた。彼の演奏は聴衆を満足させた。彼もアンコールを受けた。私に関していえば、彼の演奏について判断を下す資格はない。なぜなら、私はこの楽器の操作はまったく経験がなく、なにかけちを付けることは思いあがりだと思うからである。私がやったら当然、「もっと上手くやれ」ときびしくいわれるところだ。

マーダー氏が演奏している間、ブランク嬢は一枚のナプキンを乗せた皿を持ってテーブルからテーブルへご祝儀を集めるために歩いて回った。彼女の髪は美しいブルネットだった。年齢はといえば確かに、バラの花を蕾の膨らみのままに閉じさせておくという時点ではもはやなく、無理やり折り取って朝日のように赤々と輝く彼女の魅力を開花させる時点も超えていたが、それでもなお彼女は、いくらか平べったい鼻にいたるまで美しかった。彼女は帽子はかぶっておらず、髪の毛にはきっちり分け目をつけ、跳ねるような巻き毛を頭の周りにつくって、そこに薄紅色のバラの輪をとおしていた。燃えるような目つきでいたるところをご祝儀集めに回り、つねにほほえんでいる口からはミルクのように白く並んだ二列の歯がのぞいていたが、私の見るところ、そのうちの数本は入れ歯だった。白粉をつけた真っ白な首の周りには幅の狭い黒のビロードのリボンに小さな金の十字架を着けており、それが彼女の身に着けていた装飾品のすべてで、腕輪も指輪も彼女の小さな可愛らしい手を飾ってはいなかった。彼女の豊満な、とても立派に育った肉体をナポリの絹布《グロス・ド・ナプル》製の黒のドレスで包んでおり、そのためにまばゆいばかりの白いうなじが目立ち、ドレスの下で胸が潮の満ち引きのように波打つようすがよくわかった。

　ようやくお待ちかねの彼女が演壇に上がった。そこへ宮廷口琴名人のヒエロニムス・クレンペラー氏が彼女のために花柄のクッションをあとから持っていった。あらゆる方面から割れんばかりの拍手で歓迎され、彼女は喜びのほほえみを浮かべながら、あたかもそうした歓迎はもらって当然で、それにはもう慣れっこよとでもいいたげな、慇懃無礼な愛想をふりまいてその歓迎を受けていた。彼女はトロンボーンというこの思うようにならない楽器を用いて、自分で作曲した作品を演奏し、大いに聴衆を魅了した。そのために数人のきわめて高貴なる者たちが早くも立ちあがって、フィラデルフィア劇場第一トロンボーン奏者ブランク嬢を花柄クッションに乗せ、ただちに家に向かうのではないにせよ、少なくとも部屋の彼女の座席へ運ぼうとした。下賤の者はこんな天才的いたずらをやってはいけない。そうしたことは大貴族《ペール》にしかふさわしくないからだ。彼女は、熱狂した人たちに少しの間語りかけたあと、もう一度、恥ずかしいほどわずかしかご祝儀が乗っていない皿を持って現れた。芸にたいして彼女は魅惑的な金貨の雨で報いてはもらえなかったが、その代わり銀貨の霰《あられ》交じりの激しい銅貨のにわか雨は降っていた。

私はこれらの魅力的な出し物すべてを聞き終えて三人の芸術家にささやかな寄付もおこない、マックス・ハッケルの笑い顔をうんざりするほど見つめ、ワイン談義の最後の混ぜ物の話で彼が傾けた蘊蓄《うんちく》を最高に褒めあげて、心も体も元気を回復したので、私は顔利きマックス・ハッケルの食堂「黄金のジョッキ」亭に別れを告げて帰宅の途についたのだが、少し距離を行った途中で、冒頭に読者に示した三人の元ハープ弾きに追いついたのである。

原注

（1） レルヒェンフェルトは、本来はノイレルヒェンフェルトだが、ここの遮断木《リーニエ》と同じ名前のリーニエのそば

第42章　ある夜のレルヒェンフェルト

にある大きな村である。家屋が密集していて、住民は約四五〇〇、戸数は二〇〇超。ここにあるビール酒場、ワイン酒場の数は八〇まで増えている。これらの酒場の大部分には、囲いをして樹木を植えて日陰があるだけの広場、これをそう呼んでいいとすれば大きな庭園があり、すべての酒場で、リーニエの内側の食堂よりも安くて量も多い食事と酒を出している。まさにお客の財布にあまり負担をかけさせないために、とくに日曜日や祝祭日に、この村には多くの民衆が訪れており、ウィーン人にとっては、パリっ子にとってのヴィレット、フランクフルトっ子にとってのザクセンハウゼンとほぼ同じものである。

第四三章　ウィーン市民の娘のある一日

ヨハネス・ノルトマン

作者不詳「ピアノの授業」（一八〇五年ころ）

コーヒーが食卓に運ばれ、かわいい小さな頭巾に白いモーニングガウンをつけた一家の主婦がテーブルについて、みんなのカップになみなみとコーヒーを注ぐ。彼女は、ひとつのカップには誰よりも先に砂糖を入れ、気遣わしげにドアのほうを見やる。「リゼッテ。マリーはまだ寝ているの。昨夜は何時に舞踏会から帰ってきたの」

「もう二時にはお帰りでした、奥様。でも、あたくしにはご機嫌が悪そうに見えました。お嬢様は不機嫌そうにドレスを脱ぎ捨て、あたくしをおしかりになり、あたくしがわけを知ろうとお尋ねするとつれないお返事をなさって、すぐお休みになりました。でも、まだしばらくろうそくの灯りがついていて、そのうちあたくしは寝入ってしまいました。お嬢様が髪に挿しておられたバラの花が、今朝、床に落ちており、あのきれいな舞踏会のドレスがくしゃくしゃになっておりました」

「あの子を朝食に呼んできて頂戴――あ、いいわ――自分で起きてきたから――もう十分寝足りたの、あなた」

「おはようございます、お母様。お父様はもうお出かけになったの」

「それで、昨夜はどうだったの」

少女の顔にわずかに赤みが差す。「あたしに、なにも言うなと言ってくれるほうがましよ、お母様。誓って言うけど、あたしはもうRの家には絶対行かない。あんなに退屈したこと、いままで一度もなかったわ。踊り手の足はみんな引きつっていたし、女の子たちはみんな取りすましていてお人形さんみたいだった。ねえ、お母様、あたし言ったじゃない、お母様が選んでくれたバラは、あたしの髪には似合わないって。アマーリエなんて、髪を編んで頭に巻いていたわ。そのおかげであの子にはうっとりするような魅力があったわ。それにあの子のお父様は、一文だって無駄にしないで大もうけしてるのよ。アマーリエは、あたしがとてもあこがれて、お父様にあれほど心からほしいってお願いしたあの生地のドレスを着ていたわ。あたし、ようくわかったわよ、お父様はあたしを愛してないいんだって。とにかく、あたしはもう絶対Rの家には行きませんからね」――「あなた、いいかげんにおねだりはやめなさいな。――それから」――「お母様、ピアノの先生に言って。だって、あたしからは言いたくないもの――おいでくださいって、頼むように言ったら、いらっしゃらないはずないわ――そうなったら失礼よ。あたし、これからしばらくは、先生に親しい顔を見せられないもの――今日は弾かないわ」――「リゼッテ。先生がおいでになったら、先生にそう伝えて頂戴」――「お母様、いいでしょ、昨日見つけたピンク色の帽子、あたしに買って、いいでしょ」――「ええ、でも――だけど、私にR家の悪口を言うのはやめて。また招待された時、お行儀悪くしてはだめよ」

「いいえ、お母様、あたし、あそこにはもう行かない。アマーリエの騎兵大尉への態度っていったら、すごく目立ったのよ。大尉があたしと言葉をかわそうとしたら、あの子、すぐに彼を人混みの中へ引っ張っていって、そのあとのダンスを全部、彼に約束したのよ。もうあそこに行ってはいけないって、あたしに約束して」

「考え直しなさい」

「いいでしょ、ピンクの帽子、あたしに買って」

「あら、もう考え直したの？」

ふたりはコーヒーを飲み、冗談を言い合い、おしゃべりをし、母はあれもこれも尋ねる——舞踏会まで娘を送っていった父のことも、R夫人のことも。娘は熱中し、語り、ふたたび腹を立て、彼女は、髪を巻き上げたセットに——きれいなドレス——アマーリエと騎兵大尉の話をまたも繰り返した。

ピアノの教師が入ってくる。リゼッテは、私などより女主人のことを大変よく知っている。私なら、興奮している娘の命令をこれほどやんわりと受け止め、敵を居間に招き入れることなど、とてもできなかっただろう。マリーはふくれっ面をする。彼女は、この若い美男子、上品な服を身につけ、黒い巻き毛をフランツ・リスト風に分け、才気に満ちた額の持ち主である彼に一瞥《いちべつ》もくれない。しかし彼のほうも、この娘のことをさらによく知っているように見える。彼はまず母の手にうやうやしくキスをしてから、マリーのいやがっている手を、そっと握りつつその唇に引き寄せた。

母は、先生と生徒をふたりだけにする。「お嬢様は、今日はご機嫌斜めで、まだお休みが必要かとお見受けします。昨日の舞踏会で疲れましたか。演奏というご気分ではなさそうですね。ここにお持ちしたのは、お約束したリストのアヴェ・マリアです。天才的な作品です。すみからすみまで情熱と詩情にあふれ、まるで巨匠があなたを見て作曲の霊感を得たかのような美しい曲です。昨日は舞踏会に行けず、申し訳ありませんでした。あなたの歌曲集に手を入れて、この上なく美しいこの手ですぐ弾けるようにしていたものですから」。娘は、美しい先生の美しいうそのおかげで、早くも半分許す気になっている。しかし、それでもまだしばらくは、彼のお世辞に愛すべき抵抗を試みる。彼は立ち去ろうとする。彼女はピアノのふたを開け、譜面台を開いて、和解の和音をいくつかかなでる。それは、教師自身の手になる曲で、彼女の百合のような指が最後の恨みをその美しい額から追い払う。彼女は教師にいすを勧め、にっこり笑った。そのとき、彼女の真珠のような歯並びを見せるのを忘れない。教師は、先ほどの新しい作品をまず自分ひとりで弾いてみせなければならない。マリーは片手でほおづえをつき、すばらしい響きに耳を傾け、若い教師の両手を見ているが、それ以上にしばしば見るのは、彼の目である。彼女はそうして、いくら聞いても聞き飽きないし、見飽きない。最後に拍手をし、すてきなブラヴォーをささやく。今度は自分でその曲を、できるだけうまく弾いてみようとする。彼女の感情は、楽譜をうまく自分のものにできないし、拍子はメロディーを無理に引っ張っている。そのようすは、幼い少女がかなり重い子の手を、もう歩き疲れて美しい姉におんぶされたがっている自分の妹の手を引くかのようである。教師は誤りを直し、生徒は前よりもうまく弾こうとする。彼女の指は響きの途中でもつれ、彼女はその結び目をほどくことができない。教師は二度その結び目を解かねばならず、センスのよさとわざも見せつけてそれをほどく。娘はまた片手でほおづえをつき、演奏に聞き入り、曲に感激している彼の目を見つめる。

小一時間が過ぎた。娘は、もう待ちきれないというようすで立ちあがる。教師は、曲を最後まで演奏できない。「先生は、もう小説年鑑をお読みになりました？　どの小説が一番お気に召しまして？あたし、先生のお薦めにしたがって読書したいと思うんです」

「女性のほうが人間の心のことはよくおわかりですし、小説の普通のテーマである心の問題に関しては、女性こそが最初の批評をするのにふさわしいと思います。私は、お嬢様のセンスの良さに先走りするつもりはありません。お嬢様が年鑑をお読みでしたら、私の悟性の判断をお嬢様の心の声で正しく導いていただくようお願いいたします」。娘は、親しげなまなざしで、女性の心へのやさしい賛嘆者に感謝する。彼は辞去し、マリーは彼をドアまで送る。マリーは彼の握手にそっと握り返して答え、彼のうしろ姿をやさしく見送る。マリーは教師にほれたのだろうか。

見かけはそう見えるが、今回はわれわれをあざむいている。彼女は、彼の入念な身づくろいや、まじめさ、黒い巻き毛、美しい演奏に心地よさを感じている。しかし彼を愛することはできない。彼女の彼への愛は、キスをやたらに無駄遣いし、やたらにせがむ罰ゲームの愛である。それに、つぎの瞬間には壊して忘れてしまう遊び道具のようなものである。彼女は、自分の先生に利害しか見ていない。

では彼女が愛しているのはひょっとして、きのう彼女の女友達に言い寄った騎兵大尉だろうか。いや、彼も違う。ここには彼女の自尊心が一枚かんでいる。この自尊心から、ひょっとすると、のちには嫉妬が生まれてくるだろう。彼女はこの騎兵大尉も愛していない。では、マリーが愛しているのは誰だろうか？　というのも、彼女が誰かを愛しているのは確かなのだから。たぶん？　われわれは彼女の観察を続けようと思う。ひょっとするとわれわれは、彼女がわれわれに冗談を語っている彼女の心の日記帳をめくり、その中で、赤いインクで書かれたユーモラスな一ページに出会うかもしれない。

いま彼女はひとりである。部屋を何度か歩き回り、まなざしは陰鬱である。しかし彼女は、憤慨を歌と取り替える。*シュトラウスと*ランナーの新しいワルツ、新しい*カドリーユと取り替える。それらを彼女は、まだふたを開けたままのピアノで、記憶の中に残っている余韻のままに演奏してみようとする。それから彼女は窓辺に歩み寄り、にぎやかな通りをながめる。彼女の目が追ったり、追われたりするのに合わせて、体を前に傾けたり引っ込めたりする。彼女の目は一匹の蜂である――その蜂がとまる花は男たち、しかも、もっとも美しい花の上に降り立つ。

そのとき彼女の英語の教師が、まさにいま見ている通りを歩いてきた。彼女はおもしろくない気分でうしろへ下がり、化粧台から文法書を取り出すが、物思いにふけってちょっと読めない字をいたずら書きした宿題帳は見つからない。教師が入ってくる。この人は若くない。父が選んだ教師であり、気むずかしい人だ。妻子持ちで、額には「日々の暮らしにも困っている」という言葉が書かれている。これは、彼女がせっせと思い描こうとしているピアノ教師のメランコリーとは異質だ。語学教師の真剣さは彼女の成果への不満だ、と彼女は思っている。しかし、もしその本当の理由がわかっているなら、彼女はそれを取り除いてやろうとするだろう。なぜなら、彼女は心やさしい娘だし、宝石箱のさまざまなラブレター《ビエ・ドゥー》の下に、節約してためたお金を入れているのだから。

英会話が始まる。この先生は謹厳な人で、生徒の会話が軽率に、なにも気遣いせずがむしゃらに世の中の雑事へ入っていこうとすると、彼女の服をつかんでそれを引き止める。しかしそれでも先生は、マリーの進歩をひそかに喜んでいる。

娘というものには、独特の言語の才能がある。彼女たちは男性ほど多くを考えないし、街路の蔭でまだ人目につかなければ、間違いをびくびくと恐れたりしない。彼女たちは、間違いでさえ自分の役に立つし、間違いを直してもらうのは、喜んで学者を演じたい男性と会話をかわすきっかけになることをよく知っている。マリーは、かなり流暢に会話ができる。しかし、暗記は苦手である。規則ばかり書いてある本は、彼女には、入門書を手にしたおかしな田舎教師のように思える。とはいえ、会話は鏡のようになめらかに進む。たとえ英会話教師の背後に、愛という絹のリボンで束ねた威嚇の鞭が隠れていようとも。

語学の時間はようやく終わった。マリーは、病に伏せっている教師の妻のことを心配そうに尋ね、彼女への訪問を約束する。かわいいフリッツによろしくと言い、フリッツがお行儀よくし、彼女がキスしようとしたとき逃げなければ、父を通して仔馬を贈ります、と約束する。

教師はしきりに彼女のママのことを尋ね、時計を見て、立ち去る。というのも、彼は一分一秒を惜しむからだ。「カロリーネは、どこで油を売ってるのかしら。家へ来るってきのう約束したじゃない。あの子とは大事な話がたくさんあるのよ。ほんとにお行儀悪いんだから。リゼッテ！　リゼッテ！」。小間使いがやってくる。

「お嬢様、ご用でしょうか」

「ちょっとそばにいて、私の話相手になって。昨日はどこにいたの。それはそうと――あたしの髪に挿したあのバラは、本当にそんなにひどかった？　ドレスもだめ。あなたのせいよ。あなたをしかりとばすところだわ。でも、もう過ぎたこと。あたし、昨日の舞踏会で誰に会ったと思う、当ててみて」

「さあ――騎兵大尉様――」

「もう、違うわよ。あたしがあの不作法な騎兵大尉や高慢ちきなアマーリエとなんの関係があるというの」

「L男爵様」

「彼も違う」

「オットー様？」

「当たり。リゼッテ、あの方は日に日に美しくなるの！　あたしとも踊ったわ。彼のダンスと言ったら！　でも、すぐお帰りになった。近いうち結婚するって話だわ。すてきな人はみんなすぐ結婚しちゃう。ほんと、つまらないわ。あの方は私に話してくれた――でも、ノックの音が――あら、カロリーネ、あなたなの？　リゼッテ、もういいわ。いままでどこにいたのよ。それで、調子はどう？　昨夜のあの退屈な話はもう忘れた？　今日はずいぶん顔色悪いわね。きっとあの人の夢を――」

「でもマリー、あなたのはしゃぎようったら。昨夜あなたたちは、なにをあんなにしきりに話す必要があったの――私はあなたを助けてあげられない――新しいカドリーユのダンスは彼が一番うまいってわけじゃないわ。彼が騎兵大尉に教えを受けたって、別にかまわないと思うけど」――「でも、アマーリエの彼への態度は目立ったわ。そう思うでしょ、カロリーネ」「さあ――あなたの見方は、熱が入りすぎてると思うわ。あなた、少し――妬《や》いてるのよ」

「なんとでも言いなさい。騎兵大尉なんてあたしには、ほんとにどうでもいいんだから」

ひと言がつぎのひと言に油を注ぐ。ふたりの少女のおしゃべりは延々と続き、一〇〇回も話したことをまた話して飽きない。

「カロリーネ、午後はずっとここにいて。お母様にはリゼッテを使いにやるわ。あなたの好きなものを作ってあげる。さてと、あたしはちょっと台所で調べてみないと。その間あなたは、あそこにある新しい曲を弾いてみて、それから台所に来てね」

マリーは料理を作る。彼女は家庭的なのだ。彼女は軽い気持ちで台所へ入っていくが、私はこの一事をもって彼女を許す。娘たちには、エプロンがいかに彼女たちによく似合うか知ってほしいものだ。かまどは、かまどの女神ウェスタ*への献金箱なのであり、ウェスタは、けっしてそこの火を絶やさない献金者に恵みをもたらすことを知ってほしいと思う。青白いほおをお望みの君たち。勉強のあいだ君たちを赤く染めるかまどの火が、のちに君たちを興味深くも青ざめさせることになる。君たちは、マリーのように働き、料理を作るべきだ。マリーはそもそも台所の芸術家であり、パイを作りあげる建築家であり、小さなクッキーやビスケットを彫りだす彫刻家なのだ。彼女がかいがいしく料理を作る姿がいかによい印象を与えるか、君たちは見るがいい。マリーはきっと、彼女の芸術を認め、腕のよさゆえにこの芸術家に楽をさせてくれるひとりの男性を手に入れるだろう。いま女友達もあとからやってきた。一方は他方にかなわない。ふたりは、料理書まる一冊について質問と回答を繰り返す。女中たちはふたりの会話に注意深く耳を傾ける。というのも、女中たちは、ふたりのように文字を読むことはできないからである。

「あなたの弟のモーリッツが家に来たわ。あの子があなたになにを持ち帰ったか、当ててご覧なさい。父があなたにって、あの子に持たせたのよ」

「きっとあのきれいな布地だわ」——

「違う」

「じゃあ、なに?」

「新作オペラのチケットよ。うれしくないの?」――「いえ、とんでもない」――「それにしても――あの舞踏会のドレス、昨日はアマーリエに一番よく似合ってたんじゃなくて? あなた、一緒に劇場に行くでしょ。約束して。あなたと一緒でなきゃ、心から楽しめないわ。ピアノの先生がいってたけど、そのオペラは美しいメロディーがいっぱいだそうよ」

娘たちは料理を仕上げ、女中たちに必要な指示をして、台所を出る。ふたたびおしゃべりや冗談の言い合いが始まる。母が帰ってきて、娘がほしがったピンクの帽子でマリーを驚かせる。マリーは歓喜であふれんばかりになり、母にキスし、次の舞踏会にはまたR家に行くことを約束する。さらに、母を信頼して、オットーがあんなに早く帰らなければ、人々が彼の結婚の話さえしなければ、そんなに楽しくなかったわけでもない、と打ち明けた。やがて父も帰ってくる。マリーは父のほおをさすり、心からオペラのチケットの礼を言う。料理が食卓に並べられた。

バイロン卿は、自分に関心を持ってもらいたいと思っている女性の食事風景を見ることができなかった。そんな彼も、相手がマリーなら、きっと食事のようすを見ることができたろう。マリーはそもそも食べるのでもなければ、味わうのでもない。彼女はただ、おいしいものを楽しむだけである。ほかの人は、彼女の気の利いた会話のおかげで、彼女の食べている口に目がいかない。彼女は女友達をからかう。彼女は、社交の花である。とはいえ、彼女が手をかけた料理を君はほめなければいけない。さもないと君は、彼女を敵に回すことになる。そうは言っても、その賞讃は君には難しくないだろう。なぜならば、この料理を食べれば、君は思わず知らずこれをほめたくなるのだから。

娘たちは席を立ち、両親は残る。親たちにはまだ、家庭内のいろいろな問題について話し合うことがあるのだ。弟もなにかやることがある。マリーはふたたび女友達の隣に座り、刺繡を始めた。私は、女性がおこなう刺繡を詩にたとえたい。色とりどりの糸は単語であり、それらが優雅に編まれると、その全体は一編の詩となり、愛の牧歌となる。手本は、この仕事のはるか後方に引っこむ。ちょうど、教師の指示などは、それを実践した生徒の感激の陰に隠れてしまうように。刺繡に編み込まれているすべての思いを解読できる者などいるのだろうか。私はすでに何度も、そこに涙を見てきた。意地の悪い世間はこれをシミなどと呼ぶ。ひょっとしたら、この針仕事のおかげで幸せな気持ちになる者までそんなことを言う。恩知らずなことだ。その者がマリーからそれをプレゼントとして受け取るとすれば、二重に恩知らずだ。なにしろ、彼女だって泣くことはあるのだから。その真珠の涙は、彼女のほおにふさわしい。それは、朝のそよ風が花粉のあいだに揺り落とした一滴の露がバラによく似合っているのと同じだ。しかし、今日の彼女は笑い、冗談を言っている。彼女の針仕事には、いまの彼女の楽しい気持ちが映しだされている。刺繡の枠の中から、燃えるように赤いバラの花が笑っているのだ。「いいわ、カロリーネ、もうやめましょ。あの人には、あたしが目を傷める価値はないわ。あたしがどんなに苦労したって、『恋の骨折り損』という喜劇の結末は、期待はずれに終わるのよ。

あの人は、この刺繍だって無関心にポケットに突っこむだけ。タバコはやめてっていくらあの人に説得したって、むだ。あたしたちは、なんと言っても、男の人の奴隷になるように生まれてきたんだもの。あたしがそうだってことは、あの人の悪い習慣をあたしの手仕事で飾ってる、ということを見ればわかるわ」――「マリー！　だけど彼は、甘いキスで報いてくれるでしょ」――「そうね、そのキスには、タバコという砂糖がまぶしてあるものね」――「そのタバコは、あなたがあげたタバコ入れから取りだしたのよね」

「そのとおりよ、カロリーネ――あたしは、あの人がタバコをやめなくても、口では言えないほど彼を愛しているわ。でも、外へ出ましょ。英語の先生の奥様をお見舞いに。日が部屋の中まで差し込んで、あたしたちを外へ誘ってる。お見舞いのついでにバスタイ*を散歩してもいいわ。どうかしら？」

「ええ、喜んで」

ふたりはすばやく身仕度をする。交互に化粧しあい、交互に美しい髪をほめあう、というように。ビロードのコートをまとい、帽子を頭に載せる。両親に挨拶し、弟は、少し抵抗したがエスコート役を務めねばならない。

君たちはひょっとして、このふたりの娘に偶然会ったことがあるだろうか。ふたりはすぐにそれとわかる。ふたりとも目立つほどきれいだからだ。彼女たちの誇り高い美しさは、すべての無遠慮な視線をはねつけるが、好意的な人には好意で応える。マリーの方が背が高い。彼女のふるまいは自然であり、身のこなしは高貴、黒い巻き毛の中から情熱的な目がきらめく。彼女は、よくあるおつに取りすました女らしさを装ったりはしない。そのふたりがいま挨拶する。ふたりが挨拶しているのは、そう、この私。というのも、私はこの家の友人だからだ。マリーの生活と人となりを私が書いていると、もし彼女が知っていたら、彼女はこんなに親しくほほえみかけてはくれないだろう。というのも彼女は、秘密を守ることを重んじるからだ。しかし彼女は、自分の生活ぶりを恥じる必要はない。私がこのあとふたりを英語教師の住まいまで送って行ったろうとか、マリーがコートの下に十分隠しきれないフリッツへのプレゼントを私が持ってあげたろう、などと誰もが考えるかもしれない。しかし、私は通りも家も名前を挙げない。私には、そうする私なりの理由があるのだ。

オペラ座で私たちは、ふたたびこの娘たちに会う。ふたりの隣にはひとりの男性がいる。それは父でもないし弟でもない。騎兵大尉でもピアノの教師でもない。もちろん、私ではない、けっして。そうではなくて、それはマリーのフィアンセである。私たちはすでに彼女の好みを知っている。彼女が選んだこの男性が美男子であることは、期待してよい。

ふたたび周囲の目がすべて彼女に向けられる。多くの人の目に読み取れるのは――そう、マリーの婚約者はみんなの羨望の的になっている。彼が幸福であることは、その表情にも表れているし、彼女とかわす言葉ひとつひとつにも表れている。他方、誰が彼女にすばらしい言葉をささやけるだろう。というのも、彼女はほほえみ、顔を赤らめ、彼と同様に幸福の絶頂にあるのだから。

幕が降りる。幸福なふたりは家路に就く。幸福なふたりとはマリーとカール。これが、マリーの幸福な同伴者の名である。カールはもちろん、マリーを最短の家路へ導いたりはしない。

「おやすみ」

彼は、灯りがともされた部屋に影が現れるまで、なおしばらく家の下に立っている。

カーテンが引かれ、影は消える。彼と一緒に私の語りも闇夜に消えよう。

「おやすみ、マリー」

第四四章　常連客

シルヴェスター・ヴァーグナー

ヴィルヘルム・ベーム（絵）カール・マールクネヒト（鋼版画）「常連客」

言葉のもっとも厳密な意味でのビール酒場の常連客《シュタムガスト》とは――妻帯者よりも年配の独身男ないし男やもめの場合のほうが多いのだが――あまたの気まぐれや特性とともに、自分の足が運んでくれる限り同じビール屋を訪れ、同じ時間にそこへ着いて同じ時間に立ち去り、いつもテーブルの同じ椅子と同じ席を確保し、けっしてより多く飲むことも、より少なく飲むこともなく、しかも彼専用と決められたグラスで飲む、という特質も備えている男である。そのグラスはふつうほかの客たちのそれよりも美しく、彼のモノグラムまたは彼の身分の表章が刻み込まれてきらめいている場合がまれではない。彼は食事と飲物の品質に関してはまったく亭主を容赦せず、給仕の場合もサービスの点でのほんのちょっとの怠慢も許さない。彼は両人を、他の客たちにたいしては、すすんで擁護するのだが。また、自分の不断の来店がその酒場の存続とも直結するのだと固く信じて、ビール屋の全従業員を自分の家人のごとく支配し、毎日毎日三、四時間そこでわが家のごとく君臨するのである。

常連客はしたがって「日々やって来る客たち」とは根本的に異なる。彼らも確かに常連客と同様に毎日同じ酒場へ来るが、来る時間と帰る時間の正確さについては厳格でなく、自分専用のグラスもパイプも使わず、決まった席を厳守することはなく、さらにほかの酒場も訪れるのである。

一日の御一行ないし団体の一日客、すなわち決まった平日の決まった時間に、決まったビール酒場またはワイン酒場に集まる数人の友人や知人の団体も、常連客には含まれない。たしかにこの日には彼らによって選ばれたテーブルがすでにあらかじめ用意されており、彼らにはあらゆる注意が払われる。だが彼らはつねに渡り歩く一行であり、その日限りの客たちよりはいくぶんましだけれども、常連客と共通するところはない。

本物の常連客の例として私の知っている三人を紹介しよう。彼らは、私の見るところでは、その仲間すべての代表者となる諸特性を有しているので、われわれが彼らを知るならば、きっとほかの者たち全員の適切なイメージも得ることになる。

ビール酒場「灰色の猫」ではストーブのそばのテーブルに向かって、年がら年中三人組《トリウムヴィラート》が座っている。彼らは毎日毎日、夏は八時きっかりに、冬はそれにたいして夕方の五時ちょうどに姿を現し、夏も冬も九時四五分ぴったりにまた立ち去る。偶然に数日続けて彼らが現れた後の時間に到着し、彼らが立ち去る時間の前に出て行くよそ者が居たとするならば、その者はもちろん、彼がこの三人組《クレーブラット》〔三つ葉のクローバー〕が座っているのをはじめて見た時からずっとまだその場所を動いていないと思うか、ないしは彼らがこのビール酒場にしっかり固定されている物の一部、つまり、それとは正反対の名前にもかかわらずこの酒場の不可欠の要素を構成し、したがってこの店の存続を危うくすることなしにはひとりでに取り除かれることのない家具の一部なのだ、と思うに違いなかろう。後者の点では彼は間違っていなかっただろう。というのは亭主と給仕が彼らを自家の一員と見なすだけでなく、彼ら自身も、自分たちが絶えず現れることにこのビール酒場の繁栄はかかっており、彼らの側から姿を見せないとこの店の没落を必然的に招来するだろう、と固く信じているからである。すでに二〇年間、彼らは決まった時刻きっかりに、同じテーブルの同じ椅子に座り、二〇年間、絶え間なく同じ夕方の時刻に、同じグラスから変わらずに同じ品質のビールを一定量飲むのである。二〇年間、彼らはもう同じパイプでタバコを吸い、ビールと食事と仕事熱心な給仕をほかの客たちにたいしてほめるが、ごくわずかなきっかけで亭主を悩ませ、給仕たちをぎょっとさせ、たとえば偶然にレモン付きのシュニッツェル*のカツレツがいつもどおり入念に料理されていなかったり、焼きすぎていたり、あるいは色が薄すぎる場合、ないしは夏期にハンガリー風ヤマウズラのアスピックのゼラチンが少なすぎる場合には、料理女をののしる。ひとりが気分がすぐれないために来るのを妨げられたならば——そのほかの理由で彼がいつもどおり来ることを妨げられることはまったくない——異常な静けさが部屋全体に漲るので、亭主は丸々三、四時間あくびをし、給仕たちはどこか隅っこで休息するのが見える。だが三人全員が万一現れないことがあれば——そんなことはまっぴらだ——ビール酒場の全従業員は、夜中にシュヴァルツヴァルトの柱時計の振り子の大きな音に慣れている人が、それが突然止まった時に感じるような、不気味な気分になるであろう。

　テーブルの右側に座っている男は大柄でかなり太っており、二〇年前は車掌であったが、体を壊したために、いまはどこかの事務所に雇われている。彼の妻はもう車掌時代に、彼のいうところでは、退屈のあまりあの世へ行ってしまったので、もう長い間男やもめである。彼は戸口から入ると、インドのオンドリが時としてそうするように虚勢を張り、誰にも会釈せずに自分の席をめざし、帽子を掛け、頭の形にぴったりで、てっぺんにボタンの付いた汚れたツリガネタケ製のベレー帽——これはある美しいクロアチア女の大切な形見である——で髪の毛のない頭頂部をおおう。それから彼は自分の席に近づき、ビール酒場用の上着——彼はビール用の自分の制服を持っているのだ——に風を通し、ポケットの中身を取り出し、大きな青色のハンカチは自分の右側に置いて、そのうえに快適に肘をつき、かなり大きなブリキ製の黒くラッカーを塗った缶ないし筒、つまりタバコ入れは、自分の左側に置く。この間に亭主はもう彼に愛想良く挨拶し、二度缶入りの嗅ぎタバコをすすめた。というのは彼は本来嗅ぎタバコの常用者ではなく、ディレッタントは缶を携帯していないからである。給仕は彼にメルツェンミックス・ビールを持って来るか、ないしは少なくとも「出来たてですぜ、フォン・クリーバックさん」とはっきりわかる声でいう。見習い給仕は、彼が腰を下ろした時、彼の前のテーブルのうえにすでにパイプが置かれているように、パイプを取りに走った。こよりにはすでに火が付けられており、フォン・クリーバック氏が自分のブリキ缶を開けて、パイプにタバコを詰め、ミックス・ビールの最初の一口を試みるまで、見習いは火の付いているこよりを手にして彼の前に立っている。さて彼がビールに文句がなければ、つまりビールが出来たてで、昨日、一昨日、一昨々日とまったく同じならば、彼はこの仕事熱心な見習いに、さあ火がほしいという合図として、タバコを詰めたパイプを差し出す。見習いはごくかしこまった姿勢で、もうしばらく彼の前に立ったままでいる。というのは火がひょっとしてまた消えるか、あるいはこの恐れられている人物が彼にもっとほかのことも求めるかもしれないからである。ここまでつつがなく進み、ごくつろいだ姿勢になると、彼は自分のグラスを高く掲げ、ビールの色と澄み具合も調べるために、光にかざし、二口目を飲む前に、かなりのあいだいわば満足そうにほくそ笑みながら、この黄金色の泡におおわれた極上の飲物を見せびらかすのである。

　このときまで彼は、彼のテーブル仲間がもう来ていても、ごくわずかしか話さず、彼らがまだ居なければ、まったく話をしない。そもそもフォン・クリーバック氏は、ミックス・ビールが彼の喉を滑らかにするまでは、あまり口数が多くない。それから彼は眠りの中でおこなった遠くへの長い旅について語り、タバコ入れをこき下ろし、ブリキの缶でのタバコ保存方法をあらん限りほめそやす。彼はビールを、だがとりわけ彼が一番お気に入りのメルツェン・ミックスを称賛し、女性について語る。そしてこの件に行き着くと、彼は一言一言を「わしの亡き妻は」ではじめ、「わが妻よ、神が彼女の霊魂を救い給わんことを」で終えるという厄介な癖がある。この彼の多弁な状態にあっては、亭主も給仕も、常連客のフォン・クリーバック氏を永久に失うという危険に身をさらしたくなければ、ほんのわずかなことでもなおざりにしてはいけないのである。

　左側、すなわちフォン・クリーバック氏の向かいに座っている人物は数歳若いが、もっとはるかに太っており、ほとんど猛々しいといってもよいくらいだ。彼は先のトルコ戦争に従軍し、それからハンガリー貴族《ハイドゥク》の従僕となり、いまは引退した門番であり、既婚者である。彼には、彼が好んで口にするように、一六歳のとても美しい娘がいる。この娘はずっとはるかに高尚なものをめざしており、したがってフランス語を話し、イタリア語でおしゃべりし、さしあたり『化粧室でおしゃべりする女、または身支度しながら英語を学ぶ術』を覚え込もうとしている。ピアノを弾けば女流リストであり、オーボエを見事に吹く。彼は向いの席の男よりもずっと傲慢で、粗暴になることすらまれではない。彼も上着のポケットの中身を、すなわち嗅ぎタバコをずっしり包んだハンカチと古い型の銀製のタバコケースと眼鏡ケースを、テーブルの自分の前に置き、チュール〔ヴェールなどに用いる薄い布地〕風に造られたフランス製の鬘を整え、眼鏡を鼻に掛けてからやっと腰を下ろすのである。彼は、ほかの種類のビールはみんなのぼせを引き起すので、バイエルン・ビールしか飲まない。それも半マースを六杯しか飲まないのだから、彼の背丈とどでかい体恰好を考えれば、本当にわずかである。タバコは吸わないが、その代わりに彼の鼻はいっそう多くの嗅ぎタバコをむさぼる。亭主、隣の男、それに彼自身の嗅ぎタバコの缶では、この大喰いの鼻を満腹にするだけの餌を与えるのにほとんど足りない。彼はとても口数が多く、容易に人に発言の機会を与えることはなく、困ったことに、彼はボヘミア人なので、とてもひどい、わかりにくいドイツ語を話すのである。彼は町中の旦那方、市民、奉公人たちを知っており、あらゆるニュースを知っているので、情報屋なのである。亭主が彼に嗅ぎタバコの缶を持って来るのが遅れると、彼はステントール*のような大声でタバコを求め、彼がジョキを空にしたのに給仕がすぐ気づかないと、ひどく喉が渇いているので、ジョッキでテーブルをがんがん叩く。彼が話す下手くそなドイツ語を度外視しても、彼の話は、彼が一言ごとに繰り返す癖のある「まあ《ハルト》」という言葉によってさらにわかりにくくなるのである。たとえば、「給仕、わしにまあバイエルン・ビールをまあ持って来てくれ。わしはまあ今日ひどく喉がまあ乾いているんだから」

ところで彼は、親友の車掌のフォン・クリーバック氏よりもずっと利発である。彼はクリーバック氏ととても親しく、目下、遠く離れた市外区*に住んでいるので、毎晩四五分もかけて通っているのである。彼はこの友人の気難しさを、しばしばつぎのような事情で釈明した。この男はたくさん旅行し過ぎ、旅行中に寝過ぎてしまったんだ、と。

三番目の真ん中に座っている男はフォン・スカラック氏であり、かつてはどこかの弁護士のところで事務員をしていたが、現在は自分で開業している。非合法な法曹、はっきりいうともぐりの弁護士、ないしは賤民の言葉でいうとインチキ物書き、いわゆるすれっからしの法律家である。彼はあらゆる結婚許可証や資格書を発行し、とてもすばらしい請願書を作成する人物、そもそも驚くべき着想の持ち主である。したがって彼はほかのふたりのあらゆる場合の相談相手であり、と同時に、彼らより地位は高いけれども、彼らの友人でもある。だがその代わり、彼らは彼を博士殿と呼び、あらゆる点で自分たちのほうが劣っていると意識して、彼を処遇する。彼は絶えず書類を小脇に抱えて、路上をとても急いで歩いている。路上で知人に偶然出会って、その人と話をしようと思っても、仕事に追われて止まることができない。体格からすると彼は中背以上であり、やせこけており、かなり動作がぎこちなく、しかもいんぎんさに溢れ、亭主に対しても給仕たちに対しても礼儀を欠くことはない。彼は同じ酒場に三〇年も通っているのだから、そうしなくてもまったく構わないのだが。彼は少なからぬ財産を持った五〇歳の男やもめであり、小銭を高利で貸し、投機もうまくやっている。彼の右隣の事務員の男と同様に、彼も小さなパイプをくゆらすのを好むが、いつも手入れの行き届いた海泡石*のパイプを携帯しており、給仕の持って来る長いパイプはけっして使わない。フォン・クリーバック氏が彼にもう二〇年にわたってブリキ缶の利点を説明しているのに、彼はタバコを袋に入れている。彼は自分専用のビールを飲む。すなわちファクセンハンス醸造所の泡立ちのよい本物のパッサウ・ビールである。それが手に入らないときにはクライン・シュヴェヒャートのメルツェンビール*を飲む。

彼はパイプに火をつけ、わさび付きの子牛の頭を夕食に注文したのち、給仕の見習いがすでに彼の脇に積み上げておいた新聞の山に取りかかり、いわばざっと目を通し、それから彼のふたりの友人に新聞に載っている政治のニュースを教え、彼らがわからないさまざまな事柄を説明してあげる。こうして彼はふたりが新聞を読まずに済むようにするのだが、新聞を読むことはとりわけ退職した門番にとっては煩わしいことに違いなかろう。

こんなふうに、この三人はもう四半世紀も夕刻の同じ時間に一緒のテーブルに座っており、この時間にお互いにとても慣れ親しみ、彼らの集合は、彼らにとっても、亭主にとっても必要不可欠になっているのである。もうこんなにも長い年月の間、彼らは、わずかな例外を除いて、毎日同じ分量のビールを飲み、新しい出来事について語り合い、新しい出来事がなければ、もう誰もが何千回も聞きまた話した彼らの人生の出来事を語り合うのである。毎日彼らは九時四五分に帰宅する。——離れたところに住んでいる門番は、当然のことながら、家の門の鍵を備えている。——ついにひとりが姿を見せなくなるまで、それからまたほかのふたりも、車掌の妻のように退屈さゆえに姿を見せなくなり、新しい常連たちに席を譲るまで、明日もまた会おうと願いつつ。

第四五章　ウィーンの天気

アーダルベルト・シュティフター

ヨーハン・クリスティアン・シェレラー「さあ、お進みください」

このエッセーの表題を読む人は、いったいウィーン人は彼ら固有の、いってみれば特権を付与された気象など持っているのか、あるいはむしろその地の気象も世界中のそれと同様なのではないか、と尋ねることであろう。

これにたいしてわれわれはこう答えよう。わが尊敬すべき質問者よ、確かにウィーンは固有の気象を持っている、と。もしあなたがさまざまの大都市にいたことがあり、優れた観察の才を持ってここに来られたとすれば、あなたはきっと目にしたことだろう。雨やあられが降ったり、恐るべき風が吹いたりするときに、ロンドンやパリ、また南京の雨はこれとはまったく異なるということを、そして髭を剃り、ダンスをし、九柱戯*をする際に誰もがその人特有の、まさにあらたな顔を見せるように、同様にどの町も、悪天候に見舞われたとき、他の町とは別の表情を見せるということを。旅の通人といえる人であれば、すでに隣りあった村々における気象の違いに気づき、そのあとそうした異なる気象を分類するものなのだ。

それではわれわれも真っ暗な霧、通り雨、路面凍結、塵埃、炎暑、風をまったく独自な、すなわちウィーン的な仕方で整理することにしよう。客観的な気象に関しても、ウィーンというわれわれの市域の外の人々とはまったく違う種類の気象をわれわれが本当に所有しているということを、私はあえて以下の文中で証明したいと考える。そうだとも、それどころかわれわれのところには、差異がさらに細分化された、いっそう微妙な差異さえもあるということ、すなわち市外区*に特有の気象や、広場や小路が独自に持つ気象さえも存在するということを実証しようと思う。たとえばアンナガッセが紛れもなき氷室であり、シュテファン広場がふいごのような送風装置であるというように。

こうした事柄が滑稽であると、ここで私に反論しないでほしい。辛抱強く最後まで私が語るのに耳を貸して、そのあとお気に召すままに判決を下してほしい。もしもそのときにまだ判決を下す勇気をお持ちなら。それというのも、いったい私と友人のグリムブッカー以上に熱心な気象観測者、分類者、豊富な知識の所有者、そして気象現象の収集家がどこかにふたりまだいるかどうか、この点については判断保留としておこう。だが私はこうした疑問を呈することを正当至極と考える。

さて、これから本論の対象に向かい、それにふさわしい真面目さをもってそれを扱おうと思うが、その前に、都市の気象学を論じる際の認識の情報源はいかなるものか、われわれはどのように観察しているか、そしてどのような器具や推論を用いているか、それを読者にお知らせすることが必要である。

私はとくに大学生時代以降は、ときどきは愉快ないたずら好きの人間を演じることはあったものの、思案型の人間であり、好んで甲虫や古い時代の遺物の収集に精を出してきた。気象現象の収集は考えたこともなかったし、すでに大学生のころ、たとえば雨と風を伴った美しい結氷のような特定の天気を喜ぶことはあったけれど、気象の収集というような代物はないと思ってさえいた。もうその当時、私は友人の、いまは年金局監督官であるゲラウミュアーと、思いがけない風が通りの角をめぐってヒューッと吹く場所へ好んで歩を進め、そこで、突然襲いかかる一陣の風が人々の傘や帽子や上着を飛ばそうとしたり乱したりするようすを眺めたものだった。そしてこれらの事物の所有者は風と格闘し、自分のものをしっかりとつかむのだが、その間彼は地面にろくに足をつけることもできず、そのむきだしの顔面に雨は容赦なく打ちつけるのだった。あるいはまさに悪魔的な寒さの襲うとき、目が凍りつき、馬車の車輪がいつもより響き渡り、煙突はしきりに煙を吐き、ブリキの屋根はキラキラ光っていた。そんなとき私は、下級の官吏が彼らの暖かい役所へ小走りに向かい、小路のどこにも喜びを見いだせぬすべての人々が急ぎ歩く模様をながめることを喜びとした。私にとって、しかしとりわけ大きな喜びとなったものは、ベルヴェデーレ宮殿*の大水盤をおおった見事な氷、そり遊び、そして鈴鳴らしだった。だがこれらすべては青春の戯れにすぎなかった。後にグリムブッカー氏と知りあったとき、私は当然ながら、彼が気象の観測をはるかに大規模な尺度で営んでいることを理解するようになった。グリムブッカーはほかの人よりもずっと多くのものを彼の情熱に用いることができる。なぜなら彼は並はずれて富裕で、誰にも拘束されていないから。彼がウィーン市気象学協会の一員となったために、この研究機関に多大な利益をあたえることとなり、その地位をいちじるしく高めたのだった。ただ以前よりもずっと多くの機器が調達され、観察者が雇われて、市内*や市外区の隅々にまで配置が可能になったばかりか、毎週の会合も彼の家で持たれるようになり、その際多量のワインが振る舞われるのだった。後に彼は会長になり、私が彼と知りあったときもそうであった。はじめて彼から私はこうした気象に関する事柄の真面目さと、われわれの町を支配するきわめて驚嘆すべき気象の陰影にたいする洞察へと導かれた。この学問分野にたいする才能を彼が私のうちに見いだしたために(彼がこの結論を得たのは、私は古物市場の常連であることを彼が見たからだった。私は騒がしい雑踏の中であちこち探し回り、わが希少品コレクションのためにありとあらゆる、空想を掻き立てる古い品々を手に入れたのである。彼が考えたのは、この男は古物にたいするよりも、気象現象の収集とその記録にたいして、そうしたまれな気象現象がもたらす、生理学的、社会的な生活への特殊な影響にたいして、はるかに多くのセンスを持っているに違いないということだった)。こうして、彼がこの分野にたいする私の才能を推測したために、彼はある日辻馬車*を使って私とウィーン全市街にわたる観測地点をすべて回ったのだった。そこには自宅の窓の温度計や壁の気圧計を観察し、それについて研究報告することになっている名誉会員たちがいた。雨量計の設置された庭がいくつもあって、それに伴って正式に給与を支給されている観察者がひとりいた。私がこの文を書いている現在、すでにそうした雨量計は一五台、ウィーンに配備されている。それから、午前中の雲を観察する者がひとり、午後がひとりいた。三人が流星を数えていた(いまは八人が交代する)。五人が風を観察し計測していた。それから、露と霜を観察する会員たち、氷を計測する人たち、湿度調査委員会。一六人が雪の中で仕事をしている。そして電気と磁気の部門、虹を扱うオフィス、日蝕などの闇の調査部、等々があった。さて、すでに読者諸氏には、この協会が大規模かつ発達した機関となったことがおわかりだろう。だがこれで全部いい尽したたわけではない。ここでは会員自身がさらにまた下位区分されていて、ただ研究報告するだけの人たち、そして観察から平均値を算出する人たち（ガウスの方式*さえわれわれのところでは習慣的に使われている）、それから特別な目録案内人たち、主要目録に記載する人たち、要約製作者たち、さらに副次的な分野に携わる会員もいる。たとえば、健康状態、木材や穀物の価格、道徳的な影響、倒産、自殺等々といった恒常的な、天候に伴う作用を観察することがそれである。たんなる名誉会員、すなわち会長のワインを飲む以外なにもしないというような会員は、まったくいない。私が哲学部門、つまり推論して結論を出さねばならない部門に採用されたとき、私は一度、私の提案によって、もう少しで学位を取り逃がすところだった。それは、このような人口の多い都市における急激な天候の変化や悪天候の際に必然的に発生せざるをえない戯れやののしりの場面を収集するような観察課も創始すべきだ、というものだった。何人かの比較的若い会員は私に賛同したが、年配の人たちは全員反対だった。彼らの意見はつぎのようなものだった。すなわち、われわれはそうしたことをすべきではないだろう、なぜなら、後世の人々がいつかわれわれのそんな年報を見つけたとき、彼らはわれわれを道化師と呼ぶかもしれないし、当然ほかの書籍にも不信の目を向けるに違いない、そしてそうなれば、現在実に広く展開されている膨大な努力が学術的にはまったく無価値なものとなってしまうだろう。われわれが取り組んでいるのは、まさにただでさえ気象学の中では貧しく乏しい学術であるというのに、というのであった。こうして私の提案は否決された。

そしてそれは、ほとんど当然だったと思っている。いささか本気さが足りなかったかもしれないこの提案そのものを引っ込めるという動議は通らなかった。私の熱意と有用性についてはやはり普段から検証済みだったからである。それにしても私はこの一件は依然私の心をちくちくと苦しめざるをえなかった。私は昔から戯れを愛し、そう、年を重ねてより分別を増す代わりにいっそう愚かしくなったために、私はそのことを断念できないのであった。それというのも、いま、気象学協会の会員としてウィーンの気象をすべての段階で観察し、それで哲学的な側面と並んで社交的な楽しい側面、人類学的な、愚かしい側面にも注目するようになったのであり、この観点で、われわれのいかなる目録にもはびこることが許されない膨大なデータを集めたからであった。こうしたことから私はいまこの文章を執筆することで、読んでくださる公衆にそのデータのいくつかをお示ししようと考えている。なぜならこのエッセーではそうしたデータは、分厚い学術的な目録（それはグリムブッカー氏が赤い革で装丁させたものであるが）よりも、もっと多くの楽しみを与えてくれるだろうと推測されるからである。

私の心をたいそう晴れやかにしてくれたことがある。ほかのいろいろな事柄で私と思いの一致するひとりの若い協会員を見いだしたことだ。そのため私たちは一杯のワインを飲みながら何時間も座し、古代について、歴史について、芸術や文学について、われわれの協会について、そしてついにはお互いの個人的な観察について話しあった。「すべての事象に二面あり」という文がどれほど誤っているか、読者諸氏には理解できない。——すべての事象には百の面があるのだ。もしもひとりの人が偏見なしに天候とその作用をただ二、三年間（私のように一三年間ではなく）観察しようとしただけで、新事実や驚くべき結果の、そして楽しみのどれほど豊かな源をその事象から引き出すことができることか、そしてどれほどまでに無限に多くの側面をその事象は持っているか、彼は気づくであろう。

だが、目標に向かおう。

私は先に、われわれの都市がその市域を出るとすぐに失せてしまうまったくこの都市特有の客観的な気象と気候を持っていると述べた。この文をいま私は証明しようと思う。そしてわれわれの記録はこの点で私のいうことを完璧に支持してくれるだろう。熱を研究する委員会は、多孔性の物体が太陽光線の中で目のつまった《コンパクト》物体よりもより多く熱を持つということを物理的に証明したが、それを委員会は、あるとき重なりあう多くのガラス蓋の下で卵を焼き、しかもただ太陽光線だけで焼くということによって証明したのだった。さていまや明らかになったことは、都市全体がそのうえから降りかかる太陽光線の網のもとで巨大な多孔性の板の形状をなしているということだ。したがってそれは陽光の中に置かれたパウンドケーキのように強く熱せられざるをえない。だが、これで終わりではない。上記の委員会は、なめらかな白い壁のほうが、黒っぽく、きめの粗い壁よりも、いっそう多く放射熱を反射することも教えてくれた。そして熱を他の壁へ投げ渡す明るいなめらかな壁を多く持つ町は、まさに都市以外のどこにあるというのだろう。私はこうしたパン焼き窯の気象環境が生まれる場所をただ何ヵ所か想起するだけでよい。たとえば、よく晴れた夏の白昼ショッテン教会から白壁に沿ってレンガッセ[*]に向かって歩いたとき、靴底が焼けるように熱せられ、頭髪が焦げるといった経験をしなかった者がはたしてわれわれの中にいるだろうか。それは、リーニエ内部の建てこんだ市街地の昼は外部の地域より暑くならざるをえないということから明らかである。そしてリーニエの障壁をあとにして緑の野に囲まれるとき、なんと心地よい涼風が吹き渡ってくるか、それは誰もが知っていることだ。夜には露がおりる。湿度委員会は、それが、たとえば羊の毛皮や草のような、柔らかく、きめの粗い物体に付着しやすく、空気を冷やすことを知っている。だが、周知のごとく、羊の毛皮や草は大都市にはいかにわずかしか散在していないことか。そしてそこから容易に推測できるように、その市街地では露や大気がいかにわずかしか冷やされないことか。田舎に小ぎれいな夏の家を持つ余裕のある多くの宮廷顧問官や伯爵たちは、このことを熟知しているのだ。彼らが都市で窓を開けたまま眠り、暑くて息も絶え絶えになるようなときも、田舎の住まいでは夕べには窓を閉めなければならないからである。そうしなければ体が冷えてしまうからである。

こうしたことから次のことはもう十分に、また客観的に帰結されるだろう。われわれの都市ウィーンには周辺の田園地帯よりもはるかに暑い気候があるということ、そして悪意ある、灼熱の大気が山のように堆積し、それがまた種々のひどく悲しむべき結果を引き起こしているということが。実際もう一切れの湿った雲がわれわれの頭上にただよい、まもなく冷却する露を注ぎそうになるたびに、雲はあの暑い大気の山に突入し、ただちにまた停滞し、蒸発してしまうことが多いのだ。そして、小さな規模で起きているこうした現象は、大きな規模ではサハラ砂漠で起きているのだ。それで私は考える。われわれはひたすらサハラのような広大な町を作るのもいいだろう。そうなればわれわれはサハラと同じすばらしい気候を持つことになるだろう。年がら年中。

地球上どこでも窒素と、生命に必要な空気との関係は同じであり、百万人の軍隊も後者を減少させることはできないというガス部局の見解が正しいとしたら、われわれはおそらくこうした空気にも不自由することはないだろう。このウィーンではいともさかんに呼吸や荒い息遣いがなされてはいるけれど。しかし大気圏中の空気には上記ふたつの基本成分以外にさらにあらゆる炭酸ガスや水蒸気、また有機物質や硝酸が混合されているという見解が同様に正しいとすれば、ここウィーンには靄やあやしいガスはたっぷりとあることだろう。毎日無数の台所の火から立ち昇る煙についてはいわずもがなである。そしてわれわれは生命に必要な空気という自分たちの遺留分とともに、五〇万人の生物がこの小さな場所でその発生に手を貸しているさまざまのやっかいな付随条件をも、確実に吸いこんでいるのだ。さらに加えてこの小さな場所で、それが高価だという理由から空間が節約されている。そしてわれわれの祖先はあちこちに大変狭い路地を作ったために、私が朝自宅の窓を開けて新鮮な空気を部屋に入れようとすると、向かい側の隣人の寝室から流れてくる夜のよどんだ空気を取り込んでしまう、といったことも起こるのだ。その隣人は同じように窓を開け、私に「おはよう」というのだが。私は宿屋やコーヒーハウスの朝の気の抜けた息遣い、厩舎内のふん貯蔵場や路地や暗い街角のよどんだ湯気については語るまい。そして、これらが混じりあったものが赤みを帯びた、曇った、美しい靄となり、それは、遠くから、見晴らしのよい明るい高みからわれわれの都市を見おろすとき、街のうえにただよっているのがわかるのだ。

いったいどうして人間は空気という他に代えがたい糧、まったく無償に、まったく紛れもない本物として、そして途方もなく多量に持つことのできるこの糧を、こうした町々や家の集団を建設することによって、みずからまさに意図的に汚すのであろうか。私は別の糧を獲得するために残念ながら街中にとどまるのだが、そうしなくてもよくなるたびに、ただちに山々に入っては、この糧を思う存分楽しんできたのだった。

さてこうして空気や大気成分が気象の一部を形成している以上、この点で私と気象論争をし、ウィーン以上にひどい空気の状態や劣悪な気象状況がほかにあると証明できる人がいるとは思われない。パリやロンドンもけっしてこれほどではないし、ほかのオーストリアの町もきっとここまで悪くはない。われわれのワインの採れるブドウ山周辺の村々にいたっては空気の汚濁は最小である。

これこそまったく独特な客観的気象ではないだろうか。

しかし私はさらに先へ進もう。われわれ気象協会の風を扱う部局はつい先頃の会議で、不活発で無気力な風の流れが、長くて細いパイプを通してやると、たちまち生き生きとなり、急速に流れるようになるということを明らかにした。ランプの上にガラスの管をのせたり、石炭窯に高い煙突をのせるのもそのためなのだ。ところで、われわれの街の小路もこうした送風管なのではないだろうか。そして素敵な、広範囲にわたる、心地よい風の群がハンガリーから吹き寄せ、いまこれらの送風管に入り、後衛より力強く押し込まれるとき、風の群はそこで小路の中につぎつぎにあわただしく入り込み、そこを走り回り、角という角にぶつかり、人々の顔に塵挨とリューマチを吹きつけざるをえないのではないか。このためウィーンでは少なくともいくつかの小路では、実際風の吹かない日はまったくないのだ。ある日ニーダーエスターライヒの空気がまったくじっと静止するならば、話は別であろうが。――そして、もしそうなれば、少なくとも塔が立つ聖*シュテファン教会のあの一角に軽やかな魅力的な微風が流れるであろう。このように見てくると、風は客観的な気象の一部ではないだろうか。

　こうして私は、もしもわれわれの年鑑のデータを活用するならば、われわれが一般的な地域気象からつねにまったくウィーン特有の魅力ある一部分を引き出す根拠となる百もの事象を説明できるだろう。ただひとつだけ、さらに例示しておこう。ウィーン近隣町村のひとつたりとも、混じりあった天気を持つと自慢できるものはないだろう。だがウィーンでは事情が異り、われわれウィーン人がこの天気を持つことはまれではない。とくに四月、空が奇妙な、ちぎれた、風変わりな雲に満ち、太陽があちこちで雲間をつらぬき、市街地を照らすようなとき、そんなとき都市の円盤はまさに、モラヴィア人の婦人が頭を包むためによくかぶっているような、まだらの、花模様の布のような観を呈するのだ。そう、このような日々には、ヴィーデンの人々は篠突くような雨に見舞われているのに、イェーガーツァイレではきわめて明るい陽光のなか散策に出るということも起こりうるのだ。

われわれウィーン人が客観的な気象という点でも独特な種類のものを有していることが、いまや十分に証明されたことと思われる。ここでもう一言そうした気象についていわせてもらえるならば、さらにそれは明らかになろう。雪や雨が降る場合、平野ではまったく穏やかに、一側面から降るものだが、われわれのところでは一様に東西南北のあらゆる側面から、さらには羅牌《らはい》〔羅針盤の指針面〕のすべての中間地帯から降ってくるのだ。また紳士が傘を手に苦労して吹きつける風に向かって穴をうがちつつ進むものの、つぎの瞬間傘が裏返され、まるで漏斗のようになって、彼の鼻先から飛び去ってしまうこともまれではないのだ。

さて私は、教授のやり方を倣って、私の論考の第二部に移ろう。ここではつまり、われわれがウィーンに特有な種類の天気の中にさえ、さらに下位区分が、そしてまた広場や通りに固有の気象現象が存在するということを示そうと思う。アルプス山脈がスイス側の北斜面では、イタリア側の南斜面よりも荒々しい気象を持つということは周知のことだ。そして、家並全体もそのようなアルプスではないだろうか。カール大公*の宮殿の南面は温暖なイタリア風の気象現象を持つが、他方アウグスティーナー通りの北面は、縮小されたデンマークのように、多湿で低温であるということを知らないウィーン人がいるだろうか。その点でいくつかの特定の小路がとくに際立っている。他のいたるところで屋根の雪が融けてしまい、瓦もきれいになり、乾ききっているようなとき、アンナガッセを歩いてみたまえ。君の帽子に滴がぽたぽた落ちてくる。聖シュテファン教会の、大司教館に面した角では、春だというのに、じっさいどこよりも長く雪帽子が長居し続ける。そのためほとんど毎年、実にここだけのために雪を除き、運び去るという敬意を示してやらねばならないのだ。すでにほかの場所では木々が芽吹いているなかで、この一角の舗石だけがいつまでも雪で湿っているという状態を放置したくないならば。雨のあと、どこも濡れているときに、*アードラーガッセの汚れた残雪の中ではまだ誰もが足を滑らせる。ミノリーテン広場は、吹きつける雪や塵挨と戦わずには、とても歩けない。そして*バスタイの壁際では凍りつくように寒い。聖シュテファン教会のふたつの角、大塔の角と対角線上の角ではどんなに強い風が吹いているか、それはここで言及する必要もないだろう。もしそれについて統計的なリストを示すのであれば、そこで吹き飛ばされるいくたの帽子がそれを証言してくれるだろう。市外区の全体も、この点では種々さまざまである。たとえばレーオポルトシュタットは冬場どんなに心地よく、暖かく身をかがめていることだろう。一方風をさえぎるものもないイェーガーツァイレではどれほど吹きまくる風にたいして広々と開放されていることか。夏になればむろん事態は逆転するのだが。

けれどもわれわれは、かの読者たちにあまり痺れを切らせないために、この辺で客観的な気象ならびにその下位区分については話を終えようと思う。そういう読者は科学的な気象などには無関心で、ただ自分たちが雨でずぶ濡れになるとか、驚くべき寒さのためにいいようもなく多量の薪を買わねばならないといったときだけ、気象学的観察を試みるのである。そういうわけでわれわれは、ウィーンの気象のうちで誰にとってもずっと身近なくだんの部分、つまり主観的な気象に話を移そう。この言葉の意味するところは、多様に異なる天候によって刺激され条件づけられた、われわれの都市と住民の例の性格や状態である。人類全体が天候や気候によって根本的に影響され変化させられることは、さまざまな学者がすでに分厚い書物で証明してきた。そこでもしも私がここで徹底的な証明をひっさげて遅ればせに登場しようものなら、それこそ物笑いの種になるだけだろう。だから私はただ自分の観察のポケットを開けるにとどめ、多種多様な天候のもとにわれわれの都市がいかなる相貌を示すかという点を冷静に説明しようと考える。私はここでもまた衒学的になり、下位区分を作ることができるだろう。そして実際、そうしているのだ。最初に一般的な天候の変化に続いてわれわれの都市の相貌について語り、そののち薬味のきいた形で締めくくるために、特殊な気象現象の発生場面を描くことにしよう。

私はもっとも恐るべき常套句を使用する。ふつう自然の喜びを運ぶ者、自然という舞台の芸術家とされ、いたるところで歌われるこの春という季節は、われわれにとっては非常に味気ないものだ。とところで、私は都市のことをいっているので、その周辺のことではない。緑の食べ物は値を下げ、人々は田舎へ行く。はじめのうちは、バスタイを散策する人が何人か見られ、何度か吹雪があり、四月のにわか雨があり、その後人々はプラーター*へ繰り出すことになる。木々が芽吹く。夜になって馬車の音が途絶えると、冬の間閉じ込められていた小夜啼き鳥が何羽か元気に歌いだす。そして、あっという間に都市の暑さと夏が訪れるのだ。不幸にもこの都会でそれを過ごさねばならない場合、もっとも耐えがたく、不快きわまるこの季節が。あちこちの庭園やグラシ*は次第に沈んだ褐色に彩られるようになり、小路は熱と埃に満たされ、料理屋の庭は上着を脱いだ人々でいっぱいになる。優雅な上流社会は去ってしまった。学生でさえ七月末にはここを発つ。職人や店員は退屈そうな面持ちで店の前に立ち、遊覧用の乗合馬車やレールを走る乗合車両が、いつ果てるともなくのんびりと、入れ替わり立ち替わり通り過ぎてゆく。美しい流れはむろんわれわれの近くを流れ過ぎてゆくのだが、ただそれにはふたつの主要な夏の楽しみが欠けている。すなわち、戸外の水辺で大規模に行われる水泳練習の機会と、他方すっかり恒例となった馬車による水辺の散策が。だがこれはもう気象が扱う領域ではないし、私はもとより自分のテーマからそれることになる。そういうわけで、夏のウィーンは午睡《シエスタ》をする。それはひどく追い立てられ、疲れ果てた午睡であることが少なくない。それというのも夏も終わりに向かう頃、しばしば何週間も悪魔のような好天が続くことがあるのだ。そしてそんな夕べに君がベッドに横たわるとき、もはや休息のことなど思わず、ひたすら穏やかに暑さに耐えることだけを思うがよい。深夜を過ぎて開け放された窓から新鮮なそよ風が君に訪れるまでは。しかし君がそれを十分に楽しむ前に、もうまたしても陽が昇り、すべすべした建物の壁がいたるところで暑熱を放射するのだ。こうした時期のウィーンは、遠くの、空気が新鮮で、緑も豊かな丘陵地帯から見れば、巨大な、乾ききったチーズの皮のように見える。秋は確かにこの都市に多くのものをもたらしてもくれる。ただ、それはここでは並はずれて遅くはじまる。たいていは、ようやく霜が降りる頃に。なぜならそれ以前は秋といってもひたすら夏の延長だし、暑さの点で夏と競いあうこともしばしばだから。ウィーンの晩夏はその名も知られた美しさであるが、ウィーンがそれを楽しむことは残念ながら多くない。他方、それは大部分、自然豊かな周辺地区で祝われるのだ。これについては本書の別の箇所で語ることにしよう。しかし、ついに冬が訪れ、家並のうえには霧がたなびいて人の姿も見えなくなってしまう。カラスがグラシのうえまで飛来して、シュテファン教会の塔は何週間にもわたってわびしい灰色に包まれる。そしてこのときウィーンのもっとも美しい季節がはじまるのだ。住まいという住まいは人で満ち、種々のサークルは光彩を放ち、儀装馬車はガラガラ音を立て、ガス灯の炎はカーニヴァルのために陳列された華麗な商品の数々を照らす。コーヒーハウスの会期がはじまり、遊戯や会話、はたまた論争のためのクラブが準備され、飲み仲間は長い夕べを過ごす。誹謗評議会は揺るぎない日々を獲得し、オペラや芝居は満員御礼となり、コンサートはあまるほどわれわれに提供される。巨匠たちの十字軍がはじまり、シュトラウス*とランナー*は公共の場で演奏する。そして無数の家でピアノ・フォルテの鍵盤が叩かれる。――あちこちでパーティが繁茂し、さまざまの舞踏会が持たれ、すべての悪鬼が解き放たれる。他方で、たとえば森や畑地では自然は死のうちに横たわっている。自然はわれわれ都会でこそ、ますますもって生き生きと躍動するのだ。それはまことに奇妙な対照である。すなわち、まさに暗くわびしい二月の夜がはじまる。その日は一日中重い霧が垂れ込めたため、その中に聖シュテファン教会の塔の影が映るのが見られた。そしていまや夕刻、街灯の灯火が暗赤色の流星のようにちらちらしている。いまや何千もの窓が順に明るくなり、その背後では楽しい出来事が準備されているか、あるいは少なくとも誰かのために着飾っているところだ。店という店では光の海がこのうえなく見事に輝いている商品のうえに降り注ぐ。それらはカーニヴァル期の購買欲を掻き立て、客の需要を満足させるために陳列されているのだ。さて、またとない冬にこうした事物を諦めることで流れる涙については、私は語るまい。しかしまた、思いがけずそれらを獲得したために発せられる歓呼の叫びについては、いっそう語らぬことにしよう。――それから、多くの馬車がゴトゴト音を立てはじめるのもこの季節だ。その中には舞踏会に行く人々やパーティの訪問者が座っている。あそこに明るく照らされた宮殿がある。窓辺には貴顕たちの姿の影が群がっているのが見える。窓の下には一群の通行人が立って、見あげている。その傍らでは、うえにいて、自分たちの帰りをここで待たせている貴顕たちの馬車が長い列を作っている。別の通りでは劇場に向かって馬車が音を立て、元気のいい歩行者たちが押しかける。ほとんどどの飲み屋からも音楽が鳴り響いている。なぜなら楽しい気分こそまさしくウィーン人を生かす本質的要素のひとつなのだから。仮装舞踏会*には光輝と陽気さが、風を受けた森のように波打っている。小市民の商人がパンチ酒を差し出している。学生がコーヒーハウスにたむろする。そして都市全体が歓喜と愉悦の泡立ち湧きかえる鍋のようだ。その一方で周囲の野や畑地には、重くのしかかる、生命のない暗夜が横たわっている。その深い靄をつらぬいて、かろうじて街の歓楽へと向かう橇の鈴の音が聞こえ、酔いしれた彗星のように霧の中を流れゆくその灯火がほのかに見えるだけである。他方、街のうえには歓声と熱狂のいくたの場所を示す煌々とした輝きがあふれているのだ。街中から数マイル離れただけで、すでに死に果て、荒涼とした、もの音ひとつしない冬の夜が、そして死の悲しい布が広がっている。われわれの街がほとんど持たない冬の喜びがただひとつある。あるいは少なくともきわめて些少な地方都市と比べて、はるかにわずかしか持たない喜びが。それは橇での遠出だ。ただし、ほかの娯楽といういとも強力なライバルゆえに、そして橇の遠出に必要な多量の雪がもたらす多大な不便さ、つまりいつ果てるともなき汚れや流れる水や乗り物に危険な丘のような雪塊ゆえに、雪をウィーン全体から運び去ることがここでは習慣となっているのだ。雪が降るやいなや、もう無数の手が働いて、それを山のように積みあげ、そこから車で運び去り、翌日ふたたび降ると、またシャベルで積みあげられ、運び去られる。こういうわけでわれわれウィーン人は、田舎で雪が壁のようにうず高く積もっているときでも、乾いた舗道を歩けるし、運送馬車や郵便馬車が難儀して押しあいながら進んだり、孤独な旅人が雪の中を渉《わた》らねばならないといった苦労などつゆ知らない、というわけだ。緊急を要する時節には夜間にも除雪作業がおこなわれ、そんなときは松明の暗赤色の灯りが軒を接する家々に沿って滑るように動き、そこで働くたくましい人々のうえに落ちるのをながめることができる。こうして橇での遠出は大変限られたものになる。しかもその期間たるや、降雪と、たいていごく短くて済む除雪との間ということになる。

それにもかかわらず、ウィーン人はこの楽しみの機会を可能な限りつかみ取ろうとする。それというのも、まるで魔法のように、辻馬車が橇に変身するからだ。そしてこちらでもう馬車の防雪フードが取り除かれるかと思えば、あちらではさらに陽気な鈴の音が鳴り響いている。街の気象はといえば、これまた大いに橇滑りの妨げとなっている。先に述べたように、われわれの市壁の内側は外側よりもますます暖かく、外の寒さはほどよく緩和されて、もう雪融けの陽気となり、雪もシャーベット状になっているのだ。

ただしわれわれはこのあたりで、もうわれらの町の冬の特徴を描くことをやめにして、むしろわれらの学術的な論述の約束された最終部に移ろうと思う。つまりいくつかの狂想曲的な天候の場面とそれらの作用に。

私はここでまず、より面白い天候から、つまり悪天候からはじめよう。単純素朴な地方都市（私はここで自分が生まれた町を思っている）で雨が降りはじめると、事情はいたって単純だ。人は家に帰る。つまり私たちの隣人は堆肥運搬車を納屋の中へ押し入れる。私の父は家のドアを閉める。そして家の中にはなんでもあって、ガチョウ以外に濡れるものはない。急いで家に入らなかったガチョウ以外には。ウィーンでは事情は別である。どれほど何千もの事情の中に降雨、とりわけ突然の降雨が介入することになるか。その全容を見極められるのは、仕事の道すがら雨を観察し、記録し、そしてそのため目が鋭敏にならざるをえない良心的な観察者だけである。たとえば私がある五月の日の簡単な報告書を起草し、それを写して会議に提出するよう依頼されたなら、――ああ、なんと大変なことか！

そうした思いがけない、いつまでも止まぬ雨が天から降ってきたときは、その観察をめぐってどんなに多くの愚かしい二次的な騒ぎが私に降りかかってきたことだろう。それよりむしろ、私にとってつねにいっそう好ましかったのは、私が同じ時間に公的な観察をする必要がなく、ただ自分が望んだ観察だけにひたれるときであった。雨が降りだすやいなや地方都市には人気《ひとけ》がなくなるものだ。そんなときの唯一の滑稽な例外的ケースを私は知っているが、それを急いで語らねばならない。ボヘミアの森から遠くないところにひとつの町がある。その住民の間には牧草栽培の情熱が根を張っているが、その理由は、その地帯がもともと乾燥した牧草地なのに良質の、とても需要の高い干し草を産出し、それが人工的な灌漑によってまたさらに多くの干し草となってゆくからである。こうしたことから、雨が降りはじめると、住民はますますもって活発になるという具合なのだ。そして雨がいよいよ川となって威勢よく流れだすとき、あらん限りの家々の家長たちが、互いに分かれて、ありとあらゆる方向へ駈け出してゆく光景が見られる。彼らは、それぞれいちばん古い上着を身につけ、幅広の帽子をかぶり、シャベルを肩にかついで、水を自分の草地に流そうとして、大小の濠や水路の末端部を開けようとする。そして隣人がだらしなかったり、自分でその場に現れなかったりした場合、隣人の草地にあまり多くの水を流さないために、なんとか草地のあちこちで水路を少し塞ごうとさえするのだ。私がいったように、この土地は地方都市の中でもひとつの例外である。それで私は脱線のあとまた本題に戻るとしよう。そういうわけで、雨が降りはじめるやいなや、地方都市はもの寂しくなるが、ウィーンはまさにいっそう生気溌剌としてくる。農夫の穀物は雨の間も成長する。彼はそれに手を貸す必要はない。しかし大都市の住人にとっては、かばんの中の彼の資本は暖かい五月の雨の間に自然に育つことはない。つまり彼はこの資本を、路上を走ったり歩いたりすることで稼ぎ出さねばならないのだ。そしてウィーンの路上をぶらぶら歩きまわっている少数の人々は、故意にそのように行動しているのである。それは、なにかいわくある用事が彼らを駆り立てるからなのだ。たとえば快楽にふけるとか、それとは違うなにかとか。したがって、すべてこれらの都市の人々は、雨が降りだすと、農夫のように帰宅し、雨のようすを眺めていることはせず、自分たちの仕事を続けねばならない。そして誰もができる限り雨に濡れたくないために、ますます急いで走ってゆくことになる。その結果、滑稽なレースと衝突が起り、それは仕事上雨に慣れっこになっていて、そのため悠々とマイペースで歩き、雨合羽がざあざあ雨に打たれても平気な者にとってこのうえなく愉快な見世物となるのだ。(ついでにいうと、私は「降水部門」の「悪天候課」に所属しているが、読者はもうおそらくそれを冬と雨に対する私の偏愛から気づかれたであろう)。すでに降雨の前に、嵐が沸き立つ暗い気配が空をおおってゆくなかで、あるいは長雨に先だってつねにそうなるように、空一面があの柔らかな灰色の雲に包まれるようなとき、もうその時点で人々の動揺がはじまるのだ。ひとり、またひとりと、太った、あるいは優雅な紳士がすでに傘を手にして歩くようになり、ご婦人たちは空を見あげて心配そうな顔になり、使い走りや委託売買人は足を速め、古物屋や指物師やほかの商人は、路上や開いた店の戸の下に置いた彼らの品物を片づける。散歩道の広場には人がまばらになり、そこで奏されていた音楽はたちまち勢いを失う。しかし、いまや雨が本降りになると、まるで魔法にかかったように、あたりは無数の傘におおわれる。そのようすは私にいつもあの古代ローマの、亀甲型大盾《テストゥードー》と呼ばれた戦闘・包囲の兵士たちの姿を想起させるのだった。ただローマと違って、ここでは多くの盾がうまく組み合わされて調和を見せるというようなこともなく、むしろ間断なくうえへ下へと位置をずらし、動いているのだ。それから、通りの舗石がいたるところ雨に濡れて輝くとき、ようやく本格的なゴロゴロ、ガラガラという馬車の音が響きはじめる。その光景はあたかも数多くの馬車が地中から現れ出たかのようであり、雨のごとく出現した多数の蛙よろしく縦横無尽にピョンピョン走り回っているかのよう。——こうした時間はまた辻馬車の稼ぎ時でもある。家の中でさえ、こんな雨はすべてを一変させる。散歩のために着飾った娘たちは機嫌を損ねて、なすすべもなく座っているし、門道の下では、たいていは傘を持たない婦人たちだが、いくつものグループが佇んでいる。そしてコーヒーハウスや料理屋にはまさに客が黒山のように群がっている。傘を持っている人でさえ、自らにいい聞かせては、ちょっとばかり雨宿りして一杯ひっかけることが少なくない。さて、はじめはこんな雨はざっと降る通り雨と相場が決まっているのだが、それがいつまでたってもやまないとなれば、そしてとくに日曜日の午後や、あろうことか民衆の祭りの日に不意打ちを食わせるとなればどうであろう。つぎからつぎへと嵐が大海に荒れ狂うとき、不動で安らかな岸辺に、次第に嵐で破壊された瓦礫の周縁部全体が押し流されてくる。ちょうどそのように、そうした土砂降りの日々に安全な住居にいる人たち、またコーヒーハウスの軒下で快適に腰掛けている人たちは、戸外の喜びの海を漂っていた人たちが瓦礫のような悲惨な姿となって漂着し、ついに店に入って来ざるをえない模様をながめるのだ。ぎっしり人が詰め込まれた遊覧用の乗合馬車が貨物用の馬車のように揺れながら到着する。料理女は新品の帽子をハンカチに包んで手に持っている。その白衣は腕や肩から水を滴らせつつ、体にぴったりとへばりつき、その下部は泥が広大な地平線のような縁取りを見せてこびりついている。彼女の恋人が彼女の腕をとって歩いているが、彼も帽子を包みこみ、その燕尾服とズボン、そしてすべてが、まるでアライグマの毛のように、水を滴らせている。こんな姿で彼らは到着する。そして雨は容赦なく彼らのうえに降り注ぐ。その後にやっと続くのが、雨に洗われた家族全員を連れた不幸な父親たちだ。たっぷり濡れて光を放ちながら行進してくる学生たちの一団。彼らはこの楽しい出来事を喜ぶあまり、口笛を吹き、歌っている。それから俗物の男。彼は上着の裾を背後で折り返し、ピンで留めたのだが、そうやって悠然と歩く姿はまるで背中の鞘翅《はね》が小さすぎる甲虫のようだ。私は雨で台無しになった無数の婦人帽や無残に洗われたボンネット、不恰好に飛び出た服の肩の部分については語るまい。あたり一面に散らばった雨樋や渦を巻く水流についても語るまい。ただ私が気づいたことをもうひとついえば、屋根という屋根がとてもきれいになり、通りは掃き清められたように、そして何匹ものプードル犬が生まれたばかりのようになり、その一方で人間が泥まみれになったことである。

穏やかで素朴な田舎の雨は何着かの服を汚したり、水をかけたりするくらいで、大した影響は及ぼさないものだ。ただそれについてつぎのことだけはいっておきたい。私の長年にわたる実地経験を通して知ったことだが、辻馬車やその他の走っている馬車によって手ひどく、そして不意に泥水をはねかけられるのは、普通の場合ほとんどが肥った紳士なのである。さらに、こんなことも想起せざるをえない。私はなんども、歩調を同じくし、そのほかの点でもまったく同じふたりの紳士が歩いてゆくのを見たものだが、彼らが水をはねられたとき、そのひとりが終いには帽子まで汚されたのに、もうひとりは上着にも全然はねられず、せいぜいズボンに二、三ヵ所はねられた程度だったのだ。こうしたことは生まれつき備わった資質であるに違いない。私は、まだ虚しい日々を送っていたとき、しばしば卵ダンスを踊ろうとしたときなどに外出し、その翌日には上着一面に泥の星座を描いたものだった。雨が降るなかで汚れずにいるということは学習できるものではなく、そうしたことは、天賦の詩情のように、血のうちに備わっているのだ。そして上着を長持ちさせることも同様なのである。たとえば私はいつも同じ老齢の上着を身につけているが、わが友人のグリムブッカーの上着はつねに変わらず妙齢のきわみにあるというわけだ。

私はこれまで素朴単純な雨について述べてきた。しかし単純にして情状加重の窃盗があるように、まさに単純にして情状加重の忌まわしい天候が存在する。私はつぎにそうした天候を描いてみよう。たとえば空では未曾有の嵐、地上では完全な路面凍結といった天候を。私が語ろうとすることは、作り事の空想ではなく、私自身ウィーンで体験したある一日の情景描写なのである。五日の間雪が激しく降り続き、そのため降雪とともに速やかに除雪することは不可能となった。それで雪が踏み固められて固い殻のようになり、あらゆる方向に橇の鈴音が響き渡った。だがそんな喜びは忌まわしい終わりを迎えることとなった。六日目に、引き裂かれ、青く膨れあがった雲が空をよぎって流れた。すべての煙突や空に向いた屋根裏部屋の扉がガタガタと音をたて、うなり声をあげた。雨が窓に打ちつけ、下の地面ではキラキラ光り、目のつまった氷が張った。それはさながら氷職人が通りの舗石全体にわたって、ただ一度だけガラス鋳造を施したかのようであった。そしてちょろちょろ流れる水と、それを押しやる風が氷をますます磨きあげたために、氷の表面は最高にきれいになり、滑らかになった。

雨をともなう嵐の日々にはわれわれの町ウィーンはかきむしられたかつらの様相を呈する。一方、晴れて静かな日々には、たとえば衣服と人体のように、すべてがまさしく行儀のよい並行関係にあるものだ。それがいまや惨めに曲がり砕けて、羅牌のあらゆる方位を示すことになる。煙突のうえの煙は吹き散らされ、高くそびえる塔の木製の戸はいつ果てるともなく勢いよく開閉を繰り返す。私は誰にも恐怖をあたえたくないので、空飛ぶ屋根瓦を想起するつもりはまったくない。しかしいまやさらに、歩いても足跡ひとつ残らない美しくて精緻な路面凍結まで加わるとなれば。そのときわれわれの陽気な、活気あふれる町はなんというあわれな光景を見せることか。それはそのときでも、なお依然として活気あふれる町である。そうあらざるをえないのだ。まったくそれ以外になりようがないのだ。そしてもしも小路のうえが最後の審判の日と化すとしたら、どうであろう。店員は倉庫の戸を閉めなければならない。小間使いは、主人が飢え細るわけにはいかないので、買い物に出なければならない。同じ目的のために市場の商人たちは食料品を携えて走って来なければならない。役人は役所へ、時間雇いの教師は教え子たちのもとへ、帽子製造に携わる娘は職場へ、そしてとりわけ何百人もの雪かき人夫は、いまいましい氷を叩き割って取り除くために、路地の中へと走らねばならない。走る馬車について述べることは控えよう。またただの愉快な物見高さから、こうした出来事をとくと見物するために出かける人々についても。――こんなわけで、そんなときでもすべては存分に活気にあふれているだろう。だが、その光景はいかなるものか。私はあの悪天候の日にも外出しなければならなかった。私はしたがってロシア革のブーツを履き、帽子のひもを顎にくくりつけ、雨合羽を持って出かけた。聖シュテファン広場には一風変わった光景が展開していた。私はローテントゥルム通りの家々にしがみついて広場へと昇って行った。一台の辻馬車が転げるように走りながら、舗石のうえをこちらへ滑ってきたからであった。その黄色の幌を、まるで悲劇の女優が身につける衣装のひだのように、激しい風の中に高々とひるがえしながら。あちらではひとりの男が帽子を追いかけて走るが追いつくことができない。こちらでは別の男が湿った地面に静かにくず折れる。倉庫の扉を開けようとして、地面に足を踏ん張ったものの、足を滑らせてしまったのだ。司教館の角のまわりでは人々があちこち滑って転倒している。ブラントシュタットの門からは風が桶女を私の腕の中へ投げ入れる。ひとりの男が広場中央の舗石のうえに立ったまま、尖った杖を突き立てて、三本足で身体を支えようとしている。ある老齢の紳士は、彼の背後で風が両膝を短く激しい振動のうちに揺するために、すがりついている柵から離れることができない。そのうしろをひとりの娘が浮遊しながら通り過ぎる（その様子は、「歩く」とはとてもいえない）。風が彼女の衣服全体をとらえて帆のようにはためかせ、彼女は服や帽子をしっかりとつかんでいるが、不幸なスカートのほうはロータリーの中を飛んでいる。そしてこのあわれな女は絶望し、裸身をさらさないために、すっかり身をかがめ、座り込まざるをえない。ほかの淑女にたいしては、風は被り物と髪留めを引っつかみ、それらを乱雑に投げ飛ばす。あちらではエレガントなガウンをまとったひとりの紳士が、外のようすを見ようとして、そっと窓を開ける。するとたちまち風が彼の手から扉をもぎ取り、壁に叩きつける。刺繍を施された小さなナイトキャップはなお何回か空中でくるくる回転して、はては煙突を越えて飛び去ってしまう。毛皮に包まれた、お歴々のお抱え御者たちは、この騒ぎの中を、どっしり構えた巌のように走ってゆく。その一方で風雨は馬たちのまわりを打ち、馬車の窓を叩く。また歩行者たちはある者は個人個人で、他の者たちは手を取りながら、風と闘い、氷で滑っては、普段ソファーの柔らかいクッションを押すことしか慣れていない身体の部位をたびたび地面に触れさせている。——そのような日々、どれほど頭のおかしい人々が見られることか、どれほどのしかめっつらの人々、どれほどのくしゃくしゃになった帽子や裂けた傘が。そうしたことを判断できるのは、ただこんな悪天候の日々におのが義務によって観察へと駆り立てられる者に限られるのだ。一方ほかのすべての人々はむしろそんな事柄はごめんとばかり足を速め、他人のことを観察する代わりにむしろ愚かしいことにも巻き込まれず、無事に目的地に達するべく努めるのだ。それでも人生にたいするウィーン人の喜びや欲求は大変なものであって、そんな日でさえも、天候ゆえに計画された楽しみを諦めるような人は、きっとひとりもいないだろう。そして舞踏会ともなれば、馬車たちは嬉々として嵐の中を突っ切ってゆくし、徒歩の人々は料理屋やパーティ、あるいは小グループの夕べの集まりに向かうのだ。しかし、夕方には少なくとも道の氷もすでに除かれているだろう。一部は活発な除去作業によって、一部は雨によって。

われわれの風速計は一八二八年七月に最大の嵐を示した。思うに、一九日、日曜日だった。夕方ごろに激しい雷雨とともに出現し、徒歩や乗り物で散策していたすべての人々を驚愕させたものだ。翌日、路上にはレンガの瓦礫やガラスのかけらが敷き詰められていた。市内の堀にはショールや布類や帽子がいくつも散乱し、干し草市場《ホイマルクト》の若いポプラたちは、まだ三歳にしかならないのに曲がっていた。厳密な意味で風は人間たちや馬車たちを投げ倒した。とくにバードナー通りで。そして私の友人が私に語ったことによれば、その嵐の間中ほとんど一時間にわたって、彼はグラシの樹幹にしがみついていなければならず、そこを離れることはできなかった。雨が降っていなかったのは幸いであった。

しかしもうわれわれが風から一度離れる潮時だろう。むろん風というものはわれわれの物的ならびに社会的な生活の重要な要素ではある。ウィーンはその風で有名なのだ。しかし夏に風がかきまわし、美しいお歴々の上着を台無しにする塵芥は別として、これまで描こうとしてきた以上の活発で動きにとんだ風のイメージはおそらくないだろう。ただ短くさらに触れておきたいのは、淑女たちがまったくもって風を憎んでいるということだ。いうまでもなく彼女らは風のいたずら好きの気まぐれにたいして、そのゆったりとした衣装によって風が吹きつける平面と帆を存分に差し出すのであり、風はそれをしわくちゃにし、台無しにするのである。あるいは風は、そうした衣装をまとったまさにもっとも誇り高い美女を、それが引き起こす無用の事態によって、周囲に立っている人々の微笑の対象にするかもしれない。

われわれはこの都市の冬の夜長を、あるいは一一月の濃霧をいかに自身のものに同化したらよいのだろうか。その霧の中では、昼には都市はまるで灰色の木綿に包み込まれたようであり、夜になれば街灯が、暗赤色の柘榴石のように、燃えるというよりも、むしろちらちらと暗い微光を放っている。そうした同化の模様をわれわれは、一部はすでにこれまで示唆してきたが、一部は本書の別のコラムにおいて、「サロン生活」*なる題のもとに、より詳細に述べるつもりである。いうまでもなく、そうした日々がわれわれの協会のカタログにとって湿度計や生理学の観点からどれほど重要かということは、考えてみればわかるであろう。なぜなら、霧というものは、ただ地上に横たわる雲であり、したがってその後の天候に大いに影響すること、さらに肉体的な観点からは、湿度の状態以外のどんな物理的要素も大した意味を持たないことは誰もが知っているからである。しかしたとえこうしたすべてのことがわれわれの会議でどれほど注目すべきものとされたとしても、残念ながら！　読者は、その性状からして、彼に関係ないことには無関心なのである。すなわちこの紙面上で関心を引かぬこと、彼にわからないことには。そういうわけで私はあえて霧というものの湿度計に関する、また電気的、生理学的、病理学的な要素について語ることもすまい。たとえ私がそれについて若干知っているにせよ。だが、あるウィーンのジョークを私は述べずにはおれない。いつも私の服の手入れをしてくれたいまは亡き店主が、私がお天気のことを尋ねるたびに、飽くこともなく語ってくれたものだ。「閣下！　パンに塗れるくらいの霧、加えて豚の皮をすりむくことができるくらい身を切るほど冷たい風でさあ」。しかし彼はいまやすべての彼のジョークを携えたまま他界した。そして彼はよく私に向かって、「お前さんの若さを自慢しなさんな。私はまだお前さんの骨で胡桃を木から投げられるんだよ」[二]といっていたが、その私よりも早く逝った。ただふとした折に、彼のジョークが思い浮かぶのだ。

ところで私はもうひとつ、どうしてもある名状しがたい暑熱について述べておきたい。それは砂漠の砂嵐《ザームム》のようにわれわれの家々を襲い、肥ったお歴々を真実懲らしめたのだった。ただ私が懸念するのは、尊敬すべき読者諸氏の忍耐をなおも過酷に試すことである。そして私が語らねばならぬ疲労困憊は、上述の暑熱に苦しんだ人々以上に、むしろ目下の読者こそ耐え忍んでおられるのであろう。

最後にあたり、ひとつのお願いをつけ加えよう。*フンボルトやその他の人たちが、磁気が持つ重要性や気象との関連に注目して以来、いま協会でも磁気（鉱物の、と理解される）がさかんに観察されている。さてそこで、わが読者の中に途方もなく些事にこだわる人がいるならば（むろん私はただ藪をノックしているのだが）毎日五回同じ一刻に三つの器具で観察しようという、そんなこだわりの人がいるならば、ぜひ名乗り出ていただきたい。協会は悪い条件を提示しないと私は思う。

それでは、われわれはすべてのかたがたに最上の天候を願い、これでお別れしたいと思う。

訳注

〔一〕　相手より自分のほうが長生きする、という意味。類似のものでは、故人について「彼の骨でもうリンゴを木から投げられる」という表現がある。

第四六章　果物売りの女

シルヴェスター・ヴァーグナー

ヴィルヘルム・ベーム（絵）カール・マールクネヒト（鋼版画）「果物売りの女」

たとえば五〇歳代の初めのかなり肥満体の頑強な女を想像してみたまえ。大きくごつい顔立ちで、青みがかった赤ら顔をしており、鼻は夏の夜の蛍のようにキラキラ光る無数の小さなイボで被われ、恥じらいなどまったくない目つきで、男だといっても疑われないような声を出し、身振りは挑むようで、デモステネス*を思わせるような雄弁さで話す。さらに、両手を腰にあてるか、あるいは大きく突き出たお腹に掛かった青色の前掛けのうえで組み、ぼろぼろに破れた雨傘で日差しと雨を防いでいる小さな売り台の背後に立ち、売り台にはあらゆる種類の果物が小じんまりと並んでいる、こんな女を想像してみたまえ。そうすれば君はウィーンの果物売りの女、世にいわれる古いタイプの露天商《フレッチュラリン》の女をあるがままの姿で目の前にすることになる。私が古いタイプのというのは、近頃の露天商の女たちはもっと若くて、三〇代の初めから終わりくらいであり、人気のあった古風なかぶり物、つまりニシン帽を、頭頂部で結び目を作る白い花柄のスカーフと取り替えたからである。その顔はごくわずかしか青みがかっておらず、その鼻には蛍のような小さなイボはまったくない。彼女はしたがって前者よりもいくぶんきれいである。がっしりした体格、肥満および他の性格上のさまざまな特徴の点では、前者にわずかしか、あるいは一歩もひけをとらないが。お国なまりと話しぶりは、「この親にしてこの子あり」という周知の諺どおり、両者ともまったく同じである。果物売りの女たちがその能弁、独特な言い回しや文章構成や修辞的表現、詩的比喩と誇張法、抑揚を学び取る偉大なる言語教育施設は、ナッシュマルクトとシャンツルである。それらは、彼女たちがお互いの間での絶えざる討論と論争によって舌の滑らかさと連想の巧みさを獲得して、いかなる場合にも当惑せず、あらゆる問いにたいして、いやそれどころか自分たちに向けられるあらゆる言葉にたいして、適切な答えのみならず、けっして美辞麗句を欠かさずに、痛烈な答えすら出せるようにしてくれる教育機関であり、果物売りの女たちのふたつの高級学校なのである。たとえば、仕入れの際にどうやって農民を欺くか、どのようにして商品を、たとえそれが必ずしも極上のものでなくても、目につくように、また人を引きつけるように並べるか、買い手を見ただけでその者が値切るかどうかを見分けて、それにもとづいて値段を付けるにはどうしたらよいか、場合によっては求められた品物を数えるときにどうやって何個か気づかれずにごまかすか、あるいは品質の悪い物をせめてひとつはいくつかの良品質の物のなかへ混ぜるにはどうしたらよいか、等々についての理論的、実践的商業学もまた、彼女たちはまさしくこれらのすばらしい施設で習得するのである。

果物売りの女は、食糧雑貨商《グライスラー》、野菜売り女、牛乳売り女とならんでウィーンのひとつの典型、しかももっとも顕著な典型であり、したがって市のあらゆる地区と路地に見出されるのである。

高級な果物売りたちは市内*に木造の露店を構え、その前で季節ごとに豊富な果物をとても工夫を凝らして、ひとを誘うように並べている。白色、淡紅色、深紅のサクランボ《マイキルシェ》は可愛らしい小さな束に結ばれて、匂いの良いエゾヘビイチゴとあまりおいしくないラズベリーは柳の枝で編んだ小さな愛らしい籠に入れて、黄色の早生梨はつつましく小さなひと山で、アンズ、桃、リンゴ、イーゼンバルト梨、大玉梨《ブルッツァー・ビルネ》、皇帝梨《カイザー・ビルネ》は赤い面を外側に向けてピラミッド形に並べられている。これらのピラミッドの間には一個のメロンが、後ろには一個のパイナップルが少し高くして置かれている。レーヌクロードとあらゆる種類のプラムは籠に入れて陳列され、赤や緑のグズベリー、白や赤のスグリは丁寧にブドウの葉のうえに置かれている。それから緑色や赤みがかったバーデン産《バードナー》、白色や青色のヴァイトリング産《ヴァイトリンガー》、黒色の野ブドウ《ヘッケン・トラウベ》のようなあらゆる種類のブドウが一房ずつかご入りで人目を引いている。これらの陳列品は子供たち、生徒たち、徒弟たちの垂涎の的である。彼らは口に生唾を溜め、物欲しそうな目つきでその前にたたずみ、これらすべてのすばらしいものをじっと見つめる。もし優しいお母さんから貰った一グロッシェンが彼らの手許にあって、これらすべてのうちのほんのわずかなもので自分の切望と欲求を満たすことができれば、それは彼らにとってこのうえない幸せなのである。だらしない靴屋の見習いが自分の欲望に逆らえず、ちょうど良い瞬間を見計らって、かご一杯のプラムやサクランボに無断で手を突っ込み、摑んだものを急いでむさぼり食うと同時にずらかる、ということもまれではない。

高級の者たちに続く果物売りの女の第二の種類は、アム・ホーフの果物市場の最初の二列に位置する女たちである。彼女たちは、品数はそんなに多くはないが、上等な果物を小ぎれいに感じよく並べている。彼女たちは露店も売り台も持たず、ベンチをひとつ自分の前に置いているだけであり、そのうえに彼女たちの在庫品が載っている。彼女たちも午後二時までしか販売してはいけない。

これらのつぎに来るのは市内の路上の果物売りの女たちである。彼女たちは小さな売り台を持っており、そもそも果物売りの女の真髄である。年齢からすると、彼女たちは年金退職したかないしは疾病で就業不能となった露天商と見なせるかもしれない。彼女たちの品揃えはめったに先の者たちほど数多くはないが、時として選り抜きの物である。生徒や徒弟たちのひやかしにもっともさらされるのはこの女たちであり、彼女らが手癖の悪い女を捕まえた時の重々しいお説教がちょっとした人だかりと大衆の見せ物を招来することも珍しくない。このギルドの後継世代と教授たち、あるいは果樹全体の根と幹はナッシュマルクトとシャンツルで生育し、繁茂する。だがシャンツルでは夏期と秋期だけである。露天商の女たちで際限なくごった返すこれらの場所では、早朝から夕刻まで絶えず民衆劇が演じられている。夕刻には各劇場で民衆劇が始まるが、それらの劇場での民衆劇は、陳腐さではこの生きた劇をしばしば凌駕するが、機知とユーモアの点では、それにはるかに及ばないこともまれではない。ナッシュマルクトとシャンツルの露天商の女たちは、多数の観客を集めて嵐のような拍手喝采を得るために、ヨーデルも猿も犬も要らない。彼女たちの演じる劇はいつだって動物界の役者を必要とせず、当り芝居は全観衆の感嘆を引き起こさずに終わることはけっしてない。

私は先に、果物売り女の真髄は古いタイプの者たち、すなわち市内の通りや路地に売り台を構えている者たちだといったが、それは間違っていないと思う。というのは、その果物商売によってウィーン人の営みに介入するばかりでなく、はるかにもっと重要な業務によってウィーン人の生活、いやさらには家庭生活にも多岐に渡って介入するのは、この女たちだからである。彼女たちがみないわゆる奉公先の供給、つまり女性奉公人の斡旋に従事しており、しかもそれが彼女らの本業、最も実入りの多い仕事なのだ、ということを知れば、うえに述べたことがすぐに明らかとなるであろう。別の奉公人がほしい場合に、全員ではないにしても大半の奥様たちがすぐに出向くのは、果物売りの女と野菜売り女のところなのである。果物売りの女はその奥様と家全体の事情を知っている。また、奉公人たちは大部分がすでに特定の奉公先斡旋者を持っているので、彼女は自分が勤め口を斡旋する奉公人たちのことも知っている。それで果物売りの女は、奉公人の報告と奥様方の報告から、どの下女がその奥様に、またどの奥様がその下女に適しているかをわかっているのである。この斡旋によって彼女は、双方からのよい報酬のほかに、双方の信頼も獲得し、この件では確かに重要人物となるのである。たとえ一、二度しくじるようなことがあっても、彼女は、今後はそうはしないと確言して、不満な人たちをなだめる。そして、そうしなければ顧客を失うであろうから、その約束を守ることが彼女にとってまた格別の責務となる。

したがってこれらすべての売り台を一日中奉公人階級の女たちが取り囲み、次々にこの守護聖女に近づき、彼女と小声でいわくありげに話す一方で、他の女たちは自分の順番が来るまでうやうやしくしかるべき距離を保っているのが見える。時にはどこかの奥様が売り台のところで相談することもあり、その時には、誰もふたりの会話をいささかでも耳にしないように、押し寄せて来る女たちの輪をできる限り広げることが彼女のまず配慮するところである。奥様方に関しては彼女はこのうえなくいんぎんであり、丁重な態度を見せ、いわば心臓を掌に載せているかのようにびくびくしている。とても愛想の良い顔つきで奥様は迎えられ、深いお辞儀で送り出される。

奥様が離れるか離れないかのうちに、彼女はたちまちまた以前の尊大な態度を取り、表情は曇り、額に皺を寄せ、頭を幾分後ろへ反らせて、回りに立っている人々の誰ひとりとして長時間は耐えられないような目つきで、自分の回りの人々の輪をじろじろ眺めるのである。ついにひとりの女が彼女の気に入ったようである。それは中年の女であり、いわば幾分くたびれているが、美しい体つきをしている。「マリー！　こちらへおいで！」という声で彼女は玉座へ呼び寄せられ、急いでそこへ行く。他の女たちがわからないようにひそやかに、つぎのような会話がいまやはじまる。

果物売りの女　マリー、お前さんはボヘミア女じゃないだろうね？

マリー　いいえ、私はバイエルンの出で、田舎はレーゲンスブルクの近くです。

果物売りの女　それはいい。ところでお前さんにはもう愛人はいなだろうね？　まあ黙って、私に喋らせておくれ。わしはお前にとくに目をかけているし、お前ももうずいぶん長いあいだ自分に合った勤め口を待っているんだから、ひどくきついけど、その代わりもちろん実入りも良いところへ行かせてあげよう！　ちょうどここに居た奥様のところさ。その奥様は役に立つ料理女をお望みで、奥様がいうにはもちろん、その料理女は少し歳を取っていて、可愛らしくないのがいいんだとさ。だって奥様は旦那様のことを心配なさっているんだ。その旦那様はきれいな料理女が好みで、あんまり信用できないお方なんだって。けどわしはお前を例外扱いしてあげる。わしは奥様にいったんだ、あなた様はなんにも心配しなくていい、だって私はこのシュヴァーベンのマリーのことを知りすぎるくらいよく知っているんですからって。お給金は硬貨で六グルデン、買い物は八人分で、奥様はけっして一緒に行かない。外出は二週間ごとに午後の四時から夜の一一時まで。わしのいうことをちゃんと聞いておくれ、愛人を持ってはだめ。つまり誰もお前のところへ来てはいけない、ということさ。奥様は心底よいお方で、旦那様に関してはお前のためにきちんとしてくださるよ。さあ、お前が行く気なら、住所を渡すよ。

マリー　ええ、ナーニさん。でも、これまでもう何度かそうしたように、今度もまた私をだましたりしないでしょうね、あなたもご存知のとおり、五グルデンか六グルデンかなんて私にはどうでもいいけど、また私をだますんなら、私は最初の日にまた逃げ出して、あなたに恥をかかせてあげるから。ところでナーニさん、朝食と午後のおやつはどうなっているの？　ひょっとしてコーヒーなし？　だったら私は行かない。それに芝居は？　毎週一回？

果物売りの女　万事オーケーさ。ただ奥様のご機嫌をとること、旦那様といちゃつかないこと、そしてこのナーニおばさんを忘れないこと。お前が奥様にお会いになったら、あとでここへおいで。そして奥様がお前に求めたこと、おっしゃったことを全部、私にいいなさい。それじゃあ。

こんな具合に果物売りの女は、自分の良き依頼人たちが奉公に入る前にもうすべてを教え、それによって、主人一家が不快に思うこと、しかし前もって知っていれば容易に避けることのできるこまごましたことに彼女たちの注意を促し、こうして主人一家と奉公人たちに義務を負うのである。彼女が奉公人を送り届けたその家、その家庭の中がどんなようすかについてのあらゆる情報を、奉公人たちが彼女にもたらすことは容易に考えられる。それと同様に、奥様方もまた斡旋された料理女のごく小さな癖や悪習を、類いまれな正確さで彼女に報告するのである。果物売りの女によるこの奉公先の斡旋はたびたび奉公人局《ディーンストボーテン・アムト》の側から咎められたし、そもそも奉公と奉公人に関する照会は同局でおこなわれることになっているのだが、それにもかかわらずこの斡旋はごく頻繁におこなわれており、果物売り女の実入りの多い収入源をなしている。

家の管理人がウィーン人の間で無作法の代名詞となったように、果物売りの女も、そのあまり繊細ではないいい回しによってそうなっている。そしてウィーンでとくに口の悪いの女について話題にする場合、「あの女は露天商のような口をきく」といわれ、確かに、彼女たちはこの点で、世界的に悪名高いパリ中央市場の牡蠣売り女にほとんど、あるいはまったく引けをとらない。

第四七章　ウィーンの民衆ファッシング情景

シルヴェスター・ヴァーグナー

アルブレヒト*「ファッシングの喜び」（一八五四年）

一　水売りたちの舞踏会

尼僧が食べる、僧侶が食べる
食べ物に遅れる者はいない
彼が飲む、彼女が飲む
下男が女中とともに飲む

昔のカーニヴァルのモットー

「ウィーンの水売り《ヴァッサーマン》」にヴァッサーマンという名前が付いたのは、彼らの生まれた星座が水がめ座《ヴァッサーマン》だったからではない。彼らが飲んで育った液体〔水《ヴァッサー》〕のためでも、一度も彼らがほめ称えたことのないすべての酒精飲料の禁酒の誓いのためでも、また流行りの水飲み療法のためでもない。むしろ彼らの業種がこの水という基本物質を巧みに利用しているためである。水売りはウィーンの住民世帯に不可欠なドナウ河の軟水を供給しており、この水を、二輪の荷車に約二アイマー入る樽をひとつ積み、自分の力《イン・ペルソナ》で運んでいるのだ。水売りには常客がおり、彼らは、ふつう、若い頃手に職をつける修業をしなかった老退役軍人である。水運び屋《ヴァッサーフューラー》というのはこれとは違って、水の特別認可販売業者として、遠くにある市*外区を馬の力で回り、「あっちこっちの水だよ、水があるよ」としゃがれ声で通りや中庭を震わしている。またこの水運び屋はドナウ運河の岸辺で、半ば飢え死にしそうな疲労困憊の馬をひどくいじめていて、力を失ったこの動物が運んで行ける以上の量を運ぼうとするのみならず、彼ら自身が疲れてしまうまで馬を無慈悲に長いこと鞭打って、通行人たちを憤慨させているのである。もっとも卑しい運搬夫の部類に属するこの水運び屋やがさつな出向き人夫(1)や荒っぽいレンガ工だけを考えてみても、動物虐待に反対する団体が是非あってほしいところだ。というのも、もともと彼らこそがただでさえ疲れ切っている馬に然るべき餌も与えることができないのに無慈悲きわまりなくいじめているからだ。

ウィーンでは乞食から皇帝にいたるまで誰でも、少なくとも一晩はファッシングを祝うように、そしてその晩には内輪であれ公開の場所であれ、歌と踊り《テルプシコラ》か酒宴《リュアイオス》かに、あるいはその両方に熱中するように、水売りたちも自分らのカーニヴァルを、それも自分の住まいで開催する。すなわち、家庭舞踏会を開き、そこに彼の知り合いの仲間や、名声のある自分の顧客の台所女中を、自分の印章を押した手書きの入場券で招待する。ここでは、先にあげた水運び屋のことは話題にしない。というのは、水運び屋は自分たちのファッシングの狂宴をレルヒェンフェルトの居酒屋か、*ヴィーゼンのビール酒場で、*クランプェ(2)や*リンツのヴァイオリン楽団(3)たちとともに祝い、*ドゥードラー(4)やパッシェン(5)をやり、売春婦やちんぴらたちも仲間に入れて、自分たちがドナウ河から汲んでつくったコーフェル〔二〇グロッシェン銀貨〕とかシュタンル〔一グルデン紙幣〕とかツヴッケル〔二グルデン償還紙幣〕がいっそう簡単に捌けていくように、伴奏付きで思う存分踊りまわるのである。

　そんな入場券が手に入ったのは私の広い知人関係と頬っぺたが赤くふくらんだある台所女中のおかげだったが、そうでなければ絶対に入手できないし、私なんかはきっと「さっさと失せねえとなあ」と大声で怒鳴られていたところだ。持ち寄り宴会《ピクニック》の夜はファッシングの火曜日の夜のぴったり七時だった。私の入場券の裏面に記された入場料は四ポンドのハム、緑色のバーデン産マーゲン・リキュールの小瓶、および婦人用のクッキー類のためのものだった。但し書があって、開始の数時間前に舞踏会主催者に送り届けること、各自一人当たり、ワインとビール並びにダルマチア・シャンパン一瓶を、既定の値段で購入できる。衣装は好みで。拍車は前もって取り外しておくことと記されていた。すでに昼には私は記載された飲食物を私の入場券の通し番号を記して、定められた場所に送った。

　午後の数時間は私にはひどく緩慢に過ぎていった。私は夜がほとんど待てないほどで、それほど水売りたちの持ち寄り宴会のすばらしさを待ちこがれていた。早く着き過ぎるのははなはだ失礼なことになるので、私は大いに我慢してあえて一時間遅れて出席してみると、パーティはすでに全員そろっていた。パーティは二五人ばかり、分別ある年齢の男性が一〇人から一二人、残りの人数が婦人方からなっていた。舞踏会場は一階で、ダンス用の室内はすっかり片付けられ、隣接する小部屋は食事室に決められていた。台所が楽団の演奏する場所と酒場に使われていた。男女の踊り手たちはちょうど最初の絶頂状態で、部屋の隅から別の隅へと無秩序に狂熱ダンス《タウメル》をやっていて（彼らの誰も新しく出版された『ダンス術の極　致《ノン・プルス・ウルトラ》』をまだ読んでいないのだろう）、そのために見ている者たちは身の危険を感じるほどだった。そこで私は、立派な頬髭を蓄えた小男の主催者に挨拶をし、私の入場券を彼に渡してから、急いで食事室に逃げて行った。そこにはすでに数人の男たちがビールをグラスに満杯にして座っており、そういうやり方で楽しくやっていた。というのは、彼らはダンスを楽しいと思っていないか、でなければ少なくともあの別格のダンス愛好者たちの最初の狂熱ダンスはやり過ごしたかったからだ。席には入場券の番号が付けられていたので、席を選ぶのに長くはかからなかった。そこで私は否が応でも《ノーレンス・ウォレンス》私個人のためにあらかじめ定められた席へ行くと、混合ワインのグラスを前に置いてもらい、避けられるなら、ダンスホールへは行かないと固く決意して、これから起こることを静かに待つことにした。私が最初に注意を払ったのは楽団だったが、私はそれを目にする機会がなかったので、さしあたり耳で判断せざるをえなかった。耳で聴く限りでは、オーケストラの見事な構成は、ハープとアコーディオン、クラリネット、それにヴァルトホルンからなっていたが、その判断が正しかったことはあとで、目で見る機会があったので明らかになった。楽団は最新の*シュトラウスのワルツと*ランナーのワルツ、ハンス・イェルゲル・ギャロップ、それに*アンネン・ポルカを上手に演奏したので、一晩のうちに横隔膜衝撃ダンス、腹膜衝撃ダンス、鼓膜衝撃ダンスがおこなわれた。盛装と仮装もちゃんとあり、したがってまた盛装ダンスと仮装ダンスも欠けていなかったし、そしてこれら全部が込みになったダンスもあった。

だから水売りたちの舞踏会に来た者は、サンクト・アンナにある*ダウムの有名な*エリジウムではまる一週間を費やす必要のあるところを、一晩で見てしまうことになる。さらには次のようなものもきっと体験できるだろう。すなわち、エリジウムで投与される憂鬱症への対抗薬、陽気な者にも陽気でない者にも供される大小の娯楽、奇抜なものや戯画的なものでいっぱいの素敵なファッシング行列の賞品授与と並んで、大勢の人の群れ、かつてなかったような憂さ晴らしや、陽気なウィーン人向けの悪趣味極まる予告ポスターのなかでエリジウムが称賛していたあらゆるあの素敵な催しをきっと体験できるだろう。いまさしあたりお客を観察できた限りでは、大部分は同一の部類の者たちだった。衣装に対して、とくに男性たちはあまり気を配っていなかったし、拍車に関する入場券の注意書きもおそらく書かなくてもよかったことだろう。ご婦人方のほうが身支度には入念だった。評判のイチゴポマードやカチュチャの雨《*オ・セレスト・カチュチャ》〔香水〕、真正インド香油《ユイル・アンディエン・ヴェイタブル》の匂いがいたるところに広がっていた。生花や造花を付けた最新流行の髪形が見られた。サロン帽やサロン手袋、サロン靴があるのにたいして、本物のパリ・サロン・ブーツ用ラックニスはまったくなかったし、パリのモンマルトル街一七一番のプリュセが発明した腰の揚げ締めコルセットや張り骨入りスカートも見当たらなかった。壁にはヴァトニュルのビュルヌー〔北アフリカ起源のマント、上着〕やチベットのカーディナル〔深紅色の僧衣風コート〕、カーディナル襟が懸っていた。

一〇時ごろに食事の用意ができたが、それも、みんなが持ち寄った冷食だった。ハムやニンニク入りの子牛のもも肉の薄切り、羊のあぶり肉、ウサギやノロシカの背肉、シカのもも肉、雄牛と豚のタンの燻製はあり余るほどあった。*クグロフやトルテ、その他の焼き菓子類はいろいろそろっていた。ご婦人方のためのクッキー類とリキュールは脇テーブルに置かれていた。食事の用意が万端整うと、楽団が演奏をやめ、参加者たちは自分の席に行って、煩わされることなく飲食に専念することができた。私の隣には、私に入場券をくれたあの頬っぺたが赤くふくらんだ台所女中が座ることになったが、素敵な髪形で、花飾りを付けた白のドレスを着ているのが彼女だとは私はほとんどわからないほどだった。もう一方の隣には私と同じ建物に住む老水売りがいて、向かい側には年は取っていないがすでに白髪頭の男が座っていた。この男はクライスターという有名な三文文士で水売りたちの弁護士でもあり、私も彼のことは知っている。というのは、私は毎日いく度か窓越しに彼が向いにある火酒酒場へ入って行くのを見ているからだが、彼はそこにいわば法律事務所を構え、また自分の専門の講義もぶつというわけだ。

　歓迎の挨拶は、かなり年配のすごく太った大柄の水売り夫人がおこなったが、その声はものまね女性合唱団の低音域の女性歌手よりもずっと低い声だった。食べ物は各自が切って食べることになっていて、食べ物の選択には誰も制限されなかった。この点では総じて礼儀作法はあまり留意されておらず、他の人がそのとき手を付けていないものから取っていた。ビールとワインは舞踏会の主催者とその妹が各人の求めに応じて給仕していた。五、六組の若いカップルのうち、私は隣の女性以外に知っている者はいなかったし、少なくとも女たちとはほとんど、あるいはごくどうでもいいようなことしか話さなかったので、彼らがどのような部類の者なのか、またどのような身分の者なのかいうことができない。彼らはダンスに夢中で、すぐに食べ終わってはまた自分たちの楽しみのところへ急いで行って、そこからは、ワインや水をぐっと飲むために、汗を滴らせながらたまにしか戻ってこなかった。中年の者たちはみな座ったままで、日々の出来事を語り合い、ドナウ河の水の状態について意見をたたかわし、特権を与えられたドナウ河水濾過施設会社をけなし、そこの株の低迷と払込みの遅れをうれしがって、会社に対して声をそろえて「くたばれ《ペーレアト》」とののしって飲んだ。あとになって老人たちの評議の場がほかよりいくらか騒がしくなった。彼らのなかにダルマチア・シャンパンを一瓶調達することに承諾した者たちがいて、それが彼らをかなり酔わせることになったのだ。弁護士のフォン・クライスター氏は、有能な弁護士たちがすでに負けと認めた訴訟をたたかって勝利したいつもの話をやり出した。そしてすべての水売りとその妻たちの健康を祈ってリキュールで何杯も乾杯すると、水売りたちのための熱意が昂じて彼は帝都のもっとも有益でもっとも規模の大きい施設のひとつ、すなわち大規模な皇帝*フェルディナント水道を非難したが、それが水道をほめるためにいわれたにせよ、全参加者は彼の非難をきわめて強くたしなめた。ワインの酔いが昂じはじめるほど、いっそう老人たちは快活になった。こちらでは誰かがプ*ロイセン戦争〔一七四〇年代のシュ*レージエン戦争〕時代の古い唄を歌った。

何をしやがる、プロイセン人どもどこまでやろうってつもりなのか
思い知らせてやろうじゃないか
国に引っ込んでいないのなら

あちらでは誰かが負傷した戦士の唄をうなった。

おいらの瓶を壊すなよ
真っ先に取り出すのはそいつだぜ
おいらの最高の宝だ、その瓶は
わが皇帝がお飲みになったのがこれなんだ

いく人かの仮装した者たちが到着してしばらくの間、この歓声は鳴りをひそめた。仮装した者たちは、チロル人に扮した小柄な男、トルコ人に扮した大柄な男、髭のユダヤ人に扮し

た男、それに羊飼いに扮した三人の女の、合計六人だった。彼らは会場全体から歓呼で迎えられた。ダンスをしている者たちは彼らに席をあけてやり、食事室にいた者たちは、彼らをたっぷり見ようと、ダンスホールに通じるドアに殺到した。

仮装した者たちも、膝を深くかがめてお辞儀をしてみんなに挨拶し、そこかしこで知り合いを、自分たちだけにわかる符牒でからかって、ワルツとギャロップ*を一曲ずつ、自分たちだけで踊ったり、舞踏会の人たちと踊ったりして、そのあと仮面を取った。どの顔も私は知らなかったので、彼らは私にとっては依然として仮装しているのと変わりなかったが、他の者たちの笑いや拍手、ブラヴォーの声は鳴り止もうとはしなかった。そして、彼らは声をそろえた歓呼を受けながら、まだ残っている食事で元気を回復させようと、食卓に連れて行かれた。深夜にもう遠くない時刻だったので、私は、この何時間かとても気持ちよく過ごせたことを請け合い、水売りの持ち寄り宴会は豪勢ではないが、お客が教養を鼻にかけるような類の舞踏会よりもはるかに実のあるものだったことを保証して、値打ちのある集まりに別れを告げたのであった。

原注

（1）木材置き場に荷車とともに立って積荷を待つ運搬業者の人夫たちがこう呼ばれる。

（2）チターのこと。

（3）とくにレントラー*を演奏するビヤホール・ヴァイオリン楽団。
（4）アルプスおよび山岳地帯でよくおこなわれている歌い方、そこではアルマーとかヨーデルとか呼ばれる。
（5）一定の拍子に従っておこなわれるふたりもしくはそれ以上の人数による手拍子。

二　門番宅での結婚式

それは平年〔閏年以外の年〕の一八四三年の氷月《アイスモーナト》〔一月〕、曇り空の土曜日のことだった。たまたま聖*シュテファン教会のところを通りかかると、進んできた馬車を物見高い人々の群が取り囲んでいるのを見かけた。私は野次馬根性というほどではないが、人間の最後の別れがおこなわれているのか、それともふたりの人間のもっとも重要な歩みにたいする祝福、すなわち、婚姻の祝福がおこなわれているかを知りたく思い、少しばかり立ち止まっていたが、話好きなひとりの老人から、これはあとのほうだと聞いてから、すぐにその場を離れた。帰宅するとすぐに、同じ建物に賃借して住んでいる婦人が私の屋根裏部屋へ入ってきて、ひどく急いで折りたたまれたような小さな手紙を、すぐに読むようにと念を押しながら渡してくれた。宛先の文字から私はもうそれが、友人でかつてのギムナジウムの同級生、現在の租税免除地《フライホーフ》の所有者で某地方の農業経営者某の悪筆であることがわかった。彼とはすでに以前から親しく手紙のやり取りをしており、彼にしてはきわめて異例の時期に消印なしで私に届けられた手紙の内容に少なからず気が気ではなかった。まえもっていっておけば、私の友人は普段は年に二回しか、つまり私の命名日と誕生日と新年をまとめて一回、それと狂った水曜日〔四旬節の始まりの日〕の二回しか書いて寄こさない。手紙はつぎのようなことが書かれていた。

親愛なる友よ

忘れるところだったが、ぼくは君にお知らせしよう、ぼくの生活の単調さを変えて結婚することを決心した、というのは男が独身のままなのはよくないからだ。そこで本日四時、市内某番地*の門番宅に姿を来てくれたまえ。ご招待しよう。

君の

変わらざる友　ロンギヌス

追伸　この手紙をぼくは急いで自分で持参した。

私はひどく驚いて、一瞬雲から落ちてきたみたいに呆然と立っていた。「ぼくの高貴な友、尊敬すべきロンギヌス・フォン・Sが結婚するのか」。私は不思議な思いによろめいた足を出しながら叫んだ。そんなことは夢想すらしなかったことだ。というのは、彼の普段の尊敬すべき性質や些細ならざる博識にもかかわらず、私は彼を、*ヒュメナイオスの候補者の資格はまったくないと思い込んでいたし、彼もこれまでつねに同じ意見を述べていたからだ。そういう資格というものは、なにか境遇を選択するとか地位に就くとかする際に必ずしも不可欠なものではないことを日々経験していくなかで、彼は先の意見から離れていったのかもしれない。というのも、この点では、「選ばれる者は多いが、使命を授かる者は少ない」という命題があてはまるからだ。

　すでに六時になっていて、定められた時刻より二時間過ぎていたのだが、私は、少し遅れても、招きに応えて記された場所にちゃんと姿を現そうと、大急ぎで正装した。ついでにいうと、招待状が私のところに遅くなってようやく届いたことは私にはけっして不都合ではなかった。というのは、私があらゆるお祝い事のなかで一番好きなのが最後の場面であり、宴席には私はまだ十分間に合うに違いないと思ったからだ。

　しかし、親愛なる読者が私の友人を以下に述べることから一面的な判断を下さないように、租税免除地の所有者のロンギヌス・フォン・Sの人となりをまえもって簡単にスケッチし、彼のことをその愛すべき弱点とともに知らせる責務を私は、彼にたいしてまた私自身にたいして負っている。

　先に述べたように、彼はその博学と並んでさらに数知れない愛すべき性質も有しているが、一方、身だしなみにたいするひどいだらしなさや、注意力の驚くべき欠如、しばしば馬鹿ばかしいほどの不器用さも有している。その不器用さはひとつには、彼の異常に背の高い、その他の点では自然によってかなりいじめられた体格や異常な歩き方、奇妙な服の着方のせいであるが、しかしまたひとつには、人づき合いから完全に引きこもっているせいでもある。というのも、ほんの軽く触れられただけで、伸ばした触角を引っ込めてしまうカタツムリのように、交際好きな者とほんの少しでも接触すると自分のなかに引きこもってしまうからである。縦の長さの次元が、ほかのすべての次元を犠牲にして巨大な規模にまで発達した一人の若い男を思い浮かべてもらいたい。姿勢は柳の枝のように細くて弱々しく、有名なピサの斜塔に似ていなくもない。棒のうえに引っかけた*ゲスラーの帽子のように、比類なく小さな頭が糸のように伸びた長い首のうえに乗っている。小さくて丸い顔からは、*アマルティアの角の二倍の長さもあるような鼻が世界のなかへ聳え立っている。分厚い下唇が垂れ下がり、胸はとても小さい。膝まで届く腕は、末端が広がっているシカの角のようだ。長い脛の土台をなす足は異様に広い。さらに彼の歩き方、というより、彼は普段とても速く歩くので、その走り方といったほうがいいが、一歩ごとにしゃがんで、ふたたび立ちあがらざるをえないカンガルーの走り方に似ている。これはおそらくかつて痛んだ魚《うお》の目の結果でもあり、そのために彼は跳びはねているように、あるいはイギリス風に速足の馬に乗っているようにも見える。まさにそのために、彼は両腕を二本のバランス棒のようにつねに動かしているにもかかわらず、しばしば、つまずいたり、重心を失ったりもしているのである。

いや、それどころか私はあの災難を思い出す。彼はちょうど枝降ろしに取りかかっていて、脚立の一番うえの段に立ちながら、彼の租税免除地を訪ねてきた知り合いのひとりに腰をかがめて挨拶をしようとしたのだが、そのために脚立もろとも、知り合いの男性の足元に倒れ込んでしまった。知り合いは少なからず驚いたが、幸いなことに私の友人に怪我はなかった。もともと彼の深いお辞儀はたいていとてもぎこちなくて、それをやると彼は必ずといっていいほど、後ろでなにかをひっくり返したり、少なくとも手から帽子を落としたりしてしまう。多くの些細な事故も、ふつうのいい方をすれば、彼の注意力の欠如が原因なのであるが、彼にあってはこれは放心状態ではなく、むしろ彼のお気に入りの研究である近代神秘主義、いいかえれば、精神世界の人間にたいする関係、人間に及ぼす影響、人間との連携に関する深い、やむことのない瞑想なのである。彼の蔵書のうえのほうにつぎのような書物が見られる。*ユスティヌス・ケルナー、*フォン・シューベルト、*エッシェンマイヤーの著作、*ホルストの再視術と悪魔呪術、フォン・*ヘニングスの霊と霊視者に関する著作、*ユング＝シュティルリングの霊学理論、新旧の霊現象や夢遊病者、夢遊病に関するすべての著作と並んで、さらに手相術と交霊術に関するごく古い小型本類まであるのだ。

　彼の生活の仕方に関していえば、これはきわめて簡素である。彼は熱心な水健康法論者であり、彼の飲み物、液体の食品は水だけである。固体の食品の点では彼はいかなる古代イギリス人とも競うことのできる大食漢かもしれない。すなわち、彼はその量しか重視していないのである。質あるいは味の無視は、ただたんに彼のつねに旺盛な食欲のせいであって、それを考えに入れようとしない者たちから彼はひどくからかわれることになったのだ。世の中とは、えてしてそういうものだ。富者は貧者を貧乏神《ポーヴル・ディアーブル》とののしり、貧者は富者を浪費家とののしる。永遠の飲み助は、自分より多く食う奴を大食漢と呼び、大食漢はまた飲み助を大酒飲みと呼ぶ。結局のところ、富者は膨れあがった自分の財布のために、貧者は素寒貧の自分のポケットのために、空腹の者は満足させられない自分の胃袋のために、渇きを持つ者はつねに渇いている自分ののどのためになにもできない。それは、指を一二本持って生まれた者は、その指をどうしようもないのと同じである。裂いてしまえ、切ってしまえ、燃やしてしまえというのは、どこでも適用可能というわけではないのである。

私の友人は、おいしい食事を必要としないのとまさに同じように、洗練された衣服というものを気にかけない。帽子はふつうつぶれていて、だらしなく垂れ下がっている髪の毛で覆われた頭にねじれた格好で乗っかっている。スカーフはゆるゆるで、ベストは短すぎ、ボタンがちぐはぐに掛かっている。上着の袖はひどく短く、胴着はだぶだぶだった。ズボンは体に合っておらず、ブーツは不格好でほとんど磨かれていなかった。衣服ブラシは彼にとっては不必要な備品である。彼の出費の最大部分は本であり、彼は少なからぬ収入の大部分を惜しげもなく本につぎ込んでいて、そのために彼の蔵書はほとんどあらゆる部門の新旧の著作の貴重なコレクションとなっている。

租税免除地の所有者たるわが友人の結婚以前のようすはこんなふうで、これ以外のなにものでもなかった。結婚がこれから彼のなかで起こる有益な変化にどの程度まで影響をもたらすのか、結果は将来に待たざるをえないが、われわれは最良の結果を願うものだ。

さて、結婚式である。すでに述べたように、招待状に書かれていたのよりもまる二時間遅れてはいたが、少なくとも最後の場面に間に合うことを願いながら急いで行った。汗を滴らせ、ほとんど息も継がずに、記されていた場所に着いた時、そこでは結婚式なんか誰も知らないといっていることに少なからず驚いた。あちらこちらに尋ね回ってようやく、とても可愛らしいブルネット娘が、全然別の通りに住んでいる幼なじみの女友だちのひとりが今日結婚式を挙げるとたまたま聞いたことを思い出してくれた。それで明らかになったことは、わが友人があの手紙を忘れそうになって書いていたように、建物番号の数字もずれていた、つまり間違いだったのだ。私がその娘にたいして、なぜ幼なじみの女友だちは、君が花を添えるはずの結婚式に君を招待してくれなかったのかと不審がって尋ねると、彼女はどこか上品ぶった顔つきで答えた。「あたし、招待されてましたのよ。けれど、お父さんもただの門番なんですけど、あたしはまったく違った教育を受けましたし、下っ端の奉公人階層の者たちと一緒にいたり、奉公人たちと付き合ったりする必要はまったくありませんでしたわ。ですからね、花嫁が小間使いで花婿がお百姓、お客が召使いや賃雇いの使用人なんていう結婚式に招待されましても、それを受けてしまうのはあたしの格が下がると思いましたの」

美人で高い教育を受けた門番の娘のこの文句にはとても驚いたが、私は教えてもらった通りへ大急ぎで向かった。そしてその通りの最初の建物に入っていくと、門番宅に二〇人分の食事の準備したテーブルをすぐに見つけたのだが、花婿も花嫁も結婚式の客も見当らない。そこにいたのは、台所を切り盛りしているらしい老女といたずらっぽくほほえんでいる黒い眼をした娘のふたりだったが、私は招待状を出して見せ、遅刻してしまったことをたっぷりと弁明したあとで、もう二時間もたっているのに、花嫁花婿とお客がまだ誰も来ていないことを不審に思っている旨を彼女たちに伝えた。

「そうなのよ」と、そのはすっぱな娘は皮肉っぽい笑みを浮かべてしゃべり出した。「おかしな結婚式だわ。誰もかも遅刻なの。花婿さんが、今日になって招待の挨拶に回った友だちのところから戻ってきたのが二時じゃなくって五時よ。これでもまだ足りないらしくって、花婿さんは帽子をどっかに置き忘れてきて、代わりに擦り切れたシルクハットを持って帰ったの。それで花婿さんは近くの帽子屋の店に行くことになったんだけど、その帽子屋で、昨日泊った宿屋に、中にけっこう入ってた札入れを置いてきたか失くしちゃったって気づいたのよ。そこからが大変だったわ、すぐ想像つくでしょ。それに花婿さんはウェディングヴェールを持ってくるって約束してたのに、それも忘れてたのよ。こういうことを全部急いで全力でやって、出発の準備がもうできてたんだけど、あたい、そのときになって花婿さんのブーツが汚れているのに気づいたのよ。それでもう一度遅れることになって、それで四時じゃなくって、五時半になってやっと教会に馬車で出発できたってわけ。結婚がこの結婚式にみたいにゴタゴタするんなら、まっぴらだわ、あたい花嫁になんかになりたくない」と、その娘は話を締めくくった。「おまえは生意気な子だよ、ベルタ」と、老女が眼鏡をかけ直し、嗅ぎタバコをひとつまみやって話し続けた。「おまえはくちばしが伸びたみたいに、わかったようなことをいってるわねえ。ゴタゴタはそのあとに起こるより最初の日に起こってくれたほうがましさ。神聖な儀式が若い人たちに尋常じゃない印象を与えるっていうのはひとつの前兆なんだよ。あたしの結婚式の日なんかもっとめちゃくちゃだったよ。だけどね、主よ、花婿を元気づけさせたまえ、とにかく火がパチパチ燃える音だとか天気や風だとか、おまえの歳ではまだわからないそのほかいろんなものがあたしにこっそり教えてくれてるんだよ、この結婚はきっと幸せなものになるよってね」

この会話の間に結婚式の客が馬車で到着した。出来たてのほやほやの夫であるわが友人が私に挨拶して、私を彼の美しい夫人とその他の者たちに紹介してくれた。私が結婚のお祝いをいうのが遅れたことを詫びたのにたいして彼はほほえんでくれたが、とりあえず何人かずつ集まって部屋のなかに立っていた招待客のあの人へ、またこの人へと話しかけていた。老女から着席の合図が出ると、彼はテーブルの各人の指定の席に着くよう指示した。宴席の参加者は、赤ら顔に青く変色した鼻を持つ五人のいかつい紳士と一〇人のご婦人方、そのうちの六人はでっぷりとした体つきと抑えのきかないおしゃべり熱から私は既婚者と見た。それから一二歳と五歳くらいの女の子の二人の子供、新婚の夫婦、それに私からなっていた。花嫁のパパは勤務中で、神に仕えるよりも宮仕えという格言どおり、出席していなかった。ママが歓迎の挨拶をした。花婿の親戚は誰も招待されていなかったのか、招待されて来なかったのか、ひとりもいなかった。私はテーブルの下座の、かなり年配の女性と一番小さな女の子の間の席に座ったが、そのために上座で私の向かい側の人は花嫁だった。花婿を除けば、私が知っている人は誰もおらず、私の右隣の女性は同じ女性たちとのおしゃべりに大忙しで、左側の女の子は口数が少なかったので、私はまったく話し相手がいなかったが、その分煩わされずに観察し、思いっきり口のほうを満足させることができた。

コースの最初はスープ類、オードブルおよび魚料理だった。出たのはシェーベル〔小麦粉を卵で溶いて焼いたスープの実〕入りの茶色いスープ、ラグー〔肉入りフランス風シチュー〕、フランス風根菜スープ。挽肉パイ、トリュフの赤ワイン煮、レモン添えのキャビア、ヴェローナのサラミ。ドナウ鯉の酢姿煮、カワカマスのアンチョビ添えおよび大きなニジマス。コースの二番目は牛肉料理、野菜および詰め物料理。出たのはフランス辛子と小さなキュウリ、およびアサツキ・タマネギ・トマトのソースを添えた牛肉、バター添えのカリフラワー、ベーコンと焼きソーセージを添えた蒸しキャベツ、バターを添えた小さなジャガイモ、鶏肉の蒸ライス詰め、子牛の肉のマッシュルーム詰め、および私と私の隣の女性には名前のわからないこの部類の料理数品。コースの三番目はスイーツ、肉ローストのサラダ添えおよび猟鳥の肉だった。アーモンドとクルミのプディング、茹でたサクランボとマハレブのケーキ。腎臓付き子牛肉のロースト、羊肉のロースト、イタリア風、ボヘミア風のサラダ、ラム肉ローストのセロリ・野菜・ジャガイモのサラダ添え。ベーコンを差し込んだウサギとノロシカの背肉およびキジ肉の酢キャベツ添え。コースの四番目はコンポート〔デザートの砂糖煮果実〕とクッキー類だった。中国風コンポート、砂糖をまぶしたクルミ、混合コンポート、リンゴとナシのコンポート、アンズの砂糖漬け、アイスチョコレートとリンツァートルテ、グリラージュ、ビショップブロート〔干しブドウ入りのケーキの一種〕、アニス入りパンおよびパリ風シュタンゲル〔小型の棒状パン〕。最後はパンチとブラックコーヒーだった。お酒類はかなり贅沢で、メルツェンビール*とカイザービール、最良品質のオーストリア山地ワイン、グンポルツキルヒェン産の一八二二年もの、ヴァイトリング産の一八一一年もの、グリンツィング産の一八三四年もの、数本の精選ワインおよび八本から一〇本のジャキソンのシャンパン。

コースが進むにつれてこのような美食のテーブルにたいする私の驚きは高まったが、これが私の友人が強く勧めたものだとすれば、彼の感受性がすっかり変わってしまったことの証拠だった。そのために私はひそかに、結婚が引き起こしたこうした有益な変化にたいしていくら祝福してもし足りないほどだった。

宴席が続いていた間ずっと、話し声や冗談をいう声や笑い声が、とくに五人の陽気な男性が何度となくあの若い女性〔ベルタ〕をからかっていたが、みんなの名誉のためにいっておけば、そのために食事や飲酒がなおざりにされることもなく、それをたっぷり堪能していた。花嫁の母親は堂々たる体躯を持ち、一挙手一投足どれを取ってみても、このような祝宴に必要な経験と慎みがあり、自分の身分にふさわしい服装をした女性だった。彼女は自分の姉とその娘のあのひょうきんなベルタの支度がよかったことをほめた。このふたりが一緒になって見事に台所を準備し、見事に料理を出してくれたのだが、その点で出席者はみな、花嫁の母親の意見に同意した。花婿は最初のうちはあまりしゃべらず、自分の横に座っている夫人にときおり優しげなまなざしを投げかけていたが、今回はおそらくつねになく注意力を集中したために、自分のふるまいが非難されるような隙をまったくあたえなかった。コースの四番目になってやっと彼は話すようになったが、それでもおいしい料理をつねになくおいしそうに食べていたのは、のどと頭を飲食のためだけに働かせていたので、あまり話す気がないようだった。

私は花嫁に好感を持った。それはたんに彼女の容姿がきれいだったとか、服装がとても簡素だけれども並はずれてきれいだったとか、そういうことのためだけではない。彼女が同じ階層の娘たちでは珍しいほどの慎み深さを持っており、立ち居ふるまいが好ましかったためでもあった。私は、わが友人がどんなふうにしてこんな掘り出し物を手に入れたのか不思議に思いながらも、彼のよき選択がまったく正しかったことを認め、彼の決断を少しも非難せず、立派な根拠をもって、この結婚が彼にたいして有益に作用することを願った。そして、花嫁に好感が持てた要素はすべて、彼女が受けた身分相応のいい教育と、彼女が子供の頃から理解ある主家で働いてきて、花嫁候補として世間の物笑いの種になっている多くの管理人令嬢や守衛令嬢よりもいくらかいいのものを身につけ経験してきた境遇に由来するものだと私は思った。私の見たところでは、彼女は二〇歳から二四歳の間のようだったが、これはすべての娘たちの結婚に多くの理由から望ましいといえる年齢だろう。

五人の紳士はみな花嫁の知人や親戚であり、料理に文句をいって食べなかった者はいなかったが、ワインのほうがもっと気に入ったようで、まだコルクを抜いていない瓶を手に入れたいと思っているようすを眺めるのが面白かった。彼らは若い夫婦と、これから未来の子供たちのために何度も乾杯していた。彼らのいう冗談やあてこすりはおだやかだとはとてもいえないものだったが、下品ではなかった。話好きの女性たちは若い頃の恋愛や、彼女たちにいた崇拝者との色恋沙汰の話を途切れることなくお喋りしていたが、そのあといまの亭主のことに移った。いまの亭主は燃えるような恋人ではないが、摂理によって彼女たちに定められたもの、彼女たちがいい表したところでは「手に入った」ものなのだ。それから料理法のこと、子供たちとその教育のこと、子供たちのことでの苦労、長生きできて、今日の結婚式のような家族の祝いの席に親が出ることのできる喜びのことなどへ移って行った。宴席全体で口数が一番少なかったのはふたりの子供と、すでに花の盛りを過ぎたひとりの娘、それに私だった。この娘には結婚式自体が憂鬱の誘因となったようだ。彼女は、黄金の夢は終わってしまって、自分にはもう乙女のように鼓動する心のなかへ入り込んできて、冷たくなりかけている胸を燃えるような恋の炎でふたたび熱くしてくれる花婿が現れる希望はもうあまりないのだと見とおしたのかもしれない。

ようやく花嫁の父親が到着すると、早くもシャンパンの栓を抜く音がしはじめた。父親は五〇代最後あたりの年齢の壮健な男性で、家族の大きなお祝い事があろうと自分の勤めを疎かにはしなかった。彼は全員から喜んで迎えられた。あの老女とはすっぱな娘も台所から出てくることになり、そうやって全員そろって《イン・プレーノー》、新婚夫婦は幸せでありますように、子宝に恵まれますように、花嫁のご両親が健康で長生きされますように、台所を取り仕切ってくれたすばらしいふたりが幸せでありますように、そして最後に宴席参加者全員の多幸を祈って、シャンパングラスで乾杯がおこなわれた。

すでにかなり夜が更けてきたので、馬車がやってきて女性たちは去って行ったが、男性たちはまだしばらく一緒にとどまって、残っていたワインを片づけていた。あいにく馬車が一台足りなくて、花婿は帽子もかぶらずに通りをいくつも走り回ってようやく辻馬車*を一台見つけ、これがまだ残っていたふたりを家へ運んでくれた。花嫁と母親も奥に引っ込み、われわれ男性と母親の姉とかわいいベルタだけがまだその場にいて、花嫁の父親と結婚式の宴会をやった。このときになってようやくわが友人は、以前には少しも私に手紙で知らせてくれなかった結婚について私に説明する時間と機会ができた。彼は私に手短に教えてくれた。彼の妻は、夏に彼の隣に住むある主家のところで働いていたそうだ。そこで彼女と知り合い、彼女の美点を知って、単刀直入にずばり彼女に結婚を申し込むと、彼女はこの申し出を受け入れてくれ、すぐにこういうことになったということだ。詳しい説明はいずれ書いて知らせると彼は約束した。さらに彼は新刊の小冊子『新婚夫婦のための案内書』を入手して、出来るだけすぐに送ってくれるように私に依頼した。彼自身は明日の朝出発する予定なので、そのための時間が十分に取れないからというのだった。私のほうでは彼のために新しくはじめた生活の幸運を祈り、彼に*アブラハム・ア・サンクタ・クララ神父の結婚の一二の定義を、依頼された本のおまけとして送ることを約束した。そして、陽気なウィーン子たちがわりに裕福だが下層のほうの身分にあってすら自分の住まいでよく催すような家族の祝宴につねならず満足して別れを告げたのだった。

三　ミューレンでのファッシングの月曜日

「ミューレン〔水車小屋の意〕」の名で知られる木造小屋の一群は*ターボア・リーニエの外の遠くないところにあり、ボヘミア、モラヴィア、*シュレージエン、ポーランドに通じる幹線路と*皇帝フェルディナント北駅のすぐそば、市内から一番近い位置にある自然のドナウ分流《アルム》、いわゆる*カイザー川《ヴァッサー》の両岸にある。以前、カイザー川の水量がまだ多かった頃は、ミューレンの小屋数はずっと少なく、この分流のそばにあった水車船小屋《シフミューレン》の家族の住まいに使われていて、この家族はそこでまた黒パンや小麦粉を小売していた。すでにその頃から彼らは、顧客をちょっともてなすという口実でこっそりワインを飲ませていたのである。しかし、彼らは一アイマー以上のワインを在庫として持つことは許されていなかった。のちに、この川の水量が不足したために、水車船小屋がいくつも大ドナウに移転した時、この家族はしばらくそこにとどまって、黒パンと小麦粉の商売をわずかに副業としてだけ、またそれよりずっと実入りのいいワイン酒場の隠れ蓑としてだけやっていた。時とともにすべての水車の家族は小屋を売り、大ドナウのそばに引っ越した。パンと小麦粉の販売はほとんどすっかりおこなわれなくなったが、禁じられていたワイン酒場は残ったのである。近年ではさらに、その一帯を所領とするクロスターノイブルク*の領主に一定の貢納金を納めれば誰でも小屋を建てて、ワインとビールを客に出せる許可を得ることができるようになった。このような状況のもとでそうした小屋が日に日に増えてきて、数グルデン持っていさえすれば誰でも小屋をひとつ建てるという具合になり、この馬鹿騒ぎが大きくなったために、先の領主は最近ようやく、新参者全員から酒類販売の権利をすべて取りあげる気になったのである。

このミューレンにウィーン民衆はその最初の時期から大勢で出かけている。とくに日曜、祭日と月曜である。古いほうの小屋には定席を持つ常連客や毎日来る客がいて、彼らはふつう手工業階層のワイン通である。新しいほうの小屋にはウィーンの下層民の連中が集まる。この木造の場末酒場がひとかたまりに建ち並ぶようすはホッテントット族の円形集落に似ていなくもないが、私はすでに何度か晴れた日曜の午後にこの場末酒場に入ったことがある。目的はワインではない。そこのワインは私の好みではない。それよりもむしろ、ウィーン民衆の快活でくつろいだ陽気な営みを観察するためである。大都市にはどこでも、大した数ではないものの、必ずちんぴらたちはいるものだが、そうしたちんぴらを除けば、ウィーンの民衆は最高に陽気で、善良で、いかなる場合にも秩序正しいところを見せてくれる。楽しげな酒飲みの男女が草地や白楊《はくよう》の大木の木陰のベンチに座って、各人各様に過ごしている。飲んだり歌ったり、食べたりお喋りしたり、叫んだり騒いだり、そのためにどの小屋の周りもひどくうるさく、自分の声が聞き取れないほどだ。サラミとチーズを売る男たちや、風邪薬入りの飴を売る少年たち、レープクーヘンや*キップェルやパイプを景品にしたくじを売る女たち、大道詩人や乞食たちがテーブルからテーブルへと稼ぎを求めながら、この陽気な人の群れのただなかをくぐりぬけていく。そして、したたかに酔ってこの人混みから出ていく者たちもおり、それぞれがさまざまな程度の酔いを家へ持っていくが、それでも彼らは、たとえ王様の地位とでも取り換えっこはしないほど幸せな気分である。

　私は何度も聞いたのだが、このミューレンではファッシングの最後の三日間〔日曜日、月曜日、火曜日〕がとくに混乱するそうである。そこで私は月曜にここを訪れて見物しようと思い立った。そんなおりある知り合いと食事中に出会った。この知り合いは、誰からも見られていないし気づかれてもいないと思うと、そんな雰囲気のところに行きたがるのだ。私は彼に私の計画を伝えたが、その際私は、われわれがただの見物人のままでいる限り、誰もわれわれのことを気にとめないだろうし、私はその場所をかなり知っているので、彼が当然気を使って然るべき汚れなき名声にいかがわしい影が射しかねないような危険はないと請け合った。彼は私についていくことに同意し、そこでわれわれは歩いてターボア・リーニエの外のミューレンへやってきたのだ。これから見るものすべてに興味津々だった。往きの道ですでに昨日から居残っていた数人の者たちに出くわしたが、彼らは足元がひどくおぼつかなく、目つきも疲れきっているのか、異様に光っており、顔色は青白く、皺くちゃの服を着て自分たちの家を探していた。彼らからは、ミューレンの言い回しを借りれば、「徹夜でお疲れ」であることがはっきり見てとれた。いいかえれば、彼らはダンスと飲酒で徹夜して、翌日の午前になっても、夜の浮かれ騒ぎの痕跡はまだかなり残っていたのである。市内に歩いて向かうすこぶる元気のいい連中ももちろんいたが、彼らには午前中のワインの利き酒が十分に影響を及ぼし、彼らに午後と夜のためにたっぷりと気合を注入したようだった。

　われわれが入った最初の小屋では、すでにすっかり盛り上がっていた。入口にある板張りの小部屋は台所として使われていて、また地下室へ行く入口もあるが、そこにあったテーブルには料理とワインの残りが乗ったままだった。ところどころのテーブルでは消化力まですっかり不活発になってしまった客が座ったまま眠りこけていた。楽団はチター、ギター、ヴァイオリン、ファゴットそれぞれひとつからなっていて、玄関ホールにただひとつある空間の四段から五段高い所で（居間と一、二の小さな居室はつねに洪水の危険があるためいくらか高い所にある）フル演奏していた。そして、さまざまな色どりの紙飾りで飾られたこの時期本来の部屋（舞踏用の部屋）では、いくつかのペアが激しく動く*ギャロップを踊っていて、そのためにもろい造りの小屋はものすごい足踏みで土台から振動していた。

われわれは肉を焼く匂いのする玄関ホールに席を取った。大男で美男の小屋の所有者はかなり酔っていて、彼の小屋の酒の品質がいいことの明らかな証拠を、その酒の作用がすでに彼自身に見てとれることで示していたが、われわれは彼に注文して一八四〇年もののワインを一杯出してもらい、ここで数時間、ミューレンでのファッシングの月曜日の楽しみをできる限り堪能しようとはっきり決めた。ほどなくして、けっして美しい響きではなかった音楽が止んで、ダンスに夢中だった者たちは自分のテーブルに行って少し休息し、激しいギャロップで消耗した体力を冷たい飲み物で回復させ、つぎつぎのワルツを踊るために軽く食事をして元気づけていた。われわれの隣には、埃をかぶった三人の若い男たちと汗を滴らせたダンス相手の女たちが席を取った。男たちは黒のパンタロン姿で、シミがまったくないわけではない燕尾服を着ており、どの指にも四つから五つの指輪をしていて、新しく発明されたパリ葉巻用伸縮容器《エテュイ・エクスパンシブル・ブル・レ・シガル・ア・パリ》から取り出したブレーメン葉巻をふかしていた。彼らはウェイターの隠語《ジャルゴン》で会話していて、お互いを「ゲルステンシュライム〔オオムギの重湯〕の兄貴」と呼び合い、彼らなりの流儀でうまくいえたしゃれ《ヴィッツ》にたいしては「とても素敵《ゼーア・ボン》〔ドイツ語とフランス語の混交〕」で応え、まずいしゃれにたいしては「ゲルム〔ゲルステンシュライムの略〕では我慢」でやっつけていた。そして自分たちの発言の最後にはいつも「それともなにかい《オーダー・ヴァス》」で締めくくっていた。あとで聞いたところでは、彼らは実際に、冬場には自分たちの「それともなにかい」を活力源として生活する夏季ウェイターの部類に属する者たちだった。

彼らの脇にいた三人の婦人は、ダンス用ではないものの、非常に洗練されたおしゃれな服装だった。一番若い女性は、一八から二〇歳くらいの驚くほど美しい娘で、豊かな黒髪を可愛らしく巻き毛にしており、この巻き毛が、美しい頭が動くたびにいたずらっぽいキューピッドのように、まばゆいばかりに白いうなじのうえで跳ね回っていた。すばらしい体つき、燃えるような眼、優しい鼻筋、二列のつややかな真珠のような歯を妬ましくもおおう珊瑚の唇。バラ色の頬と美しい形の顎《あご》にある小さな窪み。これらのものが彼女にギリシャ様式の本当の美しさが備わっているように見えた。「おれたちはゴミ溜めのなかに真珠を見つけたな」と、私の知人はこの完璧な美しさに魅了されて、私にそっと耳打ちした。「残念だ、実に残念だな」と私は応えた。「あれはもうだめになってるんだ」。事実、それは私の見当違いではなかった。というのも、彼女が美しさと同様、下品さの点でも他の者たちにまさっていることをわれわれが納得するまでにそう時間はかからなかったからだ。彼女ははやり唄を歌ったが、それは、仮に黄金の板に書かれて通りに落ちていたとしても、誰もそれを拾いあげないようなものだった。彼女は両手で手拍子を打ち、足を踏み鳴らし、葉巻をふかし、その際浮かれた大酒飲み女のようにふるまった。彼女は自分の仲間たちからはやんやの喝采をもらった。そうした卑猥な詩句のたびになされる拍手と「すごいぞ、ニーナ」のかけ声は止もうとしなかった。かくも美しい外被のなかに忌まわしい精神があることに私の心臓はいまにも破裂しそうで、私はぬかるみに生息する不快極まるある種の両生類の皮膚の美しい紋様や鮮やかな色彩を思い起こした。

そのほかのまだぼんやりと座っている客たちは、ズボン吊りのボタンを外したシャツ姿の、タバコをむやみにふかす、顎髭をたっぷり蓄えた若い職人や、一度も手袋を脱がない奉公先探しの奉公人の女といった者たちだった。彼らはあの美しいロイス〔アロイーサの愛称。すぐ前に出てきた美女を指す〕とその仲間にはあまり目を向けず、彼女の唄にときおり微笑んではいたが、食事と飲酒にはまったくお構いなしで、楽団の音だけが聞こえるようになるやいなや、長くは続かない貴重なファッシングの時が一分たりとも無為に過ぎ去らないように、すぐにワルツへと急いだ。いく人かの眠っている者も心地よいまどろみを妨げられなかった。夜が更けるほどに、ますます多くの人が姿を現した。踊りたい者たちがどんどん増え、しだいに席がなくなり始めたので、われわれはそこを離れて、別の小屋へ歩いていき、そこでもファッシングの月曜日を見ることにした。

　われわれがそこを出てつぎに入った小屋には、のっぽでやせた仕立職人が立っていたが、昔の絵のなかの大悪党のユダに見られるような顔をしていて、われわれに無愛想な声で、「ここは高級仕立職人《タユール・スプイエクト》の非公開の舞踏会があるんだ」と伝えた。「あんたらがその職種の者なら、あんたらが働いている親方の名前をいってくれなきゃね。そうでないんなら、別のところへ行ってくれ」。仕立職人の非公開の舞踏会のすばらしさについては何も見ることができず、われわれは「美しい手」亭という名前の隣の小屋に行った。ここでは玄関ホールですぐに亭主に迎えられたが、この亭主はすでに、飲みすぎたワインとの恐ろしい格闘の最中で、絶えずワインを差し出すような仕草をしながら、怪しげな挨拶をした。「きょはね……ひっよ……できね……できねよ……出てっとくれ……みんな、おい……おい……出す……出すぞ」。亭主が舌をもつれさせながらこの言葉を発していた間に女将がやってきて、亭主に優しくはない平手打ちを食らわせていった。「お客さん、これを、このお人よしのことを構わないで下さいね。ご覧のとおり、この人ったらまた飲んだくれっちまって、しょうがないんだから。なんにいたしましょう」。われわれは新酒を一杯求め、逃げ出すことを頭に入れて、できるだけドアに近いところに座った。

最初の小屋がかなり下品でいくらか下層民風の雰囲気だったとすれば、今度の小屋は本物の妖怪の集合地《ブロックスベルク》だった。体の不自由な辻馬車御者だの、落ちぶれた運び人夫だの、ならず者だの、大酒飲みだの、女連れのちんぴら《シュトラヴァンツァー》の若いのだの年取ったのだのが、ここには大勢集まってきていた。彼らは男女の別なくはしゃぎ回り、独特のほとんど理解できない言葉で歌謡《リート》や猥歌《ツォーテ》を歌い、大声でヨーデルをやるので、ヴァイオリンやチターを圧倒してしまっていた。ここでは押し合いへし合いしながら、みんなでワルツを踊っていた。われわれは大急ぎでワインの代金を払って出て行き、女将を驚かせることになったが、女将には、どうしてそんなに急いでふたりの若い男がこんなに素敵な楽しみやこんなに盛りあがった宴席から立ち去るのかわからなかったのだ。相当な中身だった「美しい手」亭を後にしてから、私は同行の者にいった。「いいことはみっつあるんだ。だから小屋にもう一軒思い切って行かなくちゃいけない」。彼は、われわれがまたもや小難を逃れて大難に遭うことになる、しかも今度は乞食や詐欺師《シュヴァリエ・ダンデュストリ》や泥棒どもがいるところだと思い込んで、なかなか応じようとしなかった。私が「怖がることはないさ。今度は音楽をやってない小屋にする」と請け合うと、彼はあと半時間だけだといって、同意してくれた。そしてわれわれはかなり長いことあちこち探したあと、やっとこの点でわれわれの希望にかなう小屋を見つけたのだ。

そこの雰囲気は語の本来の意味でのまっとうなものだった。亭主と女将は親切な人だった。お客が多くて活気があり、酒やハム、チーズは賞賛に値した。そこはすでに以前からある古い小屋のひとつだった。亭主や女将と客たちのお互いのふるまいから、大部分が知り合いや毎日やってくる客、定席を持つ常連客であることがわかった。分別のある男性たちといく人かの女性は、ほとんど全員、時の話題や街の話、商売の調子について語らい、ときおり政治や鉄道、蒸気船やイギリス人と中国人〔当時はアヘン戦争の時期〕のことにも話が及んだ。しかしそれでも、思慮深いわれわれの祖先の慣習に従って、身体や飲食物、便意にたいしても忘れずにたっぷりと酒杯を捧げ、「なんてったって今日はファッシングの月曜日だからね」と弁解しつつ、ジョッキをもっと傾ける者もいた。われわれもここでは先ほどに比べてかなりくつろいだ感じになり、予定したのより数杯多く飲んでしまった。そしてわれわれは、ミューレンでの一八四三年のファッシングの月曜日の午後について話しながら、市内へと速足で向かったのであった。

第四八章　ヴァッサー・グラシ

カール・エトモント・ランガー

ヴィルヘルム・ベーム（絵）カール・マールクネヒト（鋼版画）「山羊乳をしぼる女」

わが帝都の、あちこち角張って突き出ているいかめしい市壁のまわりに、丸い曲線を描いて緑の大蛇がのたくっている。*グラシである。数多くの大橋や並木道や遊歩道で切断され、いくつもの幾何学模様にわかたれており、*バスタイから見ると、とくに、明るいランタンがきらきら輝く夕方、グラシは優しい景観を見せてくれる。また、緑がまだみずみずしく、カスタニエンとアカシアがなお雪のような白い花びらでおおわれている春の朝も捨てがたい。

朝は軍隊の教練場であるが、昼の間はずっと、大勢の元気な子どもたちの、大きい子も小さい子も含めて、遊び場になる。彼らがボールを打ったり、凧を揚げたりといろいろ愉快なことをしている間、見守る女性たちはなんの心配もなしに、柔らかい芝生に寝ころがってお喋りしている。というのも、可愛い子どもたちの大敵である興奮した馬や、がちゃがちゃ音を立てて走る*辻馬車を恐れなくてよいからだ。そしてまた、ここの木陰の多い並木道は、孤独な散歩者や学生、恋人に場所を提供する。多くはとくに夕方になって姿を現す。

この緑なすベルト地帯は*市内と*市外区とを直接つなぐ役割を担っている。その例外は*ローテントゥルム門の外側の短い区間である。グラシは、わが帝都のでっぷりした腰を抱えている。このベルト地帯のうち、ごく小さく目立たない丸っこい端が*ヴァッサー・グラシ（水のグラシ）を形成している。ここが、グラシの中でもっとも重要でもっとも人の訪れる場所であることは確かなので、親愛なる読者に、今回はそこまで同行してくださるようお願いする。

いわゆるこのヴァッサー・グラシはカロリーネ門*とすぐ近くのシュトゥーベン門の間にあって、夏の間じゅう、早朝と夕刻に非常にたくさんの人が訪れる遊歩道である。カスタニエンとアカシアが植わっている広場は数百歩の広さで、数多くの小屋や東屋、テーブルやベンチがある。というのもコーヒーハウス庭園と保養所を兼ね備えているからだ。それも元をただせば、かつてかなりのにぎわいを見せた、ミネラルウォーターを提供する施設があり、そこからヴァッサー・グラシの名前がつけられたのである。ではともかく、夏の晴れた朝にそこを訪れるとしよう。

そこに行くと、アカシアの木の下にあるテーブルや東屋に大勢のコーヒー愛好者が座っている。ほとんどみな独身男性であり、家で熱いコーヒーを淹れるときに手に火傷をしたり、市内の冴えない、紫煙が充満しているコーヒーハウスに行くより、戸外で朝食を楽しむほうを選ぶのは、まったく正しい。さらに、緑の枝の間から降り注ぐほんのり生暖かい陽光ときれいな景色となかなかの音楽というみっつのおまけもついている。同行者よ、経験から保証するが、そこに座っているのは実に快適で気持ちのよいことなのだ。茶色いモカコーヒーをゆっくり啜り、香りのよいハバナ葉巻をくゆらし、音楽の拍子に合わせて椅子の中で心地よく体を揺する。さらに、遠眼鏡で大きい並木道のほうをながめる。そこでは水を飲む人たちが例の小さい小屋で水を供するヒュギエイア*の手から一杯また一杯と受け取っては、うれしいようなうれしくないような顔つきでいやがる唇にグラスをあて、ようやく英雄的決意をしては、音楽の拍子に促されて中身を飲みくだす。それから彼らは、陶製のかめが栓抜きで開けられる音がくり返し聞こえてくるまで、あちこちを散歩する。その音は、カップに新たに水が注がれた合図なのだ。こうしてそれぞれの客が指示された量の水を飲み終えるまで、同じことがくり返される。だがここでいい添えておかねばならないのは、水を飲みに来る人の数が数年来、目立って減っていることだ。というのもいまではもう誰も、ひところの流行を追わなくなったからだ。

ヴァッサー・グラシの別の並木道にはもうひとつの保養施設があるが、それは病人のためのものである。しかしこの施設には先述の施設と違って、小さい小屋のようなものさえない。その備品といえば、山羊が二、三頭とコップが何個かだけで、それを線描画家がありのまま忠実に解釈し再現したのが、ご覧の絵である。元気のよいガラテイア〔ギリシャ神話における海のニンフ。「乳白の女」の意〕がちょうど山羊のはちきれそうな乳房から治療に効くものをしぼり出しているところだ。また、肺病を病んでいるエレガントな紳士は白い長ズボンとモダンな燕尾服、カフスにキッド革の手袋という服装で、彼のために乳をしぼられている山羊の髭と一本一本までそっくりな髭をたくわえている。彼はたっぷり入ったコップをちょうど唇にあて、期待のまなざしをして、生ぬるくまずい山羊の乳に快癒を懇願しているようだ。

だが、読者よ、戻って来てくれ。あなたも私も健康なのだから、これ以上病人や病人のような人のもとに留まらないことにしよう。というのも、病人をよそおうことは最近はやりになり、天分や才能によって人に感銘をあたえる力もなく、富によって人々の注目を引き寄せることもできない若い男にとって、なんらかの病気をでっちあげて興味を掻き立てることは安上がりで簡単な方法だからだ。こういう「病む人」はふつう肺病か、それに類した消耗性疾患にかかっている。彼はいつもとても青白く、さらにそれらしく見せるために、まっ黒の服を着て、社交の場やダンス・パーティーではやむなくあきらめた顔つきで窓下の壁によりかかり、差し出される軽食や飲み物を残念そうな微笑とわびの言葉で断る。「ああ、こういうものはいただけないんだ。持病には毒なんでね」。パーティーに居あわせたある婦人が、「まあ、お若いのにかわいそうなかた。なんて青白いお顔かしら」と別の婦人にささやきかけるのが聞こえると、彼は自分の策略にうっとりする。そして、苦悩に満ち、涙にぬれているふたつの目が自分を見あげているのが見えたり、勘違いして彼に惚れ込んでしまった人に、薄情な芝居をうってひどく不安がらせたりしようものなら、それで彼は喜ぶのである。興味を掻き立てるという目的を達したのだから。しかしその一時間後、意に反する節制を帳消しにするために、彼が行くレストランで彼のすることを観察してみたまえ。夜会で一杯の紅茶にも手を触れてはならなかった彼が、レストラン店主の飲食物のたくわえを荒らし回っている驚きの光景を目にするだろう。

だが、健康な人のほうに戻ろうではないか。健康な人を探そう。ほら、同行者よ、あそこにひとりで、あるいはグループになって楽しげにお喋りしながら、香辛料のきいたアラビアの飲み物をおいしそうに飲んでいる人たちがいるが、それは除いておこう。というのも、あなたはそういう人たちを病人とは思わないだろうから。病人たちはまだ大勢、あちこちの並木道を逍遥してはいるが、本来のヴァッサー・グラシの領域から離れすぎることはない。健康な人はベンチに座って読書したり、柄付き眼鏡でながめたり、タバコをのんだり、まったくなにもしなかったりである。ある者はあくびをし、別の者は、楽譜を持った楽師が近づいてくると、立ちあがる。婦人たちは女の仕事に勤しむ。子守は子どもたちとがみがみやりあう。さらに私の知っているある人などは、ふたりの女生徒を相手にヴァッサー・グラシで美学の講義をしており、ときどき音楽の和音がひどく狂っていても、子どものわめき声が美学に反するものであっても、すでに読者もご存じのかめを開ける音が鳴っても、惑わされたりしない。逢引する人もいるが、待ちぼうけの場合もあって、その時は普通、袖にされたほうは、ミルクコーヒーを飲み、キップフェル*を食べるうちにおのが悲嘆を葬り去る。

このように午前の遅い時刻まで静かな営みが続くと、陽光がいくらか暑さを増し、疲れきった音楽師たちを追い払う。彼らが退散するころ、ほぼすべての人はどこかに消え失せてしまう。

日中はずっと、ヴァッサー・グラシでほとんど人影を見ることはない。見えるとしたらせいぜい、数人の老紳士くらいで、彼らは食後にブラックコーヒーを飲み、ふたつの政治的託宣紙、『ベオーバハター〔観察者〕』と『アルゲマイネ〔一般紙〕』を持って来い、と一〇〇〇回も不機嫌な声でボーイに要求するのだが、ボーイは、『アルゲマイネ』はもう手に入りましたが、『ベオーバハター』のほうはすでに予約した人がおりまして、といいながら、肩をすくめてわびをいう。

それはさておき、夕方の幕をあげよう。するとあなたは驚くことだろう、とくに日曜の晴れた夕方ときたら。あなたが見るのは、*豪華な馬車《エキパージュ》や乗馬の人たちを除けば、*プラーターを小さくした*ダゲレオタイプなのである。たくさんの明かりが木々やテーブルのうえで光っている。着飾った散歩者たちの波が、絶えず円を描くようにみっつの短い並木道をあちこち歩き回っている。音楽はうまくなり、ハーモニーが立派になる。テーブルは満席だ。みなが大声を出し、乾杯をし、ほかのテーブルから力ずくでか策を弄してかして、椅子を奪い、引きずって来る。要するに、ヴァッサー・グラシはすっかり変貌し、活気づくのである。

木々に沿って並んでいるベンチのほうも、空席を探しても無駄だろう。席をすべて埋めつくしている人たちは見物人となり、吟味のまなざしで、多種多様な人々を逐一検分している。この人々の群れの中に入ると、実にさまざまなものが見え、聞こえてくる。しかし一週間後に、あるいは二、三週間後にもう一度ここに来てごらんなさい。そうすればその大部分の人が、いまあなたの目の前で散歩していたり、ベンチの列に座っていたりしているのと同じ人だとわかるだろう。というのも、グラシには常連かつお定まりの群集がいて、その中には、見慣れない顔はごくわずかしかいないからである。

大半は、近隣の*ラントシュトラーセに住むささやかな俸給の役人か、めかしこんだ肥満の奥さんと連れだっている資産のある市民か、おしゃれをしている店員である。店員はモード店のお針子と連れだっている。この少女たちはたっぷり着飾り、また色っぽく見せようとするのだが、お手本としているパリのお針子にはとうてい及びもつかない。パリのお針子について、彼女たちは大好きなポール・

ド・コック*の作品を読んで、実に挑発的で優美だと思い、自由で束縛されない態度ふるまいをたいそううらやんでいるのである。

ミネラルウォーターや山羊の乳はもう影も形もない。ヴァッサー・グラシはいまや、多くの人でにぎわう夕方の遊歩道でしかない。この一〇倍も広ければ、散策するのも悪くないのだが。というのも、みなと一緒に回らざるをえない円環状の遊歩道を果てもなく回り続けていたら、やがて頭がおかしくなって疲れてしまうだろうから。

夏にはときおり、この小さい空間が大きい祭りを催すのに使われることがあり、そういうときには入場料が実に手ごろなので、とてつもなく大勢の見物客が殺到する。その収益はふつう慈善目的に供される。そのときには市民軍がパレードし、また、ありとあらゆる色の堂々たる照明がともり、花火や見世物《タブロー》、倍の規模のオーケストラ、その他きれいで優雅なものがふんだんにある。しかし、時にはウィーンの身分の高い人《オト・ヴォレ》を見かけることもあるこのような夕べを除けば、ヴァッサー・グラシのきわめて熱心な愛好者でさえ、夕方、そこにやって来る人々、ことに女性はかなりいかがわしいことを認めざるをえない。また、暑い夏の夕方、ほとんど風のそよぎもないこの狭い空間を、埃と煙と靄が立ちこめる中で散歩するのはけっして快適とはいえない。そうするのは、せいぜい、知り合いに会うためか、ワルツのよい演奏を聴くためか、果ては、きらめいてそらせる目つきに、しかるべき以上近くに引き寄せられたいがためだ。いや、こんなのは丁重にお断りする！　しかし早朝なら、朝食の時間には、こういうぞっとするものはみな眠っていて、ヴァッサー・グラシは、この小文の初めにお話ししたように、ふたたびおだやかで気持ちのよい場所になる。だからこの時間帯に、ヴァッサー・グラシとそこのおいしいコーヒーを心から愛でることにしようではないか。おしまい《ディクスィ》。

第四九章　ウィーンのカーニヴァルの楽しみ

カール・エトモント・ランガー

ヨーゼフ・シュッツ「宮廷レドゥーテンホールの仮装舞踏会」

かのオリエントの旅人が、カーニヴァルの時期をヨーロッパ諸国の人々の狂乱の期間と呼んだのは、けっしてまったくの間違いというわけではない。それについて、彼は故国に帰った時、驚きのあまり髭を揺らし耳をそばだてる友人たち、イスラムの老人たちに実に不思議なありえないことどもを語ったのだった。彼がいうには、「新年のある時、真面目なヨーロッパ人を突然、奇妙な狂気が襲うのだ。彼らは黒い醜い仮面を顔に結わえつけ、さまざまな奇抜な衣装に身を包み、父が子を、兄が妹を見分けられないほどばかげた変装をする。こんなふうにめかしこんで、彼らは、華やかに飾りつけられ、煌々と照明が輝く場所に集まり、数え切れないほどの楽器による耳を聾する音響の中、汗が全身からしたたり落ちるまで、狂ったように広間じゅうを飛び跳ねる。こんなことが数週間とおしで続いてからようやく、狂乱が最高潮に達した時、あわれな人々はある朝みな一緒に急いで教会に行く。そこで僧侶が彼らの狂った頭に灰をまきかけると、人々は急にすっかり正気に戻り、まったくなにごともなかったかのように心安らかに自分の仕事に通常どおり専念する」

これが、もう数年はたっているだろうが、あの素朴な旅行者の評価である。彼にはオリエント的な鈍重さと怠惰な快適さゆえに、すばやく、飛ぶようなわれわれの踊りがばかげたものに見えたに違いないし、仮装舞踏会*という奇抜で幻想的な夢のおこないは、彼の実際的でオリエント的な真面目さにすっかりそむくものだったのだ。もっとよく知られているのはあるトルコ人の逸話だろう。彼はイギリスの三本マストの帆船で、船内での舞踏会に招かれたのだが、かなりの間ながめてから、すっかり驚いて尋ねた、いったいなぜ、高貴な紳士淑女がこんな重労働を船員にやらせないのかと。

しかしこの素朴な問いは今日でもまだ気持ちよく笑えるが、先の賢明な旅行記作家の場合でも、われわれの現代的な舞踏会ホールで、狂気の度合いがどのくらいまであがったか調べようとして、息を切らしている美女の腕をつかんで脈をとってみようと思いついたとしても、せいぜいのところ、すべての大気の精《シルフィード》とその騎士たちに野蛮人呼ばわりされる危険にさらされる程度だろう。これと同様、今日のカーニヴァルの楽しみかたはたいした狂いようではない。だが毎年この一、二週間が、かくも奇妙に、かくも不思議な形をとって日常の坦々とした流れから突出しており、それも南ヨーロッパのいくつかの国ではことさらだが、メルヒェン的なすばらしい色調を帯びていることは否めない。否めないというのは、この時期には奇妙な異常さがあるので、ダンスや仮装舞踏会のために飾り立てた可愛らしい頭の中にさえ、ごく自然な疑問が生じたのだろうということである。その疑問とはすなわち、なぜ、ほかならぬ一年のこの時期に、かくも多くの生きる享楽とざわめく楽しさと騒がしい歓喜が集中するようになったのかということである。

優しき女性の読者よ、もう二度とギャロップ*を踊らないと約束してくれるなら、私の力の及ぶ限り最善を尽くして、この問題を解明するようにしよう。しかしそのためにもうひとつお願いしたいのは、いくらか話を広げさせてほしいということである。太古の昔、すべての宗教を通じて見出される血の供物、さらにいくつかの宗教ではおぞましくも人間の供物を捧げることによって、目に見えない力を人間が信奉するよう仕向けていた。それと同じ発想が、意識がより明るくなった後の時代になると、人間をあらゆる種類の節制に、つまり贖罪と断食に導いた。重要な民族宗教には必ず断食の慣習がある。断食の歴史的起源はオリエントの祭式にあり、今日においてもなおこの贖罪形式はオリエントのすべての宗教と切り離すことができない。ペルシャ人、ヒンドゥー教徒、ラマ教徒、イスラム教、ユダヤ教、みな厳しい持続的な断食を重視している。それでこの慣習はユダヤ教からキリスト教にも移行し、キリスト教は一年のいくつかの時点を教会法により断食日に定めたのだった。その中でもっとも長いのがいわゆる四旬節で、これはドイツ語ではもっぱらファステン・ツァイト（断食期間）ないしファステン（断食）と呼ばれたが、ごく一般に信じられているように、最初、ローマ司教*テレスフォルスにより二世紀のなかば、教会法をつうじて制定された。大聖*グレゴリウスは紀元六〇〇年に断食の開始日を灰の水曜日に定めたが、本来その日の夜一二時に断食期間がはじまるので、この時からその日の前日がファスト・ナハト（断食の夜）と名づけられたのである〔一〕。

　そこでまず、長期間の厳しい節制の前に存分に享楽するために、つぎに、後続の期間が課する多くの物質的不自由の穴埋めをするために、さらにかなりの間、感覚的楽しみにお別れをする（肉よ《カルネ》、さらば《ヴァレ》〔イタリア語〕）ために、この断食期間に三日間の祝祭が先行したのだ。この祝祭については、当時の厳しい狂信的信者もやはり、といってもあのオリエントの旅行者とは別の意味でではあるが、こう主張した。つまり、キリスト教徒はこの三日間、意図的に暴れまわり、仮面をつけ、性別を取りかえ、十二分に酒神《バッコス》と美神《ウェヌス》に身を捧げるように。要するに、さまざまなとんでもない悪ふざけをやってしまうようにと。

これが今日のわれわれのカーニヴァルの、あるいは南ドイツでほとんどどこでもつうじるいい方をすればファッシング*の起源である。だが、後者の名称に対して私は文献学的仮説を立てはすまい。注釈を加えるならば、このカーニヴァルというものは本来、キリスト教徒となった古代ローマ人のサトゥルヌス祭以外のなにものでもないということだ。彼らが異教的な種々の祭典から別れるのはあまり容易ではなかったが、もっとも困難だったのは、サトゥルヌス神*とそのかつての世界支配の黄金時代に敬意を表し、また、人類のそのころの幸福を追想するために、毎年一二月に催された祭典から別れることだった。この祭の時にもっぱらおこなわれていたのがいたずらや悪ふざけや羽目はずしであり、ヨーロッパ文明が若かったころの、人間のかつての自由と平等を生き生きした姿で再現するために、奴隷たちは、楽しくふざけあいながら主人にかしずかれたのだった。

この注釈は、ほかならぬローマにおいてこそカーニヴァルの宴は現在もなお、もっとも生き生きした性格を有しているという第二の注釈によって、さらに重要性を増す。というのは、ローマで現在もなおおこなわれている昔ながらのサトゥルヌス祭では、威厳のあるトーガではなく、当世風の燕尾服と長ズボンのみが着用されるからだ。察せられるとおり、トーガを着たとてばかなまねは防げなかったのである。ゆえに、衣装は新しいが、中に入っているのは昔ながらの身体である。新しい風俗の中から、昔ながらの儀式がのぞいているというわけだ。

かくして、新式のサトゥルヌス祭がイタリアからその他のキリスト教国に伝播してゆき、各地で多少なりとも特有の性格を帯びるようになった。わが理性的で真面目なドイツにおいても茶番劇とふざけ騒ぎ《オイレンシュピーゲライ》〔二〕の趣味が生じて、もともとの三日間からやがて数週間のファッシングに発展し、その期間中はがんがん踊って飲んで食らう。しかしさらに注目に値するのは、とりわけわがドイツの地におけるこの仮装行列《ムメンシャンツ》の時代が、それもすでに一三世紀のことだが、劇文学の発展への契機と機会をあたえたということである。仮面によって想定された役柄をさらなる意味において展開させるというのは容易に考えつくことである。そこからドイツの職匠歌人の謝肉祭劇《ファストナハト》が成立した。その中でも尊敬すべきハンス・ザックス*の作品をとくに強調しておこう。彼は、自らいうところによれば、神のご加護によって約二〇〇〇もの謝肉祭劇を書いたのである。

ここまで、長い序文を書いたのであとはもう、いくつかのカーニヴァルをちらっと横目で見るのみにしよう。ローマのカーニヴァルは、上述の理由によりきわめて生き生きしている。ミラノの人々はカーニヴァル期間が最長であるのに、それでも飽き足らず、いわゆるカルネヴァローネという、灰の水曜日のあとともさらに数日間続くものを設けている。最後にヴェネツィアのカーニヴァルだが、これは妖精メルヒェンのようにおこなわれて、異国の者の目を驚かせるが、それは偉大な過去を黄昏の現代に呼びさましているのだ。

さてここからは、カーニヴァルのこうした一般論から各論に移ろう。つまり、遍歴する座長とその雑多な芸人を擁する一座のように、カーニヴァルが毎年、変わらぬ苦しみと楽しみを伴って、活気あふれるわが帝都にも立ち寄って、数週間というもの、特設舞台の幕が開きっぱなしになっているようすを見ることにしよう。

しかし、このような重要で内容豊かな対象を扱う際に必要になることだが、叙述をより体系的にするために、ウィーンのカーニヴァルの楽しみ（と苦しみ）をふたつの節に分けて論じることを許していただきたい。第一節は、公開の娯楽を描写することが課題である。一方、第二節の内容をなすのはいわゆる家庭娯楽である。

一　公開の舞踏会と仮装舞踏会*《レドゥート》

ウィーン人の性格の主要な特徴は生活の楽しみを享受することである。享楽主義者なのだ。まったくのがさつ者ではないにしても、やはりとくに繊細というわけにもいかない。シラーの有名な詩句「いつでもかまどには焼き串が回っている」〔第一一章『プラーター*』の訳注参照〕というのは、われわれウィーン人に完全にあてはまる。一年をとおして公開の娯楽や饗宴、音楽やダンスがおこなわれる。それゆえ、カーニヴァルというその種の催しのために特化された時期自体は、そもそもわが帝都の中では特別な形態を取っていない。せいぜい、街角のあちこちに貼りだされて、巨大な文字できょうあすの晩の催しをそそるように宣伝し告知する公衆向けのポスターの数が増えることで、一年のその他の時期と区別されるだけ、ということになるだろう。

その種のやたらに長いポスターも年がら年じゅう、大量に出る。こっちのポスターでは社交パーティーが、あっちのポスターでは夜会が催される。こちらでは人気の民衆歌手《フォルクスゼンガー》が自分の仲間とともに公演し、あちらでは有名なワルツ・ヴァイオリン弾きが自分の楽団を率いて演奏する。こちらではハープ弾きが演奏し、あちらでは二〇人のレルヒェンフェルト生まれのアルペン歌手がヨーデルを歌う。こちらでは純リージング産ビールが、「うまい！」と言ってもらいたがっているし、あちらでは甘口の新酒《ホイリガー》が訴える、「みなさん、今年も出ました！」こちらではプードルがトランプをめくったり、ドミノ遊びをやって見せており、あちらでは蚤が調教されている。そのすぐ同じ街角に立つと、われわれの目には一〇〇もの多種多様な娯楽の予告リストがまるごと入ってくるので、たとえば、きょうはいい日を過ごしたいと思って読者がその中から物色しようとすると、非常に難しい選択を強いられることになる。

だがそこでいよいよファッシングに登場してもらおう。なんたることだ、サトゥルヌス神よ。なんたる宣伝の洪水をわれわれの哀れな家並に浴びせかけてくれることか。太陽のもとにもファッシングの中にもなにも新しいものはないことを発見するにせよ、羅針盤に頼らずに、この混沌の海を押し進む者は第二のコロンブスになる。ここも舞踏会、あそこも舞踏会、いたるところ舞踏会なのだ。舞踏会場はすべてオープン。煌々たる照明。名手を集めた卓抜なオーケストラ。最高級の冷たいものを用意。楽長X氏は本日、自作の〈不滅の人々〉初演を披露。ダンス・マスターY氏による振付けの舞踊、等々、優雅に限りなく。

そこですべての階層のダンス好きが、カーニヴァルのとてつもなく巨大なメニューの前に立っているが、それもとんでもなく朝早くから並びはじめるのだ。ひそかにポケットの中で大切な銀貨の数を数え、今晩のために足りるかどうか計算し、大羽目はずしのとびきりバラ色の計画を立てる。

公開の舞踏会は、かつては帝都のきわめて名のとおった舞踏会ホールで催されたものだが、かなり以前からほとんど身分の分け隔てなく、人々がはしゃぎ回る場所でしかなくなっている。例外として、いわゆる非公開の社交舞踏会というもののいくつかでは、とくに官僚階級、富裕市民層、それと同等の人々、彼らの女性同伴者が、内輪の仲間同士でカーニヴァルを楽しむために集まる。だがこれはまたあとのことにして。さしあたって、ふつうの公開の舞踏会をひとつ訪ねてみよう。だが、わが懇篤なる同行者である読者にあらかじめ、ここでは時に眉をひそめるようなことも起こるということをはっきり申しておかねばならない。

いつまでもポスターを読んでいるのはやめて、手近にある評判のよさそうなホールに行き、踊らない人に混じって炎熱の煉獄の中にしばし留まってみよう。

見よ、もう何台もの辻馬車*が、めかして踊りに行く女たちと、ダンスでペアを組む男たちを乗せて長い道を走ってくる。明るく照らしだされている建物の前で馬車は静かに止まって、中にいた魅力的な女たちを金モールのついた門番の腕の中に注ぎ込む。門番は彼女らに慇懃に、サロン*はうえですと指示する。うえに行く階段には絨毯が敷かれており、西洋夾竹桃とバラの木が階段の左右から香る。うえのほうからははや、《オベロン》〔ウェーバーの一八二六年作曲のオペラ〕のホルンから人を引き寄せる力を受け継いだと思しき陽気な旋律が渦を巻いて降ってくる。こうしたことどもが合わさって、その中を、階段をふわふわと昇ってゆく着飾った美しい女の頭をあらかじめちょっぴり狂わせてしまうのだろう。きょう勝ちとるであろう勝利、きょう成し遂げるつもりの征服、そしてまた、自分より美しさも装いも見劣りする恋敵のむきだしの無力な嫉妬、これらの誇らしい予感に満たされる！　ともかく、中に入ろう。

おお、盛りあがっている。私も加わろう。あっ、いや。私はやめておこう。この暑さ、この埃と煙、それが天井まで昇って、幾百ものゆらめく灯りを霧のヴェールのようにおおっている。このさまざまな種類のむっとする空気、そのどれもが本物のオーデコロンというわけではない。この蒸し風呂の真ん中で、恐るべきテンポでがちゃがちゃやられるワルツが耳を聾せんばかりに鳴り響く中で、人々は憑かれたように息を切らし、顔を紅潮させ、いやらしくぴたっと上体を互いにもたせかけあって、たけり狂っている。これがダンスと呼べるだろうか。いや、微笑している美しい歌と踊りの女神《テルプシコラ》*

よ、あなたはこんな酒神的狂乱から顔を赤らめて背けてしまう。美と造形性を愛するこのギリシャの学芸の女神《ムーサ》〔テルプシコラのこと〕も、こんな歪んで美しくなくなった、いや醜くなったものまでを見ようと思うはずがない。ドイツのワルツは美しく生き生きとして火のようなダンスなのだ。それは荒々しいポーランドのマズルカや優美なフランスのカドリーユ*より好まれてしかるべきだと私は思う。なぜならそれは、きちんと踊るならば、ふたつの国民的ダンスの間にあって中庸《ジュスト・ミリュー》〔フランス七月王制の中庸主義にたいする揶揄〕を保ち、両極端のものをとりなしているからだ。しかしそれをものすごいテンポの四分の三拍子でどたんばたんとやってしまったら——今風の踊り方をこれ以上どう表現したものか——これではワルツの愛らしいもつれ合いも波のようにうねる線も消え失せ、ぎこちなく折れ曲がった姿や彗星の軌道のように形の定まらないものになってしまう。だがある点で、もう数年前から大きい一歩が踏み出されている。それはつまり、激烈なギャロップが舞踏会の場から追放されたことである。というのも、あれはイロコイ族のダンスで、文明諸国のものではなかったからだ。あんなダンスをしているうちに、健全さや礼儀、淑やかな女らしさまでが台なしになったのだった。

さて、少し広間をながめ、そこにいる人々を吟味してみよう。では取り急ぎ、柄付き眼鏡を目に当てて。というのもご婦人がたの顔を眼鏡であつかましくまじまじ見ることも、いまではエチケットにかなうことになっているから。すると雑作もなく——読者も私も観相家《ラヴァタリアン》〔ラーヴァーター*からの造語〕

だから——人々のひとかたまり全体から、それぞれの身分や階層の相貌をひと目ですぐに見分けられてしまう。

ここでダンスに合わせてきざに体を揺すっているのは、髭の刈りかたが理想的で、香水を振りかけた非常にエレガントな商店員で、やはり片眼鏡を目にはめて、横にいる下級の店番をきわめて軽蔑的にながめている。それにもかかわらず、店番はというと、その気品のある身のこなしを逐一まねようと頑張っている。こちらでは敏捷な仕立て職人が、たけり狂うワルツで彼のドルシネア〔ドン・キホーテの思い姫の名〕と旋回している。あちらでは巨漢で不格好な靴職人がなんとかスマートに見せようとするが、余計なことに、ポケットから裏切り者のへアピースが飛び出している。向こうでは天才的な髪型をした理髪師が、油をつけた頭を品よく相手の女性のうなじにかがめながら、ふたり飛ぶように踊りすぎてゆく。さて、ご婦人がたのことに移ろう。そこに座っているのは料理女たちで、赤い手と腕を長く白い手袋で隠し、普段の生活で彼女たちの体を支えている大きい足を、中国女の小足でもきつそうな窮屈な靴に押し込んでいる。

こちらでは小間使いや若い侍女たちがときおりひどく軽蔑的に鼻に皺をよせて、低俗な舞踏会をあざける。あちらには、自分の絹糸のようなカールした髪に庭をまるごとのせているモード店やブーケ作りの女たち。あちこちをいかがわしい職業の女たちが幾人かうろつき回り、柄付き眼鏡を使っている殿がたに燃えるまなざしを飛ばし、大きすぎる声で笑ったり話したりして、周囲の注意を引こうとするが、ショールと胸飾りには異常に嫌悪を示す。——こうした女たちみなが入り乱れてお喋りし、きゃっきゃと笑い、ささやき、耳打ちし、どっとくり出し、踊るので、このごった返しのカオスの中では、長時間、誰かひとりだけでも見逃さないでいることはなかなかできないことである。

　そこにトランペットが鳴り響き、太鼓が連打され、弦楽器が嘆きの音色をかなでる。その間ときおり、社交ダンスを取り仕切っている評判のダンス・マスターのH・N氏の*ステントールのような声がとどろき渡るが、それはできる限りの大声を出して、混雑している人々にダンスの交代を呼びかけているのである。

　公開舞踏会がたいていどのようなものか、絵柄をお見せした。色彩は強く塗るよりむしろ抑えぎみにしておいた。不案内なため、もっと上層の人に会えることを期待していた女たちはあちこちさまようが、その顔からどれほど失望しているかが読み取れた。

　事情がまったく違うのが、いわゆる非公開の舞踏会のうちのいくつかである。わざわざ「いくつか」というのは、多くは非公開と銘打っているだけで、実際はそうではないからだ。しかしそれらの舞踏会では主催者が、得体の知れない人には入場券を手に入れることが不可能か、たとえば地位と住所を正確に申告させることによって、少なくともきわめて困難になるように手配している。こうして官吏と市民階級からなる快適な社交の場が見つけられるようになる。というのは、公開の舞踏会で上流階級《オト・ヴォレ》に会うことはないからだ。上流階級の人々は私的舞踏会を催し、当然のごとくそれはきわめてきらびやかで気品あるものである。

毎年くり返される非公開の舞踏会の中でもっとも際立っているのは、法曹界のものであり、そこには大学の教授と顕職者のほかに大勢の高級官僚も訪れる。ほかにも、医者の舞踏会、芸術家の舞踏会、宮廷俳優の舞踏会ラ・ロッシュなどがあるが、いちいち数えあげていたらきりがない。会の名前を全部あげられる人もいない。きょうは低俗なパーティーが開かれる舞踏サロンで、あした非公開の舞踏会がおこなわれる時、まったく別の快い光景が現出する。趣味のよい装飾、輝き渡る照明、踊りたい気持ちと喜びに燃え立って輝く幾人もの芳紀なる乙女らの顔が、中に入る時、すでにわれわれにある種の快い喜びを呼び起こす。着飾った女たちの列、開始の合図をもどかしげに待ちかまえて光り輝いている縦隊の間を、われわれは楽しい気分で通り抜けてゆく。

すると甘い*フランセーズの最初の響きが数拍、高い壇上のオーケストラから降ってくる。それに勇敢で鼓舞するようなトランペットの呼びかけが混ざる。全員が隊列に参加し、ペアになった人たちは整列して方陣《カレ》を作る。こんなときに自ら喜んで戦列に加わりたくない人などいるだろうか。あるいは、すでに武器を使えない身となっているならば、せめて見物くらいはしたいのではないだろうか。

さて向こうの壇上にいる全能の、ヴァイオリンを弾きつつ指揮する人が——*シュトラウスであれ*ランナーであれほかのなんという名前の者であれ——弓で指揮台を叩くと、愉快なダンス・メロディーがはじまる。人気もあり優美でもある*コントルダンスの、この舞踊による愛の告白の優雅なからみ合いは、快活で快速な音楽の拍子に従ってついたり離れたりする。酒神的狂宴の乱れた快楽からも遠く、まだほんの数年前まで品のよい舞踏会では礼儀だった堅苦しい気取りからも遠く、折り目正しいが愉快な雰囲気が見知らぬ者どうしのそれぞれのペアを親密にさせる。こうした非公開の舞踏会では社交ダンスが中心的役割を演じ、もっとも頻繁にくり返されるので、ワルツを踊るのが普段よりはるかに少ないことをあまり厳しく非難せず、また、どこに行っても急速のテンポで踊られる二曲の荒々しいマズルカの時は大目に見ていよう。

　さて、公開されるカーニヴァルの娯楽のうちで別の部類である仮装舞踏会に話を移す前に、舞踏会の、それも非公開の舞踏会の部類に入る何種類かをさっと見ておきたい。だが、そこの非公開性は厳格に守られているので、このエレウシス*の秘儀に忍び入ることは部外者には勧めたくない。入ったりしたら、部外者はこなごなに砕け散ってしまうに違いない。

　ではそれはいかなる秘密の舞踏会なのか。

　読者よ、わが帝都にはそのような性格を備えたものがいくつかある。洗濯夫舞踏会、給仕舞踏会、煙突掃除夫舞踏会、そして他を圧倒しているのが辻馬車御者*舞踏会。これらは本来の形の非公開の舞踏会であり、そのモットーは「部外者お断り《プロクル・エステ・プロファーニ》」である。

　主催者はふつう、市外区*の大きめの居酒屋を彼らの酒神的狂宴の舞台に選ぶ。この宴は、容易に想像できるように、腹の皮がよじれる場面をつぎつぎに展開させるのだが、さっと手短に概観を説明するのは容易ではない。

　しかし、できればこのファッシング*期間中に陽気な辻馬車御者の仮装をして、そうした居酒屋の狂宴に忍び込み、狂宴をそのまま写し撮ったダゲレオタイプ*を専用の額に入れて、わが読者諸氏のみなさんにお見せすることを約束しよう。ファッシングの期間中、空の星くず、浜の真砂のように無数に出現する、市内*や市外区のさまざまな飲食店や居酒屋で催される多種多様な夜会や社交パーティー、歓談パーティーなどはうっちゃり、運命《フォルトゥーナ》舞踏会やら調和《ハーモニー》舞踏会やらその他なんという名であれ、そういうものの詳しいことは放ったらかしにして、有名なエリジウム*に降りて行って、その小宇宙を描くこともせずに、というのも、そうするほどのことでもないだろうから、親愛なる読者よ、これから仮装舞踏会*におつきあい願いたい、それもファッシング最終日の火曜日に、ここ数年来、もっともエレガントでもっとも客の多く集まる仮装舞踏会に。

　この大きくて光まばゆいホールに足を踏み入れると、独特で圧迫されそうな印象を受ける。ここから幾千もの光線がきらめき、幾千もの音の大波がとどろき、しかも奇妙な格好の人々が色とりどりで幻想的な群れとなって、片時もじっとせず動き回っているのだから。

　すべてが秘密めいている。実に風変わりだ。上り階段ですでにあなたには、幾人かの仮装した人たちが目に入ったが、彼らは黒っぽい仮面からきらりと光る目を大きく見開いてあなたを見つめていた。それから、あなたを見知っているように、きょうはあなたを追い回して、からかい、悩ませて、あなたの好奇心をぎりぎりまで刺激してみようと、示し合わせているかのごとく、なにごとかささやき合っている。クロークでは幾人かがあなたを取り巻いて、目配せし合ったり、ささやいたり、指さしたり、あなたはすべて自分のことだと思い、いたたまれない気がする。この奇妙な感情から逃れようと、あなたは足早に残りの階段を昇ってゆく。入口の二枚の大きな扉が開いている。幾千もの灯火の輝き、それがまた壁にかかっている鏡によって何倍にもきらきら光りきらめく、その輝きに目をくらまされ、ごうごうと鳴り渡る音楽の響きに気圧され、あなたは啞然として入口に立ち尽くす。近づくと、奇跡的なメルヒェン世界が退いてしまうのではないかと思っているかのように、なかなか思い切って前に歩み出せない。それはまるで、色あざやかで支離滅裂な夢というものが、目覚めたあとにはっきりと記憶を呼び起こそうと努力すればするほど、ますます霧のようにぼやけてしまうのと同じである。

だが、足を踏み入れて。これが人生というもの、ただ、通常より夢幻的だが。すぐになじんでくる。そしてはじめに圧迫を感じていたとしても、突然、狂気があなたに取り憑き、あなたを愉快ないたずらやふざけ騒ぎ〔二〕に駆り立て、混乱の中で右往左往する大勢の人々にこの狂気がしたのとまったく同じように、巧妙にして狡猾に真面目な人の頭に狂乱の鈴つき帽子をかぶせるだろう。笑い、おしゃべりしながら、口笛のような作り声をして、休みなしに、飽くことなく。

そちらでは「花売り女たち」が、あなたのそばを通りがてらに、あなたの耳元であなたの最後に別れた恋人の名前をささやく。こちらでは幾人かの「*ウェスタの処女たち」〔料理女のこと〕が長いヴェールをなびかせながら近づいて来て、あなたの若き日の罪業目録を初めから終わりまで読みあげる。いま、*夜の女王が星の刺繍のある黒いヴェールをかぶり、半月を額のうえに輝かせて現れ、奥様もこにおいでか、とあなたに尋ねる。こちらでは豊満な体つきの黒い目をしたオリエントの女が近づいてくる。男の胸を引き裂く必要があれば、その目は匕首として役立ちそうだ。美しい仮装の一団があなたを取り囲んで、からかい、冗談をいう。彼女たちはあなたのことをなんでも知っており、知っていることはなんでもいう。あなたは、誰なのか当ててみようと思うが、そうすると見当はずれにおちいり、ますます真実からそれてしまう。

男はほとんど誰でもあなたと同じ目にあう。これが人のおこないというものだ。あちこちを仮装の人がひとりきりで人込みの中を通り過ぎて行く。きらめくダイヤの指輪を仮面の開口部につけることで、自分から話したくもないし、話しかけられたくもないということをわからせる。しかし彼らは、時としていわれるいやみを甘受せざるをえない。そのいやみには、自尊心をくすぐるような、このピタゴラス的沈黙の真の原因らしきことは必ずしも入っていない。彼らは聾唖者と呼ばれるのだ。

もっとも一般的な仮装はドミノ〔顔の上半分のみをおおう仮面〕である。個々の仮面についていえば、豪華さと手の込んだ工夫で人目を引くものもあるが、多くは悪趣味とばかばかしさで際立とうとする。男姿の仮装に出会うことは少ない。ちらほらとアルレッキーノ、プルチネッラ、パンタローネ、ドミノ姿もいくたりか。だが、みな、女姿の仮装の世界では影が薄く、ふつうウィットのなさで際立っている。世界の半分たるわれわれ男性は快適さを好むものである。われわれはこのメルヒェン界を気兼ねなし《サン・ジェーヌ》にうろつき回る特権を有している。帽子をかぶって、強い性たるわれわれ男性こそ、メルヒェン世界が回り動く中心にいるのだと誇らしく自覚して、女たちをからかったり悩ませたりする喜びはすすんであきらめよう。

しかしそうは言ってもわれわれも、大小の舞踏会ホールの壁際にある三列の、高くしつらえられたベンチに座っている仮装していない美女たちの一団を見つめずにはいられない。祝祭にふさわしく着飾って、光沢のある舞踏会衣装をまとっている。すばらしいながめだ。それに雑多なにぎわいを見下ろすために、階廊にも昇らなければならない。*ザーミエルよ、助けてくれ。なんというごった返しだ。頭と頭が押し合っている。ただひとつの渦巻く黒い塊が、海のように絶えず自分自身のまわりを回り、波立ち、ごうごうと鳴り響く。パリスがあのりんご〔三〕を、下のほうで歩いている美女のひとりに投げようと思っても、その人の足元には届かず、頭から頭へ転がってゆくに違いない。それほど密な混雑ぶりなのだ。笑い声、耳ざわりな声、ささやき声、大きい声、探す声、見つける声。口笛のような声、金切り声。そうこうするうちに、ふたたびごうごうと鳴り渡る力強いダンス・メロディーが、媚びるように強烈に降ってきて、その魔力でますます燃え立つ陽気さとますます大胆になる喜びを、酔って麻痺した人々の感覚に注ぎ込む。このような仮装舞踏会には独特の力がある。どんな内気な男にも愉快ないたずらをする勇気がわいてくるし、どんなに生真面目な男でも魔界に引きずり込まれて、周囲の錯乱状態に加わってしまう。いっさいが入り乱れて行ったり来たりしながらとうとうと流れ波打つ。

そのとき、午前零時の時が鳴り響く。音楽が止む。オーケストラがいなくなる。仮装の人々は広間で料理テーブルで賭博室で食堂で朝になるまで楽しみごとを続ける。二時を過ぎると、会場はようやく心地よいものになりはじめる。人込みはまばらになり、人を見つけやすくなる。しかし、まだほんの数時間前まではほとんど南国的な活気のあふれるカーニヴァル・シーンを現出させていたいくつもの広い部屋が徐々に、そしてすっかり閑散として侘しくなる。人々はみな帰って寝《しん》に就《つ》き、その数時間後には、自分たちの狂った頭にまかれるわずかな灰によってふたたび正気に返らせてもらい、昼日中にはふたたびすっかり分別をもって帝都の街なかを歩く。彼らの青ざめた顔から悲報が読み取れる。「昨夜一二時、数週間にわたる熱病ののち、われらのおおいに愛されしカーニヴァル王子が亡くなられた、タランチュラのひと刺しのため」

魂の安らかに憩われんことを《レクウィエスカト・イン・パーケ》！

二　家庭娯楽

この種のカーニヴァルの楽しみに話題を移す前に、この範疇のすべての祝祭へのいわばプロローグをなす、次のような家庭の情景を一緒にながめていただくことを、親愛なる読者にお願いしなければならない。

家族がみな、大人も子どもも、老いも若きも丸テーブルを囲んで座り、暖かい暖炉の近くで夕食をとっている。ナイトガウンにスリッパという姿の家庭の暴君はきょうはとてもくつろいでいるようだ。「きょうなら思い切っていってみてもいいんじゃないかしら?」と子どもたちは思い、黙っている母親を不安そうに、また焦がれるような気持ちで見つめるが、母親は子どもたちに意味ありげにほほえみうなずいて、「私に任せなさい!」とでもいおうとするかのように目くばせする。うえの娘が暴君の大きいジョッキにビールを勢いよく泡立つように巧みに注ぎ、下の娘が彼の楽しみにしているパイプに煙を立たせたちょうどその時、彼がとても愛想よく家族を見回したその決定的瞬間、いよいよママは勇を鼓し、不安の沈黙を破って、突然あたふたという、「ねえあなた、今年は子どもたちになにかしてあげたほうがいいんじゃないかしら!」

「なにかしてあげるって?」パイプが口から落ちる。「いったいなにをだね?」「ほんのちょっとした羽目はずしですよ、家庭舞踏会！」こういって突破口が開けた。「しかしだな」をいい負かし、「そうだけど」をばかばかしいとはねつける。とうとう「いいよ」を勝ち取った！　さてそこで服を仕立てるだの、帽子を作るだの、花を買うだのということになり、招待状を書いたり、家の中を準備したりする。家の中なのに、家長のいい分は徐々にひとつひとつ無慈悲に反駁されてしまうので、彼はおのれから「いいよ」を引き出したあの心弱き瞬間をもう千回も呪っている。それからピアノが調律され、部屋が掃除され飾りつけられる。この家のおばさんやら従姉妹やら女の友だちやらがみな、主婦を手伝おうとやって来て、レモンを絞ったり皿を割ったりする。はじまる前からすでに陰口をきいたり文句をいったり、ということになる。静けさというこの家庭生活の女神は、自分に捧げられた家から追い払われ、いまや、言葉も行為もどうしようもないごたごたが家のかまどを支配しているので、明日という日をすばらしいものにしてくれるはずのキジをもう焼いてしまっている。まさにわが楽しき帝都ほど、少なくとも中流階級でこの手のカーニヴァルの楽しみごとが人気になっている王都は、よそでなかなか見つからないだろう。何として《バル・フォルス》でも肺病に罹ろうとして、すべての公開舞踏会に参加せずにいられない人が幾千人もいるとするなら、ウィーンでは、一度も公開舞踏会には行ったことがないが、その代わりにすべてのいわゆる家庭娯楽に熱心に参加する人々の数はその三倍にもなるかもしれない。

カーニヴァルが毎年くり返しやって来るたびに、こうした私的舞踏会が数多くおこなわれるので、ウィーンでファッシングの間に少なくとも一度としてダンス・パーティーがおこなわれなかった家はほとんど一軒もない。頂点に立つのはもちろん、たいてい豪華かつ優雅で洗練された趣味をもって催される貴族の舞踏会である。これにつぐのは成金貴族と富裕商人層の家庭舞踏会だが、これは笑うべき行きすぎた豪華さと自慢げな浪費をひけらかすことがまれではない。さらに一〇〇ものさまざまな段階や等級をへて下りて行くと、下級官吏や質朴な市民、その他すべての、一度はお楽しみをやろうと思っている下級家族《ミノールム・ゲンティウム》のつましい部屋にいたるまでおこなわれているのだ。だが、彼らが娯楽をしてはいけない理由があるだろうか。

彼らにともかく、知人や親しい人たちの輪の中でいくらか愉快な時を楽しませてあげよう。そんな時間は彼らに実にわずかしかあたえられていない。つきあいも限られているし、重荷に挫けてしまいそうなほど生活は時として惨めだ。彼らがたまには喜びの青空に憧れのまなざしを投げるのを、あなたがたは阻もうというのだろうか。あのいい人たちをからかわないで。彼らがあなたがたと同様に楽しむ資格があると無理やり思い込んでも、裕福で幸せな人たちよ、あまり憤慨しないでくれ。短くはかない夢などあっという間に終わり、あしたになったらあなたがたはまた、思い煩うことなく乗っている偉そうな儀装馬車の横で、彼らがわずかなパンをなんとか手に入れようとして、普段の街の埃の中をあえぎながら小走りに行くのを見るのだ。

であるから、彼らにもカーニヴァルの喜びを認めてやってほしい。ほんとうなのだ、仕立て屋の親方の狭い部屋でする家庭舞踏会や食糧雑貨商《グライスラー》の店でする夜会など、限られた空間と限られた資金でおこなわれるそういった娯楽は、百科事典を全部埋め尽くせるほどたっぷり、笑止千万なことを提供する。これを見逃さず、このテーマでくり返しユーモアと風刺のある退屈な種々のメニューを組み立てては、それを腹の減っている読者の食卓に提供したり、再三再四あらたに暖め直したりした機転のきく男もいたくらいなのだ。

さて、話を家庭舞踏会に戻そう。大切な日が来るとふつう、言葉にならない興奮が、その家のみなの心に起こってくる。それどころか、不機嫌な陛下にして家庭の暴君は、ここ数日、以前の快適さから引き離され、あらたな不快な方向に行かされるたびに、きわめて腹立たしげな表情を露わにしていたのに、突如としてをすっかり快活で上機嫌になり、さまざまな巧みさを発揮してその宵をすばらしいものにしようと全力で貢献する。というのは家庭の暴君という立場が、いかに重大な責任を自分に課しているかが突如としてわかったからだ。それゆえ彼は突然、部屋の真ん中にテーブルを置き、テーブルのうえに椅子を置き、その椅子のうえにすばやく巧みに登る。彼にそういうところがあるのを、家族はこういう機会があるたびに発見して驚く。そして彼は、見るからに命にかかわりそうなのだが、八本のまばゆいばかりに白いミリーろうそく*をきらびやかなシャンデリアに差し込むのだ。これが終わるとどうしてもせずにはいられないのが、キップェル*をシンメトリカルに層をなすように置いたり、コーヒーカップと椅子を整然と調和がとれるように並べたり、その朝調律したばかりのピアノの音がいくつか低くなっていたのを、いつものようにぞっとする三和音を鳴らして調律し直す、等々。わが家の名誉が傷つかないようにする《ネー・レースプブリカ・デートリメントゥム・カピアト》ために。

こうして、いまや準備万端整った。身仕度も出来あがった。灯りもつけた。コーヒーと紅茶も淹れた。これでもうつぎつぎと来てもいいぞ。すると、ほら、その瞬間、呼び鈴が鳴る。最初の客が来た。不運な一番客！　あなたの招待状には七時となっている。一番客にだけはならないために、あなたは八時までぐずぐずしておいて、来たらみなが一緒に歌いさんざめいていると思っている。入った時のあなたの驚きと困惑を誰が思い描くだろう。というのも、あなたが目にするのは、尊敬すべき家族の面々と二〇数個の空の椅子だけなのだから。これはきわめて腹立たしい状況だ。ぼんやりつっ立っていざるをえない、帽子を両手でもって回しながら、困ってドアやあちこちの時計を見たりして、一度か二度会ったか会わないか、あるいはよくあることだが、まだ知り合ってもいない人たちの中で、早く来すぎたとわびると「誰かが一番になってしまうのですから」と、いろいろな意味に取れそうな返事しか返ってこない。不運な一番客！　だが運命はあわれな者に憐れみをかけてくれるもの、まもなくみなが集まり揃う。みながひゃあとお世辞をいい、紹介したりされたりし、キスし合ったりささやき合ったりする。「おやまあ、あなた、きょうはなんて可愛らしいんでしょう！」――だが、かの有名な蚤の親方〔四〕のよく知られた思考顕微鏡があれば、こんなことをいう女の脳組織につぎのような皺がよるのを見せてくれるだろう、「この気取り屋、こんな服が可愛くていい趣味だと思ってるんだね」。だが、これは関係ない話だ。思考に通行税はかからないが、やって来た美少女たちの顔や身支度はそうはいかない。彼女たちは格好をつけている若い男たちの目の前で厳しい品定めを通過しなくてはならないのだが、男たちは柄付き眼鏡を目にはめ、部屋から部屋へとうろついては何度も、あの娘やこの娘の感想を声に出してずけずけ耳打ちし合うのだ。しかし私は、晴朗な心を映す彼女たちの表情にバラ色の微笑が吹きかけられるときの、清々しくはつらつとしている顔が大好きだ。私はこのきれいな子どもたちをながめるのが好きだ。祭りらしい白いドレスを装い、カールした髪に挿した花を揺らし、胸には摘みたての花束をつけ、ほほえんだりお喋りしたりしながら、部屋の壁際に並んで座り、はじまる前から落ち着きのない小さい足で拍子を取ったり、あちこちながめ回したり、行ったり来たりして、けれど、いつ果てるともなくコーヒーがつぎつぎに手渡されたり、何某おばさんとか誰某おじさんが無責任にも遅刻してくるなんて、死にそうなほどいらいらする。その人たちを抜きにして舞踏会をはじめてはいけないなんて、絶対いけないいなんて！

そうこうするうちに、退屈を追い払うために純正同種療法《ホメオパシー》の原則に従って彼女たちは、退屈な若い殿がたたちを相手にする。彼らはといえば、近ごろの思いあがった風潮の中で若い女の子とくつろいだ、面白がらせるような会話をはじめるすべを知らないから、自分たちの気のきいた弁舌を、健康状態のことやどのくらいダンスをしたのかを訊くようなところへ流してしまい、おしまいにはせいぜい、今年のおだやかな冬についてなおいくらか面白い感想をいうくらいのことである。――おお、私

は彼らがどんな者たちかよくわかっている！〔シラー『ヴァレンシュタインの死』〕

だが、ほら！　そのときピアノが鳴り響く。火のようなカドリーユの最初の数拍がみなをダンス・ホールに呼びこみ、舞踏会がはじまる。

だから彼らは踊らせておこう。しかしわれわれ、親愛なる読者と私はともどもに、彼らみなに最良の娯楽を楽しんでもらうことを願い、おとなしく帰宅するとしよう。というのも、われわれはもうダンスをする年ではなくなっているからだ。それに、こういう娯楽ははじめのうちはぼんやり見物するのも結構だが、数時間もたつと、カールした髪がぐしゃぐしゃになり、花からは葉が落ち、顔からは汗がしたたり落ちる。また、ときにはドレスの長裾が踏みつけられたり、手袋が破けたりもするといった、美しからざる変わりようまでまるごと見えてしまうのはうれしくないものである。そこで、これでもってこのカーニヴァルの情景も幕を降ろすとしよう。というのも、題材はありあまるほど豊富だが、紙幅がそろそろ尽きてきたからだ。

終わりにもう二、三、誠実なファッシングの願いを。ダンス相手がいないすべての人には、座り心地のよい椅子を。すべての飢《ディクスィ》えたる人には、たっぷりの晩餐を。死にそうなほど踊ったすべての人には、快適な安らぎを。おしまい。

訳注

〔一〕カーニヴァルの時期について。復活祭は「春分の日のあとの最初の満月のつぎの日曜日」と決められているので、年によって日が変わり、三月二二日から四月二五日の間におこなわれる。その前日までの断食期間が四旬節で、四〇日間という意味だが、途中の六回の日曜日を計算に入れないので四六日間になる。この四旬節の最初の日が灰の水曜日であり、この日もしたがって年によって二月四日から三月一〇日の間にある。その前夜までがカーニヴァルの期間ということになる。

〔二〕ドイツ・ルネサンス期の代表的な民衆本『ティル・オイレンシュピーゲルの愉快ないたずら』（一五一五）の主人公の名にちなむ。

〔三〕ギリシャ神話だが、正しくは、黄金のりんごを宴席の三人の女神の間に投げ入れたのは「争い」の女神エリスである。美を競う女神たちは誰が一番美しいか、トロイアの王子パリスに審判を命じる。パリスはヘレネーとの結婚を約束してくれたアプロディーテーを選ぶ。これがトロイア戦争の遠因となる。

〔四〕E・T・A・ホフマンの長編小説『蚤の親方』（一八二二）による。

第五〇章　ソーセージ屋

シルヴェスター・ヴァーグナー

ヴィルヘルム・ベーム（絵）カール・マールクネヒト（鋼版画）「ソーセージ屋」

朝方または夕どきに、市外区*のにぎやかな通りのひとつを歩いていると、突然いやな、ものが焦げるようなにおいがしてきて息が止まる思いをすることがよくある。ウィーン人にはこれはおなじみで、ウィーン人ならば、自分の嗅覚器官かまたは特異体質の程度に応じて歩を速めるか、オーデコロンを振りかけたハンカチを取り出し、それを自分の嗅覚道具の前に当て、素知らぬ顔で道を歩いていくかする。彼らは、このにおいは二、三軒先までしか届かない、ということを、おそらくよく知っているのである。これに対してよそから来た人は、この不快なにおいの出どころを探してきれいな通りのあちこちを見回し、この近辺に、ろうそく作りか、ウィーンでは油屋《エレラー》と呼ばれる石鹸作りでもいるのかと推測する。しかし数歩も歩けばもう、彼は自分の誤りに気づく。人々が群がる開放的な店が目に入り、そこからこのにおいがただよってくる。蒸気が立ちのぼっている大きなふたつの釜の中であらゆる種類のソーセージが温められ、ゆでられている。奥にはソーセージの在庫が山のように積みあげられたり、横の壁のカギにぶら下げられたりしている。これらを見れば、彼にもわけがわかる。彼はここで数分のうちに、ウィーン・ソーセージの大家族の全貌を目にし、そのメンバーのひとつひとつと顔見知りになることができるのである。

まず目につくのは、ゆでられて茶色くなり、血が抜けた皮なしのアウグスブルク・ソーセージで、これは、釜の端をぐるっと取り囲んで、中央大隊から選抜された突撃隊を思わせる。視線を少し奥の、蒸気が立ちこめてまるで噴火口のような店内へ移すと、まず彼を出迎えるのは、人の背丈の倍の高さにぎっしり積みあげられたレバー・ソーセージである。ソーセージ軍団が作る密集隊形の一番外側をこの集団が固める。このレバー・ソーセージのうしろに、背丈の四倍の高さに整頓されたセルヴェラート・ソーセージ〔一〕が立ち、そのそばに親衛隊《ギャルド・デュ・コール》として太いベーコン入りソーセージ〔二〕が長い列を作っている。ソーセージのそもそもの貴族階級であるブラッド・ソーセージ〔三〕が、威風堂々たるソーセージの王、バグパイプ〔四〕とともに真ん中で中核をなす。これらよりも下位に分類されているのは、若い近衛兵にして、貴族出身の、将来を嘱望されている焼きソーセージ〔五〕と、すらりとして小粋、若くして薫蒸され、ごく普通の大きさだが、とくに優れもののフランクフルト・ソーセージである。よそから来た人がさらに視線をカギや周囲の壁のほうへすべらせていくと、膨大な在庫品と並んで、重火砲も発見するだろう。すなわち、長さ五〇センチはあるどっしりとしたプレスブルク・ソーセージと、表面がカビで覆われ、乾燥して縮んでいるベーコン入りソーセージ（これは、サラミの代用品になる）、純粋レルヒェンフェルト産サラミ・ソーセージ、さらにその最後には、途方もなくでっぷりと太っている王位要求者、プレスコップフ・ソーセージ〔六〕が控える。

　こうした御馳走のすべてを目にすれば、彼は、自分はいまソーセージ屋の前に立っているのだと、容易にわかるだろう。こうした店は市外区のあちこちにあるのだが、豚肉やラードのたぐい、ソーセージを売る権利しか持っていない。これらの店は食肉業者からは、自分たちの最良の取引相手とみなされ、貧しい人々の救い主と考えられている。このように、ソーセージなどを提供している開放的なスタンドのことを、「ブラーデル・ブラーター」という。救い主というのはここでは、注文すれば、もっと上等な料理、たとえば、豚の背肉焼きにキュウリのサラダ添えとか、燻製肉の煮込み料理、豚足のアスピックなども食べることができるからである。

すでに述べたように、こうした店からただよってくるにおいはお世辞にもいいとは言えないし、それどころか、並べられているソーセージは、見た目にはとうてい食欲をそそるようなしろものではない。それにもかかわらず、こうした店が貧しい人々のために良品を提供していることは、誤解のしようがない。なにしろ、誰でも知るとおり、人はパンのみにて生きるものにあらず、なのだから。ここでは、あわれな連中が、たとえ途方もない空きっ腹をかかえてやってこようとも、ウィーン通貨の八から一〇クロイツァーで完璧に腹いっぱいになって帰ることができる。これが食堂なら、どんなに安い店でも、協定通貨を一〇とか一二クロイツァー出したくらいでは、うなり声をあげている胃袋をほんのわずかなだめることすらできない。しかし、どんな良品も、それどころか、たとえ極上の品であっても、たちの悪い陰口はまぬがれないのであって、ここでもそうしたことは起きる。口の悪いやからはしばしば、こんなことを言いたがる。こういうソーセージ屋は、客が食べないので戻されてきた小さなフランクフルト・ソーセージとか、食糧雑貨商《グライスラー》が捨てた、もう青みがかっているセルヴェラート・ソーセージやベーコン入りソーセージとか、すでに干からびたり、皮をむかれたりした状態になっている焼きソーセージやレバー・ソーセージとか、酸っぱくなっているブラッド・ソーセージなどを、くさい油がいっぱい浮かんでいる釜でゆでて出しているのだ、と。こういうやからには、好きなように言わせておけばよい。われわれが知っているのはただ、ポケットに四、五クロイツァーしか持っていない腹ぺこ人間には、万が一そうしたことが本当だったとしても、そんなことは気にならない、ということだけである。なぜならば、腹ぺこ人間の嗅覚および味覚は胃袋の支配下にあるのであり、その胃袋はふところ具合という王笏の支配下にあるからである。そういうわけで、満腹している者には吐き気を催させるあのにおいも、腹ぺこ人間には心地よい魅力となり、このにおいを発しているものへの抑えがたい欲求を目覚めさせる、ということにもなるのである。

そういうわけで、こうした店には、右に述べたような人々が頻繁に訪れるし、とくに夕方、仕事の終わったあとにはにぎわいが絶頂になる。給料が少ないか、倹約して暮らしている日雇い労働者は、まさかの時に備えてその稼ぎから幾ばくかを残しておきたいわけだが、こうした人々は、店内にしつらえられたテーブルで良質の一クロイツァーパンと何本かのレバー・ソーセージを平らげる。苦労してようやくわずかな金を稼ぐ女たちは、一本か二本のブラッド・ソーセージを食べる。ひと部屋に子どもたちがあふれ、収入は少ない父親たちは、鍋を持参して何グロッシェン分か持ち帰り、夜にようやく満腹感を味わう。母親の中には、昼間ずっと働き、子どもたちを、世間に恥ずかしくなく、しかし十分には養えていない母親たちもおり、これも少なからずやってくる。貧しい親から数クロイツァーをもらった子どもたちは、このソーセージ屋でみすぼらしい夜の宴会を開く。通りにたむろする不良少年たちも、方法は別としてとにかく二、三グロッシェンをかすめ取ったり、壁当て遊び(1)でいくらか稼いだりしたあと、激しい空腹をここで癒やす。このようにして、わずかな例外はあるが、貧乏でも道徳的にましな人々は、ソーセージ屋で御馳走を食べるのである。というのも、道徳的になってないほうの部類、根っからの物乞いとか、無宿者、その他のならず者たちは、ありとあらゆる小細工を用いて、働くよりもいくらか多く稼ぐすべを知っているため、地下食堂に陣取ってワインを飲み、ステーキかガチョウ四分の一羽を食べたり、あちこちの焼酎酒場に出没したりしているからである。とはいえ、たまたまその日の稼ぎがひどく悪かった場合には、こういう連中もソーセージ屋にやってくる。しかし彼らは、レバー・ソーセージ一本とかブラッド・ソーセージ一本で我慢などしない。彼らはそのような粗末な食事には慣れておらず、焼いたアウグスブルク・ソーセージ数本とか、油ぎとぎとの焼きソーセージ何本とかを平らげる。そうすることで彼らには、小さなグラス一杯の甘口混ぜもののワインがいっそうおいしく感じられるのである。

　挿絵は、こうしたゆでソーセージ屋の光景の一端をわれわれに示している。客たちが空腹をかかえてにぎやかに集まっている内部のようすは見えない。釜のそばで働いているふたりの女性のうち、取り分けの仕事をする右側の女性が、この店のおかみである。他方、左側は女中で、通常の調理を受け持っている。子どもをかかえた男性は、自分が買った分を家へ持ち帰る。これに対して男の子は、レバー・ソーセージを、一クロイツァーの丸パン半分をくりぬいた中へ入れ、ソーセージが熱いので激しい食欲がいくらか抑えられているように見えるが、それでもすぐにぱくついている。少女と犬は、自分たちもなにかおこぼれにあずかれるのではないかとわくわく期待しつつ、しばらくは刺激的なにおいを楽しんでいる。

原注

（1）ウィーンの将来有望な腕白少年の間でよくおこなわれる遊び。ひとり目が一クロイツァー硬貨を壁に当てて地面に落とし、ふたり目が同様に投げて、落ちた後者の硬貨と前者の硬貨の距離が、指を伸ばして届く範囲内であれば、ひとり目が投げた硬貨はふたり目のものとなる。

訳注

〔一〕原文は die Cervelade。通常は Zerveratwurst という。ラテン語の cerebellum（小脳）を語源とし、元来は、豚肉と脳から作られたソーセージ。現代では、細かく挽いたなまの豚肉、牛肉、背肉ベーコンに香辛料、酒、塩などを混ぜて腸詰めし、低温で薫蒸する。

〔二〕Speckwurst。主として刻んだ背肉ベーコンやその脂肪分を混ぜ合わせたソーセージ全般を指すが、とくに、ブラッド・ソーセージ（次注）に背肉ベーコンを混ぜたものを指す場合もある。

〔三〕原文は die Plunzen（複数形）。もっとも一般的には Blutwurst と呼ばれるソーセージのオーストリアでの名称。香辛料を混ぜた豚の血液を主原料とし、さらに皮や、背肉ベーコン、脂肪分、タマネギなど、種々の材料の加え方によって多くのバリエーションがある。

〔四〕原文はDudelsack。スコットランド料理ハギス（Haggis）の外見から名づけられた名称と思われる。ゆでて刻んだ、多くは豚の心臓、レバー、肺に、脂肪分、タマネギ、オートミール、塩、香辛料などを混ぜ、それを羊の胃に詰めて長時間ゆでる。

〔五〕原文はBratwürstlein。Bratwurstは、グリルで焼くのに適したソーセージ全般を指す語で、材料や製造法にはさまざまの種類がある。

〔六〕原文はPreßwurst。もっとも一般的にはPresskopfという。元来は、ゆでた豚や羊の皮つきの頭を主原料にして、それに豚肉や皮、あるいは血液などを混ぜ、豚の胃か膀胱に詰めて、再度ゆでたソーセージ。冷めて固まると、煮こごりのようなゼリー状（アスピック）になる。

第五一章　手回しオルガン弾きと大道音楽師

カール・エトモント・ランガー

作者不詳「手回しオルガン弾き」

読者がほんのいくらかでも音楽的な耳をお持ちなら、それどころか、不正確な音程に我慢がならず、五度音程を間違えられると気が狂いそうになる繊細な感覚をお持ちなら、この小文の筆者宅をご訪問なさらないほうがよいと、衷心からご忠告しよう。というのも筆者は拷問台に縛りつけられて日がな一日、げにも恐るべき二日酔いのような音楽を聞かされているからだ。この音楽は、どんなに*対位法や*和声法を辛辣かつ徹底的に忌み嫌う人でさえ、これ以上にあくどいものは考えられないほどのものなのである。

歌や器楽の、生を奏でる偉大な音楽会では、おそらくすべての長調と短調が、融和と相殺が交互に起こるように、まとまって鳴り響くはずである。また、たまさか、魂を揺さぶるそのような音楽のハーモニーを発見することがないとしても、この偉大な音によるヒエログリフの謎を解き明かす、未だ知られざる鍵は見つかるはずであるし、見つかる時がいつか来るであろうという信念を持っていれば、われわれは慰められるかもしれない。予感がすべて欺かれるわけでないならばの話だが。

しかし、こんな超越的な次元の音楽から、またおとなしく通常の記譜法の五線譜の世界に戻ると、そもそも私のいいたかったのは、狂った和音、きーきーいう弦の音、弦楽器の駒の外側に弓を滑らすこと、ほんの四分音〔二〕の差でしかないのに聞こえてしまう不協和音、こういうものほど私にとって恐るべきものはないということである。

なぜ私は、こうまで繊細な聴覚に恵まれてしまったのか。しかも、なぜわが帝都は紛うかたなき*セイレーンの島、*キルケーの洞窟なのか。この町では*オデュッセウスと彼の仲間たちのように、通り抜け通路のあるどの建物に行っても、どこの街角に立っても耳をふさぎたくなる。ただ、それは古代人とは別の理由によるのではないだろうか。

　私は以前から大道音楽の受難者であった。たとえばこうである。私が誇らしく輝く顔から、豊かな髭を生まれてはじめて刈り込んでいた時（誰もが知っているように、ごく自然に気分が高揚してくるこういう時にはいつも、この種のことは重大な危険と困難に直結するもので）、突然、建物の中庭で恥知らずのトランペットが、まるで*パッペンハイムの甲騎兵がこぞって来たかというほど大きく強く鳴り響いたので、私は驚いて肌を、あとにも先にもこのときだけだが、かなりひどく傷つけてしまった。また私がある時、緑色の布がかかっている机で試験を受けていると、外の広場で年寄りの手回しオルガン弾きが、そこでの音楽演奏が禁じられていたにもかかわらず、きわめて哀切で感動的に*〈愛しのアウグスティン〉というなじみの歌をオルガンで弾いたので、私は必要なはずの真剣な平静さをすっかり失って、試験官に面と向かって笑い出してしまった。というのも、その人の名もアウグスティンだったからだ。もうひとつ、私がプロポーズをしていたちょうどその時、私が選んだ人の窓の下でまさに、そのプロポーズはやめろといわんばかりにホルンが鳴り響いたので、その瞬間、ひざまずいていた私は跳び上がり、真剣に意図していたことを実行しないままにしてしまった。それが残念なことだったのか、幸運だったのかは未決のままにしておかざるをえない。なぜなら私自身、それが未だにわからないからである。まだほかにもからかいの種は数知れず、私は、こういう音を立ててぴゅーぴゅー笛を吹くいたずら妖精《コーボルト》たちに全人生をつうじてつきまとわれてきた。

しかしこうした苦い記憶も、私が未だなお日々刻々、狂った五度音程や不協和音やその他ありとあらゆる音楽的妖怪からこうむる多種多様なつらさに比べたらどれほどのことであろうか。そういう音楽を一度聞いてみていただきたい。そうすれば読者のみなさんは、私を訪問しないでいただきたいという願いをしかるべきものだと評価してくれるだろうし、みなさんの鼓膜を気遣ってさしあげたことに感謝してくれるだろう。

私は角《かど》の家に住んでいる。片方の窓は帝都の立派な街路に面しているが、もう一方の窓は小さく狭い不愉快な小路に面している。その小路にたとえありとあらゆる匂いが振りまかれていようとも、百花精《ミルフルール》やオーデコロンの香りだけはなさそうである。大きい街路のほうは、北に行けば袋小路があり、南に行ってもやはり袋小路がある。私の向かいには、通り抜け通路のある建物がある。まあよしとしよう。

この狭い小路の、私の窓のすぐ下に毎日朝九時から夜七時まで、ひとりのハープ弾きが座っている。弦を嵐のようにせかせかとかき鳴らし、他人の迷惑は顧みない。彼はまったくもって、この一隅が狂った五度音程のためだけにあると思い込んでいるらしい。まさに私がこれを書いている瞬間にも、ノアの洪水以前からすでにあったオペラの行進曲を、きょうはもう四七回くり返したのに、その場から動こうとしない。というのも場所がよく、大勢の通りがかりの人たちがたくさん三文銭を落としてくれるからだ。右の袋小路では、忌まわしいフルートがメリーゴーランド・ワルツをほーほーと吠えている。左の袋小路では、老衰と船酔いを合わせたようなギターと、弱々しく張りのない声がいろいろなロマンスを劇的に演奏することで耳目を集めようとするが、そうはいかない。なぜなら向かいの通り抜け通路のある建物ではヴァイオリン弾きがたったいま細いE線をよじ登っているところだし、いくつかの周辺の家の中庭ではさまざまな手回しオルガンが、大気を揺さぶる鼓膜破りのハーモニーを発動させているからだ。

読者よ、さらに車のがらがらいう音、御者の呼び声、巡回するチーズ売りや撚り糸売り、はさみ研ぎの叫び声、その他、活気ある人口稠密な帝都の街なかでひとりでに生じてしまうあらゆる多様な雑音を勘定に入れてほしい。そうすればあなたにも、私の耳のまわりで絶えずごうごうと音を立てる混沌とした音の海というものを少しはわかっていただけるだろう。これを防ぐには、耳に楔を打ち込んでも、耳を壁で囲んでも（たんにふさぐことなどお話にならない）、緩和剤にすらならないだろう。

私の叙述に誇張があると思わないでほしい。状況は逐一申し上げたとおりであり、もし違っているとすれば、もっとひどいということである。

大道音楽師の種族がここ三、四年、信じられないほど、ほんとうに傍迷惑なまでに急増しているのは、広く周知の事実である。ウィーンはこの理由からしてすでに正当にも音楽都市の名に恥じない。

不名誉なことに、自分の楽友協会を誠実に維持することさえできないと陰口をたたかれているのはやむをえないが。だがそれはいずれまた稿を改めてのことにしよう。本稿の目的は、われわれのダゲレオタイプ*写真集の完璧を期するためでもあるが、たんに大道音楽師の小論を供することのみである。したがって、概説を前置きとして述べ終わったいま、この連中の個々のカテゴリーに移ることにしよう。

なによりまずもっとも頻繁に見かけるタイプ、手回しオルガン弾きを観察しよう。この人たちの楽器について特筆すべきは、ここ数年のうちに非常に本質的で全体的に有益な改良がおこなわれたことだ。これからは、はるか遠い昔の行進曲やレントラー*や四旬節の歌《ファステン・リート》が入った旧式のオルガン箱を見かけることはほとんどなくなるだろう。オルガン箱はかつては、とても小さく見栄えがせず、腹の前にぴったりつけて、そのまま回すことができたので、外見からしてすでに、中に入っている曲が少ないことを物語っていた。いまはまったく違う。内部のメカニズムは完璧になり、中には、最新のオペラのメドレーや大衆歌謡《ナツィオナール・リート》、最新のワルツやカドリーユ*をやってくれるほんとうに優れたフルート演奏の機械もある。たいていの演奏はわが家のすぐ近くでさえなければ、全然不愉快な印象をあたえない。ただしそれは、その音が嫉妬深い商売敵の音と交錯しない限りであって、混ざってしまうと、むろん、私がこの稿の最初に述べたあの我慢ならない音楽的駄弁になる。ワルツを演奏するこの機械は、設計が改良され、非常に大きい縦長の箱に入っており、大きく重くなったので、もはや昔のように持ち歩くことはできない。そのためそれは、車のついている小さい運び台に固定され、すべてがかなりすばらしい外見となり、合理的にもなった。

　このオルガン箱の所有者はたいていが男性である。この業種で少なくともいまは、かつてより女性を見かけることがはるかに少なくなった。だがあいにく、注釈をつけておかねばならないのだが、音楽にとりなしてもらって通り行く人々に同情を求めるのが、よぼよぼの弱い老人ではなく、むしろ一番多いのは、きわめて良い体格に恵まれた男盛りの男性だということである。そして、甘美な無為を求め、懸命に努力することなしに肉体的に楽な生活をしようとする傾向が非常に高い程度で現れるのは、なにもこの部類の市民に限ったことではない〔たとえば第五章『物乞い』参照〕。だがこれも稿を改めてのことである。本題に戻ろう《ルヴノン・ア・ノ・ムトン》。

　こうしたオルガン演奏は、たいていふたり一組でやっている。ひとりがハンドルを回してオルガンを鳴らしている間に、もうひとりは、近隣の家の窓から紙に包んで投げ落とされた施しものを拾い集める。ふたりはこの仕事を交代でおこなう。いい稼ぎになることもまれではない。人気のあるワルツやきれいで歌いやすいオペラ・アリアが鳴り出すと、窓という窓が聴衆でいっぱいになる。その家の台所女や小間使いがみな、見るからに喜びながら、内心踊りたくてうずうずしているのを、頭と体を楽しげに揺することで示しながら聴き入り、少なくとも大部分の女たちがオルガンを弾くトルバドゥールに二、三クロイツァーを喜捨する。しかし施しをあげるときに、「素敵だった」あれやこれやのワルツのアンコールを条件にすることもまれではなく、その要求にオルガン弾きもいつも快く応じる。彼らがオルガンのネタを使い果たすと、ちゃりんと鳴るものを入れて、うれしい伝書鳩を白くひらひらさせながら下に飛ばしてくれた、すべての窓に向かって丁寧に礼をいう。それから、興業はすぐ隣の家に移り、そこで、すでに一回やった演奏をまた最初からはじめるのだ。子どもや少女、暇人やぽかんと見とれている人の一団が後についてゆくが、彼らも賛嘆の気持ちを最初からくり返そうというのだ。

われわれはここで、完璧を期すためどうしても述べておかねばならないのだが、音楽師の中の独特の変わり種は、ごくわずかだが数人いるイタリア人で、彼らがまっすぐに立てて背負っているのは、おんぼろピアノである。こういういい方をするのも、ほかにこの楽器の名づけようがないからだが、それだけに確かなのは、私がこの楽器を聴くと必ず勝手に連想が働いて、殻竿《からざお》に結びつけてしまうことだ。殻竿は、よく鳴り響く脱穀場で一定のリズムでぱらんぱらんと打ち鳴らすものだからである。これ以外にこの音楽の特徴を表現するすべを私は知らない。

こんなイメージを思うと、私の目の前にとくに奇妙な変わり者の姿が浮かんでくる。その人は私にその音楽によって最高の娯楽を何度もあたえてくれたものだ。

それは背が高くほっそりしたイタリア人の老人で、頭髪も髭も真っ白だがなお生命力と活気に満ちた生粋の南国の息子であり、イタリア人の作曲になるものなら何でも心底から誇りに思い、熱狂していた。この人はオルガンを操作するだけでは飽き足らず、どのアリアでもオルガンに合わせて自ら歌っていた、それもイタリア語の歌詞で、熱情的に、表現豊かに。そしてきわめて忠実にクレッシェンド〔だんだん強く〕やリタルダンド〔徐々に遅く〕、ドルチェ〔甘美に〕を守り、しばしば実に驚くべきコロラトゥーラとルラード〔ともに難度の高い装飾的歌唱法〕までやってのけ、歌いながら左手を劇的に動かしていた。歌い終わるとしばしば、自分自身の演奏に熱く賛嘆して、まわりに立っている人々にイタリア語で長々と演説し、神のごとき巨匠《ディヴィノ・マエストロ》、良き音楽《ベッラ・ムシカ》、不滅の作品《オペラ・インモルターレ》、などの言葉を一五分のうちに一〇〇回以上も聞かせた。しかし彼を見てとてつもなく滑稽だと思ったのは、彼が*カチュチャ（*エルスラーの思い出）のメロディーを歌い出し、スペイン風のヘアネットと二個のカスタネットをポケットから取り出して、ヘアネットを頭にかぶせ、カスタネットをかたかた鳴らし始めて、このダンスの民族的性格を目に見えるようにした時だった。ことのついでにいっておこう。彼と南国の音楽をさんざん笑い飛ばしていた*辻馬車の御者数人に、彼がかんかんになって怒り出したことがあった。そのとき、彼はひどくブロークンで下手なドイツ語でドイツ音楽の冗漫さをあげつらったかと思うと、イタリア音楽のほうは雲居にまで持ちあげたのだった。このときも、彼の話しぶりを聞いた人はみな、とてつもなく楽しんだはずである。私の知る限りでは、この男がオルガン弾きの中では唯一の変わり者で、多くのわが読者はこの寸描だけでも、一目ですぐ誰のことかわかってくださったことだろう。

われわれがまだいい残しているのは、本来の部類の大道音楽師の特徴を述べることである。彼らがいま述べた手回しオルガン弾きに比べて大いに不利であるのは、後者がすでに出来あがっている音楽をごく気楽に機械からくり出すだけでよいのと違って、音楽を生み出すには自分の指や肺、ないししばしば両方を一緒に酷使しなければならない点である。その分、彼らはむろん技芸的に一段階うえに立っているのだが、残念なことに！　世の中そういうものなのだ、オルガン弾きと同様の賞賛を誇れるわけではなく、極端にわずかな報酬で我慢しなくてはならない。これに該当するのは、ハープ弾きや民衆歌手《フォルクスゼンガー》、ヴァイオリンや笛、ギター、バグパイプ、ツィンバロンの奏者だが、最後のふたつは最近とみに珍しくなっている。これ以外の輩は、あらゆる街角、建物の中庭、活気のある広場や通路、市門の下、橋の袂、すべての飲食店の前で音楽的に不埒な所業をやらかす。

彼らの中で一番広まっているのはハープ弾きで、その大部分、ほとんどすべての人が自分で歌も歌う。あるいはそうでない場合でも、ひとりないし数人の、それも混声の歌い手と仲間になって市内や*市外区の通りを渡り歩き、あちこちで即興的にオーケストラを組み立てる。すべての場面を演じる能力の高い集団のことはすでに話した〔第二三章『ハープ弾き』参照〕。それゆえこの点に関しては、先行する章の存在を指摘するにとどめ、そこで述べた内容でよしとしよう。この連中はみな非常に似通っているし、従ってどの音楽師に関しても、同じことがかなりあてはまるからなおさらである。

ときどきこういう大道芸人の中で、ほんとうにある種の練達の芸が備わっており、かつてはもっと良い時代を閲したことがあるかもしれないと思われる人に出会うことは否定できない。幾人かの放浪のヴァイオリン弾きは、ほんとうにすばらしい演奏と正確な音程で、しばしば私を心地よく驚かせてくれたものだ。そう、あるトルバドゥールがヴィオラ・ダモーレという、あのほとんど完全に忘れられた、美しい音の、憧れを吐露する楽器でめったにない熟練の芸を、感情豊かな演奏と相俟ってくり広げ、それに心から賛嘆したことをとてもよく覚えている。しかし、幾千のおかしな音や弾き間違いを聞かされたあとで、たまさかにさえ堅実で音程の正しい響きに出会うことはないというなら、それも公平を欠くことであろう。つまり、狂った五度音程ばかり聞かされているなどと主張するなら、それは、耳が聴き取ったものをねじ曲げていることになる。それにしても、この耳を苦しめる人たちの数が多すぎるし、たいていの人は楽器を芸術の道具としてでなく、まったく当然のことだが、商売道具として扱っている。であるから、ヴァイオリンが叫べば叫ぶほど、フルートが吠えれば吠えるほど、ギターがすすり泣けばすすり泣くほど、通り行く人々の同情もそれだけますます呼び起こされるはずだという原則から、彼らは出発していると思われる。もちろんその結果、全力でヴァイオリンを弾き、笛を吹き、叫ぶことになる。しかもこの手合いがたくさんいて、こういう客人が平均して一日に三人も来ない家は（公共の建物と貴顕紳士の館を除いて）ウィーンにほとんど一軒もないという事実を見れば、これが時にはきわめて厄介なものになるということがよくわかるだろう。しかも前述のとおり、生活の糧をこの手軽な財源に求めざるをえない人は、こうした楽師たちのうちのごくわずかな人だけだと経験的にわかっているだけになおさらである。読者の中に、数学の問題を解いている時、抒情詩を生み出そうとしている時、あるいは甘やかな午睡の時に突然、しっかり計算したり、詩作したり、眠ったりするのに必要なあらゆる落ち着きを、あの二日酔いのような音楽に奪い取られた経験が未だないという人がいるだろうか。

だが、不公平にならないようにしよう。こうした音楽的贋金作りは、贋金作りとはいっても、そのためにたいていは楽器を独習した人たちだから、厳しく非難しすぎないようにしよう。私の耳はあいにく非常に繊細なのだが、それほど繊細に感じる耳はどこにでもあるわけではない。反対に、無数のウィーンの住民は、音楽師が半日のうちに少なくともひとりは自分の窓の前で、ジャン・パウルがどこかで述べた「音の暴れ馬」を解き放ってくれないと不安になるのである。このような正直な賛嘆者には喜びを、音楽師にはぴかぴかのグロッシェン銅貨をあたえてやろう。しかし、もっと繊細な聴覚を賦与されているわれわれは、しっかり距離を取っておこう、「暴れ馬」につき倒されないように。そんなことになったら、いずれにせよ致命的だから。おしまい《ディクスィ》！

訳注

〔一〕一音の四分の一の音程、いいかえれば、半音をさらに半分に割った音程差の音。

第五二章　鳥市場

シルヴェスター・ヴァーグナー

ヴィルヘルム・ベーム（絵）カール・マールクネヒト（鋼版画）「プードルを手入れする女」

おれの楽しみ、道の上
楽しみごとは、人によりけり
　古い御者の歌の初めと終わりのリフレイン

空の星くずや浜の真砂のように無数にあるのは、人間の楽しみ、趣味、情熱、道楽である。幸せなのは、地球の住人のすべての趣味が人間そのものとまったく同じくらい多種多様だということと、人の満足感は状況が原因となることがよくあるから、どんな趣味にも誰もが入ってゆけるわけではないということだ。ただし、いわゆるサラブレッドについては現代において少なくとも大半の人が満足を得ることができる。つまりこの世を動かすみなもとであるお金を十二分に備えた人々にとっては、である。情熱が地域性と一体とならざるをえないのは明白である。というのも、野うさぎ狩をしたり、ウズラを撃ったりするのは町なかでは不可能だが、ちょっと外に出ればそういう機会は十分あるからだ。それを証明してくれる日曜猟師は、すべての職業猟師の物笑いの種だが、ある時期になると集団ですべてのリーニエ門*から外ににどっとくり出す。日曜猟師は、狩猟用の衣装にしてはきわめてエレガントな装いと装備だが、肝心のことを、つまり可愛らしい銃で本物の野獣を撃つということがわかっていない。——北極から南極まで、空中に、地上に、水中に生きて活動しているすべてのものが、ウィーンでは金さえあれば思いどおりになる。中国の茶とズボンの生地、北アメリカの熊の皮、シベリアの黒テンの毛皮、オーストラリアの猿と鳥、ノルウェー海のアザラシとニシン、要するに近隣地域の製品も、もっとも遠くの地帯の生産物もここでは金さえあればありあまるほど手に入れることができる。そんなわけだから必需品であれ、趣味のものであれ、贅沢品であれ、なんでも完璧に用意されている。

こうした、洗練された人類の無数の情熱と熱狂的な趣味のひとつに小鳥熱がある。異論の余地なく非常に残酷だが、珍しくはなく、犬の趣味と並んでもっとも一般的なものだといえる。私は小鳥熱をすべての趣味の中でもっとも残酷だといったが、まったく正当だと思う。というのも、無慈悲な鳥刺しがまだ裸同然のヒナを巣から取り出し、それによってヒナから、必要不可欠な親の保護と自然からの栄養を奪うことは措くとしても、この束縛のない自由の中に生まれた空の生き物が狭い檻に閉じ込められるからだ。やはり鳥というものは、生きる喜びを歌いながら、生まれながらに自分のものである測り知れない空を、好きなように限りなく、どこにでも行けるものだからである。それなのになぜ、と訊くなら、この情熱に取り憑かれた人たちの前で歌声を聞かせるためである。どのようにして、と訊くなら、生まれながらにして非常に大きい自由が与えられていたのに、その自然の権利をきわめて残酷な仕方で剝奪されて、身動きがやっとの空間に拘束され、飛べないように羽を切られて……それで歌えというのか。そうとも、鳥の腹が人間の太鼓腹くらいになって、その胃袋が鳥の神になったなら、歌い出しもしよう。ただし鳥にはいとわしい餌より自由が重要だから、捕らえられたばかりの鳥もたくさん死ぬのである。私はつい最近、野鳥売買禁止論者の主張を聞いた。「牢屋に入れられた羽のついた奴隷の歌には歌自体に悲しみがあって、だから自由でいた時と違って、歌いたいから歌うのではなく、むしろ悲しみと退屈があのような音をしぼり出すのだ。そこに閉じ込められた鳥と自由な鳥の違いが現れる。そういうことは、森や湿地帯を始終歩き回っている人々にはよくわかっていることなのだ」

一方、鳥愛好家の誰もが湿地帯や森を歩き回れるわけではないから、そういう愛好家のためにウィーンには、かなり長いが道幅は狭い*オーバー・ブロイナー通りに鳥市場がある。そこには詩的なナイチンゲールから散文的なフクロウまで、あらゆる地域の羽のある歌い手が木の鳥かごに入れて並べられ、鳥の購入や交換が好きな人に提供されている。エロチックな歌い手である愛の鳥ナイチンゲールもたくさん蓄えてある。需要のほとんどない森の鳥から価値の高い水辺の鳥まで揃っている。ナイチンゲールなら、人気のあるボヘミア産、ポーランド産の赤いもの、クロアチア産の並のタイプ、新たに捕獲したものも古いのも、どれもみな非常に透明な声をしている。

モノマネドリは無数にある。この自分自身の歌声を持たない猿まね鳥は、低能か賢いかわからないが、どんな鳥の鳴き声でも、ナイチンゲールやツバメの歌声もオンドリの鳴き声もシチメンチョウの「ぐるっくぐるっく」もまねてしまう。イソヒヨドリももちろんある。山岳森林地帯の美しく心地よい歌い手はメロディアスな歌を聞かせるその地域の民衆歌手《フォルクスゼンガー》である。

さらに調教済みのウソ。汚らしい狭いおうちで〈自由に生きよう〉〔シラー『群盗』〕のメロディーを実に甘美にさえずる。

蛮行の生き証人であり、動物虐待のうちで一番重大な犯罪の真の証拠物件《コルポラ・デリクティ》である目のつぶれたアトリが、小さい木製の鳥かごの中でいつまでも永遠に横木から横木へよたよたと歩き、もう二度と見ることのない四季の別なく、甲高く単調で味気のない鳴き声を出す。クロウタドリやツグミは鼓膜を破るような強烈なぴいという鳴き声で〈愛しのアウグスティン〉*を途中までやって、それから、〈止まれ、どろぼう〉を三回くり返す。かなり下品で感情の下卑た鳥ばかには実にたまらないすばらしさだ。

さらにありあまるほどあるのは、のんびりしたズグロムシクイ、素朴なコマドリ、農夫にとって神聖なジョウビタキ、小生意気なホシムクドリ、鈍重なウズラ、敏捷なキツツキ、臭いにおいのヤツガシラ、内気なヒバリ、調教していないばかなウソ、ずる賢いシジュウカラ、頼りなげなホオジロ、こがね色のカナリア、きれいなマヒワ、厚化粧のムネアカヒワ、あらゆる色で汚れたゴシキヒワ、いやそれどころか醜いフクロウのような夜の鳥さえすべての種類を取り揃えて欠かさない。おまけにヒナが孵ると、ここにあげた鳥の幼鳥を一羽だけ選ぶこともできるし、巣をまるごといくつも選ぶこともできるのだ。

しかし熱帯の鳥はこの市場にはまったくいない。それは市内*に店を持っている鳥獣店に置いてある。彼らはあらゆる種類の鳥かごを作り、鳥やその他の獣を剝製にする。インコ、キンショウジョウインコ、ボタンインコ、大小さまざまのオウム、各種のヒヨドリ、ハチドリ、そのほかにも熱帯の小鳥をたくさん展示し販売している。

これだけ品揃えが豊富なので、鳥熱に浮かされていない人も、たまたま早朝か午前中に鳥市場を通りかかり、つぎのような光景を目にしても怪訝に思ってはいけない。つまり、どこもかしこも鳥愛好家であふれていて、彼らは何時間も行ったり来たりして、首をぎゅっと伸ばしてむさぼるような目つきで鳥かごの中をのぞき、おおいを注意深く、興味津々の体で少しあげてみる、あるいはこの鳥の値段を、あるいはあの鳥の値段を訊き、肩をすくめては先に行き、興味深くためつすがめつし続ける、こんな光景だ。優秀な鳥愛好家というものがこの市場に丸一日全然現れないことはめったにないので、そういう人といくらもしないうちに知り合うことができる。というのも、きょう、その人たちは見事なイソヒヨドリを購入するか交換するのだし、あしたはズグロムシクイの見積もりを立ち聞きしなくてはならないからだ。ある日、見事なモノマネドリが出ているし、また別の日には非常に珍しいナイチンゲールがいたりする。だが、そうしたものがなにひとつない時は、鳥市場になくてはならない個性的存在である蟻おばさんのもとに行き、毎日の必要な餌を買ったり、鳥に関する問題を話し合ったりする。食糧雑貨商《グライスラー》*がサイラーシュテッテに行き、卵やバターを売る女たちに群がるように、鳥愛好家も蟻おばさんを取り囲んで蟻の卵を値切り、ついでに鳥について話し込む。ある人は、神のこの広い大地にふたつとないようなナイチンゲールを持っており、また別の人は、〈三人の仕立て屋が馬に乗ってゆく、云々〉のメロディーを完全に、途中でつかえることなくさえずるウタドリを持っている。ある人の所有するモノマネドリは、奥さんの愛玩犬のきゃんきゃんという鳴き声をすっかり聞き違えるほどにまねるし、卵を産もうとするときのメンドリのがっがっという声も出す。また別の人には、彼の手に乗って歌い、彼の口から餌をもらうコマドリがいる。こちらにいる人は、今年はもう早くに自分の鳥全部の羽が生え変わってしまったと嘆き、あちらの人は、飼っている一番いいジョウビタキが便秘のため瀕死状態なので、下剤はないかと尋ねている。こっちではある人が三六羽とくだらない自分の鳥を全部、第九天国に持ちあげ、ほめちぎる。あっちではまた別の人が、詐欺師まがいの鳥商人をののしっている。彼の言葉でいうと、オスが欲しかったのに法外な金でメスをつかませられて、恥辱を味わわされた、等々。

多種多様な鳥のほかに鳥市場は、自明のことであるが、鳥の飼育と捕獲に必要になりそうなものならなんでも提供している。蟻の卵は閉じ込められている見事な鳥にとって欠かせない餌だが、季節によって生のままのもの、あるいは乾燥させたものが買える。ただし、その値段は市場に出回る量によって一サイデルにつき五グロッシェンから二四グロッシェンまで変動する。同様にゴミムシダマシの幼虫もすべてのかごの鳥のデザートで甘いおやつだから、ありあまるほど在庫があり、小さい箱に一〇〇個、五〇〇個、あるいは一〇〇〇個入れたものがある。さらに新しい鳥かごもあらゆるタイプのものがある。木製のもの、鉄あるいは真鍮の針金によるもの、ガラス窓やガラス扉がついているもの、ついていないもの、無骨なもの、上品なもの、平凡なもの、エレガントなもの、お望みのどんなかごでもある。鳥が誘惑されてしまいそうな巣箱、鳥の目に見えにくい小さい捕獲網、手荒なはさみ類、これらいずれも絶対に欠品はない。

鳥市場に小さい鳩市場が隣接している。名前は異なるが、容易にわかるとおり、中身を見ると両者の違いはない。小さいといったのは、品揃えがさほどでなく、鳩の主要な取引はフンツトゥルム*でおこなわれているからだ。大店の鳩商人たちはそこに君臨しており、ここでは出店が置かれているにすぎないのだ。しかしながらある時期には、鳩の檻のまわりも鳥市場に負けず劣らず活気づく。鳩愛好家が大勢、檻のまわりであちこち位置を変えつつ中の鳩を吟味し、その人だかりが徐々に大きくなってゆくのだが、この人たちはみな鳩に関することばかり話している。話がすべて、ごちゃごちゃに入り乱れているから、聞いていてなかなか心地よい。聞こえてくるのは、たとえば、モリバト、フィレンツェ産のつがい、足に羽毛が生えている若くて見事なメスのレンジャクバト、背が赤く、卵を食う美しいメスのムナタカバト、つがいでない一対のギンバト、飛んで逃げた白いうろこ模様のハト、捕まえた背が灰色のハト、メスのモリバトに縞模様のハトをつがわせる、ひとつがいの非常に美しいハイハトを交換する、等々。

鳥市場に犬市場も一体化している。鳥商人はみな犬の商いもやり、繁殖させ、治療もする。若くかよわい婦人向けのデンマーク産やフランス産の愛玩犬、紳士向けのイングランド産ブルドッグ、ユダヤ人向けのドイツ産プードルやピンシャー、珍種コレクター向けのスピッツやパッグ。牛商人や肉屋向けの調教済みないし未調教のバイエルン産番犬、日曜猟師向けのうろたえ気味にくんくん嗅ぎ回るコッカスパニエルや野鳥用の猟犬、大地主向けの番犬、こうしたものを犬市場はいつでも売れる用意をしておかねばならず、ちょうど欠かしているものがあっても、少なくとも数日後にはそれを調達することができる。いま現在、ほかでもない、すべての犬とその仲間の死を目的とする*ハンスイェルゲルの大々的な犬廃棄論により、犬市場にとってブームが終わってしまったということは否定できないが、衝撃はまださほど大きくはない。犬反対論の男女が結集しても、そう大きい数にはいたらないので、犬の完全な滅亡は引き起こされていない。というのも、鳥と犬の両方を一手に扱う商人たちは犬を、相変わらずいろいろな値段をつけて商い、面倒を見ているし、おかみさんたちは相も変わらずプードルの毛をはさみで刈っているからだ。確かにプードルを刈る頻度は数年前に比べて、もうそう多くはない。だがそれは廃棄論ゆえのことではなく、むしろ、ひとつにはプードルを刈ることがいまでは誰もがする仕事に、いわば自由学芸〔英語でいうリベラル・アーツのこと〕になったということ、もうひとつにはプードル熱が、つまりプードルが流行おくれになり、したがって数が少なくなったということに由来する。

　鳥と犬のほかにも、鳥市場ではさらに実にさまざまな動物が売られている。たとえば、赤や黒のリスは、とくにこのために作られた回転する針金のかごに入っている。とげでおおわれているブタハリネズミとイヌハリネズミは野生だが、おとなしいゴキブリ退治係である。さらに、赤い目のカイウサギ、臭いにおいのするテンジクネズミ、愛くるしい白いネズミ、天気を予言する緑色のアマガエル、また、珍奇なものが好きな人にはガマガエルやヘビ、霊的共感に基づく治療をする医者にはサンショウウオやトカゲがある。

しかしながら主たる対象はいつでも、つねにここに座っている鳥商人が、ありとあらゆる地域から買い集める鳥である。とりわけ品揃えが豊富なのは春で、この季節にはあらゆる種類の若鳥がありあまるほど出回り、非常に安く売られる。それから秋は捕鳥が厳しく禁じられているにもかかわらず非常にたくさんの鳥が、しかも大部分はウィーン近郊で、おとり鳥を道具にしたり、水飲み場を見つけたりして捕獲されるのである。そのため、近隣の山林を長時間歩けることも必要で、そうでなければ鳥の声は聞こえないし、ましてや姿はなかなか見られない。だがそれは、鳥の活動範囲が森林地域のもっと奥のほうだと知っている人には悲しいことである。いつも市場にいる人たちのほかに、春にはボヘミアとポーランドの鳥商人も評価の高いナイチンゲールとモノマネドリを持って来る。ハンガリーからはやはりナイチンゲール、といっても需要が低めのもの、それにノドジロムシクイとズグロムシクイが、また、シュタイヤーマルクとチロルからはイソヒヨドリとつがいになっていないスズメが運ばれて来る。

いくらか道につうじた愛好家が求める鳥の中で、もっとも気品があって需要が大きいのは、いつでもナイチンゲールとイソヒヨドリとモノマネドリであり、値段は良質のものであれば、八ないし二〇グルデン（協定通貨）、特別な場合はさらに高いこともある。

ウィーンに住む鳥好きにして情熱的な鳥刺しがどういう人なのか、多少なりと読者に理解してもらうために、私にできる限り、いくらか紙幅を使って素描してみようと思う。私が個人的に知り合う栄に浴し、それどころか私に、彼の探索に随行することを許可してくれた若い男性を例にしよう。この男性は年がら年じゅう、三〇羽ないし六〇羽の鳥に餌をやり、おまけにその大部分は、専門用語を使えば、「柔らかい」鳥なのである。それは柔らかい餌ばかり、つまり蟻の卵やニンジンやパンくずやゴミムシダマシの幼虫を食べる鳥のことで、博物学において食虫生物として知られており、それゆえどの観点においても自由にさせておくことで益鳥と見なさざるをえず、したがってそれを捕獲することも当然禁じられているのだ。孵化期が過ぎ、捕まえても一〇〇羽のうち一羽は生き残るだろうと期待できるくらいに若鳥が大きくなると、もう捕獲に必要な準備がおこなわれる。準備の最後に市内から三、四時間離れたところにある水の乏しい森の小高い場所を探し、そこで深い溝に水が流れているのを見つけたら、それを流れている部分すべてに渡って木の枝や枯葉でおおい、六ないし八インチ、およそ一フィート四方の大きさだけ数ヵ所空けておく。そのあたりの鳥たちはその数ヵ所を探し出すので、しばらくその場所に慣れさせる。これは先述の男性が私に口頭で教えてくれた予備的措置なのだ。口頭でというのは、この準備がすでに終わったあとようやく、私は彼と鳥市場で知り合えたわけで、私はその準備に居合わせなかったからだ。私が一緒に行ったはじめての捕鳥遠征のとき、朝の三時にはとうに現場に着いているように、夜の一一時に出発した。彼はにかわの入ったかばんと鳥刺し竿と木灰、それに明け方の寒さに備えて健胃剤の小瓶を携えていた。彼の妻と小間使いは五人のための丸一日分の食料をかごに詰めて引きずって行った。もうひとりの男性は捕まえた鳥を入れておくために、鳥かごを背負っていたが、道が遠く困難なので、ときどき奥様の荷物を代わって運んだ。こうして三時間半、暗い夜中にひどい悪路をよろめきながら進んで行った。最初はずっと登りで、それから下りになり、峡谷に下りて行ったが、ほんとうは冥界に下りて行くのだと思ったほどだった。ちょうど夜が明けだした時、目的地に着いた。若い男性と、私と違って技術的にはもう新米ではないもうひとりの男性がその場に留まらず、さらにおおいをしてある下の小川のところまで下りて行き、空けておいた個所ににかわのついた鳥刺し竿を巧みに並べている間、私はご婦人がたのもとに残り、火をおこすのを手伝った。半時間ほどしてからふたりの男性が戻ってきたので、私たちは冷たい森の地べたに足を伸ばしたまま、女性たちがその間に用意していたきわめて典型的な朝食を平らげた。そのあといくらもたたないうちに、すっかり夜が明け、翼のある森の住人たちが歌って活動しはじめた。ふたりの男性は鳥刺し竿の具合を見に行き、一回目の仕事ですでに二羽のキクイタダキ、一二羽のズグロムシクイ、数羽のジョウビタキ、一羽のツグミ、私が知らないその他の小鳥を八羽から一〇羽、持って来た。この鳥たちのうち、多くはたっぷりにかわがついたので、その場で死なざるをえなかったし、何羽かはすでに溺死しており、ほんの数羽しか鳥かごに入れることができなかった。鳥かごはすっかりおおいがしてあったが、それは鳥が頭を強くぶつけないためであった。みな喜んでいたが、私にとってその日は台なしになった。午前中はずっとこんな調子だった。毎回、たくさん捕獲して戻ってきたから喜びは最高潮だった。あわれな生き物たちは元気になるために泉に来たのに、そこに見たのは死と虜囚の身となることだった。昼から夕方にかけて捕獲の成果はなかった。私の気分はまたよくなった。とりわけ、小間使いが二時間離れた村から飲み物をありあまるほど持って来たし、固形食も十分あったからなおさらである。夕方ごろになって鳥たちはまた朝のようにたくさん水を飲みに来て、同じ運命となった。私たちは暗くなりはじめるまでいて、三〇羽から四〇羽の生きた鳥と一〇〇羽ほどの死んだ鳥を手に入れたが、喜びは尽きることがなかった。往路でも、現地でも一日をとおしてずっと、そして帰路でも、鳥に関係のない話は婦人がたからでさえ、まして男性たちからは聞こえてこなかった。すっかりくたくたになって私たちは午前二時ごろようやく帰宅した。彼らはみなこの愉快な娯楽を賞賛してやまず、休んで元気になったらまた行こうと約束していた。しかし私は体じゅうがたがたになって、心はすっかり滅入ってしまって、二度とあんな野蛮な楽しみを見るまい、まして参加するなどとんでもないと固く誓ったのであった。

第五三章　薪割り夫

シルヴェスター・ヴァーグナー

ヴィルヘルム・ベーム（絵）カール・マールクネヒト（鋼版画）「薪割り夫」

第53章　薪割り夫

確かにおれたちの仕事は荒っぽい。
でも、たくさんの洗練された人たちが
薪割り人の仕事をうらやむのさ。
ネストロイ*『運命の謝肉祭の夜』

早朝、五時から八時の間、レーオポルトシュタット*と本来の市内*を結ぶみっつの橋のひとつを歩いてみる。あるいは、販売のために薪を並べた大きな広場で、ウィーンでは薪置き場《ホルツ・ゲシュテッテ》と呼ばれる場所へ通じる通りに立ってみる。ないしは、その通りや広場の近辺へ行ってみる。とくにいいのは、片方の手をポケットに突っこんで、しずしずと、かつためらうように悠然と歩いてみることである。まるでそのポケットの中には、捨てがたくてまだしばらくはしっかり持っていたいあるものが入っているのだ、とでもいうように。すると、「だんなさん、薪《まき》の御用はないかね」と問いかけられて、はっと物思いから目覚めさせられる、ということがよく起こる。それを断っても、同じ問いかけはこのあたりを離れるまでずっと、一〇歩か一二歩ごとに、別の男または女から一本調子に繰り返される。このようにしつこく問いかけてくる男や女たちが、ほかならぬたくましい薪割り夫たちである。彼らは、自分たちに負けず劣らず筋骨隆々としたつれあい、ないしは、仕事を言いつけられるのを待っている同様の体格をした女の助手たちを引き連れている。男たちは、自分の身分を表す重い斧を肩にかつぎ、ふたつのくさびをひもの両端に結びつけて首からぶら下げている。女たちは、一丁ないし二丁ののこぎりを脇の下にかかえている。彼らは、右に述べた橋や通りに大勢たむろし、自分らと手を組んでやはりこのあたりを根じろにしている薪運び人夫(1)とおしゃべりしながら、誰彼かまわず道行く人に右の問いを浴びせかける。その際に薪割り夫たちは、通り過ぎていく人を、すでに遠くから探るような表情で観察しているのである。もっとやる気のある連中は、市門のそばや、最寄りの街角、グラシ*の十字路にも繰り出す。こうした場所は、それだけ客をつかまえやすいからである。

　ウィーンではホルツハッカーと呼ばれる薪割り夫《ホルツ・ハウアー》は、ふたつの部類に分けられる。ひとつは、額に汗してパン代を稼ぐ、すなわち実際に薪を割っているグループであり、もうひとつは、汗よりは交渉を好む、すなわち、薪を割るのではなく、たんにそれを仲介するだけのグループである。この目的のために、前者は道行く人に声を掛け、右に述べたような身分を表す物品で身を飾る。これに対して後者は、薪の買い手を薪置き場まで案内し、自分の顔見知りのある薪商人について多くの長所や賞讃すべきことを買い手に語り、その業者が売っている薪の優れた品質や、乾燥の度合い、燃えの良さ、適切な寸法についてあれこれ巧みに話すことができ、ことのついでに、もっと安くなるよう自分が二言三言口利きしてもいい、と持ちかけたりもする。すると買い手は、特定の薪材業者をまだまったく決めていないような場合には、この説得にまけ、彼らの言いなりになることも珍しくない。こうなれば、彼らの思うつぼである。薪商人はもちろん、この昔なじみの客引きに対して、彼の言うところでは「次回のために」片目をつぶり、品物の品質を考慮しつつ二、三グルデンの値引きに応じざるをえない。そんなことは、ほかの場合ならけっしてしないのだが。薪は馬車に積まれ、支払いがおこなわれ、運び出されていく。仲介をなりわいとする薪割り夫は、しばらくの間この馬車について行くが、適当な頃合いを見計らって消える。なぜか？　薪商人から、一クラフターにつきウィーン通貨で二グルデンの手数料を取ると、また別の場所に立って、昔からの手慣れた駆け引きを繰り返すためである。このようにして彼は、自分の才覚を武器に、つらい薪割り仕事をまぬがれ、もう一方の薪割り夫がまる一日中、力の限りを尽くして精根使い果たしてしまうより多くを稼ぐ日もある。才能よ、万歳！

　本来の薪割り夫もまた、ふたつの部類に分けられる。広場に立つ者と、特定の顧客を持つ者である。後者は通常、建物の管理人をしているか、あるいはすでに、われわれには昔なじみの薪割り人、彼が好んで自称する「広場から来た男《アイン・マン・フォム・プラッツェ》」になっている。この男にそのときどきの顧客の側から、何日に薪を持ってきてほしいという知らせが入る。あるいは、すでに彼自身が長年の経験から、薪の注文が入る時をおおよそ察知して、客に問い合わせたりもする。彼は、薪割りだけでなく薪の購入も引き受けており、自分の職をかけているので、品質の点でも値段の点でもなにひとつ悪いことはできない。

　薪割り仕事の報酬は固定されている。ウィーンでは、ウィーンの単位で二クラフターの量を一シュトースというが、薪割り夫がこの一シュトースの薪作りを引き受けた場合、通常、薪を切りそろえるふたりの女と、それを置いたり運んだりするひとりの女が助手につく。彼らが元気いっぱいに仕事をすると、八時間か九時間後にこの作業が終わり、それに対してウィーン通貨で一二グルデン、すなわちひとりあたり三グルデンの報酬が支払われる。この仕事の大変さを考えれば、もちろんこれは多いとは言えない。この作業がいかに骨が折れるかは、ウィーン人もよく知っており、それゆえ、極度にいやな仕事のことをこんなふうに言う。「これくらいなら、薪を割っているほうがまだましだ」と。

これと同じように、薪割り夫に扮したネストロイも、『運命の謝肉祭の夜』の中でつぎのように歌っている〔一〕。

確かにおれたちの仕事は荒っぽい。でも、たくさんの洗練された人たちが
　薪割り人の仕事をうらやむのさ。
お嬢様方が一〇人も店にやってきて、なにかを探し、
　あれも見せろ、これも見せろと言って、なにも買わずに、また出て行く。
店主は、散らかった商品に埋もれてぶつくさ言う、
　あんな客を持つくらいなら、薪を割ってるほうがまだましだ、ってね。

ピアノに向かって狂乱のていのお嬢様もいる。こいつは
　薪割りの音とたいして変わらない。
教師はいつも言う。「お願いですから、気持ちを込めて！」
　ところがママが言う。「うちの娘は、弾きたいように弾くざます」
ピアノ教師は隣で何度もため息をつく、
　こんな娘にレッスンするくらいなら、薪を割ってるほうがまだましだ、ってね。

ある見栄っ張りの女、もう何年か前に
　大人になった。ちなみに、それは二度目だったがね。
この女が毎日、美容師をとことん苦しめる。
　あんたの髪型がまずいから、あたしの顔が引き立たないじゃない、と言って。
美容師はかげで何度ものののしった、
　こんな女の髪をセットするくらいなら、薪を割ってるほうがまだましだ、ってね。

　右に述べたように薪割り仕事の報酬はさほどよくないのに、薪自体の値段は、ウィーンではかえって高騰している。それどころか、このことが、薪の異常な消費にともない、家賃に次ぐ最大の出費を

人々に強いている。とはいえ、薪置き場に積まれた一クラフターあたりの値段は、そこまではいかない。なぜならば、薪材業者が運送業者から水路で仕入れる薪一クラフターと、薪材商人が個々の買い手に販売する薪一クラフターとの間には大きな違いがあるからである。水路で運ばれてきた薪三クラフターは、薪置き場では、巧みに積みあげられて四クラフターにまで増やされているはずである。だからといって、そのような利口な積みあげに細かな知識は不要である。私はすでに何度も、この作業に従事する女たちがつぎのようなわざを見せることに驚嘆してきた。彼女たちが一クラフターの薪を積みあげると、そのすきまから*聖シュテファン教会の塔を上から下まですっかり見ることができる。それでいてどのすきまにも腕一本通すことはできないのである。

運搬料と薪割り料を合わせた額は、現在、ウィーンの単位で一クラフターあたり、最小でウィーン通貨二二グルデン、最大で同五〇グルデンである。どちらにせよ、家賃とともにこれをいちどきに支払えるのは、裕福な者に限られる。そのため、そこまで裕福でない者や貧乏人はつねに、この商品についても、食糧雑貨商《グライスラー》に頼らざるをえない。

薪割りの仕事だけで暮らしていける薪割り夫はほとんどいない。たいていの薪割り夫は、手元に薪がまったくない時には、ほかのいろいろな仕事を斡旋してもらう。多くの者、とくに*市外区に住む者は、建物の管理人や、レンガ積み工、あるいは、冬場に仕事がないその種の仕事に就く。

すべての薪割り夫にとっての目の上のたんこぶは、「フォールス薪割り商会」〔二〕である。この会社は、動物見世物団のそれのような、囲いをした荷車に割った薪を載せて、あちこち売り歩く。しかしこのフォールスは、ことあるごとにすべての薪割り夫からたえずののしられているので、本当に繁盛するにはいたっていない、と私は思う。ちなみにこの会社は、荷車で売り歩く食糧雑貨商と言ってよい。なぜならば、家まで配達してもらう手間賃を加算すれば、量も値段も普通の食糧雑貨商と変わらないからである。しかし、薪割り夫の仕事へのこうしたささいな妨害と介入も防止するため、ごく最近、薪割り夫たちは幾人かの薪材商人に対して、公示にしたがい、薪を月賦で引き渡すよう促した。これはきっと、賞讃すべき提案になるだろう。この提案は、仲介ないしは本来の薪割り夫たちから出されたのかも知れない。

石炭、泥炭、褐炭はまだ、薪割り夫たちの間で大きな問題にはなっていない。なぜならば、あるものが以前に比べていかに優れていようとも、ウィーン人は古くからの習慣を容易には捨てない、ということを薪割り夫たちはよく知っているからである。それにこの場合、石炭、泥炭などが以前より便利だとはまったく言えない。というのもこうした薪の代用品には、一般に、とくに家屋とストーブの構造から言って、よほど困ったときしか役立たないという短所がいまだあるからである。

薪割り夫は、仕事を終えたあとは、けっしてケチではない。彼は女の助手たちと連れだって最寄りの地下食堂へ行き、ガチョウ一羽を平らげ、上等のワインを飲む。そうして、また翌日に備えて力をつけるのである。彼らには食事の席の世話もまったく必要ない。彼らはナイフや、フォーク、スプーンを「土建用具《シャンツ・ツォイク》」と呼び習わしているが、たとえばもし給仕がそれらを持ってくるのを忘れれば手づかみで食べるし、いつもズボンやシャツの袖をナプキンの代わりに使う。彼らは、そもそもウィーン人がそうであるように、少し稼ぐとめいっぱい人生を楽しむのであって、そこで粗野になることはまれであるか、まったくない。もし彼らの中に管理人が混じっていて、その職を辞めたかまたは現役であり、いまは勤務中でないことを一瞬忘れて、自分の職務作法をないがしろにするなら、話は別であるが。

原注

（1）薪を、薪置き場から買い手の家の前まで運ぶ御者（運搬人）はこう呼ばれる。

訳注

〔一〕ヨーハン・ネポームク・ネストロイ作『運命の謝肉祭の夜』（一八三九年初演）第一幕第五場。薪割り人ローレンツに扮したネストロイが歌う登場の歌。

〔二〕原文はPhorus。一八二四年設立。創設者六名（Palffy, Hackelberg, Offenheimer, Reinscher, Unger und Ritter von Schönfeld）の名前の頭文字を取って社名とした。フォールスの二台の機械は蒸気で稼働し、約一〇〇クラフターのまきを四二時間で割ることができたという。『運命の謝肉祭の夜』のローレンツも、以前はこの工場で働いていたことになっている。

第五四章　遠足と行楽

アーダルベルト・シュティフター

ヨーハン・ネポムク・シューラー・フォン・ヴァルトハイム「ブリギッテナウの開基祭」（一八二〇年ころ）

ウィーン人とその行状に関するわれわれの他愛もない冊子が、その主たる娯楽、すなわち近郊への行楽や遠足に一言も触れないまま終わるとなると、これは許し難い犯罪行為となるだろう。これまでわれわれは、対象の特徴を描写する際に、それがあからさまにひとつの方向を指しているような、かなり多くの事柄を避けてきた。がそれは、この冊子を批判のための土俵、いわんや争いごとのための土俵にはしたくなかったからである。われわれはこれをむしろ陽気な有閑人のようなものにしたかった。陽気な有閑人とは、自分を楽しませてくれたり魅了したりする多くのものを観察はするけれども、争いごとを好まないがゆえに、いかなるいさかいも避ける者なのである。先に、多くのことがらを避けざるをえなかった、と書いたが、散策、遊覧、山歩き等々のものを避けたり忘れたりするつもりはない。かつてウィーンを訪れたことのある者なら、バーデンやメートリング、ブリュール、ハイムバッハ、あるいは『ウィーン年鑑』やウィーン人の『回想録』で賞賛されているその他の場所で楽しい時間を過ごさなかった者はいないだろう。そして、そもそも当地に滞在したいと計画している者なら、必ずやそうした楽しい時をあとで記憶に呼び戻したいと思うようになるだろう。

「魅惑的なわが近郊」という言葉は、ウィーンではすっかり常套句になっている。しかし、なにがしかの近傍を持つ都市ならばどこでも「魅惑的な」近郊、少なくとも「魅惑的な行楽」はあるように、ウィーンも事情はそれと変わらない。それに、どの母親にとっても子供は、たとえいちばん美しくはなくとも、いちばん愛おしくまたいちばん可愛いものだ。それと同様に、わが近隣地帯も、たとえ世界でいちばん美しくなくとも、いちばん好ましくかついちばん心地よいものなのである。最初にウィーンの近郊について大まかに少しだけ触れておこう。

わが町の東には、広大な平野が青く霞むハンガリーの山々に向かって広がっている。この平野を刻み込むように、多くの分流をもつ曲がりくねったドナウ河が流れ込んでいて、さながら銀の細流が象嵌されているようだ。岸辺の草地がつくりだす濃い緑の縁どりや、銀色に波立つ流れのなかに遠く消えていく黒い斑点のように点在する島々の木々の緑がドナウの見事さをさらに高めている。流れの北に、モラヴィア地方まで広がっているのはマルヒフェルトである。この平野は西をカーレンベルク山地で、北をモラヴィアのなだらかな山並み、東をマルヒ川で囲まれている。穀物が豊かで多くの村落がある土地であり、三度有名な戦場となったが、風景画家の目にはこの平野は、最初は淡い黄色のシミのように見え、さらによく見るとおぼろげな縞模様が浮かぶ。あちらこちらに木立の影が散らばっており、教会の塔が白く光っている。この著作の別の箇所ですでに述べたように、この平野の西側からカーレンベルク山地がはじまり、森や畑、ブドウでおおわれた山並みが半月の形をしてウィーンを囲んでいる。この山並みは北から南の方へ長々と伸び、オーストリアとシュタイヤーマルクの間を西から東のほうへ伸びるあのアルプス山脈へと続いている。この半月状の山並みは「ウィーンの森」と呼ばれており、そもそもはシュタイヤーマルク・アルプスの支脈で、この支脈から連なってドナウの方角に北側へと伸びて、最後にはハンガリーの平原と東シュタイヤーマルクで終わる。ウィーンの南および南東地域には、ウィーン山*と呼ばれる、なだらかで幅の広い低い丘陵がある。南側の市壁の上のバスタイからは、このシュタイヤーマルク・アルプスの青みがかった峰々やギザギザ形の山襞、とりわけこのアルプスの王であるシュネーベルクが見える。また今日ではグロックニッツ鉄道で数時間後にはこの山脈の麓に着くので、われわれはこの山脈もしだいにわが近郷のなかに数えはじめている。

読者は、われわれがスイスの湖の風景に対して使っているような意味では、「美しい」とか「魅惑的な」といった表現が、そもそもウィーンの近郊については使えないことがおわかりだろう。そうなのだ、エンス川*の上部にあたるオーバーエスターライヒ*の自然の風景を見て、堪能してきただけの者には、ウィーン人が自分たちの近郊に関してしばしばはまり込んでいる熱狂は理解できない。しかしながら、三年、四年、八年、一一年と、ずっと灰色の城壁に取り囲まれ、ずっとこの町の淡褐色の屋根の下に暮らし、青い空は一度も見たことがなく、埃で曇った空ばかり見ていて、せいぜいのところ、グラシ*やバスタイ*にあるアカシアやマロニエのような種類の緑で元気になっているような者、ウィーンではときどきプラーター*の草地に行くくらいで、ふだんは重苦しくてせき立てられるような仕事場で働いている者は、ひとたびウィーンの外に出ると、あの熱狂がわかるだけでなく、自分自身がたちまちその熱狂にはまり込んでしまうのである。自然を描写したきわめて高尚で叙事的な文学作品を求めるのではなく、畑や森やブドウ山、丘や山並み、川や散在している屋敷や村落について述べている、心地よく、大いに興奮させられるような散文作品（たとえそれがどんなものであれ）に甘んじている者のことを考えてみよう。彼は、少しだけ高い山にあがって、依然としてかなたに叙事詩のように広がるアルプスの風景を遠くから臨む。その人物がウィーンの近郊の風景のことも、「美しい」と呼ぶことは、間違いない。しかしその際の彼の「美しい」という言葉は、高地アルプスの特性や大海原の崇高さにたいして用いられているようなものではなく、たんによくある風景を「美しい」と呼んでいるだけなのである。

以下では読者を、わがウィーン近郊のあれやこれやの行楽地へ案内しよう。

しかし、一般的にウィーン人は、というよりも人というものはそもそも、楽しみに楽しみを重ね、美しいものに有益なものを結び合わせ、あるいはまた健康で快活な人間は理性的なものに感覚的なものを結合するように、当地においても、美しい場所とおいしい飲食店がつねに一緒にあるという事態が生じた。そのためにわれわれウィーン人はしばしば非難された。おかげでウィーンのローストチキンは本格的に世に知られ、わが永遠なるワインとワインをすすめる給仕も有名になった。しかし私は、この非難は当たっていないと思う。われわれを非難する小都市の住民がもしもつぎのように考えてくれるなら、すなわち「ウィーン人の散歩は自分たちの散歩とは違う。自分たちが散歩するのは市門の外であり、そこにはもう田園があり、木々の懐に抱かれる。ところがウィーン人は散歩するにも、自分たちならとっくに旅行と呼んでいるような遠いところまで行かざるをえない」

そうすれば、小都市の住人は、旅行の際には食事をとるために立ち寄りをしなければならないことにも気づくだろう。そしてわれわれウィーン人は、そのために立ち寄りをしているのである。実際、一回のお楽しみのために、砂漠のキャラバン隊のように、食事と飲み物を携行しなければならないのでは、あまりにも面倒である。だから、多くのウィーン人が訪れるのを見てとった土地の慈悲深い人たちが進んで飲食屋兼旅館を建て、ウィーン人たちに寝所と慰藉を与えているのである。その際飲食店の数が多すぎるか少なすぎるかは、よそ者はまったく判断できない。というのは、シーズンになってそこかしこにどれくらいのウィーン人が来て、どれくらいの慰藉と寝所を必要とするかは、わからないからだ。ワインの飲酒に関しても、よそ者の言い分は当を得ていない。なぜなら、彼らは、ウィーン人はワインを飲んでいるとだけいっているからだ。「われわれウィーン人は、ビールも飲んでいる」と答えることができる。そしてわれわれは、ワインとビールを豊富に産出してくれる土地と、このふたつを堪能する楽しさとを神様が与えたもうたことに感謝する。もしも、良質でずっしりした、体にいいブドウが育つ土地でワインが飲まれないとしたら、あるいはしみったれてあまりワインが消費されないとしたら、これはその大地とその創造主にたいしてのはなはだしい忘恩である。オーストリア人たる者ならば、どこにいてもこの忘恩の罪を犯したりはしない。

いよいよローストチキンとワインの話だが、これに関しては珍妙な現象が現れている。ウィーンにやってくる多くのよそ者が、われわれと同じようにローストチキンとワインを楽しんでいるのだ。それも、われわれと同じくらいの量を平らげている。思うに、真実は闇の中だが、よそ者も、われわれウィーン人がウィーンでそうしているように自分の故郷でもしているのであろうか。あるいはよそ者がウィーンに来ると、まさにチャンス到来とばかりに食らいつくのであろうか。

ウィーンでは事情が逆であることが多い。少なくともこの文章の筆者には、かつて北ドイツの知り合いが料理してくれた冷製スープ〔ベルリンの名物料理〕にひどい困惑を感じ、急いでそれをどこにでもある本物のグリンツィング・ワインで流し込み、帳消しにせざるをえなかった経験がある。

本題から離れてウィーン近郊の飲食店に関する誤解について若干意見を述べたが、どうかお許しを頂きたい。

ふたたび本題に戻ろうと思うのだがもうひとつ、ささいなことを付け加えておかなければならない。すなわち、われわれウィーン人は、たとえば自然を愛でるとか、美しい音楽の鑑賞とか、家庭の団欒等々といったより高尚な楽しみをすぐさま飲食に結びつけるといって非難されている。もちろん、そのことは事実だ。しかしそれは、われわれが愉快で官能的な民、すなわち有能で肉体的な良質の特性を有し、その特性を大事にする民だという意味においてのみ事実なのである。

自然のままで損なわれていない健全な人間の場合は、誰においても十全性がその機能を発揮するので、「理性」という主人が祝祭を催しているときには、「感性」という召使いも一言口をはさむものである。そして、みなが同じように、それぞれの流儀で喜ぶとき、事柄はようやく完成し、完全となる。

ところで私は、他の土地でも事情はあまり違わないことをまいにち新聞で確認している。崇高な感情にもとづいて偉人の像が建つとすぐに、人々は座って宴を催す。国民的な祝典が挙行される時、大きな和解が成立した時、旅行者を歓迎する時、そこには食事が用意される（いままさにそうされており、これまでもそうされてきた。これからもそうされていくだろう）。だから、親愛なるウィーンの同胞よ、田園に行くがいい。結婚式を挙げるがいい。子供の洗礼、出発、歓迎を祝うがいい。そうやって自分の身体をも喜ばせるがいい。身体に一杯のワインを与えるがいい。身体に楽しいことをさせるがいい。たとえばパイプのタバコに火を点けてやるがいい。そうして身体が満足したら、さらにより高次で至上な喜びを、享受すればいいのである。他の者が違うことをするからといって、われわれは彼らをうらやみはしない。重要なのは、官能を抑えるのではなく、より高い意味においていかにこれを強く発揮して楽しむことができるか、なのである。

ここでようやく遠足と行楽の話に戻る。これはふたつのカテゴリーがある。不定期的なものと定期的なものである。前者は気分とか天気とか、そのようなものに左右される。しかし、後者はつねに一定の時期に、一定の場所へ赴かなければならない。たとえば、復活祭の月曜日、五月一日と二日におけるプラーター散策、あるいはまたアウガルテン*の訪問。しかしそもそもの民衆にとっては、近隣のさまざまな所で催されるいわゆる教会堂開基の祭日こそが、本命である。そのなかでは、二日間にわたって続くブリギッテナウの開基祭が第一位を占める（この祭りには本書のなかで数ページを割く予定である）。それから、聖母マリアの生誕祭におこなわれるマリアブルンの教会堂開基祭も真の民衆の祭りである。さらに、ベルヒトルツドルフ、*ヒッツィング、グリンツィングの祭りなどがある。こうした開基祭の日に祭りが催される場所は、中間層の人々であふれかえる。すべての飲食店、飲み屋、居酒屋、ブドウ農家《ヴィンツァー》の庭から音楽が響いてくる。そして、少なくとも手回しオルガン一台しかないとしても、陽気な人の群が行きつ、戻りつしており、しばしば夏の暑さがひどくても、ダンスをやっている場所がある。これらの開基祭のなかには、たとえば、マリアブルンの九月八日の開基祭のように、現世の楽しみのほうが少しばかり優勢だとしても、宗教的により際立った意義を持つものがある。このお祭りを少し覗いてみよう。

マリアブルンはウィーン*市内から一ウィーン・マイルほど西に行ったところにある。そこにはかつて修道院があったが、いまは林業学校の建物になっている。そこの小さな教会堂でマリアの聖像が祭られている。聖なる言い伝えによると、この聖像はある泉のなかで発見され、中世には多くの奇跡をひき起こし、これにもとづいて礼拝堂が建てられ、そこに修道院がつくられたという。この修道院の成立や発展に立ち入ることはわれわれの目的ではない。その場所はウィーンの森の入口のとても気持ちのいいところに位置しており、ウィーンの森の山々と帝立動物園の一部に取り囲まれている。北に向かってなだらかに高くなっていく草地が広がっている。そして、ここが巡礼者たちの教会堂開基祭のそもそもの舞台となる。九月八日の夜明け前頃には早くも、若干の巡礼者と訪問者のグループがマリアブルンに到着する。これ以外にもう、前日に到着している人々もいる。明るくなってくると巡礼者の数も増えていき、このかつての修道院につうじている通りは人でびっしり埋まり、人の流れに逆らって進むことはまったくできなくなる。おごそかな礼拝がおこなわれる教会もまもなく人で埋まり、それも立錐の余地がなくなるほどひしめき合う。教会にもはや入れない人たちや、そもそも教会にまったく関心のない人たちが外でうごめき回っている。飲食店も満席になる。そして教会からパイプオルガンの音が聞こえはじめる一方で、飲食店ではほかでもない、祈禱と巡礼のあとに響く音が聞こえはじめる。すなわち、歌声や騒音、グラスのぶつかり合う音、皿とフォークがかち合う音である。実際に民衆の本当の楽しみがはじまるのは、昼近くの礼拝が終わったあとである。先にあげた北側の草地はとても広いのだが、流れ込んできた民衆の群でそこもいっぱいになる。ありとあらゆるさまざまな人々や群れが草地のうえで休息している。宿営しているといってもいい。布の敷物が広げられ、持ってきた食事や飲み物をそのうえでひろげて飲み食いするのである。祖父母や叔父、いとこや両親、子供たちといった一族郎党が、この一枚の布の周りに、いやたんに一枚の包み紙のこともよくあるが、その周りに陣取って食事を平らげているのが見られる。女性のハンカチとかショールとかを折り取った枝に旗代わりに付けて酔い浮かれている一団にも出くわす。屋台が出ていて、そこで小さな絵や、食べ物、飲み物などが買えたりする。おなじみのお楽しみも登場し、通行人たちのもうけ欲を刺激して、彼らから金を巻きあげるのである。別の場所では手回しオルガン弾きが配置についていて、「陽気な職人たちと恋人たち」の曲から即興で弾いてダンスを周りで踊らせているが、踊る足の下は柔らかい芝があるだけである。また別の場所ではハープ弾きが悲愴で残虐な物語詩《バラード》を聴衆の前でうなっていたり、煽りたてられた若者たちが歓声をあげたり唄を歌ったりしている。

この日にいくらか離れた静かな森のなかにいれば、人々のざわめきは遠くにある海の波のささやきのように聞こえてくるだろう。こんなふうにとくに天気がいい日には、草地で休息しているのは、一万から一万五千人になるかもしれないといっても、けっして誇張ではない。彼らはみな陽気で嬉々としている。というのは、ウィーン人は人だかりを見ると、刺激され興奮するからである。その際、たとえばハーダースドルフとかヴァイトリンゲン、ハイムバッハとかいった近隣の飲食店や草地に散らばっている者たちや、マリアブルンには全然到着せず、すでにヒュッテルドルフのビール醸造所でとぐろをまいてしまった者たちも、この数字のなかには入っていない。このにぎわいは通常、夕刻近くまで続いている。それから人波がまばらになっていく。朝方に押し寄せた流れは、いまや引いていく流れになった。夕暮れに草地を歩くと、人影はなく、芝が踏みにじられ、垣や囲いがところどころ倒されている。茂みには折られた木々の枝が垂れ下がっている。今日になって生じた束の間の海は、ふたたび消えてしまった。帰り遅れた者たちや酔っ払った者たちだけがいくらか居酒屋に残っている。というのは、彼らには翌日になって、混乱した頭とうろたえた顔をぶらさげて帰宅することしかできないからである。しかし、家族がいて仕事を持つ父親たちの中には、この心躍るような遠足と、一緒に堪能した楽しいこと、陽気な雰囲気と生気を与えてくれる風景から元気をもらって、帰宅した者も少なからずいたのであり、この父親たちは湿っぽい仕事部屋でまたこれから一週間、仕事をやりとおし、そして夕方には一杯のビールを飲みながら隣人やあるいは子供たちとマリアブルンの開基祭のことを語ることができる。だから私は、民衆自身がたっぷり楽しむために自らおこなっているこのような祭りを廃止してはならないと思う。陽気な民衆こそよき民であって、健全な心情を持つオーストリア人はけっして大きな暴動に向かわないものである。イナゴの大群がふたたび飛び去っていったときに出てくる若干の損害も、容易に修繕できるものだからである。この草地はいつも前もって刈り取られており、喧嘩好きな若者たちが戦利品として持っていった、森の藪の折られた木々の枝も、一年経てばまた見分けがつかないくらいまで回復してしまう。

期日と場所に拘束されていないほかの行楽となると、当然ながらずっと頻繁におこなわれている。しかし、それらは概してあまり注目すべきものではない。なぜなら、それらは根底において民衆的なものを有しておらず、大きな都市ならばどこにもあるものであって、ただ民衆の性格に応じていくらか陰影を異にしているにすぎないからである。享楽は今日の時代精神の合言葉であり、人とのつきあいが増えるとともに高まるのが享楽である。この事情は動物とても異なるところがない。ふざけあい、いちゃつきあい、たわむれるのは、群れをなして生きる動物の特徴である。鷲や群れない鷹はごく穏やかで、控えめな動物である。農村の人々の喜びは、変わらない仲間うちを回っている。大きな都市から離れて森のなかで暮らしていればいるほど、その度合いはいっそう大きい。都市、とくに首都においては刺激や誘惑がひしめきあっている。とりわけ都市の住人の大部分は、他人を刺激したり誘惑したりすることを糧として生きている。例をあげよう。傲慢不遜な輩がしかるべく行動したとしよう。すると彼は他人をおしのけ、放埒な生活を送ることになる。そして自分の人生がたったの一分しかないかのように、そこからおのれの分け前をきっちりと取り出そうとするのである。こういう欲求は最下層の人々にいたるまで根づいている。だから、彼らは享楽を手に入れるために一週間ずっと仕事をして、休日や祭日を待ちに待っているのである。夏の享楽はふつう、薄暗い仕事部屋を出て郊外へ出かけて行くことである。そのために、日曜や祭日にはリーニエ*の外の郊外へつうじる通りはすべて、散歩をする下層身分の人たちで一杯だ。空気や解放感、日差しがそれぞれこの散歩には関係しているのかもしれないが、彼らはみなあれやこれやの娯楽施設へと向かっていく。彼らは無数の衛星のごとく、ウィーンという太陽を避けていく。彼らはそこにおいて楽しいことに、騒ぎに、笑いに、そして食事と飲酒にふけるのである。しかし、そうした行楽地にけっして欠けていない要素、けっして欠けてはならない要素がつねにある。すなわち、音楽である。それは、あたかもウィーンが音楽の街であるかのようであり、ウィーン民衆が音楽を空気のように吸って生きているかのようである。数人の客が腰を降ろして何杯かの地元ワインを飲めるようなベンチがひとつでもあるところでは、すぐに楽隊もまた現れる。ギターを弾く者がひとりで、それに合わせて歌う者がもうひとりいるだけの楽隊だとしても。

日曜日の観客が向かっていく場所はやはり移り変わるものであり、衣服と同じように流行がある。この種の現象はしばしば起こるものであり、しばらくはほかのものすべてに優って輝いているが、ふたたび跡形もなく無に帰してしまう。私が覚えていることでいえば、たとえば、一八三〇年の冬にある人物がウィーン郊外に氷だけでできているホールを造った。あの厳しい冬の数ヵ月間、そこにつうじる通りが、全員がその氷の宮殿を見たいと思っている、いうなれば巡礼者たちで埋まった。そして、肺炎やリューマチにかかる者も出た。それはたんに、彼らが氷のホールでダンスをしたことを自慢にしたかったのである。幸運も事業主に幸いした。というのは、その年は二月末まで連日、花崗岩のように硬く凍てついていたからである。そのあとの年に造られた氷の神殿、サロン*、宮殿はすべてうまくいかず、恥知らずにも溶けて消えてしまった。同様なことが数年前にあった。シェーンブルンの隣のマイトリングに、チボリ*という名前の巨大な滑り台が造られた。当時そこに行ったことがないというのは、まったくの恥だった。いまではこれについて語る人は、ほとんどいない。

しかし、ゆるぐことのない評判を維持している場所もある。そのような場所には、おいしい食事と酒を提供するという、声高ではないが、持続的な魅力が備わっている。私はウィーン近郊の飲食店の本格的な統計表を作成している謙虚な食通たちを知っている。彼らはあちらへは、選り抜きのおいしいグリンツィング・ワイン一杯のために出かけ、こちらへは*メルツェンビールを求めて出かける。他の日は、最高においしい鯉の揚げ物のために奉げられ、また別な日は、そこで新鮮に切りわけられる上等のハムのために奉げられる。そんなふうにしてこの食通たちは鵞鳥、うさぎ、ソーセージ、はては団子料理にいたるまで事情に通じているのである。この客たちが自然のすばらしさや魅力に目を向けないのはわかりきったことである。そのようなことを超越しているのである。楽隊がやって来ても彼らは、何グロッシェンかを与えて追い払ってしまうのである。

　ついで、その地理的条件、いつもながらのお楽しみや古くからの評判のために人気のある場所がある。たとえばヒッツィングはシェーンブルンの端にある村であるが、夏になると市内のどの場所にも負けないほどに人が押し寄せて来る。そこにあるカジノ・*ドマイヤーのホールでは、たいていワルツ作曲家*シュトラウスの音楽が鳴り響いている。庭やサロンにはグラスのぶつかり合う音、大きな話し声や笑い声が響き渡っている。しかしながら、この村は拡張されて、いまでは小路のある街のようになっているので、実際には道に迷うことがある。ウィーンの東には*シンマリングがあるが、日曜日にはこの村が近くの*市外区の住人を飲み込んでしまう。その東には*市有地があり、花火やイルミネーション、猿の出る芝居などがよく催される会場があるのだ。さらにフェルゼンケラーのビールがあるマイトリングやリージングがある。西には*ペンツィング、サンクト・ヴァイト、ヒュッテルドルフ（ビール醸造所）、さらにこまごました場所がある。北および北西にはデープリング、グリンツィング、シーヴァリング、*ヌスドルフ、ヴァイトリング等々。ドナウの向こう岸には、イェードラーゼー、*エンツァースドルフ、コーアノイブルク等がある。

よその人たちは驚くかもしれないが、われわれには魅力的な大きな河があって、これがウィーンの近くで多くの可愛らしい分流に分かれているのだが、そこにはほとんど遊覧船やその他の船遊び愛好者の姿がない。その原因はおそらく、わがドナウの流れが、ラインやエルベとは異なり、荒々しく激しいことにあるのだろう。この河は航行者にとって、とりわけ未熟な航行者にとってきわめて危険であるばかりではなく、流れに逆らうのはきわめて困難であるか、まったく航行不能である。このために、美しきわがドナウの銀の流れはエメラルド色の岸辺をさみしく流れていく。蒸気船はウィーンの北のヌスドルフとウィーンの南にあるプラーターのいわゆるカイザーミューレンに接岸するだけなので、とくに大型船の賑わいすらない。そして、ヌスドルフでドナウ本流から離れる、狭くて弓のように曲がった分流を通って運搬船がウィーンへ入ってくる。だが、このドナウ運河と呼ばれている分流は実際、まさに魅力に欠ける運河であり、優美さと雄大さの点で、グライフェンシュタイン、*クロスターノイブルク、さらに下流の*ローバウの島のドナウ河にはるかに及ばないのである。

これまであげた行楽好きや享楽好きの者たちのほかにも、享楽好きではあるが、もっと品のいい人たちがいる。つまり、その田園の美しさや風景の楽しみを訪ね歩く人たちである。私の知り合いに、ウィーンの周囲半径二マイルにあるあらゆる森や公園のすべての散策道に通じている男がいる。ウィーンの森のさまざまに入り組んださまを考えるならば、これは大変なことである。この種の美しい場所のいくつかを簡単にスケッチしてみよう。先に述べたマリアブルンの林業学校を出て、ヘール通りから右へ入るとマロニエの並木道が、ハーダースドルフという美しい場所にある村に通じているが、その後ろのイギリス風庭園に偉大な*ラウドン将軍の墓碑が立っている。この墓の後ろには真っ直ぐな通りがあって、ウィーンの森のブナ山に沿って行くと、山に深く入りこむが、そこは僻遠の田舎の静けさにいるのかと間違えそうなほどひとけのないところだ。この通りを行ってマウアーバッハに着くと、散策道がきわめて緩やかな上りになる。柳のある緑のくぼ地を越え、まばらな木々の間や、茂みと森の間をぬけて上っていくと、突然、山の連なりの端に立つことになる。この山は反対側が険しく切り立っていて、下の麓には小さなトゥルビングとトゥルナーフェルトの平地がある。立っている地点はトゥルビングコーゲル山と呼ばれる。

シュネーベルクの頂のほかには、この小さな山のうえほど美しい眺めのある地点はあまりないだろう。シュネーベルクの頂から*エッチャーを越えて、エンス川上部地方の山の頂まで、オーストリア・シュタイヤーマルクのアルプス連山の全景が目の前に広がるのだ。ゲットヴァイク修道院にいたっては、窓を数えられるほどである。ドナウ河は、クレムスからグライフェンシュタインにいたる長い距離にわたって大きく蛇行している。あの大きなトゥルナーフェルトの平地がまるで寄せ木細工のようで、畑の区域がとても小さく見える。トゥルンの街は石を投げれば届きそうに思える。いま立っている地点には木で造られた、周囲を眺めるための見晴らし台がある。ただし東方向だけは眺望が閉ざされている。そこにはトゥルビングコーゲル山とほぼ同じ高さの山並みが目の前に立ちはだかっているからである。

しかし、この地方に価値を与えているのは、トゥルビングコーゲル山だけではない。ハーダースドルフからマウアーバッハにいたる山あいには、とても魅力的なふたつの小さな谷がある。ハイムバッハとシュタインバッハである。このふたつの谷にはわずかな家しかないが、とても美しい丘陵と灌木の森がある。ハイムバッハからは散策道が山の上の方へいわゆるホーエヴァントへと通じており、そこからの山の眺望は、トゥルビングコーゲル山からの眺望よりはずっと狭くなるが、それでもなお美しいものである。ハイムバッハからはハーダースドルフまで美しい散策道がブナの森のなかに造られ、休憩用のベンチが置かれている。しかしながらホーエヴァントからもまた、ずっと魅力的で、もっとひとけのない木材運びや狩猟者の小道を通って、この地方のさまざまな地点に行くことができる。

カーレンベルクとレーオポルツベルクの山頂からは、マルヒフェルト平野を越えてハンガリーの山々まで見晴らすことができる。頂きから、色とりどりの石がはめ込まれた円板のようなウィーンの街の全景も一望できる。そして、同じ山並みのなかにあるヘルマンスコーゲル山[*]からもやはり、最も人気のあるながめのひとつを見ることができる。静かでひとけのない森、冷たい小川が流れる深い峡谷、影を作る木々の枝、牧歌的な干し草の山。これらが、先にあげた山の頂からながめられるのは素晴らしいことだ。そして森のきれた牧草地には、牧夫が連れている家畜の群までが見える。ただし、彼が吹いているのはヒルテンホルンではなく、鋭い音をたてるトランペットである。たいていはまだキー式のトランペットであるが。

ドナウ河沿いの通りを上流のクロスターノイブルクのほうに上っていくと、左手の山からゆるやかで美しい谷川が流れ出ている。これはドナウに向かってガラスのように透きとおった水を注ぎ込んでいるが、その流れのきらめきは川向こうのビーザムベルクのうす暗い山壁のところまで続く。この左手の谷には名高いブドウ畑の広がるヴァイトリングがある。谷川の上流のほうへ歩いていくとドルンバッハの公園に出るが、そこをぬけて左へ曲がると、ふたたびウィーンに戻る。カーレンベルクとビーザムベルクは、ヘラクレスの二本の柱のように、向かいあって険しくそそり立ち、ドナウ河はこのふたつの山の間を流れている。そのために、このふたつの山はもともとはひとつの山で、ドナウによって引き裂かれたのだという神話ができた。それによれば、トゥルナーフェルトの平地はどうしても湖であり、この平地に向かって急角度で落ち込んでくるトゥルナーへーエ山はこの湖の岸辺だったということになる。われわれにできることは、この大地形成の空想に立ち入ることではなく、いまはドナウ河がふたつの山の間を流れており、上流に庭園のように美しい風景があるといい添えることだけである。上述の場所や、風景愛好者たちがもっともよく訪れる、もっとも人気のある場所をふくむのは、カーレンベルクから南に広がる森の丘陵である。

南に向かう鉄道が開通して以来、バーデンもまたある程度まで、ウィーンからすぐに到着できる地域のなかに含まれるようになった。というのも、ウィーンの駅から四〇分でそこに着いてしまうからだ。そして、このバーデンやブリュールの周辺は、ずっと以前から『ウィーン年鑑』では有名だった。ウィーンの駅から半時間もかからない場所にあるのが、昔からの市場町メートリングである。そこにはかつてメートリングの領主が住んでいたが、ときおりオーストリアの辺境伯や公爵が居を構えたこともあった。

絵のように美しい古い教会のあるこの町は、ウィーンの森の細く伸びたところに接しているが、ウィーンの森はこの町のあたりで、岩のむきでた禿げた丘陵のなかに突き出ている。このメートリングから、小川のある狭い谷が山のなかに切れ込んでいる。小川の両側には家々があり、それらは樹木の緑のなかに点々とあり、灰色の岩肌を背景にしている場合には際立って見える。谷の側壁は、緑の森の山のところもあれば、禿げた岩山のところもある。この谷こそウィーン人の愛するブリュールである。アルプスの岩壁の谷を見たことがある者は、この谷に対するウィーン人の熱狂を共有することはできない。それはつねに美しく魅力的ではある。ただ、山間の谷を好ましく飾る魅力、すなわちひとけのなさという魅力がまったく欠けている。つまり、十歩も進まないうちに、着飾った人々に出くわすのだ。ブリュールは多くの廃墟があることで知られているが、そのなかには残念なことに新しいもの、すなわち、模造されたものもある。

バーデンはかつて、ウィーン人のお気に入りの場所だった。ある時期、宮廷が夏をいつもそこで過ごしていたからだが、いまなおこの快適な小都市を訪れる人は多い。バーデンもやはりウィーンの森の外れに位置している。ここからもやはり谷が、森のなかへ伸びている。しばしば文章に書かれ、詩で称えられるヘレーネンタールである。この谷を通ってハイリゲンクロイツ修道院へいたる道のりは、もっとも人気のある山歩きのひとつである。反対側に立つとバーデンからは、広大な平野を越えてハンガリーのライタ山脈まで見渡せる。そのためバーデンの森の丘陵のどこからも、とても美しい眺望を目にすることができる。夏のバーデンでどんな社交の集いや舞踏会などが開催されるのかについては、ここでは省略する。それはもともと、田舎の住民が都市生活の一部を模倣したものではあるが、われわれがここで話題にしているのは田園とそこへの都市住民の行楽についてだけである。同様にここではバーデンの治療泉にも立ち入らない。もちろん、バーデンに来たら、わがすべての読者とともに山歩きをし、グーテンシュタインへ案内し、*クロスタータールを通って、シュネーベルクやヘレンタール、プロインへ案内したいという誘惑に駆られる。そうなると、われわれはシュタイヤーマルクに到着してしまう。しかし、われわれはウィーンの近郊についてだけ話題にしているので、この誘惑に負けるわけにはいかない。さもないと、われわれは同じやり方でシュタイヤーマルクを少しずつゆっくりと進み、突如としてトリエステに立つことになる。だが、トリエステをウィーン近郊と呼ぶことは、絶対にできない。

もっとも、シュネーベルクとこれに隣接した土地は、いまではほとんどウィーンの近隣地帯のなかに入っているといっていい。なにしろ、鉄道に三時間乗ればグロックニッツに着き、そこから三〇分で、シュネーベルクを最高峰とする山地の南斜面になるライヒェナウに到着できるからだ。このすばらしく美しい高地アルプスには毎年、多くのウィーン人やよその人たちが数え切れないほど訪れている。登山はいたって容易である。すべての方面から同じように容易ではないにせよ、どの方面からも危険ではない。そして眺望は、これよりもはるかに高い山からでも得られないほど、一見の価値がある。というのも、シュネーベルクはプレアルプスに属し、高さはそれほどでもないが、かなり平地に張り出しており、そのために視覚的な法則によって、もっと高いがより遠くにある山を見下ろす形になる。ここで取りあげる範囲が広がりすぎないようにするために、われわれはこれ以上この魅惑的なテーマには立ち入らない。同様に、シュレーゲルミュールの谷（グロックニッツのそばの最初の谷）をぬけ、ライヒェナウとヒルシュヴァングの谷をぬけて、かのヴィントブリュッケ橋へ読者を連れていくこともしない。この橋は、明るいシュヴァルツァ川に懸かっているもので、ヘレンタールの谷へ行く道を開いた橋である。この谷は深く切れ込んだ、きわめて狭い岩谷で、シュヴァルツァ川が激しい勢いで流れており、両側には高地アルプスの山々が迫っている。というのも、北側には、シュネーベルクの恐ろしい山壁が急角度で落ち込んでおり、そこからいわば一歩のところにはまたもやすでに、プロインアルプスの切り立った山塊が立ちあがっていて、両側の山は地中海の水面から六〇〇〇フィート以上の高さがあるからだ。谷を通っていく道は、あるところでは岩壁から削り取って造らねばならなかった。シュヴァルツァ川のほかには場所がなかったのである。道は川の両岸を行ったり来たりしており、一四の橋が川に懸かっている。少し前まではこの谷には一本の山道もないも同然であった。ここがいかに恐ろしくかつ魅惑的な自然のままの姿だったかを想像することができるだろう。そこは、背の高い山のような二人の巨人が、いくつもの山壁や岩の裂け目、滝の注ぎ口や広大な森を抱えて向き合い、むんずと踏み込み合っていて、一方から他方へ呼びかければその声が届くように思われるほどだ。それらの間には何マイルにもわたって激流以外にはなく、その両岸にかつて茂っていた森のぼろぼろになった姿がある。いまではそこには柵のついた立派な道があり、辻馬車*がそこを行き来し、帽子、ショール、マンティーラを身に着けたウィーンの女性や立派な身なりの紳士の姿等々が見える。この文章の筆者はこのヘレンタールを鉄道の開通以前に知って、岩山のなかでかなり長い時を、ひとりで過ごしたことを喜ばしく思っている。だが、私はこの谷に読者を引き入れたくなかったがゆえに、引き入れてしまったようだ。しかしながら、この美しくも陰気な風景スケッチで私は、ウィーンを取りまく風景画を終えようと思う。というのも、この都市の東側と北東側には自然愛好者を魅了するものはなく、またそこへ遠足をする人はきわめて少ないからだ。

われわれはこれまでに、行楽に出かける三種類の人々を描写することで、その分類を明確にしてきた。すなわち、まず民衆の祭りに出かけて行く者。ついで、空気、日光、食事、飲み物、楽しみを求める者である。このふたつの種類は重なり合っていると考えないほうがいい。前者には一年をとおして市内から一歩も外に出ないで、ブリギッテナウの教会堂開基祭、プラーターの五月一日などには、着ている下着や部屋にあるベッドを質に入れても行かないではいられない者たちがいるからである。他方、空気や日光を求める享楽の騎士たちはしばしば日曜日ごとに出陣し、大規模な戦闘のような民衆の祭りからは距離をおいている。なぜなら、民衆の祭りでは荒っぽい大砲が頻繁に発射され、品のよさが欠けているからだ。みっつめの種類としてわれわれは田園愛好者をあげたが、ここから四番目の種類に話を移そう。これは、まったく理由もなくウィーンの外へと遠出をする者たちのことである。彼らは美しくて快適な馬車に身を沈めて、リーニエから外へ浮遊《シュヴィメン》に出かけ、通りに沿って木々や家並みをぬけ、ふたたび戻ってくる。このような浮遊人《シュヴィマー》は数え切れないほどいるが、反対に、美しい馬車に乗る者が誰でもこの種の人間というわけではない。私の知っている家族のなかには、自分たちの足の速い馬車のみを、田園の美しい自然のなかへ速く行く手段にしている者たちがいる。彼らは自然のなかでは、市民や労働者が自分たちも自然のおこぼれを享受しようと、何人もの子供たちを抱えて喘ぎながらそばにやって来ても、気にすることもなく散策している。本物の浮遊人は、物事をやり過ごす際の落ち着いた、無表情の顔でそれだとわかるのだ。彼のそばを通り過ぎるのが馬の乗り手であろうが、木や馬車であろうが、馬車に乗っているのが美しい婦人であろうが、職人たちの一団が

＊リナルド・リナルディーニの歌を歌っていようが、彼らにはどうでもいい。あの女は誰かこの女は誰かとか、その女は誰と結婚するのかとか、どこそこの男は誰と姻戚関係なのかなどと自分の話し相手に尋ねるような者は、本当の浮遊人ではない。本当の浮遊人はこんなことは一切やらない。彼らは馬車に乗って出かけるから出かけ、出かけていたから家に戻るのである。

　荒仕事をこなしながら、この世の享楽を楽しみにしている粗野で健康な感性を持つ者は、富がもたらした毒によってむしばまれている者よりも何千倍も幸福である。この富はすでに若い人の心から天上と大地とを徐々に奪ってしまった。それゆえもはや、天上と大地は、このふたつを失った者になにひとつ訴える力をもたない。夕方になって、通りで騒いで大声を出しながら、また歌を歌い歓声をあげ市内へ向かう者たちがいても、腹を立てないでほしい。羽目をはずしてしまい、いくらか足元があぶなくなっているとしても、腹を立てないでもらいたい。彼らを教育することで模範やほかのどんなものであれ、より高次なものを与えてやってくれ。それが彼らを助けることになるのだ。しかし、もう一方の浮遊人を助けることはできない。だから、彼らのことは歎き悲しむがいい。彼らが救済される唯一の手段は、節度を守り、骨をおって生活することである。けれどももはや彼らにそれを実行するほどの力は残っていない。「努力の途中に困難が生ずれば、努力の成果もまた生じる」という言葉を私は聞いたことがある。しかし、この種の者たちは、困難なことがはじまるところでやめてしまい、したがってその成果を手にすることは、けっしてない。大都市にはどこでもこの種の者たちはいる。なぜなら彼らが衰弱する原因である誘惑を、彼らに与えているのが大都市そのものなのであるから。

これにたいして、より高い目的に到達するために、地上の手段が用いられるあのようすのなんと美しいことか。まるでツバメの巣が走っているかのように、母親がほっぺの赤い子供たちをいっぱい詰め込んだ馬車に乗っているのを見る時、その光景のなんと心地よいことか。その巣はどこかの草地で空になって、若いヒナたちは喜び勇んで四方八方へと飛び散っていく。彼らは自らの若い小さな肉体を夢中になって喜ばせている。願わくは、このいっぱいに受け取った純粋な力のなかで育っていってほしい。そうすれば、彼らに天上と大地の全部が与えられることになる。あの浮遊人たちが失った、全体が。

ウィーン人がいかに遠足や行楽を愛しているかは、晴れた日曜や祭日にウィーン市の外のすべての通りと小道が郊外へ遠出をする人たちで埋め尽くされるだけでなく、自分の足を使いたくない、もしくは使えない人たちを乗せていくためのさまざまな搬送手段や移動手段も数多く存在しているという状況からわかるだろう。ウィーンには無数の馬飼い業者がいる。彼らは、行き交う馬車の間をぬっていたるところで見かける日曜だけのにわか乗馬家たちの役に立っている。さらには乗合馬車も数多くあり、日曜日にはいくつかの通り、たとえばマリアヒルフ大通りではこれがひっきりなしに走っているのを見かける。この種の馬車には通常は九人座れるが、一二席あるものもある。あらゆる種類の人たちがいかに夏の祭日を心待ちにしているにせよ、乗合馬車の馬に暦がわかるならば、馬はその祭日を恐れることだろう。というのも、馬にとってその日は拷問の日となるからだ。ここにあげた移動手段のほかにも、市外区のリーニエの外にはまだ、手造りのいわゆるシュタイヤー馬車が待っている。これは椅子とたいていは四本の棒で支えた幌を持つもので、当地ではリーニエ乗合馬車と呼ばれており、郊外への遠出というこの特別の目的のために広場に集まった客たちをそこからさらに運ぶのに使われている。最後にまだほかに辻馬車と個人所有の豪華な*馬車《エクヴィパージュ》がある。晴れた日にはそれらがすぐ近くの通りを走り去っていくのがたくさん見える。

　このスケッチでは、行楽の中のなにがしかの大変な出来事やおかしな出来事をこまごまと描き出すことはできない。それがわれわれの目的から離れているからであり、またそのような描写はすでに無数に存在していて、しばしばわれわれの拙いペンが描き出しうるよりも立派なものだからである。

第五五章　ウィーンのサロンの光景

アーダルベルト・シュティフター

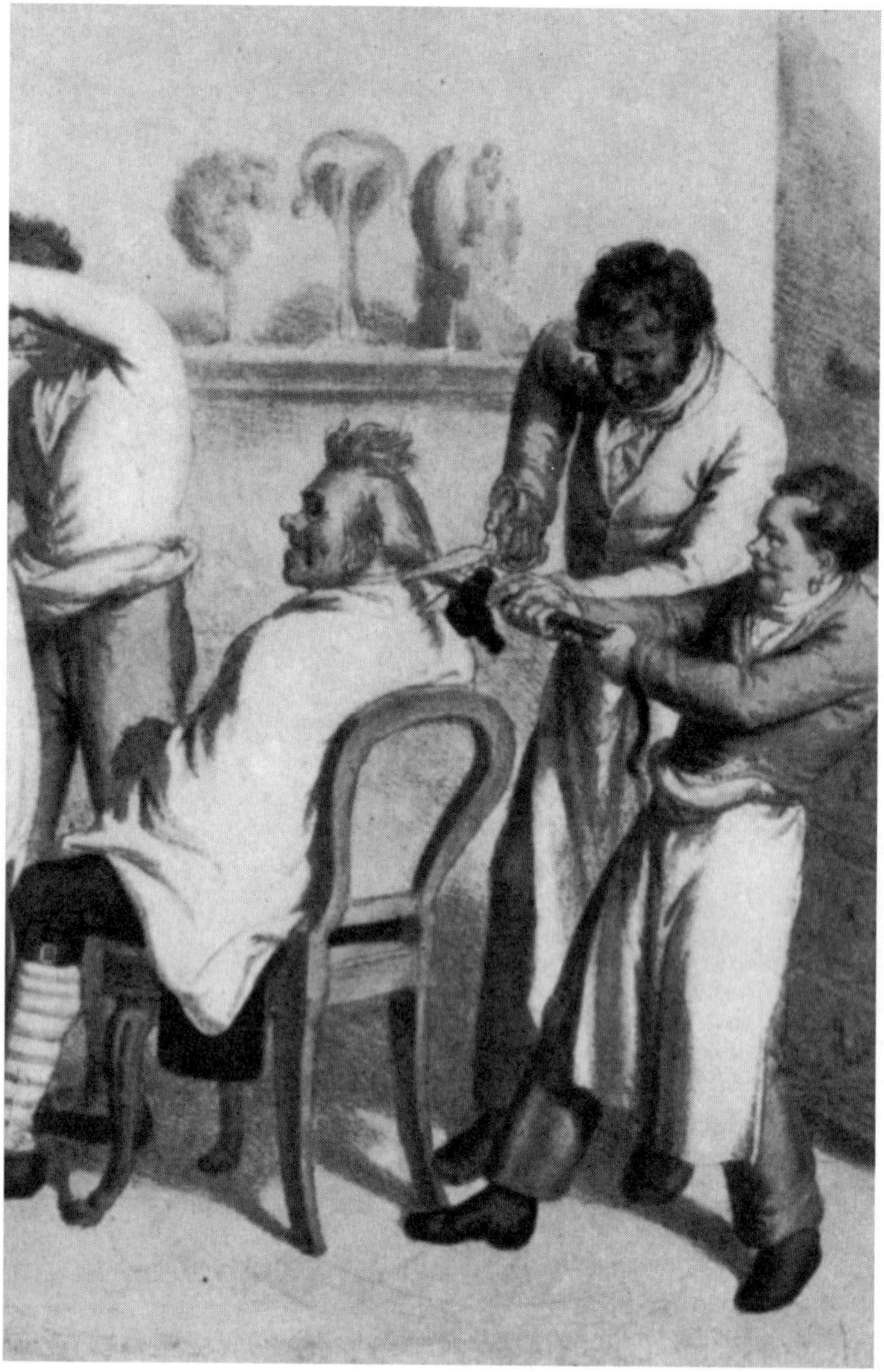

ヨーゼフ・ランツェデリ「モダン現象」（一八二〇年ころ）

近ごろ、*サロンほど、意味が多種多様になり、使い尽くされ、忌み嫌われるようになったものはあまりない。いまは、法律サロンもあれば、美学サロン、政治サロン、急進派サロン、保守派サロン、美容サロン、整髪サロン、理容サロン、仕立屋サロンもある。私が幸福な子ども時代に知っていたサロンといえば、わが家の庭園サロンだけだった。それは、サロンとはいっても、八本の木の柱を持つ赤く塗られた四阿《あずまや》だった。いまは、ことあるごとに、「気の抜けたサロン人間」とか、「尊大なサロン生活」、「サロンの退屈、卑屈、窮屈」といった言葉を口にする人々がいる。他方で、わが家の庭園サロンに対しては、愛情のこもったやさしい言葉ばかりが繰り返し言われたものだ。年老いたマルタがコーヒーカップや、ビールのグラスまで外の庭園サロンへ運んできてくれたものだが、それが途絶え、年々歳々、庭園サロンは人気《ひとけ》のないまま過ぎていき、ついには、美しいジョウビタキの巣ができてしまってからはとくに、そのようなやさしい言葉が繰り返された。当時の私にとってサロンという語は、部屋《シュトゥーベ》という語に比べてずっと貧弱で、風通しのよいものだった。というのもこの語は、部屋という語ほど堅実には見えず、むしろ芝居がかった様相を呈していたからである（いま、その芝居がかった面は残ったと言えるだろう）。それにしても、この語が、私たちの考える部屋よりもはるかに豪華で壮麗なものを意味することになろうとは、当時の私は予想もしなかった。それどころか、私は告白しよう。すでに遠い昔、首都ウィーンのさまざまなサロンを歩き回り、そこになかば根を下ろした時でも、私は相変わらず、赤く塗られたトルコ寺院のような四阿の古びたイメージにずっとこだわり続けていた、ということを。それはちょうど、逃げおおせたスズメが、自分を縛っていた屈辱の糸を忘れないようなものである。サロンという語は、最後にはまったく建築物を意味しなくなり、ただ集いとか、党派とか、ついには書名〔ハイネの『サロン』〕(一)すらも意味するようになった。往時の私にとってならばこれは、当然、国の革命に匹敵する大変革だった。しかしいまの私は、どんな語もしだいに、自分が使おうと思うあらゆるものに使えるようになると知っているので、もはやまったく驚かない。それは私たちが、あまり悪い称号を与えるわけにはいかないと思っている人に毎日、「友よ」と呼びかけているのと同じである。この表現は、普通ならば、両親や夫は別として、人とのつきあいにおいて最高のものを意味しているはずなのに(二)。

しかし読者はここで、このあと私が、まるで粗野なひげ面の芸術家気取りのようにサロンに襲いかかり、これをさんざんこき下ろすつもりだろう、と恐れる必要はない。ついでに言うなら《ペル・バレンテージン》、私が耳にした限りでは、宮廷のサロンや、同好サロン、サロン生活にいちばん悪口雑言を浴びせかけたのは、宮廷や同好会、サロンに一度も行ったことのない人々だった。私はむしろ、あれやこれやのサロンの光景とはどんなものか、サロンとはどんな様相を示すものなのか、そこではどんなことがおこなわれているのかを、ただ率直に述べるつもりである。その任に当たり私は、このウィーンのサロンをすべて見たわけではなく、むしろ、見たものから他のサロンを推測している、ということを正直に告白しておこう。それに私は、すぐにも前もって言い添えておこう。サロン生活は、世間のあれこれの若い立法者が、市外区の酒場*に座って、この世紀の力を発展させている時、私たちに信じさせようとしているほど悪いものではけっしてない、ということを。むしろサロン生活とは、世界に多様な事物がある中で、もっとも多様なものを体験できる場である。ただし、そこで体験したことを私たちは、よく咀嚼《そしゃく》する必要がある。私はかつてある男を知っていた。その男は、ほとんどの人生をドイツのとある非常に小さな町でのみ暮らし、季節の変化のほかにはなにも変化がなかった中で、きわめて異常かつきわめて深刻な出来事をいくつも体験した。また、私は別の男を知っていた。その男は、数々のナポレオンの作戦行動に従事したが、まったくなにも体験しなかった。これらと同様のことは、部屋にいても、小部屋にいても、サロンにいても起こる。全地球そのものがひとつの小部屋であり、部屋であり、サロンである。ある者は、光や、雲、嵐、森林、人々の驚異のわざを目にし、別の者は、草や石、かすみ、そして顔を見る。それと同じように、多くの人々がサロンに行き、そこでネクタイや、燕尾服、手袋、絹のクッションを見て――ネクタイや、燕尾服、手袋、絹のクッションがこのサロンの本質である、と考える。彼らは、自分の家でもそうしたものを身につけ、これでわが家にもサロンができた、と考える。さもなくば、そうしたものをけなし、こういうものこそあのサロンのつまらなさと退屈さをよく表していた、と考える。どこでもそうだが、ここでもやはり、一面性は嘔吐を催させ、多様性は調和をもたらす。サロンには、アルプス地方に泥や岩石、沼沢地があるように、空虚さ、悪趣味、生ぬるい雰囲気、退屈さがある。通常は、同じ人間がこの両者を、同じように体験する。むろん、ここにもそうではない人々がいて、そのような人たちは強靱な再生産能力に恵まれているため、その想像力はどんな新しい認識にも抵抗する。すると彼らは、こんな抵抗が生まれたのは、自分の認識がまずくて非難すべきものだったからだ、と考える。そうして森の息子はサロンを、まったく耐えがたいほど荒廃していて、気の抜けた、苦痛に満ちたものであると思い、サロンの息子は森を、ばかばかしくて混乱した、退屈なものであるとみなす。しかし、両者ともに森もサロンも知ることはなく、ただ、自分たちの認識が変化したことを知るだけなのである。この世界には何千もの草があり、それらすべてが相まって草原となる。人類は何千もの優れた花を咲かせ、それらすべてが相まってこの人生となるのである。

さて、脇道へそれたこの前置きから本題のサロンの光景へ移ろう。それによって、サロンにはなにか体験できるものがあるか、サロンでなにを体験できるかを、読者ご自身で判断できるはずである。

人間は、人とのつきあいを好む存在である。だから人間は町を作ったし、だから人間は仲間と暖炉に集い、だからサロンが生まれた。可能であるなら、人は家族をくつろぎの時間に自分の周りに集めたり、あるいは、そこに、仲のいい友達を何人か呼んだりするし、芸術家や学者、道楽者、それに世界の半分を占める女性たちを集めたりもする。そのようにして、そこにはすでに本来、ひとつのサロンができている。夏の夕べ、農家の女中か下男たちが部屋で休息したり、家の前の小さなベンチに座ってぼんやりしたりするのも同じであるし、平地の労働者たちがたそがれ時に、仕事を終えたあとの余暇をみんなで過ごすのも同様である。都市や大都会に住む人々をそうした集いへ駆り立てるのも、これらと同じ気持ちである。わがウィーンでは、こうしたサロンの起源が、他の場所よりもはるかに色濃く残されている。それは、そもそも、くつろぎと相手への信頼にもとづくすべてのよき習慣が、わが国では、非常に容易に、かつ非常に深く根を下ろしているばかりか、きわめて長く、ゆっくりと歩みながら生き続けているのと軌を一にする。わが国には、狂信的かつ熱狂的で、迫害を旨とするような党派的サロンはまだ一度も生まれたことがない。わが国においていまもなお支配的なのは、軽い振幅、すなわち明るさが付け加わった原初的な目的なのである。

もちろん、ウィーンへやって来た当初の私〔三〕には、サロンという言葉がまったく奇妙な具合に思えた。早くも二日目に私は、ひらひらと風になびく自分の田舎者の髪がなんとしても気に入らなくなったために、「理髪サロン」へ迷い込むことになった。そこでは、白い上っ張りが幽霊のようにあちこちにぶら下がっており、つっかけを履いた理髪師が行きかい、父親が、思い焦がれたように窓辺に座っている娘のアーデルグンデに、なぜ本の読み過ぎはいけないのかを説明していた。私は、「製パンサロン」にも迷い込んだ。しかし、その何年かのちに、店を広げたいくつかの酒場が「ビールサロン」、あるいはたんに「サロン」と名乗るようになろうとは、当時はまだ誰も思わなかった。やがて、まったく平凡な集まりまでも、「サロン」を名乗るようになった。役柄を振り分けて朗読をする美学の集まりとか、グループ同士を引き合わせる集まりとか、有名な絵を活人画で再現する集まりとか、芽を出しつつある天才の最初の習作を朗読する集まりとか、タバコを吹かす集まりとか、ピアノが責めさいなまれる集まりとか。総じてどこでも、ソファが置かれ、そこに一家の主婦が座って、お茶をふるまい、ご機嫌いかが、と尋ねる。すでにこうしたいっさいが、いまでは「サロン」と呼ばれている。しかし、普通、サロンといえば、あの上品な社交室を考える。そこでは、たんに家族が折にふれて集まって休息したり、会話をかわしたりするか、あるいは、一日の特定の時間または特定の曜日に人々が集まり、そこへつねに外国人も顔を見せたりするか、のどちらかである。この場合、決まっているなんらかの好きな気晴らしにふけったり、ただ社交一般だけを楽しんだりするのが目的となる。しかし、名前や性格はどうあろうとも、すべてのサロンには、お茶やコーヒー、ないしはそのたぐいで始まって、そののち初めて本来の目的へ移っていく、という共通点がある。

われわれは、とあるカードゲームサロンに入っていくことにしよう。

この場合、ある年齢になるとおもちゃを取り替える、というのは、少なからぬ家庭で習わしとなっている。すなわち、八歳か九歳までは太鼓と人形だが、それがやがてパイプとリボンになり、最後には、色鮮やかな絵が描かれた小さな紙の板に替わり、これを使うために、大変な真剣さで座り続けるようになるのである。それどころか、この紙の板でどのように遊ぶのか、遊び方は何種類ぐらいあるのかを扱った本まである。他方、太鼓の場合、それをどう叩くかは子どもたちの自由にまかされるが、当然、頭が狂ってしまうような破滅的な自由に子どもたちを委ねることは許されない。太鼓の小曲を科学的に扱うべきだとか、太鼓の合奏によって子どもたちが真剣に楽しむことができる少年サロンを作るべきだ、といった話になることもない。しかしこうした話は、この先も長い間ずっと、かなわぬ願いのままであると思うので、ふたたび、色鮮やかな紙の板を用いた体系的な遊びに戻ることにしよう。

私は、座るという職業において大変熱心な男たちを何人か知っている。あまりにも熱心なので彼らは、横になるのに必要な夜の時間だけそれを中断するが、それ以外はずっと座り続けている。昼は仕事で、夜はゲームで。ただしつぎのような状況だけが異なる。仕事場では彼らはつねに同じ場所に座っているが、ゲームの時は、週の日数の分だけ家々を連続的に座りめぐるのである。いろいろな席の間を行き来することに、彼らは多くの時間を費やす。女性たちも、とくに彼女らが子どもの年齢に戻っている場合には、ふたたび遊びのセンスを示す。彼女たちは、とても美しい、とても幅の広い、とても色鮮やかな帽子を頭にのせ、きらびやかな衣装を身につけて、夕刻、まさに定例日《ジュール》を迎えているゲームサロンに姿を現すのである。とはいえ、総じて、この美しき性は、強い性ほどにはゲームをしない。いまは死体となって棺台にのせられた何人かの年金生活者は、一万六〇〇〇から一万七〇〇〇回の三番勝負《ラバー》をこなしたが、他方、その喪に服している未亡人たちはせいぜい九〇〇〇回を数えるだけである。

ゲームサロンを主宰するこうした家庭が定例日《ジュール》を迎えると（日《ターク》と言ってはならない。なぜならば、

「ジュール」のほうが洗練されているから）、早くも夕方には、社交を目的としたあらゆる準備が始まる。召使いたちは、パタン、パタンと音をさせながら、緑色の布を張ったテーブルを広げ、すばやくブラシがけと掃除をして、テーブルの位置をきちんと整える。それから、すべてのテーブルの上に必要なカードと、たとえば必要なチップなどが置かれる。長いろうそくを立てた銀の燭台が置かれ、両開きのドアが開け放たれる。すべての部屋を、期待の風が吹き抜けていく。お茶用やかんと普通は呼ばれる巨大な銀のバベルの塔の背後には、ひとりの夫人が、たいていはこの家の主婦だが、この夫人が鎮座していることが多く、紅茶がほのかなかおりを立てながら沸騰し始めると、ついに部隊が進軍してくる。しかも彼らは、他のすべての戦場ですでに傷病兵となっているが、こうした人たちこそ、しばしば、ここではもっとも役に立ち、もっとも最後まで頑張り通す兵士たちなのである。

　こうした真正のゲームサロンにおける一連の手順は、もともと、いたって単純である。歓迎のざわめき、ニュースの披露、お茶、指示が済むと、誘惑的な緑の戦場が占拠され、部隊が振り分けられる。沈黙が部屋を支配し、ただ、カードのはらりという音と、チップのカチャという音、単調な技術的表現だけが聞こえる。それ以外にはときおり、三番勝負《ラバー》か別のゲームの一部が終わったあとに、どっとどよめきがわき起こるだけである。もっとうまくやるにはどうすべきだったのか、とか、こんな結果になったのはなんとも不思議だ、などと言いながら。

　真正の純粋なゲームサロンでは、異質な要素、すなわちゲームをしない人々の存在を認めない。ただし、ろうそくの芯を切るひとりの召使いだけは別である。この召使いは、テーブルとテーブルの間を回りつつ、影のように航行する。ほかの召使いたちは、控えの間で退屈をかこっている。もし、さらにそれ以外の人、たとえば若い人たちなどがいるときには、彼らはまとまって、絶対に大きな声でおしゃべりしないように言われ、死にそうな三時間をどう過ごすか模索する。

最後にいすがずり動かされ、支払いがおこなわれ、勝ち負けをたがいにひやかし合い、マフラーやオーバーコートを渡してもらい、人々は満足して家路に就く。つぎにまた運が向いてくるのはいつだろう、昼の義務が終わり、今度どこかで、目にやさしいあの緑色の布が広げられるのはいつだろう、とひそかに楽しみにしつつ。

ゲームの詳細に立ち入ることは、この小文の筆者にはできない。というのも筆者は、こうしたサロンではなんの役にも立たないか、もしくは、極端に言えばろうそくの芯切りくらいしかできないからである。私はつねに、自分に可能な限り客観的な記述をするよう努めてきたので、ゲームサロンの退屈ということについて、あえて声を大にして述べることはしない。それは、ゲームサロンはすでにそれだけで、本質的で特徴的な喜びや気晴らしをいろいろ持っているはずなのだが、そうしたものは、私の観察力のつたなさと、ゲームの詳細に立ち入ることができない無能さのせいで、私の目をすり抜けてしまったのだ、と確信しているからである。ある種の市民家庭でもやはり、喜んでゲームとサロンを持ちたいと考えており、私は大変幸運にも、そうした家庭ですでに、特徴的な喜びと楽しみをいくつか見いだすことができた。しかし私は、残念だがこれは、論理的に思考する人には使用できない偶然的なケースにすぎないだろう、と恐れている。つまり、ある家庭では、ゲームの日にはつねに大きなケーキがひとつコーヒーカップの間で人目を惹いており、そのケーキのすばらしさは週ごとに前の週を上回って、明るさを生み出す大きな源泉となっていたからである。

のちには、さらに以下のことが習慣になった（もっとも、私にとっては、以下に述べることをゲームサロンの特徴として数え上げるのは恥ずかしい気がする。なぜならばこれは、専門家たちに言わせれば、ゲームサロンに付随するものというより、むしろ、これを醜くするものとみなされるだろうからである）。その習慣とはこういうものである。父と母がゲームのテーブルに座りきりで、もはや自分自身のほかにはなにも気にかけなくなる。すると、私たち若い者は女の子たちのもとに集まり（そこには、とびきり美しい娘がふたりいたのである。ゲームをする母親の中には、つりあいをよくするために、さらにもうひとり娘を連れてくる人もいた）、もう一度言おう、私たちは女の子たちのもとに集まり、若いミツバチのように群れて、遠く離れた窓の隅や、暖炉や、そういったものに寄りかかりながら、この上もなく楽しいおしゃべりをした。その時、守らねばならないことはただひとつだけ。それは、しらが頭の人々が座り、相場を張っているかなたのろうそくの灯りにまでくすくす笑いが届かないようにすることであった。いま思い返すと、私にとって、あの時ほど楽しかったゲームの夕べはない。もちろん私は、こうしたゲームの夕べは、その本性と体質上、死の萌芽を内に含んでいた、ということも付け加えなければならない。というのも、少女たちはしだいに成長し、結婚して去っていったし、父親が三番勝負《ラバー》に勝っている間に、少女たちは心を奪われていったからである。この喪失は、唯一の幸福であったし、あのゲームサロンで生まれた最高の勝利でもあった。実は、母は、娘たちのために最高の身分を手に入れようとしていた。とくに彼女は、すでに高い階級と地位を持っている国の官吏たちにご執心だった。それゆえ母は、たいていはすでに白髪になり始め、ゆっくり歩く候補者たち以外のいかなる者からも、娘たちを実に嫉妬深く守っていた。ただし、絵札を何枚か目の前に持っているときは、母は、娘たちは安全であるとみなし、おしゃれな若い男の子との他愛もない冗談ばなしを娘たちに許した。なにしろ娘たちは、かつて一度として比較的まじめな話に満足したことはなかったのだから。ところが娘たちは、この上もなく真剣な話に満足し、まさにあのしゃれ男たちと、確かに母からの評価は高くないが、その分若くて美男であるあの男たちと条約をとり交わし、神聖同盟を結び、防御連合を結成して、ゲームがあるときには毎晩このしゃれ男たちを呼びだしていたのである。そして、いくつかの嵐と、すすり泣きと、警告と、懇願ののち、彼女たちは同盟相手と結婚し、しばらくして、トランプの絵描きなどは一度も描けなかったようなとてもかわいくて愛らしい赤ん坊を父と母の家にもたらした。最後には、おのずと、このしゃれ男たちがしだいに出世し、肩書きと地位を手に入れることにもなった。しらが頭の人々は、いまでもなおゲームを続けている。しかし、窓の隅には人気《ひとけ》はないし、あの大きなケーキでさえ、テーブルの上に座っているさまがひどく寂しげなので（私は、その後も何回かここへ出かけていた）、どうしてかつてはこのケーキがあんなにも気に入ったのか、私にはわからない。この物語の完璧を期し、結末をより美しくするために、私は付け加えておかなくてはならない。私は、けっしてこの結婚した男たちのひとりではないが、当時、この仲間たちからもっとも深く信頼されていた、ということを。

すべて、いっさいが過ぎ去っていく。あの少女たちのすばらしい花盛りはどこへ行ってしまったのか。純粋な無を楽しんでとても幸せになれたあの心地よいすばらしい時間は、いまはどこにあるのか。私たちの目の前にひろがっていた未来の海は、いまはどこにあるのか。ああ、両親は髪が白くなり、体が震えるようになってしまったし、あの娘たち自身がいまは、花盛りを過ぎた母親になった。年月は風のように過ぎ去っていき、未来はただわずかな切れ端《はし》を残しているにすぎない。

正直なところ、首都ウィーンのサロンについて描写するのが私の義務でないなら、私はここで筆を置き、この世のはかなさ以外にはもうなにも考えないところだろう。それほど強く、私は、あの子ども時代の夕べへの追憶に襲われて、気が滅入ってしまった。それゆえ、私の青年時代にやはり一役演じたサロンの話にいまは移ろうと思う。そうするのは、当時私がそのサロンにいたからではなく、まさにそこに行かなかったからであり、それにもかかわらず、そうしたサロンは、私の驚愕と、賛嘆と、それに、もう告白してよいと思うが、羨望の対象だったからである。読者にはすでに述べたと思うが、私は大変幸せなことに、子ども時代を大都市の市壁の中で過ごしたことはなかった〔四〕。

その大都市ウィーンでの最初の冬を過ごすことになった時、私は、しばしば夕方、とある大きなお屋敷の前を通り過ぎなければならなかった。そのお屋敷は大儀そうな凝った作りをしていて、家の前の石の間には重々しい鎖が一本渡してあった。このお屋敷の窓はとても大きく、そのガラスは大変良質でよく光っていたため、昼間には、ほんのわずかでも中をのぞき見ることはできず、むしろ空と雲がその上に映っているのが見えた。しかし夜になり、外では雪が降ったり濃い霧が立ちこめたりしていると、ときおり、この窓がすべて、ダイヤモンドばかりでできているように光り輝くことがあった。重たげなカーテンのひだ飾りがその窓の内側で左右に分かれているようすや、シャンデリアの上で無数のろうそくがゆらめき、いくつかの黒い影があちらこちらへ行きかう姿が見られた。窓の下の路上には騎馬警官隊が控え、角ごとに歩兵警察が立ち、ひとりの騎馬警官が馬を駆って各部署の間を行ったり来たりしながら、秩序の維持に努めていた。というのも、数知れないほどの馬車がお屋敷の前でひしめきあい、停まったり、こちらに向かって走ってきたり、出発したりしていたからである。高いどの御者台の上にも、御者がひとりずつ、もくもくとしたオーバーコートか毛皮に身を包んで、高いところに悠然と座っていた。召使いたちが発する戦闘命令のような一声で、馬車が玄関前へ来るよう呼ばれると、ガラガラと轟音を立てながらそうした馬車が飛ぶように入口を通っていく。きらめく大きな握りの杖を持ち、幅の広い肩帯をつけているのにその上に大きな毛皮を羽織っている門番が、入っていく馬車、出て行く馬車の前でおじぎをしている。しかし、下のほうに立ち、灯りを見上げながらぽかんと口を開けて見とれている人だかりは、ここで今日集まりが、すなわちサロンが開かれているのだ、と言っていた。

当時の私がこのようなサロンという言葉を聞いて想像したのは、まったく驚異的でこの世にはありそうもないものだった。そこはきっと並々ならぬ世界に違いない、そこはきっと、感覚が麻痺するほど豪華ですばらしいところに違いない、一度でいいから、たった一度でいいから、そんな集いを見てみたい！

それから何年も経って、私は実際にそのような集いを見た。それもまさに、いま述べた同じ部屋で見たのである。そこは、重々しく、静かで、上品かつ豪華な装飾で飾られていた。すべてがセンスが良く、刺激的なものは皆無であり、目立つものもなく、すべてが調和し、すべてがたんに消極的で、そこにひしめきあっている人々とほとんど同じだった。ただ、もし古い、大きな絵画が何枚かあり、そのそばを通る人々が必ずしも世界のすべての絵画を見たわけではない、したがって、どんな絵を見ても不安を感じないならば、その古い大きな絵画は、すぐにもこの場の例外となり、一身に注目を集めただろう。明るく照らされた広い階段を上っていくと、そこには、レース飾りを付けた召使いたちが、マフラーやオーバーコート、マントなどを運びながら、上へ下へと走り回ったり、あるいは、主人のお供をしたり、主人の馬車を呼んだりしている。集まっている人々自身は、連なった部屋の林立するろうそくの間を動き回ったり、座ったり、グループを作ってぼんやり立ったりしている。そうした中で、ろうそくの灯りは、たくさんの鏡によってさらに密度と輝きを増していた。服装は、派手というのではなく、質素だが洗練されており、装飾品はいずれも本物だった。すべての人のふるまいが落ち着いて、調和が取れており、自由ですきがなかった。しかし、これらを長く見ているうちに、しだいに息苦しくなってきた。というのも、すべてが同じであり、すべてが教えられたとおりであり、あるいは、この種族の型どおりの表現だったからである。個々人は重要ではなく、ただその全体だけが重要だった。だからこそ全員がまた、全員の家にも行った。やって来て、会話を交わし、歩き回り、立ち去っていく。たいていは、さらに別のこうしたサロンを訪れるために。このような到来と会話、見たり歩いたりがしばらく続いたあと、このサロンは終了となった。「ああ、なんと恐ろしい退屈！」と、ここで何人かが大きな声で言うのが私の耳に聞こえる。しかし私は言おう。すでに誰もが何千回も聞いたことしか言わず、すべての人に向かって何千回も言ったお世辞しか言わない人々、そういう調子のいい人たちのなかに、世界史の輻《や》の回転に腕を貸した深遠で力強い人も何人かいたかもしれない、しかしこのサロンでは、そういう人たちもまた、洗練された物腰というやわらかな手綱を握って、なめらかに滑っていたのだと。そういう人々がちょっとしたお世辞、ちょっとしたいやみにすぎないいくつかの言葉は言ったかもしれない。しかし、それをしかるべき人が遠い国々へ伝えると、その言葉がそこでは、王冠を載せるクッションを圧迫する重大な重しとなるのである。

私は告白しよう、私もまたあの時つらい退屈を味わっていたのだと。なぜならば、すべてを見聞し、すべてを体験し、すべてを味わい尽くしてきた人々は、そうでない人々とは会話の仕方が異なる、ということを私は考えもしなかったからである。また、そうした人々は、異常なことを、良きにつけ悪しきにつけ、なめらかに、落ち着いておこなうのであって、けっしてそれを感情の嵐のままにおこなうことはない、ということを私は知らなかったからである。もし、当時の私に同じ課題が与えられていたなら、私は、若かった自分の心の中の激しい感情のままに行動してしまっていただろう。

それに私は、こうした人々の多くは、社交と楽しみの場所としてこのサロンを訪れているわけではないと思っている。彼らにとってサロンへの訪問は、手早く片づける一種の儀式であり、挨拶としてちょっと帽子をつまむのと同様の礼儀なのである。彼らにとってこれは、よそでもおこなってきたからいまここでもおこなう慣例なのである。ある人々は、昼につらい仕事をして時間をやり過ごし、いくつもの案件を考え、いくつもの用件を処理してきたかもしれない。そうしていま、このきらめく流れの中に身をゆだね、なめらかな使い慣れた決まり文句を無意識に唇から滑りださせることで、頭と心を休ませる。

別の人々は、このサロンにやってきて、実際に、その種の大きなもの、上品なもの、貴族的なものを見いだし、自分を大きく、上品で、貴族的に見せるかもしれない。だから、そうした人々はすぐに立ち去っていく。こうした人々は、実際にはじめから、社交の喜びを味わっており、こうした人々にとっては、サロンの概念はもっとも純粋に保たれている。外の路上に立っている大衆もまた同じ考えである。大衆は、上流階級の人々が幸福と豊かさの中を浮遊しているさまに感嘆し、これをうらやんでいる。大衆は、自分が見上げているお屋敷の中に、至福の海を思い浮かべているのである。

しかし、いくらか時間がたてば、貧しき者も富める者も、身分卑しい者も高い者も、召使いも主人も、みな眠りについて埋葬される。夜の闇が町を覆えば、その闇の下では、すべての鼓動する心臓は平等なのである。

別の種類のサロンは、革命以前のフランスで盛んだったあの女性社交界の時代〔五〕を彷彿とさせる。そこでは、精神と社交性において抜きんでたひとりの夫人が、彼女のお気に入りの著名人を自分の邸宅に集めて、集いを催した。もちろん、この社交界が手に入れた全ヨーロッパ的な名声には、いまのパリの社交界もウィーンの社交界も及ぶべくもない。あのころの私たちにとっては、フランス人はまだ、哲学の先生、とくに、あの軽くてきらびやかだが、今日ではまったくの無であると認識されているヴォルテール哲学の先生であったし、諸芸術の先生、流行のファッションの先生でもあったが、とりわけ重要だったのは、交際術における先生だった。そのため、もしそうした夫人たちの誰彼に紹介されたりすれば、それは、王にとってさえ名誉なことであると思われた。今日では、様相は一変した。あの人文主義的で世界市民的な集いが、さまざまなクラブや、政治的な党派サロンに席を譲ったのである。

しかしわが国では、以前からも、サロンはもっと無害な形で営まれてきた。というのも、ドイツの女性たち、その中でもやはりとりわけウィーンの女性たちは、祖先の女性から虚栄心を受け継いでいるにもかかわらず、大変柔和で純真すぎるくらいであるため、フランス人のように、自分をひけらかしたり、自慢したりするところまで思いあがることはできないからである。フランス人はいまでもなお、パリを世界都市であり、光りあふれる教養の中心地であるとみなしているし、自分たちの文学だけが唯一の文学であるとみなしているではないか。わが国でこうした精神的なサロンが成立した場合、それは、とうていそうした特徴を持ちえない。むしろ、あるサロンなり、別のサロンなりが、偉大な精神の持ち主にまさに喜びを感じたり、ひとりの夫人が天才の所産に好感を抱いたりすれば、その夫人は、いわばイギリス人のように、その天才のコレクションを自分の部屋に置いておくのではなく、自分がとくに愛する天才を彼女の集いに加えるのである。

読者のみなさん、鏡のようなひと並びの窓が二階から明るい広場を眺めているあのお屋敷に、私と一緒に入ってみよう。玄関の階段には、ふんわりと藁《わら》入りマットが敷かれている。私たちは、広い玄関の間を通ってサロンへ入っていく。私たちふたりは目に見えないので、すでに集まっている人々をなおいっそう遠慮なく観察できる。今日の集まりには、とくに大勢の人々が訪れている。あそこにいるやや年配の女性が、この家の夫人である。彼女は、赤い絹を張ったクッションの背に軽くもたれかかっており、まなざしは聡明そうだが、外見は、芸術愛好家らしいというよりはほとんど家庭の主婦である。彼女は、自分の前に立っている若い男を見つめ、微笑を浮かべながらその話に聞き入っている。彼女が本来このサロンの主催者だが、主催者席、すなわちいやに幅が広くて長いソファには、彼女は腰掛けていない。むしろこのソファの真ん中をたったひとりで占領しているのは、すでに髪が白くなり始めている快活な男である。彼はとても屈託がないというより、むしろ素朴なくらいで、まるで、そこへ座るよう強いられた女性のようである。私には、その人の名前を挙げることは許されない。そうでなければ、君はその人の言葉を聞いてきっと何度も喜びと高揚感を感じた人だ、と言うところなのだが。君にはいま、長いすがすべてホールの真ん中にあるのが見えているだろう。まっすぐだったり、斜めだったりして、いわば偶然そのように置かれたかのようだ。これがいまの流行なのである。そして、背もたれがまったくない長いすにも、真ん中に背もたれがある長いすにも、すべてに、若い女性のグループや、この女性たちと話をしている男性たちが座っているのが見えるだろう。ここには、通常よく見かけるお茶用やかんはない。というのも、集いの終わるころ、つまり一〇時ごろになってようやく食事を取ったりお茶を飲んだりするのが、この家の習いだからである。壁には、一流の芸術家たちの絵がかかっている。

この家の夫人と話をしている若い男は、彼女のおいである。彼は商人で、面白おかしい話題をたくさん持っており、それをいまおばに話して聞かせている。とても濃い黒髪の、長い、美しい巻き毛を持ち、大きな黒い目をした女性は、夫人の娘である。この娘の隣にいる金髪の女性は、めいである。彼らが話を聞いて大笑いしている頑丈で、すらりとした、白髪の男性は、学問の世界でこの上もない権威を認められている人である。それにもかかわらず彼はとても愉快な人なので、彼が歯に衣着せぬ冗談を言うと、若い女性たちはいつも、思わず知らず、自分の美しい歯のエナメル質を見せる羽目になる（この男性は、のこ引き台のようなむっつり人間でも笑わせることができる、と評判なのだ）。窓辺で論争しているあのグループは、ある小さなサークルのメンバーで、そのサークルは毎日モーツァルトを賞讃して、毎日言い争っている。この人たちの言うことにほほえみながら耳を傾けている男性は、心地よさそうに安楽いすにもたれかかっているので、まるで、これが彼の毎日の仕事であり、仕事はもっぱらこれしかないかのようである。この男性こそかの――にほかならない。しかし、私には彼の名前を挙げることは許されない。彼の名は、ドイツ語が話される限り挙げられるだろうし、おそらく、われわれすべての名前が消えてもなお、挙げられ続けるだろう。それどころか、われわれが消えた時には彼の名は、たとえ孤高であろうと、さらに輝きを増してそびえているはずである。彼は、何千という人々の心を魅了してきたし、何千という魂を高揚させ、何千という人々に、彼の言葉が持つ美しい穏やかな習慣を注ぎ込んできた。ドイツの優秀な人々についてみずからも分厚い書を書いた何人かの人々が、彼をあっさり片づけるなら片づけるがよい。このあたりのことについて一家言を持つあのイギリス人が予言したように、後世は彼をそのようにあっさり片づけることはできないだろう。しかしこの集いでは彼は、目立ちもせず、ごく自然に座っているだけなので、「あの人は、ここに集まっている人々の中でもっとも控えめな人です」、と誰かが言っても、それは、彼の特徴をおおむねとらえていると言ってよいだろう。

彼の精神生活において若いころライバルだったのは、先ほど述べた、ソファに座っているあの男性である。この先、両人は並び称されることになるだろうし、人々は、ある時は一方の人によって、またある時はもう一方の人によって元気づけられることになるだろう。そして、「あのふたりは竹馬の友だったのだ」と言われるようになるだろう。このふたりの控えめで物静かな、温厚な態度は、現代の多くの天才たちにも見習ってほしいものである。とはいえ、この若い人たちが本当に天才であるなら、やがて彼らも、このふたりと同様のまさに控えめな態度を持ち、落ち着いたようすを見せるはずである。ただしそれには、さらに歳月が流れる必要があるが。そのほかの、天才でない人々は、この世とともに引き裂かれ、滅亡するに違いないのに、自分たちは天才であると思う、などとでしゃばってくることだろう。

今日は、画家の姿も君には見えるはずである。音楽家の姿も見える。もっとも、きわめて厳密に言えば、ここに集まっている人々は、男性も女性もみな音楽家なのであるが。なぜならば、ピアノを弾けないとか、ヴァイオリンやその他の楽器を使えないという人は、ここにはひとりもいないからである。それどころか、あそこに座っている人の役職はおよそ音楽とは無縁なのに、彼ののどには、心地よい歌声を聴かせる真の魅惑的な小夜鳴き鳥が住んでいるくらいである。それゆえ、ウィーン中の人々が、彼の名を聞けばつねに、その役職ではなく、歌手として彼を思い浮かべるほどである。

人々はここにまったく無理なくなじんでいることも、君は見て取るだろう。誰でも好きな時に来ていいし、好きな時に帰っていい。座ったり、歩いたり、立ったり、挨拶したりということにマナーがあるわけでもない。人々は望むままにグループを作ることができるし、たいていはそれを、気分や、あるいは会話の必要から引き合わされるままにおこなうのである。このサロンは、決まりがないのが決まりである、ということによって、他の文学サロンや芸術サロンと区別される。ここでは、文学に苦しめられる、ということがまったくない。朗読したり、目の前で演奏したり、批評しあったりという時間も日程もなく、このサロンはまさに、どんな日でも確実に、人を引き付ける誰かに会える場所なのである。これこれの日になにを話し、なにについて語るのか、みんなで一緒に語り合うのか、あるいは部会が、それどころか対話までもが準備されるのか、たとえば歌ったり、笑ったり、議論したり、あるいは沈黙さえ要求されるのか、こうしたことすべてが、けっしてあらかじめ決められているわけではない。まさにここには、まったく任意の交際の自由がある、というべきである。強制と規則としてすべての人に課されるのはただ、やさしさと思いやりの気持ちを持つことだけである。この点に関して君は、ここにいる人の誰もが、穏やかでやわらかな糸に、促されてはいても、縛られてはいない、と感じていることに気がつくだろう。しかし、その代わりに、この集いに招かれるのは栄誉なことでもある。偉大な精神の持ち主が唯一の決定的影響を与えるのではなく、その人でさえ、いま述べたようなまっとうなふるまいと中庸を守る。そのため、新しいメンバーも、すでに存在している調和にとって異質な要素になることはない、と誰もが確信できるのである。そのようにしてのみ、どんなに変わった見解であってもここでは支持を見いだし、妨害や不和は生じない、ということが起きる。なぜならば、ただ論拠と論拠が戦うのであって、けっして人間同士が戦うわけではないからである。このサロンに比較的長く出入りし、あらゆる極端なものを避けるこの均整の取れた環境を知る人は、古いタイプのあの丁寧さがしだいに失われていくのはいかにも残念だ、ということを痛切に感ずるが。そうした丁寧さは、いまでもなお、あちこちの古風な愛すべき老人に認めることはできるのであるが。この丁寧さは、とても軽やかに、目立たないうちに自我を捨てさせて、他の人に活動の余地を与え、その人にみずからの異質さを感じさせない。この丁寧さは、自分よりも弱い立場の人々、たとえば美しき性に対する時にもっとも気高い姿を現す。そのような場合、人は、自分の強い力を少しもかいま見せずに、自分はこの美しき性を守り、思いやるために存在している、という義務を優雅になすのである。私は、この丁寧さと寛容さを貫くためには、他人を押しのけてまで自我を通そうとする今日の態度よりはるかに大きな力がいる、ということにしばしば気がついた。こうした我欲は今日、社交においても文学においても非常に幅を利かせているため、ある一冊の本において出会うのは著者ばかりでさっぱり内容に行き着かない、ということがしばしば起こる。

しかしわれわれはここで、あれこれ考えるのをやめねばならない。なぜならば、ちょうどいま、テーブルに就くよう促されているからである。君もいま、帽子を手にしているふたりの紳士を見て、ここでは食事に残らなくても失礼にあたらない、ということに気がついただろう。しかし私たちふたりは目に見えないので、私たちにナイフやフォークが用意されることもない。そこで、私たちもここでいとまごいし、もう少し、まだこの時間も活動中の小さな音楽サークルをのぞいてみることにしよう。

　私たちは、目に見えないままこのサークルに入れることを神に感謝しなければならない。というのも、もし見えていたら、そこに入ってよいと許可してもらえたかどうかわからないからである。玄関の間を後にし、使用人部屋を通り抜け、生花が飾られた階段を降りて、闇夜の中へ出る。しかし心配しなくてよい。わが音楽家集団がいる音楽ホールまでさほど遠くはないから。彼らは、すでに*ライプツィヒの戦いの時から、音楽活動をしている。チェリストは、その当時はまだ愛国詩人だった。彼は最近、一杯のワインを飲んで口が軽くなり、あのころ、ナポレオンを侮辱するどんなひどい詩を書いて、それを横断幕に作ったか、初めて私に話して聞かせた。そして、もしフランス人がその詩の作者を知ったなら、彼らは間違いなく自分をズタズタにしていただろう、なにしろ、自分は二〇年前にパリにいたのだから、と言った。その詩を書いた時から現在までの間に、彼はなんと大きく変貌したことだろう。いまの彼はもはや、二股かけた人間ではない。あのころの炎は燃え尽きてしまい、ささやかな家庭生活と音楽に満足している、と彼は言う。音楽はいまでは、自分の唯一の情熱の対象であり、幸いにも志を同じくする友人と専門家を見つけ、彼らとともにこの比類なき芸術に身を捧げている、と彼は語った。「私は、クヴェンガーのサロンにチェリストとして加えてもらっていることに満足しています。私は、あなたをあのサロンに紹介したい。あそこへ行けばあなたは、ウィーン中でももっとも精密な音楽を聴くことができます。人が多すぎて邪魔されるのではないかと恐れる必要はありません。なにしろ、たいていは演奏者しかいないんですから。ろうそくの芯切りはいつも秩序を乱したものですが、*ミリーろうそくの発明以来、彼らはこの芯切りを解雇しました。以前使っていたろうそくには、どうしてもはさみが必要だったわけですけどね」。この人は、こう語った。しかし私は、いずれにしても、クヴェンガー氏もそのサロンのことも大変よく知っている。だから、どうしてこのチェリスト氏があのサロンで私を見たことがなかったのか、皆目わからない。というのも、数年前から私は、クヴェンガー氏の音楽を聴いているただひとりの聴衆だったからだ。つまり私は、彼らの演奏会が開かれれば必ず聴きに行ったわけではないが、数回は聴衆がいた、その聴衆とはほかならぬこの私だった、ということである。これを読むと、クヴェンガー氏の音楽はずいぶんひどいものだったから、だれも聴きに行かなかったのだ、と思う人もいるだろう。しかしこの考えがいかに間違っているかは、つぎのような事実を知れば明らかである。ウィーンには、聴衆のいない音楽会などひとつも存在しないが、クヴェンガー氏とその友人たちは、誰かが友人や懇意の人を連れてきたいと思う時以外は、むしろまったく聴衆を望まないのである。しかも、そうした友人などが来たとしても、その人は、演奏しているメンバーが楽器をわきへ置いて立ちあがるまで、遠く離れた革張りのソファの闇の中にじっと静かに座っていなければならない。しかし実際その音楽は、チェリスト氏が述べたように、ウィーンで「もっとも精密な音楽」だった。「それならば、なぜ人々はその音楽を聴かせてもらいたいと思わないのですか」、とお尋ねになるかもしれない。「その音楽を人々に伝えるのが彼らの喜びではないのですか、魅了された聴衆の感激こそ、修練を積み重ねてきた芸術家へのもっとも麗しい報酬なのではないのですか」と言って。その疑問に対しては、私はもちろんつぎのように答えなければならない。クヴェンガー氏とその友人たちにとってはそうしたことはまったく重要ではない、彼らは、自分たちの音楽に、まったく別の種類の喜びを感じているのだ、と。読者にはあの木のボタンを思い出してもらいたい。あのボタンは、バラバラに分解した後、多くの試行錯誤を重ねてようやく元通りに組みあげることができる。あるいは、あの鉄の枠を思い出してもらいたい。この枠から巧妙にたくさんの輪を外したり、またはめ込んだりできる。こういうボタンや枠が、クヴェンガー氏とその友人たちにとっては、音楽なのである。

彼らは本来は四重奏団であり、その四重奏をまとめあげるのは大変難しいことだった。クヴェンガー氏は、当初は、自分の住まいの大広間を、たんに自分の個人練習用に整えただけだった。彼はここで何年もの間、さまざまな作品から第一ヴァイオリンないし第二ヴァイオリンのパートを習得し、やがてそれらを、少しもテンポを外すことなく演奏できるようになった。彼はこれを、一〇〇もの曲でこなしたのである。彼が家でしばしば、五時間から六時間絶え間なく練習していることは、誰もが知るところだった。しかし、実演に際し誰かと共演するのを見た人はまだ誰もいなかったし、彼と共演したいという人も誰もいない、と言われていた。しかし彼は、ふたつのヴァイオリンの演奏が融合するさまを見てみたいと憧れていたに違いない。ただ、そのためには、テンポの問題を解決しなければならない。それは、ひとつのヴァイオリンで演奏する場合よりもはるかに難しい、ということは彼にはすぐわかった。三つならもっと難しいし、まして四つとなったら！

それでも、しだいに四重奏のメンバーが集まってきていまや彼らは、頭こそ白くなったが、若者の熱い情熱をもって演奏しているし、すでにライプツィヒの戦いのとき以来、四重奏団を結成して、おたがいの努力に対し純粋この上ない、きわめて抽象的な喜びを感じているのである。なにしろ彼らは、取り組んでいる曲を完璧な数学的精密さで演奏できるようになるまでは、たとえ三〇〇回の練習が必要であろうとも、けっして休憩も休息も取らないのであるから。それに彼らは、テンポというものに対してきわめて鋭敏な耳を養ってきたため、ほんのわずかでもずれているとすぐに、これ以上ないほどはっきりと不快を感ずるし、たがいの演奏をたがいに融合させ、たがいをよく知り信頼しあっているので、彼らだけで完結した音楽世界を作り、彼ら自身が自己の聴衆となっている。しかしその際、感覚が研ぎすまされているので、部屋を通る足音やささやき声でも、彼らにはきわめて耐えがたい妨害となる。それゆえ彼らにとっては、自分たちしかいないのが最善なのである。というのも、ほかの人々にとって音楽とその伝達を非常に貴重だと思わせるもの、すなわち音楽の美しさは、読者にもすでにおわかりのとおり、クヴェンガー氏とその友人たちにとっては、まったく問題外なのであるから。彼らにとっては、音楽の美しさは、たんにひとつの問題の解決であるにすぎない。彼らももちろん、曲の美しさについて語ることはある。しかしそれはつねに、先に述べた木のボタンのパズルと同じで、その解法を発見し、組みあげることに成功した人が、別の同種の木のボタンを見つけると、「これはもっと巧妙にできていて、もっと解決が難しい」、と言うのと同じようなものである。

このことから、以下のような現象も説明がつく。この四重奏団、すなわち四人の友人は、しばしば公開の演奏会に現れるが、ある演奏をすばらしいとほめることは滅多にない。自分たちの意見を補強するために、その演奏が精密でないことを証明する実に決定的な証拠をいくつも挙げて、他の人々を納得させようとする。他方、あれこれの音楽作品の美しさが話題になっている場合には、この同じ徹底した友人たちがきわめて落ち着いてさまざまなことを述べ、どの作品も同列にしてしまうので、他の人々は誰も二の句がつげなくなる。しかもこれらのことを静かな確信を持っておこない、その一方で音楽の数学性に関する膨大な知識をかいま見せるので、多くの人が早くも自分に自信をなくし、自分はまったくなにも知らない、と思ってしまう。しかし、クヴェンガー氏の練習に幸運にも何度か立ち会う機会を得た人には謎が解けるのである。クヴェンガー氏とその友人たちは、すでに一〇〇以上もの難曲をこなしてきて、いまもっとも取り組みたいと思っているのは、ベートーヴェンの最後の弦楽四重奏曲のいくつかである。彼らは、やたらにベートーヴェンをほめあげている。

もし私が作曲家なら、じっくりと腰を据え、ただクヴェンガー氏のためだけに難解の極みを尽くす曲を書いて、氏の弦楽四重奏団に至福の喜びを与えてやりたいと思う。なぜならば、彼らはその曲を弾きこなす作業に喜々として取り組み、たとえ四人の永遠のユダヤ人*のごとく年を取っても、練習をやめないであろうからである。その際に、メンバーの誰かが極度のしかめつらをしたとしても、それは当然、彼らにとってはなんの妨げにもならない。なぜならば、その人はそうしないわけにはいかないからである。そのしかめつらは情熱のあらわれなのであるから。そして彼は、もはや肉体的な力や技能だけでは足りないので、魂の奥底からの力で手助けするしかなくなる。こうして、たとえばチェリストはすべての音符を口でかみ砕く。そのようすは、一六分音符の森がやって来ると、実に同情に堪えない光景を呈する。口の両端が、いわば稲妻のようにすばやく動かざるをえなくなるのである。ヴィオラ奏者にも流儀がある。ただしそれはもっと品格があって、落ち着いている。彼は、音符の多い少ないを同一のテンポにのせるのに応じて、体をやわらかく前へ傾けたり後ろへそらせたりする。あるいは、フォルテであるかピアノであるかに応じて、立ちあがったり低くかがみ込んだりする。第二ヴァイオリンは、ほんのわずかだがむしろ足も使ってヴァイオリンを弾くほうが多く、第一ヴァイオリンのクヴェンガー氏は、上品さも保っているので、実に静かに腰掛けている。

弦楽四重奏の演奏が終わると、えりすぐった食事になる。ただし、けっして音楽ホールでは食べない。音楽ホールは、音楽のためだけのものだからである。このホールは音響効果のよい作りになっており、反響をやわらげるためすべての壁がウールの絨毯で覆われている。ここには、楽譜を収めた引き出しと楽器を収納するケース、いくつかの机とひじ掛けいす、それに一番奥の革張りのソファ以外には調度品はない。革張りのソファにはときどきクヴェンガー氏が横になって、練習で疲れた指を休めつつ、頭の中で楽譜の先をおさらいする。夕食は、この家の主の通常の住まいで出される。クヴェンガー氏はそこで、チェリストの皿にたっぷり料理を盛りつけてやる。というのも、チェリストはあわれな貧乏人だからだが、その一方でクヴェンガー氏は年に数千ターラーを消費することになる。クヴェンガー氏の弦楽四重奏は、毎週水曜と土曜に開催される。

別の、実際これとはまったく別の音楽サロンは、某家で開かれる。ただしここにはここの流儀がある。それは、古い音楽しか演奏しない、というもので、もちろん洗練された趣味を持つ極上の曲を取りあげる。新しい曲は、どんなに良いものでも、すべて排除すると定められている。メンバーは、新しい曲を試しに味わいたければ、ほかのサロンを訪れなければならない。

古い時代の文学、たとえば、宗教改革時代や中世、古代ギリシャ人やユダヤ人たちの作品などを読むサロンもあればよいのにと思う。その場合には多くの人が招待されたり、自分も出かけていったりして、アルプスの向こう側にどんな人々が生きていたのか知るようになれば、すばらしいと思う。しかし、私の知る限り、そうしたサロンはひとつもなく、ただ、ひとりふたりの孤独な人が、自分のソフォクレスやアイスキュロス、ホメロスと向かいあって、じっと耐え忍んでいるだけである。こうした事態は、まったくけしからぬ罪である。私は、いわゆる教養人でさえ、いや、作家でさえ、それどころか詩人も、古代ギリシャ語を一行も読めない、と言いたいわけではない。古代ギリシャ語は、比類なき言語であって、そこでは、現代のどんな作品をもはるかにしのぎ、後世のすべての世紀の人々がいかに努力しても追いつけない比類この上ない作品が書かれている。この言語が、わが国の多くの人々からは、たんなるもの珍しい骨董品のように扱われ、些事にこだわる学者にまかせておけばよいとみなされているのである。しかし、その代わり作家たちはフランス語ができ、成果をあげている。それがどんなものになろうとかまわないが、ただし、詩《ポエジー》にだけはなっていないようである。

いまは音楽について語っていたところであり、私はさらに、定期的に、しかも大変優れた音楽活動をおこなっているいくつかの集いを紹介することもできる。ウィーンは、音楽の都という古くからの名声をいまもなお保っていると、私は思っている。ウィーンは、優れた音楽を聴かせる都であり、えり抜きのサークルならば熟達した音楽を聴かせる都でもある。しかし、われわれの文章の表題は「サロンの光景」であり、そうした音楽の集いは、とくに問題のない私的な集まりでもあるので、ここでそれを取りあげることは許されない。

もちろん私は、まさにサロンすなわち非常に大きな部屋で営まれるサロン生活についても語るべきであろう。そうした部屋には、鏡やひじ掛けいす、ソファ、飾りひだのある室内装飾、その他の調度品などが備えられ、使用人もいる。こうしたサロンを主宰するのは、何人かのとても高貴な夫人とか、趣味のよい夫人、エレガントな夫人、道楽好きの女性（ほかになんと呼べばいいだろう）などである。ここには、人々が特定の日にいわゆる社交のため集まる、という目的がある。すなわち彼らは、ドレスを着用し、指には指輪、腕には金の腕輪を付け、髪と髪飾りを美しく整え、金かその他の鉱物、たとえば、研磨された炭素の結晶〔ダイヤモンド〕（これが、彼らの一番のお気に入りである）、さらには、酸化アルミニウムの結晶〔ルビーかサファイア〕などを身につけ、腰を下ろして、これらすべてに静かに物言わせる。私は、これがこうしたサロンの一番の目的であると、苦労の多い推論を重ねた末に、ようやく発見した。というのも、人間は至福の絶頂にあると、言葉を必要としない、最高度の歓喜は寡黙なものである、と言われるからである。

しかし人間は、自分の幸福を見せびらかすのではなく、むしろそれを隠したい時には、なにかを語るようなふりをする。そのような時の人間は実際よく語るが、その人の魂と分別は、その語りの場にはいない。その人の言葉は空虚である。その人は、自分の言葉がなにかを意味するよう、骨を折ったりはしない。その人の心は別のところにあるからである。さて、私は、実に多くのそうした美しい女性たちの言葉が空虚であることを見て取った。彼女たちは、語る価値のない言葉を語っている。誰が結婚したとか、誰が亡くなったとか、また誰が結婚したとか、またほかの誰が亡くなったとか、誰が誰それと親戚であるとか、また誰がほかの誰々と親戚であるとか、要するにこうした語りは片手間にすぎない、彼女たちはとても満足しているように見えるので、彼女たちは心の中に至福を抱いているに違いない、それが、彼女たちがここにいる真の目的なのだ、と私は推論した。

さらにいま私は、人々はこうした社交のために、多くの気遣いと用意周到な準備、そしてしゃくの種をもって、衣服と装飾品をうまく組み合わせていることに気がついた。そのため、この衣服と装飾品がこの社交の目的であると容易に発見することができたのである。こうしていまや私には、すべてのことが明らかになった。自分のマンティーラを意識してあそこに座っているひとりの女性の静かな微笑の意味も、腕輪が効果的な別の女性の親切の意味も、さらに、驚くほど美しい手袋も、絹のスカートも、髪飾りも——。こうしたサロンには、美男も好んで姿を見せる。彼らは申し分のない手袋をはめ、いくらかたくわえたひげをきれいに調整し、そのほかの衣服も肌着も一流品である。こうしたサロンは、非常に多くのクッションや、ソファ、鏡、お茶用やかん、テーブル、絹製品、絨毯、カーテン、などなどを見せるのも好む。このようなものの中にいると退屈する、と言いたがる人もいる。私には、これだけ多くの豪華な品々に囲まれて本当に退屈することがあるのかどうかわからない。それゆえ、その当否の決定はほかの方に任せたい。私には、この種のサロンについて多くを語ることはできない。なぜならば、運良くどこかのサロンに入れたとしても、私はいつももっともみじめな思いをし、贅沢さと人々の語り口に酔っていたように思うからである。

誹謗中傷や名誉毀損、あるいはそのたぐいを目的とするサロンについては、私は語らない。というのも、そうしたものが存在するのかどうか私はよく知らないし、あるいは、それはむしろ、私的な集まりとか、たんなるグループの一部がそのような方向へ枝分かれしているだけなのかについても、よく知らないからである。しかし、そうしたサロンが育っていることはわかる。この帝都は確かに田舎町ではないが、田舎者の集まりではあるのだから。

食堂での小さな会合とか、喫茶店での社交パーティーのような、公共の場所で催される集まりについても、私は語ることはできない。というのも、それらはサロンの範疇に入らないからである。私たちは、サロンについてのこのささやかなスケッチを、次のような希望で締めくくることにしよう。どうかこのスケッチが、サロン嫌いの読者にとって、サロンの訪問そのものよりも退屈だった、ということになりませんように。

訳注

〔一〕 Heinrich Heine : Der Salon。一八三四年から四〇年にかけて四部作として刊行された。

〔二〕 「友よ」の原文は „guter Freund"。本来は最高の呼びかけであるのに、いまはくだけた表現になり、格が落ちているので、本当はふさわしくない、ということであろう。

〔三〕 ボヘミアの、ドイツ名オーバープラーン（現在のホルニー・プラナー。チェコの最南端）に生まれたシュティフターは、一八二六年、二一歳の時にウィーン大学に入学している。

〔四〕シュティフターは、ボヘミアで生まれ育ち、その後、二一歳でウィーンにやってくるまでオーバーエスターライヒのクレムスミュンスターで過ごしたため、少年時代にウィーンのような市壁の中で暮らした経験はないし、あるいは、市壁があるような大都市で暮らしたこともなかった。

〔五〕一七世紀初めのランブイエ公爵夫人（一五八八―一六六五）、一七世紀中ごろのラファイエット夫人（一六三四―九三）、一八世紀中ごろのポンパドゥール夫人（一七二一―六四）らのサロンを念頭に置いていると見られる。

解題および解説

一　原著および挿絵について

本書アーダルベルト・シュティフター編『ウィーンとウィーン人』は、Wien und die Wiener, in Bildern aus dem Leben. Mit Beiträgen von Adalb. Stifter. — C. E. Langer. — C. F. Langer. — Nordmann. — A. Ritter von Perger. — D. F. Reiberstorffer. — Ludw. Scheyrer. — Franz Stelzhammer. — Sylv. Wagner u. A., Pesth. Bei Gustav Heckenast, 1844, XXI, 454S. の全訳である。

原著は一八四四年にオーストリア帝国に属するハンガリー王国の都市ペスト（現在のブダペスト）の出版業者グスターフ・ヘッケナストから八人の著者による共著として刊行された。副題を含めてタイトルを訳せば『ウィーンとウィーン人、生活からのスケッチ』とでもなるだろうか。編者の名前は原著には記されていないが、本訳書ではシュティフター編とした。あとで示すように、シュティフターが実質的に編者の役割を担っていたからである。シュティフターを含めて著者たちの経歴については解説の最後のほうで述べる。なお、原著では各文章に番号は付されていないが、本訳書では「まえがき」を除く五五編の文章を便宜上、第一から第五五までの章として扱った。

『ウィーンとウィーン人』の原著には、一八四一—四四年に一五分冊で刊行された版、およびこの分冊版と同じ組版にもとづいて一八四四年に合本で刊行された版の二種があり、合本版にはさらに、（一）三〇葉の挿絵入り版、（二）二六葉の彩色挿絵入り版、（三）挿絵なし版の三種類があるという。本訳書の底本はいまあげた合本版の（一）にあたる。ちなみに、『アーダルベルト・シュティフター著作と書簡　歴史的・批判的全集』第九巻のa（二〇〇五年刊）に、J・ラッヒンガーの解説を付して収められている原著のファクシミリ版も、本訳書の底本と同じ合本版の（一）である。

挿絵についてもふれておこう。原著にある三〇葉は鋼版画で、すべて本訳書に載せているが、このうち二五葉にはW・BとC・Mのサインが入っている。これはヴィルヘルム・ベームの絵、カール・マールクネヒトの鋼版画であることを示す。サインがないのは「小間使い」、「物乞い」、「プラーター*のハープ弾き」、「靴屋の小僧」、「大道オルガン弾き」の五葉。これについてはシュティフターの筆になるものではないかとの説がある。シュティフターは、描くのはもっぱら風景画だったが、画家でもあった。ただし、この説はあくまで憶測の域を出ていない。

二　『ウィーンとウィーン人』について

a　出版の背景

シュティフター編『ウィーンとウィーン人』――以下、本書と記す場合はこの本を指す――が出版された時期は、文学史的に言えばビーダーマイヤー時代、つまり、ロマン主義の時代とリアリズム・

自然主義の時代にはさまれた、日々の生活の平安と享楽を求める小市民の趣味が支配的だったとされる時期であり、政治史的に言えばいわゆる三月前期、すなわち、一八四八年革命の騒乱として現われ出る、一八一五年以降のウィーン体制の下でのさまざまな不満や矛盾が蓄積されつつあったとされる時期である。どちらの観点で見たほうが本書の本来の姿を浮かび上がらせることができるのか。それにはこの本をさまざまな側面から考察してみるしか方法はないであろうが、ここでは、先にあげたラッヒンガーの解説を手がかりに、さしあたり本書の出版の背景にあったウィーンに関する出版物の流行から見ていくことにしよう。

流行の原因を先に示すと、これには三つほどの事情が考えられる。一つは、とくに一八一四―一五年のウィーン会議以降、このオーストリア帝国の首都にヨーロッパ諸国の目が注がれるようになったこと。二つ目は、工業化の進展とともにウィーンの人口が急増し、一八四〇年には市内*と市外区*をあわせて三六万の住民を擁する、ロンドン、パリに次ぐヨーロッパの大都市に成長したこと。三つ目には、一八二〇年代にはドナウ河に蒸気船が運航を始め、一八三八年にはウィーンに鉄道が開通して、急速に交通の便がよくなり、ヨーロッパに一大旅行ブームが起こったことである。

本書が出る少し前の時期、一八三五―四四年の一〇年間に刊行されたウィーン本をいくつかあげてみよう。K・A・シマー『ウィーン 最新の描写』（一八三七年）は帝都とその近郊の文化・芸術・娯楽等の施設や見どころを網羅的に紹介したもの。A・シュミードル『ウィーン その現在』（一八四〇年）もこれと似たような内容と構成を持っている。いまあげたシュミードルには『ウィーンの近郊』（一八三五—三九年）という、九分冊の周辺行楽の案内本もある。H・アーダミ編『旧いウィーン、新しいウィーン』（一八四一年）は、この大都市に関する統計を豊富に提供してくれる。本書と同じ題名のM・コッホ『ウィーンとウィーン人』（一八四二年）はウィーンの起源から一八四〇年までの歴史を、現代にかなりの紙幅を割いて記述したもの。ベルリンのユーモア作家A・グラースブレンナー『ウィーンからのスケッチと夢』（一八三七年）は、外来者の目でウィーン人の印象とウィーンの劇場や娯楽施設のようすを描き出したもの。イギリスの女流作家F・トロロープ『ウィーンとオーストリア人』（一八三七年）は英語で出版され、すぐにドイツ語訳が現われた。実際にはかなりの部分がドイツ人を含む外国人によって書かれたものだと言われ、ウィーンの貴族や富豪のサロン*の模様が描き出されている。

もちろん、いまあげた七点以外にもこの時期の前後には数多くのウィーン本が出版されている。本書『ウィーンとウィーン人』もこうしたウィーン本の流行のなかで、それを当てこんで企画されたものだろう。ラッヒンガーは、「この出版業者〔ヘッケナスト〕は一八三〇年代以降の、都市の風景や大都市の本が活況を呈していた書籍市場を熟知していた」と述べているが、本書の「まえがき」のなかで、その筆者と推定されるシュティフターもまた、明らかに先行のウィーン本、おそらくはアーダミの本を意識して、「本書がめざすのは、ウィーンの統計なるものを示すことではない」と書いている。

b　本書の意図と内容

このようなウィーン本の氾濫のなかで著者たちがめざしたのは、いったいどのような種類のウィーン本だったのだろうか。

編者の意図は「まえがき」のなかに示されている。「この首都特有のさまざまな場面を、万華鏡のように、厳粛かつ愉快にスケッチする」ことが本書の目的である、と。シュティフターはウィーンという大都市が持つ「何かしらひどく厳粛な面」と「何かしら滑稽な面」の両面を提示しようとし、そのために「最上層の人物たち」も「最下層の人物たち」も登場させることを予告する。「最上層」とは「ダンディ、学者、芸術家、政治家、金利生活者、貴族、富裕な商人」などであり、「最下層」とは「物乞い、大道芸人、手回しオルガン弾き、辻馬車の御者、日雇い、靴屋の小僧」などである。したがって、そこには低俗な「居酒屋や料理店」と並んで高雅な「サロンや私営庭園」も、「民衆の祝祭」だけでなく「富裕な人たちの舞踏会」も、「孤独の感情」とともに「群衆の歓喜と歓声」も、「享楽追求の軽薄な躍動」に加えて「世界史的な行為」もまた描かれるはずである。このようにして「実際の人生そのもののように色とりどりに人生を示すこと」を編者はもくろんだのである。

では、ウィーンという大都市を上層から下層まで、厳粛な面から滑稽な面まで、いわばその全体像を示すという「まえがき」の意図は実現されただろうか。残念ながらそうは言いがたい。本書は五五編の文章——第四七章と第四九章をそれぞれ三編と数えれば五九編だが——から成るが、上流階級の姿にふれているのはシュティフターの「ウィーンのサロンの光景」、それにペルガーの「パイプの死神」の二編くらいなものである。

これに対して下層民の姿にふれた文章は多数にのぼる。ヴァーグナーが担当した「ぼろ屑集めの女」、「骨拾い」、「景品くじ売り」、「洗濯女」、「牛乳売り女」、「給仕」、「薪割り夫」、「果物売りの女」、「団子売り女」、「料理女」、「ホイリゲ*の兄弟」、「ある夜のレルヒェンフェルト」、第四七章の「一　水売りの舞踏会」と「三　ミューレンでのファッシング*の月曜日」、「ソーセージ屋」、ランガーの「手回しオルガン弾きと大道音楽師」、ライバーストルファーの「ポスター貼りおよびビラ配り」、「行商人」、シュティフターの「プラーター」、「古物市場」、シャイラーの「市場の光景」、無記名の「辻馬車の御者」、「物乞い」、「ハープ弾き」、「靴屋の小僧」などは、下層民衆の姿を描き出すことそれ自体をテーマにしたと言ってよい文章だが、いまあげただけで半数に近い二六編。下層民にふれた文章や、下層民に近い階層を扱った文章も含めるなら、確実に半数を大きく超える。

ラッヒンガーは当初の意図と実際の内容のこうした食いちがいにふれながら、さらに言っている。本書では、最上層身分の者たちが語られていないだけでなく「華やかな音楽・演劇生活のような、本質的かつウィーンにとって特徴的な文化の重点――オペラ、コンサート、作曲家、作家、宮廷劇場、民衆劇場、文筆家・芸術家カフェ、画廊など、手短に言えば、当時の文化的ウィーンのすべて、そしてシュティフターにとって大きな意味を持っていたすべてが事実上消えたままである」と。これは刊行当時すでに、先にあげたウィーン本の著者たちの一人のシュミードルが書評のなかで、シュティフターの文章「ウィーン大学の三学生」に関して指摘していた点でもある。「われわれがさらに著者を非難せざるをえないのは、精神的な生活と営みの痕跡を見出すことができない点である」。

もっとも、この食いちがいは必ずしも意図せざる結果だったわけではなさそうである。というのは、シュティフターは実質的な編者として、他の著者たちの原稿をかなりきびしく統制していた形跡があるからだ。当初本書の執筆はシュテルツハマーやライバーストルファー、若いランガーらによって進められていたようだが、シュテルツハマーの旅行の予定などの事情もあって、シュティフターが編集を引き受けることになる。彼は当時すでに三六歳だったが、版元のヘッケナストが出していた『イーリス』で新進の作家としてデビューし、活躍を始めたところだった。

シュティフターは分冊版の刊行の最初から編集を担当したようだ。彼は「ブティックの店員」から始まる当初のプランを改めさせ、みずから「まえがき」を書いて新たな編集方針を提示し、さらに「*聖シュテファン教会の尖塔からの眺望と観察」を執筆して、これを全体の「導入として」著作の冒頭に置いた。それだけではない。すでに掲載が予定されていたライバーストルファーについて、「彼には方針がなかったようだ。彼は読者が五ボーゲン目に行く前に、この本と読者を殺してしまう」と、ヘッケナスト宛ての手紙のなかで手きびしく書いている。他の著者たちについてはわからないが、ライバーストルファーの寄稿が二編だけで終わっているのは、編者の意思が働いた結果と見るべきだろう。そうだとすれば、ヴァーグナーの下層民に関する文章が数多く採用されているのもまた、当然ながら編者シュティフターの意思の現われということになる。

だがそうは言っても、意図と結果に食いちがいがあることには変わりがない。「まえがき」で予告された大都市の「滑稽な面」、あるいは「民衆の祝祭」や「群衆の歓喜と歓声」、「享楽追求の軽薄な躍動」の提示は、下層民の描写のなかでかなり実現しているものの、「厳粛な面」や「孤独の感情」はわずかに、シュティフターの「ウィーンの聖週間」や「行楽と遠足」、無記名の文章だがランガーの執筆と推定される「万霊節」など数編に示されているにすぎない。本書はさまざまな点で、ラッヒンガーの言うように、「トルソ」にとどまっているのである。

三　本書の特質と意義について

a　訳出の意義と従来の位置づけ

それでは、当初の意図からすれば不完全な作品であるシュティフター編『ウィーンとウィーン人』をわざわざ訳出する意義はいったいどこにあるのだろうか。

「結局できあがったのは、社会的下層の風俗画が大きな場所を占める注目すべき本であり、ルンペンプロレタリアートに至るまでの社会的零落者たちとその生活世界の、きわめてリアリスティックで自然主義的なほどの社会環境《ミリュー》描写のある絵本、下からの歴史としての一八四〇年頃のウィーンである。この本では下層階級の伏魔殿《パンデモニウム》がまるごと繰り広げられている」とラッヒンガーは述べているのだが、ほかでもない、いくぶん否定的なニュアンスを込めてこのシュティフター研究者が語っているまさにその点に、われわれ訳者たちは本書の特質を、したがってまた訳出の積極的な意義を見出したのである。

だが、実を言うと『ウィーンとウィーン人』はこれまでほとんど無視されていた本であった。もっとも、本書の挿絵はさまざまな文献で利用されており、シュティフターが編集したこのタイトルの一八四四年刊の本が存在するらしいことは、われわれ訳者たちもライムントやネストロイといったビーダーマイヤー期もしくは三月前期のウィーンで活躍した喜劇作家に関連する演劇・文学史の著作や当時のウィーンに関する社会史の著作を読んでいくなかで気が付いていた。しかし、原著そのものはかなりの間われわれにとってもいうなれば幻の本であった。

シュティフターの名前を冠した『ウィーンとウィーン人』というタイトルの本を入手しても、たいていは本書に寄稿されたシュティフターの一二編の文章の再録本やその研究書であった。K・リーハ『「大都市」の記述』（一九七〇年）のような一九世紀前半期ドイツ語圏の大都市文学の研究のなかで本書がとりあげられることがあっても、論じられるのはシュティフターの文章のみ。本書の実体はわからない。さらには、たとえばE・ザウラー『街路・密輸・宝籤』（一九八九年）のような、本書の内容と密接に関連する当該時期のオーストリアに関する社会史研究のなかでも本書が利用された形跡はない。ウィーンの一八四八年革命を社会史的に描いた良知力『青きドナウの乱痴気』（平凡社、一九八五年）の文献リストにも見あたらない。一八－一九世紀に出たウィーン本の研究書K・カウフマン『ウィーンはただ一つ』（一九九四年）は本書をとりあげているものの、紹介しているのはやはりシュティフターの文章だけである。つまり、文学史研究の分野であれ社会史研究の分野であれ、本書それ自体、もしくはシュティフター以外の著者たちの文章は忘れられるか、ほとんど無視されていたのである。

そうこうするなかで、E・ブクスバウム『アーダルベルト・シュティフター「ウィーンとウィーン人」』（二〇〇五年）というシュティフター研究書のなかに原著の目次を見つけ、その多彩な内容に目を見張らされた。そこで試みにインターネットのドイツ語古書のサイトで検索してみた。すると、一八四四年刊の原著が不意にその実体を現したのである。入手した本の内容を見てわれわれはさらに驚かされた。そこには当時のウィーンの下層民衆の生態と風俗が、当時のどのウィーン本にも見られないほど豊かに描き出されていたからである。本書が二〇〇五年に『シュティフター全集』のなかにファクシミリ版で復刻されていたことを知るのは少し経ってからだった。なお、『シュティフター全集』第九巻のbとして、原著に対する「校注と注解」が出る予定になっているが、現在までのところ刊行されていない。

b　本書の特質

ところで、いま述べたような本書訳出の意義をいわば体現する執筆者がヴァーグナーであることはいうまでもないだろう。彼の文章をおもに例にとって本書の特質を示してみたい。

ヴァーグナーの文章の特徴はまず、他のウィーン本では得られない、さまざまな職業の下層民の生活と営みに関する情報が詰まっていることである。たとえば「骨拾い」の章で語られている、ゴミ同然の骨が裏ルートで売買されて活用されている話や、図版ではよく見かけるさまざまな「景品くじ売り」の実態、あるいは料理女や仕立徒弟の卵たちがボヘミアから集団で人買いに買われるようにウィーンに連れて来られるようすなど、例をあげればきりがない。もっとも、これはヴァーグナーの文章に限らない。たとえばシュティフターの「古物市場」は、一九世紀前半の古物市場の内部のようすを伝えるほとんど唯一の文献である。本書は当時のウィーン民衆史、風俗誌の研究にとって貴重な第一級の史料となるものである。

また、ラッヒンガーも指摘している点だが、「顕著な社会批判の響き」を伴っていることもヴァーグナーの文章の特徴のひとつである。ここでは、「料理女」の章には自由を制限する「食肉帳」への著者の批判と、「ウィーンの民衆ファッシング情景」章の「一　水売りたちの舞踏会」で水売りたちが酒の勢いで語っている*皇帝フェルディナント水道への非難をあげておこう。検閲がきびしかった当時のオーストリア帝国でこれほどはっきりした政府当局の施策批判が見られるのはむしろ珍しい。本書の発行地がウィーンではなく、ハンガリーのペストだったからかもしれない。

だが、ヴァーグナーの文章の特徴として注目すべきは、下層民衆の生活と営みをその現場から実地報告するようなリアルさだろう。たとえば「洗濯女」の章で彼は、洗濯女たちが毎年五月一日の夜に、彼女たちなりに精いっぱいおめかしして催す舞踏祭の模様を、実際にそこに出向いて報告する。これは「水売りの舞踏会」の章でも同じである。「料理女」の章では料理女のあとについて回ったかのように、彼女たちが立ち寄る先々でのおしゃべりを事細かに伝える。あるいは「ある夜のレルヒェンフェルト」の章では、一人の売春婦をめぐる二人のちんぴらの間のウィーン弁での一触即発のやりとりを報じる。

このような文章の特徴は、奇妙なことをいうようだが、当時の新発明だったダゲレオタイプ*の登場とおそらく無縁ではない。というのも、一八四一―四四年の分冊版の表紙を毎号飾っていたのは、市外区の高い建物の上にダゲール*の写真機をウィーン市内に向けて置き、それで撮った写真に好奇の目を注ぐ男女数人を描いた絵（本訳書のカバー絵）だったからだ。だが、ヴァーグナーの「リアリスティックで自然主義的なほどの社会環境《ミリュー》描写」は、静止した画像しか写せない写真機というより、当時はまだ発明されていない映写機を思わせるものすらある。写真機を意識していたのは、むしろ風景画家でもあった編者シュティフターだったかもしれない。彼の「聖シュテファン教会の尖塔からの眺望と観察」の文章にはそうしたまなざしを見てとることができる。

そのことはともかくとしても、『ウィーンとウィーン人』はシュティフターとヴァーグナーの二人の合作と言っていいような著作である。なにしろシュティフターが一二編、ヴァーグナーが二二編、二人だけで全体の六割を占める。だが、両者の文体は対照的である。シュティフターの抑制のきいた端整な文体が静けさを湛えているとすれば、辛辣な皮肉を交えながら民衆の生活と営みを写し出すヴァーグナーの文体は、時として乱れがちで騒々しいほどの響きを伝える。

そして本書の全体的な色あいは、ヴァーグナーの文章が多い分、あるいは下層民の生態と風俗を扱った文章が多い分、ヴァーグナー的な色彩の強いものになっている。この点で本書は、ビーダーマイヤー的というよりも、リアリズムや自然主義を先取りしたような作品だと言えるかもしれない。だが、そこに下層民の生活実態の暴露や告発というような一本の強い筋があるわけではない。本書全体から浮かび上がってくるものはそれよりもむしろ、ファッシング（カーニヴァル）の情景描写に典型的に示されるように、歌と踊りに興じ、食事と飲酒に無上の楽しみを見出す下層大衆の姿、「人生を楽しむ《レーベンスフロー》」ウィーン民衆の姿である。その意味では『ウィーンとウィーン人』は、下層民を多く扱っているとはいえ、やはりビーダーマイヤー的な内容の作品なのだろう。

四　著者と版元について

八人の著者と版元のヘッケナストについて述べておこう。

まず著者たちの経歴を『ウィーンとウィーン人』以後も含めて、原著のタイトルページにあげられている順序に従って紹介すると、シュティフターAdalbert Stifter（一八〇五―六八）は、日本でも『石さまざま』（一八五三年）や『晩夏』（一八五八年）などの作品で知られるビーダーマイヤー期の最も重要な作家の一人。一二編を寄稿。ボヘミア（現在のチェコ）の農家に生まれ、一八二六年にウィーン大学に入学し法学を専攻。文学に関心を持つかたわら、自然科学や絵画表現にもひかれていたという。卒業後もウィーンで上流階級の子弟の家庭教師をしながら画家の道をめざしていたが、先に書いたように一八四〇年にたまたま発表した小説が認められ、とくにヘッケナストの出版物をつうじて作家の道が開かれる。シュティフターは一八四八年の三月革命を共感をもって迎え、フランクフルト国民議会の最終選挙人としても活動するが、革命の経過に失望し、その年のうちに郷里に近い都市リンツ*に移り住む。一八五〇年以降はその地で教育行政官を務めるかたわら、作家活動を続ける。一八六八年、病気を苦に自殺して生涯を終えた。ちなみにシュティフターの一二編の文章のうち七編については『シュティフター作品集　第4巻』（松籟社、一九八四年）のなかで「昔日のウィーンから」のタイトルの下に佐藤康彦氏による訳が出ている。本訳書はその七編を含めて、他の五編（「ウィーンの市郵便」、「商品陳列と広告」、「ウィーンの天気」、「遠足と行楽」、「ウィーンのサロンの光景」）も訳出している。

ランガー（一八一九―八五）については、タイトルページにC. E. LangerとC. F. Langerの二人があがっているが、ラッヒンガーによれば、これは出版を急いだために生じたミスで、実際には一人。

C. E. Langer すなわち Carl Edmund Langer が正しいとのこと。ランガーは記名のある文章としては四編を寄稿。先に述べたように、無記名だが「万霊節」はシュティフターのヘッケナスト宛ての手紙からランガーの筆と推定される。ウィーン生まれで、ウィーン大学で法学を学ぶ。『ウィーンとウィーン人』に寄稿した頃はまだ学生だったようである。その後、ウィーンで法律家、公証人として働く。著書としては『貴族の家門証明』（一八六二年）があり、ウィーンの地方史、文化史に関心があったという。

ノルトマン Nordmann（一八二〇—八七）は本名ヨーハン・ルンペルマイヤー Johann Rumpelmayer。『ウィーンとウィーン人』への寄稿は一編のみ。ランガーと並ぶ若い著者。小都市クレムスの生まれ。早熟な少年だったようで、一〇歳の時にすでに詩集を出版、一八三七年にウィーンに移りウィーン大学でさまざまな講義を聴講。家庭教師などをやりながらウィーンの文芸・ジャーナリズムの分野で活動する。かなり急進的な傾向の持ち主で、一八四六年に詩集が検閲にふれたのを機会にザクセン王国のドレスデンへ亡命。その地でいわゆる「若きオーストリア」のグループに加わる。一八四八年革命のさいにはウィーンへ戻り、『カッツェンムジーク』などの急進派の新聞に寄稿。同年一〇月の戦闘で革命敗北後ふたたび亡命。翌年にはウィーンに戻って文筆活動を再開。一八六〇年代になってウィーンのジャーナリズムの世界で重きをなした。

ペルガー Anton Ritter von Perger（一八〇九—七六）はウィーン生まれ。きわめて多彩な人物だったようで、一八四五年以降、ウィーン芸術アカデミーの解剖学教授、画家、文筆家。著作に『ドイツの植物伝説』（一八六四年）がある。二編を寄稿。そのうちの一編に、ナポレオンが一八〇九年敗北を喫した*アスパーンの戦いにふれた「*ローバウへの遠出」があるが、ペルガーにはこの時のナポレオンの姿を描いた一八四五年の絵画作品がある。

ライバーストルファー Daniel Friedrich Reiberstorffer（一八〇八―四八）は二編を寄稿。くわしい経歴は不明だが、シュティフターが編集を引き受けるまえにヘッケナストが『ウィーンとウィーン人』のために獲得していた人物で、ユーモアにあふれた記事をウィーンの新聞や雑誌に寄稿していたという。一八四八年革命のさいおそらく一〇月の戦闘で反革命軍の銃弾に当たって死去。

シャイラー Ludwig Scheyrer（一八一一―七四）はやはり二編を寄稿。ウィーン生まれ。ウィーン大学を卒業後、国家会計局の官吏を務めるが、学生時代以来、詩人・作家として文筆活動を行なった。社会小説『孤児』（一八四四年）、『オーストリアの韻文作家と散文作家』（一八五八年）などの著作がある。

シュテルツハマー Franz Stelzhammer（一八〇二―七四）も寄稿は二編。*オーバーエスターライヒの農村出身で、グラーツとウィーンの大学で法学を学んだあと、一八三七年刊の詩集『エンス上流域方言の歌』で認められるまでは、家庭教師をやったり神学校に通ったりまた劇団に入ったりという不安定な生活を送った。一八四〇年前後に文筆家として活動。その頃『ウィーンとウィーン人』に関わるが、一八四二年以降は各地を講演旅行しながら方言詩集を刊行。一八四八年には革命を支持してウィーンで活動するが、革命の敗北後はオーストリアを離れてドイツ各地をふたたび講演旅行しながら過ごし、晩年は次に述べるヴァーグナーが生まれた村に住み、その地で一八七四年に死去した。オーストリア最大の方言詩人とされる。

ヴァーグナー Sylvester Wagner（一八〇七―六五）は最も多い二一編を寄稿。全五五編の三分の一以上にあたる。ザルツブルク近郊の村ヘンドルフ出身。大工の子に生まれる。ウィーン大学で医学と天文学を学ぶ。シュティフターの文章「ウィーン大学の三学生」に描かれている三人の学生のうちのウルバーンをヴァーグナーだとする説がある。大学を終えたのち、ウィーンの天文台の職を務めるかたわら、一八四〇年以降はジャーナリズムの世界に活動分野を見出して、『ウィーン演劇新聞』や『諧謔家《フモリスト》』などの寄稿家として活躍。同時にシュテルツハマーらの影響で方言詩を書き始め、一八四七年に方言詩集『ザルツブルクの歌』を出版。一八四八年革命には一〇月の戦闘まで参加していたといわれ、その後しばらく反革命側からの追及の手を逃れて各地を転々とする。一八五〇年に故郷のヘンドルフに戻り、職を得てその地で一八六五年に死没した。今日、故郷では方言詩人として称えられているという。

『ウィーンとウィーン人』には以上の八人の記名入りの文章四六編の他に、九編の無記名の文章があるが、このうち「万霊節」はランガーのものと見ていい。それ以外に、同時代人シュミードルが書評のなかで筆者をヴァーグナーと見ている文章に「ブティックの店員」があるが、根拠は示されていない。ただ、これまであげた八人以外の著者がいることを示唆するような史料も残っていないようだ。

最後に版元ヘッケナスト Gustav Heckenast（一八一一―七八）について。彼は、一八三〇年代から反体制派の出版業者として知られていたオットー・ヴィーガントの義弟にあたる。ヘッケナストは、ハンガリーのペストで書籍販売業を営んでいたヴィーガントの下で働いていたが、ヴィーガントが一八三二年に当局から反逆罪に問われてザクセン王国のライプツィヒに亡命したさい、義兄のペストの書籍販売業を任され、以後ハンガリー全域で事業を展開し、一八三九年に年鑑『イーリス』を創刊。これがシュティフターの作家活動のひとつの拠点となる。一八四一年には新たに出版事業を開始。つまり『ウィーンとウィーン人』の出版はヘッケナストの新たな船出として企画されたものであった。ヘッケナストはオーストリアのドイツ語作家とともにマジャール語の著述家の出版も援助し、一八四八年革命のさいにはハンガリーの独立を求める「一二条の要求」などの出版物や革命詩人ペテーフィの詩を発行した。一八四九年のハンガリー革命の敗北後も出版業を継続、シュティフターのその後の作品もここから出版された。ヘッケナストは一八七三年出版業から引退、一八七八年プレスブルク（現在のスロヴァキアの首都ブラチスラヴァ）で没。

こうして『ウィーンとウィーン人』に関わった人びとの、一八四八年革命のさいの行動を含む経歴を見ていくと、そこからは、ビーダーマイヤー期の作品というよりも三月前期の出版物という本書の別の顔が現れてくるようである。

アーダベルト・シュティフター

シルヴェスター・ヴァーグナー

地図解説

本書『ウィーンとウィーン人』の理解の助けとなるよう、原著が刊行された一八四〇年代前半のウィーン市の構造と市周辺のようすを、二枚の地図を使って示しておく。

前見返しの地図は当時のウィーンとその周辺の略図だが、ウィーンは北と西と南の三方を山や丘陵に囲まれた盆地の底に位置している。今日のようすと最も違っているのは、ドナウ河の姿だろう。一八四〇年代前半にはドナウはウィーンの東で、蛇行するいくつもの分流に分かれ、大小無数の中州をもつ広大な氾濫原の湿地帯を形づくっていた。大河ドナウは、市中を流れる人工の分流ドナウ運河をもしばしば氾濫させ、ウィーンに被害をもたらした。なかでも一八三〇年の洪水被害は大きかった。その後一八七〇年代以降の大規模改修によってドナウは、市の北にあるヌスドルフ付近から南東方向へまっすぐ一本の流れにまとめられ、かつての湿地帯は現在では、高層住宅と国際機関の建物の立ち並ぶウィーン第二二区ドナウシュタットに変貌している。鉄道は一八四〇年代前半には北に皇帝フェルディナント北部鉄道がオルミュッツまで、南にウィーン‐グロックニッツ鉄道が伸びているだけであった。

後見返しの地図は当時のウィーン市の構造を示したものである。現在のようすと最も違っているのは、王宮のある市内（現在の一区）がまだ、高さ四メートルほどの市壁に囲まれていたことである。市内は市壁にある一二の市門で外と通じ、周りを幅三〇〇―五〇〇メートルの、グラシ*と呼ばれる空き地が帯状に取り囲み、その外側に大小さまざまの三四の市外区が広がっていた。市壁の北東部のみはすぐそばをドナウ運河が通っていて、向こう岸がすぐ市外区になっていた。市外区の外周はリーニ*エの壁と呼ばれる低い土塁で囲まれており、市門から発した通りがリーニエの壁にぶつかるところに、リーニエ門とよばれる一種の柵が設けられており、ウィーンに入ってくる人や物の検問、消費税の徴収が行われ、このリーニエの壁までが当時のウィーン市域だった。ちなみに一八六〇年代以降の帝都の大改造で市壁は撤去され、グラシの部分には、両側に国立歌劇場や博物館、国会議事堂、市立公園などが並ぶ幅の広い環状道路リングシュトラーセが造られた。リーニエの壁も取り払われてギュルテルと呼ばれる外周道路となり、市域も拡大された。

一八四〇年前半のウィーンの人口について言えば、市内の人口は一八四〇年に約五万三〇〇〇で、この時代はこの数値でほぼ一定。市外区は三四区全体で三〇万五〇〇〇、あわせて市の人口は三五万八〇〇〇であった。ただ、この時期の市外区は全体で年平均約六〇〇〇人ずつ増加しており、このほかにリーニエの外の地域も人口が急増中だった。

訳者あとがき

中央大学人文科学研究所に「オーストリア文化」を対象とした研究チームが発足したのは一九九〇年である。以後このチームのメンバー数名を中心として「ビーダーマイヤー研究」チームが結成され、研究叢書『ハプスブルク帝国のビーダーマイヤー』（二〇〇三年）が公刊された。研究対象は主として一九世紀の市民生活とウィーン文化であった。その後、一九世紀の民衆生活に軸足を移した「ハプスブルクとドナウ文化」研究チームが二〇〇八年に誕生する。

本書はこの新しいチームのメンバーが中心となって検討を重ね、論議をした成果である。その際に多くの困難に遭遇した。たとえば路上に生きる人々のスラング、職人や奉公人の間でしか用いられることのない独特な言い回し、彼らの生半可な知識に基づく外来語表記やその使用など。なかでもとりわけ難渋したのは、これらの多くがウィーン方言に基づいていたことである。この点も含め、各方面からのご叱正を賜りたいと思っている。

なお底本では章立てが用いられていないが、翻訳では読者の便宜を考え、新たに章番号をつけることとした。翻訳の分担は以下の通り。

戸口日出夫　まえがき、一、八、一一、二七、二八、三一、三二、三四、三六、四五

新井裕　二、**三**、**四**、**五**、六、七、一六、**二三**、**二四**、五四
松岡晋　**九**、**一〇**、**一二**、一三、**一五**、**一八**、二五、**四四**、**四六**
荒川宗晴　一四、一七、一九、二〇、三五、四一、四三、**五〇**、**五三**、五五
阿部雄一　二一、二二、**三七**、**四八**、四九、**五一**、**五二**
篠原敏昭　**二六**、**二九**、**三〇**、**三三**、**三八**、**三九**、**四〇**、**四二**、四七

本文中の図版三〇葉（ゴシックで記載した章）は、一八四四年版に添付された原画によるが、それ以外の図版は、当時の資料から抜粋した。表紙を飾る絵は、一八四二年に刊行された冊子に使用されたもの、まえがきに付された図版は一八四四年版を飾ったものである。

なお解題および解説と地図は篠原敏昭、歴史年表と換算表は松岡晋、図版抜粋とキャプションは新井裕、凡例は阿部雄一、索引は荒川宗晴がそれぞれ担当した。

最後に本書の刊行にあたり貴重な機会を与えてくださった中央大学人文科学研究所、同翻訳叢書刊行部会、および本学出版部小川砂織氏に深く感謝の意を表する。

研究会チーム「ハプスブルクとドナウ文化」
責任者　新　井　裕

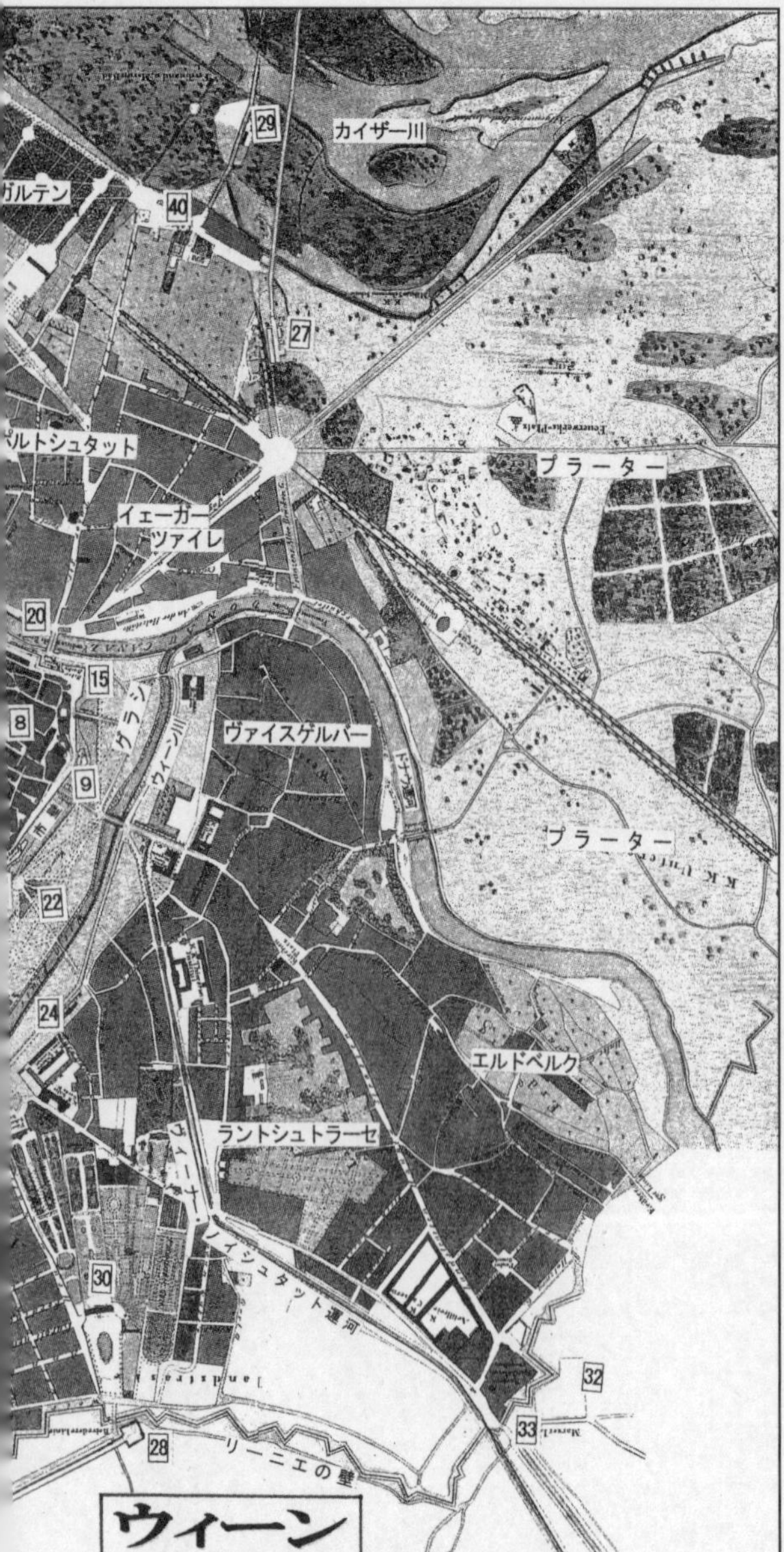

1聖シュテファン教会
2王宮
3アム・ホーフ
4フライウング
5サイラーシュテッテ
6ユーデンガッセ
7アンナガッセ
8ウィーン大学
9シュトゥーベン門
10カロリーネ門
11ケルンテン門
12ブルク門
13ショッテン門
14メルカー・バスタイ
15ビーバー・バスタイ
16フォルクスガルテン
17ホーフガルテン
18ノイエ・ブリュッケ
19ケッテン・ブリュッケ
20フェルディナント・ブリュッケ
21シャンツル
22ヴァッサー・グラシ
23ナッシュマルクト〔果物市場〕
24タンデルマルクト〔古物市場〕
25ゲトライデマルクト〔穀物市場〕
26ホルツラーガー〔木材置場〕
27皇帝フェルディナント北駅
28グロックニッツ駅〔南駅〕
29ミューレン
30ベルヴェデーレ宮殿
31カール教会
32聖マルクス墓地
33聖マルクス・リーニエ
34ファヴォリーテン・リーニエ
35マリアヒルフ・リーニエ
36レルヒェンフェルト・リーニエ
37ヘルナルス・リーニエ
38ヴェーリング・リーニエ
39ヌスドルフ・リーニエ
40ターボア・リーニエ

中央大学人文科学研究所翻訳叢書

1 スコットランド西方諸島の旅

一八世紀英文壇の巨人がスコットランド奥地を訪ねて氏族制の崩壊、アメリカ移民、貨幣経済の到来などの問題に考察を加える紀行の古典。

四六判　三六八頁
定価　二六二五円

2 ヘブリディーズ諸島旅日記

伝記の最高峰ボズウェル『ジョンソン伝』の先駆けとなった二人の一〇〇日におよぶスコットランド奥地の旅の詳細きわまる日記の全訳。

四六判　五八四頁
定価　四二〇〇円

3 フランス十七世紀演劇集　喜劇

フランス十七世紀演劇の隠れた傑作喜劇4編を収録。喜劇の流れを理解するために「十七世紀フランス喜劇概観」を付した。

四六判　六五六頁
定価　四八三〇円

4 フランス十七世紀演劇集　悲劇

フランス十七世紀演劇の隠れた名作悲劇4編を収録。本邦初訳。悲劇の流れを理解するために「十七世紀フランス悲劇概観」を付した。

四六判　六〇二頁
定価　四四一〇円

5 フランス民話集I

子供から大人まで誰からも愛されてきた昔話。フランスの文化を分かり易く伝える語りの書。ケルトの香りが漂うブルターニュ民話を集録。

四六判　六四〇頁
定価　四六二〇円

定価に消費税5％含みます。

訳者紹介

新《あら》井《い》　裕《ゆたか》　研究員，中央大学教授

戸《と》口《ぐち》日《ひ》出《で》夫《お》　研究員，中央大学教授

阿《あ》部《べ》雄《ゆう》一《いち》　客員研究員，日本橋学館大学准教授

荒《あら》川《かわ》宗《むね》晴《はる》　客員研究員，明治大学非常勤講師

篠《しの》原《はら》敏《とし》昭《あき》　客員研究員，法政大学非常勤講師

松《まつ》岡《おか》　晋《すすむ》　客員研究員，駒澤大学教授

ウィーンとウィーン人

中央大学人文科学研究所　翻訳叢書 6

2012年 3 月30日　第 1 刷発行

編　者　中央大学人文科学研究所
訳　者　新井　裕　戸口日出夫
阿部雄一　荒川宗晴
篠原敏昭　松岡　晋
発行者　中央大学出版部
代表者　吉田亮二

〒192-0393
東京都八王子市東中野742-1
発行所　中央大学出版部
電話　042(674)2351・FAX　042(674)2354
http://www.2.chuo-u.ac.jp/up/

㈱千秋社

ISBN978-4-8057-5405-4

索　　引

1．見出し語の配列は50音順。
2．原語の読みのルビが付いた訳語の配列は，訳語の音順に従った。
3．原語は，現代正書法に則って綴りを改めた場合がある。

ア行

アードラーガッセ Adlergasse　街路　749
アイスキュロス Aischylos（BC. 525-BC. 456）　961
アイペルダウ Eipeldau　近郊の地名　300, 434
アウガルテン Augarten　ウィーン北東部，運河の外側にある広大な公園。様々な催し物が開催　後見返し, 624, 909, *25*
アウグスティーナー教会 Augustiner　11
アウグスティーナー通り Augustinergasse　市内　748
アウフ・デア・ヴィーデン Auf der Wieden　市外区の地名　676
アカルナイ Acharnai　アリストパネスの喜劇『アカルナイの人々』（初演 BC. 425年）の舞台となる地名。コロスとして，炭焼き老人達が登場　655
アスパーン Aspern　現在はウィーン市22区に属する。　前見返し, 21, 198, 318, 327, 335-37, 341, 342, 982, *26*
アッティラ Attila（406頃-453）　155
アブラハム・ア・サンクタ・クララ Abraham a Sancta Clara（1644-1709）　カトリックの聖職者。数多くの説教集，説教詩集の著作がある。ウィーンで絶大の人気を得た　336, 804
アポロン Apollon　114
アマゾネス Amazonen　ギリシャ神話に登場する女だけの好戦的部族　496, 672
アマルティア Amaltheia　ゼウスの乳母だった妖精。山羊の角に花と果物を満たしゼウスに奉げた　793
アム・ホーフ Am Hof　後見返し, 294, 669, 676, 773
アルハンブラ宮殿 Alhambra　374
アルバーン Albern　ウィーン市南東，現在の11区の一地域　321
アリオスト，ルドヴィコ Ariost, Ludovico（1474-1533）　イタリア，ルネサンス期の詩人，軍人，外交官。代表作『狂乱のオルランド』　390
『アルゲマイネ』紙 die „Allgemeine“　225, 819
アルザーグルント Alsergrund　後見返し, 504, *25*
アルザー営舎 Alserkaserne　23
アルザー川 die Alser　地図参照, 489, 495
アルト・レルヒェンフェルト Altlerchenfeld　後見返し, 23
アルレッキーノ Arlecchino　841
アンナガッセ Annagasse　後見返し, 738, 749
アンネン・ポルカ Annenpolka　シュトラウス（父）が作曲したポルカ　624, 784
イェーガーツァイレ Jägerzeile　市外区の通り　後見返し, 194, 195, 209, 748, 749
イェードラーゼー Jedlersee　前見返し, 407, 917
〈愛しのアウグスティン〉„O du lieber Augustin“　ペストが大流行した17世紀ウィーンを生きた楽師アウグスティンを歌った民謡　866, 882
イスター der Ister　ドナウ河下流の古名　320

市場銭 Marktpfennig →かご銭　629
ヴァーグナー，ヴィンツェンツ・アウグスト Wagner, Vincenz August（1790-1833）「オーストリア法律学と政治法学」誌編集　367
ヴァイツェン Waitzen　地名　246
ヴァイトリング Weidling　前見返し，773, 800, 917, 920
ヴァイトリンゲン Weidlingen　地名　912
ヴァッサー・グラシ Wasserglacis　現在の3区ラントシュトラーセにある市立公園周辺→グラシ　後見返し，629, 813, 815-22
ヴァッサーマン　781
ヴァッレ・デル・ボヴェ Valle del Bove　エトナ山南東山麓の広い谷　655
ヴァルトフィアテル Waldviertel　地名　245
ヴァルフィッシュ通り Wallfischgasse　市内の街路　577
ヴィーゼン Wiesen　リヒテンタール，トゥーリ，ヒンメルプフォルトグルントの三市外区　404, 489, 782
ヴィーデン　後見返し，676, 748, *25*
ヴィードナー・ハウプトシュトラーセ Wiedner Hauptstraße　市外区ヴィーデンを貫く大通り　184
ヴィーナー・ノイシュタット Wiener Neustadt　ウィーン南方の都市　319, *26*, *28*
ウィーン山 Wienerberg　現在のファヴォリーテン地区にある小高い丘　13, 14, 23, 905
ウィーン新聞 Wienerzeitung　1703年創刊の官報系新聞　603
ウィーン川 Wienfluß　地図参照，13, 184, 247, 524, 527
ウィーン大学 Universität　後見返し，367, 451-53, 965, 973, 980-83
ウィーンの森 Wienerwald　前見返し，8, 245, 246, 904, 910, 918, 921, 922
ヴィップリンガー通り Wipplingerstraße　市内の街路　647
ヴィントブリュッケ Windbrücke　橋　923
ヴィンドボーナ Vindobona　古代ローマ期のウィーンの名称　369, 371, 373
ウーラント，ヨーハン・ルートヴィヒ Uhland, Johann Ludwig（1787-1862）　389
ヴェーリンガーシュピッツ Währingerspitz　ウィーン市の北西，リーニエ外ヴェーリングの娯楽施設　47, 75, 187, 624
ヴェーリング Währing　後見返し，282
ウェスタ Vesta　ローマ神話の聖なる火，家庭とかまどの女神。フォロ・ロマーノにある神殿　621, 716, 841
ヴェルス Wels　リンツ近郊の小都市　460, 461
ヴォルツァイレ Wollzeile　市内の街路　476, 519, *27*
ヴォルテール Voltaire（1694-1778）　438, 947
歌と踊りの女神 Terpsichora　9人の学芸の女神のひとり　492, 833
ヴルステル・プラーター Wurstelprater　プラーターの一部，大衆娯楽施設のある区域。ヴルステル・プラーターともいう。見世物小屋では，18世紀から19世紀にかけてドイツ語圏における道化の典型であるハンスヴルストの道化芝居が演じられた　201, 209, 380
ウルムパイプ Ulmerkopf　管が吸い口からほぼ垂直または斜めに下へ下がり，頭部が再び上を向く形のパイプ　269, 273
永遠のユダヤ人 der ewige Jude　13世紀に成立した伝説。処刑のためゴルゴタの丘に向かうイエス・キリストを罵倒したひとりのユダヤ人は，その罰として，最後の審判まで，生きてこの世をさまよい続ける，という呪いを受けたとされる　455, 959
エウテルペ Euterpe　9人の学芸の女神のひとりで，音楽の女神　51
エーバースドルフ Ebersdorf　地名，正式にはカイザーエーバースドルフ（Kaiserebersdorf）　206, 321, 327, 330, 335, 336
エーベナウ Ebenau　ザルツブルク近郊の

農村　245
エスパルテーロ，バルドメロ Espartero, Baldomero（1792-1879）　スペインの軍人，政治家。1840年以降，首相を務め，1843年のクーデタでイギリスに亡命。1848年に帰国を許され，その後も政治家として活動した　657
エスリング Essling　現在はウィーン市22区に属する町　337, 341, 342
枝の主日 Palmensonntag　棕櫚の日曜日とも。聖週間の初日。キリストのエルサレム入場のさい民衆が棕櫚の葉を敷いて歓迎したことから　559
エッシェンマイヤー，アダム・カール Eschenmayer, Adam Carl（1768-1852）ドイツの哲学者，医師　794
エッチャー Ötscher　標高1893メートルの名山　918
エトナ山 Ätna（Etna）　シチリア島にあるヨーロッパ最大の活火山　294, 655
エリジウム Elysium　1833年にヨーゼフ・ダウムが開業，一度閉店したが，1840年に再開業。大規模なレジャー施設。舞踏会場，劇場などを併設　785, 839, *28*
エルスラー，ファニー Elßler, Fanny（1810-1884）　ウィーンの踊り子。19世紀中葉のヨーロッパで人気があった。北米でも活躍。→カチュチャ　496, 629, 872
エルベ die Elbe　320, 917
エレウシスの秘儀 eleusinische Geheimnisse　ギリシャ神話で，農産の女神デメテルの祭儀。エレウシスはアテネ北西の町で，デメテル信仰の中心地　838
エンス川 die Enns　エンス／マウトハウゼンで合流するドナウの支流。この川の西側が→オーバーエスターライヒ，東側が→ニーダーエスタライヒ　905, 918
エンツァースドルフ Enzersdorf　ドナウ対岸の村　917
王宮 Burg　後見返し, 356, 375, 569, 570, 988
王宮広場 Burgplatz　569
オー・セレスト・カチュチャ Eau céleste Cachucha　当時の香水の名前。→カチュチャ　495, 785
オーバー・ブロイナー通り die obere Bräunerstraße　現ハプスブルク通り　881
オーバーエスターライヒ Oberösterreich　エンス川を境にした西側。→エンス川　184, 245, 369, 905, 965, 982
オーバーシュタイヤーマルク Obersteiermark　シュタイヤーマルクの北部地帯　246
オーバーラント Oberland　地名　186, 407
オーピッツ，マルティン Opitz, Martin（1597-1639）　バロック期の詩人。ドイツ語にふさわしい詩作の原則を提唱　232
オッタークリング Ottakring　郊外の地名　前見返し, 89
オデュッセウス Odysseus　トロヤ戦争を終結に導いたとされるギリシャ軍の知将。戦勝後，海神ポセイドンの呪いを受け，帰郷まで10年間さまよう　866
お針子 Grisette　61, 820
オペラ座 die Oper　99, 100, 720
親方 Meister　93, 95, 220, 228, 325, 328, 333, 339, 395-99, 403, 404, 611, 640-42, 644-46, 810, 846, 848, 851

カ行

カール教会 Karlskirche　後見返し, 16, 527
カール大公 Erzherzog Carl（1771-1847）フランツ二世の弟。アスパーンでナポレオンを破る　198, 341, 342, 748, *26*
カール六世 Karl VI.（1685-1740）　神聖ローマ皇帝（在位1711-1740）。マリア・テレジアの父　311
カーレンベルク Kahlenberg　前見返し, 209, 291-93, 296, 301, 303, 306, 314, 316, 904, 919-21
カイザー川 Kaiserwasser　ドナウ河の支流　前見返し, 648, 804
カイザーミューレン Kaisermühlen　206, 917
海泡石 Meerschaum　主としてトルコの町エスキシェヒールに産出するマグネシウム珪酸塩系の鉱物。かつては，ウィー

ンが海泡石パイプ生産の中心地であった 218, 268, 269, 273, 280, 282, 284, 288, 420, 476, 480, 525, 601, 732
ガウス，ヨーハン・カール・フリードリヒ Gauß, Johann Carl Friedrich（1777-1855） ドイツの数学者 741
カクラン Kakran ウィーン近郊の村 434
かご銭 Korbgroschen 市場での買い物に対して料理女が商人に要求する一種の礼金。料理女の隠れた収入となっていた。市場銭 627, 629
火酒 Branntwein ブランデーなどアルコール分の多い蒸留酒の総称 85, 87, 89, 125, 170, 183, 427, 501, 504, 686, 687, 786
仮装舞踏会 Redoute 王宮にあるレドゥーテン広間での仮装舞踏会 754, 824-26, 830, 838, 839, 842
カチュチャ Cachucha カディス発祥の，ボレロに似たリズムを持つソロダンス。エルスラーの舞踊により外国に広まった →エルスラー 419, 785, 872
カッツェンシュタイク Katzensteig 坂道 519
家庭舞踏会 Hausball 782, 845-47
カトー，マルクス・ポルキウス Cato, Marcus Porcius（Cato der Ältere）（BC. 234-BC. 149） 古代共和政ローマの政治家。いわゆる大カトー。宿敵カルタゴとは無関係の演説でも最後に必ず「ともあれ，カルタゴは滅ぶべし」と付け加えた，という 226, 646
カドリーユ Quadrille 1830年代にパリで流行し，シュトラウス（父）がウィーンに持ちこんだとされる。明確に区切られた5つないし6つのセクションから成る四分の二拍子のダンス，途中で一部八分の六拍子に変わる。男女のカップルが数組，方形をなして踊る。階層によって踊り方が異なったといわれる 494, 712, 715, 834, 850, 869
ガニュメデス Ganymedes ギリシャ神話。人間界の最も美しい少年としてゼウスに誘拐され，オリュンポス山で神々の給仕を務める 405
カプツィーナー教会 Kapuziner（Kirche） 11
カロリーネ門 Carolinentor 市門のひとつで，市内からこれを抜けると，ヴァッサー・グラシ 後見返し, 816
カロン Charon ギリシャ神話で，アケロンすなわち三途の川の渡し守 323, 511
管理人 Hausmesiter 475, 502, 505, 650-59, 661, 663, 778, 801, 895, 898, 900
ギゾー，フランソワ・ピエール・ギヨーム Guizot, François Pierre Guillaume（1787-1874） フランスの歴史家，ルイ・フィリップの七月王政末期の首相 439
貴族 iii, 26, 81, 82, 357, 379, 389, 425, 437, 576, 646, 846, 856, 946, 970, 971, 981
キップェル Kipfel 三日月形のパン。クロワッサン 806, 819, 847
ギデオン Gideon 旧約聖書『士師記』第6章から第8章。神に選ばれた若者ギデオンは，異教徒ミディアン人の宿営に近づき，部下たちに四方からラッパを吹かせ，壺を砕きなどさせると，ミディアン人はこれを大軍来襲と思い逃走 672
ギャロップ Galopp 「馬の駆け足」を意味する，四分の二拍子の非常に速いテンポのダンス。跳びはねるようなステップで疾駆するように踊る。ウィーンでは1820-30年代がギャロップの全盛時代と言われ，大勢の男女が輪をなして，半ば狂乱状態で踊り，転倒する者もいたという。シュトラウス（父）やランナーは数多くのギャロップ舞曲を作曲 50, 299, 414, 492, 494, 627, 630, 635, 789, 807, 808, 826, 834
九柱戯 Kegelspiel ボウリングと同様のゲームだが，ボウリングが10本のピンを三角形に並べるのに対し，九柱戯は9本のピンを四角形に並べる 333, 334, 737
牛乳売り女 Milchweib 423-25, 427-29, 622-26, 772, 972
牛乳売り婦 Milchfrau 425, 427, 428
狂熱ダンス Taumel 784
ギリシャの白 album graecum 犬の乾糞。

昔，炎症に用いられたという　504
キリスト降誕祭 Weihnachtsabende　254
キルケー Kirke　ギリシャ神話で，魔法を使う女神。オデュッセウスの部下を豚に変えてしまうが，セイレーンの魔力から逃れるすべも教える　866
グーテンシュタイン Gutenstein　地名　246, 922
クードラー，ヨーゼフ・フォン Kudler, Joseph von（1786-1853）　ウィーン大学政治学教授。帝国議会議員　367
クーヘル Kuchel　地名　246
クグロフ Gugelhupf　王冠型，表面に斜めのうねりのある焼菓子。日本で一般的な「クグロフ」の名は，別名 Kugelhopf がフランス語化した kouglof に由来　786
果物売りの女 Obstlerin　549, 550, 677, 772-78, 972
靴屋の小僧 Schusterjunge（Schusterbube）　iii, 70, 125, 217, 241, 393-95, 398, 399, 555, 647, 968, 971, 972
クニッゲ，アドルフ Knigge, Adolf（1752-1796）　ドイツの啓蒙的著述家。1788年出版の『人間交際術』は有名で，19世紀はもとより今日でも版を重ねている　655
グラーベン Graben　現在の1区にある目抜き通り　519, 565, 597, 600, *27*
グライフェンシュタイン Greifenstein　917, 918
クライン Krain　現在のスロヴェニアの一地域　216, 280
クライン・シュヴェヒャート Kleinschwechat　地名　732
クラウレン，ハインリヒ Clauren, Heinrich（1771-1854）　ドイツの人気流行作家。H. Clauren は，本名 Carl Heun のアナグラム　71
グラシ Glacis　フランス語。本来は，防御壁の外側に土盛りして設けた緩斜面を意味し，敵の隠れ場所とならないよう樹木は植えない。しかしウィーンでは幅広い緑地帯となって，19世紀後半，市壁が撤去されるまでその周囲を取り囲んでいた　12, 23, 380, 427, 504, 523, 524, 527, 582, 680, 751, 752, 765, 815, 820, 894, 905, 988
クランプェ Klampfe　チターの別名　782
クリシュニク，エドゥアルト・フォン Klischnigg, Eduard von（1813-1877）　ロンドン生まれのイギリス人，ドイツ語はほとんどできない。1835年ウィーンの劇場に登場し，猿をまねる芸で人気を博した　689
グリルパルツァー，フランツ Grillparzer, Franz（1791-1872）　オーストリアの国民詩人，作家　71
グリンツィング Grinzing　前見返し，208, 223, 293-96, 312, 314, 354, 642, 800, 910, 916
グリンツィング・ワイン der Grinzinger　908, 916
クルーガー通り Krugerstraße　市内の通り　578
グレーフェンベルクの農民 der Gräfenberger Bauer　オーストリア領シュレージエンの農民ヴィンツェンツ・プリースニッツのことで，彼は19世紀半ば，独学で水治療法を改良した　408
グレゴリウス Gregorius　ローマ教皇グレゴリウス一世（在位590-604）　827
クレプスガッセ Krebsgasse　ウィーンの留置場のある場所，市内区　172, 698
クレムス Krems　地方都市名　697, 918, 965, 981
クレムス軟膏 Kremserschmiere　697
クロイツァー，コンラーディン Conradin Kreutzer（1780-1849）　ドイツのオペラ作曲家。《リブッサ》（1822），《グラナダの夜営》（1834）　389
クロスタータール Klostertal　谷　922
クロスターノイブルク Klosterneuburg　ウィーン市内から北に約10キロメートル，レーオポルツベルクの北側。クロスターノイブルク修道院がこの土地一帯の領主　311, 315, 316, 366, 805, 917, 920
クロスターノイブルク・ワイン Klosterneuburger　304, 306
グロックニッツ Gloggnitz　地名　923,

28
グロックニッツ駅 Gloggnitzer Bahnhof　後見返し
グロックニッツ鉄道 Gloggnitzer Eisenbahn　905, 987
グンポルツキルヒェン近郊の村 Gumpoldskirchen　354, 800, *27*
ゲーテ，ヨーハン・ヴォルフガング・フォン Goethe, Johann Wolfgang von　210, 216, 389, 610
ゲスラー，ヘルマン Gessler, Hermann　シラーの戯曲『ヴィルヘルム・テル』（1804）の代官。第１幕第３場で人々は，棒の先にかけられたゲスラーの帽子をあがめるよう強制される　793
ケッテン・ブリュッケ Kettenbrücke　橋　後見返し, 184, 680
ゲットヴァイク修道院 Stift Göttweig　918
ゲトライデマルクト Getreidemarkt　穀物市場　後見返し
ゲトライデマルクト兵舎 Getreidemarktkaserne　247
ゲルヴィーヌス，ゲオルク・ゴットフリート Gervinus, Georg Gottfried（1805-1871）　ドイツの文学史家，政治家。『ドイツ国民文学史』（1835-42）。ゲッティンゲン七教授事件（1837）のメンバー　438
ケルナー，ユスティヌス Kerner, Justinus（1786-1862）　ドイツの詩人，医師，医学著述家。妄想患者に関する著作　794
ケルンテン Kärnten　地名　280
ケルンテン門 Kärntnertor　184
ケルントナー地区 Kärntnerviertel　11
ケルントナー通り Kärntnerstraße　11, 600
コーアノイブルク Korneuburg　地名　917
幸運の女神 Oceanis　オケアニスは，大洋神オケアノスの3000人の娘の総称。そのひとりがテュケ，ローマ神話のフォルトゥーナ（幸運の女神）　121, 122
豪華な馬車 Equipage　自家用の高級馬車　72, 204, 552, 576, 612, 820, 928
高級職人 Subjekt　641, 646
皇帝フェルディナント水道 Kaiser Ferdinands＝Wasserleitung　飲料水事情改善のために，ハイリゲンシュタットのドナウ運河西岸で始まり，1841年に一応完成をみた水道　787, 977
皇帝フェルディナント北部鉄道 Kaiser Ferdinands＝Nordbahn　1837年にウィーン東部郊外フロリッツドルフまで開通していた北部鉄道は1838年１月にウィーンまで伸びて正式開業。駅名は「皇帝フェルディナント北駅」　195, 804, 987
コーヒーハウス Kaffeehaus　199, 209, 282, 283, 413, 414, 420, 480, 646, 746, 752, 754, 759, 816
コーベンツル Kobenzl　地名　223, 314
コールマルクト〔石炭市場〕Kohlmarkt　市外区　247
コールマルクト〔街路名〕Kohlmarkt　市内区　565, 569, 597, 600
五月祭 Maifest　494
国民衛兵 Nationalgardist　642, 645
コック，シャルル・ポール・ド Kock, Charles Paul de（1793-1871）　821
ゴットシェー Gottschee　現在のスロヴェニアに属するクラインで600年間ドイツ語を維持してきた地域の中心都市　216
ゴットシェーバー Gottscheber　ゴットシェーの住民。通常はゴットシェーア（Gottscheer）と呼ぶ　216
古物市場 Tandelmarkt　後見返し, 472, 516, 522-26, 528, 531, 532, 536, 541-44, 640, 643, 740, 972, 977
古物市場仕立屋 Tandelmarktschneider　640, 643
小間使い Stubenmädchen　26, 43, 56-65, 70, 171, 187, 399, 441, 571, 575, 578, 579, 602, 611, 629, 640, 642, 714, 762, 796, 835, 870, 889, 890, 968
コラッチュ Kolatsche　果実等を添えたボヘミアの焼菓子　634
ゴリアト Goliath　旧約聖書でダビデにより討ち倒されたペリシテ人の武人

461
御料地 Landgut　現在の4区ファヴォリーテンにあった元帝室所有のレンガ工場の跡地に，1834年から44年の間，カジノがあった　351
ゴルゴタの丘 Schädelstätte（Golgatha）キリスト処刑の場。刑場の比喩　464
コロッセウム Colosseum　ウィーン北部，ブリギッテナウにあった舞踏・娯楽施設。1842年6月末に閉鎖　47, 624
コントルダンス Kontratanz　男女のペアが順番に相手を交換し，グループの全員に当たるようにする集団舞踊　837

サ行

ザーミエル Samiel　ウェーバーのオペラ《魔弾の射手》（1821年初演）に登場する悪魔　842
サイテンシュテッテンガッセ Seitenstettengasse　市内の小路　519
サイラーシュテッテ Seilerstätte　ウィーン市内南部，市壁内側沿いの細長い広場。18世紀以降，果物・野菜・バター・鶏などの市場があった　183, 184, 186, 627, 669, 883
ザックス，ハンス Sachs, Hans（1494-1576）靴屋の親方にして代表的職匠歌人。何千という詩，説話，悲劇や喜劇のほかに，多くの謝肉祭劇を書いた　829
サトゥルヌス祭 Saturnalien　828, 829
サトゥルヌス神 Saturnus　ローマ神話で農耕の神　828, 831
ザルツブルク Salzburg　地名　245, 983
ザルツブルク梨 Salzburgerbirne　181, 549
猿まわし劇場 Affentheater　690, 692
サロン Salon　元来は，たんに「大広間」や「応接室」を意味する建築上の用語で，社交の場という意味はない。19世紀ドイツで語法が多様化　iv, 268, 271, 281, 289, 320, 361, 407, 409, 413, 434, 483, 485, 576, 603, 766, 833, 837, 915, 916, 929, 931-42, 944-49, 952, 953, 955, 960-65, 970-72, 980
サンクト・アンナ St. Anna　地名　785
サンクト・ヴァイト St. Veit　地名　916
サンクト・ヴォルフガング St. Wolfgang　地名　245
サンクト・ウルリヒ St. Ulrich　地名　23
サンクト・ギルゲン St. Gilgen　地名　245
シーヴァリング Sivering　地名　124, 223, 224, 642, 917
シーザー（カエサル，ガユス・ユリウス）Caesar, Gaius Iulius（BC. 100-BC. 44）475
シェークスピア，ウィリアム Shakespeare, William（1564-1616）　216, 438
シェーンブルン Schönbrunn　915, 916, *28*
シェーンブルン宮殿 Schloß Schönbrunn　現在の13区ヒッツィングにあるバロック宮殿。最初の造営は17世紀。1743年以降，マリア・テレジアにより現在の姿に改装され，夏の離宮となった　342
市外区 Vorstadt　市内（現在の1区）以外の，市壁の外側の地域。当時34の市外区があった　後見返し, 12, 13, 22, 23, 26, 32, 72, 89, 90, 92, 167, 168, 194, 195, 239, 247, 320, 351, 391, 425, 426, 428, 463, 465, 470, 480, 489, 490, 502, 509, 510, 512, 524, 525, 549, 565, 568, 570, 591, 600, 609, 611, 612, 642, 644, 669, 674, 680, 731, 737, 739, 749, 782, 815, 838, 839, 855, 856, 873, 898, 916, 928, 933, 969, 978, 988
仕立屋 Schneider　324, 400, 530, 531, 627, 638-47, 651, 931
質屋 Leihhaus　82, 643
市内 Stadt（innere Stadt）　聖シュテファン教会を中心にウィーンの中核をなす地域。現在の1区に相当　12, 23, 52, 167, 171, 183, 239, 247, 263, 294, 351, 372, 414, 425, 426, 490, 491, 502, 510, 511, 523, 525, 565, 570, 585, 609, 611, 613, 642, 644, 658, 669, 672, 674, 676, 680, 739, 765, 774, 791, 804, 807, 812, 815, 816, 839, 873, 882, 888, 893, 910, 916, 925-27, 969, 978, 988
市民養老院 Bürgerspital　最初市内にあったが，18世紀末にサンクト・マルクスへ

移転　645
シャーフベルク Schafberg　山　245
ジャン・パウル Jean Paul（1763-1825）　875
シャンツル（シャンツェル）Schanzl（Schanzel）　183, 186, 459, 469, 483, 676, 680, 771, 774
シュヴァルツァ川 die Schwarza　923, 924
シュヴァルツェンベルク侯爵 Fürst von Schwarzenberg　16
ジュースだまり Wassersack　パイプの頭の下に，タバコから出る余分な水分を集める為に取り付ける器具　269
市有地 Stadtgut　現在の2区レーオポルトシュタットのプラーターの入口前にあった娯楽施設　351, 916
シューベルト，フランツ Schubert, Franz（1797-1828）　389, 484
シューベルト，ゴットヒルフ・フォン Schubert, Gotthilf von（1780-1860）ドイツの医師，自然研究者，ロマン派の自然哲学者。夢に関する著作など　794
シュタイヤーマルク Steiermark　地名　7, 622, 887, 904, 905, 918, 922
シュタインバッハ Steinbach　地名　919
シュタンプァー，シーモン Stampfer, Simon（1790-1864）　オーストリアの数学者，発明家。1832年，ストロボ円盤（ストロボスコープ）を発明。世界初のアニメーション（動画）　368
シュテファン広場　738
シュトゥーヴァー，ヨーハン・ゲオルク Stuwer, Johann Georg（1732-1804）　プラーターの花火で著名な花火師　204
シュトゥーベン門 Stubentor　後見返し，465, 816
シュトック・イム・アイゼン広場 Stock-im-Eisen Platz　575, 581, 584, 597, 600
シュトッケラウ鉄道 Stockerauer＝Eisenbahn　310
シュトラウス，ヨーハン（父）Strauss, Johann（Vater）（1804-1849）　ウィーンで活躍した作曲家，指揮者，ヴァイオリニスト。「ワルツの父」　183, 351, 494, 629, 699, 712, 752, 784, 837, 916
シュトラウス，ヨーハン（子）Strauss, Johann（Sohn）（1825-1899）シュトラウス（父）の長男。「ワルツ王」　380, *28*
シュトロッツィシャー・グルント　403
シュニッツェル Schnitzel　ウィーン風の子牛肉のカツレツ　621, 727
シュネーベルク Schneeberg　山　7, 246, 308, 905, 918, 922, 923
シュパッツ，シュペアリング・エドラー・フォン Spatz, Sperling Edler von　架空の人物名。喜劇作家マイスル作『クレーヴィンケルの妖怪』（1825）に登場する代理支配人の名。ネストロイ作『クレーヴィンケルの自由』（1848）の三文文士　662
シュピネリン・アム・クロイツ Spinnerin am Kreuz　十字軍に参加した夫の帰りを，糸を紡ぎながら待った貞淑な妻の故事に基づく。再建された柱像は現在10区ファヴォリーテンに立っている　前見返し, 13, 141, 368
シュポーア，ルイ（ルートヴィヒ）Spohr, Louis（Ludwig）（1784-1859）　ドイツの作曲家，指揮者　114
シュペル亭 Sperl　現在の2区レーオポルトシュタットにあった飲食店。有名な舞踏会場　351, *26*
シュマレン Schmarren　オーストリアの家庭料理，スイーツの一種　552
シュラークブリュッケ Schlagbrücke　橋　183
シュレーゲルミュールの谷 Tal von Schlögelmühl　923
シュレージエン Schlesien　現在のポーランド南東の地域。1740年以降のシュレージエン戦争により大部分をプロイセンが領有し，オーストリアの領有はごくわずかとなった　787, 804
蒸気船 Dampfschiff　20, 195, 206, 308, 353, 642, 643, 812, 917, 969
食肉帳 Fleischbüchel　625, 626, 977
職人 Geselle　93, 125, 181, 201, 207, 240,

309, 312, 395, 398, 399, 534, 540, 560, 561, 602, 621, 626, 634, 640-46, 751, 761, 810, 835, 912, 925, 989
食糧雑貨商 Greißler　177-80, 182-84, 186-90, 247, 428, 549, 621, 624, 627, 677, 678, 772, 847, 857, 883, 898, 899
ショッテンホーフ Schottenhof　1区フライウングの北側に面して立つベネディクト会の教会や修道院，学校などの一連の建物　677
ショッテン教会 Schottenkirche　744
ショッテン修道院 Schottenabtei　11
ジョルジュ・サンド George Sand（1804-1876）　438
シラー，フリードリヒ Schiller, Friedrich（1759-1805）　210, 216, 609, 616, 830, 850, 882
新酒 Heuriger　124, 223, 224, 226, 229-31, 307, 811, 831
シンマリング Simmering　地名　前見返し, 330, 624, 916
スコット，ウォルター Scott, Walter（1771-1832）　71, 74
ステントール Stentor　ホメロス作『イーリアス』に登場する英雄。50人の声を合わせたほどの大声　613, 730, 836
ストロツィシャーグルント Strotzischer Grund　地名　後見返し
ストロボ円盤 stroboskopische Scheibe →シュタンプァー　368
スラブ民族 Slavische Nation　645, 646
静寂主義者 Hesychast　693
聖週間 Karwoche　枝の主日から復活祭までの，キリスト受難を追憶する一週間　557, 559, 561-66, 568, 974
聖シュテファン教会 St. Stephan　カトリック諸教会の中心をなす大聖堂（Dom）　1, 136, 141, 144, 162, 308, 316, 367, 458, 747, 749, 753, 790, 898, 973, 978
聖シュテファン広場 der Platz St. Stephans　11, 139, 141, 145, 156, 162, 565, 570, 597, 600, 763
聖ペーター教会 St. Peter　11, 568
聖マルクス・リーニエ St. Markuslinie　465
聖マルクス墓地 Kirchhof zu St. Markus　255
聖ミヒャエル教会修道院 Stift St. Michaels　11
聖ループレヒト教会 St. Ruprecht　11
聖レーオポルト St. Leopold　315, 316
セイレーン Seiren（Sirene）　ギリシャ神話で，人を魅了する唄で船乗りを海へ引き込もうとする怪物　617, 865
ゼウス Zeus　269
世界覗き眼鏡 Kosmorama　199
セラドン Seladon　恋わずらいの男。フランスの作家オノーレ・デュルフェ Honoré d'Urfé（1568-1625）の牧人小説 "L'Astrée" の主人公 Céladon による　44, 61
全景写真 Panorama　199
洗濯女 Wäscherin　125, 488-96, 972, 978
洗濯娘　489, 695
造幣局 Münzhaus　19, 248, 627
ソーセージ屋　241, 853, 854, 856-59, 972
租税免除地 Freihof　790, 792, 794, 795
ソフォクレス Sophokles（BC. 497頃-BC. 406頃）　961

タ行

ターボア・リーニエ Taborlinie　ウィーン北東のリーニエ　後見返し, 647, 648, 804, 807
タールガウ Thalgau　ザルツブルク近郊の小村　245
対位法 Kontrapunkt　独立して進行する二つ以上の旋律を組み合わせて楽曲を作り上げる作曲技法。J・S・バッハのフーガがその典型　105, 865
代用コーヒー Surrogatkaffee　181, 552
ダウム，ヨーゼフ・ゲオルク Daum, Josef Georg（1789-1854）　785, *28*
ダゲール，ルイ Daguerre, Louis（1787-1851）　ダゲレオタイプ（銀盤写真法）の発明者　52, 978, *28*
ダゲレオタイプ Daguerreotyp　ダゲールが1839年に発明した写真技法。銀盤写真とも　820, 839, 869, 978, *28*
タッソー，トルクアート Tasso, Torquato

(1544-1595)　390
タボール山 Berg Tabor　キリスト変容の地とされるイスラエル北部の山　464
タリオーニ，マリー Taglioni, Marie（1804-1884）ロマンティック・バレエ時代を代表する女性ダンサー　496, 629
タルケル Talkerl　ボヘミアの焼菓子　634
団子 Knödel　小麦粉などを団子に丸め，ゆでたもの。クネーデル　408, 485, 547, 548, 551-53, 555, 916, 972
ダンディ Dandy　486, 639, 641, 697, 971
チェリットー，ファニー Cerrito, Fanny（1817-1909）イタリアの女バレエダンサー，振付師　496, 629
地下墓地（墓所）Katakomben　135, 136, 140, 144, 145, 147, 156
チボリ Tivoli　遊園地　915
中央並木通り Hauptalee　196, 199
チュール・アングレ・シュテーハウベ Tulle anglais Stehhaube　透かし織りのヴェールをかけた帽子　693
チロル Tirol　7, 180, 788, 887
ちんぴら Strawes/Strawanzer　554, 696, 697, 782, 805, 811, 978
ツェーガニッツ Zögernitz　ウィーン市北部，リーニエ外のデープリング（現在の19区）に1837年に立てられた，豪華な舞踏ホールや庭園を持つ娯楽施設　629
ツォイクハウスガッセ Zeughausgasse　小路　519
辻馬車 Fiaker　名称の由来は，18世紀パリのサン・フィアクル通り（Rue de Saint Fiacre）に最初にできた貸し馬車乗り場から　25, 69, 197, 199, 525, 612, 613, 641, 740, 755, 758, 760, 763, 803, 815, 833, 924, 928
辻馬車の御者 Fiaker　iii, 67, 68, 491, 613, 614, 616, 811, 838, 839, 872, 971, 972
ディアナ Diana ローマ神話の狩猟や月の女神。ギリシャ神話のアルテミス。森で沐浴している彼女を見た狩猟中のアクタイオンを鹿に変え，彼は犬に引き裂かれた，という　61, 689
ティエール，ルイ・アドルフ Thiers, Louis Adolphe（1797-1877）ルイ・フィリップの七月王政期に首相『フランス革命史』（1823-27）でも著名　439
ディオゲネス Diogenes（BC. 412頃-BC. 323）古代ギリシャのキュニコス派（犬儒派）の哲学者。樽に住み，犬のように暮らす，と言われた　553
デープリング Döbling　地名　前見返し，208, 916
デカルト，ルネ Descartes, René　122
鉄道 Eisenbahn　21, 139, 375, 604, 643, 812, 921, 923, 924, 969, 987
鉄道馬車 Pferdeisenbahn　48
デッラローサ，ルートヴィヒ Dellarosa, Ludwig　ウィーン生まれの官吏で劇作家・怪談小説作家として知られたヨーゼフ・アーロイス・グライヒ（1772-1841）の数ある変名のひとつ　660, 662
テニールス，ダフィット（子）Teniers, David der Jüngere（1610-1690）フランドルの風俗画家。ダフィット・テニールス（父）（1582-1649）の可能性もある　541
手拍子 Paschen　496, 695, 790, 809
手回しオルガン弾き Werkelmann　iii, 196, 200, 203, 233, 234, 687, 863, 864, 866, 868, 869, 873, 910, 912, 971, 972
デモステネス Demosthenes（BC. 384-322）雄弁で知られる古代ギリシャ，アテネの政治家　771
テレスフォルス Telesphorus　ハドリアヌス帝時代のローマ教皇（在位125頃-136頃）　827
ドイツ館 das deutsche Haus　聖シュテファン教会背後にあるドイツ騎士修道会の建物　144, 146, 162
ドゥードラー Dudler　ヨーデルの別名　782
ドゥエリエール日傘 Douairiére-Sonnenschirm　1842年，パリの傘職人ヴェルディエが考案し流行，ステッキ合体型パラソル　694
透視絵 Diorama　199
動物闘技 Hetze　1708年に動物闘技の最初の見世物小屋がレーオポルトシュタット

に設立。ヘッツガッセに作られた闘技場は1798年9月の火事で焼け落ち，その後皇帝から建設が認可されなかった　523
トゥーリ　490
トゥルナーフェルト Turnerfeld　地名　918, 920
トゥルナーヘーエ Turner Höhe　地名　920
トゥルビング Tulbing　地名　918
トゥルビングコーゲル der Tulbinger Kogel　地名　918, 919
トゥルン Turn　地名　918
トーリィ党 Tory Party　イギリスの保守党の通称　496
徒弟 Lehrbube, Lehrjunge　93, 189, 203, 268, 398, 404, 470, 534, 572, 611, 641, 642, 645, 647, 651, 652, 654, 773, 774, 977
ドナウ運河 Donaukanal　184, 248, 403, 782, 917, 987, 988
ドナウ河 Donau　7, 22, 193, 293, 308, 310, 315, 320, 321, 326-28, 331, 341, 342, 367, 380, 429, 459, 648, 676, 781, 782, 787, 904, 917, 918, 920, 969, 987
ドニゼッティ，ガエターノ Donizetti, Gaetano（1797-1848）　113
ドマイヤー Dommaier　ウィーン市西部，リーニエの外のヒッツィング（現在13区）にあった舞踏ホールを備えた大規模な飲食・娯楽施設　42, 302, 629, 916
トラットナーホーフ Trattnerhof　市内グラーベンの中ほどに12世紀の末からあった司教館を，1773年，出版業者ヨーハン・トーマス・フォン・トラットナー（Johann Thomas von Trattner 1719-1798）が買い取り，当時としては巨大な貸家に改造した建物　677
トリエステ Trieste　地名　13, 184, 922, *26*
ドルンバッハ Dornbach　地名　319, 920

ナ行

流し演歌師 Bänkelsänger　iii, 492, 687
「嘆きの歌」Lamentation　聖週間の最後の三日間に歌われる「エレミアの哀歌」　30, 568
ナッシュマルクト Naschmarkt　市場　184, 186, 549, 676, 771, 774
ナポレオン・ボナパルト Napoleon Bonaparte（1769-1821）　216, 234, 325, 332, 336-38, 341, 342, 657, 933, 954, 982, *26*
ニーダーエスターライヒ Niederösterreich　地名　245, 293, 747
肉屋 Fleischer　8, 179, 180, 190, 550, 625, 626, 668, 886
ニシン帽 Heringskopf　300, 429, 771
ヌスドルフ Nußdorf　現在の19区グリンツィングにあり，市内の真北　208, 312, 368, 369, 458, 460, 917, 987
ネストロイ，ヨーハン・ネポームク Nestroy, Johann Nepomuk（1801-1862）　ライムントとともに19世紀のウィーンを代表する俳優，劇作家　675, 682, 893, 896, 900, 975
ネメシス Nemesis　ギリシャ神話において，神をないがしろにする人間の傲慢な態度を罰する女神　337
ノイエ・ブリュッケ die neue Brücke　橋　504
ノイジードラー湖 Neusiedler See　ウィーンの南東，ハンガリーとの国境にある湖　356
ノイシュタット運河 Neustädter Kanal　地図参照, 19
ノイバウ Neubau　地名　後見返し, 23
ノイリング地名，Neuling　407, 483, 486
乗合馬車 Gesellschaftswagen　72, 294, 295, 314, 612, 613, 616, 751, 759, 927, 928

ハ行

ハースリンガー，トービアス Haslinger, Tobias（1787-1842）　オーストリアの音楽出版業者　389
パーター・ノスター・ゲスヒェン Paternostergäßchen　小路　519
ハーダースドルフ Hadersdorf　村　912, 918, 919
バーデン Baden　地名　前見返し, 319,

773, 783, 903, 921, 922
バーデン・クロワッサン die Badner Kipfel　218, 219
バーデン辺境伯ヘルマン Hermann VI., Markgraf von Baden（1225-1250）　315
ハープ弾き Harfenist　200, 203, 250, 359, 383-85, 387-92, 492, 685-87, 689, 702, 831, 867, 873, 912, 968, 972
パァッフェンベルク Pfaffenberg　地名　223
パイアケス人 Phaiaken　トロヤ戦争の帰路オデュッセウスが漂着したスケリア島の住民。享楽的生活で知られ，ウィーン人の代名詞　202
ハイネ，ハインリヒ Heine, Heinrich（1797-1856）　932
パイプ Pfeife　143, 217-20, 227, 265, 267-70, 272-89, 411, 413, 416, 420, 449, 476, 480, 513, 525, 534, 535, 544, 601, 602, 611, 614, 617, 695, 696, 698, 725, 727, 728, 732, 747, 806, 844, 909, 936, 972
ハイムバッハ Haimbach　地名　903, 912, 919
ハイリゲンクロイツ修道院 Kloster Heiligen＝Kreuz　922
ハイリゲンシュタット Heiligenstadt　地名　319
バイロン，ジョージ・ゴードン Bayron, George Gordon（1788-1824）　717
廃兵院 Invalidenhaus　19
パガニーニ Paganini, Niccolò（1782-1840）　271
バスタイ Bastei　都市や城の防壁の，五角形の突出した部分を Bastion というが，オーストリアではこれを Bastei と呼ぶ。ウィーン市を取り囲んでいた市壁は，18世紀の末頃から，外敵への防御壁という軍事的意味を失い，市壁の上部が遊歩道となって，市民の憩いと散策の場になる　371, 373, 579, 581, 681, 719, 749, 751, 815, 905
パッペンハイムの甲騎兵 Pappenheimsche Kürassiere　シラー作『ヴァレンシュタインの死』（1799）に基づく。ゴットフリート・ハインリヒ・パッペンハイム伯爵（1594-1632）は，三〇年戦争において皇帝軍のヴァレンシュタイン指揮下で戦った将軍　866
パラディースゲルトヒェン Paradiesgärtchen　地名　47
バラの丘 Rosenhügel　319
パリ Paris 地名　40, 61, 181, 198, 225, 278, 327, 373, 390, 416, 417, 434, 439, 509, 641, 667, 694, 737, 746, 778, 785, 800, 808, 820, 947, 948, 954, 969
パリス Paris　人名　842, 851
パルフィ伯爵 Graf Palffy　246
ハンガリー Ungarn　7, 19, 20, 246, 268, 269, 280, 316, 332, 340, 341, 356, 357, 415, 417, 465, 519, 616, 622, 690, 727, 747, 887, 904, 919, 922, 967, 977, 984, *26*
ハンガリー貴族の従僕 Heiduck　729
ハンスイェルゲル Hansjörgel　雑誌名　173, 350, 886, *27*
ハンス・イェルゲル・ギャロップ Hans＝Jörgel＝Galopp　624, 784
ハンスヴルスト Hanswurst　道化の名　34, 201, 663
パンタローネ Pantalone →コンメディア・デラルテ　841
パン売り女 Brotsitzerin　624, 625, 626
ビーザムベルク Bisamberg　地名　前見返し, 337, 341, 920
ピサの斜塔 Turm zu Pisa　793
ピタゴラス Pythagoras（BC. 570頃-BC. 510頃）　671, 841
ヒッツィング Hietzing　現在の13区 →ドマイヤーがあった　前見返し, 302, 319, 351, 910, 916, *28*
百馬の栗の木 Castagno dei cento Cavalli　エトナ山の東山麓にあるヨーロッパ最古にして最大と言われる栗の巨木。狩りの途中，嵐に見舞われたある女王が，百人の騎馬の供とともにこの木の下で雨宿りできた，という伝説がその名の由来とされる　294
ヒュギエイア Hygieia（Hygeia）　ギリシャ語で「健康」の意。その擬人化された女神　816

ヒュッテルドルフ Hütteldorf　地名　　前見返し, 912, 916
ヒュメナイオス Hymenaios　ギリシャ神話の婚礼の神　　792
ヒラー，ヨーハン・フォン Hiller, Johann von（1754–1819）　カール大公配下第六軍団の司令官。アスパーンの戦いのさいオーストリア軍の右翼で指揮を執り，九度勝者が入れかわった攻防戦の末，ねばり強い戦いでフランス軍の撃退に成功　337
ヒルシュヴァング Hirschwang　地名　923
ビルン亭 Birn　現在の 3 区ラントシュトラーセにあった舞踏会場　　351
ヒンメルプフォルトグルント Himmelpfortgrund　地名　　後見返し, 489, 490, 493, 494
『ファウスト』„Faust“　　610
ファールバハ Fahrbach　ヨーゼフ（Joseph 1804–1883），フリードリヒ（Friedrich 1809–1867），フィリップ（父 Philipp der Ältere 1815–1885），アントン（Anton 1819–1887）の四兄弟はいずれも音楽家で，多くはランナーやシュトラウス（父）とともに演奏活動をした　　351
ファッシング Fasching　カーニヴァルのウィーンでの呼称　　127, 414, 494, 779, 780, 782, 783, 785, 804, 806, 808, 810, 812, 828, 829, 831, 839, 846, 850, 972, 977, 979
フィッシャーシュティーゲ Fischerstiege　市内の地名　　519
フィレモン Philemon　ギリシャ神話に出てくる，貧しい農夫。妻バウキスと終生仲睦まじかった　　628
フェルディナント・ブリュッケ Ferdinandbrücke　市内とレーオポルトシュタットを結ぶ橋。1820年の再建時に皇太子フェルディナント（後の皇帝フェルディナント一世）にちなんでこの名が付けられた。　後見返し, 194, 680
フォルクスガルテン Volksgarten　1823年，市壁外側の要塞を取り壊した跡地に造営されたウィーン初の市民向け公園。現在リング・シュトラーセ沿い，国会議事堂の向かい側　　629
フォールス薪割り商会 Phorus　　898
船水車 Schiffmühle　　338
船水車小屋　　648
プラーター Prater　現在の 2 区レーオポルトシュタットにある広大な公園地域（現在は 6 平方キロ）。1766年，ヨーゼフ二世が，宮廷の狩猟場だった同地域を一般に開放　　20, 21, 34, 47, 191–95, 197–99, 203–05, 208–10, 320, 376, 385, 412, 448, 480, 494, 629, 751, 820, 830, 905, 909, 917, 925, 968, 972, *25*
フライウング Freyung　現在の 1 区，ショッテンシュティフト前の広場　　519, 669
フライハウス Freihaus　所有者が市の租税を免除された建物。ウィーンでは，現在の 4 区ヴィーデンに17世紀に建てられ，長く特権を維持した　　184
ブラウナウ Braunau　地名　　460, 461
フランセーズ Française　コントルダンスのひとつで，19世紀にフランスで始まった。18世紀のカドリーユに類似している　837
フランツィスカーナー教会 Franziskaner（Kirche）　11
ブラントシュタットの門 Tor der Brandstatt　763
プリースニッツ，ヴィンツェンツ Prießnitz, Vincenz（1799–1851）→グレーフェンベルクの農民　　408
フリードリヒ赤髭王（フリードリヒ一世）Friedrich Barbarossa（Friedrich I）　460
フリードリヒ好戦王（フリードリヒ二世）Friedrich der Streitbare（Friedrich II.）　315
フリオーソ・ギャロップ Furioso Galopp　183, 300
ブリギッテナウ Brigittenau　地名　　前見返し, 48, 376, 380, 902, 910, 925
ブリュール Brühl　地名　　903, 921
ブリュン Brünn　地名　　195, *28*
ブリュン通り Brünnerstraße　ウィーン市のほぼ真北にある　　368

プリンツ・オイゲン（オイゲン・フランツ・フォン・サヴォイエン＝カリニャン Prinz Eugen（Eugen Franz von Savoyen-Carignan）（1663-1736） 元はフランスの貴族。オーストリアの軍人となり，対オスマントルコ戦やスペイン継承戦争で軍功を挙げ，のちに元帥。政治的発言力もあった　16
古着屋 Trödler/Tandler　643, 644
ブルク門 Burgtor　後見返し
プルチネッラ Pulcinella　841
プレスブルク Preßburg　地名　180, 246, 307, 856, 984, *27*
プロイセン戦争 Preußenkrieg　18世紀半ば，オーストリアがプロイセンと戦ったシュレージエン戦争や，オーストリア継承戦争，七年戦争を指す　787
プロイン Preun　地名　922, 924
プロインアルプス Preuneralpen　924
プロッホ，ハインリヒ Proch, Heinrich（1809-1878） オーストリアの作曲家。宮廷楽団員，ヨーゼフシュタット劇場やケルンテン門劇場の楽長も務める　390
フンツトゥルム Hundsturm 「犬の塔」の意。当時は市外区のひとつだったが，現在は5区マルガレーテン　885
フンボルト，アレクサンダー・フォン Humboldt, Alexander von（1769-1859） ドイツの博物学者，地理学者。南米大陸の探検でも知られる。言語学者ヴィルヘルム・フォン・フンボルト（Wilhelm von Humboldt 1767-1835）の弟　767
ペイシストラトス Peisistratos（BC. 600頃-BC. 527頃） 古代ギリシャ，アテネの僭主　475
ベートーヴェン，ルートヴィヒ・ファン Beethoven, Ludwig van（1770-1827） 113, 389, 959
ヘーメル曲馬団 Hämerlsche Kunstreiter-gesellschaft　690
ヘール通り Heerstraße　918
ペッツラインスドルフ Pötzleinsdorf　村　319
ベニョフスキー連隊 das Regiment Benjowsky　ヒラー率いる第六軍団に属する歩兵連隊（三個大隊）の名称。ベニョフスキーの名は，ハンガリー出身の将軍ヨーハン・アンドレアス・ベニョフスキー（1740-1822）にちなむ　337
ヘニングス，ユストゥス・クリスティアン Hennings, Justus Christian（1731-1815） ドイツのイェーナ大学哲学教授。幻視や夢，夢遊病などに関する著作がある。『霊と霊視者』は1780年の著作　794
ベルヴェデーレ宮殿 Schloß Belvedere　プリンツ・オイゲンが夏の離宮として，下宮（1716年完成），上宮（1723年完成）の順に建設させたバロック宮殿。現在は美術館　16, 739
ベルティエ，ルイ＝アレクサンドル Berthier, Louis-Alexandre（1753-1815） ナポレオンのすべての野戦に参加した参謀長　327
ヘルナルス Hernals　地名　後見返し，89, 642
ベルヒトルツドルフ Berchtholdsdorf　村　910
ヘルマンスコーゲル Hermannskogel　ウィーン北西にある丘　前見返し, 124, 314, 919
ヘレーネンタール Helenental　地名　922
ヘレンタール Höllental　地名　922-24
ペンツィング Penzing　郊外の地名　351, 916
ベンデル Bendel　音楽家　351
ホイッグ党 Whig Party　イギリスの自由党の通称　496
干し草市場 Heumarkt　527, 765
ホイリゲ Heurige　その年のワインの新酒と，それを提供する居酒屋の両者の意味で用いられる　219, 221-24, 226, 227, 232, 646, 972
ボヴィドル Bowidl　プラム・ムース。ボヴィドルはチェコ語由来　634
奉公人 Bedienter/Dienstbote　190, 611, 621, 628, 634, 641, 652, 654, 655, 674, 730, 775, 778, 796, 810, 989
ホーアー・マルクト Hoher Markt　地名

669
ホーエヴァント die hohe Wand　山　919
ホーフ Hof　地名　245
ポーランド Polen　269, 316, 417, 804, 834, 881, 887
ポッテンシュタイン Pottenstein　地名　246
骨あさり Banlstierer　167, 501, 503-05
骨拾い Knochensammler　170, 172, 500-02, 972, 977
ホフマン，E・T・AHoffmann, E. T. A.（1776-1822）　851
ボヘミア Böhmen　地名　186, 294, 375, 407, 445, 622, 634, 635, 647, 730, 756, 776, 799, 804, 881, 887, 964, 977, 980
ホメロス Homeros　617, 961
ボリングブルック子爵，ヘンリー・セント・ジョン ViscountBolingbroke, Henry St. John,（1678-1751）　イギリスのアン女王時代にトーリィ党員として活動した政治家，啓蒙思想家　438
ポルカ Polka　1830年代にボヘミアで起こったとされる，男女がペアになり両手または片手で組んで，寄り添ったり離れたりしながら踊る四分の二拍子のダンス。1840年前後からランナーやシュトラウス（父）らがポルカと名付けた作品を発表するようになった　380, 494
ホルスト，ゲオルク・コンラート Horst, Georg Conrad（1767-1832）　ドイツのプロテスタントの説教師，呪術の歴史家。『再視術』は1830年の著作　794
ポルティチ Portici　ナポリ近郊の町　694
ボローニャ Bologna　地名　284, 289
ぼろ屑集めの女 Hada'lumpweib（Lumpensammlerin）　165-67, 174, 501, 972

マ行

マイトリング Meidling　地名　前見返し, 915, 916, *27*
マウアーバッハ Mauerbach　地名　918, 919
マッサパイプ Masse　海泡石のブロックから出た削りくずに石膏や結合剤などを混ぜ，プレスして作ったブロックをパイプに加工したもの。ウィーン海泡石（Wiener-Meerschaum）とも呼ばれる　172, 269, 282, 283
マドリッド Madrid　地名　509
マリア・アム・ゲシュターデ Maria am Gestade　市内の地名　11, 519, 568
マリアツェル Mariazell　地名　246
マリアヒルフ Mariahilf　地名　後見返し, 23, 927
マリアヒルフ・リーニエ Mariahilferlinie　後見返し, 428
マリアブルン Mariabrunn　地名　前見返し, 910-13, 918
マルヒ川 die March　904
マルヒフェルト Marchfeld　ウィーンの北および北東方面へ，スロバキアとの国境マルヒ河まで広がるオーストリア最大の平野　7, 195, 327, 335, 904, 919
マング Mang　音楽家　351
マンスヴェルト Mannswörth　現在は，ウィーン周辺区のひとつシュヴェヒャートに属する　321
水運び屋 Wasserführer　781, 782
水売り Wassermann　781-83, 785-87, 789, 972, 977, 978
見世物小屋 Kunstkabinett　690, 692
ミノリーテン広場 Minoritenplatz　749
ミューレン Mühlen　地名　642, 646, 648, 804-08, 812, 972
ミュラー，アドルフ（父）Müller, Adolf senior（1801-1886）　作曲家。市外区劇場楽長として矢継ぎ早に曲を作り，その多くがヒット曲となった　390
ミリーろうそく Millykerze　ステアリン酸を主原料とする，光度の強いろうそく。ミリーは商標名　182, 847, 955
民衆歌手 Volkssänger　388, 391, 492, 686, 831, 873, 881
メートリング Mödling　地名　281, 319, 903, 921
メルツェンビール Märzenbier　下面発酵の貯蔵ビール　352, 353, 355, 407-09, 732, 800, 916

モーザー，ヨーハン・ミュラー Moser, Johann Müller（1799-1863） 388-91
モーゼ Mose 670
モーツァルト，ヴォルフガング・アマデウス Mozart, Wolfgang Amadeus（1756-1791） 113, 242, 950
物売り女 Höckerin/Fratschlerin 125, 549, 553, 677
モラヴィア Mähren 地名 445, 647, 748, 804, 904
モレッリ，フランツ Morelli, Franz（1810-1859） 当時シュトラウス（父），ランナーと並ぶダンス曲の作曲家 629
モントゼー Mondsee 地名 245

ヤ行

野菜売り女 Kräutlerweib 621, 626, 671, 772, 775
家主 Hauseigentümer（Hausherr） 189, 651-57
ユーデンガッセ Judengasse 街路 後見返し, 644
ユダヤ人 Jude 217, 218, 375, 641-44, 788, 886, 960
ユング＝シュティリング，ヨーハン・ハインリヒ Jung-Stilling, Johann Heinrich（1740-1817） ドイツの眼科医師，著述家。『霊学の理論』 794
ヨーゼフシュタット Josephstadt 地名 後見返し, 23, 511
ヨーデル Jodel 73, 75, 386, 491, 492, 494, 496, 695, 774, 790, 811, 831
夜の女王 Königin der Nacht モーツァルトの歌劇《魔笛》（1791年初演）に登場 841

ラ行

ラーヴァーター，ヨーハン・カスパー Lavater, Johann Caspar（1741-1801） スイスの牧師で人相学者。ゲーテの友人 834
ラープ鉄道 Raaber＝Eisenbahn 正式名称は「ウィーン・ラープ鉄道会社」（Wien-Raaber Eisenbahn-Gesellschaft)。元来は，ウィーンの南東方向，ドイツ語でラープ，ハンガリー語でジェール（Győr）までを結ぶ路線を計画。しかし，南西方向，ヴィーナー・ノイシュタットまでの路線の方が先に開業（1841年） 319
ラーベンシュタイン Rabenstein 当時の有名なダンス教師 494, 495
ライタ山脈 Leithaberge 922
ライヒェナウ Reichenau 地名 923
ライプツィヒの戦い Schlacht bei Leipzig 1813年10月，ナポレオンが諸国連合に敗れた戦い。「諸国民の戦い」とも呼ばれる 342, 954, 957
ライムグルーベ Leimgrube 地名 後見返し, 23, 247
ライムント，フェルディナント Raimund, Ferdinand（1790-1836） 19世紀前期ウィーンを代表する劇作家，俳優 367, 380, 975
ライン der Rhein 320, 917
ラウドン，ギデオン・エルンスト・フォン Laudon（Loudon）, Gideon Ernst von（1717-1790） リーフラント出身のドイツ人。ロシア軍からオーストリア軍へ移り，七年戦争で軍功を挙げ，のちには元帥，男爵となる 535, 918
ラフォンテーヌ，アウグスト Lafontaine, August（1758-1831） ドイツの作家。当時最もよく読まれた作家のひとりで，ヨーロッパ各国語に翻訳された。『寓話詩』で知られる17世紀フランスの詩人ラ・フォンテーヌとは別人 660, 662
ラブル Rabl 音楽家 494
ラングバイン，アウグスト・フリードリヒ・エルンスト Langbein, August Friedrich Ernst（1757-1835） ドイツのユーモア作家。ラフォンテーヌやクラウレンとともに人気があった 51
ラントシュトラーセ Landstraße シュトゥーベン門から始まる市外区。現在のウィーン３区 465, 470, 820
ランナー，ヨーゼフ Lanner, Joseph（1801-1843） オーストリアの作曲家。シュトラウス（父）とともにウィンナ・ワルツの礎を築いたが，シュトラウスより少し先になるため，「ワルツの始祖」と呼ば

れる　351, 494, 629, 712, 752, 784, 837, *28*
リージング Liesing　地名　前見返し, 319, 407, 831, 916
リーゼン門 Riesentor　聖シュテファン教会の正面中央の門　570
リーニエ Linie　市外区の外周　51, 89, 115, 219, 223, 256, 349, 364, 376, 381, 459, 460, 502, 503, 505, 609, 612, 613, 615-17, 642, 685, 687, 702, 703, 744, 879, 914, 925, 928, 988
リーニエ乗合馬車 Zeiselwagen　リーニエの外を走る簡素な乗合馬車　607, 608, 613-16, 928
リシュリュー公爵，アルマン・ジャン・デュ・プレシ Armand-Jean duPlessis, Duc de Richelieu（1585-1642）　フランスルイ一三世治世下の宰相，枢機卿　420, 700
リスト，フランツ Liszt, Franz（1811-1886）　113, 709, 730
リナルド・リナルディーニ Rinaldo Rinaldini　クリスチャン・ヴルピウス（Christian Vulpius 1762-1827）の小説『盗賊団の首領リナルド・リナルディーニ』（1799）で歌われた　203, 926
リヒテンタール　407, 490, *27*
料理女 Köchin　70, 171, 185, 187, 399, 446, 502, 575, 578, 620-35, 642, 651, 652, 654, 656, 727, 759, 776-78, 835, 841, 972, 977, 978
リンツ Linz　オーバーエスターライヒのドナウ河沿いにあり，現在は，ウィーン，グラーツに次ぐオーストリア第３の規模の都市　459, 980, *27*
リンツのヴァイオリン楽団 Linzergeiger　19世紀前半のウィーン市外区酒場で，ワルツからポルカまで舞踏音楽を演奏した，リンツからやってきた小楽団。ヴァイオリン二挺とコントラバス一挺の構成　494, 495, 689, 782
ルークエック Lugeck　地名　519
ルスバッハ Rußbach　ドナウ河の支流　337
ルター，マルティン Luther, Martin（1483-1546）　610, 617
レーオポルツベルク Leopoldsberg　前見返し, 208, 291, 293, 303, 306, 307, 314-16, 919
レーオポルトシュタット Leopoldstadt　市外区のひとつ。現在の２区。ドナウ運河をはさんで市内（１区）の対岸にある　後見返し, 194, 403, 407, 681, 749, 893, *27*
レダ Leda　ギリシャ神話において，白鳥に変身したゼウスとの間で，トロヤ戦争の遠因となるヘレナなどを生む　269
レルヒェンフェルト Lerchenfeld　地名　後見返し, 42, 84, 89, 404, 410, 611, 683-85, 687, 697, 702, 782, 831, 856, 972, 978
レンガッセ Renngasse　街路　744
レントラー Ländler/Landler（ラントラー）　ワルツに似た三拍子の民衆ダンスまたはそのダンス曲　790, 869
ローストチキン Backhuhn　210, 307, 311, 466, 621, 906, 907
ローストビーフ Rindsbraten, Rostbraten　410, 621
ローテントゥルム Rotenturm　地名　519, 604, 815
ローテントゥルム通り Rotenturmstraße　600, 763
ローテントゥルム門 Rotenturmtor　市内（現在の１区）の北東，シュヴェーデン・プラッツにあった市門。ドナウ運河に面している　604, 815
ローバウ Lobau　ドナウ河本流の左岸に広がっていた草原地帯の総称。現在のウィーンでは21区と22区にあたる。川が幾重にも分かれ，蛇行，無数の島（中州）があった。ローバウ島はその中の最大の島　317, 321, 326, 327, 329, 330, 335, 336, 340-42, 917, 982
ロココ Rokoko　544
ロコフォコ党 Locofoco　当時のアメリカ合衆国民主党急進派　496
ロトくじ Lotto　119-24, 126, 127, 129, 131, 132, 214, 218, 623, 627, 634
『ロビンソン・クルーソー』“Robinson Crusoe”　358
ロンドン London　181, 372, 436, 501,

667, 737, 746, 969

ワ行

ワーグラム Wagram　オーストリアの対ナポレオン戦争の戦場。アスパーンの戦いで敗れたナポレオンがここで雪辱を果たす　21, 327, 342, *28*
和声法 Harmonie　メロディーを美しく響かせるために，和声を基にする作曲技法。ハイドン，モーツァルトらの古典主義以降，中心的な技法となる　865
ワラキア Wallachia（Walachei）現在のルーマニア南部の地域　417
ワルツ Walzer　48, 49, 183, 323, 362, 364, 413, 414, 491, 492, 494, 630, 689, 699, 712, 784, 789, 808, 810, 811, 821, 831, 833-35, 838, 868, 869-871, 916

凡　　例

1．注について

注は４種類（挿入注，原注，訳注，索引注）ある。

・挿入注は読者の便宜のため本文中の語句について，その直後に簡単に説明できる事項に限り，小さい活字で〔　〕内に付した。

・原注は原典の著者の注であるが，すべて訳出しているわけではない。たとえば，ドイツ語に堪能な読者には（むろん本来はドイツ語話者のための書物であるから）なるほどと思われる面白いドイツ語表現や方言の妙味を説明したものがあるが，こういったものはドイツ語を知らない読者には無意味であるので省略した。本文中の該当箇所にはアラビア数字（1）で表示し，章末に原注としてまとめてその説明を置いた。

・訳注は，挿入注より詳しい説明を必要とすると思われるものについて，訳者の判断により付けた。本文中の該当箇所には漢数字〔一〕で表示し，章末に訳注としてまとめてその説明を置いた。

・索引注とは，本書全体に大きく関わる事柄，少なくとも数か所に渡って関わる事柄に関して，巻末の索引の中に付した解説である。本文中の該当する語句に＊を付した。必要に応じて索引を参照されたい。

2．原書に使われている外国語（ドイツ語以外の言語）の扱いについて

どうしても原文を出さざるをえない個所を除いて原文は表記せず，日本語訳の該当箇所にカタカナでルビを振った。

・ラテン語のカタカナ表記に関しては，当時のウィーンで行われていたであろうようなドイツ語に引き寄せた読み方や中世ラテン語の読み方でなく，統一性を持たせるために紀元前１世紀のローマ黄金時代の読み方を採った（例：Caesar はツェーザルでなくカエサル，Lutetia はルテーツィアでなくルーテーティア）。

・ドイツ語に関しても，しゃれや韻が用いられている個所などには必要に応じてカタカナでルビを振った。

3．原書に使われているドイツ語の表記について

・可能なかぎりウィーンのドイツ語に近い発音表記を試みた。

例：サイラーシュテット，シーヴァリング，タルケルなど。

・ただしすでに定着している語は，それを利用した。

例：ウィーン，ザルツブルクなど。

4．略号・記号について

・音楽の作品名は《　》，アリアや歌は〈　〉，書名・作品名，新聞・雑誌名は『　』，引用は「　」で示した。

換　算　表

当時のオーストリアの貨幣の単位（1878年までは銀本位制）

マリア・テレジア治下の1750年，純銀1ケルン・マルク（233.81g）＝20グルデン＝10ターラーという貨幣品位（Münzfuß）でバイエルンと通貨協定（Münzconvention）が締結される。その後，同協定にはプロイセンを除くほぼすべてのドイツ諸国家が加わり，この銀含有率で鋳造された協定通貨（Conventionsmünze, C.M.）は1858年までオーストリアのみならず，ドイツ各地でも通用する。基本的貨幣単位は1グルデン（Gulden, fl.）＝60クロイツァー（Kreuzer, Kr.）＝20グロッシェン（Groschen）＝240プェニヒ（Pfennig, d.），したがって1Groschen. ＝3Kr., 1 Kr. ＝4d である。

18世紀後半〜19世紀前半にオーストリアで鋳造された主な硬貨は次の通りである。

金貨――1ドゥカーテン（Dukaten）＝4 1/2fl. C.M.，2ドゥカーテン，4ドゥカーテン，1スヴェラン・ドール（Souverain d'or）＝13 1/3. C.M.

銀貨――1ターラー（Conventionsthaler）＝2fl. C.M.（したがって2グルデン硬貨 Zweiguldenstück とも呼ばれる），1グルデン（半ターラー硬貨1/2 Thaler とも呼ばれる），20クロイツァー（Zwanziger），10クロイツァー（Zehner），6クロイツァー（Sechser），5クロイツァー（Fünfer），3クロイツァー（Groschen）

銅貨――銅貨は1760年に小銭不足解消のためにクロイツァーの補助貨幣（Scheidemünze，金属価値以上の額面価格を持つ貨幣）として導入される。1クロイツァー，1/2クロイツァー，1/4クロイツァー（いずれも1816年以降），2クロイツァー（1848年以降）。以上の銅貨はいずれも協定通貨（C.M.）であるが，それと平行して1812年からウィーン通貨（W.W.――後述）で3, 1, 1/2, 1/4クロイツァー銅貨が発行された。

オーストリアの紙幣

オーストリアで最初の紙幣は，七年戦争（1756-1763年）中の1762年にウィーン都市銀行（Wiener Stadtbank，国家から独立した私企業）に発行

委託された銀行券《バンコツェッテル》（unverzinslicher Banco-Zettel）である。これによって貨幣品位をおとさずに戦費調達が可能とされた。だが対ナポレオン戦争期の1796～1810年，国家は紙幣発行への直接的統制を強め，銀行券の流通量は1810年には9億4220万グルデンに達し，銀貨，銅貨は流通からますます駆逐される。

また，政府が私的取引における紙幣の強制引き受けを命じたために，同年，市場での紙幣グルデンの価値は，銀行券の名目価格の15％に低下する。このために1811年2月20日の勅令で銀行券を新たな償還紙幣Einlösungsschein（＝ウィーン通貨Wiener Währung, W.W.）と1：5の比率で交換することを命じた。実業界はこれを国家破産宣告と受け止め，銀行券の価値はさらに急速に低下する。状況が改善されるのは戦後の1816年7月1日，通貨発行独占権と通貨政策における国家に対するある種の独立性を備えたオーストリア国民銀行（Privilegierte oesterreichische Nationalbank，株式会社）の設立以降であり，1819年250fl. W.W.＝100fl. C.M.と法定され，1857年までこの相場が続いた。

同時期の紙幣について

(1) ウィーン通貨（Wiener Währung, W.W.）：1, 2, 5, 10, 20, 100グルデンの各紙幣，および前出の銅貨がW.W.で発行ないし鋳造された。

(2) オーストリア国民銀行券（Banknote）：1848年末までは銀貨とまったく同価値をもち，1, 2, 5, 10, 100, 1000グルデン，および6, 10クロイツァーの各紙幣が発行された。

本文中に現れる貨幣に接する際に重要なのは，その貨幣が「協定通貨かウィーン通貨か」ということである。両者の交換比率は1819年以降は1C.M.：2.5W.W.である。また，紙幣，硬貨はC.M.とW.W.のいずれでも発行されているが，同時代人の意識の中では「紙幣＝W.W., 硬貨＝C.M.」という図式が定着していた。

本文中に現れるウィーンの度量衡

・長さの単位

古来，長さの尺度としては指幅（Fingerbreit），親指の幅（ツォル Zoll），手の幅（Handbreit），指尺（Handspanne＝親指と小指または人差し指・中指を広げた長さ），前腕の長さ（エレ Elle），クラフター（Klafter＝大人が両腕を広げた長さ），足の大きさ（フィート Fuß，シュー Schuh

＝靴の大きさと同一）など人間の身体の各部分の長さが基準とされてきた。

1ウィーン・ツォル（Wiener Zoll）＝26.340053mm

1ウィーン・フィート（Wiener Fuß）＝1シュー（Schuh）＝12ツォル（Zoll）＝31.608064cm

1ウィーン・クラフター（Wiener Klafter，長さの単位）＝6ウィーン・フィート＝1.896484m

1ウィーン・マイル（Wiener Meile）＝2400ウィーン・フィート＝4000ウィーン・クラフター＝7.585936km

1ウィーン・エレ（Wiener Elle）＝0.41ウィーン・クラフター＝0.777558m

・重量の単位

1ウィーン・ポンド（Wiener Pfund）＝32ウィーン・ロート（Wiener Loth）＝561.288g

1フィルティング（Vierting）＝1/4ウィーン・ポンド（ein Viertelpfund）＝140.322g

1ウィーン・ツェントナー（Wiener Zentner）＝100ウィーン・ポンド＝56.1288kg

1ウィーン・グラン（Wiener Gran）＝1薬用グラン（Apotheker-Gran）＝0.072924g

・体積の単位

1ウィーン・サイデル（Wiener Seidel）＝0.353681l

1ウィーン・ハルベ（Wiener Halbe）＝2ウィーン・サイデル＝0.707362l

1ウィーン・マース（Wiener Maß）＝2ウィーン・ハルベ＝1.414724l

1ウィーン・アイマー（Wiener Eimer）＝40ウィーン・マース＝56.58896l

1ウィーン・クラフター（Wiener Klafter，体積の単位としては主に薪の分量計測に用いられる）＝1/2立方クラフター（Kubikklafter）＝3.410496m^3

1シュトース（Stoß）＝2ウィーン・クラフターの薪（zwei Klafter Holz）＝6.820992m^3

1ドイツ・メッツェ（Deutsche Metze）＝1/8シェッフェル（Scheffel）＝6.25 ℓ　穀類，塩，石炭等の測定単位であるメッツェ（die Metze）は中部および北部ドイツで用いられ，南ドイツ，オーストリアではメッツェン（der Metzen）と称される。本文中には「2ドイツ・メッツェ（＝12.5l）の計量桶《シュティビヒ》」という語句で，木炭の計量の例が現われる。なお1ウィーン・メッツェン＝61.487lであり，1メッツェとは大きく異なる。

・面積の単位

1平方シュー（Quadrat-Schuh）＝1平方フィート（Quadrat-Fuß）＝0.099907m^2

歴史年表

1707年

3月14日　ヨーゼフ一世の勅令による公益質屋ドロテーウム（das k. Versatzamt Drotheum）の開設。1721年4月21日カール六世によって拡張され，1788年にはかつての聖ドロテーア修道院の建物に移転する。

1740年　マリア・テレジア即位（在位1780年まで）。

1766年

4月7日　ヨーゼフ二世によるプラーター*（der Prater）の全ウィーン住民への開放。飲食店主，コーヒー店主にもテントでの営業が許可される。

1772年　ヴィーデンの煉瓦工場主マルガレーテ・モントシャインにその名を由来する建物（モントシャイン館 Mondscheinhaus）が，のちの所有者J.クローンシュナーベルの手で大舞踏場に改装される。その「ラングアウス・ザール」ではウィーンの民俗舞踏ラングアウスが踊られたことで有名。モントシャイン館の最後の最盛期はウィーン会議の時期であり，1825年にはピアノ製造工場に改造される。

1775年

4月30日　ヨーゼフ二世によってアウガルテン*（der Augarten）庭園が一般市民に開放される。

1780年　ヨーゼフ二世即位（在位1790年まで）。

1784年

8月16日　ヨーゼフ二世によってアルザーグルントに国民病院（Allgemeines Krankenhaus）が創設される。その周辺は「病院地区」と呼ばれ，1787年開院の陸軍病院（das Garnisonsspital），大学付属病院（Univ.-Kliniken und - Institute）等が隣接する。

1790年　レーオポルト二世即位（在位1792年まで）

1792年　レーオポルト二世の長男フランツの即位（1792～1806年は神聖ローマ帝国皇帝フランツ二世，1804～1835年はオーストリア帝国皇帝フランツ一世）。

1803年

4月　ヴィーナー・ノイシュタット運河（Wiener-Neustädter Kanal）のウィーン～ヴィーナー・ノイシュタット間が開通。1810年にはハンガリーとの国境のペッチングまで航行可能となるが，計画されていたトリエステまでの延伸は実現せず。

1807年

9月29日　舞踏会場シュペル*（Zum Sperl）開設。ウィーン会議の時期にはすでに，アポロザールに次ぐウィーンの高級娯楽施設となる。

1808年

1月10日　舞踏会場アポロザール（der Apollosaal）開設。ウィーン会議の時期には中心的社交場であったが，設立者は1811年の金融危機の影響で破産し，建物は後にはろうそく工場となる。

1809年

5月21～22日　アスパーン*の戦い。ナポレオン自らが指揮する仏軍が初めて，カール大公*のオーストリア軍に敗北を喫する。

1810年

5月1日　「奉公人条例」（Gesindeordnung）公布。

1811年

2月20日　勅令によって銀行券《バンコツェッテル》を新たな償還紙幣（ウィーン通貨）と1：5の比率で交換することが命じられる。実業界はこれを「国家破産宣言」と受け止める。

1813年　ドナウ河水泳学校（k.k. Militär- und Zivilschwimmschule）の開校。

1814年

9月16日　ウィーン会議（der Winer Kongreß）開会（1815年6月10日まで）。

1816年

7月1日　通貨発行独占権を備えた「オーストリア国民銀行」（Privilegierte oesterreichische Nationalbank，株式会社）の設立。このあと，1819～1857年間は250グルデン（ウィーン通貨）=100グルデン（協定通貨）の安定的相場が持続する。

1819年

10月4日　オーストリア最初の貯蓄銀行（Spar-Casse）がレーオポルト*シュタットのレーオポルト教会の司祭館に創設される。同行はその後グラーベン*に本拠を移し，1827～1843年間にはハプスブルク帝国内に46の支店を有するに至る。

1829年～1830年の冬　とくに長く続き，寒さの厳しかったこの冬，幾人かの商売熱心なウィーンの飲食店主たちは，自分の店の庭に「氷の宮殿」(Eispalast）を造って客を呼ぶ。そのうちの一つ，1830年2月2日に開設されたレーオポルトシュタットの亭主A. デムリングの氷の宮殿の広間は約155m^{2}で，三つの「氷の部屋」があったという。

1830年

2月28日～3月1日　ドナウ河の大洪水，リヒテンタール，レーオポルトシュタット，ヴァイスゲルバーや，カクランを含むドナウ左岸の各所が被災し，死者多数。

4月1日　官営のウィーン市郵便(die Wiener Stadtpost)の開設。市内と市外区はそれぞれの支局の管轄下に置かれる6郵便地区に分けられ，それらの郵便地区はさらに46配達区に分割された。全体の管理はヴォルツァイレの市郵便本局によって行われた。

7月26日　ドナウ河で最初の蒸気船「フランツ一世号」の進水式。同船は9月4日，プレスブルク～ペスト間を航行。1837年9月12日には「マリア・アンナ号」がリンツ*まで初めて航行。

8月　ウィーンでコレラが大流行。1831年2月までに死者2,000人。

9月5日　皇帝フランツ一世夫妻臨席のもと，マイトリング近郊のグリューナー・ベルクにチボリ公園（Tivoli）が開園される。滑り台とウィーン市内への美しい展望が売り物で，ピクニック客の軽食堂としても親しまれた。

1832年　ウィーンの劇作家J. A. グライヒによってウィーン方言のユーモア雑誌『ハンスイェルゲル』（正式名称『グンポルツキルヒェンのハンスイェルゲルからフェーゼラウの義兄弟マクセルへの手紙，およびウィーンのその日の出来事と事件についての彼の会話』）が創刊される。グライヒは1841年の死まで同誌の編集を続け，この雑誌はその後も1938年まで刊行され続けた。

1833年

2月4日　コーヒー店主J. G. ダウムが飲食店主L. グラーダーと共に舞踏会場エリジウム* (Elysium) を開設。エリジウムは1838年，かつての聖アンナ修道院の地下に移転し，新エリジウム (Neues Elysium) として営業を継続する。

1835年　フェルディナント一世の即位（在位1848年まで)。

1838年

1月6日　「北部鉄道」(Nordbahn，皇帝フェルディナント北部鉄道 Kaiser Ferdinands-Nordbahn) がフロリッツドルフ～ドイッチュ・ワーグラム*間で正式開業。1839年7月7日にはブリュンまで，1841年10月にはオルミュッツまで延伸。

6月24日　ヒッツィングのシェーンブルンに隣接してF. ドマイヤーが舞踏会場カジノ・ドマイヤー (das Domayer'sche Kasino) を開設。ここでJ. ランナー*が1843年3月22日，生涯で最後の指揮をしたこと，および，J. シュトラウス*（子）が1844年10月15日にデビューしたことが有名。

1839年　ウィーンの石鹼製造業者たちの組合がかつてのアポロザールの建物を取得し，ろうそく工場を創設する。その製品はアポロザールにちなんで，アポロろうそく (Apollokerzen) と称される。1876年1月27日に焼失。

8月19日　パリの舞台背景画家L. J. M. ダゲール*によって1835～39年に銀盤写真（ダゲレオタイプ* Daguerreotypie）が発明され，フランス学士院で発表される。

1841年

6月20日　南部鉄道 (Südbahn) のウィーン～ヴィーナー・ノイシュタット間開通。

1842年

5月5日　南部鉄道がグロックニッツまで延伸される。

1845年

1月8日　板金工場主P. フィッシャーによってレーオポルトシュタットの広大な地所に巨大な舞踏会場オデオンザール (Odeonsaal) が開設される。これは当時のウィーン最大の広間で，約5032m²の面積があった。オデオンザールはウィーン革命のさなか，1848年10月28日に焼失し，再建されることはなかった。

1848年

3月13日	ウィーン三月革命の開始。市民の自由主義的要求，郊外でのプロレタリアの暴動。翌14日，メッテルニヒは宰相を辞任し，国外へ逃亡。
5月15日	ウィーンの五月蜂起。17日，皇帝はインスブルックへ逃亡し，ウィーンには事実上の「共和制」が成立。
10月6日	ウィーン十月革命の発生。31日，皇帝軍が全市を制圧し，この年のウィーン革命は敗北に終わる。
12月2日	皇帝フェルディナント一世が退位，甥のフランツ・ヨーゼフ一世が即位（在位1916年まで）。